7급 PSAT
하주응 상황판단
법률형 문제 Drill

PREFACE 이 책의 머리말

법조문을 소재나 내용으로 하는 법률형 문제는 상황판단영역을 처음 접하는 수험생들을 당혹스럽게 하는 첫 번째 요소입니다. 법학이나 이와 관련된 학문을 전공하지 않은 사람이라면 법조문을 접할 기회가 드물기 때문입니다. 하지만 비교적 정형화되어 있는 편이어서 조금만 훈련하면 생각보다 쉽게 풀어낼 수 있는 것이 법률형 문제이기 때문에, 법률형 문제를 효율적으로 처리해내는 것은 기본점수를 안정적으로 확보하고 시험을 여유롭게 운영하기 위하여 반드시 실현해내야 하는 일이기도 합니다.

이 책은 2007년 이후의 5급 공채 및 7급 공채 시험과 민간경력자 채용시험의 PSAT 상황판단영역에 출제되었던 법률형 문제를 모두 모아 놓은 책입니다. 물론, 법률형 문제를 바르게 이해하고 효율적으로 처리하기 위한 핵심 이론도 충실히 정리하여 함께 수록해 두었습니다.

동일하거나 비슷한 유형의 문제들을 모아서 집중적으로 풀어보는 것은 해당 유형에 대한 실력을 키우는 데에 반드시 도움이 됩니다. 이 책에 정리되어 있는 핵심 이론과 접근법을 확실하게 습득하고, 302개의 기출문제를 풀며 집중적으로 훈련한다면, 법률형 문제에서 느껴지는 당혹감은 모두 사라질 것이며, 더 나아가 법률형 문제야말로 나에게 점수를 가져다 주는 고마운 문제 유형임을 깨닫게 될 것입니다.

이 책을 활용한 집중학습이 절대로 흔들리지 않는 상황판단영역의 튼튼한 기반을 다지는 데에 크게 기여할 것이라 확신합니다.

하주응

법률형 문제

핵심 이론

법률형 문제의 의의

상황판단영역의 문제들 중에는 '법률' 또는 '시행령' 및 '행정 규칙' 등을 소재나 내용으로 하는 문제들이 많이 있는데, 일반적으로 이와 같은 문제들을 통칭하여 '법률형 문제' 또는 '법조문(法條文)형 문제'라고 한다.

상황판단영역 문제들은 해당 영역의 기본적인 출제 취지를 반영하기 위하여 '규칙'을 소재로 채택하거나 '항목 및 경우 구분이 명확한 트리구조의 내용'을 소재로 채택하는 경향이 강하다. 그런데, 각종 법률이나 시행령 및 행정 규칙 등은 '규칙'이라는 특성과 '트리구조'라는 특성을 분명하게 가지고 있기 때문에 상황판단 문제의 소재로 채택하기에 안성맞춤이 아닐 수 없다. 또한 국가나 지자체의 공무를 담당하는 사람에게는 각종 법률과 업무 규칙에 대한 이해력이 필수적으로 요구될 것이므로, 관련 능력을 평가하기 위한 목적에도 부합하는 소재라고 할 수 있다.

이와 같은 이유로 상황판단영역에는 항상 법률형 문제가 출제되며, 최근에는 이런 경향이 더욱 강해져서 법률형 문제의 출제 비중이 높아지고 있다. 따라서 법조문의 여러 특징들을 충분히 이해하고 효율적으로 문제를 푸는 방법을 익히는 것은 상황판단영역에서 충분한 점수를 얻기 위해 반드시 거쳐야 하는 과정이다.

II | 법령의 체계와 구성

1. 법령의 내용

법령은 사회가 정하는 약속으로서, 일정한 '요건·조건'이 갖추어지면 그에 따라 약속된 '효과·결과'가 발생한다는 것을 기본적인 내용으로 한다. 다른 말로 표현하면 일정한 '요건·조건'이 갖추어지면 그에 따라 약속된 '행위'가 요구·금지·허용된다는 것이 모든 법령의 기본적인 내용이다.

이렇게 법령의 내용은 크게 '요건'과 '효과(행위)'로 나누어 볼 수 있다. 요건이란 어떤 행위를 하기에 앞서 갖추어져야 하는 자격 등의 조건 또는 행위를 할 때 지켜야 하는 방식·절차나 시기·기간 등을 말하고, 효과란 요건이 갖추어졌을 때 어떤 행위가 강제(의무)·금지·허용되는 상태(또는 그 행위)를 의미한다.

따라서 법령의 세부적인 내용을 해석할 때, 즉 법령을 구성하는 개별 문장(법조문)을 이해할 때에는 가장 먼저 요건과 효과(행위)의 두 부분으로 크게 나누어 보아야 한다.

2. 법령의 체계

법령의 체계는 「법률 - 대통령령 - 총리령 및 부령」으로 이루어지며, 이를 보통 「법률 - 시행령 - 시행규칙」으로 통칭한다. 시행령은 법률로부터 권한을 위임받아 법률을 실제로 시행하는 데 필요한 세부 규정을 담은 것으로, 여기에 담기는 상세한 내용이란 대부분 '요건'에 해당하는 것들이다. 행위에 대한 요구·금지·허용은 법령의 가장 중요한 부분이기 때문에 시행령 이하로 위임되는 경우가 극히 드물고 대부분 법률에 규정된다. 그리고 시행규칙은 시행령으로부터 권한을 위임받아 제정되는데, 시행규칙으로 정할 수 있는 내용의 범위는 더욱 좁아서 법률과 시행령의 내용을 시행하는 데 필요한 행정절차와 관련된 사항들을 주로 규정하고 있다.

'어떠한 경우에' 해당 규정을 적용한다는 것을 밝히는 '요건'은 사회가 변함에 따라 빠르게 대응하여 함께 변경해 줄 필요가 있다. 하지만 행위에 대한 의무(강제적 요구)·금지·허용 등을 정하는 '효과'를 쉽게 변경할 수 있도록 하면 사회적으로 문제가 생길 수 있다. 그래서 입법부가 법률로 주요 요건과 효과를 정하여 쉽게 변경하지 못하도록 하고, 실제로 법률의 내용을 시행하는 행정부가 요건 중 일부분을 규정할 권한을 위임받아 시행령과 시행규칙을 제정하는 것이다.

이렇게 법률에는 요건과 효과가 모두 담기게 되고 시행령과 시행규칙에는 주로 요건만 담기게 된다는 사실은, 상황판단영역 법률형 문제의 접근에 필요한 중요한 힌트가 된다.

3. 법령의 형식 구성 – 편·장·절·관·조·항·호·목

법령은 기본적으로 '편·장·절·관'의 분류단위를 사용하며 이것들은 여러 개의 조(條)를 그룹으로 묶어 제목을 붙여주는 데에 사용된다. '편·장·절·관'은 법령의 내용이 많지 않고 조(條)의 개수가 적으면 사용되지 않기도 하며, 이것들은 목차 정리를 위해 제목을 붙이는

> 민법
> 제5편 상속
> 　제1장 상속
> 　　제1절 총칙
> 　　제2절 상속인
> 　　제3절 상속의 효력
> 　　　제1관 일반적 효력
> 　　　제2관 상속분
> 　　　　⋮

용도로 사용되는 분류단위이므로 상황판단영역의 문제와 관련해서는 특별한 의미를 갖지 못한다.

법령의 실질적 내용을 담고 있는 분류단위는 '조·항·호·목'이며, 상황판단영역 문제의 소재로 사용되는 부분도 이 부분이다.

1) 조(條)

'조'는 법령을 구성하는 기본 단위이다. 모든 법령은 각 조에 일련의 숫자를 붙여 규정하는 내용을 순서대로 배열한다. 표기는 '**제00조**'의 형식으로 하며, '**제00조(제목)**'의 형식으로 괄호 안에 제목을 부기하여 해당 '조'가 규율하고자 하는 바를 명시하기도 한다. '조'는 법령이 규율하고자 하는 내용을 담고 있기 때문에 반드시 완성된 문장으로 구성되며, 이 문장의 내용에는 일반적으로 요건과 효과가 모두 포함된다.

> 다중이용업소의 안전관리에 관한 특별법
> 제9조(다중이용업소의 안전관리기준 등) ① 다중이용업주 및 다중이용업을 하려는 자는 …
> ② 소방본부장이나 소방서장은 …
> ③ 다중이용업을 하려는 자는 다음 각 호의 어느 하나에 해당하는 경우에는 안전시설등을 설치하기 전에 미리 소방본부장이나 소방서장에게 총리령으로 정하는 안전시설등의 설계도서를 첨부하여 총리령으로 정하는 바에 따라 신고하여야 한다.
> 1. 안전시설등을 설치하려는 경우
> 2. 영업장 내부구조를 변경하려는 경우로서 다음 각 목의 어느 하나에 해당하는 경우
>   가. 영업장 면적의 증가
>   나. 영업장의 구획된 실의 증가
>   다. 내부통로 구조의 변경
>
> 부칙
> 제1조 (시행일) 이 법은 공포 후 1년이 경과한 날부터 시행한다.
> 제2조 (처분 등에 관한 경과조치) 이 법 시행당시 「소방시설설치유지 및 안전관리에 관한 법률」 제8조·제12조 또는 제23조의 규정에 따라 행한 행정기관의 행위 또는 행정기관에 대한 행위는 그에 해당하는 이 법 제8조 내지 제10조의 규정에 따른 행정기관의 행위 또는 행정기관에 대한 행위로 본다.

2) 항(項)

규율하려고 하는 사항이 복잡하고 길어 한 두 개의 문장으로 표현하기 어렵거나 경우를 나누어 규정할 필요가 있는 등의 사정이 있을 때에는, '항'을 사용하여 나누어 기술한다. 표기는 ①, ②, ③ …으로 한다. '항'도 역시 완성된 문장으로 표현되며, 그 내용에 요건과 효과를 모두 포함하고 있다.

3) 호(號)

'호'는 일정한 사항을 열거하는 등의 필요가 있을 때 사용하는데, 열거되는 내용은 대부분 요건에 해당한다. 조나 항의 문장 안에 요건을 포함시키기에는 그 양이 지나치게 많거나 요건을 일반화된 표현으로 기술하기 어려운 경우, 그 요건들을 하나하나 나열하기 위하여 '호'를 사용한다. 표기는 **1. 2. 3.** …으로 하며, 일반적으로 경우·항목만 나열되고 완성된 문장으로 표현되는 경우는 드물다.

4) 목(目)

'호'에 나열된 것 중 다시 경우를 나누어 열거할 필요가 있는 것들은 '호'의 아래에 '목'을 사용하여 열거한다. 표기는 **가. 나. 다.** …로 하며, 여기에 담기는 내용 역시 요건에 해당한다. 경우·항목을 나열하기 위하여 쓰이기 때문에 '호'와 마찬가지로 완성된 문장으로 표현되는 경우는 거의 없다.

※ 부칙(附則)

기본적인 형식 구조 안에서 모든 규율이 끝난 후에는 법령의 마지막에 부칙을 덧붙인다. 이 부칙에는 해당 법령의 시행일이나 유효기간, 경과조치, 기존 법령의 폐지, 다른 법령과의 관계 등이 규정된다. 시행일이나 기간 등 객관적인 기준에 해당하는 내용이 포함되어 있기 때문에 (아직 출제된 바는 없지만) 상황판단영역 문제의 소재로 삼기에도 좋은 부분이다. 부칙을 제외한 법령의 나머지 전체는 '본칙(本則)'이라고 지칭한다.

III | 법령의 문장 : 법조문(法條文)

1. 본문(本文)과 단서(但書)

법령에서 완성된 문장으로 구성되는 부분은 주로 조와 항이다. 각 조와 항은 보통 1개 또는 2개의 문장으로 구성되는데 2개의 문장으로 구성되어 있고 두 번째 문장이 '다만' 등으로 시작되는 경우 각 문장을 본문과 단서라고 부른다.

'본문'은 조와 항을 구성하는 기본 문장으로서 2개 이상의 문장이 있을 때 첫 번째 문장을 지칭하는 말이다. 이 문장에는 해당 조나 항에서 규율하고자 하는 원칙이 들어있다. '단서'는 '본문' 뒤에 이어지는 문장으로서 '**단**', '**다만**', '**그러나**' 등으로 시작하는 문장을 지칭하는 말이다. '단서'에는 '본문'의 규정이 적용되지 않는 예외적인 경우가 규정되어 있다.

> 예 이 법은 상시 5명 이상의 근로자를 사용하는 모든 사업 또는 사업장에 적용한다. (본문) **다만**, 동거하는 친족만을 사용하는 사업 또는 사업장에 대하여는 적용하지 아니한다. (단서 (예외 규정))

2. 전단(前段)과 후단(後段)

조나 항이 2개의 문장으로 구성되어 있고 두 번째 문장이 '**이 경우**' 등으로 시작되는 경우 또는 문장이 병렬적으로 제시되어 있는 경우에는 각 문장을 전단과 후단이라고 부른다. '전단'에는 해당 조나 항에서 규율하고자 하는 원칙이 들어있고 '후단'에는 본문 규정의 취지에 대한 부연설명, 부가되는 원칙이나 요건, 밀접한 관계를 가진 다른 경우에 대한 규정 등이 제시된다.

하나의 문장에 대등한 2개의 사항이 나란히 제시되어 있을 때 앞의 것을 '전단', 뒤의 것을 '후단'이라고 지칭하기도 한다.

> 예 사용자는 해고를 피하기 위한 노력을 다하여야 하며, 합리적이고 공정한 해고의 기준을 정하고 이에 따라 그 대상자를 선정하여야 한다. (전단) **이 경우** 남녀의 성을 이유로 차별하여서는 아니 된다. (후단 (추가 원칙))
>
> 예 법률행위에 의하여 수여된 대리권은 전조의 경우외에 그 원인된 법률관계의 종료에 의하여 소멸한다. (전단) 법률관계의 종료전에 본인이 수권행위를 철회한 경우에도 같다. (후단 (동일 규정이 적용되는 다른 요건))
>
> 예 피고사건이 범죄로 되지 아니하거나 (전단) 범죄사실의 증명이 없는 (후단) 때에는 판결로써 무죄를 선고하여야 한다.

※ '본문과 단서' 또는 '전단과 후단'이라는 용어 대신, 조나 항의 문장을 순서대로 세어 '1문, 2문, 3문, …'으로 지칭하기도 한다.

3. 일반적인 문장 형태

법조문은 주로 조건문의 형식을 많이 사용하며, 자주 사용되는 문장의 표현 형태는 다음과 같다.

> 예 • ~한 A는 ~에게 ~를 ~까지 ~으로 B해야 한다. (이다, 한다, 해서는 아니된다, 할 수 있다, 할 수 없다)
> • ~이면, A는 B해야 한다.
> • ~일 때에는, A는 B해야 한다.
> • ~인 경우, A는 B해야 한다.
> • ~는 A이며, 이 경우 A는 B해야 한다.

이와 같은 표현 양식에서 A는 주체로서 요건에 해당하고, '~'는 경우·자격·객체·대상·기간(시기)·방식(절차) 등을 나타내는 요건에 해당하며 B는 효과(행위)에 해당한다.

4. 주어, 서술어, 기타 부속성분

법조문을 해석할 때에는 문장의 주어(이에 부속된 문장성분, 관형어·구·절 등 포함)와 서술어, 그리고 기타 부속성분(서술어의 목적어, 보어, 각종 부사어·구 등)의 세 부분으로 크게 나누어 보는 것이 좋다.

주어와 이에 부속되는 문장성분에서는 핵심 요건인 '주체'와 주체로서 인정받기 위해 필요한 자격요건 등을 확인할 수 있고, 서술어에서는 핵심 효과인 강제(의무)·금지·허용되는 행위가 무엇인지를 확인할 수 있다. 그리고 기타 부속성분에서는 그 행위를 할 때에 지켜야 하는 절차·방법·기간 등의 요건을 확인할 수 있다.

5. 요건와 효과의 분리

요건과 효과가 항상 하나의 문장 안에 모두 포함되어 있는 것은 아니다. 앞의 「법령의 형식 구성」에서 본 바와 같이 '호'나 '목'을 사용하여 요건을 나열하기도 하고, 요건과 효과를 각각 별도의 조나 항으로 나누어 놓기도 하며 하위 법령에 요건이 규정되어 있을 수도 있다.

> 예 제00조 ① 다음 각 호의 요건을 모두 갖춘 A는 <u>B해야 한다.</u>(효과)
> 1. … (요건)
> 2. … (요건)
>
> 예 제1조 ① 다음 각 호의 하나에 해당하는 경우를 A라고 한다.
> 1. … (요건)
> 2. 대통령령으로 정하는 …에 해당하는 경우 (시행령에 일부 요건의 규정 권한을 위임)
> 제2조 ① 제1조 제1항의 각 호에 해당하는 경우, A는 <u>B해야 한다.</u>(효과)
> 단, 동항(同項) 제2호의 경우에는 B-1은 하지 <u>아니할 수 있다.</u>(효과)

Ⅳ | 요건과 효과의 배치

앞에서 법령의 체계, 법령의 형식 구성, 법령의 문장에 대해 알아보았다. 그 과정에서 요건과 효과가 어느 부분에 나뉘어 배치가 되는가에 대하여 산발적으로 언급하였는데, 이것을 다시 일목요연하게 정리하면 다음과 같다.

	요건	효과 (행위)
체계	시행령, 시행규칙	법률
형식	호, 목	조, 항
문장	주어, 부사어 (구·절)	서술어

- 법령의 체계 내에서는 법률에 요건과 효과가 배치되고, 시행령과 시행규칙에는 일반적으로 요건만 배치된다.
- 법령의 형식 구성 내에서는 조와 항에 요건과 효과가 배치되고, 호와 목에는 일반적으로 요건만 배치된다.
- 문장 내에서는 서술어가 효과(행위)를 나타내고, 주어와 부사어(구·절)는 해당 효과(행위)와 관련된 요건들을 나타낸다.

cf. 목적어

서술어가 단독으로 명확한 의미를 갖지 못하기 때문에 목적어를 서술어의 일부로 보아야 의미를 파악할 수 있는 경우도 있다.(예 : 동의를 얻어야 한다) 이와 같은 이유로, 서술어를 읽을 때에는 목적어를 함께 확인하면서 효과(행위)의 내용이 무엇인지 확실히 파악할 필요가 있다. 즉, 목적어는 대상이나 객체 등의 요건을 나타내는 경우도 있지만 서술어의 일부로서 효과(행위)를 나타내기도 한다. 따라서 '문장성분 중 이것은 요건이고, 저것은 효과이다'는 식으로 단순히 암기하지 말고, 항상 문장의 실제 의미를 잘 파악하며 법조문을 읽도록 하자.

◆ **법조문형 문제 효율적 접근법의 핵심**

이와 같이 요건과 효과(행위)의 일반적인 배치 상태를 확인하는 이유는, 이것을 알아두고 활용하는 것이 법률형 문제를 효율적으로 푸는 데에 도움이 되기 때문이다. 즉, 아래와 같이 중요도 순서를 정해두고 상대적으로 중요한 부분부터 먼저 확인하면서 선택지의 정오를 판단해 보고, 이것만으로는 정답이 확정되지 않는 경우에만 상대적으로 덜 중요하고 세세한 요건들을 검토하는 방식으로 접근하면 문제풀이의 시간을 유의미하게 단축시킬 수 있다.

1. 형식 구성 내에서의 중요도 순서
   - 1순위 : 조와 항 (문장으로 구성된 부분)
   - 2순위 : 호와 목

   ➔ 조와 항 위주로 읽어서 주요 정보부터 확인·검토하고, 호와 목에 있는 세세한 요건들은 필요한 경우에만 다시 검색·검토.

2. 문장 내에서의 중요도 순서
   - 1순위 : 서술어 (행위)
   - 2순위 : 주어와 목적어 (주체와 객체)
   - 3순위 : 기타 요건들

   ➔ 서술어와 주어 위주로 읽어서 주요 정보부터 확인·검토하고, 문장 내의 기타 요건들은 필요한 경우에만 다시 검색·검토.

1. 문법적 이해

법조문의 기본적인 성격은 '규칙'이며 구체적인 예시나 부연설명 없이 규정하고자 하는 내용들을 일반화된 표현으로 기술한다. 또한, 오해의 소지를 조금이라도 더 줄이기 위하여 요건과 효과의 관련성을 최대한 유기적으로 밝혀두고자 하므로 규정하는 내용들 각각을 하나의 완결된 문장으로 표현하는 경향이 있으며, 이 문장들은 많은 내용을 담고 있기 때문에 종종 매우 길어진다. 문장이 길기 때문에 읽기 어렵게 느껴지기도 하지만 문장구조를 정확히 분석하며 읽는다면 법조문이 상당히 정확한 문법을 기반으로 작성되어 있고, 이 때문에 오히려 이해하기가 쉽다는 것도 알게 될 것이다. 따라서 법조문에 익숙하지 않아 읽기 힘들 때에는 익숙해질 때까지 문장성분을 정확히 구분하며 천천히 읽어 보는 것이 좋다.

> 예 다중이용업주가(주어) 화재배상책임보험에(부사어) 가입하지 아니하였을(서술어) 때에는
>
> 소방서장은(주어) 허가관청에(부사어) 다중이용업주에 대한 인가·허가의 취소 등 필요한 조치를 취할 것을(목적어) 요청할 수 있다.(서술어)

2. 문법에 기초한 내용의 이해

문장성분의 파악이 끝난 후에는 이를 주체·객체·대상·기간(시기)·절차(방법)·행위 등으로 구분하며 내용을 이해해 보자. 육하원칙을 기반으로 '누가(주체) 어떤 경우에(시기, 장소, 조건 등) 누구에게(객체) 어떤 방법으로(방법, 절차 등) 무엇을(대상) 해야 하는가(효과)'를 꼼꼼히 살피는 느낌으로 이해하는 것이다.

> 예 ① 다중이용업주는 화재배상책임보험에 가입하여야 한다.
>
> ② 다중이용업주가 화재배상책임보험에 가입하지 아니하였을 때에는
>
> - 주체 : 다중이용업주
> - 대상 : 화재배상책임보험
> - 행위 : 가입(하지 아니함)
>
> 소방서장은 허가관청에 다중이용업주에 대한 인가·허가의 취소 등 필요한 조치를 취할 것을 요청할 수 있다.
>
> - 주체 1 : 소방서장
> - 객체 1 : 허가관청
> - 대상 1 : 조취를 취할 것
> - 행위 1 : 요청
> - ▫ 주체 2 : 허가관청
> - ▫ 객체 2 : 다중이용업주
> - ▫ 대상 2 : 다중이용업주에 대한 인가 · 허가
> - ▫ 행위 2 : 취소 등의 조치를 취함

앞의 법조문의 제2항은 세 개의 문장이 결합되어 하나의 문장을 이루고 있다. 요건과 효과를 고려하며 각 문장의 표현을 바꾸어 이해하면 다음과 같다.

① 다중이용업주가 화재배상책임보험에 가입하지 아니하였다.

→ 다중이용업주라는 요건을 갖춘 사람은 화재배상책임보험에 가입할 의무가 있다.(제1항)

→ 다중이용업주라는 요건을 갖춘 경우, 그 사람에게는 화재배상책임보험 가입의무라는 효과가 발생한다.(제1항)

→ 다중이용업주라는 요건을 갖춘 사람이 화재배상책임보험에 가입할 의무를 이행하지 아니하였다.(제2항)

② 허가관청은 다중이용업주에 대한 인가·허가를 취소한다.

→ (①의 요건이 충족되었을 때) 다중이용업주에게 허가를 내어 준 관청은 다중이용업주에 대한 인가·허가를 취소할 수 있다.

→ (①의 요건이 충족되었을 때) 다중이용업주에게 허가를 내어 주었다는 요건을 갖춘 관청에게는 그 인가·허가를 취소할 수 있는 권한이 발생한다.

→ (①의 요건이 충족되었을 때) 허가관청이라는 요건을 갖춘 경우, 해당 관청은 인가·허가의 취소라는 효과를 발생시킬 수 있다.

→ 다중이용업주에 대한 인가·허가의 취소는 허가관청의 소관 사항이다.

→ 허가관청이 아니면 다중이용업주에 대한 인가·허가를 취소할 수 없다.

③ 소방서장은 인가·허가의 취소를 요청할 수 있다.

→ (①의 요건이 충족되었을 때) 소방서장이라는 요건을 갖춘 사람은 인가·허가의 취소를 요청할 수 있다.

→ (①의 요건이 충족되었을 때) 소방서장이라는 요건을 갖춘 사람은 인가·허가의 취소를 요청하는 것이 허용된다.

→ (①의 요건이 충족되었을 때) 소방서장이라는 요건을 갖춘 경우, 그 사람은 인가·허가 취소의 요청이라는 효과를 발생시킬 수 있다.

→ 다중이용업주에 대한 인가·허가의 취소를 요청은 소방서장의 소관 사항이다.

→ 소방서장이 아니면 다중이용업주에 대한 인가·허가의 취소를 요청할 수 없다.

3. 법조문 해석 시 유의할 일반적 사항

1) 반대해석

법조문은 일반적으로 조건문(가언명제)의 형태를 취하고 있다. 이 때문에 논리 명제의 일반적인 해석 방법과 법조문의 해석 방법 사이에서 혼란을 느끼는 경우가 종종 있다. 예를 들어 논리에서는, 'A이면 B이다'가 참일 때 'A가 아니면 B가 아니다'가 참이라고 단정할 수 없다. 그러나 법조문에서는 (별도의 다른 규정이 없는 한) 'A이면 B이다'는 조문을 'A가 아니면 B가 아니다'라고 해석해도 된다. 법조문은 특정 요건을 갖춘 상황에 대해서'만' 특정 효과를 부여한다는 약속을 내용으로 하는 것이므로 해당 법조문 안에서 요건과 효과의 관계는 필요충분한 관계라고 볼 수 있기 때문이다. 즉, 어떤 법조문을 해석할 때, (해당 상황에 대한 다른 규정이 없다면) 단일 법조문(명제)의 역·이·대우 형태의 내용이 옳다고 하는 해석은 모두 해당 법조문의 규정에 부합하는 해석이 된다. 특히, 법조문(명제)의 '이'의 형태에 해당하는 해석은 '반대해석'이라 하여 널리 통용되는 해석 방법이다.

논리		법조문 = 필요충분 상태	영어 조동사에 비유	
명제	A → B	A이면 B해야 한다. (할 수 있다.)	must	(can)
이	~A → ~B	A가 아니면 B할 필요가 없다. (할 수 없다.) **(반대해석)**	need not	(cannot)
역	B → A	B해야 했다면(할 수 있었다면) A일 것이다.		
대우	~B → ~A	B하지 않아도 되었다면(할 수 없었다면) A가 아니었을 것이다.		

예 재단법인의 정관은 그 변경방법을 정관에 정한 때에 한하여 변경할 수 있다.
= 재단법인의 정관은 그 변경방법을 정관에 정한 때에만 변경할 수 있다.
→ 재단법인의 정관 변경방법을 정관에 정하지 않았다면 그 정관은 변경할 수 없다.
→ 재단법인의 정관을 변경할 수 있다면, 그 정관에는 정관의 변경방법이 정해져 있다.
→ 재단법인의 정관을 변경할 수 없다면, 그 정관에는 정관의 변경방법이 정해져 있지 않다.

※ 사실 이 내용은 '가언명제의 참·거짓 판별'과 연관시켜 이해하는 것이 옳지만, 여기에서는 이 정도로만 간단하게 이해하도록 하자.

2) '그리고'와 '또는'

여러 개의 요건이 '그리고(~이고, ~와, ~로서, and)'로 연결되어 있으면 제시된 요건들을 모두 갖추어야 효과가 발생한다. 여러 개의 요건이 '또는(~이거나, 혹은, or)로 연결되어 있으면 제시된 요건들 중 하나만 충족되어도 효과가 발생한다.

> 예 규정을 위반하는 약정으로서 여행자에게 불리한 것은 효력이 없다.
> → 약정이 ① 규정을 위반한 것이고 ② 여행자에게 불리한 것이라는 2가지 요건을 모두 만족시키는 경우에만 해당 약정은 효력이 없다.
>
> 예 재단법인이 목적 이외의 사업을 하거나 설립허가의 조건에 위반하거나 기타 공익을 해하는 행위를 한 때에는 주무관청은 그 허가를 취소할 수 있다.
> → 3가지 요건 중 어느 하나만 충족되어도 주무관청은 그 허가를 취소할 수 있다.

3) 및

법조문에서 여러 항목을 나열할 때 '및'을 사용하는 경우가 있는데, '및'은 '또는'이나 '그리고' 둘 중 어느 쪽으로 해석해도 상관없는 개별 항목들을 나열할 때 주로 사용한다. 그러나 간혹 문맥에 따라 '또는'이나 '그리고'로 해석해야 하는 경우도 있으므로 주의할 필요가 있다.

> 예 항만, 공항, 비행장, 주요 물류시설 및 주요 터미널시설 등의 위치 변경에 관한 사항
> → 단순 나열
>
> 예 경비원 20명 이상 및 경비지도사 1명 이상의 경비인력을 갖추어야 한다.
> → 경비원 20명 이상 그리고 경비지도사 1명 이상

4) 쉼표(,)와 가운뎃점(·)

법조문에서 여러 항목이나 요건을 나열할 때 쉼표(,)나 가운뎃점(·)을 사용하는 경우가 있다. 쉼표(,)와 가운뎃점(·)은 나열된 항목 중 가장 첫 항목의 뒤 또는 가장 마지막 항목의 앞에 적혀있는 접속부사와 같은 의미로 이해하면 된다. 접속부사가 없는 경우에는 '및'과 마찬가지로 개별 항목의 단순 나열로 해석하되, 문맥에 주의한다.

> 예 재직 중 학사 · 석사 또는 박사 학위를 취득한 사람
> → 학사 또는 석사 또는 박사 중 어느 하나의 학위
>
> 예 위원이 해당 안건에 대하여 증언, 진술, 자문, 연구, 용역 또는 감정을 한 경우
> → 증언 또는 진술 또는 자문 또는 연구 또는 용역 또는 감정 중 어느 하나를 한 경우
>
> 예 국무회의는 대통령 · 국무총리와 15인 이상 30인 이하의 국무위원으로 구성한다.
> → 대통령 그리고 국무총리 그리고 15인 이상 30인 이하의 국무위원
>
> 예 현금 · 유가증권 · 귀금속 · 상품 그 밖의 물건에 대하여 도난 · 화재 등 위험발생을 방지하는 업무
> → 단순 나열

5) 내지(乃至)

'내지(乃至)'의 사전적 의미는 2가지가 있다.

① (수량 등을 나타내는 말들 사이에 쓰여) ~부터 ~까지

② 그렇지 않으면, 또는, 혹은

법조문에서 '내지'는 주로 ①의 의미로 사용되며, ②의 의미로 사용되는 경우는 거의 없다. 또한 여러 개의 다른 조, 항, 호 등을 지칭하는 경우에 많이 사용된다. 최근에는 '~부터 ~까지', '~이상 ~이하' 등 의미를 분명히 하는 방식으로 법령을 개정하고 있으나, 아직도 많은 법령에 '내지'가 사용되고 있다.

> 예 재단법인의 설립자는 일정한 재산을 출연하고 제40조 제1호 내지 제5호의 사항을 기재한 정관을 작성하여 기명날인하여야 한다.
> → 제1호부터 제5호까지
>
> 예 국가정보원의 1급 내지 4급 직원
> → 1급부터 4급까지
>
> 예 전문대학의 수업연한은 2년 내지 3년으로 한다.
> → 2년 이상 3년 이하

6) '각 호의 1'

'각 호의 1'은 '각 호의 어느 하나'와 같은 의미이다. 현재 이 표현은 법령의 개정을 통해 '각 호의 어느 하나'로 모두 바뀌고 있다.

> 예 다음 각 호의 1에 해당하는 자는 1년 이하의 징역 또는 1천만 원 이하의 벌금에 처한다.
> → 각 호의 어느 하나

7) 다른 조나 항을 지칭할 때 쓰이는 문구

① 전조(前條), 전항(前項): 바로 앞의 조나 항을 지칭할 때 사용한다.

② 전2조, 전3조, 전3항 등: 바로 앞에 연이어 있는 여러 개의 조나 항을 한꺼번에 지칭할 때 사용한다.

이 외의 경우에는 일반적으로 '제173조', '제12조 및 제13조', '제23조 제2항', '제1항', '제1항 및 제2항' 등과 같이 지칭하는 조와 항의 번호를 명시한다. 상황판단영역의 문제에서는 '제△△조'와 같이 다른 것과 구별되는 기호를 사용한 후 이를 이용하여 지칭하는 경우도 있다.

> 예 제217조 위조, 변조, 작성 또는 허위기재한 전3조 기재의 유가증권을 행사하거나 행사할 목적으로 수입 또는 수출한 자는 10년 이하의 징역에 처한다.
> → 제214조부터 제216조
>
> 예 ④ 위조 또는 변조한 전3항 기재의 통화를 행사하거나 행사할 목적으로 수입 또는 수출한 자는 그 위조 또는 변조의 각 죄에 정한 형에 처한다.
> → 제1항부터 제3항

8) 끊어 읽기와 묶어 읽기

법조문은 문장이 매우 긴 경우가 많다. 따라서 각종 수식어(관형어, 부사어)가 문장의 어느 부분까지 수식하는지, 쉼표(,)·그리고·및·또는 등의 단어와 함께 항목이 나열되어 있는 경우 어느 단어까지를 하나의 묶음으로 보고 어느 부분에서 끊어 읽어야 하는지가 헷갈릴 수 있다. 이런 경우에 대해서는 사실 정해진 원칙이 없다. 기본적으로 성격이 비슷하고 대등한 것들을 하나의 묶음으로 보되, 전체 문맥에 조화를 이루는 내용이 되도록 끊어(묶어) 읽어야 한다.

> 예 다만, ① 천재·사변, 그 밖의 부득이한 사유로 사업을 계속하는 것이 불가능한 경우 또는 ② 근로자가 고의로 사업에 막대한 지장을 초래하거나 재산상 손해를 끼친 경우에는 그러하지 아니하다.
>
> - 크게 나누어 2가지의 요건이 제시되어 있다.
> - '천재·사변'은 '그 밖의 부득이한 사유'의 예시라고 이해한다.
> - '천재·사변, 그 밖의 부득이한 사유로'는 '사업을 계속하는 것이 불가능'까지만 수식한다.
> - '사업에 막대한 지장을 초래'와 '재산상의 손해를 끼침'은 비슷하고 대등한 성격을 가지므로 하나로 묶는다.
>   '고의로'는 '사업에 막대한 지장을 초래하거나 재산상 손해를 끼친'까지 수식한다.
>
> 예 다만, 그 합의는 일자(日字)와 부부의 기명날인 또는 서명이 있는 서면으로 작성된 경우에 한하여 그 효력이 있다.
>
> - '일자(날짜)'는 성격이 다르므로 분리한다.
> - '기명날인(이름을 쓰고 도장을 찍음)'과 '서명'은 비슷하고 대등한 성격을 가지므로 하나로 묶는다.
> - 합의가 효력이 있으려면 서면으로 작성되어야 하고, 그 서면에는
>   ① 일자와 기명날인, 2가지가 있거나
>   ② 일자와 서명, 2가지가 있어야 한다.

4. 법조문 해석 시 유의할 특별한 사항

1) 직계존속과 직계비속

직계(直系)란 혈연이 친자 관계에 의하여 직접적으로 이어져 있는 계통을 말한다. 존속(尊屬)이란 자신의 부모 또는 부모와 동등 이상의 항렬에 속하는 혈족을 말한다. 비속(卑屬)과 자신의 자손 및 자손과 동등 이하의 항렬에 속하는 혈족을 말한다. 따라서 '직계존속'은 아버지와 어머니, 할아버지와 할머니, 증조할아버지와 증조할머니, 외할아버지와 외할머니, 외증조할아버지와 외증조할머니 등을 통칭하는 말이다. '직계비속'은 자녀, 손자녀, 증손자녀, 외손자녀, 외증손자녀 등을 통칭하는 말이다. 즉, 가계도에서 위아래 직선상에 배치되는 사람들을 생각하면 된다.

이와 대비되는 말로 '방계혈족'이 있는데, 방계(傍系)란 시조(始祖)가 같은 혈족 가운데 직계에서 갈라져 나온 혈족을 말한다. 즉, 가계도에서 좌우 옆으로 배치되는 사람들을 생각하면 된다.

상황판단영역의 문제에서 '방계'가 중요한 사항으로 취급되는 경우는 현재까지 없었다. 그러나 '직계존속·직계비속'이라는 용어는 매우 자주 등장하며, 문제풀이에 필요한 핵심사항으로 취급되므로 미리 알아두는 것이 좋다.

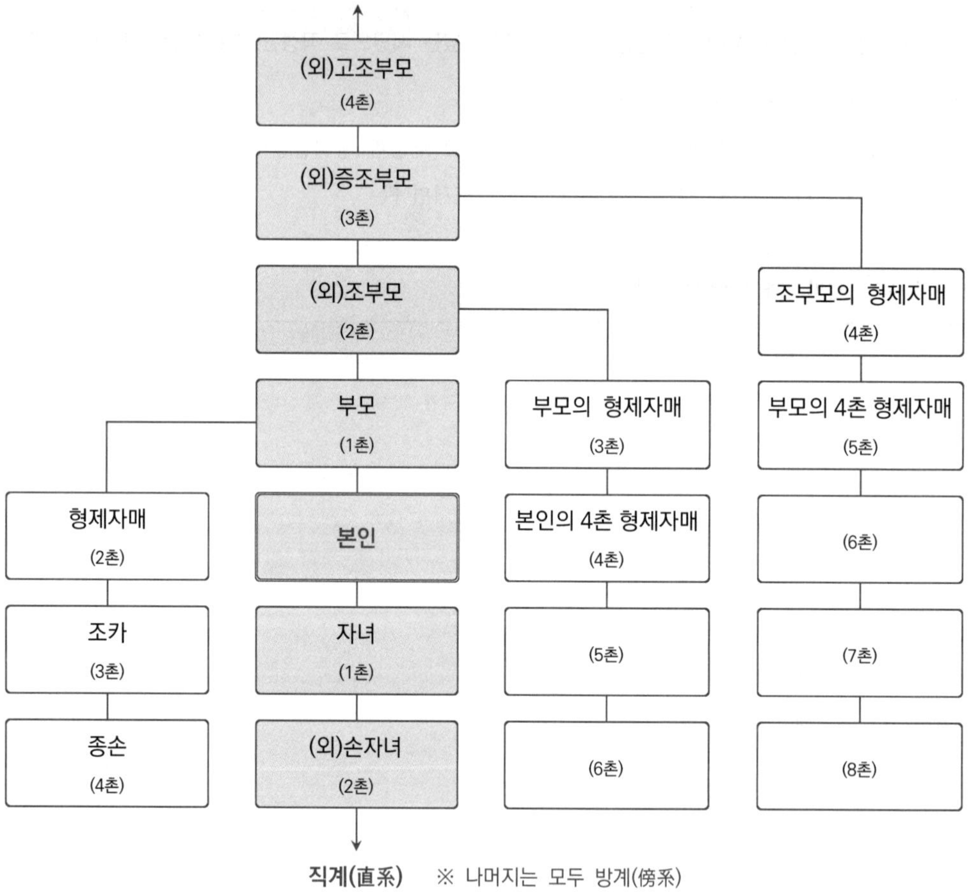

※ 참고 : 촌수(寸數)는 가계도에서 본인으로부터 그 사람까지 '출생에 의해 이어지는 선'의 개수를 세어 판단하면 된다.

2) 지방자치단체와 지방자치단체장의 구분

(1) 지방자치단체의 구분

우리나라의 지방자치단체는 '광역지방자치단체'와 '기초지방자치단체', 크게 두 가지로 나누어 볼 수 있다. 광역지방자치단체는 우리가 알고 있는 가장 큰 행정단위이고, 기초지방자치단체는 광역지방자치단체에 부속되는 하위 행정단위이다.

기초지방자치단체 중 '구'는 광역지방자치단체인 특별시와 광역시의 하위 행정단위 중 '구'만을 의미한다. 기초지방자치단체의 하위 행정단위이거나 자치구가 아닌 '구'는 기초지방자치단체가 아니다. 기초지방자치단체인 구를 '자치구'라고 하며, 자치구인지 여부는 구청장 선거 실시 여부를 기준으로 판단할 수도 있다. 예를 들어, 서울특별시의 '서초구'는 광역지방자치단체인 서울특별시의 하위 행정단위이며 구청장을 선거로 선출한다. 따라서 '서초구'는 자치구이며 기초지방자치단체이다.

반면, 경기도 안산시 '단원구'는 기초지방자치단체인 안산시의 하위 행정단위이며, 구청장 선거를 실시하지 않고 안산시장이 구청장을 임명한다. 따라서 '단원구'는 자치구가 아니며 기초지방자치단체가 아니다. 이와 같이 기초지방자치단체가 아닌 행정단위(구, 읍, 면, 동)를 '하부행정기관'이라고 통칭한다.

(2) 지방자치단체장의 구분 및 약칭

대부분의 법령에서는 광역지방자치단체인 '특별시 · 광역시 · 특별자치시 · 도 · 특별자치도'를 묶어서 '시 · 도'로 약칭하고, 광역지방자치단체의 장인 '특별시장 · 광역시장 · 특별자치시장 · 도지사 · 특별자치도지사'를 묶어서 '시 · 도지사'로 약칭한다. 반면, 기초지방자치단체는 별도의 약칭을 쓰지 않고 '시 · 군 · 구'라고 묶어서 쓰며, 기초지방자치단체의 장은 '시장 · 군수 · 구청장'이라고 묶어서 쓴다. 따라서 '시 · 도지사' 중의 '시장'은 광역지방자치단체의 장(특별시장 · 광역시장 · 특별자치시장)을 의미하는 것이며, '시장 · 군수 · 구청장'의 '시장'은 기초지방자치단체의 장을 의미하는 것임이 일반적이다.

한편, 법령의 목적과 적용 범위에 맞추어 예외적으로 광역지방자치단체의 장과 기초지방자치단체의 장을 섞어서 약칭하는 경우도 있으므로, 문제에 제시된 법령을 주의 깊게 살피는 것이 좋다. 예를 들어 『민간임대주택에 관한 특별법』에서는 '특별자치시장 · 특별자치도지사 · 시장 · 군수 또는 구청장'을 묶어서 '시장 · 군수 · 구청장'으로 약칭한다고 규정되어 있다.

3) 기간의 계산

법조문에 날짜와 기간에 대한 내용이 포함되어 있다면 다음의 사항들에 주의한다.

① 초일(初日) 산입 여부에 대한 규정이 제시되어 있는지 확인하고, 제시되어 있다면 반드시 해당 규정을 따른다. '초일 산입 여부'가 명시되어 있는 문제는 날짜를 꼼꼼하게 검토할 필요가 있다.

만일 문제에 '초일 산입 여부'가 명시되어 있지 않다면, 1일의 차이로 정오가 달라지도록 출제하지는 않았다는 의미이다. 이런 문제에서는 날짜와 기간을 대략적으로만 살피며 문제를 풀어도 좋다.

※ 초일(初日): 예를 들어 '<u>A인 날</u>부터 n일 이내에'와 같은 형식으로 기간이 제시되어 있을 때, 'A인 날' 당일을 '초일'이라 한다.

> 예 '국내로 입국한 날로부터 20일'의 계산
> ① 입국한 날이 3월 15일이고 초일을 산입하는 경우
> → 15일을 첫날(기산일)로 하여 계산하므로 20일이 되는 날은 4월 3일이다.
> ② 입국한 날이 3월 15일이고 초일을 산입하지 않는 경우
> → 16일을 첫날(기산일)로 하여 계산하므로 20일이 되는 날은 4월 4일이다.

② '월'로 표기된 기간을 임의로 '일'로 환산해서는 안 된다. 반대의 경우도 마찬가지이다.

예를 들어 60일과 2개월은 전혀 다른 기간이다. 3월 15일을 첫날로 한 2개월은 5월 14일까지이며, 이를 '일'로 환산하면 61일이다. 반면 7월 15일을 첫날로 한 2개월은 9월 14일까지이며 이를 '일'로 환산하면 62일이다. 이와 같은 이유로 '월'로 표기된 기간과 '일'로 표기된 기간을 임의로 서로 바꾸어서는 절대로 안 된다.

③ '개월'을 '월'로 표기하는 경우가 있으니, 문맥에 따라 정확히 판단하여야 한다.

> 예 2단계 조사는 1단계 조사 판정일 이후 <u>1월 내에</u> 실시하여야 한다.
> → 1개월 내에

4) 인원수 및 의석수 등의 계산

의사정족수 및 의결정족수 등 인원수의 계산이나 비례대표 국회의원 및 비례대표 지방의회의원의 의석수 계산을 할 때에는 문제에 별도의 규칙이 제시되지 않는 한, '산출된 범위 내의 자연수'만을 대상으로 한다.

'과반수'는 '절반을 초과하는 수'라는 의미이다.

> 예 회의는 구성원 과반수의 출석으로 개의하고, 출석구성원 3분의 2 이상의 찬성으로 이결한다.
> → 구성원이 15명인 경우,
> 회의의 개의를 위한 의사정족수는『15 ÷ 2 =7.5 → 7.5를 초과하는 범위의 자연수 = 최소 8』로 계산한다.
> 따라서 최소 8명이 출석해야 개의할 수 있다.
> → 8명이 출석한 경우,
> 의결을 위한 의결정족수는『8 × 2/3 ≒ 5.3 → 5.3 이상의 범위 내 자연수 = 최소 6』으로 계산한다.
> 따라서 최소 6명이 찬성해야 의결할 수 있다.

5) 초과누진세 구조

우리나라의 세금이나 각종 납부금, 공과금 등은 초과누진세 구조 하에서 계산되는 경우가 매우 많다. 따라서 초과누진세 구조의 특징과 계산 방법 등을 미리 알아두는 것도 관련 문제를 풀 때 도움이 된다. 초과누진세 구조를 제시하는 방법은 아래와 같이 두 가지가 있는데, Ⅰ번 방법은 주로 국세청 홈페이지나 관공서 업무 매뉴얼 등에서 볼 수 있는 방법이고, Ⅱ번 방법은 각종 법률에서 볼 수 있는 방법이다. 지금까지의 PSAT 기출문제에는 Ⅱ번 방법만 소재로 사용되었다.

※ 초과누진세의 세금 계산법 및 제시 형태

Ⅰ. 누진공제를 제시하는 방법
→ 중복 부분 뺄셈하는 방법

〈양도소득세의 세율〉

과세표준	세율	누진공제
1,200만 원 이하	6%	없음
4,600만 원 이하	15%	108만 원
8,800만 원 이하	24%	522만 원
3억 원 이하	35%	1,490만 원
3억 원 초과	38%	2,390만 원

※ 국세청 홈페이지

예 과세표준이 4,000만 원인 경우 세금의 계산

- 기본 계산 방식
  (1,200 × 6%) + (2,800 × 15%) = 72 + 420 = 492 (만 원)
- 누진공제 계산방식
  (4,000 × 15%) − **108** = 492 (만 원)

- 위의 계산에서 108만 원이 어떻게 나온 것인가를 이해하는 것이 필요하다. 이 108만 원은 계산을 단순화하기 위하여, 단일 세율을 곱했을 때 추가로 계산·산출되는 부분을 미리 계산해 둔 것이다.
  과세표준이 4,000만 원인 경우, 1,200만 원까지는 6%, 나머지 2,800만 원에 대해서는 15%의 세율을 각각 곱하여 더하는 것이 원칙이다. 이때, 4,000만 원 전체에 대하여 15%의 세율을 곱하면 1,200만 원까지의 구간에 대하여 9%의 세율을 더 적용한 것이 되어 [1,200 × 9% = 108만 원]이 추가로 산출되는데, 이 부분을 미리 계산하여 두었다가 그만큼을 다시 감액하여 세금을 정확하게 조정하는 것이다.

- 하나의 예를 더 보도록 하자.
  과세표준이 8,000만 원이라고 가정하면, 1,200만 원에 대해서는 6%, 1,200만 원부터 4,600만 원까지의 3,400만 원에 대해서는 15%, 나머지 3,400만 원에 대하여 24%의 세율을 곱한 후 모두 더한 금액이 세금이 된다.
  이때, 8,000만 원 전체에 마지막 구간의 세율인 24%를 곱한다면, 1,200만 원에 대해서는 18%, 3,400만 원에 대해서는 9%의 세율이 더 적용된 셈이 되므로 이 부분을 계산하여 다시 빼야 한다.
  따라서 (1,200 × 18%) + (3,400 × 9%) = 216 + 306 = 522 (만 원)
  522만 원이라는 누진공제액을 미리 계산하여 두었다가 빼는 것이다.
  (3,400 × 24%) + (3,400 × 15%) + (1,200 × 6%)
  = (8,000 × 24%) − 522 = 1,398 (만 원)

Ⅱ. 직전 구간까지의 세액을 미리 계산하여 주는 방법
→ 덧셈하는 방법

〈종합부동산세의 세율〉

과세표준	세율
6억 원 이하	1천분의 5
6억 원 초과 12억 원 이하	300만 원 + (6억 원을 초과하는 금액의 1천분의 7.5)
12억 원 초과 50억 원 이하	750만 원 + (12억 원을 초과하는 금액의 1천분의 10)
50억 원 초과 94억 원 이하	4천 550만 원 + (50억 원을 초과하는 금액의 1천분의 15)
94억 원 초과	1억 1천 150만 원 + (94억 원을 초과하는 금액의 1천분의 20)

※ 종합부동산세법

- 과세표준이 6억 원이라고 하자. 이 때, 부과되는 세금은
  6억 × 0.005 = 300만 원이다.
  이 300만 원은 과세표준이 더 높은 금액이 되더라도 변함없이 동일하게 적용되는 부분이므로, 미리 계산하여 두었다가 추가구간의 세금액만 계산하여 더하면 된다는 것이다.

- 예를 들어, 과세표준이 11억 원이라면,
  (6억 × 0.005) + (5억 × 0.0075) = 300만 + 375만 = 675만 원으로 앞의 300만 원이 동일하게 적용된다.

참고

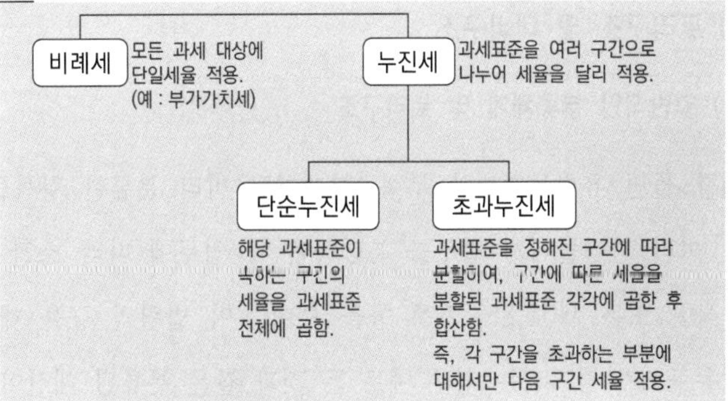

VI | 문제풀이 접근법

법조문도 일반 TEXT와 마찬가지로 형식구조와 내용구조를 파악하는 구조적 독해로 접근하는 것이 좋다. TEXT에서 문단이 바뀔 때마다 각각 다른 내용이 서술되듯이 법조문에서는 조와 항이 바뀔 때마다 내용도 함께 바뀐다. 따라서 먼저 조와 항의 개수를 세며 형식구조를 파악한 후, 내용을 가볍게 빠른 속도로 읽어 내용구조를 파악하며 주요 정보의 위치를 MAPPING한다. 그 후 선택지나 보기를 보며 정오 판단에 필요한 세부 요건 등의 정보를 재탐색하며 문제를 푸는 것이 안정성과 효율성을 겸비한 기본적인 문제풀이 방법이다.

형식구조 파악 → 내용구조 파악 & 정보 위치 MAPPING → 단계적 선택지 검토 or 단계적 작업

1. 형식구조의 파악

법조문에서는 '조(제00조)'의 개수를 먼저 파악하고, '조'가 1개일 경우에는 '항(①, ②, …)'의 개수를 파악하며 모두 몇 개의 주요 내용이 담겨있을지를 가늠한다. 이때, 제00조에 제목이 함께 붙어 있는 경우에는 그 제목까지 읽어서 정보의 대략적 위치를 알아둔다. 제00조에 붙은 제목은 그 조에 어떤 내용이 들어있는지를 알려주기 때문에 이것을 이용하여 대체적인 정보의 위치를 MAPPING할 수 있다.

2. 내용구조의 파악 & 정보의 위치 MAPPING

형식구조의 파악이 끝나면 전체 조문을 빠른 속도로 간략히 읽으면서 내용구조를 파악하고 정보의 위치를 MAPPING한다. 이때, '조'와 '항'의 문장 위주로, 그 중에서 특히 주어와 서술어를 체크하며 읽는 것이 효율적이다. '호'와 '목'이 있으면 읽지 않고 넘어가도 좋다. '호'와 '목'에는 주로 세세한 요건들이 나열되어 있기 때문에 미리 읽어도 잘 기억에 남지 않으며, 문제를 푸는 데에 모든 요건들을 알아야 할 필요도 없기 때문이다. '조'와 '항'의 문장을 읽을 때에도 마찬가지로 세세한 요건까지 모두 꼼꼼히 읽을 필요는 없다. 세세한 정보는 선택지 검토 단계에서 요구되는 만큼만 다시 검색하여 찾아보는 것으로 충분하다.

법조문을 읽을 때에 주목해야 하는 내용 구조는 다음과 같다.

1) 트리구조 및 대비구조

(1) 일반적인 분류체계 및 트리구조

예를 들면 유형문화재와 무형문화재처럼 미리 분류한 항목들을 법령의 규율 대상으로 하는 경우나, 국세청장과 세무서장 등 여러 관리들에게 업무를 분담하여 각 업무에 따라 소관 주체가 다른 경우 등을 말한다. 이와 같은 내용구조는 주어나 목적어 또는 제00조의 제목 등을 보며, '이 법령의 규율 대상은 무엇인가'를 생각해 보면 쉽게 파악할 수 있다. 이러한 내용구조가 감지되는 경우 예로 든 것과 같은 분류된 대상이나 주체 등을 기준으로 정보의 위치를 MAPPING한다.

CONTENTS 이 책의 목차

법률형 문제 핵심 이론

유형별 집중 연습

정답 및 해설

(2) 요건-효과의 관계에 의한 트리구조

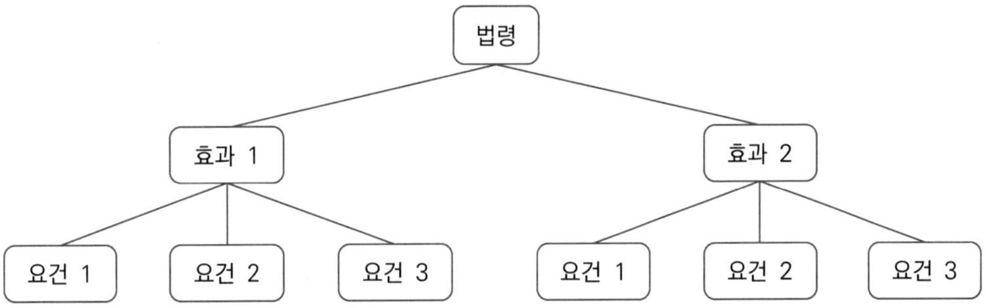

일반적인 분류체계가 발견되지 않거나 항목들이 너무 많은 경우에는 효과를 상위항목으로 한 트리구조를 상정해 본다.

제각기 다른 요건을 갖춘 여러 경우들을 하나로 묶어서 동일한 효과를 부여하면 규칙으로서의 의미를 가지게 된다. 예를 들어 '키가 150 cm 이하이거나 안경을 쓴 사람은 교실에 들어올 수 없다'는 규칙은 2가지 각기 다른 요건을 갖춘 경우에 대하여 동일한 금지사항을 적용하고 있지만, 규정하는 내용이 명확하여 규칙으로서의 의미를 충분히 가지고 있다. 그러나 '안경을 쓴 사람은 교실에 들어올 수 없으며 교실에서 나갈 수도 없다'와 같이 하나의 대상에 2가지 이상의 효과를 부여하면 무엇을 규정하고 있는지(어떻게 하라는 것인지)가 애매해지고, 규칙으로서의 의미가 없어지게 된다. 이 때문에 법령은 일반적으로 한 개 또는 여러 개의 대상에 대하여 단 한 가지의 효과만을 부여한다.

그래서 법령에는 요건보다 효과의 개수가 적다. 또한, 여러 개의 요건이 하나의 효과에 부속되어 묶일 수 있기 때문에 이를 트리구조로 정리해 보면 효과가 요건보다 상위항목이 된다. 이와 같은 이유로 문제를 풀 때에는 효과에 해당하는 어구, 즉 행위규범을 명시하는 서술어를 KEYWORD로 하여 MAPPING을 하면 전체적인 내용의 구조를 파악하기가 쉬워지는 경향이 있다. 이와 같은 효과에 해당하는 어구(서술어)는 명사형으로 바뀌어 제00조의 제목에 포함되기도 하기 때문에, 각 '조'에 담긴 내용이 많지 않다면 제00조의 제목을 확인하는 것으로도 비슷한 효과를 얻을 수 있다.

2) 원칙 vs. 예외

규율의 대상이 되는 각 항목에 대하여 어떤 효과(의무·금지·허용 등)을 원칙으로 하고 어떤 효과(의무·금지·허용 등)을 예외로 하는지, 원칙과 예외의 기본 구도를 확인해 두면 선택지의 정오에 대한 1차적인 판단을 빠르게 할 수 있다. 또한, '예외'에 해당하는 부분에서 선택지가 구성되는 경우가 많기 때문에 예외가 잘 나타나는 위치를 알아두고 처음부터 특히 주의를 기울이는 것이 좋다.

〈예외나 추가 요건이 잘 나타나는 위치〉

ㄱ. 2번째 문장 : 다만, 단, 이 경우 등

ㄴ. 괄호 : (…)

ㄷ. 다음 조나 항 : 전조(前條)에도 불구하고, 제1항에도 불구하고 / 전조(前條)의 경우에, 제1항의 경우에

ㄹ. 조문 중의 서술어 부분 : ~을 제외하고 / 제1항의 규정을 적용하지 아니한다.

3) 기속·의무·금지 vs. 재량·허용·선택

각각의 법조문이 제시하는 효과(행위)는 크게 기속·의무·금지 사항과 재량·허용·선택 사항으로 나누어 볼 수 있다. 그리고 이것은 주로 서술어의 어미를 통해 확인할 수 있다. 기속·의무·금지 사항은 '~해야(만) 한다', '~할 수 없다' 등으로 표현되고, 재량·허용·선택 사항은 '~할 수 있다' 등으로 표현된다. 이를 기준으로 전체 내용을 크게 2가지 경우로 대비시켜 볼 수도 있으며, 특히 원칙과 예외의 관계와 맞물려 나타나는 경우도 많이 있으므로 주의를 기울일 필요가 있다.

> 예 원칙 : A를 해서는 아니된다. (금지)
> 예외 : 단, 시장의 허가를 받은 경우 A를 할 수 있다. (허용)
> → 선택지 : 甲은 부득이한 사정이 있는 경우 시장의 허가를 받지 않고 A를 할 수 있다. (옳지 않음)

4) 절차, 조직 구성 및 기타

업무·사업 등의 진행 절차나 기관·의회 등의 조직을 구성하는 방법 등을 규율하는 법조문도 문제의 소재로 자주 사용된다. 절차에 관한 법조문은 직렬구조의 TEXT와 비슷한 성격을 가지고 있으며, 조직 구성에 관한 법조문은 병렬구조의 TEXT와 비슷한 성격을 가지고 있다. 순서가 정해져 있는 직렬적인 절차에 대한 법조문에서는 단계 구성과 선후관계 등에 주의하고, 조직 구성에 대해 규율하는 법조문에서는 병렬적으로 나열된 각 항목들의 위치를 파악하여 MAPPING해 둘 필요가 있다. 물론 이때에도 주어, 서술어, 원칙, 예외, 기속, 재량 등을 함께 파악하여 두면 문제를 푸는 데에 분명히 도움이 된다.

3. 선택지의 정오 판단 (단계적 검토 or 단계적 작업)

선택지의 정오를 판단할 때에는 큰 틀에서의 내용 부합 여부를 먼저 판단하고, 그 후 세부적인 요건들이 제대로 갖추어져 있는가를 확인한다. 여기에서 '큰 틀'이란 앞에서 말한 내용구조 상의 기본적인 뼈대가 되는 사실들을 말한다. 즉, 매 선택지마다 모든 규칙을 다 적용하며 정오를 판단하지 말고, 하나의 규칙을 여러 선택지나 여러 적용 대상에 동시에 적용하면서 단계적으로 정오를 판단하여 오답인 선택지부터 걸러낸 후, 남아있는 선택지만을 대상으로 조금 더 세부적인 검토 작업을 한다는 것이다. 이런 방식으로 문제를 풀면 작업량을 상당히 줄여 시간을 아낄 수 있다. 이러한 단계적 접근법에 대해 간략히 예를 들면 다음과 같다.

① 선택지의 주어(기본적 요건)와 서술어(효과)가 제대로 MATCHING되어 있는지만 규정과 비교·확인하여 잘못된 선택지를 먼저 걸러낸 후, 나머지 선택지들을 대상으로 세부적인 요건에 대해 확인한다.

② 법조문에 규정된 절차에 따라 1단계의 요건부터 단계적으로 전체 대상에 적용하여 요건 불충족 대상을 먼저 걸러내고, 남아 있는 대상에 대해서만 2단계의 요건을 적용하여 모든 요건을 충족시키는 대상을 가려낸다.

③ 제약이 강한 규칙이 적용되는 선택지, 계산 등의 작업을 하지 않고도 정오판단이 가능한 선택지 등을 먼저 검토하여 전체적인 검토 속도를 높인다.

이는 '순서·절차·단계에 따라 검토한다'는 상황판단영역 문제풀이의 효율성을 살리는 일반적 방법과 동일하다. 이와 같은 단계적 처리 방식은 상황판단영역의 거의 모든 유형의 문제에서 처리속도를 향상시켜준다.

학습 & 분석

1 다음 글을 근거로 판단할 때 옳은 것은?

> 제00조(기금의 설치) 정부는 문화재의 보존 및 관리에 필요한 재원을 확보하기 위하여 문화재보호기금(이하 "기금"이라 한다)을 설치한다.
>
> 제00조(기금의 조성) ① 기금은 다음 각 호의 재원으로 조성한다.
>
> 1. 정부로부터의 출연금
> 2. 정부 외의 자가 출연 또는 기부하는 현금, 물품, 그 밖의 재산
> 3. 「복권 및 복권기금법」에 따른 복권기금으로부터의 전입금
> 4. 제2항에 따른 납부금
> 5. 기금의 운용수익금
>
> ② '문화재보호법'에 따라 지정문화재 관람료를 징수하는 국가와 지방자치단체는 징수금액의 100분의 10을 기금에 납부하여야 한다.
>
> 제00조(기금의 용도) 기금은 다음 각 호의 어느 하나에 해당하는 용도에 사용한다.
>
> 1. 문화재 보존을 위한 예방적 관리
> 2. 훼손·유실 등으로 인한 문화재의 긴급 보수 또는 복원
> 3. 매장문화재의 소규모 또는 긴급 발굴
> 4. 국내외 소재 중요 문화재의 긴급 매입
> 5. 민간의 문화재 보호활동, 학술조사 및 연구 지원
> 6. 기금의 징수 및 관리·운용
>
> 제00조(목적 외 사용금지) ① 기금을 지원받은 자는 지원받을 때에 정하여지는 목적 외의 용도에 사용하지 못한다.
> ② 문화재청장은 지원된 기금이 목적 외의 용도에 사용된 때에는 지원행위를 취소하고 환수한다.

① 장기간의 체계적인 발굴을 요하는 대규모의 매장문화재가 발견되었을 경우, 그 발굴은 문화재보호기금을 사용하여 시행하는 것을 원칙으로 한다.

② 문화재청장은 민간 학술단체의 활동을 목적을 한정하지 않고 포괄적으로 지원하기 위해 문화재보호기금을 사용할 수 있다.

③ 문화재보호기금은 국가 및 지방자치단체가 이미 확보하여 관리하는 문화재의 보호를 위해서만 사용해야 한다.

④ 문화재보호기금의 100분의 10에 해당하는 금액은 국가와 지방자치단체가 징수하는 지정문화재의 관람료 중 일부로 충당한다.

⑤ 학술조사 및 연구의 목적으로 기금을 지원받은 민간단체가 시중에 유통 중인 일반 문화재를 연구목적과 상관없이 기금으로 구입하였다면, 기금의 지원이 취소될 수 있다.

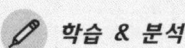

1 다음 글을 근거로 판단할 때 옳은 것은?

> **1** 제00조(기금의 설치) 정부는 문화재의 보존 및 관리에 필요한 재원을 확보하기 위하여 문화재보호기금(이하 "기금"이라 한다)을 설치한다.
>
> **2** 제00조(기금의 조성) ① 기금은 다음 각 호의 재원으로 조성한다.
> 1. 정부로부터의 출연금
> 2. 정부 외의 자가 출연 또는 기부하는 현금, 물품, 그 밖의 재산
> 3. 「복권 및 복권기금법」에 따른 복권기금으로부터의 전입금
> 4. 제2항에 따른 납부금
> 5. 기금의 운용수익금
>
> ② '문화재보호법'에 따라 지정문화재 관람료를 징수하는 국가와 지방자치단체는 징수금액의 100분의 10을 기금에 납부하여야 한다.
>
> **3** 제00조(기금의 용도) 기금은 다음 각 호의 어느 하나에 해당하는 용도에 사용한다.
> 1. 문화재 보존을 위한 예방적 관리
> 2. 훼손·유실 등으로 인한 문화재의 긴급 보수 또는 복원
> 3. 매장문화재의 소규모 또는 긴급 발굴
> 4. 국내외 소재 중요 문화재의 긴급 매입
> 5. 민간의 문화재 보호활동, 학술조사 및 연구 지원
> 6. 기금의 징수 및 관리·운용
>
> **4** 제00조(목적 외 사용금지) ① 기금을 지원받은 자는 지원받을 때에 정하여지는 목적 외의 용도에 사용하지 못한다.
> ② 문화재청장은 지원된 기금이 목적 외의 용도에 사용된 때에는 지원행위를 취소하고 환수한다.

① 장기간의 체계적인 발굴을 요하는 대규모의 매장문화재가 발견되었을 경우, 그 발굴은 문화재보호기금을 사용하여 시행하는 것을 원칙으로 한다. 용도

② 문화재청장은 민간 학술단체의 활동을 목적을 한정하지 않고 포괄적으로 지원하기 위해 문화재보호기금을 사용할 수 있다.
용도, 목적 외 사용금지

③ 문화재보호기금은 국가 및 지방자치단체가 이미 확보하여 관리하는 문화재의 보호를 위해서만 사용해야 한다. 용도

④ 문화재보호기금의 100분의 10에 해당하는 금액은 국가와 지방자치단체가 징수하는 지정문화재의 관람료 중 일부로 충당한다. 기금의 조성, 재원

⑤ 학술조사 및 연구의 목적으로 기금을 지원받은 민간단체가 시중에 유통 중인 일반 문화재를 연구목적과 상관없이 기금으로 구입하였다면, 기금의 지원이 취소될 수 있다.
목적 외 사용금지, 위반 시 처분

정답 ⑤ 2013 대비 모의고사

Solving Process

1. 문제의 형식 : 5개의 선택지 중에서 옳은 것을 고르는 부합·추론형 문제이다.
2. 형식구조 파악 : 4개의 조로 구성된 법조문이며, 조에 제목이 있다.
3. 내용구조 및 정보 위치 MAPPING
   → 조의 제목과 주어, 서술어를 중심으로 하여 내용구조와 정보의 위치를 파악한다.
   이때, '호'는 개수 정도만 파악하고 가볍게 지나간다.
   '숫자' 등의 주요 정보는 체크해둔다.

		제목	서술어	정보의 내용
제1조		기금의 설치	설치한다	문화재보호기금의 설치
제2조	제1항	기금의 조성	조성한다	제1호 ~ 제5호 : 재원 5가지
	제2항		기금에 납부한다	관람료의 10% 납부
제3조		기금의 용도	용도에 사용한다	제1호 ~ 제6호 : 용도 5가지
제4조	제1항	목적 외 사용금지	사용하지 못한다	목적 외 기금 사용금지
	제2항		취소하고 환수한다	금지 위반 시 처분

4. 선택지 검토
   → 선택지의 내용을 읽고 관련되는 규정을 찾아 대조하며 정오를 판단한다. 이때, 선택지 문장의 주어와 서술어, 또는 법조문 조의 제목과 관련된 어구 등에 주목하면 판단에 필요한 규정을 비교적 쉽게 특정할 수 있다.

선택지 검토

① [X] 장기간의 체계적인 발굴을 요하는 대규모의 매장문화재가 발견되었을 경우, 그 발굴은 문화재보호기금을 사용하여 시행하는 것을 원칙으로 한다.
➡ [제3조 제3호] 기금으로 지원하는 발굴은 '소규모 또는 긴급 발굴'이다.

② [X] 문화재청장은 민간 학술단체의 활동을 목적을 한정하지 않고 포괄적으로 지원하기 위해 문화재보호기금을 사용할 수 있다.
➡ [제3조, 제4조 제1항] 제3조 제1호부터 제6호까지 기금의 용도(사용 목적)가 명시되어 있다. 이 중 문화재청장의 재량으로 목적을 한정하지 않고 민간단체를 포괄적으로 지원하기 위해 기금을 사용하도록 허용하는 항목은 없다. 또한, 제4조에서 지정된 목적 내에서만 기금을 사용하도록 강제하고 있다는 점에 근거하여, 기금을 지원할 때에는 그 사용 목적을 한정함을 알 수 있다.

③ [X] 문화재보호기금은 국가 및 지방자치단체가 이미 확보하여 관리하는 문화재의 보호를 위해서만 사용해야 한다.
➡ [제3조 제3-5호] 새로운 문화재의 발굴이나 매입 등의 용도에도 사용할 수 있으며, 민간의 문화재 보호활동, 학술조사 및 연구 지원에도 사용할 수 있다.

④ [X] 문화재보호기금의 100분의 10에 해당하는 금액은 국가와 지방자치단체가 징수하는 지정문화재의 관람료 중 일부로 충당한다.
➡ [제2조 제2항] 문화재의 관람료 중 100분의 10을 기금에 납부하는 것이지, 문화재보호기금의 100분의 10을 관람료로 충당하는 것이 아니다.

⑤ [O] 학술조사 및 연구의 목적으로 기금을 지원받은 민간단체가 시중에 유통 중인 일반 문화재를 연구목적과 상관없이 기금으로 구입하였다면, 기금의 지원이 취소될 수 있다.
➡ [제4조] 문화재청장은 지원된 기금이 목적 외의 용도에 사용된 때에는 지원행위를 취소하고 환수한다.

학습 & 분석

2 다음 글을 근거로 판단할 때 옳은 것은?

> 제00조 담배제조업을 하려는 자는 기획재정부장관의 허가를 받아야 한다. 허가받은 사항 중 대통령령으로 정하는 중요한 사항을 변경할 때에도 또한 같다.
>
> 제00조 ① 담배제조업허가를 받은 자(이하 "제조업자"라 한다)는 담배제조업을 양도하려고 하거나 다른 법인과 합병하려면 기획재정부장관에게 신고하여야 한다.
>
> ② 제조업자가 사망한 경우 상속인이 담배제조업을 계속하려면 피상속인이 사망한 날부터 30일 이내에 기획재정부장관에게 신고하여야 한다.
>
> 제00조 ① 제조업자 또는 수입판매업자가 담배를 제조 및 수입하는 경우 그 담배는 화재방지성능을 갖추어야 한다.
>
> ② 제조업자 또는 수입판매업자는 매 반기마다 소방방재청장으로부터 품목별로 담배의 화재방지성능에 관한 인증을 받아야 한다.
>
> ③ 화재방지성능인증을 받은 제조업자 또는 수입판매업자는 화재방지성능인증서를 기획재정부장관에게 제출하여야 한다.
>
> 제00조 담배수입판매업을 하려는 자는 그의 본점 또는 주된 사무소의 소재지를 관할하는 특별시장·광역시장·특별자치시장·도지사 또는 특별자치도지사에게 등록하고, 담배도매업을 하려는 자는 그의 본점 또는 주된 사무소의 소재지를 관할하는 특별자치시장·특별자치도지사·시장·군수 또는 구청장에게 등록하여야 한다. 등록한 사항 중 기획재정부령으로 정하는 중요사항을 변경할 때에도 또한 같다.
>
> 제00조 담배소매업을 하려는 자는 사업장의 소재지를 관할하는 시장·군수·구청장으로부터 소매인의 지정을 받아야 한다.

① 경기도 화성시에 주된 사무소를 두고 담배도매업을 하려는 자는 경기도지사에게 인증을 받아야 한다.

② 충청남도 예산군에서 담배제조업을 하는 자가 사망한 경우 상속인이 해당 업체를 계속 운영하려면 기획재정부장관에게 신고하여야 한다.

③ 인천광역시에서 외국산 담배를 수입·판매하는 자가 수입판매업을 양도하려면 인천광역시장에게 허가를 받아야 한다.

④ 부산광역시에서 담배수입판매업을 하려는 자는 매 반기마다 화재방지성능인증서를 소방방재청장에게 제출하여야 한다.

⑤ 광주광역시에서 담배소매업을 하려는 자는 광주광역시장에게 등록하여야 한다.

2 다음 글을 근거로 판단할 때 옳은 것은?

제조

1 제00조 담배제조업을 하려는 자는 기획재정부장관의 허가를 받아야 한다. 허가받은 사항 중 대통령령으로 정하는 중요한 사항을 변경할 때에도 또한 같다. 허가

2 제00조 ① 담배제조업허가를 받은 자(이하 "제조업자"라 한다)는 담배제조업을 양도하려고 하거나 다른 법인과 합병하려면 기획재정부장관에게 신고하여야 한다.
② 제조업자가 사망한 경우 상속인이 담배제조업을 계속하려면 피상속인이 사망한 날부터 30일 이내에 기획재정부장관에게 신고하여야 한다. 신고

3 제00조 ① 제조업자 또는 수입판매업자가 담배를 제조 및 수입하는 경우 그 담배는 화재방지성능을 갖추어야 한다.
② 제조업자 또는 수입판매업자는 매 반기마다 소방방재청장으로부터 품목별로 담배의 화재방지성능에 관한 인증을 받아야 한다. 인증
③ 화재방지성능인증을 받은 제조업자 또는 수입판매업자는 화재방지성능인증서를 기획재정부장관에게 제출하여야 한다. 제출

수입판매

4 제00조 담배수입판매업을 하려는 자는 그의 본점 또는 주된 사무소의 소재지를 관할하는 특별시장·광역시장·특별자치시장·도지사 또는 특별자치도지사에게 등록하고, 담배도매업을 하려는 자는 그의 본점 또는 주된 사무소의 소재지를 관할하는 특별자치시장·특별자치도지사·시장·군수 또는 구청장에게 등록하여야 한다. 등록한 사항 중 기획재정부령으로 정하는 중요사항을 변경할 때에도 또한 같다. 등록

도매

소매

5 제00조 담배소매업을 하려는 자는 사업장의 소재지를 관할하는 시장·군수·구청장으로부터 소매인의 지정을 받아야 한다. 지정

① 경기도 화성시에 주된 사무소를 두고 담배도매업을 하려는 자는 경기도지사에게 인증을 받아야 한다.
② 충청남도 예산군에서 담배제조업을 하는 자가 사망한 경우 상속인이 해당 업체를 계속 운영하려면 기획재정부장관에게 신고하여야 한다.
③ 인천광역시에서 외국산 담배를 수입·판매하는 자가 수입판매업을 양도하려면 인천광역시장에게 허가를 받아야 한다.
④ 부산광역시에서 담배수입판매업을 하려는 자는 매 반기마다 화재방지성능인증서를 소방방재청장에게 제출하여야 한다.
⑤ 광주광역시에서 담배소매업을 하려는 자는 광주광역시장에게 등록하여야 한다.

정답 ② 2015 대비 모의고사

Solving Process

1. 문제의 형식 : 5개의 선택지 중에서 옳은 것을 고르는 부합·추론형 문제이다.
2. 형식구조 파악 : 5개의 조로 구성된 법조문이며, 조에 제목이 없다.
3. 내용구조 및 정보 위치 MAPPING
→ 주어와 서술어를 중심으로 하여 내용구조와 정보의 위치를 파악한다.

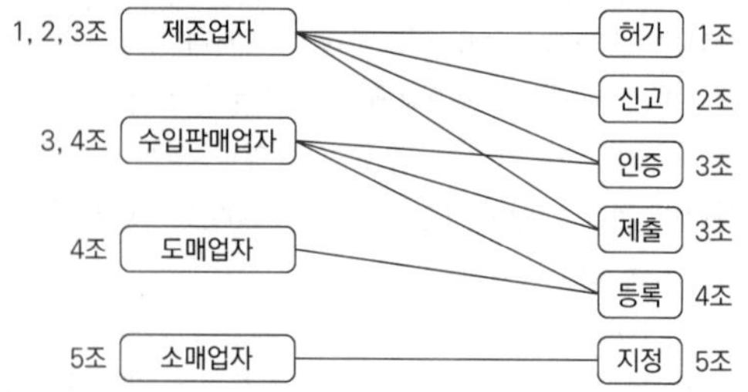

4. 선택지 검토
→ 선택지의 주어(업자)와 서술어(행위)를 기준으로 관련되는 규정을 찾아 대조하며 정오를 판단한다.

선택지 검토

① [X] 경기도 화성시에 주된 사무소를 두고 담배도매업을 하려는 자는 경기도지사에게 인증을 받아야 한다.
➡ [제4조] 담배도매업을 하려는 자는 시장(화성시장)에게 등록하여야 한다.

② [O] 충청남도 예산군에서 담배제조업을 하는 자가 사망한 경우 상속인이 해당 업체를 계속 운영하려면 기획재정부장관에게 신고하여야 한다.
➡ [제2조 제1항]

③ [X] 인천광역시에서 외국산 담배를 수입·판매하는 자가 수입판매업을 양도하려면 인천광역시장에게 허가를 받아야 한다.
➡ 수입판매업의 양도에 대해서는 규정이 없다.

④ [X] 부산광역시에서 담배수입판매업을 하려는 자는 매 반기마다 화재방지성능인증서를 소방방재청장에게 제출하여야 한다.
➡ [제3조 제2-3항] 소방방재청장에게 화재방지성능 인증을 받아 기획재정부장관에게 화재방지성능인증서를 제출하여야 한다.

⑤ [X] 광주광역시에서 담배소매업을 하려는 자는 광주광역시장에게 등록하여야 한다.
➡ [제5조] 담배소매업을 하려는 자는 구청장(광주광역시 ○○구청장)으로부터 소매인의 지정을 받아야 한다.

학습 & 분석

3 다음 글을 근거로 판단할 때 옳은 것은?

제00조(보증관계의 성립) ① 신용보증재단(이하 "재단"이라 한다.)이 소기업에 대하여 신용보증을 하기로 결정하였을 때에는 그 뜻을 그 소기업과 채권자가 될 자에게 통지하여야 한다.
② 신용보증관계는 제1항에 따라 통지를 받은 소기업과 채권자 간에 주된 채권채무관계가 성립함과 동시에 성립한다.
③ 제1항에 따른 통지가 있은 날부터 60일 내에 주된 채권채무관계가 성립하지 아니하면 그 신용보증관계는 성립하지 아니한다.
제00조(보증채무의 이행) 채권자는 다음 각 호의 어느 하나에 해당하는 사유가 발생하였을 때에는 재단에 대하여 그 보증채무의 이행을 청구할 수 있다.
1. 신용보증을 받은 소기업이 기한까지 채무를 이행하지 아니하거나 기한의 이익이 상실된 후 3개월이 지났을 때
2. 소기업이 파산하거나 해산하였을 때
3. 소기업이 계속하여 6개월 이상 영업을 하지 아니하였을 때
제00조(구상권의 행사) ① 재단은 보증채무를 이행하였을 때에는 소기업에 대하여 구상권을 행사할 수 있다. 이 경우 채권자는 재단이 구상권을 행사하는 데에 필요한 서류를 지체 없이 재단에 보내고 그 구상권 행사에 적극 협력하여야 한다.
② 다음 각 호의 어느 하나에 해당하는 경우에는 소기업에 대한 구상권 행사를 유예할 수 있다.
1. 소기업의 재산이 구상권의 행사에 따른 비용에 충당하고 나머지가 생길 여지가 없다고 인정될 때
2. 구상권의 행사를 유예함으로써 장래 소기업의 채무상환 능력이 증가될 수 있다고 인정될 때
③ 재단은 제2항 제2호에 따라 구상권의 행사를 유예하였을 때에는 해당 소기업의 경영에 참여할 수 있다.

※ 구상권 : 타인의 채무를 자기의 재산으로 대신 변제한 경우 그 타인에게 상환을 청구할 수 있는 권리

① 재단이 신용보증을 하기로 결정 및 통지하고 금융기관이 소기업에게 대출을 시행한 경우, 신용보증관계는 신용보증의 결정 통지가 금융기관에 전달된 때로 소급하여 성립한다.
② 소기업의 채무이행을 유예해 주면 소기업의 채무상환 능력이 증가될 수 있다고 판단될 경우, 금융기관은 재단에 보증채무의 이행을 청구하는 대신 소기업의 경영에 참여할 수 있다.
③ 재단의 신용보증을 받은 소기업이 이자의 납부 등 채무를 성실히 이행하였으나 6개월 이상 영업을 하지 않고 있다면, 채권자는 재단에 보증채무의 이행을 청구할 수 있다.
④ 재단의 신용보증을 받고 대출을 받은 소기업이 파산한 경우, 대출을 시행한 금융기관은 신용보증재단에 대하여 구상권을 행사할 수 있다.
⑤ 신용보증관계가 성립하려면, 소기업과 채권자간의 주된 채권채무관계가 재단이 신용보증을 하기로 결정한 날로부터 2개월 이내에 성립해야 한다.

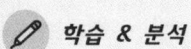

3 다음 글을 근거로 판단할 때 옳은 것은?

> **1** 제00조(보증관계의 성립) ① 신용보증재단(이하 "재단"이라 한다.)이 소기업에 대하여 신용보증을 하기로 결정하였을 때에는 그 뜻을 그 소기업과 채권자가 될 자에게 통지하여야 한다.
>
> ② 신용보증관계는 제1항에 따라 통지를 받은 소기업과 채권자 간에 주된 채권채무관계가 성립함과 동시에 성립한다.
>
> ③ 제1항에 따른 통지가 있은 날부터 60일 내에 주된 채권채무관계가 성립하지 아니하면 그 신용보증관계는 성립하지 아니한다.
>
> **2** 제00조(보증채무의 이행) 채권자는 다음 각 호의 어느 하나에 해당하는 사유가 발생하였을 때에는 재단에 대하여 그 보증채무의 이행을 청구할 수 있다.
>
> 1. 신용보증을 받은 소기업이 기한까지 채무를 이행하지 아니하거나 기한의 이익이 상실된 후 3개월이 지났을 때
> 2. 소기업이 파산하거나 해산하였을 때
> 3. 소기업이 계속하여 6개월 이상 영업을 하지 아니하였을 때
>
> **3** 제00조(구상권의 행사) ① 재단은 보증채무를 이행하였을 때에는 소기업에 대하여 구상권을 행사할 수 있다. 이 경우 채권자는 재단이 구상권을 행사하는 데에 필요한 서류를 지체 없이 재단에 보내고 그 구상권 행사에 적극 협력하여야 한다.
>
> ② 다음 각 호의 어느 하나에 해당하는 경우에는 소기업에 대한 구상권 행사를 유예할 수 있다.
>
> 1. 소기업의 재산이 구상권의 행사에 따른 비용에 충당하고 나머지가 생길 여지가 없다고 인정될 때
> 2. 구상권의 행사를 유예함으로써 장래 소기업의 채무상환 능력이 증가될 수 있다고 인정될 때
>
> ③ 재단은 제2항 제2호에 따라 구상권의 행사를 유예하였을 때에는 해당 소기업의 경영에 참여할 수 있다.

※ 구상권 : 타인의 채무를 자기의 재산으로 대신 변제한 경우 그 타인에게 상환을 청구할 수 있는 권리

① 재단이 신용보증을 하기로 결정 및 통지하고 금융기관이 소기업에게 대출을 시행한 경우, 신용보증관계는 신용보증의 결정 통지가 금융기관에 전달된 때로 소급하여 성립한다.
보증관계의 성립

② 소기업의 채무이행을 유예해 주면 소기업의 채무상환 능력이 증가될 수 있다고 판단될 경우, 금융기관은 재단에 보증채무의 이행을 청구하는 대신 소기업의 경영에 참여할 수 있다.
경영 참여

③ 재단의 신용보증을 받은 소기업이 이자의 납부 등 채무를 성실히 이행하였으나 6개월 이상 영업을 하지 않고 있다면, 채권자는 재단에 보증채무의 이행을 청구할 수 있다.
보증채무의 이행

④ 재단의 신용보증을 받고 대출을 받은 소기업이 파산한 경우, 대출을 시행한 금융기관은 신용보증재단에 대하여 구상권을 행사할 수 있다. 구상권의 행사

⑤ 신용보증관계가 성립하려면, 소기업과 채권자간의 주된 채권채무관계가 재단이 신용보증을 하기로 결정한 날로부터 2개월 이내에 성립해야 한다. 보증관계의 성립

정답 ③ 2014 대비 모의고사

Solving Process

1. 문제의 형식 : 5개의 선택지 중에서 옳은 것을 고르는 부합·추론형 문제이다.
2. 형식구조 파악 : 3개의 조로 구성된 법조문이며, 조에 제목이 있다.
3. 내용구조 및 정보 위치 MAPPING
   → '조'가 3개밖에 없는데 전체 법조문의 분량은 적지 않다. 따라서 조의 제목 외에 주어와 서술어를 확인하며 내용구조와 정보의 위치를 파악하는 것이 좋다. 이때, 행위 주체들 사이의 관계성을 함께 파악할 수 있으면 더욱 좋으며, '호'는 개수 정도만 확인하며 가볍게 지나가는 것으로 시간을 아낀다.

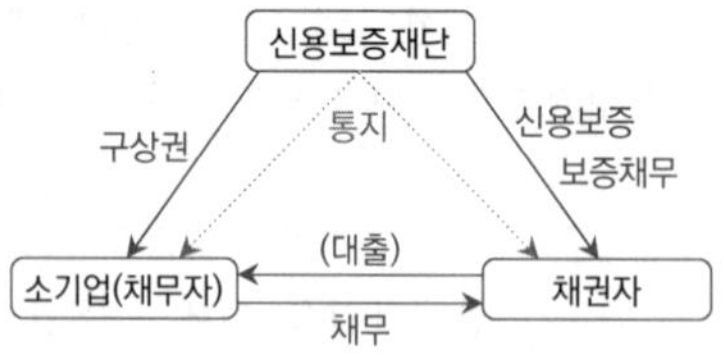

4. 선택지 검토
   → 선택지의 주어와 서술어를 기준으로 관련되는 규정을 찾아 대조하며 정오를 판단한다.

선택지 검토

① [X] 재단이 신용보증을 하기로 결정 및 통지하고 금융기관이 소기업에게 대출을 시행한 경우, 신용보증관계는 신용보증의 결정 통지가 금융기관에 전달된 때로 소급하여 성립한다.
➡ [제1조 제2항] 신용보증관계는 통지를 받은 소기업과 채권자 간에 주된 채권채무관계가 성립함과 동시에 성립한다.

② [X] 소기업의 채무 이행을 유예해 주면 소기업의 채무상환 능력이 증가될 수 있다고 판단될 경우, 금융기관은 재단에 보증채무의 이행을 청구하는 대신 소기업의 경영에 참여할 수 있다.
➡ [제3조 제3항] 법률에 없는 내용이다. 법률에는, 재단이 구상권의 행사를 유예할 수 있으며 이 경우 재단이 경영에 참여할 수 있다고 규정되어 있다.

③ [O] 재단의 신용보증을 받은 소기업이 이자의 납부 등 채무를 성실히 이행하였으나 6개월 이상 영업을 하지 않고 있다면, 채권자는 재단에 보증채무의 이행을 청구할 수 있다.
➡ [제2조 제3호] 소기업이 계속하여 6개월 이상 영업을 하지 아니하였을 때, 채권자는 재단에 대하여 그 보증채무의 이행을 청구할 수 있다.

④ [X] 재단의 신용보증을 받고 대출을 받은 소기업이 파산한 경우, 대출을 시행한 금융기관은 신용보증재단에 대하여 구상권을 행사할 수 있다.
➡ [제3조 제1항] 구상권은 신용보증재단이 소기업에게 행사할 수 있는 권리이다.

⑤ [X] 신용보증관계가 성립하려면, 소기업과 채권자간의 주된 채권채무관계가 재단이 신용보증을 하기로 결정한 날로부터 2개월 이내에 성립해야 한다.
➡ [제1조 제3항] 재단의 결정에 대한 통지가 있은 날부터 60일 내에 주된 채권채무관계가 성립해야 한다. (2개월 ≠ 60일)

학습 & 분석

4 다음 글을 근거로 판단할 때 옳은 것은?

> ○○법 제00조 ① 산림보호구역 안에서는 다음 각 호의 행위를 하지 못한다.
> 1. 입목(立木)의 벌채
> 2. 임산물의 굴취(掘取)・채취
> 3. 대통령령으로 정하는 토지의 형질을 변경하는 행위
> 4. 가축의 방목
>
> ② 제1항에도 불구하고 다음 각 호의 구분에 따른 행위를 할 수 있다.
> 1. 산림청장 또는 시・도지사의 허가를 받으면 할 수 있는 행위: 산림보호시설의 설치, 병해충의 방제, 그 밖에 대통령령으로 정하는 행위를 하기 위하여 부수적으로 하는 제1항 제1호부터 제3호까지의 행위
> 2. 산림청장 또는 시・도지사에게 신고하면 할 수 있는 행위: 산림보호구역의 지정 목적에 위배되지 아니하는 범위에서 입목의 벌채나 임산물의 굴취・채취 행위로서 대통령령으로 정하는 경우
>
> ○○법 시행령 제00조 ① 법 제00조 제1항 제3호에서 "대통령령으로 정하는 토지의 형질을 변경하는 행위"란 다음 각 호의 어느 하나에 해당하는 행위를 말한다.
> 1. 절토(切土), 성토(盛土) 또는 정지(整地) 등으로 토지의 형상을 변경하는 행위
> 2. 토석을 굴취・채취하는 행위
>
> ② 법 제00조 제2항 제1호에서 "대통령령으로 정하는 행위"란 다음 각 호의 어느 하나에 해당하는 행위를 말한다.
> 1. 병해충, 산불 또는 자연적인 재해로 인한 피해의 복구
> 2. 산림의 보전 및 관리에 필요한 임도(林道) 및 임산물을 운반하는 도로・작업로 시설의 설치
>
> ③ 법 제00조 제2항 제2호에서 "대통령령으로 정하는 경우"란 다음 각 호의 경우를 말한다.
> 1. 수원(水源)의 함양・증진을 위하여 활엽수림을 조성하기 위해 입목을 벌채하는 경우
> 2. 입목벌채를 수반하지 아니하는 경우로서 산채나 산약초를 재배 및 굴취・채취하는 경우

① 산림보호구역 안에서 토석을 채취하는 행위는 어떠한 경우에도 금지된다.

② 산림보호구역 안에 산림보호시설을 설치하기 위하여 절토 및 성토 작업을 하려면 산림청장에게 신고하여야 한다.

③ 산림보호구역의 지정 목적에 위배되지 않는다면, 산림청장 또는 시・도지사의 허가를 받아 산림보호구역 안에서 가축을 방목할 수 있다.

④ 산림보호구역 안에서 입목을 벌채하려면 반드시 산림청장 또는 시・도지사의 허가를 받아야 한다.

⑤ 입목을 벌채하지 않는다면, 산림청장 또는 시・도지사에게 신고한 후 산림보호구역 안에서 일부 임산물을 채취하는 것이 가능하다.

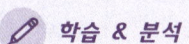

4 다음 글을 근거로 판단할 때 옳은 것은?

○○법 제00조 ① 산림보호구역 안에서는 다음 각 호의 행위를 하지 못한다. (원칙) 금지
1. 입목(立木)의 벌채
2. 임산물의 굴취(掘取)·채취
3. 대통령령으로 정하는 토지의 형질을 변경하는 행위
4. 가축의 방목

② 제1항에도 불구하고 다음 각 호의 구분에 따른 행위를 할 수 있다. (예외) 허용
1. 산림청장 또는 시·도지사의 허가를 받으면 할 수 있는 행위: 산림보호시설의 설치, 병해충의 방제, 그 밖에 대통령령으로 정하는 행위를 하기 위하여 부수적으로 하는 제1항 제1호부터 제3호까지의 행위
2. 산림청장 또는 시·도지사에게 신고하면 할 수 있는 행위: 산림보호구역의 지정 목적에 위배되지 아니하는 범위에서 입목의 벌채나 임산물의 굴취·채취 행위로서 대통령령으로 정하는 경우

○○법 시행령 제00조 ① 법 제00조 제1항 제3호에서 "대통령령으로 정하는 토지의 형질을 변경하는 행위"란 다음 각 호의 어느 하나에 해당하는 행위를 말한다.
1. 절토(切土), 성토(盛土) 또는 정지(整地) 등으로 토지의 형상을 변경하는 행위
2. 토석을 굴취·채취하는 행위

② 법 제00조 제2항 제1호에서 "대통령령으로 정하는 행위"란 다음 각 호의 어느 하나에 해당하는 행위를 말한다.
1. 병해충, 산불 또는 자연적인 재해로 인한 피해의 복구
2. 산림의 보전 및 관리에 필요한 임도(林道) 및 임산물을 운반하는 도로·작업로 시설의 설치

③ 법 제00조 제2항 제2호에서 "대통령령으로 정하는 경우"란 다음 각 호의 경우를 말한다.
1. 수원(水源)의 함양·증진을 위하여 활엽수림을 조성하기 위해 입목을 벌채하는 경우
2. 입목벌채를 수반하지 아니하는 경우로서 산채나 산약초를 재배 및 굴취·채취하는 경우

① 산림보호구역 안에서 토석을 채취하는 행위는 어떠한 경우에도 금지된다.
② 산림보호구역 안에 산림보호시설을 설치하기 위하여 절토 및 성토 작업을 하려면 산림청장에게 신고하여야 한다.
③ 산림보호구역의 지정 목적에 위배되지 않는다면, 산림청장 또는 시·도지사의 허가를 받아 산림보호구역 안에서 가축을 방목할 수 있다.
④ 산림보호구역 안에서 입목을 벌채하려면 반드시 산림청장 또는 시·도지사의 허가를 받아야 한다.
⑤ 입목을 벌채하지 않는다면, 산림청장 또는 시·도지사에게 신고한 후 산림보호구역 안에서 일부 임산물을 채취하는 것이 가능하다.

정답 ⑤ 2015 대비 **모의고사**

Solving Process

1. 문제의 형식: 5개의 선택지 중에서 옳은 것을 고르는 부합·추론형 문제이다.
2. 형식구조 파악: 법률 1개 조와 시행령 1개 조로 구성된 법조문이다.
3. 내용구조 및 정보 위치 MAPPING
   → 법률 제1항과 제2항의 문장을 먼저 확인한다.
   일반적으로 '호'는 읽지 않아도 되지만, 법률 제2항의 호 2개는 '구분'을 제시한다는 것을 제2항의 문장을 통해 알 수 있으므로, 어떤 구분이 제시되어 있는지 간단히 확인하는 것도 좋다.

제1항	원칙	금지	-
제2항	예외	허용	산림청장 또는 시·도지사의 허가
			산림청장 또는 시·도지사에게 신고

   시행령의 경우, 자세히 읽지 말고 각 항의 규정이 법률의 어느 규정과 연관되는지만 확인한다. 시행령은 항상 연관되는 법률 규정을 명시하는 것으로 문장을 시작하므로, 문장의 첫머리만 확인하는 것으로 충분하다.
4. 선택지 검토
   → 선택지의 주어와 서술어를 기준으로 관련되는 규정을 찾아 대조하며 정오를 판단한다.

선택지 검토

① [X] 산림보호구역 안에서 토석을 채취하는 행위는 어떠한 경우에도 금지된다.
➡ 토석을 채취하는 행위는 [법 제1항 제3호와 시행령 제1항 제2호]에 의해서 금지되는 행위이지만, [법 제2항 제1호]에 의해 산림청장 또는 시·도지사의 허가를 받으면 허용될 수 있다.

② [X] 산림보호구역 안에 산림보호시설을 설치하기 위하여 절토 및 성토 작업을 하려면 산림청장에게 신고하여야 한다.
➡ [법 제2항 제2호] '허가'를 받아야 한다.

③ [X] 산림보호구역의 지정 목적에 위배되지 않는다면, 산림청장 또는 시·도지사의 허가를 받아 산림보호구역 안에서 가축을 방목할 수 있다.
➡ 가축의 방목은 어떠한 예외 조항에도 해당되지 않는 금지 행위이다.

④ [X] 산림보호구역 안에서 입목을 벌채하려면 반드시 산림청장 또는 시·도지사의 허가를 받아야 한다.
➡ [법 제2항 제2호, 시행령 제3항 제1호] '신고'만으로 입목의 벌채가 허용되는 경우도 있다.

⑤ [O] 입목을 벌채하지 않는다면, 산림청장 또는 시·도지사에게 신고한 후 산림보호구역 안에서 일부 임산물을 채취하는 것이 가능하다.
➡ [법 제2항 제2호, 시행령 제3항 제2호] 산채나 산약초 등은 입목벌채를 수반하지 않고 신고를 한다는 조건으로 허용될 수 있다.

학습 & 분석

5 다음 <규정>을 근거로 판단할 때 위반행위가 아닌 것은?

<규 정>

제00조(용역발주의 방식) 연구비 총액 5,000만 원 이상의 연구용역은 경쟁입찰 방식을 따르되, 그 외의 연구용역은 담당자에 의한 수의계약 방식으로 발주한다.

제00조(용역방침결정서) 용역 발주 전에 담당자는 용역방침결정서를 작성하여 부서장의 결재를 받아야 한다.

제00조(책임연구원의 자격) 연구용역의 연구원 중에 책임연구원은 대학교수 또는 박사학위 소지자이어야 한다.

제00조(계약실시요청 공문작성) 연구자가 결정된 경우, 담당자는 연구용역 계약실시를 위해 용역수행계획서와 예산계획서를 작성하여 부서장의 결재를 받아야 한다.

제00조(보안성 검토) 담당자는 연구용역에 참가하는 모든 연구자들에게 보안서약서를 받아야 하며, 총액 3,000만 원을 초과하는 연구용역에 대해서는 감사원에 보안성 검토를 의뢰해야 한다.

제00조(계약실시요청) 담당자는 용역방침결정서, 용역수행계획서, 예산계획서, 보안성 검토결과를 첨부하여 운영지원과에 연구용역 계약실시요청 공문을 발송해야 한다.

제00조(계약의 실시) 운영지원과는 연구용역 계약실시를 요청받은 경우 지체없이 계약업무를 개시하여야 하며, 계약과정에서 연구자와의 협의를 통해 예산계획서 상의 예산을 10% 이내의 범위에서 감액할 수 있다.

※ 수의계약: 경매나 입찰에 의하지 않고, 임의로 적당한 상대방을 선택하여 체결하는 계약.

① 甲부처는 연구비 총액 6,000만 원의 예산이 책정된 연구용역을 수의계약 방식으로 발주하였다.

② 박사학위 소지자 乙을 책임연구원으로 하고, 2인의 석사과정생을 연구원으로 하는 연구팀이 연구자로 선정되었다.

③ 계약체결과정에서 10%의 예산감액이 예상되어 丙사무관은 연구비 총액 5,500만 원의 연구용역을 수의계약 방식으로 발주하였다.

④ 丙사무관은 경쟁입찰 방식으로 발주하는 연구용역에 대하여 감사원에 보안성 검토를 의뢰하지 않았다.

⑤ 丙사무관은 수의계약 방식으로 용역계약이 체결될 때까지 용역수행계획서, 보안서약서, 예산계획서 등 총 3건을 작성하여 부서장의 결재를 받았다.

5 다음 <규정>을 근거로 판단할 때 위반행위가 아닌 것은?

<규 정>

1 제00조(용역발주의 방식) 연구비 총액 5,000만 원 이상의 연구용역은 경쟁입찰 방식을 따르되, 그 외의 연구용역은 담당자에 의한 수의계약 방식으로 발주한다.

2 제00조(용역방침결정서) 용역 발주 전에 담당자는 용역방침결정서를 작성하여 부서장의 결재를 받아야 한다.

3 제00조(책임연구원의 자격) 연구용역의 연구원 중에 책임연구원은 대학교수 또는 박사학위 소지자이어야 한다.

4 제00조(계약실시요청 공문작성) 연구자가 결정된 경우, 담당자는 연구용역 계약실시를 위해 용역수행계획서와 예산계획서를 작성하여 부서장의 결재를 받아야 한다.

5 제00조(보안성 검토) 담당자는 연구용역에 참가하는 모든 연구자들에게 보안서약서를 받아야 하며, 총액 3,000만 원을 초과하는 연구용역에 대해서는 감사원에 보안성 검토를 의뢰해야 한다.

6 제00조(계약실시요청) 담당자는 용역방침결정서, 용역수행계획서, 예산계획서, 보안성 검토결과를 첨부하여 운영지원과에 연구용역 계약실시요청 공문을 발송해야 한다.

7 제00조(계약의 실시) 운영지원과는 연구용역 계약실시를 요청받은 경우 지체없이 계약업무를 개시하여야 하며, 계약과정에서 연구자와의 협의를 통해 예산계획서 상의 예산을 10% 이내의 범위에서 감액할 수 있다.

※ 수의계약: 경매나 입찰에 의하지 않고, 임의로 적당한 상대방을 선택하여 체결하는 계약.

① 甲부처는 연구비 총액 6,000만 원의 예산이 책정된 연구용역을 수의계약 방식으로 발주하였다. 용역발주의 방식

② 박사학위 소지자 乙을 책임연구원으로 하고, 2인의 석사과정생을 연구원으로 하는 연구팀이 연구자로 선정되었다. 책임연구원의 자격

③ 계약체결과정에서 10%의 예산감액이 예상되어 丙사무관은 연구비 총액 5,500만 원의 연구용역을 수의계약 방식으로 발주하였다. 용역발주의 방식, 예산의 감액

④ 丙사무관은 경쟁입찰 방식으로 발주하는 연구용역에 대하여 감사원에 보안성 검토를 의뢰하지 않았다. 용역발주의 방식, 보안성 검토

⑤ 丙사무관은 수의계약 방식으로 용역계약이 체결될 때까지 용역수행계획서, 보안서약서, 예산계획서 등 총 3건을 작성하여 부서장의 결재를 받았다. 결재

정답 ② 5급 공채 2014 A 27

Solving Process

1. 문제의 형식 : 5개의 선택지 중에서 옳은 것을 고르는 부합·추론형 문제이다.
2. 형식구조 파악 : 7개의 조로 구성된 법조문 형식이며, 조에 제목이 있다.
3. 내용구조 및 정보 위치 MAPPING

→ 각 조의 내용이 많지 않으므로 제목을 중심으로 하여 내용구조와 정보의 위치를 파악한다.
만일 내용까지 읽는다면, 이 규정이 다음과 같은 '순서'로 진행되는 '계약업무의 절차'에 대한 규정임을 일부만이라도 파악하는 것이 좋다.
금액, % 등의 '숫자'는 눈여겨 봐둔다.

절차	관련 조문
용역 방침 결정	제2조 용역방침결정서 (결재)
↓ 발주	제1조 경쟁입찰 또는 수의계약 (기준 : 5,000만 원)
↓ 연구자 결정	제3조 책임연구원 자격 조건 (대학교수 또는 박사)
↓ 용역수행계획 예산계획	제4조 용역수행계획서와 예산계획서 (결재)
보안성 검토	제5조 보안서약서 또는 감사원 의뢰 (기준 : 3,000만 원)
↓ 계약 실시 요청	제6조 운영지원과에 요청 (공문 발송, 첨부문서 : 4가지)
↓ 계약 실시	제7조 운영지원과 업무 (예산 감액 가능 : 10%까지)

4. 선택지 검토

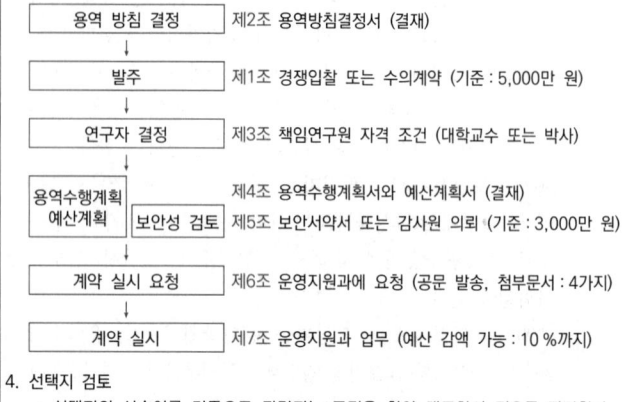

→ 선택지의 서술어를 기준으로 관련되는 규정을 찾아 대조하며 정오를 판단한다.

선택지 검토

① [X] 甲부처는 연구비 총액 6,000만 원의 예산이 책정된 연구용역을 수의계약 방식으로 발주하였다.
➡ [제1조] 연구비 총액 5,000만 원 이상의 연구용역은 경쟁입찰 방식으로 발주해야 한다.

② [O] 박사학위 소지자 乙을 책임연구원으로 하고, 2인의 석사과정생을 연구원으로 하는 연구팀이 연구자로 선정되었다.
➡ [제3조] 책임연구원은 대학교수 또는 박사학위 소지자이어야 하며, 일반 연구원에 대한 규정(제한)은 없다.

③ [X] 계약체결과정에서 10%의 예산감액이 예상되어 丙사무관은 연구비 총액 5,500만 원의 연구용역을 수의계약 방식으로 발주하였다.
➡ [제1조] 연구비 총액 5,000만 원 이상의 연구용역은 경쟁입찰 방식으로 발주해야 하며, 계약체결과정에서 예상되는 예산감액분을 고려하여 연구비 총액을 결정한다(할 수 있다, 해야 한다)는 규정은 없다.
cf. 제7조는 계약과정의 가장 마지막 단계에 해당하는 내용이며 운영지원과의 업무이다. 따라서 용역발주 단계인 丙사무관의 업무와는 관계가 없다.

④ [X] 丙사무관은 경쟁입찰 방식으로 발주하는 연구용역에 대하여 감사원에 보안성 검토를 의뢰하지 않았다.
➡ [제1조, 제5조] 경쟁입찰 방식으로 발주하는 연구용역은 연구비 총액이 5,000만 원을 넘는 경우이며, 총액 3,000만 원을 초과하는 연구용역에 대해서는 감사원에 보안성 검토를 의뢰해야 한다.

⑤ [X] 丙사무관은 수의계약 방식으로 용역계약이 체결될 때까지 용역수행계획서, 보안서약서, 예산계획서 등 총 3건을 작성하여 부서장의 결재를 받았다.
➡ [제2조, 제4조] 용역방침결정서도 결재를 받아야 하며, 보안서약서는 결재를 받아야 하는 서류가 아니다.(또한 보안서약서는 담당자가 작성하는 서류가 아니다)

학습 & 분석

6 다음 글을 근거로 판단할 때, <표>에서 도시재생사업이 가장 먼저 실시되는 지역은?

> 제00조 이 법에서 사용하는 용어의 뜻은 다음과 같다.
> 1. 도시재생이란 인구의 감소, 산업구조의 변화, 주거환경의 노후화 등으로 쇠퇴하는 도시를 지역역량의 강화, 지역 자원의 활용을 통하여 경제적·사회적·물리적·환경적으로 활성화시키는 것을 말한다.
> 2. 도시재생활성화지역이란 국가와 지방자치단체의 자원과 역량을 집중함으로써 도시재생사업의 효과를 극대화하려는 전략적 대상지역을 말한다.
>
> 제00조 도시재생활성화지역을 지정하려는 경우에는 다음 각 호 요건 중 2개 이상을 갖추어야 한다.
> 1. 인구가 감소하는 지역: 다음 각 목의 어느 하나에 해당하는 지역
>   가. 최근 30년간 인구가 가장 많았던 시기 대비 현재 인구가 20% 이상 감소
>   나. 최근 5년간 3년 이상 연속으로 인구가 감소
> 2. 총 사업체 수가 감소하는 지역: 다음 각 목의 어느 하나에 해당하는 지역
>   가. 최근 10년간 사업체 수가 가장 많았던 시기 대비 현재 사업체 수가 5% 이상 감소
>   나. 최근 5년간 3년 이상 연속으로 사업체 수가 감소
> 3. 전체 건축물 중 준공된 후 20년 이상된 건축물이 차지하는 비율이 50% 이상인 지역
>
> 제00조 도시재생활성화지역으로 가능한 곳이 복수일 경우, 전조 제1항 제1호의 인구기준을 우선시하여 도시재생사업을 순차적으로 진행한다. 다만 인구기준의 하위 두 항목은 동등하게 고려하며, 최근 30년간 최다 인구 대비 현재 인구 비율이 낮을수록, 최근 5년간 인구의 연속 감소 기간이 길수록 그 지역의 사업을 우선적으로 실시한다.

<표> 도시재생활성화 후보지역

구분		A지역	B지역	C지역	D지역	E지역
인구	최근 30년간 최다 인구 대비 현재 인구 비율	68%	82%	87%	92%	77%
	최근 5년간 인구의 연속 감소 기간	5년	4년	2년	4년	2년
사업체	최근 10년간 최다사업체 수 대비 현재 사업체 수 비율	92%	89%	96%	97%	96%
	최근 5년간 사업체 수의 연속 감소 기간	3년	5년	2년	2년	2년
전체 건축물 수 대비 20년 이상된 건축물 비율		62%	55%	46%	58%	32%

① A지역
② B지역
③ C지역
④ D지역
⑤ E지역

6 다음 글을 근거로 판단할 때, <표>에서 도시재생사업이 가장 먼저 실시되는 지역은?

1 제00조 이 법에서 사용하는 용어의 뜻은 다음과 같다.

1. 도시재생이란 인구의 감소, 산업구조의 변화, 주거환경의 노후화 등으로 쇠퇴하는 도시를 지역역량의 강화, 지역 자원의 활용을 통하여 경제적·사회적·물리적·환경적으로 활성화시키는 것을 말한다.
2. 도시재생활성화지역이란 국가와 지방자치단체의 자원과 역량을 집중함으로써 도시재생사업의 효과를 극대화하려는 전략적 대상지역을 말한다.

2 제00조 도시재생활성화지역을 지정하려는 경우에는 다음 각 호 요건 중 2개 이상을 갖추어야 한다.

1. 인구가 감소하는 지역: 다음 각 목의 어느 하나에 해당하는 지역
   가. 최근 30년간 인구가 가장 많았던 시기 대비 현재 인구가 20% 이상 감소
   나. 최근 5년간 3년 이상 연속으로 인구가 감소
2. 총 사업체 수가 감소하는 지역: 다음 각 목의 어느 하나에 해당하는 지역
   가. 최근 10년간 사업체 수가 가장 많았던 시기 대비 현재 사업체 수가 5% 이상 감소
   나. 최근 5년간 3년 이상 연속으로 사업체 수가 감소
3. 전체 건축물 중 준공된 후 20년 이상된 건축물이 차지하는 비율이 50% 이상인 지역

3 제00조 도시재생활성화지역으로 가능한 곳이 복수일 경우, 전 조 제1항 제1호의 인구기준을 우선시하여 도시재생사업을 순차적으로 진행한다. 다만 인구기준의 하위 두 항목은 동등하게 고려하며, 최근 30년간 최다 인구 대비 현재 인구 비율이 낮을수록, 최근 5년간 인구의 연속 감소 기간이 길수록 그 지역의 사업을 우선적으로 실시한다.

<표> 도시재생활성화 후보지역

구분		A지역	B지역	C지역	D지역	E지역
인구	최근 30년간 최다 인구 대비 현재 인구 비율	68%	82%	87%	92%	77%
	최근 5년간 인구의 연속 감소 기간	5년	4년	2년	4년	2년
사업체	최근 10년간 최다사업체 수 대비 현재 사업체 수 비율	92%	89%	96%	97%	96%
	최근 5년간 사업체 수의 연속 감소 기간	3년	5년	2년	2년	2년
전체 건축물 수 대비 20년 이상된 건축물 비율		62%	55%	46%	58%	32%

① A지역
② B지역
③ C지역
④ D지역
⑤ E지역

정답 ① 5급 공채 2014 A 9

Solving Process

1. 문제의 형식 : '규칙(법령)'을 '상황'에 적용하여 결과를 도출하는 문제이다.
2. 형식구조 파악 : 3개의 조로 구성된 법조문이다.
3. 내용구조 및 정보 위치 MAPPING
   → 제1조의 '용어 정의'는 '사업 실시 순서'를 정하는 작업과는 큰 상관이 없으므로 간단히 보고 넘긴다.
   제2조에 도시재생활성화지역으로 지정되는 요건이 제시되어 있다. 이 규정을 적용하여 지정되지 않는 지역을 걸러낼 수 있을 것이다.
   제3조에 '우선순위'를 결정하는 규정이 제시되어 있다.
4. 풀이
   → 1단계 : 제2조의 요건을 1개씩 적용하면서 지정되지 않는 지역을 걸러낸다.
   2단계 : 1단계를 거쳐 남아있는 지역을 대상으로 제3조를 적용하여 우선순위 1위를 찾아낸다.

법조문의 이해

- **제2조 : 도시재생활성화지역 지정 요건**
  - 1, 2, 3호 3개의 요건 중 2개 이상을 만족시켜야 함.
  - 1호와 2호의 경우 각각 가목과 나목 2개의 세부요건 중 1개만 만족시키면 됨.

<예시>

지역	1호		2호		3호	요건 충족 / 지정 대상 여부
	가목	나목	가목	나목		
甲	○	×	○	×	×	○ (1·2호 2개 충족)
乙	○	×	×	×	○	○ (1·3호 2개 충족)
丙	×	×	○	○	○	○ (2·3호 2개 충족)
丁	○	○	×	×	×	× (1호 1개만 충족)

- **제3조 : 우선 순위**
  - 여러 개의 지정 대상 지역들 사이에서는 제1호를 기준으로 순위를 결정.
    1) 가목과 나목은 동등하게 고려.
    2) 가목 : 최근 30년간 최다 인구 대비 현재 인구 비율이 낮은 곳 우선
    (= 최근 30년간 최다 인구 대비 인구 감소 비율이 높은 곳 우선)
    3) 나목 : 최근 5년간 인구의 연속 감소 기간이 긴 곳 우선

풀이

1. 제2조의 기준을 적용한다.

구분		A지역	B지역	C지역	D지역	E지역	기준
제1호 인구	최근 30년간 최다 인구 대비 현재 인구 비율	68 %	82 %	87 %	92 %	77 %	80 % 이하
	최근 5년간 인구의 연속 감소 기간	5년	4년	2년	4년	2년	3년 이상
제2호 사업체	최근 10년간 최다사업체 수 대비 현재 사업체 수 비율	92 %	89 %	96 %	97 %	96 %	95 % 이하
	최근 5년간 사업체 수의 연속 감소 기간	3년	5년	2년	2년	2년	3년 이상
제3호 전체 건축물 수 대비 20년 이상된 건축물 비율		62 %	55 %	46 %	58 %	32 %	50 % 이상
충족시킨 요건(제n호)의 개수		3	3	0	2	1	2개 이상

2. 도시재생활성화지역으로 지정 가능한 곳은 A지역, B지역, D지역, 3곳이다.

3. 제3조의 기준에 따라 우선순위를 정하면 다음과 같다.
   A지역 > B지역 > D지역

	A지역	B지역	D지역
비율	68 % ①	82 % ②	92 % ③
기간	5년 ①	4년 ②	4년 ②

학습 & 분석

7 다음 글을 근거로 판단할 때, 이 법에 따른 예우를 받을 수 없는 사람은?

> 제00조(적용 대상자) 독립유공자, 그 유족 또는 가족은 이 법에 따른 예우를 받는다.
> 제00조(유족 등의 범위) ① 이 법에 따라 보상을 받는 독립유공자의 유족 또는 가족의 범위는 다음과 같다.
> 1. 배우자(사실상의 배우자를 포함한다. 다만, 배우자 및 사실상의 배우자가 독립유공자와 혼인 또는 사실혼(事實婚) 후 그 독립유공자가 아닌 다른 자와 사실혼 관계에 있거나 있었던 경우는 제외한다)
> 2. 자녀
> 3. 손자녀(孫子女). 다만, 독립유공자의 유족으로 최초로 등록할 당시 이미 자녀 및 손자녀까지 사망한 경우에는 독립유공자의 가장 가까운 직계비속 중 1명을 손자녀로 본다.
> 4. 며느리로서 1945년 8월 14일 이전에 구호적에 기재된 자
>
> ② 제1항 제2호의 자녀의 경우, 양자(養子)는 독립유공자가 직계비속(直系卑屬)이 없어 입양한 자 1명만을 자녀로 본다. 다만, 1945년 8월 15일 이후에 입양된 양자의 경우에는 독립유공자, 그의 배우자 또는 직계존비속(直系尊卑屬)을 부양한 사실이 있는 자로 한정한다.
> ③ 제1항 제3호의 손자녀의 경우, 독립유공자 직계비속의 양자는 그가 직계비속이 없어 입양한 자 1명만을 손자녀로 본다. 다만, 1945년 8월 15일 이후에 입양된 자의 경우에는 독립유공자, 그의 배우자 또는 직계존비속을 부양한 사실이 있는 자로 한정한다.
> ④ 제1항 제4호의 며느리의 경우, 제1항 제1호부터 제3호까지의 유족이 없어야 한다.

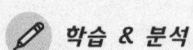

① 1945년 10월 17일에 자손이 없는 독립유공자 甲에게 홀로 입양되어 1989년에 양부모가 모두 사망할 때까지 부양의 의무를 다한 A
② 독립유공자의 유족으로 최초 등록할 당시 일가친척이 모두 사망하여 고아였던 독립유공자의 유일한 증손자 B
③ 1943년 4월에 독립유공자의 아들과 혼인하고, 그 직후 정상적으로 혼인신고와 호적등재를 마치고 현재까지 혼인관계를 유지하고 있는 C
④ 독립유공자의 아들인 乙이 자녀가 없어 1945년 7월에 입양한 유일한 자녀 D
⑤ 1942년에 독립유공자인 丙과 혼인하여 함께 생활하였으나, 丙이 독립운동 중 사망하여 혼인신고를 하지 못한 채 현재까지 홀로 살고 있는 E

7 다음 글을 근거로 판단할 때, 이 법에 따른 예우를 받을 수 없는 사람은?

> **1** 제00조(적용 대상자) 독립유공자, 그 유족 또는 가족은 이 법에 따른 예우를 받는다.
>
> **2** 제00조(유족 등의 범위) ① 이 법에 따라 보상을 받는 독립유공자의 유족 또는 가족의 범위는 다음과 같다.
>
> 1. 배우자(사실상의 배우자를 포함한다. 다만, 배우자 및 사실상의 배우자가 독립유공자와 혼인 또는 사실혼(事實婚) 후 그 독립유공자가 아닌 다른 자와 사실혼 관계에 있거나 있었던 경우는 제외한다)
> 2. 자녀
> 3. 손자녀(孫子女). 다만, 독립유공자의 유족으로 최초로 등록할 당시 이미 자녀 및 손자녀까지 사망한 경우에는 독립유공자의 가장 가까운 직계비속 중 1명을 손자녀로 본다.
> 4. 며느리로서 1945년 8월 14일 이전에 구호적에 기재된 자
>
> ② 제1항 제2호의 자녀의 경우, 양자(養子)는 독립유공자가 직계비속(直系卑屬)이 없어 입양한 자 1명만을 자녀로 본다. 다만, 1945년 8월 15일 이후에 입양된 양자의 경우에는 독립유공자, 그의 배우자 또는 직계존비속(直系尊卑屬)을 부양한 사실이 있는 자로 한정한다.
>
> ③ 제1항 제3호의 손자녀의 경우, 독립유공자 직계비속의 양자는 그가 직계비속이 없어 입양한 자 1명만을 손자녀로 본다. 다만, 1945년 8월 15일 이후에 입양된 자의 경우에는 독립유공자, 그의 배우자 또는 직계존비속을 부양한 사실이 있는 자로 한정한다.
>
> ④ 제1항 제4호의 며느리의 경우, 제1항 제1호부터 제3호까지의 유족이 없어야 한다.

기본 요건

한정, 제한 요건

① 1945년 10월 17일에 자손이 없는 독립유공자 甲에게 홀로 입양되어 1989년에 양부모가 모두 사망할 때까지 부양의 의무를 다한 A 자녀(양자)
② 독립유공자의 유족으로 최초 등록할 당시 일가친척이 모두 사망하여 고아였던 독립유공자의 유일한 증손자 B 증손자
③ 1943년 4월에 독립유공자의 아들과 혼인하고, 그 직후 정상적으로 혼인신고와 호적등재를 마치고 현재까지 혼인관계를 유지하고 있는 C 며느리
④ 독립유공자의 아들인 乙이 자녀가 없어 1945년 7월에 입양한 유일한 자녀 D 자녀(양자)
⑤ 1942년에 독립유공자인 丙과 혼인하여 함께 생활하였으나, 丙이 독립운동 중 사망하여 혼인신고를 하지 못한 채 현재까지 홀로 살고 있는 E 배우자

정답 ③ 2013 대비 모의고사

Solving Process

1. 문제의 형식 : 제시된 규정을 5개의 선택지(사람)에 적용하여 규정된 내용에 해당하지 않는 1명을 고르는 문제이다.
2. 형식구조 파악 : 2개의 조로 구성된 법조문 형식이며, 조에 제목이 있다. 제2조에 4개의 항이 있고 내용이 많다.
3. 내용구조 및 정보 위치 MAPPING
   → 제2조 제1항은 유족 또는 가족의 '기본 범위'를 규정하고 있다.
   제2조 제2항부터 제4항에는 유족 또는 가족으로 인정받기 위한 '추가 요건'이 제시되어 있다. 각각의 추가 요건이 '기본 범위' 중 어떤 경우와 관련된 것인지는 각 항의 첫머리를 보면 쉽게 파악할 수 있다.
   괄호나 '다만' 등, 추가 규정이나 예외 규정의 존재를 암시하는 요소가 많이 있다.
4. 선택지 검토
   → 1단계 : 선택지 사례의 인물들이 '기본 범위' 중 어떤 경우에 해당하는지 확인한다.
   2단계 : '제외'되는 경우나 '한정'되는 경우에 대한 추가 요건을 적용하며 최종적인 판단을 한다.

선택지 검토

① [O] 1945년 10월 17일에 자손이 없는 독립유공자 甲에게 홀로 입양되어 1989년에 양부모가 모두 사망할 때까지 부양의 의무를 다한 A
➡ [제2조 제2항] 양자(養子)는 독립유공자가 직계비속(直系卑屬)이 없어 입양한 자 1명만을 자녀로 본다. 다만, 1945년 8월 15일 이후에 입양된 양자의 경우에는 독립유공자, 그의 배우자 또는 직계존비속(直系尊卑屬)을 부양한 사실이 있는 자로 한정한다.

② [O] 독립유공자의 유족으로 최초 등록할 당시 일가친척이 모두 사망하여 고아였던 독립유공자의 유일한 증손자 B
➡ [제2조 제1항 제3호] 독립유공자의 유족으로 최초로 등록할 당시 이미 자녀 및 손자녀까지 사망한 경우에는 독립유공자의 가장 가까운 직계비속 중 1명을 손자녀로 본다.

③ [X] 1943년 4월에 독립유공자의 아들과 혼인하고, 그 직후 정상적으로 혼인신고와 호적등재를 마치고 현재까지 혼인관계를 유지하고 있는 C
➡ [제2조 제4항] 며느리의 경우, 제1항 제1호부터 제3호까지의 다른 유족이 없어야 하는데, 독립유공자의 아들인 남편이 살아있으므로 법의 예우를 받는 유족이 될 수 없다.

④ [O] 독립유공자의 아들인 乙이 자녀가 없어 1945년 7월에 입양한 유일한 자녀 D
➡ [제2조 제3항] 손자녀의 경우, 독립유공자 직계비속의 양자는 그가 직계비속이 없어 입양한 자 1명만을 손자녀로 본다.

③ [O] 1942년에 독립유공자인 丙과 혼인하여 함께 생활하였으나, 丙이 독립운동 중 사망하여 혼인신고를 하지 못한 채 현재까지 홀로 살고 있는 E
➡ [제2조 제1항 제1호] 배우자는 사실상의 배우자를 포함한다.

학습 & 분석

8 다음 글을 근거로 판단할 때 옳은 것은?

> 출판문화산업 진흥법 <2014. 5. 20. 개정 · 공포>
> 제00조(간행물 정가표시 및 판매) ① 출판사가 판매를 목적으로 간행물을 발행할 때에는 소비자에게 판매하는 가격(이하 "정가"라 한다)을 해당 간행물의 표지에 표시하여야 한다.
> ② 발행일부터 18개월이 지난 간행물은 대통령령으로 정하는 바에 따라 정가(定價)를 변경할 수 있다. 이 경우 정가표시는 제1항을 준용한다.
> ③ 간행물을 판매하는 자는 이를 정가대로 판매하여야 한다.
> ④ 제3항에도 불구하고 간행물을 판매하는 자는 정가의 15퍼센트 이내에서 가격할인과 경제상의 이익을 자유롭게 조합하여 판매할 수 있다. 이 경우 가격할인은 10퍼센트 이내로 하여야 한다.
> ⑤ 다음 각 호의 어느 하나에 해당하는 간행물에 대하여는 제3항 및 제4항을 적용하지 아니한다.
> 1. 사회복지시설에 판매하는 간행물
> 2. 저작권자에게 판매하는 간행물
> ⑥ 제4항에서 "경제상의 이익"이란 간행물의 거래에 부수하여 소비자에게 제공되는 물품, 마일리지, 할인권, 상품권 등을 말한다.
> 제△△조(규제의 재검토) 문화체육관광부장관은 전조(前條)에 따른 간행물의 정가표시 및 판매(할인율을 포함한다) 제도에 관하여 3년마다 그 타당성을 검토하여 폐지, 완화 또는 유지 등의 조치를 하여야 한다.
>
> 부칙
> 제1조(시행일) 이 법은 공포 후 6개월이 경과한 날부터 시행한다.
> 제2조(적용례) 제△△조의 규정은 이 법 시행일을 기준으로 적용한다.

① 개정된 법률이 시행된 이후에는 발행된 지 1년 6개월이 지난 책들을 정가의 15%까지 할인하여 판매할 수 있다.
② 책의 저자가 지인들에게 자신의 저서를 선물할 목적으로 출판사에 정가의 60%만 지불하고 해당 서적을 구매하는 것은 법률의 위반행위가 아니다.
③ 2014년 10월에 정가의 80%로 책을 판매하면서 추가로 책 정가의 30%에 해당하는 금액의 상품권을 사은품으로 지급하는 것은 개정된 법률을 위반한 행위이다.
④ 문화체육관광부장관은 2017년 5월 20일까지 간행물 판매 시 할인율에 대한 규제를 다시 검토하고 폐지, 완화 또는 유지 등의 조치를 취해야 한다.
⑤ 발행일부터 18개월이 지난 간행물의 경우, 간행물을 판매하는 서점이 정가표시를 변경하고 가격할인을 적용하여 원래 정가의 90% 미만의 가격으로 판매할 수 있다.

8 다음 글을 근거로 판단할 때 옳은 것은?

> ○○법 <2014. 5. 20. 개정・공포>
>
> **1** 제00조(간행물 정가표시 및 판매) ① 출판사가 판매를 목적으로 간행물을 발행할 때에는 소비자에게 판매하는 가격(이하 "정가"라 한다)을 해당 간행물의 표지에 표시하여야 한다.
>
> ② 발행일부터 18개월이 지난 간행물은 대통령령으로 정하는 바에 따라 정가(定價)를 변경할 수 있다. 이 경우 정가표시는 제1항을 준용한다.
>
> ③ 간행물을 판매하는 자는 이를 정가대로 판매하여야 한다.
>
> ④ 제3항에도 불구하고 간행물을 판매하는 자는 정가의 15퍼센트 이내에서 가격할인과 경제상의 이익을 자유롭게 조합하여 판매할 수 있다. 이 경우 가격할인은 10퍼센트 이내로 하여야 한다.
>
> ⑤ 다음 각 호의 어느 하나에 해당하는 간행물에 대하여는 제3항 및 제4항을 적용하지 아니한다.
>
> 1. 사회복지시설에 판매하는 간행물
> 2. 저작권자에게 판매하는 간행물
>
> ⑥ 제4항에서 "경제상의 이익"이란 간행물의 거래에 부수하여 소비자에게 제공되는 물품, 마일리지, 할인권, 상품권 등을 말한다.
>
> **2** 제△△조(규제의 재검토) 문화체육관광부장관은 전조(前條)에 따른 간행물의 정가표시 및 판매(할인율을 포함한다) 제도에 관하여 3년마다 그 타당성을 검토하여 폐지, 완화 또는 유지 등의 조치를 하여야 한다.
>
> ※ 부칙
>
> 제1조(시행일) 이 법은 공포 후 6개월이 경과한 날부터 시행한다.
>
> 제2조(적용례) 제△△조의 규정은 이 법 시행일을 기준으로 적용한다.

① 개정된 법률이 시행된 이후에는 발행된 지 1년 6개월이 지난 책들을 정가의 15%까지 할인하여 판매할 수 있다.

② 책의 저자가 지인들에게 자신의 저서를 선물할 목적으로 출판사에 정가의 60%만 지불하고 해당 서적을 구매하는 것은 법률의 위반행위가 아니다.

③ 2014년 10월에 정가의 80%로 책을 판매하면서 추가로 책 정가의 30%에 해당하는 금액의 상품권을 사은품으로 지급하는 것은 개정된 법률을 위반한 행위이다.

④ 문화체육관광부장관은 2017년 5월 20일까지 간행물 판매 시 할인율에 대한 규제를 다시 검토하고 폐지, 완화 또는 유지 등의 조치를 취해야 한다.

⑤ 발행일부터 18개월이 지난 간행물의 경우, 간행물을 판매하는 서점이 정가표시를 변경하고 가격할인을 적용하여 원래 정가의 90% 미만의 가격으로 판매할 수 있다.

정답 ② 2015 대비 모의고사

Solving Process

1. 문제의 형식 : 5개의 선택지 중에서 옳은 것을 고르는 부합·추론형 문제이다.
2. 형식구조 파악 : 본칙 2개 조와 부칙 2개 조로 구성된 법조문 형식이며, 조에 제목이 있다.
   특히 본칙 제1조에 6개의 항이 있고 내용이 많다.
3. 내용구조 및 정보 위치 MAPPING
   → 조의 제목과 주어, 서술어를 중심으로 하여 내용구조와 정보의 위치를 파악한다.
   제1조의 경우 '항'이 6개나 있으므로 적절히 읽어주는 것이 좋다.
   기간이나 비율을 나타내는 '숫자'에 주목한다.
   부칙에는 '시행 시점'과 '기간 계산의 기준점'이 제시되어 있다.
4. 선택지 검토
   → 선택지의 서술어, 숫자 등을 기준으로 관련 규정을 찾아 적용한다. 특히, 기간과 관련된 선택지는 법률 표제의 '공포일'과 '부칙'을 적용하여 판단한다.

선택지 검토

① [X] 개정된 법률이 시행된 이후에는 발행된 지 1년 6개월이 지난 책들을 정가의 15%까지 할인하여 판매할 수 있다.
➡ [제1조 제2항, 제4항] 발행일로부터 18개월이 지난 책은 정가를 변경할 수 있을 뿐, 가격할인은 항상 10퍼센트 이내로만 하여야 한다.

② [O] 책의 저자가 지인들에게 자신의 저서를 선물할 목적으로 출판사에 정가의 60%만 지불하고 해당 서적을 구매하는 것은 법률의 위반행위가 아니다.
➡ [제1조 제5항 제2호] 저작권자인 책의 저자에게 판매하는 경우에는 제3항(정가판매의무) 및 제4항(할인율 제한)을 적용하지 않는다.

③ [X] 2014년 10월에 정가의 80%로 책을 판매하면서 추가로 책 정가의 30%에 해당하는 금액의 상품권을 사은품으로 지급하는 것은 개정된 법률을 위반한 행위이다.
➡ [부칙 제1조] 법률이 개정·공포된 날이 2014년 5월 20일이므로 시행되는 시기는 2014년 11월이다. 10월은 아직 개정된 법률이 시행되기 전이므로, 관련 규정이 적용되지 않는다. 따라서 개정된 법률을 위반했다고 할 수 없다.

④ [X] 문화체육관광부장관은 2017년 5월 20일까지 간행물 판매 시 할인율에 대한 규제를 다시 검토하고 폐지, 완화 또는 유지 등의 조치를 취해야 한다.
➡ [부칙 제2조] 이법의 시행시점인 2014년 11월이 기준이 된다.(초일 불산입 시 11월 21일) 즉, 제△△조의 '3년'이 되는 날은 2017년 11월 중에 있으므로, 반드시 2017년 5월 20일까지 검토 및 조치를 해야 하는 것은 아니다.

⑤ [X] 발행일부터 18개월이 지난 간행물의 경우, 간행물을 판매하는 서점이 정가표시를 변경하고 가격할인을 적용하여 원래 정가의 90% 미만의 가격으로 판매할 수 있다.
➡ [제1조 제1-2항] 정가를 변경하고 변경된 정가를 표시하는 것은 출판사의 일이고 의무이다. 서점이 정가표시를 변경할 수는 없다.

학습 & 분석

9 다음 규칙에 근거할 때 옳은 것만을 <보기>에서 모두 고르면? (단, 2012년은 윤년이다.)

> 제1규칙 : 기간을 시, 분, 초로 정한 때에는 즉시로부터 기산한다.
> 제2규칙 : 기간을 일, 주, 월 또는 년으로 정한 때에는 기간의 초일은 산입하지 아니한다. 그러나 그 기간이 오전 0시로부터 시작하는 때에는 그러하지 아니하다.
> 제3규칙 : 연령계산에는 출생일을 산입한다.
> 제4규칙 : ① 기간을 일, 주, 월 또는 년으로 정한 때에는 기간말일의 종료로 기간이 만료한다.
> ② 주, 월 또는 년의 처음으로부터 기간을 기산하지 아니하는 때에는 최후의 주, 월 또는 년에서 그 기산일에 해당한 날의 전일로 기간이 만료한다.
> ③ 월 또는 년으로 정한 경우에 최종의 월에 해당일이 없는 때에는 그 월의 말일로 기간이 만료한다.

<보 기>

ㄱ. 甲이 乙에게 2012. 1. 10. 14 : 00에 돈을 빌리면서 5일 이내에 갚기로 한 경우 돈을 2012. 1. 15. 14 : 00까지 갚아야 한다.
ㄴ. 甲이 1989. 10. 4. 14 : 00에 태어났다면 그가 만 20세가 되는 시점은 2009. 10. 3. 24 : 00이다.
ㄷ. 물건을 구매한 날로부터 1달 이내에 반품할 수 있는 것으로 규정되어 있는 경우, 甲이 2012. 1. 30. 14 : 00에 물품을 구매하였다면 2012. 2. 29. 24 : 00까지 반품할 수 있다.
ㄹ. 甲이 2012. 1. 10. 14 : 00에 乙에게 "2012. 1. 17. 오전 0시부터 3일간 내 아파트를 마음대로 사용해도 좋다."고 했다면 乙은 2012. 1. 20. 24 : 00에 아파트를 반환하여야 한다.

① ㄱ, ㄴ
② ㄱ, ㄹ
③ ㄴ, ㄷ
④ ㄴ, ㄹ
⑤ ㄷ, ㄹ

9 다음 규칙에 근거할 때 옳은 것만을 <보기>에서 모두 고르면? (단, 2012년은 윤년이다.)

기산점

제1규칙 : 기간을 시, 분, 초로 정한 때에는 즉시로부터 기산한다.

제2규칙 : 기간을 일, 주, 월 또는 년으로 정한 때에는 기간의 초일은 산입하지 아니한다. 그러나 그 기간이 오전 0시로부터 시작하는 때에는 그러하지 아니하다.

제3규칙 : 연령계산에는 출생일을 산입한다.

만료점

제4규칙 : ① 기간을 일, 주, 월 또는 년으로 정한 때에는 기간말일의 종료로 기간이 만료한다.

② 주, 월 또는 년의 처음으로부터 기간을 기산하지 아니하는 때에는 최후의 주, 월 또는 년에서 그 기산일에 해당한 날의 전일로 기간이 만료한다.

③ 월 또는 년으로 정한 경우에 최종의 월에 해당일이 없는 때에는 그 월의 말일로 기간이 만료한다.

<보 기>

ㄱ. 甲이 乙에게 2012. 1. 10. 14:00에 돈을 빌리면서 5일 이내에 갚기로 한 경우 돈을 2012. 1. 15. 14:00까지 갚아야 한다.

ㄴ. 甲이 1989. 10. 4. 14:00에 태어났다면 그가 만 20세가 되는 시점은 2009. 10. 3. 24:00이다. 연령 계산

ㄷ. 물건을 구매한 날로부터 1달 이내에 반품할 수 있는 것으로 규정되어 있는 경우, 甲이 2012. 1. 30. 14:00에 물품을 구매하였다면 2012. 2. 29. 24:00까지 반품할 수 있다.

ㄹ. 甲이 2012. 1. 10. 14:00에 乙에게 "2012. 1. 17. 오전 0시부터 3일간 내 아파트를 마음대로 사용해도 좋다."고 했다면 乙은 2012. 1. 20. 24:00에 아파트를 반환하여야 한다.

① ㄱ, ㄴ
② ㄱ, ㄹ
③ ㄴ, ㄷ
④ ㄴ, ㄹ
⑤ ㄷ, ㄹ

정답 ③ 입법고시 2012 가 26

Solving Process

1. 문제의 형식 : 〈보기〉형 문제이다.
2. 형식구조 파악 : 4개의 규칙이 법조문과 유사한 형식으로 제시되어 있다. 각 규칙에 제목이 붙어있지 않으므로 내용을 확인할 필요가 있다.
3. 내용구조 및 정보 위치 MAPPING
   → 기간을 계산하는 방법에 대한 규칙이다.
   제1규칙 : 시·분·초로 정한 기간 → 즉시 기산
   제2규칙 : 일·주·월·년으로 정한 기간 → 초일 불산입
   제3규칙 : 연령 계산 → 초일 산입
   제4규칙 : 만료점
4. 보기 검토
   → 내용이 간단하여 이해하기 편하고 규칙을 적용하기 쉬운 보기부터 먼저 검토하면서, 최소한 검토로 정답을 찾는다. 예를 들어, 내용이 가장 적고 '연령 계산'에 대한 사례임이 확실하여 적용 규정을 찾기 편한 보기 ㄴ부터 검토하는 것도 좋은 방법이다.

제시문의 이해

- **제4규칙의 ②**
  - '주'의 처음 : 월요일
  - '월'의 처음 : 1일
  - '년'의 처음 : 1월 1일

보기 검토

ㄱ. (X) 甲이 乙에게 2012. 1. 10. 14 : 00에 돈을 빌리면서 5일 이내에 갚기로 한 경우 돈을 2012. 1. 15. 14 : 00까지 갚아야 한다.

➡ [제2규칙] 기간을 '일'로 정했으므로 초일은 산입하지 아니한다.
[제4규칙 ①] 기간을 '일'로 정했으므로 기간말일의 종료로 기간이 만료한다.
따라서 2012. 1. 11.이 기산일이 되고 이 날을 포함하여 5일째인 2012. 1. 15. 24 : 00까지 돈을 갚아야 한다.

ㄴ. (O) 甲이 1989. 10. 4. 14 : 00에 태어났다면 그가 만 20세가 되는 시점은 2009. 10. 3. 24 : 00이다.

➡ [제3규칙] 연령계산에는 출생일을 산입한다.
따라서 연령 계산의 기산일은 1989. 10. 4.이다.
[제4규칙 ②] 월, 년의 첫날이 아닌 날이 기산일이면 기간 최후의 월 또는 년에서 그 기산일에 해당한 날(10. 4)의 전일(10. 3)로 기간이 만료한다.
[제4규칙 ①] 기간을 '년'으로 정했으므로 기간말일의 종료로 기간이 만료한다.
20년의 기간이 만료되는 시점은 2009. 10. 3. 24 : 00이다.

ㄷ. (O) 물건을 구매한 날로부터 1달 이내에 반품할 수 있는 것으로 규정되어 있는 경우, 甲이 2012. 1. 30. 14 : 00에 물품을 구매하였다면 2012. 2. 29. 24 : 00까지 반품할 수 있다.

➡ [제2규칙] 기간을 '월'로 정했으므로 초일은 산입하지 아니한다.
[제4규칙 ② ③] 월의 첫 날이 아닌 시점에서부터 기간을 계산할 때에는 최후의 월에서 그 기산일에 해당한 날의 전일로 기간이 만료한다. 단, 최후의 월에 해당일이 없는 때에는 그 월의 말일로 기간이 만료한다.
따라서 2012. 1. 31.이 기산일이 되고 만료일은 2012. 2. 31.의 전일인 2. 30.이다. 그러나 2. 30.은 존재하지 않으므로 2월의 말일이 만료일이 된다. 2012년은 윤년이므로 2월은 29일까지 존재하며, 만료일은 2. 29.이고,
[제4규칙 ①] 만료 시점은 2. 29. 24 : 00이다.

ㄹ. (X) 甲이 2012. 1. 10. 14 : 00에 乙에게 "2012. 1. 17. 오전 0시부터 3일간 내 아파트를 마음대로 사용해도 좋다."고 했다면 乙은 2012. 1. 20. 24 : 00에 아파트를 반환하여야 한다.

➡ [제2규칙] 기간을 '일'로 정했지만, 기간이 오전 0시부터 시작하므로 초일을 산입한다.
[제4규칙 ①] 기간을 '일'로 정했으므로 기간말일의 종료로 기간이 만료한다.
따라서 2012. 1. 17.이 기산일이 되고 이 날을 포함하여 3일째인 2012. 1. 19. 24 : 00까지 아파트를 반환하여야 한다.

10 乙은 甲에 대한 채무를 이행하지 않고 있다. 채권보전이라는 측면만을 고려할 때, 다음 제시문을 근거로 乙에 대한 채권의 소멸시효가 완성되기 전에 甲이 압류 또는 가압류를 통해 가장 먼저 소멸시효를 중단시켜야 할 경우는? (단, 2008년 2월 23일 현재를 기준으로 판단할 것)

A. 기간(期間)이란 어느 시점에서 어느 시점까지의 계속된 시간을 말한다. 기간을 일·주·월·년으로 정한 때에는 원칙적으로 초일(初日)을 산입하지 않으며, 기간 말일의 종료로 기간이 만료된다. 주·월·년의 처음부터 기간을 계산하는 경우에는 그 주·월·년이 종료하는 때에 만료하지만, 처음부터 계산하지 않을 때에는 최후의 주·월·년에서 기산일에 해당하는 날의 전일로 기간은 만료한다. 이러한 기간의 계산방법은 일정한 기산일부터 소급하여 과거에 역산(逆算)되는 기간에도 준용된다.

B. 소멸시효(消滅時效)는 권리자가 일정한 기간 동안 권리를 행사하지 않는 상태(권리불행사의 상태)가 계속된 경우에 그의 권리를 소멸시키는 제도를 말한다. 즉 소멸시효의 기간이 만료하면 그 권리는 소멸하게 된다. 소멸시효의 기간은 권리를 행사할 수 있는 때부터 진행한다. 예컨대 甲이 3월 10일 乙에게 1천만원을 1년간 빌려주고, 이자는 연 12%씩 매달 받기로 한 경우, 甲은 乙에게 4월 10일에 이자 10만원의 지불을 요구할 수 있으므로, 甲의 乙에 대한 4월분 이자채권은 그때부터 소멸시효의 기간이 진행된다.

C. 일반적으로 채권의 소멸시효기간은 10년이다. 다만 (i) 이자·부양료·사용료 기타 1년 이내의 기간으로 정한 금전 또는 물건의 지급을 목적으로 한 채권, (ii) 의사·간호사·약사의 치료·근로 및 조제에 관한 채권, (iii) 도급받은 자·기사 기타 공사의 설계 또는 감독에 종사하는 자의 공사에 관한 채권 등은 3년의 소멸시효에 걸리는 채권이다. 여기서 '1년 이내의 기간으로 정한 채권'이란 1년 이내의 정기로 지급되는 채권을 의미하는 것이지 변제기가 1년 이내인 채권을 말하는 것은 아니다. 그리고 ① 여관·음식점의 숙박료·음식료의 채권, ② 노역인(勞役人)·연예인의 임금 및 그에 공급한 물건의 대금채권, ③ 학생 및 수업자의 교육에 관한 교사 등의 채권 등은 1년의 소멸시효에 걸리는 채권이다.

D. 소멸시효 완성에 필요한 권리불행사라는 사실상태는 일정한 사유가 있는 때에 중단되고, 그때까지 진행한 소멸시효의 기간은 효력을 잃게 된다. 즉 소멸시효가 중단되면 그때까지 경과한 시효기간은 이를 산입하지 않고, 중단사유가 종료한 때로부터 새로이 진행한다. 소멸시효의 중단사유로 (i) 청구, (ii) 압류·가압류·가처분, (iii) 승인이 있다.

① 甲은 친구 乙에게 2000년 6월 10일 5천만원을 1년간 빌려주었고, 이자는 받지 않기로 하였다.
② 甲은 乙에게 1998년 9월 20일 자동차를 2천만원에 팔고, 매매대금은 1년 후에 받기로 하였다.
③ 乙은 2006년 5월 31일 甲의 음식점에서 외상으로 10만원 상당의 음식을 먹고, 음식값은 15일 후에 주기로 하였다.
④ 개그맨 甲은 2006년 4월 15일 20시부터 22시까지 乙대학축제의 장기자랑 사회를 보았고, 그 대가 1천만원은 1개월 후에 받기로 하였다.
⑤ 甲이 乙소유의 건물을 수리하고, 3천만원의 도급 공사대금은 수리가 완료되면 받기로 하였으며, 甲은 약정대로 2005년 3월 28일 공사를 완료하였다.

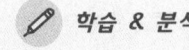

학습 & 분석

10 乙은 甲에 대한 채무를 이행하지 않고 있다. 채권보전이라는 측면만을 고려할 때, 다음 제시문을 근거로 乙에 대한 채권의 소멸시효가 완성되기 전에 甲이 압류 또는 가압류를 통해 가장 먼저 소멸시효를 중단시켜야 할 경우는?(단, 2008년 2월 23일 현재를 기준으로 판단할 것)

> [기간 계산 방법]
> A. 기간(期間)이란 어느 시점에서 어느 시점까지의 계속된 시간을 말한다. 기간을 일·주·월·년으로 정한 때에는 원칙적으로 초일(初日)을 산입하지 않으며, 기간 말일의 종료로 기간이 만료된다. 주·월·년의 처음부터 기간을 계산하는 경우에는 그 주·월·년이 종료하는 때에 만료하지만, 처음부터 계산하지 않을 때에는 최후의 주·월·년에서 기산일에 해당하는 날의 전일로 기간은 만료한다. 이러한 기간의 계산방법은 일정한 기산일부터 소급하여 과거에 역산(逆算)되는 기간에도 준용된다.
>
> [소멸시효의 정의]
> B. 소멸시효(消滅時效)는 권리자가 일정한 기간 동안 권리를 행사하지 않는 상태(권리불행사의 상태)가 계속된 경우에 그의 권리를 소멸시키는 제도를 말한다. 즉 소멸시효의 기간이 만료하면 그 권리는 소멸하게 된다. 소멸시효의 기간은 권리를 행사할 수 있는 때부터 진행한다. 예컨대 甲이 3월 10일 乙에게 1천만원을 1년간 빌려주고, 이자는 연 12%씩 매달 받기로 한 경우, 甲은 乙에게 4월 10일에 이자 10만원의 지불을 요구할 수 있으므로, 甲의 乙에 대한 4월분 이자채권은 그때부터 소멸시효의 기간이 진행된다.
>
> [소멸시효 기간의 구분]
> C. 일반적으로 채권의 소멸시효기간은 10년이다.(①②) 다만 (i) 이자·부양료·사용료 기타 1년 이내의 기간으로 정한 금전 또는 물건의 지급을 목적으로 한 채권, (ii) 의사·간호사·약사의 치료·근로 및 조제에 관한 채권, (iii) 도급받은 자·기사 기타 공사의 설계 또는 감독에 종사하는 자의 공사에 관한 채권 등은 3년의 소멸시효에(⑤) 걸리는 채권이다. 여기서 '1년 이내의 기간으로 정한 채권'이란 1년 이내의 정기로 지급되는 채권을 의미하는 것이지 변제기가 1년 이내인 채권을 말하는 것은 아니다. 그리고 ① 여관·음식점의 숙박료·음식료의 채권, ② 노역인(勞役人)·연예인의 임금 및 그에 공급한 물건의 대금채권, ③ 학생 및 수업자의 교육에 관한 교사 등의 채권 등은 1년의 소멸시효에(③④) 걸리는 채권이다.
>
> [소멸시효의 중단]
> D. 소멸시효 완성에 필요한 권리불행사라는 사실상태는 일정한 사유가 있는 때에 중단되고, 그때까지 진행한 소멸시효의 기간은 효력을 잃게 된다. 즉 소멸시효가 중단되면 그때까지 경과한 시효기간은 이를 산입하지 않고, 중단사유가 종료한 때로부터 새로이 진행한다. 소멸시효의 중단사유로 (i) 청구, (ii) 압류·가압류·가처분, (iii) 승인이 있다.

① 甲은 친구 乙에게 2000년 6월 10일 5천만원을 1년간 빌려주었고, 이자는 받지 않기로 하였다.
② 甲은 乙에게 1998년 9월 20일 자동차를 2천만원에 팔고, 매매대금은 1년 후에 받기로 하였다.
③ 乙은 2006년 5월 31일 甲의 음식점에서 외상으로 10만원 상당의 음식을 먹고, 음식값은 15일 후에 주기로 하였다.
④ 개그맨 甲은 2006년 4월 15일 20시부터 22시까지 乙대학축제의 장기자랑 사회를 보았고, 그 대가 1천만원은 1개월 후에 받기로 하였다.
⑤ 甲이 乙소유의 건물을 수리하고, 3천만원의 도급 공사대금은 수리가 완료되면 받기로 하였으며, 甲은 약정대로 2005년 3월 28일 공사를 완료하였다.

정답 ⑤ 5급 공채 **2008 창 15**

Solving Process

1. 문제의 형식 : 제시된 규칙을 5개의 선택지(사례)에 적용하여 '가장 먼저 소멸시효를 중단시켜야 할 경우'를 찾는 문제이다.
2. 형식구조 파악 : 4개의 문단으로 구성된 TEXT로 규칙을 제시하고 있다.
3. 내용구조 및 정보 위치 MAPPING
   → A : 기간 계산 방법
   B : 소멸시효의 정의
   C : 소멸시효 기간의 구분 → 10년 / 3년 / 1년
   D : 소멸시효의 중단
4. 선택지 검토
   → 각 사례별로 소멸시효 기간이 몇 년인지를 먼저 확인한 후(C문단 검색), 소멸시효 기간이 만료되는 시점이 2008년 2월 23일에 가장 가까운 사례를 찾는다(A, B 문단의 기간 계산법 적용)
   이때, 소멸시효 기간이 만료되는 시점을 '월'과 '일'까지 정확히 계산할 필요는 없다. 먼저 '년' 단위로만 기간을 계산한 후, 정밀한 검토가 필요한 경우에만 '월'과 '일' 단위까지 계산한다.
   즉, 가장 큰 '년' 단위부터 '단계적으로 검토'한다.

풀이

	소멸시효기간	기산점/만료점 (년)
① 甲은 친구 乙에게 2000년 6월 10일 5천만원을 1년간 빌려 주었고, 이자는 받지 않기로 하였다.	일반적인 채권 → 10년	2001 / **2011**
② 甲은 乙에게 1998년 9월 20일 자동차를 2천만원에 팔고, 매매대금은 1년 후에 받기로 하였다.	일반적인 채권 → 10년	1999 / **2009**
③ 乙은 2006년 5월 31일 甲의 음식점에서 외상으로 10만원 상당의 음식을 먹고, 음식값은 15일 후에 주기로 하였다.	음식료 채권 → 1년	2006 / **2007** → 이미 기간 만료
④ 개그맨 甲은 2006년 4월 15일 20시부터 22시까지 乙대학축제의 장기자랑 사회를 보았고, 그 대가 1천만원은 1개월 후에 받기로 하였다.	연예인의 임금 채권 → 1년	2006 / **2007** → 이미 기간 만료
⑤ 甲이 乙소유의 건물을 수리하고, 3천만원의 도급 공사대금은 수리가 완료되면 받기로 하였으며, 甲은 약정대로 2005년 3월 28일 공사를 완료하였다.	도급받은 자의 공사에 관한 채권 → 3년	2005 / **2008**

⑤번 선택지의 경우는 현재시점과 같은 2008년에 소멸시효가 만료된다. 이미 기간이 만료되었을 수도 있으므로 기간 만료점의 '월'을 확인한다.
➡ 만료시점이 2008년 3월이므로 현재시점과 가장 가깝다.

더 생각해 보기 / 참고

- 정확한 소멸시효기간(기산점과 만료점)은 다음과 같다.
  ① • 기산점 : 2001. 6. 11. • 만료점 : 2011. 6. 10.
  ② • 기산점 : 1999. 9. 21. • 만료점 : 2009. 9. 20.
  ③ • 기산점 : 2006. 6. 16. • 만료점 : 2007. 6. 15.
  ④ • 기산점 : 2006. 5. 16. • 만료점 : 2007. 5. 15.
  ⑤ • 기산점 : 2005. 3. 29. • 만료점 : 2008. 3. 28.

학습 & 분석

11 다음 규정을 근거로 판단할 때, 옳은 것만을 <보기>에서 모두 고르면?

> 제00조 ① 모든 초등학교·중학교·고등학교 및 특수학교(이하 '학교'라 한다)에 두는 학교운영위원회(이하 '운영위원회'라 한다) 위원의 정수는 당해 학교의 학교운영위원회 규정(이하 '위원회규정'이라 한다)으로 정한다.
> ② 학교에 두는 운영위원회 위원의 구성비율은 다음 각 호의 구분에 의한 범위 내에서 위원회규정으로 정한다.
> 1. 학부모위원 : 100분의 40 ~ 100분의 50
> 2. 교원위원 : 100분의 30 ~ 100분의 40
> 3. 지역위원(당해 학교가 소재하는 지역을 생활근거지로 하는 자로서 교육행정에 관한 업무를 수행하는 공무원, 당해 학교가 소재하는 지역을 사업활동의 근거지로 하는 사업자, 당해 학교를 졸업한 자, 기타 학교운영에 이바지하고자 하는 자를 말한다) : 100분의 10 ~ 100분의 30
>
> ③ 제2항의 규정에도 불구하고 전문계고등학교운영위원회 위원의 구성비율은 다음 각 호의 구분에 의한 범위 내에서 위원회규정으로 정한다. 이 경우 지역위원 중 2분의 1 이상은 제2항 제3호의 규정에 의한 사업자로 선출하여야 한다.
> 1. 학부모위원 : 100분의 30 ~ 100분의 40
> 2. 교원위원 : 100분의 20 ~ 100분의 30
> 3. 지역위원 : 100분의 30 ~ 100분의 50
>
> 제00조 ① 학교의 장은 항상 운영위원회의 교원위원이 된다.
> ② 운영위원회에는 위원장 및 부위원장 각 1인을 두되, 교원위원이 아닌 위원 중에서 무기명투표로 선출한다.
> 제00조 학교에 두는 운영위원회의 구성 및 운영에 관하여 이 법에서 규정하지 아니한 사항은 모두 시·도의 조례로 정한다.

<보 기>

ㄱ. 전교생이 549명인 초등학교의 학교운영위원회규정에 위원의 정수가 10명이라고 되어 있을 경우, 이 학교의 지역위원은 1명일 수 있다.

ㄴ. 학생수가 1,500명인 전문계고등학교의 학교운영위원회 규정에 위원의 정수가 15명이라고 되어 있을 경우, 해당 학교가 소재하는 지역을 사업활동의 근거지로 하는 사업자인 지역위원은 최소 2명에서 최대 7명이다.

ㄷ. 학교운영위원회 위원장의 연임허용 여부가 이 법에 규정되어 있지 않을 경우, 해당 시·도의 조례를 찾아보아야 한다.

ㄹ. 학교의 장은 운영위원회의 위원장이 될 수 없다.

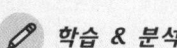

① ㄱ, ㄷ
② ㄴ, ㄹ
③ ㄱ, ㄴ, ㄹ
④ ㄱ, ㄷ, ㄹ
⑤ ㄴ, ㄷ, ㄹ

11 다음 규정을 근거로 판단할 때, 옳은 것만을 <보기>에서 모두 고르면?

1 제00조 ① 모든 초등학교·중학교·고등학교 및 특수학교(이하 '학교'라 한다)에 두는 학교운영위원회(이하 '운영위원회'라 한다) 위원의 정수는 당해 학교의 학교운영위원회규정(이하 '위원회규정'이라 한다)으로 정한다.

② 학교에 두는 운영위원회 위원의 구성비율은 다음 각 호의 구분에 의한 범위 내에서 위원회규정으로 정한다.

운영위원회 위원 구성비율

1. 학부모위원 : 100분의 40 ~ 100분의 50
2. 교원위원 : 100분의 30 ~ 100분의 40
3. 지역위원[ㄱ](당해 학교가 소재하는 지역을 생활근거지로 하는 자로서 교육행정에 관한 업무를 수행하는 공무원, 당해 학교가 소재하는 지역을 사업활동의 근거지로 하는 사업자, 당해 학교를 졸업한 자, 기타 학교운영에 이바지하고자 하는 자를 말한다) : 100분의 10 ~ 100분의 30[ㄱ]

③ 제2항의 규정에도 불구하고 전문계고등학교운영위원회 위원의 구성비율은 다음 각 호의 구분에 의한 범위 내에서 위원회규정으로 정한다. 이 경우 지역위원 중 2분의 1 이상은 제2항 제3호의 규정에 의한 사업자로 선출하여야 한다.

전문계고교 운영위원회 위원 구성비율

1. 학부모위원 : 100분의 30 ~ 100분의 40
2. 교원위원 : 100분의 20 ~ 100분의 30
3. 지역위원 : 100분의 30 ~ 100분의 50

[ㄴ]

2 제00조 ① 학교의 장은 항상 운영위원회의 교원위원이 된다.

[ㄹ] ② 운영위원회에는 위원장 및 부위원장 각 1인을 두되, 교원위원이 아닌 위원 중에서 무기명투표로 선출한다.

3 제00조 학교에 두는 운영위원회의 구성 및 운영에 관하여 [ㄷ] 이 법에서 규정하지 아니한 사항은 모두 시·도의 조례로 정한다.

<보 기>

ㄱ. 전교생이 549명인 초등학교의 학교운영위원회규정에 위원의 정수가 10명이라고 되어 있을 경우, 이 학교의 지역위원은 1명일 수 있다.

ㄴ. 학생수가 1,500명인 전문계고등학교의 학교운영위원회규정에 위원의 정수가 15명이라고 되어 있을 경우, 해당 학교가 소재하는 지역을 사업활동의 근거지로 하는 사업자인 지역위원은 최소 2명에서 최대 7명이다.

ㄷ. 학교운영위원회 위원장의 연임허용 여부가 이 법에 규정되어 있지 않을 경우, 해당 시·도의 조례를 찾아보아야 한다.

ㄹ. 학교의 장은 운영위원회의 위원장이 될 수 없다.

① ㄱ, ㄷ
② ㄴ, ㄹ
③ ㄱ, ㄴ, ㄹ
④ ㄱ, ㄷ, ㄹ
⑤ ㄴ, ㄷ, ㄹ

정답 ④ 5급 공채 2011 선 9

Solving Process

1. 문제의 형식 : 〈보기〉형 문제이다.
2. 형식구조 파악 : 2개의 조로 구성된 법조문 형식이며, 조에 제목이 없다.
3. 내용구조 및 정보 위치 MAPPING
   → 학교는 '(일반)학교'와 '전문계고등학교'로 구분됨을 파악한다.
   - 제1조 제2항 : (일반)학교
   - 제1조 제3항 : 전문계고등학교

   위원은 3종류(학부모위원, 교원위원, 지역위원)로 구분됨을 파악한다.
4. 보기 검토
   → 계산이 필요 없어서 빠르게 판단할 수 있는 ㄷ과 ㄹ부터 검토한다.

   ※ 인원수의 계산 → 규정된 범위 내의 자연수로 처리.

보기 검토

ㄱ. [O] 전교생이 549명인 초등학교의 학교운영위원회규정에 위원의 정수가 10명이라고 되어 있을 경우, 이 학교의 지역위원은 1명일 수 있다.

➡ [제1조 제2항 제3호] 학교운영위원회의 지역위원 정수는 전체 정수의 『100분의 10 ~ 100분의 30』이다. 따라서 지역위원 인원수를 최소로 했을 때 1명일 수 있다.

※ 전교생이 549명이라는 정보는 불필요한 정보이다.

ㄴ. [X] 학생수가 1,500명인 전문계고등학교의 학교운영위원회규정에 위원의 정수가 15명이라고 되어 있을 경우, 해당 학교가 소재하는 지역을 사업활동의 근거지로 하는 사업자인 지역위원은 최소 2명에서 최대 7명이다.

➡ [제1조 제3항 후단 + 제3호] 전문계고등학교 운영위원회의 지역위원 정수는 전체 정수의 『100분의 30 ~ 100분의 50』이므로, 최소 5명 최대 7명이다. 이 중, 사업자인 지역위원이 지역위원의 2분의 1 이상이 되어야 하므로, 사업자인 지역위원은 최소 3명 최대 7명이 된다.

위원회의 정수	15 명			
지역위원 수	100분의 30 ~ 100분의 50	4.5 명 ~ 7.5 명 →	5 명 6 명 7 명	
지역위원 중 사업자 수	지역위원의 2분의 1 이상	2.5 명 이상 3 명 이상 → 3.5 명 이상	3 명 이상 3 명 이상 4 명 이상	최소 3명 최대 7명

※ 학생수가 1,500명이라는 정보는 불필요한 정보이다.

ㄷ. [O] 학교운영위원회 위원장의 연임허용 여부가 이 법에 규정되어 있지 않을 경우, 해당 시·도의 조례를 찾아보아야 한다.

➡ [제3조]

ㄹ. [O] 학교의 장은 운영위원회의 위원장이 될 수 없다.

➡ [제2조] 학교의 장은 반드시 교원위원이 되는데, 위원장은 교원위원이 아닌 위원 중에서 선출하므로 학교의 장은 위원장이 될 수 없다.

학습 & 분석

12 A는 채무자에 대한 3억 6천만 원의 채권을 담보하기 위하여, 채무자 소유의 부동산인 X(시가 2억 4천만 원), Y(시가 1억 6천만 원), Z(시가 8천만 원)에 대해 1순위 저당권을 취득하였다. 그리고 B는 1억 원의 채권으로 X에 대하여, C는 6천만 원의 채권으로 Y에 대하여, D는 6천만 원의 채권으로 Z에 대하여 각각 2순위 저당권을 취득하였다. 만일 이 부동산들이 시가대로 매각(경락)되어 동시배당을 할 경우에 A, B, C, D가 배당받을 금액은? (단, 저당권의 실행비용 등은 고려하지 않는다)

> 저당권이란 채무자 또는 제3자가 채권의 담보로 제공한 부동산 기타 목적물을 담보제공자의 사용·수익에 맡겨 두고, 채무변제가 없을 때에 그 목적물의 가액으로부터 우선 변제를 받을 수 있는 담보물권을 말한다. 채무자가 변제기에 변제하지 않으면 저당권자는 저당목적물을 현금화하여 그 대금으로부터 다른 채권자에 우선하여 변제를 받을 수 있다.
> 한편 공동저당이란 동일한 채권을 담보하기 위하여 수 개의 부동산 위에 저당권을 설정하는 것을 말한다. 공동저당권자는 임의로 어느 저당목적물을 선택하여 채권의 전부나 일부의 우선변제를 받을 수 있다. 다만 이 원칙을 관철하면 후순위저당권자 등에게 불공평한 결과가 생길 수 있으므로, 공동저당권의 목적물인 부동산 전부를 경매하여 그 매각대금을 동시에 배당하는 때에는 공동저당권자의 채권액을 각 부동산의 매각대금(경매대가)의 비율로 나누어 그 채권의 분담을 정한다. 따라서 각 부동산에 관하여 그 비례안분액(比例安分額)을 초과하는 부분은 후순위저당권자에게 배당되고, 후순위저당권자가 없는 경우에 소유자에게 배당된다.

	A	B	C	D
①	2억 4천만 원	1억 원	6천만 원	6천만 원
②	2억 8천만 원	8천만 원	6천만 원	6천만 원
③	3억 6천만 원	8천만 원	4천만 원	2천만 원
④	3억 6천만 원	6천만 원	3천만 원	3천만 원
⑤	3억 6천만 원	6천만 원	4천만 원	2천만 원

12 A는 채무자에 대한 3억 6천만 원의 채권을 담보하기 위하여, 채무자 소유의 부동산인 X(시가 2억 4천만 원), Y(시가 1억 6천만 원), Z(시가 8천만 원)에 대해 1순위 저당권을 취득하였다. 그리고 B는 1억 원의 채권으로 X에 대하여, C는 6천만 원의 채권으로 Y에 대하여, D는 6천만 원의 채권으로 Z에 대하여 각각 2순위 저당권을 취득하였다. 만일 이 부동산들이 시가대로 매각(경락)되어 동시배당을 할 경우에 A, B, C, D가 배당받을 금액은? (단, 저당권의 실행비용 등은 고려하지 않는다)

1 저당권이란 채무자 또는 제3자가 채권의 담보로 제공한 부동산 기타 목적물을 담보제공자의 사용·수익에 맡겨 두고, 채무변제가 없을 때에 그 목적물의 가액으로부터 우선변제를 받을 수 있는 담보물권을 말한다. 채무자가 변제기에 변제하지 않으면 저당권자는 저당목적물을 현금화하여 그 대금으로부터 다른 채권자에 우선하여 변제를 받을 수 있다.

2 한편 공동저당이란 동일한 채권을 담보하기 위하여 수 개의 부동산 위에 저당권을 설정하는 것을 말한다. 공동저당권자(채권자 A)는 임의로 어느 저당목적물을 선택하여 채권의 전부나 일부의 우선변제를 받을 수 있다. 다만 이 원칙을 관철하면 후순위저당권자 등에게 불공평한 결과가 생길 수 있으므로, 공동저당권의 목적물인 부동산 전부를 경매하여 그 매각대금을 동시에 배당하는 때에는 공동저당권자의 채권액을 각 부동산의 매각대금(경매대가)의 비율로 나누어 그 채권의 분담을 정한다. 따라서 각 부동산에 관하여 그 비례안분액(比例安分額)을 초과하는 부분은 후순위저당권자에게 배당되고, 후순위저당권자가 없는 경우에 소유자에게 배당된다.

	A	B	C	D
①	2억 4천만 원	1억 원	6천만 원	6천만 원
②	2억 8천만 원	8천만 원	6천만 원	6천만 원
③	3억 6천만 원	8천만 원	4천만 원	2천만 원
④	3억 6천만 원	6천만 원	3천만 원	3천만 원
⑤	3억 6천만 원	6천만 원	4천만 원	2천만 원

정답 ⑤ 5급 공채 2008 창 12

Solving Process

1. 문제의 형식 : 계산을 요구하는 문제이다.
2. 형식구조 파악 : 규칙을 적용할 '상황'이 발문에 제시되어 있고, 2개의 문단으로 구성된 TEXT로 규칙을 제시하고 있다.
3. 내용구조 및 정보 위치 MAPPING
   → 1문단 : 저당권, 우선 변제
   2문단 : 공동저당, 배당금 산정 방법
4. 선택지 검토
   → 2문단 후반부의 계산 방법을 발문의 상황에 적용하여 계산한다.
   계산 방법이 문장으로 제시되어 있는 경우에는, 문장에 제시된 순서를 그대로 따라가면서 관련된 수치를 대입하면 어려움 없이 문제를 풀 수 있다.

풀이

- 발문의 내용에 따라 표를 작성하면 다음과 같다.

순위	채권자	채권액	X	Y	Z
			2.4억	1.6억	0.8억
1순위	A	3.6억			
2순위	B	1억		-	-
	C	0.6억	-		-
	D	0.6억	-	-	

- 제시문에 따라 계산하면 매각대금은 다음과 같이 배당된다.

공동저당권자(A)의 채권액을 각 부동산의 매각대금(경매대가)의 비율로 나누어
3.6억 원 X : Y : Z = 3 : 2 : 1
그 채권의 분담을 정한다. → X : Y : Z = 1.8억 : 1.6억 : 0.8억
따라서 각 부동산에 관하여 그 비례안분액(比例安分額)을 초과하는 부분은
X = 0.6억
Y = 0.4억
Z = 0.2억
후순위저당권자에게 배당되고, 후순위저당권자가 없는 경우에 소유자에게 배당된다.

순위	채권자	채권액	비율 3 : 2 : 1			배당액
			X	Y	Z	
			2.4억	1.6억	0.8억	
1순위	A (공동저당권자)	3.6억	1.8	1.2	0.6	3.6억
2순위	B	1억	0.6	-	-	0.6억
	C	0.6억	-	0.4	-	0.4억
	D	0.6억	-	-	0.2	0.2억

학습 & 분석

13 다음 글과 <상황>을 근거로 판단할 때, 甲과 乙에게 부과된 과태료의 합은?

> A국은 부동산 또는 부동산을 취득할 수 있는 권리의 매매계약을 체결한 경우, 매도인이 그 실제 거래가격을 거래계약 체결일부터 60일 이내에 관할관청에 신고하도록 신고의무를 ○○법으로 규정하고 있다. 그리고 이를 위반할 경우 다음의 기준에 따라 과태료를 부과한다.
>
> ○○법 제00조(과태료 부과기준) ① 신고의무를 게을리 한 경우에는 다음 각 호의 기준에 따라 과태료를 부과한다.
> 1. 신고기간 만료일의 다음 날부터 기산하여 신고를 하지 않은 기간(이하 '해태기간'이라 한다)이 1개월 이하인 경우
>   가. 실제 거래가격이 3억 원 미만인 경우: 50만 원
>   나. 실제 거래가격이 3억 원 이상인 경우: 100만 원
> 2. 해태기간이 1개월을 초과한 경우
>   가. 실제 거래가격이 3억 원 미만인 경우: 100만 원
>   나. 실제 거래가격이 3억 원 이상인 경우: 200만 원
>
> ② 거짓으로 신고를 한 경우에는 다음 각 호의 기준에 따라 과태료를 부과한다. 단, 과태료 산정에 있어서의 취득세는 매수인을 기준으로 한다.
> 1. 부동산의 실제 거래가격을 거짓으로 신고한 경우
>   가. 실제 거래가격과 신고가격의 차액이 실제 거래가격의 20% 미만인 경우
>   – 실제 거래가격이 5억 원 이하인 경우: 취득세의 2배
>   – 실제 거래가격이 5억 원 초과인 경우: 취득세의 1배
>   나. 실제 거래가격과 신고가격의 차액이 실제 거래가격의 20% 이상인 경우
>   – 실제 거래가격이 5억 원 이하인 경우: 취득세의 3배
>   – 실제 거래가격이 5억 원 초과인 경우: 취득세의 2배
> 2. 부동산을 취득할 수 있는 권리의 실제 거래가격을 거짓으로 신고한 경우
>   가. 실제 거래가격과 신고가격의 차액이 실제 거래가격의 20% 미만인 경우: 실제 거래가격의 100분의 2
>   나. 실제 거래가격과 신고가격의 차액이 실제 거래가격의 20% 이상인 경우: 실제 거래가격의 100분의 4
>
> ③ 제1항과 제2항에 해당하는 위반행위를 동시에 한 경우 해당 과태료는 병과한다.

<상 황>

> ○ 매수인의 취득세는 실제 거래가격의 100분의 1이다.
> ○ 甲은 X토지를 2018. 1. 15. 丙에게 5억 원에 매도하였으나, 2018. 4. 2. 거래가격을 3억 원으로 신고하였다가 적발되어 과태료가 부과되었다.
> ○ 乙은 공사 중인 Y아파트를 취득할 권리인 입주권을 2018. 2. 1. 丁에게 2억 원에 매도하였으나, 2018. 2. 5. 거래가격을 1억 원으로 신고하였다가 적발되어 과태료가 부과되었다.

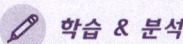

① 1,400만 원　　② 2,000만 원
③ 2,300만 원　　④ 2,400만 원
⑤ 2,500만 원

13 다음 글과 <상황>을 근거로 판단할 때, 甲과 乙에게 부과된 과태료의 합은?

A국은 부동산 또는 부동산을 취득할 수 있는 권리의 매매계약을 체결한 경우, 매도인이 그 실제 거래가격을 거래계약 체결일부터 60일 이내에 관할관청에 신고하도록 신고의무를 ○○법으로 규정하고 있다. 그리고 이를 위반할 경우 다음의 기준에 따라 과태료를 부과한다.

○○법 제00조(과태료 부과기준) ① 신고의무를 게을리 한 경우에는 다음 각 호의 기준에 따라 과태료를 부과한다.

1. 신고기간 만료일의 다음 날부터 기산하여 신고를 하지 않은 기간(이하 '해태기간'이라 한다)이 1개월 이하인 경우
   가. 실제 거래가격이 3억 원 미만인 경우: 50만 원
   甲 나. 실제 거래가격이 3억 원 이상인 경우: 100만 원
2. 해태기간이 1개월을 초과한 경우
   가. 실제 거래가격이 3억 원 미만인 경우: 100만 원
   나. 실제 거래가격이 3억 원 이상인 경우: 200만 원

② 거짓으로 신고를 한 경우에는 다음 각 호의 기준에 따라 과태료를 부과한다. 단, 과태료 산정에 있어서의 취득세는 매수인을 기준으로 한다.

1. 부동산의 실제 거래가격을 거짓으로 신고한 경우
   가. 실제 거래가격과 신고가격의 차액이 실제 거래가격의 20% 미만인 경우
   - 실제 거래가격이 5억 원 이하인 경우: 취득세의 2배
   - 실제 거래가격이 5억 원 초과인 경우: 취득세의 1배

   나. 실제 거래가격과 신고가격의 차액이 실제 거래가격의 20% 이상인 경우
   - 甲 실제 거래가격이 5억 원 이하인 경우: 취득세의 3배
   - 실제 거래가격이 5억 원 초과인 경우: 취득세의 2배
2. 부동산을 취득할 수 있는 권리의 실제 거래가격을 거짓으로 신고한 경우
   가. 실제 거래가격과 신고가격의 차액이 실제 거래가격의 20% 미만인 경우: 실제 거래가격의 100분의 2
   乙 나. 실제 거래가격과 신고가격의 차액이 실제 거래가격의 20% 이상인 경우: 실제 거래가격의 100분의 4

③ 제1항과 제2항에 해당하는 위반행위를 동시에 한 경우 해당 과태료는 병과한다.

<상 황>

○ 매수인의 취득세는 실제 거래가격의 100분의 1이다.
○ 甲은 X토지를 2018. 1. 15. 丙에게 5억 원에 매도하였으나, 2018. 4. 2. 거래가격을 3억 원으로 신고하였다가 적발되어 과태료가 부과되었다.
○ 乙은 공사 중인 Y아파트를 취득할 권리인 입주권을 2018. 2. 1. 丁에게 2억 원에 매도하였으나, 2018. 2. 5. 거래가격을 1억 원으로 신고하였다가 적발되어 과태료가 부과되었다.

① 1,400만 원 ② 2,000만 원
③ 2,300만 원 ④ 2,400만 원
⑤ 2,500만 원

정답 ④ 5급 공채 **2019 가 26**

Solving Process

1. 문제의 형식 : 계산을 요구하는 문제이다.
2. 형식구조 파악 : 조가 1개밖에 없으므로 항의 개수를 파악한다.
   제3항의 존재를 놓치지 않도록 한다.
3. 내용구조 및 정보 위치 MAPPING
   → 제1항과 제2항의 서술어가 동일하므로, '경우' 구분을 기준으로 삼는 것이 좋다.
   - 제1항 : 신고의무를 게을리 한 경우
   - 제2항 : 거짓으로 신고를 한 경우

   제1항과 제2항의 두 경우 모두 호와 목에 의해 경우가 추가로 구분됨을 확인한다.
4. 풀이
   → 제3항에 '병과(개별 과태료 합산)' 규정이 있으므로, 2가지 이상의 과태료가 부과되는 경우에 주의하며 계산한다.

풀이

○ 甲은 X토지를 2018. 1. 15. 丙에게 5억 원에 매도하였으나, 2018. 4. 2. 거래가격을 3억 원으로 신고하였다가 적발되어 과태료가 부과되었다.
- 거래계약 체결일로부터 60일을 초과하여 신고하였고, 해태기간은 1개월 이하이다.
  → [제1항 제1호 나목] 과태료 : 100만 원
- 실제 거래가격과 신고가격의 차액이 실제 거래가격의 40%이며, 실제 거래가격이 5억 원 이하이다.
  → [제2항 제1호 나목] 과태료 : 취득세(500만 원)의 3배인 1,500만 원

○ 乙은 공사 중인 Y아파트를 취득할 권리인 입주권을 2018. 2. 1. 丁에게 2억 원에 매도하였으나, 2018. 2. 5. 거래가격을 1억 원으로 신고하였다가 적발되어 과태료가 부과되었다.
- 신고기간 내에 신고하였다.
- 실제 거래가격과 신고가격의 차액이 실제 거래가격의 50%이다.
  → [제2항 제2호 나목] 과태료 : 실제 거래가격의 100분의 4인 800만 원

● 甲과 乙에게 부과된 과태료의 합 : 100 + 1,500 + 800 = 2,400만 원

14 다음 글과 <상황>을 근거로 판단할 때 옳은 것은?

제00조(포상금의 지급) 국세청장은 체납자의 은닉재산을 신고한 자에게 그 신고를 통하여 징수한 금액에 다음 표의 지급률을 적용하여 계산한 금액을 포상금으로 지급할 수 있다. 다만 포상금이 20억 원을 초과하는 경우, 그 초과하는 부분은 지급하지 아니한다.

징수금액	지급률
2,000만 원 이상 2억 원 이하	100분의 15
2억 원 초과 5억 원 이하	3,000만 원 + 2억 원 초과 금액의 100분의 10
5억 원 초과	6,000만 원 + 5억 원 초과 금액의 100분의 5

제00조(고액·상습체납자 등의 명단 공개) 국세청장은 체납발생일부터 1년이 지난 국세가 5억 원 이상인 체납자의 인적사항, 체납액 등을 공개할 수 있다. 다만 체납된 국세가 이의신청·심사청구 등 불복청구 중에 있거나 그 밖에 대통령령으로 정하는 사유가 있는 경우에는 그러하지 아니하다.

제00조(관허사업의 제한) ① 세무서장은 납세자가 국세를 체납하였을 때에는 허가·인가·면허 및 등록과 그 갱신(이하 '허가 등'이라 한다)이 필요한 사업의 주무관서에 그 납세자에 대하여 그 허가 등을 하지 아니할 것을 요구할 수 있다.

② 세무서장은 허가 등을 받아 사업을 경영하는 자가 국세를 3회 이상 체납한 경우로서 그 체납액이 500만 원 이상일 때에는 그 주무관서에 사업의 정지 또는 허가 등의 취소를 요구할 수 있다.

③ 제1항 또는 제2항에 따른 세무서장의 요구가 있을 때에는 해당 주무관서는 정당한 사유가 없으면 요구에 따라야 하며, 그 조치결과를 즉시 해당 세무서장에게 알려야 한다.

제00조(출국금지 요청 등) 국세청장은 정당한 사유 없이 5,000만 원 이상 국세를 체납한 자에 대하여 법무부장관에게 출국금지를 요청하여야 한다.

<상 황>

○ 甲은 허가를 받아 사업을 경영하고 있음

○ 甲은 법령에서 정한 정당한 사유 없이 국세 1억 원을 1회 체납하여 법령에 따라 2012. 12. 12. 체납액이 징수되었음

○ 甲은 국세인 소득세(납부기한: 2013. 5. 31.) 2억 원을 법령에서 정한 정당한 사유 없이 2015. 2. 7. 현재까지 체납하고 있음

○ 甲은 체납국세와 관련하여 불복청구 중이거나 행정소송이 계류 중인 상태가 아니며, 징수유예나 체납처분유예를 받은 사실이 없음

① 국세청장은 甲의 인적사항, 체납액 등을 공개할 수 있다.

② 세무서장은 법무부장관에게 甲의 출국금지를 요청하여야 한다.

③ 국세청장은 甲에 대하여 허가의 갱신을 하지 아니할 것을 해당 주무관서에 요구할 수 있다.

④ 2014. 12. 12. 乙이 甲의 은닉재산을 신고하여 국세청장이 甲의 체납액을 전액 징수할 경우, 乙은 포상금으로 3,000만 원을 받을 수 있다.

⑤ 세무서장이 甲에 대한 사업허가의 취소를 해당 주무관서에 요구하면 그 주무관서는 요구에 따라야 하고, 그 조치결과를 즉시 해당 세무서장에게 알려야 한다.

학습 & 분석

14 다음 글과 <상황>을 근거로 판단할 때 옳은 것은?

1 제00조(포상금의 지급) 국세청장은 체납자의 은닉재산을 신고한 자에게 그 신고를 통하여 징수한 금액에 다음 표의 지급률을 적용하여 계산한 금액을 포상금으로 지급할 수 있다. 다만 포상금이 20억 원을 초과하는 경우, 그 초과하는 부분은 지급하지 아니한다.

징수금액	지급률
2,000만 원 이상 2억 원 이하	④ 100분의 15
2억 원 초과 5억 원 이하	3,000만 원 + 2억 원 초과 금액의 100분의 10
5억 원 초과	6,000만 원 + 5억 원 초과 금액의 100분의 5

2 제00조(고액·상습체납자 등의 명단 공개) 국세청장은 체납발생일부터 1년이 지난 국세가 5억 원 이상인 체납자의 인적사항, 체납액 등을 공개할 수 있다. 다만 체납된 국세가 이의신청·심사청구 등 불복청구 중에 있거나 그 밖에 대통령령으로 정하는 사유가 있는 경우에는 그러하지 아니하다.

3 제00조(관허사업의 제한) ① 세무서장은 납세자가 국세를 체납하였을 때에는 허가·인가·면허 및 등록과 그 갱신(이하 '허가 등'이라 한다)이 필요한 사업의 주무관서에 그 납세자에 대하여 그 허가 등을 하지 아니할 것을 요구할 수 있다.

② 세무서장은 허가 등을 받아 사업을 경영하는 자가 국세를 3회 이상 체납한 경우로서 그 체납액이 500만 원 이상일 때에는 그 주무관서에 사업의 정지 또는 허가 등의 취소를 요구할 수 있다.

③ 제1항 또는 제2항에 따른 세무서장의 요구가 있을 때에는 해당 주무관서는 정당한 사유가 없으면 요구에 따라야 하며, 그 조치결과를 즉시 해당 세무서장에게 알려야 한다.

4 제00조(출국금지 요청 등) 국세청장은 정당한 사유 없이 5,000만 원 이상 국세를 체납한 자에 대하여 법무부장관에게 출국금지를 요청하여야 한다.

<상 황>

○ 甲은 허가를 받아 사업을 경영하고 있음

○ 甲은 법령에서 정한 정당한 사유 없이 국세 1억 원을 1회 체납하여 법령에 따라 2012. 12. 12. 체납액이 징수되었음

○ 甲은 국세인 소득세(납부기한: 2013. 5. 31.) 2억 원을 법령에서 정한 정당한 사유 없이 2015. 2. 7. 현재까지 체납하고 있음

○ 甲은 체납국세와 관련하여 불복청구 중이거나 행정소송이 계류 중인 상태가 아니며, 징수유예나 체납처분유예를 받은 사실이 없음

① 국세청장은 甲의 인적사항, 체납액 등을 공개할 수 있다.
② 세무서장은 법무부장관에게 甲의 출국금지를 요청하여야 한다.
③ 국세청장은 甲에 대하여 허가의 갱신을 하지 아니할 것을 해당 주무관서에 요구할 수 있다.
④ 2014. 12. 12. 乙이 甲의 은닉재산을 신고하여 국세청장이 甲의 체납액을 전액 징수할 경우, 乙은 포상금으로 3,000만 원을 받을 수 있다.
⑤ 세무서장이 甲에 대한 사업허가의 취소를 해당 주무관서에 요구하면 그 주무관서는 요구에 따라야 하고, 그 조치결과를 즉시 해당 세무서장에게 알려야 한다.

정답 ④ 5급 공채 2015 인 7

Solving Process

1. 문제의 형식 : 계산을 요구하는 문제이다.
2. 형식구조 파악 : 규칙을 적용할 '상황'이 발문에 제시되어 있고, 2개의 문단으로 구성된 TEXT로 규칙을 제시하고 있다.
3. 내용구조 및 정보 위치 MAPPING
   → 제1조의 포상금 산정 구조가 '초과누진세 구조'임을 파악한다.
   기간이나 금액 범위의 기준이 되는 '숫자'에 주목한다.
   주어와 서술어를 기준으로 주체와 행위(소관 업무)가 다음과 같이 연결·구분됨을 파악한다.

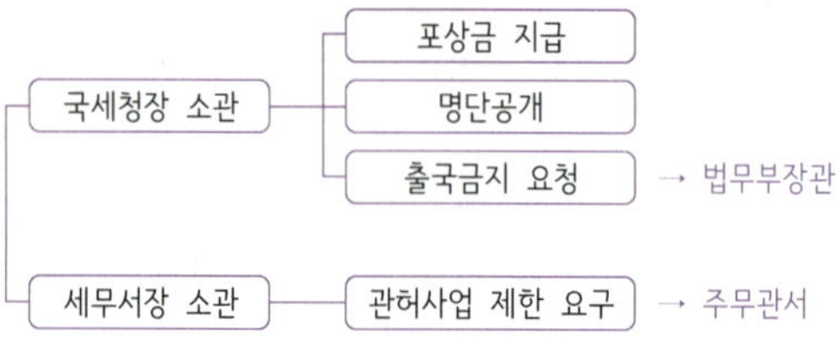

4. 선택지 검토
   → <상황>을 보지 않고 각 선택지의 주체와 행위(소관 업무)의 matching 상태만 확인하여도 ②번과 ③번은 옳지 않음을 확인할 수 있다.
   다른 선택지들도 주어와 서술어를 기준으로 관련 규정을 찾아 대조하며 정오를 판단한다.

선택지 검토

① [X] 국세청장은 甲의 인적사항, 체납액 등을 공개할 수 있다.
➡ [제2조] 명단 공개의 대상이 되려면, 체납발생일부터 1년이 지난 국세가 5억 원 이상이어야 한다. 甲의 체납액은 이미 징수된 1억 원을 포함하여도 3억 원이어서, 5억 원의 요건을 충족시키지 못한다.

② [X] 세무서장은 법무부장관에게 甲의 출국금지를 요청하여야 한다.
➡ [제4조] 출국금지 요청은 국세청장이 한다.

③ [X] 국세청장은 甲에 대하여 허가의 갱신을 하지 아니할 것을 해당 주무관서에 요구할 수 있다.
➡ [제3조 제1항] 세무서장이 해야 하는 일이다.

④ [O] 2014. 12. 12. 乙이 甲의 은닉재산을 신고하여 국세청장이 甲의 체납액을 전액 징수할 경우, 乙은 포상금으로 3,000만 원을 받을 수 있다.
➡ [제1조] 2억 원 × 15% = 3,000만 원

⑤ [X] 세무서장이 甲에 대한 사업허가의 취소를 해당 주무관서에 요구하면 그 주무관서는 요구에 따라야 하고, 그 조치결과를 즉시 해당 세무서장에게 알려야 한다.
➡ [제3조 제2-3항] 사업허가를 취소하려면 체납 횟수가 3회 이상이어야 한다. 甲의 체납 횟수는 2회이므로 대상이 되지 않는다. 따라서 세무서장이 甲에 대한 사업허가의 취소를 요구하는 것은 위법한 요구가 되고, 이는 주무관서가 요구를 따르지 않아도 되는 정당한 사유가 될 수 있다.

유형별

집중 연습

Ⅰ 부합·추론형 : 법조문 형식

조·항·호·목의 전형적인 형식의 법조문을 제시하고, 즉시 선택지나 보기를 제시하며 '옳은 것'과 '옳지 않은 것'을 구별할 것을 요구하는 문제들을 모아두었다. 이 유형은 법률형 문제의 가장 기본적인 형식으로서, 『형식구조 파악 → 내용구조 파악 & 정보 위치 MAPPING → 단계적 선택지(보기) 검토』의 접근 방식으로 효율을 살리며 풀 수 있는 유형이다.

다음의 사항들에 특히 주의하며 문제를 풀어보도록 하자.

1. 반드시 조나 항의 개수를 세며 형식구조를 가장 먼저 파악하도록 하자.
2. 법조문의 내용구조와 정보의 위치를 먼저 파악한 후 선택지(보기)를 검토한다.
3. 내용구조는 조의 제목, 주어, 서술어를 주된 기준으로 삼아 파악하되, 주체-객체-행위의 관계 또는 등장인물 간의 관계 등 '관계성'까지 어느 정도 이해할 수 있으면 더욱 좋다.
4. 조문 중에 섞여 있는 '숫자(%, 금액, 기간)'에도 주의를 기울이자.
5. 두 번째 문장이나 괄호 안 등에 제시되는 '예외사항'을 놓치지 않도록 주의한다.
6. '호'는 자세히 읽지 않는다. 어떤 항목들이 몇 개 정도 나열되어 있는지 살펴보는 정도면 충분하다.
7. 선택지(보기)를 검토할 때에도 주어와 서술어 등을 기준으로 하여, 관련된 조문을 빠르게 검색하여 적용하도록 하자.
8. 선택지(보기)를 검토할 때에는 글자 하나의 변화까지 조심스럽게 확인해야 한다. 글자 한 개 정도의 작은 변화로 오답을 구성하는 경우도 많다.
9. 판단이 쉽지 않은 선택지(보기)나, 판단을 위하여 계산 등의 작업을 해야 해서 시간을 빼앗길 수 있는 선택지(보기)는 일단 넘기고 다른 선택지(보기)를 먼저 검토하는 것도 문제풀이의 효율을 살릴 수 있는 좋은 방법이다.
10. 부합·추론형 문제의 형식을 갖추고 있으나 선택지(보기)의 각각에 짧은 사례가 제시되어 있어서, 규칙을 사례에 적용하여 결과를 확인해야 하는 문제들도 종종 출제된다. 이런 문제들을 풀 때에는 이용할 만한 '단계'나 '트리구조'가 있는지 확인하며 내용구조를 조금 더 철저히 살피는 것이 좋다. 그리고 '규칙을 하나씩만 적용하며 단계적으로 검토한다'는 원칙을 실천하면 효율을 살릴 수 있다.

문 1. 다음의 법률규정을 근거로 판단할 때 옳지 않은 것은?

> 제○○조(실종의 선고) ① 부재자(不在者)의 생사가 5년간 분명하지 않은 때에는 법원은 이해관계인이나 검사의 청구에 의하여 실종선고를 하여야 한다.
> ② 침몰한 선박에 있던 자, 추락한 항공기에 있던 자, 전지(戰地)에 임한 자, 그 밖에 사망의 원인이 될 위난(危難)을 당한 자의 생사가 선박의 침몰 또는 항공기의 추락 후 6월간, 전쟁종지(戰爭終止) 후 또는 그 밖에 위난이 종료한 후 1년간 분명하지 않은 때에도 제1항과 같다.
>
> 제○○조(실종선고의 효과) 실종선고를 받은 자는 전조(前條)의 기간이 만료한 때에 사망한 것으로 본다.
>
> 제○○조(공시최고) 실종선고의 청구를 받은 가정법원은 6월 이상의 공고를 하여 부재자 및 부재자의 생사에 관하여 알고 있는 자에 대하여 신고하도록 공고하여야 한다.
>
> 제○○조(상속개시의 시점) 상속은 사망으로 인하여 개시된다.
>
> 제○○조(상속의 순위) ① 상속에 있어서는 다음 순위로 상속인이 된다.
> 1. 피상속인의 직계비속
> 2. 피상속인의 직계존속
> 3. 피상속인의 형제자매
> 4. 피상속인의 4촌 이내의 방계혈족
>
> ② 전항의 경우에 동순위의 상속인이 수인(數人)인 때에는 최근친(最近親)을 선순위로 하고 동친(同親) 등의 상속인이 수인(數人)인 때에는 공동상속인이 된다.
> ③ 태아는 상속순위에 관하여는 이미 출생한 것으로 본다.

※ 직계비속(直系卑屬)은 피상속인(사망한 자)의 자녀, 손자, 증손자 등을 말하며, 직계존속(直系尊屬)은 피상속인의 부모, 조부모, 외조부모 등을 의미한다. 그리고 방계혈족(傍系血族)은 피상속인의 숙부, 고모, 외숙부, 이모 등을 말함.

① 갑이 사망한 경우, 사망신고를 한 때에 갑의 상속재산은 상속인에게 상속된다.
② 갑의 생사불명 상태가 일정기간 계속되어 가정법원으로부터 실종선고를 받은 경우, 갑의 상속재산은 상속인에게 상속된다.
③ 갑에게는 아버지 A, 자녀 B와 C가 있는데, 갑이 A보다 먼저 사망한 경우, 특별한 사정이 없는 한 갑의 상속재산은 A가 아니라 B와 C에게 상속된다.
④ 사망한 갑에게 자녀 A를 임신한 부인 B와 어머니 C가 있는 경우, A가 출생하면 C는 갑의 상속인이 될 수 없다.
⑤ 2001년 1월 10일 항공기 추락으로 행방불명된 갑에 대해 부인 A가 2006년 3월 15일 실종선고를 신청하여 법원이 2006년 9월 30일 실종선고를 한 경우, 갑은 2001년 7월 10일에 사망한 것으로 보게 된다.

문 2. 다음은 모회사와 자회사 간의 주식소유의 금지 및 회사 상호간의 주식소유에 따른 의결권의 제한과 관련된 규정이다. 이러한 규정에 근거한 판단으로 옳지 않은 것은?

> 제○○조 자회사는 '자기회사 발행주식총수의 100분의 50을 초과하는 주식을 가진 회사(모회사)'의 주식을 취득할 수 없다.
>
> 제○○조 다른 회사 발행주식총수의 100분의 50을 초과하는 주식을 모회사 및 자회사 또는 자회사가 가지고 있는 경우, 그 다른 회사는 그 모회사의 자회사로 본다.
>
> 제○○조 회사, 모회사 및 자회사 또는 자회사가 다른 회사 발행주식총수의 10분의 1을 초과하는 주식을 가지고 있는 경우, 그 다른 회사가 가지고 있는 회사 또는 모회사의 주식은 의결권이 없다.

※ 발행주식총수: 회사가 실제로 발행한 주식의 총수

① A회사가 B회사 주식의 51%를 소유하고 있고 B회사도 C회사 주식의 51%를 소유하고 있는 경우, C회사는 A회사 주식을 취득하지 못한다.
② B회사 주식의 51%를 소유하고 있는 A회사가 B회사와 함께 소유하고 있는 C회사 주식의 합계가 C회사 주식의 51%인 경우, C회사는 A회사 주식을 취득하지 못한다.
③ A회사는 C회사 주식의 30%를 소유하고 C회사는 A회사 주식의 15%를 소유하는 경우, A회사와 C회사가 소유하는 상대방 회사의 주식은 각각 의결권이 없다.
④ A회사는 B회사 주식의 51%와 C회사 주식의 7%를 소유하고, B회사는 C회사 주식의 8%를 소유하는 경우, C회사가 소유하는 B회사 주식은 의결권이 없다.
⑤ A회사는 B회사 주식의 51%를 소유하고, B회사는 C회사 주식의 15%를 소유하는 경우, C회사가 소유하는 A회사 주식은 의결권이 없다.

문 3. 다음 규정을 근거로 판단할 때 옳은 것은?

> 제○○조 중앙선거관리위원회는 비례대표 국회의원 선거에서 유효투표 총수의 100분의 3 이상을 득표하였거나 지역구 국회의원 총선거에서 5석 이상의 의석을 차지한 각 정당에 대하여 당해 의석할당정당이 비례대표 국회의원 선거에서 얻은 득표비율에 따라 비례대표 국회의원 의석을 배분한다.
>
> 제○○조 정당이 다음 각 호의 어느 하나에 해당하는 때에는 당해 선거관리위원회는 그 등록을 취소한다.
>
> 1. 최근 4년간 임기만료에 의한 국회의원 선거 또는 임기만료에 의한 지방자치단체의 장(長) 선거나 시·도의회 의원 선거에 참여하지 아니한 때
> 2. 임기만료에 의한 국회의원 선거에 참여하여 의석을 얻지 못하고 유효투표 총수의 100분의 2 이상을 득표하지 못한 때
>
> 제○○조 ① 의원이 의장으로 당선된 때에는 당선된 다음 날부터 그 직에 있는 동안은 당적을 가질 수 없다. 다만 국회의원 총선거에 있어서 공직선거법에 의한 정당추천후보자로 추천을 받고자 하는 경우에는 의원 임기만료일 전 90일부터 당적을 가질 수 있다.
>
> ② 제1항 본문의 규정에 의하여 당적을 이탈한 의장이 그 임기를 만료한 때에는 당적을 이탈할 당시의 소속 정당으로 복귀한다.
>
> 제○○조 비례대표 국회의원 또는 비례대표 지방의회의원이 소속 정당의 합당·해산 또는 제명 외의 사유로 당적을 이탈·변경하거나 2 이상의 당적을 가지고 있는 때에는 퇴직된다. 다만 비례대표 국회의원이 국회의장으로 당선되어 당적을 이탈한 경우에는 그러하지 아니하다.

① 비례대표 국회의원 甲은 국민들의 여론에 따라 소속 정당을 탈당하고 신생정당으로 옮겨 국회의원으로서의 활동을 계속하고 있다.

② A정당은 지난 달 비례대표 국회의원 선거에서 유효투표 총수의 2%를 득표하고 지역구 국회의원 총선거에서 4석을 차지하여 정당등록이 취소되었다.

③ 비례대표 국회의원 乙은 자신이 속한 정당의 당론과 반대되는 의견을 제시한다는 이유로 소속 정당으로부터 제명되었으나 국회의원직을 계속 유지하고 있다.

④ 국회의장은 당적을 보유할 수 없고 비례대표 국회의원은 당적이 변경되면 퇴직하여야 하기 때문에 비례대표 국회의원 丙은 국회의장으로 당선될 수 없다.

⑤ B정당은 비례대표 국회의원 선거에서 유효투표 총수의 3%를 획득하였으나 지역구 국회의원 선거에서 의석을 4석밖에 차지하지 못하였기 때문에 비례대표 국회의원 의석을 배분받지 못하였다.

문 4. 다음 규정을 근거로 판단할 때 옳지 않은 것은?

> 제○○조(상호선정의 자유) 상인은 그 성명 기타의 명칭으로 상호(商號)를 정할 수 있다.
>
> 제○○조(상호등기의 효력) 타인이 등기한 상호는 동일한 특별시·광역시·시·군에서 동종영업의 상호로 등기하지 못한다.
>
> 제○○조(주체를 오인시킬 상호의 사용금지) ① 누구든지 부정한 목적으로 타인의 영업으로 오인할 수 있는 상호를 사용하지 못한다.
>
> ② 제1항의 규정에 위반하여 상호를 사용하는 자가 있는 경우에 이로 인하여 손해를 받을 염려가 있는 자 또는 상호를 등기한 자는 그 폐지를 청구할 수 있다.
>
> ③ 제2항의 규정은 손해배상의 청구에 영향을 미치지 아니한다.
>
> ④ 동일한 특별시·광역시·시·군에서 동종영업으로 타인이 등기한 상호를 사용하는 자는 부정한 목적으로 사용하는 것으로 추정한다.

※ 추정(推定)이란 어떤 사실에 대하여 반대증거가 없을 때 그 사실을 그대로 인정하는 것을 말한다.

① 서울특별시에 등기된 프랑스 음식점의 상호 '빠리지앤느'에서 힌트를 얻어 택배업에 사용할 목적으로 선정된 상호 '빠르지안니'는 서울특별시에서도 등기가 가능하다.

② 부정한 목적으로 甲의 영업이라고 오인될 수 있는 상호를 사용하는 乙에 대하여 상호의 부정사용으로 손해를 받을 염려가 있는 甲은 그 상호의 폐지를 청구할 수 있다.

③ 상호를 등기한 甲은 부정한 목적으로 甲의 영업이라고 오인될 수 있는 상호를 사용하는 乙에 대하여 상호의 부정사용으로 손해를 받을 염려가 없더라도 그 상호의 폐지를 청구할 수 있다.

④ 상호를 등기한 자는 동종영업을 하는 타인이 동일 지역에서 등기된 자신의 상호를 사용한 경우에 그 상호의 폐지 및 손해배상을 청구하기 위해서는 그의 부정한 목적을 증명하여야 한다.

⑤ 영업이 잘 되고 있는 甲의 '미더'라는 상호가 아직 등기되지 않았음을 알고 乙이 '미더'라는 상호를 사용하여 甲의 영업을 방해하려고 그 상호를 등기한 경우, 이로 인해 손해를 입은 甲은 乙에 대하여 손해배상을 청구할 수 있다.

문 5. 다음 법규정에 근거할 때 <보기>에서 옳은 내용을 모두 고른 것은?

제○○조 혼인은 가족관계등록법에 정한 바에 의하여 신고함으로써 그 효력이 생긴다.
제○○조 부부 사이에 체결된 재산에 관한 계약은 부부가 그 혼인관계를 해소하지 않는 한 언제든지 부부의 일방이 이를 취소할 수 있다. 그러나 제3자의 권리를 해하지 못한다.
제○○조 혼인성립 전에 그 재산에 관하여 약정한 때에는 혼인 중에 한하여 이를 변경하지 못한다. 그러나 정당한 사유가 있는 때에는 법원의 허가를 얻어 변경할 수 있다.

<보 기>

ㄱ. 약혼자 A와 B가 가족관계등록법에서 정한 절차에 따라 혼인신고를 하면 아직 혼례식을 올리지 않았더라도 법률상 부부가 된다.
ㄴ. A는 혼인 5주년을 기념하는 의미로 자기가 장래 취득할 부동산을 배우자 B의 명의로 등기하기로 약정하였지만, 마음이 바뀌면 혼인 중에는 이 약정을 언제든지 취소할 수 있다.
ㄷ. B는 배우자 A에게 자기 소유의 주택을 증여하였는데, A가 친구 C에게 이 주택을 매도하여 소유권을 이전하였더라도 그 증여계약을 취소하면 B는 C에게 그 주택의 반환을 청구할 수 있다.
ㄹ. 혼인 후 사이가 좋을 때에 A가 배우자 B에게 자기 소유의 주택을 증여했으나, 이혼을 한 현재는 이전의 증여계약을 취소하고 주택반환을 청구할 수 없다.
ㅁ. 약혼자 A와 B가 혼인 후 B의 재산을 A가 관리하기로 합의를 하였다면, 아직 혼인신고 이전이더라도 법원의 허가 없이는 합의내용을 변경할 수 없다.

※ 배우자란 혼인신고를 한 부부의 일방(한쪽)을 말한다.

① ㄱ, ㄷ
② ㄴ, ㅁ
③ ㄱ, ㄴ, ㄹ
④ ㄱ, ㄴ, ㅁ
⑤ ㄷ, ㄹ, ㅁ

문 6. 다음 법규정을 옳게 해석하거나 추론한 것을 <보기>에서 모두 고른 것은?

제○○조 대통령·국무총리·국무위원·행정각부의 장·헌법재판소 재판관·법관·중앙선거관리위원회 위원·감사원장·감사위원 기타 법률이 정한 공무원이 그 직무집행에 있어서 헌법이나 법률을 위배한 때에는 국회는 탄핵의 소추를 의결할 수 있다.
제○○조 감사원은 원장을 포함한 5인 이상 11인 이하의 감사위원으로 구성한다.
제○○조 대통령의 국법상 행위는 문서로써 하며, 이 문서에는 국무총리와 관계 국무위원이 부서(副署)할 권한을 갖는다.
제○○조 ① 국무위원은 국무총리의 제청으로 대통령이 임명한다.
② 국무총리는 국무위원의 해임을 대통령에게 건의할 수 있다.
제○○조 ① 국무회의는 대통령·국무총리와 15인 이상 30인 이하의 국무위원으로 구성한다.
② 대통령은 국무회의의 의장이 되고, 국무총리는 부의장이 된다.

<보 기>

ㄱ. 국무회의의 최대 구성원수와 감사원의 최대 구성원수의 합은 41인이다.
ㄴ. 부도덕한 사생활이나 정치적 무능력으로 야기되는 행위 등은 대통령에 대한 탄핵사유가 된다.
ㄷ. 국무위원은 자신의 업무와 관련되는 대통령의 국정행위문서에 대한 부서를 거부할 수 있다.
ㄹ. 대통령이 국무위원을 임명하는 경우에는 국무총리의 제청이 있어야 하지만, 국무위원의 해임은 국무총리의 제청 없이 자유로이 할 수 있다.
ㅁ. 탄핵제도는 대통령을 비롯한 고위직 공직자에 대하여 책임을 추궁함으로써 헌법을 보호하는 기능을 한다고 볼 수 있다.

① ㄱ, ㄷ
② ㄴ, ㄹ
③ ㄴ, ㅁ
④ ㄱ, ㄷ, ㄹ
⑤ ㄷ, ㄹ, ㅁ

문 7. 다음 법규정에 근거할 때 <보기>에서 옳은 것을 모두 고르면?

> 제00조 ① 출생 기타 이 법의 규정에 의하여 만 20세가 되기 전에 대한민국의 국적과 외국 국적을 함께 가지게 된 자(이하 '이중국적자'라 한다)는 만 22세가 되기 전까지, 만 20세가 된 후에 이중국적자가 된 자는 그 때부터 2년 내에 하나의 국적을 선택하여야 한다. 다만 제1국민역에 편입된 자는 편입된 때부터 3개월 이내에 하나의 국적을 선택하거나 제3항 각 호의 어느 하나에 해당하는 때부터 2년 이내에 하나의 국적을 선택하여야 한다.
> ② 제1항에 따라 국적을 선택하지 아니한 자는 제1항의 만 22세 또는 2년이 지난 때에 대한민국 국적을 상실한다.
> ③ 직계존속이 외국에서 영주할 목적 없이 체류한 상태에서 출생한 자는 병역의무의 이행과 관련하여 다음 각 호의 어느 하나에 해당하면 국적이탈신고※를 할 수 있다.
> 1. 현역상근예비역 또는 보충역으로 복무를 마치거나 마친 것으로 보게 되는 경우
> 2. 병역면제처분을 받은 경우
> 3. 제2국민역에 편입된 경우
>
> 제00조 ① 대한민국의 국민으로서 자진하여 외국 국적을 취득한 자는 그 외국 국적을 취득한 때에 대한민국 국적을 상실한다.
> ② 대한민국의 국민으로서 다음 각 호의 어느 하나에 해당하는 자는 그 외국 국적을 취득한 때부터 6개월 내에 법무부장관에게 대한민국 국적을 보유할 의사가 있다는 뜻을 신고하지 아니하면 그 외국 국적을 취득한 때로 소급(遡及)하여 대한민국 국적을 상실한 것으로 본다.
> 1. 외국인과의 혼인으로 그 배우자의 국적을 취득하게 된 자
> 2. 외국인에게 입양되어 그 양부 또는 양모의 국적을 취득하게 된 자
>
> 제00조 이 법에 규정된 신청이나 신고와 관련하여 그 신청이나 신고를 하려는 자가 15세 미만이면 법정대리인이 대신하여 이를 행한다.

※ 국적이탈신고: 이중국적자로서 외국 국적을 선택하는 자는 대한민국 국적을 이탈한다는 뜻을 신고함을 의미

<보 기>

ㄱ. 호주 국적을 자진 취득한 한국인 A는 호주 국적을 취득한 때 대한민국 국적을 상실한다.
ㄴ. 영주 목적이 아닌 미국 유학생활 중에 한국인 부부가 낳아 미국 국적도 취득한 B가 제1국민역에 편입된 후 징병검사를 받고 제2국민역에 편입된 경우, 제2국민역에 편입된 때부터 2년 이내에 하나의 국적을 선택하여야 한다.
ㄷ. 7세 때 한국에서 캐나다로 입양되어 캐나다 국적을 취득하게 된 C는 캐나다 국적 취득 후 6개월 내에 법무부장관에게 대한민국 국적을 보유할 의사가 있다는 뜻을 법정대리인이 신고하지 아니하였을 경우, 캐나다 국적 취득 후 6개월이 경과한 때 대한민국 국적을 상실한다.
ㄹ. 외국인과의 혼인으로 외국법에 따라 외국 국적을 취득한 24세 D가 외국 국적 취득 후 6개월 내에 법무부장관에게 대한민국 국적을 보유할 의사가 있다는 뜻을 신고한 경우 이중국적을 보유하나, 외국 국적을 취득한 때로부터 2년 내에 국적을 선택해야 한다.

① ㄱ, ㄴ ② ㄱ, ㄷ
③ ㄴ, ㄷ ④ ㄱ, ㄴ, ㄹ
⑤ ㄱ, ㄷ, ㄹ

문 8. 다음 규정을 근거로 판단할 때 옳은 것을 <보기>에서 모두 고르면?

> 제00조 평온[1]·공연[2]하게 동산을 양수[3]한 자가 선의[4]이며 과실 없이 그 동산을 점유한 경우에는 양도인이 정당한 소유자가 아닌 때에도 즉시 그 동산의 소유권을 취득한다.
> 제00조 전조(前條)의 경우에 그 동산이 도품(盜品)이나 유실물(遺失物)인 때에는 피해자 또는 유실자는 도난 또는 유실한 날로부터 2년 내에 그 물건의 반환을 청구할 수 있다. 그러나 도품이나 유실물이 금전인 때에는 그러하지 아니하다.
> 제00조 양수인이 도품 또는 유실물을 경매나 공개시장에서 또는 같은 종류의 물건을 판매하는 상인으로부터 선의로 매수한 때에는 피해자 또는 유실자는 양수인이 지급한 대가를 변상하고 그 물건의 반환을 청구할 수 있다.
> 제00조 유실물은 법률에 정한 바에 의하여 공고한 후 1년 내에 그 소유자가 권리를 주장하지 않으면 습득자가 그 소유권을 취득한다.

※ 1) 평온(平穩): 평상시의 상태
2) 공연(公然): 불특정 또는 다수의 사람이 알 수 있는 상태
3) 양수(讓受): 권리·재산 및 법률상의 지위 등을 남에게서 넘겨받음 ↔ 양도(讓渡)
4) 선의(善意): 당해 사실을 모르고 있는 경우

<보 기>

ㄱ. A가 밤늦게 길을 가다가 MP3기기를 주웠는데 MP3기기의 소유자를 알 수 없는 경우, 습득자인 A가 공고 없이 MP3기기의 소유권을 취득한다.
ㄴ. A가 한 달 전에 잃어버린 자전거를 B가 평온·공연하게 선의이며 과실 없이 중고 자전거판매점에서 구입하여 타고 다니는 것을 알았을 경우, A는 B가 지급한 대가를 변상하고 자전거의 반환을 청구할 수 있다.
ㄷ. A가 3년 전에 도난당한 시계를 B가 정육점 주인 C로부터 선의취득한 경우, A는 B가 지급한 대가를 변상하고 시계의 반환을 청구할 수 있다.
ㄹ. A가 B소유의 카메라를 빌려 사용하고 있는 C로부터 평온·공연하게 선의이며 과실 없이 그 카메라를 구입하여 사용하고 있는 경우, A는 카메라의 소유자가 된다.

① ㄱ, ㄴ
② ㄱ, ㄷ
③ ㄴ, ㄷ
④ ㄴ, ㄹ
⑤ ㄷ, ㄹ

문 9. 다음 규정을 근거로 판단할 때 옳은 것은?

제00조 이 규정에서 사용하는 용어의 뜻은 다음과 같다.
1. 직무관련자란 공무원의 소관 업무와 관련되는 자로서 다음 각 목의 어느 하나에 해당하는 개인 또는 단체를 말한다.
가. 인가·허가 등의 취소, 영업정지, 과징금 또는 과태료의 부과 등으로 이익 또는 불이익을 직접적으로 받는 개인 또는 단체
나. 정책·사업 등의 결정 또는 집행으로 이익 또는 불이익을 직접적으로 받는 개인 또는 단체 등
2. 직무관련공무원이란 공무원의 직무수행과 관련하여 이익 또는 불이익을 직접적으로 받는 다른 공무원 중 다음 각 목의 어느 하나에 해당하는 공무원을 말한다.
가. 공무원의 소관 업무와 관련하여 직무상 명령을 받는 하급자
나. 인사·예산·감사·상훈 또는 평가 등의 직무를 수행하는 공무원의 소속 기관 공무원 또는 이와 관련되는 다른 기관의 담당 공무원 및 관련 공무원 등

제00조 공무원은 직무의 범위를 벗어나 사적 이익을 위하여 소속 기관의 명칭이나 직위를 공표·게시하는 등의 방법으로 이용하거나 이용하게 해서는 아니된다.

제00조 공무원은 대가를 받고 세미나, 공청회, 토론회, 발표회, 심포지엄, 교육과정, 회의 등에서 강의, 강연, 발표, 토론, 심사, 평가, 자문, 의결 등(이하 '외부강의·회의 등'이라 한다)을 할 때에는 미리 외부강의·회의 등의 요청자, 요청 사유, 장소, 일시 및 대가를 소속 기관의 장에게 신고하여야 한다. 다만 외부강의·회의 등의 요청자가 국가나 지방자치단체(그 소속 기관을 포함한다)인 경우는 그러하지 아니하다.

제00조 ① 공무원은 직무관련자나 직무관련공무원에게 경조사를 알려서는 아니된다. 다만 다음 각 호의 어느 하나에 해당하는 경우에는 경조사를 알릴 수 있다.
1. 친족에 대한 통지
2. 현재 근무하고 있거나 과거에 근무하였던 기관의 소속 직원에 대한 통지
3. 공무원 자신이 소속된 종교단체·친목단체 등의 회원에 대한 통지

② 공무원은 경조사와 관련하여 중앙행정기관의 장 등이 소속 직원들의 의견을 수렴하여 통상적인 관례의 범위에서 정하는 기준을 초과하여 금품 등을 주거나 받아서는 아니된다. 다만 다음 각 호의 어느 하나에 해당하는 경우는 제외한다.
1. 공무원과 친족 간에 주고받는 경조사 관련 금품 등
2. 공무원 자신이 소속된 종교단체·친목단체 등에서 그 단체 등의 정관·회칙 등에서 정하는 바에 따라 제공되는 경조사 관련 금품 등

① 공무원 A가 직무관련자인 친족으로부터 통상적인 관례의 범위에서 경조사 관련 금품을 주거나 받는 것은 규정에 위배된다.
② 공무원 B가 소관 업무와 관련하여 직무상 명령을 받는 하급 공무원에게 자신의 경조사를 알리는 것은 규정상 언제나 허용된다.
③ 공무원 C가 K시청의 강연 요청을 받고 소속 기관장에게 외부 강연 신고를 하지 않은 것은 규정상 허용된다.
④ 공무원 D가 정책·사업 등의 집행으로 이익을 직접적으로 받는 단체에게 본인의 결혼식을 알리는 것은 규정상 허용된다.
⑤ 공무원 E가 자연림 보호구역의 출입을 통제하는 관리직원에게 소속 근무기관과 공무원 신분임을 밝히고, 친구들과 함께 산행하는 행위는 규정상 허용된다.

문 10. 다음 규정을 근거로 판단할 때, '차'에 해당하는 것을 <보기>에서 모두 고르면?

제00조(정의) 이 법에서 사용하는 용어의 정의는 다음과 같다.
1. '차'라 함은 다음의 어느 하나에 해당하는 것을 말한다.
가. 자동차
나. 건설기계
다. 원동기장치자전거
라. 자전거
마. 사람 또는 가축의 힘이나 그 밖의 동력에 의하여 운전되는 것. 다만, 철길이나 가설된 선에 의하여 운전되는 것과 유모차 및 보행보조용 의자차는 제외한다.
2. '자동차'라 함은 철길이나 가설된 선에 의하지 아니하고 원동기를 사용하여 운전되는 차(견인되는 자동차도 자동차의 일부로 본다)를 말한다.
3. '원동기장치자전거'라 함은 다음 각 목의 어느 하나에 해당하는 차를 말한다.
가. 이륜자동차 가운데 배기량 125 cc 이하의 이륜자동차
나. 배기량 50 cc 미만(전기를 동력으로 하는 경우에는 정격출력 0.59 kw 미만)의 원동기를 단 차

<보 기>

ㄱ. 경운기
ㄴ. 자전거
ㄷ. 유모차
ㄹ. 기차
ㅁ. 50 cc 스쿠터

① ㄱ, ㄴ
② ㄴ, ㄷ
③ ㄷ, ㄹ
④ ㄱ, ㄴ, ㅁ
⑤ ㄴ, ㄹ, ㅁ

문 11. 다음 법규정에 근거할 때 가능한 것을 <보기>에서 모두 고르면?

제00조 (입학전형) ① 고등학교 신입생의 선발은 전기와 후기로 나누어 행하되, 전문계고등학교, 예·체능계고등학교, 특수목적고등학교, 특성화고등학교, 자율형 사립고등학교(이하 '전기 고등학교')는 전기에 선발하며, 후기에 선발하는 고등학교는 전기에 해당되지 아니하는 모든 고등학교(이하 '후기 고등학교')로 한다.
② 평준화지역의 전기 고등학교 및 비평준화지역의 모든 고등학교는 입학전형을 실시한다.
③ 평준화지역의 후기 고등학교에 입학하고자 하는 자는 학교를 선택할 필요 없이 해당 지역의 교육감에게 입학의사를 밝히면 된다.
제00조 (입학전형의 지원) ① 평준화지역의 전기 고등학교 및 비평준화지역의 고등학교의 입학전형에 응시하고자 하는 자는 그가 졸업한 혹은 졸업 예정인 중학교가 소재하는 지역의 1개 학교를 선택하여 해당 학교에 지원하여야 한다. 다만 다음 각 호의 어느 하나에 해당하는 자는 그가 거주하는 지역의 1개 학교를 선택하여 해당 학교에 지원하여야 한다.
1. 특성화중학교 졸업예정자 및 졸업자
2. 자율학교로 지정받은 중학교 졸업예정자 및 졸업자
② 제1항의 규정에도 불구하고 전기 고등학교 중 다음 각 호의 어느 하나에 해당하는 고등학교의 입학전형에 응시하려는 자는 그가 졸업한 혹은 졸업 예정인 중학교가 소재하는 지역(제1항 각 호의 어느 하나에 해당하는 자는 그가 거주하는 지역)에 관계없이 1개 고등학교를 선택하여 해당 고등학교에 지원하여야 한다.
1. 특수목적고등학교
2. 특성화고등학교
③ 제1항 본문의 규정에 불구하고 비평준화지역의 후기 고등학교에 입학하고자 하는 자는 2개 이상의 학교를 선택하여 지원할 수 있다.

<보 기>

ㄱ. A지역에 거주하고, B지역에 위치한 특성화중학교 졸업 예정인 가영이는 C지역에 위치한 특수목적고등학교에 지원하였다.
ㄴ. B지역에 위치한 일반 중학교 졸업 예정인 나희는 D지역에 위치한 자율형 사립고등학교에 지원하였다.
ㄷ. C지역에 거주하고, C지역에 위치한 중학교를 졸업한 다미는 C지역에 위치한 3개의 고등학교에 지원하였다.
ㄹ. D지역에 거주하는 라진이는 C지역에 위치한 특성화고등학교에 지원하였다가 떨어진 후 D지역 교육감에게 입학의사를 밝혀 D지역의 자율형 공립고등학교에 진학하였다.
※ A와 C는 비평준화지역, B와 D는 평준화지역임

① ㄱ, ㄴ
② ㄱ, ㄷ
③ ㄴ, ㄹ
④ ㄱ, ㄷ, ㄹ
⑤ ㄴ, ㄷ, ㄹ

문 12. 다음 규정을 근거로 판단할 때 허위표시나 과대광고에 해당하지 않는 것을 <보기>에서 모두 고르면?

제00조 ① 식품에 대한 허위표시 및 과대광고의 범위는 다음 각 호의 어느 하나에 해당하는 것으로 한다.
1. 질병의 치료와 예방에 효능이 있다는 내용의 표시·광고
2. 각종 감사장·상장 또는 체험기 등을 이용하거나 '인증'·'보증' 또는 '추천'을 받았다는 내용을 사용하거나 이와 유사한 내용을 표현하는 광고. 다만 중앙행정기관·특별지방행정기관 및 그 부속기관 또는 지방자치단체에서 '인증'·'보증'을 받았다는 내용의 광고는 제외한다.
3. 다른 업소의 제품을 비방하거나 비방하는 것으로 의심되는 광고나, 제품의 제조방법·품질·영양가·원재료·성분 또는 효과와 직접적인 관련이 적은 내용 또는 사용하지 않은 성분을 강조함으로써 다른 업소의 제품을 간접적으로 다르게 인식하게 하는 광고
② 제1항에도 불구하고 다음 각 호에 해당하는 경우에는 허위표시나 과대광고로 보지 않는다.
1. 일반음식점과 제과점에서 조리·제조·판매하는 식품에 대한 표시·광고
2. 신체조직과 기능의 일반적인 증진, 인체의 건전한 성장 및 발달과 건강한 활동을 유지하는데 도움을 준다는 표시·광고
3. 제품에 함유된 영양성분의 기능 및 작용에 관하여 식품영양학적으로 공인된 사실

<보 기>

ㄱ. (○○삼계탕 식당 광고) "고단백 식품인 닭고기와 스트레스 해소에 효과가 있는 인삼을 넣은 삼계탕은 인삼, 찹쌀, 밤, 대추 등의 유효성분이 어우러져 영양의 균형을 이룬 아주 훌륭한 보양식입니다."
ㄴ. (○○라면의 표시·광고) "우리 회사의 라면은 폐식용유를 사용하지 않습니다."
ㄷ. (○○두부의 표시·광고) "건강유지 및 영양보급에 만점인 단백질을 많이 함유한 ○○두부"
ㄹ. (○○녹차의 표시·광고) "변비와 당뇨병 예방에 탁월한 ○○녹차"
ㅁ. (○○소시지의 표시·광고) "위해요소중점관리기준을 충족하는 업소에서 만든 식품의약품안전청 인증 ○○소시지"

① ㄱ, ㅁ
② ㄷ, ㅁ
③ ㄱ, ㄴ, ㄹ
④ ㄱ, ㄷ, ㅁ
⑤ ㄴ, ㄷ, ㄹ

문 13. 다음 규정을 근거로 옳게 추론한 것을 <보기>에서 모두 고르면?

> 헌법 제00조 ① 지방자치단체는 주민의 복리에 관한 사무를 처리하고 재산을 관리하며, 법령의 범위 안에서 자치에 관한 규정을 제정할 수 있다.
> ② 지방자치단체의 종류는 법률로 정한다.
> 헌법 제00조 ① 지방자치단체에 의회를 둔다.
> ② 지방의회의 조직·권한·의원선거와 지방자치단체장의 선임방법 기타 지방자치단체의 조직과 운영에 관한 사항은 법률로 정한다.
> 헌법 제00조 국회는 재적의원 과반수의 출석과 출석의원 과반수의 찬성으로 법률을 제정·개정할 수 있다.
>
> 지방자치법 제00조 지방의회는 매년 1회 그 지방자치단체의 사무에 대하여 시·도에서는 10일의 범위에서, 시·군 및 자치구에서는 7일의 범위에서 감사를 실시할 수 있다.
> 지방자치법 제00조 지방자치단체는 관할 구역의 자치사무와 법령에 따라 지방자치단체에 속하는 사무를 처리한다.
>
> 감사원법 제00조 ① 감사원은 다음 각 호의 사항을 검사한다.
> 1. 국가의 회계
> 2. 지방자치단체의 회계
>
> ② 감사원은 지방자치단체의 사무와 그에 소속한 지방공무원의 직무를 감찰한다.

※ 지방자치단체에는 ① 광역지방자치단체(특별시·광역시·도·특별자치도), ② 기초지방자치단체(시·군·자치구) 등이 있다.
※ 감사원의 감사권에는 회계검사권과 직무감찰권이 있다.

<보 기>

ㄱ. 법률을 개정하여 현행 지방행정체계를 변경할 수 있다.
ㄴ. 중앙정부가 지방자치단체장을 임명할 수 있도록 법률로 정할 수 있다.
ㄷ. 시·군 및 자치구가 독자적으로 처리하기에 부적당한 사무는 법률로 광역지방자치단체의 사무로 정할 수 있다.
ㄹ. 지방의회가 감사를 실시한 지방자치단체의 사무를 감사원이 중복하여 감사할 수 있다.
ㅁ. 특정한 목적을 수행하기 위하여 필요하면 법률로 특별지방자치단체를 설치할 수 있다.

① ㄱ, ㄴ, ㄹ
② ㄱ, ㄷ, ㄹ
③ ㄱ, ㄴ, ㄷ, ㅁ
④ ㄴ, ㄷ, ㄹ, ㅁ
⑤ ㄱ, ㄴ, ㄷ, ㄹ, ㅁ

문 14. 다음 규정을 근거로 판단할 때 옳은 것은?

> 제00조 ① 법률이 헌법에 위반되는 여부가 재판의 전제가 된 때에는 당해 사건을 담당하는 법원은 직권 또는 당사자의 신청에 의한 결정으로 헌법재판소에 위헌여부의 심판을 제청한다.
> ② 법률의 위헌여부심판의 제청신청이 기각된 때에는 그 신청을 한 당사자는 헌법재판소에 헌법소원심판을 청구할 수 있다.
> ③ 제2항에 의한 헌법소원심판은 위헌여부심판의 제청신청을 기각하는 결정을 통지받은 날로부터 30일 이내에 청구하여야 한다.
> 제00조 ① 국가 공권력의 행사 또는 불행사로 인하여 헌법상 보장된 기본권을 직접 침해받은 자는 법원의 재판을 제외하고는 헌법재판소에 헌법소원심판을 청구할 수 있다. 다만 다른 법률에 구제절차가 있는 경우에는 그 절차를 모두 거친 후가 아니면 청구할 수 없다.
> ② 헌법소원의 심판은 그 사유가 있음을 안 날부터 90일 이내 또는 그 사유가 있은 날부터 1년 이내에 청구하여야 한다.
> 제00조 체포·구속·압수 또는 수색을 할 때에는 적법한 절차에 따라 검사의 신청에 의하여 법관이 발부한 영장을 제시하여야 한다.

① 살인죄로 인하여 사형선고를 받은 조직폭력배 A는 그 판결이 헌법상의 생명권을 침해한다는 이유로 헌법소원심판을 청구할 수 있다.
② 임산부에게 낙태를 허용하는 것이 인간의 존엄성을 침해한다고 생각하는 국회의원 B는 낙태 정당화 사유를 정하고 있는 관련 법률 규정의 위헌여부심판을 청구할 수 있다.
③ 영장 없이 체포되어 구속·수감 중인 C는 다른 법률의 구제절차가 없는 경우, 일정한 기간 내에 헌법상의 권리인 신체의 자유가 침해되었음을 이유로 헌법소원심판을 청구할 수 있다.
④ 간통죄로 기소되어 재판을 받고 있는 회사원 D는 관련 법률 규정이 자신의 행복추구권을 침해하고 있다는 이유로 기소 후 90일 이내에 직접 헌법재판소에 위헌여부심판을 청구할 수 있다.
⑤ 회사 간부로부터 회사의 세무비리를 폭로하지 못하도록 강요받은 그 회사의 고문변호사 E는 그 사실이 있은 날부터 1년 이내에 헌법상의 권리인 양심 및 표현의 자유가 침해당했다는 이유로 헌법소원심판을 청구할 수 있다.

문 15. 다음 규정을 근거로 판단할 때 기간제 근로자로 볼 수 있는 경우를 <보기>에서 모두 고르면? (단, 아래의 모든 사업장은 5인 이상의 근로자를 고용하고 있다)

> 제00조 ① 이 법은 상시 5인 이상의 근로자를 사용하는 모든 사업 또는 사업장에 적용한다. 다만 동거의 친족만을 사용하는 사업 또는 사업장과 가사사용인에 대하여는 적용하지 아니한다.
> ② 국가 및 지방자치단체의 기관에 대하여는 상시 사용하는 근로자의 수에 관계없이 이 법을 적용한다.
> 제00조 ① 사용자는 2년을 초과하지 아니하는 범위 안에서(기간제 근로계약의 반복갱신 등의 경우에는 계속 근로한 총 기간이 2년을 초과하지 아니하는 범위 안에서) 기간제 근로자*를 사용할 수 있다. 다만 다음 각 호의 어느 하나에 해당하는 경우에는 2년을 초과하여 기간제 근로자로 사용할 수 있다.
> 1. 사업의 완료 또는 특정한 업무의 완성에 필요한 기간을 정한 경우
> 2. 휴직·파견 등으로 결원이 발생하여 당해 근로자가 복귀할 때까지 그 업무를 대신할 필요가 있는 경우
> 3. 전문적 지식·기술의 활용이 필요한 경우와 박사 학위를 소지하고 해당 분야에 종사하는 경우
>
> ② 사용자가 제1항 단서의 사유가 없거나 소멸되었음에도 불구하고 2년을 초과하여 기간제 근로자로 사용하는 경우에는 그 기간제 근로자는 기간의 정함이 없는 근로계약을 체결한 근로자로 본다.

※ 기간제 근로자라 함은 기간의 정함이 있는 근로계약을 체결한 근로자를 말한다.

<보 기>

ㄱ. 甲회사가 수습기간 3개월을 포함하여 1년 6개월간 A를 고용하기로 근로계약을 체결한 경우
ㄴ. 乙회사는 근로자 E의 휴직으로 결원이 발생하여 2년간 B를 계약직으로 고용하였는데, E의 복직 후에도 B가 계속해서 현재 3년 이상 근무하고 있는 경우
ㄷ. 丙국책연구소는 관련 분야 박사학위를 취득한 C를 계약직(기간제) 연구원으로 고용하여 C가 현재 丙국책연구소에서 3년간 근무하고 있는 경우
ㄹ. 국가로부터 도급받은 3년간의 건설공사를 완성하기 위해 丁건설회사가 D를 그 기간 동안 고용하기로 근로계약을 체결한 경우

① ㄱ, ㅣ
② ㄴ, ㄷ
③ ㄱ, ㄷ, ㄹ
④ ㄴ, ㄷ, ㄹ
⑤ ㄱ, ㄴ, ㄷ, ㄹ

문 16. 다음 규정에 근거할 때, 옳지 않은 것을 <보기>에서 모두 고르면?

> 제00조 행정기관의 장은 민원사항을 접수·처리함에 있어서 민원인에게 소정의 구비서류 외의 서류를 추가로 요구하여서는 아니된다.
> 제00조 행정기관의 장은 민원인의 편의를 위하여 그 행정기관이 접수·교부하여야 할 민원사항을 다른 행정기관 또는 특별법에 의하여 설립되고 전국적 조직을 가진 법인 중 대통령령이 정하는 법인으로 하여금 접수·교부하게 할 수 있다.
> 제00조 행정기관의 장은 정보통신망을 이용하여 다른 행정기관 소관의 민원사무를 접수·교부할 수 있다.
> 제00조 행정기관의 장은 민원사항을 처리한 결과(다른 행정기관 소관의 민원사항을 포함한다)를 무인민원발급창구를 이용하여 교부할 수 있다.
> 제00조 행정기관의 장은 민원사무 처리상황의 확인·점검 등을 위하여 소속 공무원 중에서 민원사무심사관을 지정하여야 한다.
> 제00조 행정기관의 장은 민원 1회방문 처리제의 원활한 운영을 위하여 민원사무의 처리에 경험이 많은 소속 공무원을 민원후견인으로 지정하여 민원인 안내 및 민원인과의 상담에 응하도록 할 수 있다.
> 제00조 민원인은 대규모의 경제적 비용이 수반되는 민원사항의 경우에 한하여 행정기관의 장에게 정식으로 민원서류를 제출하기 전에 약식서류로 사전심사를 청구할 수 있다.

<보 기>

ㄱ. A시 시장은 B시 소관의 민원사항에 관해서는 무인민원발급창구를 통해 그 처리결과를 교부할 수 없다.
ㄴ. C시 시장은 정보통신망을 이용하여 D시 소관의 민원사무를 접수·교부할 수 있다.
ㄷ. 민원인은 소액의 경제적 비용이 소요되고 신속히 처리할 사안에 대하여 약식서류로 사전심사를 청구할 수 있다.
ㄹ. E시 시장은 민원인의 편의를 위하여 당해 시에만 소재하는 유명 서점을 지정하여 소관 민원사항을 접수·교부하게 할 수 있다.
ㅁ. F시 시장은 민원인에게 소정의 구비서류 이외의 서류 제출을 요구할 수 없다.

① ㄱ, ㄴ
② ㄱ, ㄹ
③ ㄱ, ㄷ, ㄹ
④ ㄴ, ㄷ, ㅁ
⑤ ㄴ, ㄹ, ㅁ

문 17. 다음 규정에 근거할 때, 옳은 것은?

> 제00조(목적) 이 법은 적의 침투·도발이나 그 위협에 대응하기 위하여 국가 총력전의 개념을 바탕으로 국가방위요소를 통합·운용하기 위한 통합방위대책을 수립·시행하기 위하여 필요한 사항을 규정함을 목적으로 한다.
> 제00조(정의) 이 법에서 사용하는 용어의 뜻은 다음과 같다.
> 1. "통합방위사태"란 적의 침투·도발이나 그 위협에 대응하여 제2호부터 제4호까지의 구분에 따라 선포하는 단계별 사태를 말한다.
> 2. "갑종사태"란 일정한 조직체계를 갖춘 적의 대규모 병력 침투 또는 대량살상무기 공격 등의 도발로 발생한 비상사태로서 통합방위본부장 또는 지역군사령관의 지휘·통제 하에 통합방위작전을 수행하여야 할 사태를 말한다.
> 3. "을종사태"란 일부 또는 여러 지역에서 적이 침투·도발하여 단기간 내에 치안이 회복되기 어려워 지역군사령관의 지휘·통제 하에 통합방위작전을 수행하여야 할 사태를 말한다.
> 4. "병종사태"란 적의 침투·도발 위협이 예상되거나 소규모의 적이 침투하였을 때에 지방경찰청장, 지역군사령관 또는 함대사령관의 지휘·통제 하에 통합방위작전을 수행하여 단기간 내에 치안이 회복될 수 있는 사태를 말한다.
> 제00조(통합방위사태의 선포) ① 통합방위사태는 갑종사태, 을종사태 또는 병종사태로 구분하여 선포한다.
> ② 제1항의 사태에 해당하는 상황이 발생하면 다음 각 호의 구분에 따라 해당하는 사람은 즉시 국무총리를 거쳐 대통령에게 통합방위사태의 선포를 건의하여야 한다.
> 1. 갑종사태에 해당하는 상황이 발생하였을 때 또는 둘 이상의 특별시·광역시·도·특별자치도(이하 "시·도"라 한다)에 걸쳐 을종사태에 해당하는 상황이 발생하였을 때: 국방부장관
> 2. 둘 이상의 시·도에 걸쳐 병종사태에 해당하는 상황이 발생하였을 때: 행정안전부장관 또는 국방부장관
> ③ 대통령은 제2항에 따른 건의를 받은 때에는 중앙협의회와 국무회의의 심의를 거쳐 통합방위사태를 선포할 수 있다.
> ④ 지방경찰청장 또는 지역군사령관은 을종사태나 병종사태에 해당하는 상황이 발생한 때에는 즉시 시·도지사에게 통합방위사태의 선포를 건의하여야 한다.
> ⑤ 시·도지사는 제4항에 따른 건의를 받은 때에는 시·도 협의회의 심의를 거쳐 을종사태 또는 병종사태를 선포할 수 있다.

① 국무회의에서는 병종사태에 대해서는 심의할 수 없고 갑종과 을종사태에 대해서 심의한다.
② 행정안전부장관은 모든 유형의 통합방위사태에 대하여 대통령에게 통합방위사태의 선포를 건의할 수 있다.
③ 갑종사태 또는 을종사태가 발생한 경우에는 통합방위본부장이 통합방위작전을 지휘한다.
④ A광역시와 B광역시에 걸쳐서 통합방위사태가 발생한 경우에 통합방위사태를 선포할 수 있는 사람은 대통령이다.
⑤ C광역시 D구와 E구에 대하여 적이 도발을 기도하는 것으로 정보당국에 의해 포착되었다면, 행정안전부장관이나 국방부장관은 대통령에게 통합방위사태 선포를 건의하여야 한다.

문 18. 다음 글을 근거로 판단할 때 옳은 것은?

> ○○법 제00조 ① 여행업, 관광숙박업, 관광객 이용시설업 및 국제회의업을 경영하려는 자는 특별자치도지사·시장·군수·구청장(자치구의 구청장을 말한다. 이하 같다)에게 등록하여야 한다.
> ② 카지노업을 경영하려는 자는 문화체육관광부장관의 허가를 받아야 한다.
> ③ 유원시설업 중 대통령령으로 정하는 유원시설업을 경영하려는 자는 특별자치도지사·시장·군수·구청장의 허가를 받아야 한다.
> ④ 제3항에 따른 유원시설업 외의 유원시설업을 경영하려는 자는 특별자치도지사·시장·군수·구청장에게 신고하여야 한다.
> ⑤ 관광극장유흥업, 한옥체험업, 외국인관광 도시민박업, 관광식당업, 관광사진업 및 여객자동차터미널시설업 등의 관광 편의시설업을 경영하려는 자는 특별시장·광역시장·도지사·특별자치도지사(이하 "시·도지사"라 한다) 또는 시장·군수·구청장의 지정을 받아야 한다.
> ⑥ 제5항의 시·도지사 또는 시장·군수·구청장은 대통령령이 정하는 바에 따라 관광 편의시설업의 지정에 관한 권한 일부를 한국관광공사, 협회, 지역별·업종별 관광협회 등에 위탁할 수 있다.
>
> ○○법 시행령 제00조 ① ○○법 제00조 제3항에서 "대통령령으로 정하는 유원시설업"이란 종합유원시설업 및 일반유원시설업을 말한다.
> ② ○○법 제00조 제4항에서 "제3항에 따른 유원시설업 외의 유원시설업"이란 기타 유원시설업을 말한다.
> ③ ○○법 제00조 제6항의 "관광 편의시설업"이란 관광식당업·관광사진업 및 여객자동차터미널시설업을 말한다.

① 청주시에서 관광극장유흥업을 경영하려는 자는 지역별 관광협회인 충청북도 관광협회에 등록하여야 한다.
② 제주특별자치도에서 관광숙박업을 경영하려는 자는 문화체육관광부장관에게 신고하여야 한다.
③ 서울특별시 종로구에서 한옥체험업을 경영하려는 자는 서울특별시 종로구청장이 위탁한 자로부터 지정을 받아야 한다.
④ 부산광역시 해운대구에서 카지노업을 경영하려는 자는 부산광역시장의 허가를 받아야 한다.
⑤ 군산시에서 종합유원시설업을 경영하려는 자는 군산시장의 허가를 받아야 한다.

문 19. 다음 글을 근거로 판단할 때, <보기>에서 옳지 않은 것을 모두 고르면?

> 제1조(보물 및 국보의 지정) ① 문화재청장은 문화재위원회의 심의를 거쳐 유형문화재 중 중요한 것을 보물로 지정할 수 있다.
> ② 문화재청장은 제1항의 보물에 해당하는 문화재 중 인류문화의 관점에서 볼 때, 그 가치가 크고 유례가 드문 것을 문화재위원회의 심의를 거쳐 국보로 지정할 수 있다.
> 제2조(중요무형문화재의 지정) ① 문화재청장은 문화재위원회의 심의를 거쳐 무형문화재 중 중요한 것을 중요무형문화재로 지정할 수 있다.
> ② 문화재청장은 제1항에 따라 중요무형문화재를 지정하는 경우 해당 중요무형문화재의 보유자(보유단체를 포함한다. 이하 같다)를 인정하여야 한다.
> ③ 문화재청장은 제2항에 따라 인정한 보유자 외에 해당 중요무형문화재의 보유자를 추가로 인정할 수 있다.
> ④ 문화재청장은 제2항과 제3항에 따라 인정된 중요무형문화재의 보유자가 기능 또는 예능의 전수(傳授) 교육을 정상적으로 실시하기 어려운 경우 문화재위원회의 심의를 거쳐 명예보유자로 인정할 수 있다. 이 경우 중요무형문화재의 보유자가 명예보유자로 인정되면 그때부터 중요무형문화재 보유자의 인정은 해제된 것으로 본다.
> 제3조(보호물 또는 보호구역의 지정) ① 문화재청장은 제1조에 따른 지정을 할 때 문화재 보호를 위하여 특히 필요하면 이를 위한 보호물 또는 보호구역을 지정할 수 있다.
> ② 문화재청장은 인위적 또는 자연적 조건의 변화 등으로 인하여 조정이 필요하다고 인정하면 제1항에 따라 지정된 보호물 또는 보호구역을 조정할 수 있다.

<보 기>

ㄱ. 중요무형문화재 가운데 인류문화의 관점에서 볼 때, 그 가치가 크고 유례가 드물면 국보가 될 수 있다.
ㄴ. 중요무형문화재가 발생한 지역의 보호가 특별히 필요한 경우 해당 지역을 보호구역으로 지정할 수 있다.
ㄷ. 중요무형문화재 보유자는 전수교육을 정상적으로 실시할 수 있는 때에도 일정한 연령이 되면 명예보유자가 되고 중요무형문화재 보유자의 인정은 해제된다.
ㄹ. 문화재청장은 해당 중요무형문화재를 최고의 가치로 실현할 수 있는 사람을 선정하여 종목당 한 사람 또는 한 단체만을 중요무형문화재 보유자 또는 보유단체로 인정한다

① ㄱ, ㄷ
② ㄴ, ㄹ
③ ㄷ, ㄹ
④ ㄱ, ㄴ, ㄷ
⑤ ㄱ, ㄴ, ㄷ, ㄹ

문 20. 다음 글을 근거로 판단할 때 옳지 않은 것은?

> 제00조(보증의 방식) ① 보증은 그 의사가 보증인의 기명날인 또는 서명이 있는 서면으로 표시되어야 효력이 발생한다.
> ② 보증인의 채무를 불리하게 변경하는 경우에도 제1항과 같다.
> 제00조(채권자의 통지의무 등) ① 채권자는 주채무자가 원본, 이자 그 밖의 채무를 3개월 이상 이행하지 아니하는 경우 또는 주채무자가 이행기에 이행할 수 없음을 미리 안 경우에는 지체없이 보증인에게 그 사실을 알려야 한다.
> ② 제1항에도 불구하고 채권자가 금융기관인 경우에는 주채무자가 원본, 이자 그 밖의 채무를 1개월 이상 이행하지 아니할 때에는 지체없이 그 사실을 보증인에게 알려야 한다.
> ③ 채권자는 보증인의 청구가 있으면 주채무의 내용 및 그 이행 여부를 보증인에게 알려야 한다.
> ④ 채권자가 제1항부터 제3항까지의 규정에 따른 의무를 위반한 경우에는 보증인은 그로 인하여 손해를 입은 한도에서 채무를 면한다.
> 제00조(보증기간 등) ① 보증기간의 약정이 없는 때에는 그 기간을 3년으로 본다.
> ② 보증기간은 갱신할 수 있다. 이 경우 보증기간의 약정이 없는 때에는 계약체결 시의 보증기간을 그 기간으로 본다.
> ③ 제1항 및 제2항에서 간주되는 보증기간은 계약을 체결하거나 갱신하는 때에 채권자가 보증인에게 고지하여야 한다.

※ 보증계약은 채무자(乙)가 채권자(甲)에 대한 금전채무를 이행하지 아니하는 경우에 보증인(丙)이 그 채무를 이행하기로 하는 채권자와 보증인 사이의 계약을 말하며, 이때 乙을 주채무자라 한다.

① 보증인 丙이 주채무자 乙의 甲에 대한 금전채무를 보증하기 위해 채권자 甲과 보증계약을 서면으로 체결하지 않으면 그 계약은 무효이다.
② 보증인 丙이 주채무자 乙의 甲에 대한 금전채무를 보증하기 위해 채권자 甲과 보증계약을 체결하면서 보증기간을 약정하지 않으면 그 기간은 3년이다.
③ 주채무자 乙이 원본, 이자 그 밖의 채무를 2개월 이상 이행하지 아니하는 경우, 금융기관이 아닌 채권자 甲은 지체없이 보증인 丙에게 그 사실을 알려야 한다.
④ 보증인 丙의 청구가 있는데도 채권자 甲이 주채무의 내용 및 그 이행 여부를 丙에게 알려주지 않으면, 丙은 그로 인하여 손해를 입은 한도에서 채무를 면하게 된다.
⑤ 보증인 丙이 주채무자 乙의 甲에 대한 금전채무를 보증하기 위해 채권자 甲과 기간을 2년으로 약정한 보증계약을 체결한 다음, 그 계약을 갱신하면서 기간을 약정하지 않으면 그 기간은 2년이다.

문 21. 다음 글을 근거로 판단할 때, <보기>에서 옳은 것만을 모두 고르면?

> 제00조(행정정보의 공표 등) ① 공공기관은 다음 각 호의 어느 하나에 해당하는 정보에 대해서는 공개의 구체적 범위와 공개의 주기·시기 및 방법 등을 미리 정하여 공표하고, 이에 따라 정기적으로 공개하여야 한다. 다만 제□□조 제1항 각 호의 어느 하나에 해당하는 정보에 대해서는 그러하지 아니하다.
> 1. 국민생활에 매우 큰 영향을 미치는 정책에 관한 정보
> 2. 국가의 시책으로 시행하는 공사(工事) 등 대규모 예산이 투입되는 사업에 관한 정보
> 3. 예산집행의 내용과 사업평가 결과 등 행정감시를 위하여 필요한 정보
>
> ② 공공기관은 제1항에 규정된 사항 외에도 국민이 알아야 할 필요가 있는 정보를 국민에게 공개하도록 적극적으로 노력하여야 한다.
>
> 제00조(공개대상 정보의 원문공개) 공공기관 중 중앙행정기관은 전자적 형태로 보유·관리하는 정보 중 공개대상으로 분류된 정보를 국민의 정보공개 청구가 없더라도 정보통신망을 활용한 정보공개시스템을 통하여 공개하여야 한다.
>
> 제□□조(비공개대상 정보) ① 공공기관이 보유·관리하는 정보는 공개대상이 된다. 다만 다음 각 호의 어느 하나에 해당하는 정보는 공개하지 아니할 수 있다.
> 1. 다른 법률 또는 법률에서 위임한 명령(국회규칙·대법원규칙·헌법재판소규칙·중앙선거관리위원회규칙·대통령령 및 조례로 한정한다)에 따라 비밀이나 비공개 사항으로 규정된 정보
> 2. 해당 정보에 포함되어 있는 성명·주민등록번호 등 개인에 관한 사항으로서 공개될 경우 사생활의 비밀 또는 자유를 침해할 우려가 있다고 인정되는 정보. 다만 다음 각 목에 열거한 개인에 관한 정보는 제외한다.
>   가. 법령에서 정하는 바에 따라 열람할 수 있는 정보
>   나. 공공기관이 공표를 목적으로 작성하거나 취득한 정보로서 사생활의 비밀 또는 자유를 부당하게 침해하지 아니하는 정보
>   다. 직무를 수행한 공무원의 성명·직위

<보 기>

ㄱ. 국민생활에 매우 큰 영향을 미치는 정책에 관한 정보는 모두 공개하여야 한다.
ㄴ. 헌법재판소규칙에서 비공개 사항으로 규정한 정보는 공개하지 아니할 수 있다.
ㄷ. 국가의 시책으로 시행하는 공사 등 대규모 예산이 투입되는 사업에 관한 직무를 수행한 공무원의 성명·직위는 공개할 수 있다.

① ㄱ
② ㄷ
③ ㄱ, ㄴ
④ ㄴ, ㄷ
⑤ ㄱ, ㄴ, ㄷ

문 22. 다음 글을 근거로 판단할 때 옳은 것은?

> 우리나라는 경주시, 부여군, 공주시, 익산시를 고도(古都)로 지정하고 이를 보존·육성하기 위해 고도 특별보존지구 및 보존육성지구에서의 행위를 다음과 같이 제한하고 있다.
>
> ○○법 제00조 ① 특별보존지구에서는 다음 각 호의 어느 하나에 해당하는 행위를 할 수 없다. 다만 문화체육관광부장관의 허가를 받은 행위는 할 수 있다.
> 1. 건축물이나 각종 시설물의 신축·개축·증축·이축 및 용도 변경
> 2. 택지의 조성, 토지의 개간 또는 토지의 형질 변경
> 3. 수목(樹木)을 심거나 벌채 또는 토석류(土石類)의 채취·적치(積置)
> 4. 그 밖에 고도의 역사문화환경의 보존에 영향을 미치거나 미칠 우려가 있는 행위로서 대통령령으로 정하는 행위
>
> ② 보존육성지구에서 다음 각 호의 어느 하나에 해당하는 행위를 하려는 자는 해당 시장·군수의 허가를 받아야 한다.
> 1. 건축물이나 각종 시설물의 신축·개축·증축 및 이축
> 2. 택지의 조성, 토지의 개간 또는 토지의 형질 변경
> 3. 수목을 심거나 벌채 또는 토석류의 채취
>
> ③ 제2항에도 불구하고 건조물의 외부형태를 변경시키지 아니하는 내부시설의 개·보수 등 대통령령으로 정하는 행위는 시장·군수의 허가를 받지 아니하고 할 수 있다.
>
> ○○법 시행령 제△△조 ① 법 제00조 제1항 제4호에서 '대통령령으로 정하는 행위'란 다음 각 호의 어느 하나에 해당하는 행위를 말한다.
> 1. 토지 및 수면의 매립·절토(切土)·성토(盛土)·굴착·천공(穿孔) 등 지형을 변경시키는 행위
> 2. 수로·수질 및 수량을 변경시키는 행위
>
> ② 법 제00조 제3항에서 '대통령령으로 정하는 행위'란 다음 각 호의 어느 하나에 해당하는 행위를 말한다.
> 1. 건조물의 외부형태를 변경시키지 아니하는 내부시설의 개·보수
> 2. 60제곱미터 이하의 토지 형질 변경
> 3. 고사(枯死)한 수목의 벌채

① 경주시의 특별보존지구에서 과수원을 하고 있는 甲이 과수를 새로 심기 위해서는 시장의 허가를 받아야 한다.
② 익산시의 보존육성지구에 토지를 소유한 乙은 시장의 허가 없이 60제곱미터의 토지 형질을 변경할 수 있다.
③ 공주시의 특별보존지구에서 농사를 짓고 있는 丙은 문화체육관광부장관의 허가 없이 수로를 변경할 수 있다.
④ 공주시의 보존육성지구에서 채석장을 운영하고 있는 丁이 일정기간 채석장에 토석류를 적치하기 위해서는 시장의 허가를 받아야 한다.
⑤ 부여군의 보존육성지구에 건조물을 가지고 있는 戊가 건조물의 외부형태를 변경시키지 않는 내부시설 보수를 하기 위해서는 군수의 허가를 받아야 한다.

문 23. 다음 글을 근거로 판단할 때 옳지 않은 것은?

> 제00조(관광상륙허가) 출입국관리공무원은 관광을 목적으로 대한민국과 외국 해상을 국제적으로 순회(巡廻)하여 운항하는 여객운송선박 중 다음 각 호의 요건을 모두 갖춘 선박에 승선한 외국인승객에 대하여 그 선박의 장 또는 운수업자가 상륙허가를 신청하면 3일의 범위에서 승객의 관광상륙을 허가할 수 있다.
> 1. 국제총톤수 2만 톤 이상일 것
> 2. 대한민국을 포함하여 3개국 이상의 국가를 기항할 것
> 3. 순항여객운송사업 또는 복합해상여객운송사업 면허를 받은 선박일 것
> 4. 크루즈업을 등록한 선박일 것
>
> 제00조(관광상륙허가의 기준) ① 관광을 목적으로 대한민국과 외국 해상을 국제적으로 순회하여 운행하는 여객운송선박의 외국인승객에 대하여 그 선박의 장 또는 운수업자가 관광상륙허가를 신청할 때에는 외국인승객이 아래 제2항의 기준에 해당하는지를 검토한 후 신청하여야 한다.
> ② 출입국관리공무원은 다음 각 호의 해당 여부를 심사하여 관광상륙을 허가한다.
> 1. 본인의 유효한 여권을 소지하고 있는지 여부
> 2. 대한민국에 관광 목적으로 하선(下船)하여 자신이 하선한 기항지에서 자신이 하선한 선박으로 돌아와 출국할 예정인지 여부
> 3. 외국인승객이 다음 각 목의 어느 하나에 해당하는지 여부
>   가. 사증면제협정 등에 따라 대한민국에 사증 없이 입국할 수 있는 사람
>   나. 제주특별자치도에 체류하려는 사람

※ 기항(寄港): 배가 항구에 들름
※ 사증(査證): 외국인의 입국허가증명, 즉 비자

① 관광 목적의 여객운송선박에 탑승한 외국인승객이더라도 관광상륙허가를 받지 못할 수 있다.
② 관광상륙허가를 받은 외국인승객은 하선 후 상륙허가기간 내에 하선한 기항지의 하선한 선박으로 돌아가야 한다.
③ 대한민국 사증이 없으면 입국할 수 없는 사람은 관광상륙허가를 받더라도 제주특별자치도에 체류할 수 없다.
④ 관광 목적으로 부산에 하선한 후 인천에서 승선하여 출국하려고 하는 외국인승객은 관광상륙허가를 받을 수 없다.
⑤ 국제총톤수 10만 톤으로 복합해상여객운송사업 면허를 받고 크루즈업을 등록한 선박 A가 관광 목적으로 중국－한국－일본에 기항하는 경우, 그 선박의 장은 승객의 관광상륙허가를 신청할 수 있다.

문 24. 다음 글을 근거로 판단할 때 옳은 것은?

> 제00조(군위탁생의 임명) ① 군위탁생은 육군, 해군 및 공군(이하 '각군'이라 한다)에서 시행하는 전형과 해당 교육기관에서 시행하는 소정의 시험에 합격한 자 중에서 각군 참모총장의 추천에 의하여 국방부장관이 임명한다. 다만 부사관의 경우에는 각군 참모총장이 임명한다.
> ② 군위탁생은 임명권자의 허가 없이 교육기관을 옮기거나 전과(轉科)할 수 없다.
>
> 제00조(경비의 지급) ① 군위탁생에 대하여는 수학기간 중 입학금·등록금 기타 필요한 경비를 지급한다.
> ② 국외위탁생에 대하여는 왕복항공료 및 체재비를 지급하며, 6개월 이상 수학하는 국외위탁생에 대하여는 배우자 및 자녀의 왕복항공료, 의료보험료 또는 의료보조비, 생활준비금 및 귀국 이전비를 가산하여 지급할 수 있다. 이 경우 체재비의 지급액은 월 단위로 계산한다.
>
> 제00조(성적이 우수한 자의 진학 등) ① 국방부장관은 군위탁생으로서 소정의 과정을 우수한 성적으로 마친 자 중 지원자에 대하여는 소속군 참모총장의 추천에 의하여 해당 전공분야 또는 관련 학문분야의 상급과정에 진학하여 계속 수학하게 할 수 있다.
> ② 국방부장관은 군위탁생으로서 박사과정을 우수한 성적으로 마친 자 중 지원자에 대하여는 소속군 참모총장의 추천에 의하여 해당 전공분야 또는 관련분야의 실무연수를 하게 할 수 있다.

① 해군 장교가 군위탁생으로 추천받기 위해서는 해군에서 시행하는 전형과 해당 교육기관에서 시행하는 시험에 합격하여야 한다.
② 육군 부사관인 군위탁생이 다른 학교로 전학을 하기 위해서는 국방부장관의 허가를 받아야 한다.
③ 석사과정을 우수한 성적으로 마친 군위탁생은 소속군 참모총장의 추천이 없어도 관련 학문분야 박사과정에 진학하여 계속 수학할 수 있다.
④ 군위탁생의 경우 국내위탁과 국외위탁의 구별 없이 동일한 경비가 지급된다.
⑤ 3개월의 국외위탁교육을 받는 군위탁생은 체재비를 지급받을 수 없다.

문 25. 다음 글을 근거로 판단할 때, <보기>에서 옳은 것만을 모두 고르면?

제00조(기능) 대외경제장관회의(이하 '회의'라 한다)는 다음 각 호의 사항을 심의·조정한다.
1. 대외경제동향의 종합점검과 주요 대외경제정책의 방향 설정 등 대외경제정책 운영 전반에 관한 사항
2. 양자·다자·지역간 또는 국제경제기구와의 대외경제 협력·대외개방 및 통상교섭과 관련된 주요 경제정책에 관한 사항
3. 재정지출을 수반하는 각 부처의 대외경제 분야 주요 정책 또는 관련 중장기계획
4. 국내경제정책이 대외경제관계에 미치는 영향과 효과에 대한 사전검토에 관한 사항

제00조(회의의 구성 등) ① 회의는 기획재정부장관, 미래창조과학부장관, 외교부장관, 농림축산식품부장관, 산업통상자원부장관, 환경부장관, 국토교통부장관, 해양수산부장관, 국무조정실장, 대통령비서실의 경제수석비서관과 회의에 상정되는 안건을 제안한 부처의 장 및 그 안건과 관련되는 부처의 장으로 구성한다.
② 회의 의장은 기획재정부장관이다.
③ 회의 의장은 회의에 상정할 안건을 선정하여 회의를 소집하고, 이를 주재한다.
④ 회의 의장은 필요하다고 인정하는 경우 관계 부처 또는 관계 기관과 협의하여 안건을 상정하게 할 수 있다.

제00조(의견청취) 회의 의장은 회의에 상정된 안건의 심의를 위하여 필요하다고 인정되는 경우에는 해당 분야의 민간전문가를 회의에 참석하게 하여 의견을 들을 수 있다.

제00조(의사 및 의결정족수) ① 회의는 구성원 과반수의 출석으로 개의하고, 출석 구성원 3분의 2 이상의 찬성으로 의결한다.
② 회의 구성원이 회의에 출석하지 못하는 경우에는 그 바로 하위직에 있는 자가 대리로 출석하여 그 직무를 대행할 수 있다.

<보 기>

ㄱ. 회의 안건이 보건복지와 관련이 있더라도 보건복지부장관은 회의 구성원이 될 수 없다.
ㄴ. 회의 당일 해양수산부장관이 수산협력 국제컨퍼런스에 참석 중이라면, 해양수산부차관이 회의에 대신 출석할 수 있다.
ㄷ. 환경부의 A안건이 관계 부처의 협의를 거쳐 회의에 상정된 경우, 환경부장관이 회의를 주재한다.
ㄹ. 회의에 민간전문가 3명을 포함해 13명이 참석하였을 때 의결을 위해서는 최소 9명의 찬성이 필요하다.

① ㄱ
② ㄴ
③ ㄱ, ㄷ
④ ㄴ, ㄹ
⑤ ㄷ, ㄹ

문 26. 다음 글을 근거로 판단할 때 옳은 것은?

제00조 이 법에서 '외국인'이란 다음 각 호의 어느 하나에 해당하는 개인·법인 또는 단체를 말한다.
1. 대한민국의 국적을 보유하고 있지 않은 개인
2. 다음 각 목의 어느 하나에 해당하는 법인 또는 단체
가. 외국 법령에 따라 설립된 법인 또는 단체
나. 사원 또는 구성원의 2분의 1 이상이 제1호에 해당하는 자인 법인 또는 단체
다. 임원(업무를 집행하는 사원이나 이사 등)의 2분의 1 이상이 제1호에 해당하는 자인 법인 또는 단체

제00조 ① 외국인이 대한민국 안의 토지를 취득하는 계약(이하 '토지취득계약'이라 한다)을 체결하였을 때에는 계약체결일부터 60일 내에 토지 소재지를 관할하는 시장·군수 또는 구청장에게 신고하여야 한다.
② 제1항에도 불구하고 외국인이 취득하려는 토지가 다음 각 호의 어느 하나에 해당하는 구역·지역 등에 있으면 토지취득계약을 체결하기 전에 토지 소재지를 관할하는 시장·군수 또는 구청장으로부터 토지취득의 허가를 받아야 한다.
1. 군사시설 및 군사시설보호법에 따른 군사기지 및 군사시설 보호구역
2. 문화재보호법에 따른 지정문화재와 이를 위한 보호물 또는 보호구역
3. 자연환경보전법에 따른 생태·경관보전지역
③ 제2항을 위반하여 체결한 토지취득계약은 그 효력이 발생하지 아니한다.

제00조 외국인은 상속·경매로 대한민국 안의 토지를 취득한 때에는 토지를 취득한 날부터 6개월 내에 토지 소재지를 관할하는 시장·군수 또는 구청장에게 신고하여야 한다.

제00조 대한민국 안의 토지를 가지고 있는 대한민국 국민이나 대한민국 법령에 따라 설립된 법인 또는 단체가 외국인으로 변경된 경우, 그 외국인이 해당 토지를 계속 보유하려는 경우에는 외국인으로 변경된 날부터 6개월 내에 토지 소재지를 관할하는 시장·군수 또는 구청장에게 신고하여야 한다.

① 대한민국 국적을 보유하지 않은 甲이 전남 무안군에 소재하는 토지를 취득하는 계약을 체결한 경우, 전라남도지사에게 신고하여야 한다.
② 충북 보은군에 토지를 소유하고 있는 乙이 대한민국 국적을 포기하고 외국국적을 취득한 경우, 그 토지를 계속 보유하려면 외국국적을 취득한 날부터 6개월 내에 보은군수의 허가를 받아야 한다.
③ 사원 50명 중 대한민국 국적을 보유하지 않은 자가 30명인 丙법인이 사옥을 신축하기 위해 서울 금천구에 있는 토지를 경매로 취득한 경우, 경매를 받은 날부터 60일 내에 서울특별시장에게 신고하여야 한다.
④ 외국 법령에 따라 설립된 丁법인이 자연환경보전법에 따른 생태·경관보전지역 내의 토지(강원 양양군 소재)를 취득하는 계약을 체결한 경우, 계약체결 전에 양양군수의 허가를 받지 않았다면 그 계약은 무효이다.
⑤ 대한민국 법령에 따라 설립된 戊법인의 임원 8명 중 5명이 2012. 12. 12. 외국인으로 변경된 후, 戊법인이 2013. 3. 3. 경기 군포시에 있는 토지를 취득하는 계약을 체결한 경우, 戊법인은 2013. 9. 3.까지 군포시장에게 신고하여야 한다.

문 27. 다음 글을 근거로 판단할 때 옳은 것은?

> 제00조(선거공보) ① 후보자는 선거운동을 위하여 책자형 선거공보 1종을 작성할 수 있다.
> ② 제1항의 규정에 따른 책자형 선거공보는 대통령선거에 있어서는 16면 이내로, 국회의원선거 및 지방자치단체의 장 선거에 있어서는 12면 이내로, 지방의회의원선거에 있어서는 8면 이내로 작성한다.
> ③ 후보자는 제1항의 규정에 따른 책자형 선거공보 외에 별도의 점자형 선거공보(시각장애선거인을 위한 선거공보) 1종을 책자형 선거공보와 동일한 면수 제약 하에서 작성할 수 있다. 다만, 대통령선거·지역구국회의원선거 및 지방자치단체의 장 선거의 후보자는 책자형 선거공보 제작시 점자형 선거공보를 함께 작성·제출하여야 한다.
> ④ 대통령선거, 지역구국회의원선거, 지역구지방의회의원선거 및 지방자치단체의 장 선거에서 책자형 선거공보(점자형 선거공보를 포함한다)를 제출하는 경우에는 다음 각 호에 따른 내용(이하 이 조에서 '후보자정보공개자료'라 한다)을 게재하여야 하며, 후보자정보공개자료에 대하여 소명이 필요한 사항은 그 소명자료를 함께 게재할 수 있다. 점자형 선거공보에 게재하는 후보자정보공개자료의 내용은 책자형 선거공보에 게재하는 내용과 똑같아야 한다.
> 1. 재산상황
> 후보자, 후보자의 배우자 및 직계존·비속(혼인한 딸과 외조부모 및 외손자녀를 제외한다)의 각 재산총액
> 2. 병역사항
> 후보자 및 후보자의 직계비속의 군별·계급·복무기간·복무분야·병역처분사항 및 병역처분사유
> 3. 전과기록
> 죄명과 그 형 및 확정일자

① 지역구지방의회의원선거에 출마한 A는 책자형 선거공보를 12면까지 가득 채워서 작성할 수 있다.
② 지역구국회의원선거에 출마한 B는 자신의 선거운동전략에 따라 책자형 선거공보 제작시 점자형 선거공보는 제작하지 않을 수 있다.
③ 지역구지방의회의원선거에 출마한 C는 책자형 선거공보를 제출할 경우, 자신의 가족 중 15세인 친손녀의 재산총액을 표시할 필요가 없다.
④ 지역구국회의원선거에 출마한 D가 제작한 책자형 선거공보에는 D 본인과 자신의 가족 중 아버지, 아들, 손자의 병역사항을 표시해야 한다.
⑤ 지역구국회의원선거에 출마한 E는 자신에게 전과기록이 있다는 사실을 공개하면 선거운동에 악영향을 미칠 것이라고 판단할 경우, 책자형 선거공보를 제작하지 않고 선거운동을 할 수 있다.

문 28. 다음 글을 근거로 판단할 때 허용될 수 없는 행위는? (단, 적법한 권한을 가진 자가 조회하는 것으로 전제한다)

> 제00조(범죄경력조회·수사경력조회 및 회보의 제한 등) 수사자료표에 의한 범죄경력조회 및 수사경력조회와 그에 대한 회보는 다음 각 호의 어느 하나에 해당하는 경우에 그 전부 또는 일부에 대하여 조회 목적에 필요한 범위에서 할 수 있다.
> 1. 범죄 수사 또는 재판을 위하여 필요한 경우
> 2. 형의 집행 또는 사회봉사명령, 수강명령의 집행을 위하여 필요한 경우
> 3. 보호감호, 치료감호, 보호관찰 등 보호처분 또는 보안관찰업무의 수행을 위하여 필요한 경우
> 4. 수사자료표의 내용을 확인하기 위하여 본인이 신청하거나 외국 입국·체류 허가에 필요하여 본인이 신청하는 경우
> 5. 외국인의 귀화·국적회복·체류 허가에 필요한 경우
> 6. 각군 사관생도의 입학 및 장교의 임용에 필요한 경우
> 7. 병역의무 부과와 관련하여 현역병 및 사회복무요원의 입영(入營)에 필요한 경우
> 8. 공무원 임용, 인가·허가, 서훈(敍勳), 대통령 표창, 국무총리 표창 등의 결격사유, 징계절차가 개시된 공무원의 구체적인 징계 사유(범죄경력조회와 그에 대한 회보에 한정한다) 또는 공무원연금 지급 제한 사유 등을 확인하기 위하여 필요한 경우

※ 회보: 신청인의 요구에 대하여 조회 후 알려주는 것

① 외국인 A의 귀화 허가를 위하여 A의 범죄경력을 조회하는 행위
② 회사원 B에 대한 사회봉사명령 집행을 위하여 B에 대한 수사경력을 조회하는 행위
③ 퇴직공무원 C의 공무원연금 지급 제한 사유를 확인하기 위해 C의 범죄경력을 조회하는 행위
④ 취업준비생 D의 채용에 참고하기 위하여 해당 사기업의 요청을 받아 D의 범죄경력을 조회하는 행위
⑤ 징계절차가 개시된 공무원 E의 구체적인 징계 사유를 확인하기 위하여 E의 범죄경력을 조회하는 행위

문 29. 다음 글을 근거로 판단할 때 옳지 않은 것은?

> 제00조(예비이전후보지의 선정) ① 종전부지 지방자치단체의 장은 군 공항을 이전하고자 하는 경우 국방부장관에게 이전을 건의할 수 있다.
> ② 제1항의 건의를 받은 국방부장관은 군 공항을 이전하고자 하는 경우 군사작전 및 군 공항 입지의 적합성 등을 고려하여 군 공항 예비이전후보지(이하 '예비이전후보지'라 한다)를 선정할 수 있다.
> 제00조(이전후보지의 선정) 국방부장관은 한 곳 이상의 예비이전후보지 중에서 군 공항 이전후보지를 선정함에 있어서 군 공항 이전부지 선정위원회의 심의를 거쳐야 한다.
> 제00조(군 공항 이전부지 선정위원회) ① 군 공항 이전후보지 및 이전부지의 선정 등을 심의하기 위해 국방부에 군 공항 이전부지 선정위원회(이하 '선정위원회'라 한다)를 둔다.
> ② 위원장은 국방부장관으로 하고, 당연직위원은 다음 각 호의 사람으로 한다.
> 1. 기획재정부차관, 국토교통부차관
> 2. 종전부지 지방자치단체의 장
> 3. 예비이전후보지를 포함한 이전주변지역 지방자치단체의 장
> 4. 종전부지 및 이전주변지역을 관할하는 특별시장·광역시장 또는 도지사
>
> ③ 선정위원회는 다음 각 호의 사항을 심의한다.
> 1. 이전후보지 및 이전부지 선정
> 2. 종전부지 활용방안 및 종전부지 매각을 통한 이전주변지역 지원방안
>
> 제00조(이전부지의 선정) ① 국방부장관은 이전후보지 지방자치단체의 장에게 「주민투표법」에 따라 주민투표를 요구할 수 있다.
> ② 제1항의 지방자치단체의 장은 주민투표 결과를 충실히 반영하여 국방부장관에게 군 공항 이전 유치를 신청한다.
> ③ 국방부장관은 제2항에 따라 유치를 신청한 지방자치단체 중에서 선정위원회의 심의를 거쳐 이전부지를 선정한다.

※ 종전부지 : 군 공항이 설치되어 있는 기존의 부지
※ 이전부지 : 군 공항이 이전되어 설치될 부지

① 종전부지를 관할하는 광역시장은 이전부지 선정 심의에 참여한다.
② 국방부장관은 선정위원회의 심의를 거치지 않고 예비이전후보지를 선정할 수 있다.
③ 선정위원회는 군 공항이 이전되고 난 후에 종전부지를 어떻게 활용할 것인지에 대한 사항도 심의한다.
④ 종전부지 지방자치단체의 장은 주민투표를 거치지 않으면 국방부장관에게 군 공항 이전을 건의할 수 없다.
⑤ 예비이전후보지가 한 곳이라고 하더라도 선정위원회의 심의를 거쳐야 이전후보지로 선정될 수 있다.

문 30. 다음 글을 근거로 판단할 때 옳은 것은?

> 제00조(중재합의의 방식) ① 중재합의는 독립된 합의의 형식으로 또는 계약에 중재조항을 포함하는 형식으로 할 수 있다.
> ② 중재합의는 서면으로 하여야 한다.
> ③ 다음 각 호의 어느 하나에 해당하는 경우는 서면에 의한 중재합의로 본다.
> 1. 당사자들이 서명한 문서에 중재합의가 포함된 경우
> 2. 편지, 전보, 전신, 팩스 또는 그 밖의 통신수단에 의하여 교환된 문서에 중재합의가 포함된 경우
> 3. 어느 한쪽 당사자가 당사자간에 교환된 문서의 내용에 중재합의가 있는 것을 주장하고 상대방 당사자가 이에 대하여 다투지 아니하는 경우
>
> ④ 계약이 중재조항을 포함한 문서를 인용하고 있는 경우에는 중재합의가 있는 것으로 본다. 다만, 그 계약이 서면으로 작성되고 중재조항을 그 계약의 일부로 하고 있는 경우로 한정한다.
> 제00조(중재합의와 법원에의 제소) ① 중재합의의 대상인 분쟁에 관하여 소(訴)가 제기된 경우에 피고가 중재합의가 있다는 항변(抗辯)을 하였을 때에는 법원은 그 소를 각하(却下)하여야 한다. 다만, 중재합의가 없거나 무효이거나 효력을 상실하였거나 그 이행이 불가능한 경우에는 그러하지 아니하다.
> ② 제1항의 소가 법원에 계속 중인 경우에도 중재판정부는 중재절차를 개시 또는 진행하거나 중재판정을 내릴 수 있다.

※ 중재 : 당사자간 합의로 선출된 중재인의 판정에 따른 당사자간의 분쟁해결절차
※ 각하 : 적법하지 않은 소가 제기된 경우 이를 배척하는 것

① 甲과 乙이 계약을 말로 체결하면서 중재조항을 포함한 문서를 인용한 경우, 중재합의가 있는 것으로 본다.
② 甲과 乙이 계약을 체결하면서 중재합의를 하고자 하는 경우, 계약에 중재조항을 포함시키지 않으면 안 된다.
③ 甲과 乙 사이에 교환된 문서의 내용에 중재합의가 있는 것을 甲이 주장하고 乙이 이에 대하여 다투지 아니하는 경우, 서면에 의한 중재합의로 본다.
④ 甲과 乙이 계약을 체결하면서 중재합의를 하였지만 중재합의의 대상인 계약에 관하여 소가 제기되어 법원에 계속 중인 경우, 중재판정부는 중재절차를 개시할 수 없다.
⑤ 甲과 乙이 계약을 체결하면서 중재합의를 하였으나 중재합의의 효력이 상실된 경우, 해당 계약에 관한 소가 제기되어 피고가 중재합의가 있다는 항변을 하면 법원은 그 소를 각하하여야 한다.

문 31. 다음 <A국 사업타당성조사 규정>을 근거로 판단할 때, <보기>에서 옳은 것만을 모두 고르면?

<A국 사업타당성조사 규정>

제○○조(예비타당성조사 대상사업) 신규 사업 중 총사업비가 500억 원 이상이면서 국가의 재정지원 규모가 300억 원 이상인 건설사업, 정보화사업, 국가연구개발사업에 대해 예비타당성조사를 실시한다.

제△△조(타당성조사의 대상사업과 실시) ① 제○○조에 해당하지 않는 사업으로서, 국가 예산의 지원을 받아 지자체·공기업·준정부기관·기타 공공기관 또는 민간이 시행하는 사업 중 완성에 2년 이상이 소요되는 다음 각 호의 사업을 타당성조사 대상사업으로 한다.

1. 총사업비가 500억 원 이상인 토목사업 및 정보화사업
2. 총사업비가 200억 원 이상인 건설사업

② 제1항의 대상사업 중 다음 각 호의 어느 하나에 해당하는 경우에는 타당성조사를 실시하여야 한다.

1. 사업추진 과정에서 총사업비가 예비타당성조사의 대상규모로 증가한 사업
2. 사업물량 또는 토지 등의 규모 증가로 인하여 총사업비가 100분의 20 이상 증가한 사업

<보 기>

ㄱ. 국가의 재정지원 비율이 50%인 총사업비 550억 원 규모의 신규 건설사업은 예비타당성조사 대상이 된다.
ㄴ. 민간이 시행하는 사업도 타당성조사 대상사업이 될 수 있다.
ㄷ. 지자체가 시행하는 건설사업으로서 사업완성에 2년 이상 소요되며 전액 국가의 재정지원을 받는 총사업비 460억 원 규모의 사업추진 과정에서, 총사업비가 10% 증가한 경우 타당성조사를 실시하여야 한다.
ㄹ. 총사업비가 500억 원 미만인 모든 사업은 예비타당성조사 및 타당성조사 대상사업에서 제외된다.

① ㄱ, ㄴ
② ㄱ, ㄷ
③ ㄴ, ㄷ
④ ㄴ, ㄹ
⑤ ㄷ, ㄹ

문 32. 다음 글을 근거로 판단할 때 옳은 것은?

제00조 이 법에서 말하는 폐기물이란 쓰레기, 연소재, 폐유, 폐알칼리 및 동물의 사체 등으로 사람의 생활이나 사업활동에 필요하지 않게 된 물질을 말한다.

제00조 ① 도지사는 관할 구역의 폐기물을 적정하게 처리하기 위하여 환경부장관이 정하는 지침에 따라 10년마다 '폐기물 처리에 관한 기본계획'(이하 '기본계획'이라 한다)을 세워 환경부장관의 승인을 받아야 한다. 승인사항을 변경하려 할 때에도 또한 같다. 이 경우 환경부장관은 기본계획을 승인하거나 변경승인하려면 관계 중앙행정기관의 장과 협의하여야 한다.

② 시장·군수·구청장은 10년마다 관할 구역의 기본계획을 세워 도지사에게 제출하여야 한다.

③ 제1항과 제2항에 따른 기본계획에는 다음 각 호의 사항이 포함되어야 한다.

1. 관할 구역의 지리적 환경 등에 관한 개황
2. 폐기물의 종류별 발생량과 장래의 발생 예상량
3. 폐기물의 처리 현황과 향후 처리 계획
4. 폐기물의 감량화와 재활용 등 자원화에 관한 사항
5. 폐기물처리시설의 설치 현황과 향후 설치 계획
6. 폐기물 처리의 개선에 관한 사항
7. 재원의 확보계획

제00조 ① 환경부장관은 국가 폐기물을 적정하게 관리하기 위하여 전조 제1항에 따른 기본계획을 기초로 '국가 폐기물관리 종합계획'(이하 '종합계획'이라 한다)을 10년마다 세워야 한다.

② 환경부장관은 종합계획을 세운 날부터 5년이 지나면 그 타당성을 재검토하여 변경할 수 있다.

① 재원의 확보계획은 기본계획에 포함되지 않아도 된다.
② A도 도지사가 제출한 기본계획을 승인하려면, 환경부장관은 관계 중앙행정기관의 장과 협의를 거쳐야 한다.
③ 환경부장관은 국가 폐기물을 적정하게 관리하기 위하여 10년마다 기본계획을 수립하여야 한다.
④ B군 군수는 5년마다 종합계획을 세워 환경부장관에게 제출하여야 한다.
⑤ 기본계획 수립 이후 5년이 경과하였다면, 환경부장관은 계획의 타당성을 재검토하여 계획을 변경하여야 한다.

문 33. 다음 글을 근거로 판단할 때 옳은 것은?

제00조 다음 각 호의 어느 하나에 해당하는 자는 감사원에 감사를 청구할 수 있다.
1. 19세 이상으로서 300명 이상의 국민
2. 상시 구성원 수가 300인 이상으로 등록된 공익 추구의 시민단체. 다만 정치적 성향을 띄거나 특정 계층 또는 집단의 이익을 추구하는 단체는 제외한다.
3. 감사대상기관의 장. 다만 해당 감사대상기관의 사무처리에 관한 사항 중 자체감사기구에서 직접 처리하기 어려운 부득이한 사유가 있거나 자체감사기구가 없는 경우에 한한다.
4. 지방의회. 다만 해당 지방자치단체의 사무처리에 한한다.

제00조 ① 감사청구의 대상은 공공기관에서 처리한 사무처리가 다음 각 호의 어느 하나에 해당하는 사항으로 한다.
1. 주요 정책·사업의 추진과정에서의 예산낭비에 관한 사항
2. 기관이기주의 등으로 인하여 정책·사업 등이 장기간 지연되는 사항
3. 국가 행정 및 시책, 제도 등이 현저히 불합리하여 개선이 필요한 사항
4. 기타 공공기관의 사무처리가 위법 또는 부당행위로 인하여 공익을 현저히 해한다고 판단되는 사항

② 제1항의 규정에 불구하고 다음 각 호의 어느 하나에 해당하는 사항은 감사청구의 대상에서 제외한다.
1. 수사 중이거나 재판(헌법재판소 심판을 포함한다), 행정심판, 감사원 심사청구 또는 화해·조정·중재 등 법령에 의한 불복절차가 진행 중인 사항. 다만 수사 또는 재판, 행정심판 등과는 직접적인 관계없이 예산낭비 등을 방지하기 위한 긴급한 필요가 있다고 인정될 때에는 감사를 실시할 수 있다.
2. 수사 결과, 판결, 재결, 결정 또는 화해·조정·중재 등에 의하여 확정되었거나 형 집행에 관한 사항

※ 공공기관: 중앙행정기관, 지방자치단체, 정부투자기관을 의미한다.

① A시 지방의회는 A시가 주요 사업으로 시행하는 노후수도 설비교체사업 중 발생한 예산낭비 사항에 대하여 감사를 청구할 수 있다.
② B정당의 사무총장은 C시청 별관신축공사 입찰시 담당공무원의 부당한 업무처리에 대하여 단독으로 감사를 청구할 수 있다.
③ D정부투자기관의 장은 해당 기관 직원과 특정 기업 간 유착관계에 대하여 자체감사기구에서 직접 처리할 수 있더라도 감사를 청구할 수 있다.
④ E시 지방의회는 E시 시장의 위법한 사무처리에 대하여 판결이 확정되었더라도 감사를 청구할 수 있다.
⑤ 민간 유통업체 F마트 사장은 농산물의 납품대가로 과도한 향응을 받은 담당직원의 위법행위에 대하여 감사를 청구할 수 있다.

문 34. 다음 글을 근거로 판단할 때, 소장이 귀휴를 허가할 수 없는 경우는? (단, 수형자 甲 ~ 戊의 교정성적은 모두 우수하고, 귀휴를 허가할 수 있는 일수는 남아있다)

제00조 ① 교도소·구치소 및 그 지소의 장(이하 '소장'이라 한다)은 6개월 이상 복역한 수형자로서 그 형기의 3분의 1(21년 이상의 유기형 또는 무기형의 경우에는 7년)이 지나고 교정성적이 우수한 사람이 다음 각 호의 어느 하나에 해당하면 1년 중 20일 이내의 귀휴를 허가할 수 있다.
1. 가족 또는 배우자의 직계존속이 위독한 때
2. 질병이나 사고로 외부의료시설에의 입원이 필요한 때
3. 천재지변이나 그 밖의 재해로 가족, 배우자의 직계존속 또는 수형자 본인에게 회복할 수 없는 중대한 재산상의 손해가 발생하였거나 발생할 우려가 있는 때
4. 직계존속, 배우자, 배우자의 직계존속 또는 본인의 회갑일이나 고희일인 때
5. 본인 또는 형제자매의 혼례가 있는 때
6. 직계비속이 입대하거나 해외유학을 위하여 출국하게 된 때
7. 각종 시험에 응시하기 위하여 필요한 때

② 소장은 다음 각 호의 어느 하나에 해당하는 사유가 있는 수형자에 대하여는 제1항에도 불구하고 5일 이내의 귀휴를 특별히 허가할 수 있다.
1. 가족 또는 배우자의 직계존속이 사망한 때
2. 직계비속의 혼례가 있는 때

※ 귀휴: 교도소 등에 복역 중인 죄수가 출소하기 전에 일정한 사유에 따라 휴가를 얻어 일시적으로 교도소 밖으로 나오는 것을 의미한다.

① 징역 1년을 선고받고 4개월 동안 복역 중인 甲의 아버지의 회갑일인 경우
② 징역 2년을 선고받고 10개월 동안 복역 중인 乙의 친형의 혼례가 있는 경우
③ 징역 10년을 선고받고 4년 동안 복역 중인 丙의 자녀가 입대하는 경우
④ 징역 30년을 선고받고 8년 동안 복역 중인 丁의 부친이 위독한 경우
⑤ 무기징역을 선고받고 5년 동안 복역 중인 戊의 배우자의 모친이 사망한 경우

문 35. 다음 글을 근거로 판단할 때 옳은 것은?

> 제00조 이 법은 법령의 공포절차 등에 관하여 규정함을 목적으로 한다.
> 제00조 ① 법률 공포문의 전문에는 국회의 의결을 받은 사실을 적고, 대통령이 서명한 후 대통령인을 찍고 그 공포일을 명기하여 국무총리와 관계 국무위원이 서명한다.
> ② 확정된 법률을 대통령이 공포하지 아니할 때에는 국회의장이 이를 공포한다. 국회의장이 공포하는 법률의 공포문 전문에는 국회의 의결을 받은 사실을 적고, 국회의장이 서명한 후 국회의장인을 찍고 그 공포일을 명기하여야 한다.
> 제00조 조약 공포문의 전문에는 국회의 동의 또는 국무회의의 심의를 거친 사실을 적고, 대통령이 서명한 후 대통령인을 찍고 그 공포일을 명기하여 국무총리와 관계 국무위원이 서명한다.
> 제00조 대통령령 공포문의 전문에는 국무회의의 심의를 거친 사실을 적고, 대통령이 서명한 후 대통령인을 찍고 그 공포일을 명기하여 국무총리와 관계 국무위원이 서명한다.
> 제00조 ① 총리령을 공포할 때에는 그 일자를 명기하고, 국무총리가 서명한 후 총리인을 찍는다.
> ② 부령을 공포할 때에는 그 일자를 명기하고, 해당 부의 장관이 서명한 후 그 장관인을 찍는다.
> 제00조 ① 법령의 공포는 관보에 게재함으로써 한다.
> ② 관보의 내용 및 적용 시기 등은 종이관보를 우선으로 하며, 전자관보는 부차적인 효력을 가진다.

※ 법령: 법률, 조약, 대통령령, 총리령, 부령을 의미한다.

① 모든 법률의 공포문 전문에는 국회의장인이 찍혀 있다.
② 핵무기비확산조약의 공포문 전문에는 총리인이 찍혀 있다.
③ 지역문화발전기본법의 공포문 전문에는 대법원장인이 찍혀 있다.
④ 대통령인이 찍혀 있는 법령의 공포문 전문에는 국무총리의 서명이 들어 있다.
⑤ 종이관보에 기재된 법인세법의 세율과 전자관보에 기재된 그 세율이 다른 경우 전자관보를 기준으로 판단하여야 한다.

문 36. 다음 글을 근거로 판단할 때 옳은 것은?

> 제00조(문서의 성립 및 효력발생) ① 문서는 결재권자가 해당 문서에 서명(전자이미지서명, 전자문자서명 및 행정전자서명을 포함한다)의 방식으로 결재함으로써 성립한다.
> ② 문서는 수신자에게 도달(전자문서의 경우는 수신자가 지정한 전자적 시스템에 입력되는 것을 말한다)됨으로써 효력이 발생한다.
> ③ 제2항에도 불구하고 공고문서는 그 문서에서 효력발생 시기를 구체적으로 밝히고 있지 않으면 그 고시 또는 공고가 있은 날부터 5일이 경과한 때에 효력이 발생한다.
> 제00조(문서 작성의 일반원칙) ① 문서는 어문규범에 맞게 한글로 작성하되, 뜻을 정확하게 전달하기 위하여 필요한 경우에는 괄호 안에 한자나 그 밖의 외국어를 함께 적을 수 있으며, 특별한 사유가 없으면 가로로 쓴다.
> ② 문서의 내용은 간결하고 명확하게 표현하고 일반화되지 않은 약어와 전문용어 등의 사용을 피하여 이해하기 쉽게 작성하여야 한다.
> ③ 문서에는 음성정보나 영상정보 등을 수록할 수 있고 연계된 바코드 등을 표기할 수 있다.
> ④ 문서에 쓰는 숫자는 특별한 사유가 없으면 아라비아 숫자를 쓴다.
> ⑤ 문서에 쓰는 날짜는 숫자로 표기하되, 연·월·일의 글자는 생략하고 그 자리에 온점(.)을 찍어 표시하며, 시·분은 24시각제에 따라 숫자로 표기하되, 시·분의 글자는 생략하고 그 사이에 쌍점(:)을 찍어 구분한다. 다만 특별한 사유가 있으면 다른 방법으로 표시할 수 있다.

① 문서에 '2018년 7월 18일 오후 11시 30분'을 표기해야 할 때 특별한 사유가 없으면 '2018. 7. 18. 23:30'으로 표기한다.
② 2018년 9월 7일 공고된 문서에 효력발생 시기가 구체적으로 명시되지 않은 경우 그 문서의 효력은 즉시 발생한다.
③ 전자문서의 경우 해당 수신자가 지정한 전자적 시스템에 도달한 문서를 확인한 때부터 효력이 발생한다.
④ 문서 작성 시 이해를 쉽게 하기 위해 일반화되지 않은 약어와 전문용어를 사용하여 작성하여야 한다.
⑤ 연계된 바코드는 문서에 함께 표기할 수 없기 때문에 영상파일로 처리하여 첨부하여야 한다.

문 37. 다음 글을 근거로 판단할 때 옳은 것은?

제00조 ① 산지전용허가를 받으려는 자는 신청서를 다음 각 호의 구분에 따른 자(이하 '산림청장 등'이라 한다)에게 제출하여야 한다.

1. 산지전용허가를 받으려는 산지의 면적이 200만 m^2 이상인 경우 : 산림청장
2. 산지전용허가를 받으려는 산지의 면적이 50만 m^2 이상 200만 m^2 미만인 경우
   가. 산림청장 소관인 국유림의 산지인 경우 : 산림청장
   나. 산림청장 소관이 아닌 국유림, 공유림 또는 사유림의 산지인 경우 : 시 · 도지사
3. 산지전용허가를 받으려는 산지의 면적이 50만 m^2 미만인 경우
   가. 산림청장 소관인 국유림의 산지인 경우 : 산림청장
   나. 산림청장 소관이 아닌 국유림, 공유림 또는 사유림의 산지인 경우 : 시장 · 군수 · 구청장

② 산림청장 등은 제1항에 따라 산지전용허가 신청을 받은 때에는 허가대상 산지에 대하여 현지조사를 실시하여야 한다. 다만 산지전용타당성조사를 받은 경우에는 현지조사를 않고 심사할 수 있다.

③ 제1항의 신청서에는 다음 각 호의 서류를 첨부하여야 한다.

1. 사업계획서(산지전용의 목적, 사업기간 등이 포함되어야 한다) 1부
2. 허가신청일 전 2년 이내에 완료된 산지전용타당성조사 결과서 1부(해당자에 한한다)
3. 산지전용을 하고자 하는 산지의 소유권 또는 사용 · 수익권을 증명할 수 있는 서류 1부(토지등기사항증명서로 확인할 수 없는 경우에 한정한다)
4. 산림조사서 1부. 다만 전용하려는 산지의 면적이 65만 m^2 미만인 경우에는 제외한다.

① 사유림인 산지 180만 m^2에 대해 산지전용허가를 받으려는 甲은 신청서를 산림청장에게 제출해야 한다.
② 공유림인 산지 250만 m^2에 대해 산지전용허가를 받으려는 乙은 신청서를 시 · 도지사에게 제출해야 한다.
③ 산지전용허가를 신청하는 丙은 토지등기사항증명서를 첨부하면 사업계획서를 제출하지 않아도 된다.
④ 산림청장 소관의 국유림 50만 m^2에 대해 산지전용허가를 받으려는 丁은 산림조사서를 산림청장에게 제출해야 한다.
⑤ 산지전용허가를 받으려는 戊가 해당 산지에 대하여 허가신청일 1년 전에 완료된 산지전용타당성조사 결과서를 제출한 경우, '산림청장 등'은 현지조사를 않고 심사할 수 있다.

문 38. 다음 <○○도 지방보조금 관리규정>을 근거로 판단할 때, <보기>에서 옳은 것만을 모두 고르면?

<○○도 지방보조금 관리규정>

제00조(보조대상사업) 도는 도가 권장하는 사업으로서 지방보조금을 지출하지 아니하면 수행할 수 없는 사업(지방보조사업)인 경우 그 사업에 필요한 경비의 일부 또는 전부를 보조할 수 있다.

제00조(용도외 사용금지 등) ① 지방보조사업을 수행하는 자(이하 '지방보조사업자'라 한다)는 그 지방보조금을 다른 용도에 사용하여서는 아니된다.

② 지방보조사업자는 수익성 악화 등 사정의 변경으로 지방보조사업의 내용을 변경하거나 지방보조사업에 드는 경비의 배분을 변경하려면 도지사의 승인을 얻어야 한다. 다만 경미한 내용변경이나 경미한 경비배분변경의 경우에는 그러하지 아니하다.

③ 지방보조사업자는 수익성 악화 등 사정의 변경으로 그 지방보조사업을 다른 사업자에게 인계하거나 중단 또는 폐지하려면 미리 도지사의 승인을 얻어야 한다.

제00조(지방보조금의 대상사업과 도비보조율) 도지사는 시 · 군에 대한 보조금에 대하여는 보조금이 지급되는 대상사업 · 경비의 종목 · 도비보조율 및 금액을 매년 예산으로 정한다. 단, 지방보조금의 예산반영신청 및 예산편성에 있어서 지방보조사업별로 적용하는 도비보조율은 다음 각 호에서 정한 분야별 범위 내에서 정한다.

1. 보건 · 사회: 총사업비의 30 % 이상 70 % 이하
2. 상하수 · 치수: 총사업비의 30 % 이상 50 % 이하
3. 문화 · 체육: 총사업비의 30 % 이상 60 % 이하

제00조(시 · 군비 부담의무) 시장 · 군수는 도비보조사업에 대한 시 · 군비 부담액을 다른 사업에 우선하여 해당연도 시 · 군 예산에 반영하여야 한다.

<보 기>

ㄱ. ○○도 지방보조사업자는 모든 경비배분이나 내용의 변경에 대해서 ○○도 도지사의 승인을 얻어야 한다.
ㄴ. ○○도 지방보조사업자가 수익성 악화를 이유로 자신이 수행하는 지방보조사업을 다른 사업자에게 인계하기 위해서는 미리 ○○도 도지사의 승인을 얻어야 한다.
ㄷ. ○○도 A시 시장은 도비보조사업과 무관한 자신의 공약사업 예산을 도비보조사업에 대한 시비 부담액보다 우선적으로 해당연도 A시 예산에 반영해야 한다.
ㄹ. ○○도 도지사는 지방보조금 지급대상사업인 '상하수도 정비사업(총사업비 40억 원)'에 대하여 최대 20억 원을 지방보조금 예산으로 정할 수 있다.

① ㄱ, ㄴ
② ㄱ, ㄷ
③ ㄴ, ㄷ
④ ㄴ, ㄹ
⑤ ㄷ, ㄹ

문 39. 다음 글을 근거로 판단할 때 옳은 것은?

제00조(연구실적평가) ① 연구직으로 근무한 경력이 2년 이상인 연구사(석사 이상의 학위를 가진 사람은 제외한다)는 매년 12월 31일까지 그 연구실적의 결과를 논문으로 제출하여야 한다. 다만 연구실적 심사평가를 3번 이상 통과한 연구사는 그러하지 아니하다.
② 연구실적의 심사를 위하여 소속기관의 장은 임용권자 단위 또는 소속 기관 단위로 직렬별, 직류별 또는 직류 내 같은 업무분야별로 연구실적평가위원회를 설치하여야 한다.
③ 연구실적평가위원회는 위원장을 포함한 5명의 위원으로 구성한다. 위원장과 2명의 위원은 소속기관 내부 연구관 중에서, 위원 2명은 대학교수나 외부 연구기관·단체의 연구관 중에서 연구실적평가위원회를 구성할 때마다 임용권자가 임명하거나 위촉한다. 이 경우 위원 중에는 대학교수인 위원이 1명 이상 포함되어야 한다.
④ 연구실적평가위원회의 회의는 임용권자나 위원장이 매년 1월 중에 소집하고, 그 밖에 필요한 경우에는 수시로 소집한다.
⑤ 연구실적평가위원회의 표결은 무기명 투표로 하며, 재적위원 과반수의 찬성으로 의결한다.

※ 대학교수와 연구관은 겸직할 수 없음

① 개별 연구실적평가위원회는 최대 3명의 대학교수를 위원으로 위촉할 수 있다.
② 연구실적평가위원회 위원장은 소속기관 내부 연구관이 아닌 대학교수가 맡을 수 있다.
③ 연구실적평가위원회에 4명의 위원이 출석한 경우와 5명의 위원이 출석한 경우의 의결정족수는 같다.
④ 연구실적평가위원회 위원으로 위촉된 경력이 있는 사람을 재위촉하는 경우 별도의 위촉절차를 거치지 않아도 된다.
⑤ 석사학위 이상을 소지하지 않은 모든 연구사는 연구직으로 임용된 이후 5년이 지나면 석사학위를 소지한 연구사와 동일하게 연구실적 결과물 제출을 면제받는다.

문 40. 다음 글을 근거로 판단할 때 옳은 것은?

제00조(사무의 관장) 시장(특별시장·광역시장은 제외한다. 이하 같다)·군수 및 자치구의 구청장은 이 법에 따른 본인서명사실확인서 및 전자본인서명확인서의 발급·관리 등에 관한 사무를 관장한다.
제00조(본인서명사실확인서의 발급 신청) ① 본인서명사실확인서를 발급받으려는 사람 중 다음 각 호의 어느 하나에 해당하는 사람은 시장·군수·구청장(자치구가 아닌 구의 구청장을 포함한다)이나 읍장·면장·동장(이하 '발급기관'이라 한다)을 직접 방문하여 발급을 신청하여야 한다.
1. 대한민국 내에 주소를 가진 국민
2. 대한민국 내에 주소를 가지지 아니한 국민
3. 「재외동포의 출입국과 법적 지위에 관한 법률」에 따라 국내거소신고를 한 재외국민

② 미성년자인 신청인이 제1항에 따라 본인서명사실확인서의 발급을 신청하려는 경우에는 법정대리인과 함께 발급기관을 직접 방문하여 법정대리인의 동의를 받아 신청하여야 한다.
제00조(전자본인서명확인서 발급시스템 이용의 승인) ① 민원인은 전자본인서명확인서 발급시스템을 이용하려는 경우에는 미리 시장·군수 또는 자치구의 구청장(이하 '승인권자'라 한다)의 승인을 받아야 한다.
② 제1항에 따라 승인을 받으려는 민원인은 승인권자를 직접 방문하여 이용 승인을 신청하여야 한다.
③ 미성년자인 민원인이 제2항에 따라 이용 승인을 신청하려는 경우에는 법정대리인과 함께 승인권자를 직접 방문하여 법정대리인의 동의를 받아 신청하여야 한다.
제00조(인감증명서와의 관계) 부동산거래에서 인감증명서 제출과 함께 관련 서면에 인감을 날인하여야 할 때에는 다음 각 호의 어느 하나에 해당하는 경우 인감증명서를 제출하고 관련 서면에 인감을 날인한 것으로 본다.
1. 본인서명사실확인서를 제출하고 관련 서면에 서명을 한 경우
2. 전자본인서명확인서 발급증을 제출하고 관련 서면에 서명을 한 경우

① 대구광역시 수성구 A동 주민 甲(30세)이 전자본인서명확인서 발급시스템을 이용하기 위해서는 미리 동장을 방문하여 이용 승인을 신청하여야 한다.
② 재외국민 乙(26세)이 「재외동포의 출입국과 법적 지위에 관한 법률」에 따라 국내거소신고를 하였다면 본인서명사실확인서 발급을 신청한 것으로 본다.
③ 본인서명사실확인서를 발급받은 바 있는 丙(17세)이 전자본인서명확인서 발급시스템 이용 승인을 신청하기 위해서는 법정대리인의 동의를 받지 않아도 된다.
④ 토지매매시 인감증명서를 제출하고 관련 서면에 인감을 날인하여야 하는 경우, 본인서명사실확인서를 제출하고 관련 서면에 서명하는 것으로 대신할 수 있다.
⑤ 서울특별시 종로구 B동 주민 丁(25세)은 본인서명사실확인서를 발급받기 위하여 서울특별시장을 방문하여 전자본인서명확인서 발급시스템 이용 승인을 신청하여야 한다.

문 41. 다음 글을 근거로 판단할 때 옳은 것은?

> 제○○조 ① 지방자치단체의 장은 소속공무원이 적극행정으로 인해 징계 의결 요구가 된 경우 적극행정지원위원회(이하 '위원회'라 한다)의 변호인 선임비용 지원결정(이하 '지원결정'이라 한다)에 따라 200만 원 이하의 범위 내에서 변호인 선임비용을 지원할 수 있다.
> ② 지방자치단체의 장은 소속공무원이 적극행정으로 인해 고소·고발을 당한 경우 위원회의 지원결정에 따라 기소 이전 수사과정에 한하여 500만 원 이하의 범위 내에서 변호인 선임비용을 지원할 수 있다.
> ③ 제1항, 제2항에 따라 지원결정을 받은 공무원은 이미 변호인을 선임한 경우를 제외하고는 선임비용을 지원받은 날부터 1개월 내에 변호인을 선임하여야 한다.
> 제□□조 ① 위원회는 지원결정을 받은 공무원이 다음 각 호의 어느 하나에 해당하는 경우 그 결정을 취소할 수 있다.
> 1. 허위 또는 부정한 방법으로 지원결정을 받은 경우
> 2. 제○○조 제2항의 고소·고발 사유와 동일한 사실관계로 유죄의 확정판결을 받은 경우
> 3. 제○○조 제3항의 사항을 이행하지 않은 경우
>
> ② 제1항에 따라 지원결정이 취소된 경우 해당 공무원은 지원받은 변호인 선임비용을 즉시 반환하여야 한다.
> ③ 위원회는 제2항에 따른 반환의무를 전부 부담시키는 것이 타당하지 않다고 판단하는 경우에는 반환의무의 일부 또는 전부를 면제하는 결정을 할 수 있다.
> ④ 제1항부터 제3항은 해당 공무원이 변호인 선임비용을 지원받은 후 퇴직한 경우에도 적용한다.

※ 적극행정이란 공무원이 불합리한 규제를 개선하는 등 공공의 이익을 위해 창의성과 전문성을 바탕으로 적극적으로 업무를 처리하는 행위를 말한다.

① 지방자치단체의 장은 소속공무원이 적극행정으로 인해 징계 의결 요구가 된 경우, 위원회의 지원결정에 따라 500만 원의 변호인 선임비용을 지원할 수 있다.
② 지원결정을 받은 공무원이 적극행정으로 인해 고발당한 사건에 대해 이미 변호인을 선임하였더라도 선임비용을 지원받은 날부터 1개월 내에 새로운 변호인을 선임해야 한다.
③ 지원결정을 받은 공무원이 적극행정으로 인해 고소당한 사유와 동일한 사실관계로 무죄의 확정판결을 받은 경우, 위원회는 지원결정을 취소해야 한다.
④ 지원결정이 취소된 경우라도 위원회는 해당 공무원이 지원받은 변호인 선임비용에 대한 반환의무의 일부 또는 전부를 면제하는 결정을 할 수 있다.
⑤ 지원결정에 따라 변호인 선임비용을 지원받고 퇴직한 공무원에 대해 지원결정이 취소되더라도 그가 그 비용을 반환하는 경우는 없다.

문 42. 다음 글을 근거로 판단할 때 옳은 것은?

> 제00조 ① 청원경찰이란 기관의 장 또는 시설·사업장 등의 경영자(이하 '기관의 장 등'이라 한다)가 경비를 부담할 것을 조건으로 경찰의 배치를 신청하는 경우 그 기관·시설·사업장 등의 경비를 담당하게 하기 위하여 배치하는 경찰을 말한다.
> ② 청원경찰을 배치받으려는 기관의 장 등은 관할 지방경찰청장에게 청원경찰 배치를 신청하여야 한다.
> ③ 지방경찰청장은 제2항의 청원경찰 배치신청을 받으면 지체 없이 그 배치 여부를 결정하여야 한다.
> ④ 지방경찰청장은 청원경찰 배치가 필요한 경우 관할 구역에 소재하는 기관의 장 등에게 청원경찰을 배치할 것을 요청할 수 있다.
> 제00조 ① 청원경찰은 청원경찰의 배치결정을 받은 자[이하 '청원주'(請願主)라 한다]와 배치된 기관·시설·사업장의 구역을 관할하는 경찰서장의 감독을 받아 그 경비구역만의 경비를 목적으로 필요한 범위에서 「경찰관 직무집행법」에 따른 경찰관의 직무를 수행한다.
> ② 청원경찰은 제1항에도 불구하고 수사활동 등 사법경찰관리(司法警察官吏)의 직무를 수행해서는 아니 된다.
> 제00조 ① 청원경찰은 청원주가 임용하되, 임용을 할 때에는 미리 관할 지방경찰청장의 승인을 받아야 한다.
> ② 「국가공무원법」의 결격사유에 해당하는 사람은 청원경찰로 임용될 수 없다.
> ③ 청원경찰의 임용자격·임용방법·교육 및 보수에 관하여는 대통령령으로 정한다.
> 제00조 청원주가 청원경찰이 휴대할 무기를 대여받으려는 경우에는 관할 경찰서장을 거쳐 지방경찰청장에게 무기대여를 신청하여야 한다.

① 청원경찰의 임용승인과 직무감독의 권한은 관할 경찰서장에게 있다.
② 청원경찰은 관할 지방경찰청장의 요청뿐만 아니라 배치받으려는 기관의 장 등의 신청에 의해서도 배치될 수 있다.
③ 청원경찰의 임용자격 및 임용방법은 「국가공무원법」에 따르며, 청원경찰의 결격사유는 대통령령으로 정한다.
④ 청원경찰은 배치된 사업장의 경비를 목적으로 필요한 범위에서 수사활동 등 사법경찰관리의 직무를 수행할 수 있다.
⑤ 청원경찰은 직무수행에 필요한 경우 직접 관할 지방경찰청장에게 무기대여를 신청하여야 한다.

문 43. 다음 글을 근거로 판단할 때 옳은 것은?

> 제00조 ① 다음 각 호의 어느 하나에 해당하는 자는 농식품경영체에 대한 투자를 목적으로 하는 농식품투자조합을 결성할 수 있다.
> 1. 중소기업창업투자회사
> 2. 투자관리전문기관
>
> ② 제1항에 따른 조합은 그 채무에 대하여 무한책임을 지는 1인 이상의 조합원(이하 '업무집행조합원'이라 한다)과 출자액을 한도로 하여 유한책임을 지는 조합원(이하 '유한책임조합원'이라 한다)으로 구성한다. 이 경우 업무집행조합원은 다음 각 호의 어느 하나에 해당하는 자로 하되, 그 중 1인은 제1호에 해당하는 자이어야 한다.
> 1. 제1항 각 호의 어느 하나에 해당하는 자
> 2. 「보험업법」에 따른 보험회사
>
> 제00조 업무집행조합원은 농식품투자조합의 업무를 집행할 때 다음 각 호의 어느 하나에 해당하는 행위를 하여서는 아니 된다.
> 1. 자기나 제3자의 이익을 위하여 농식품투자조합의 재산을 사용하는 행위
> 2. 농식품투자조합 명의로 자금을 차입하는 행위
> 3. 농식품투자조합의 재산으로 지급보증 또는 담보를 제공하는 행위
>
> 제00조 ① 농식품투자조합은 다음 각 호의 어느 하나에 해당하는 사유가 있을 때에는 해산한다.
> 1. 존속기간의 만료
> 2. 유한책임조합원 또는 업무집행조합원 전원의 탈퇴
> 3. 농식품투자조합의 자산이 출자금 총액보다 적어지거나 그 밖의 사유가 생겨 업무를 계속 수행하기 어려운 경우로서 조합원 총수의 과반수와 조합원 총지분 과반수의 동의를 받은 경우
>
> ② 농식품투자조합이 해산하면 업무집행조합원이 청산인이 된다. 다만 조합의 규약으로 정하는 바에 따라 업무집행조합원 외의 자를 청산인으로 선임할 수 있다.
> ③ 농식품투자조합의 해산 당시의 출자금액을 초과하는 채무가 있으면 업무집행조합원이 그 채무를 변제하여야 한다.

① 농식품투자조합이 해산한 경우, 조합의 규약에 다른 규정이 없는 한 업무집행조합원이 청산인이 된다.
② 투자관리전문기관은 농식품투자조합의 유한책임조합원이 될 수 있지만 업무집행조합원이 될 수 없다.
③ 업무집행조합원은 농식품투자조합의 업무를 집행할 때, 그 조합의 재산으로 지급을 보증하는 행위를 할 수 있다.
④ 농식품투자조합 해산 당시 출자금액을 초과하는 채무가 있으면, 유한책임조합원 전원이 연대하여 그 채무를 변제하여야 한다.
⑤ 농식품투자조합의 자산이 출자금 총액보다 적어 업무를 계속 수행하기 어려운 경우, 조합원 총수의 과반수의 동의만으로 농식품투자조합은 해산한다.

문 44. 다음 글을 근거로 판단할 때, <보기>에서 민원을 정해진 기간 이내에 처리한 것만을 모두 고르면?

> 제00조 ① 행정기관의 장은 '질의민원'을 접수한 경우에는 다음 각 호의 기간 이내에 처리하여야 한다.
> 1. 법령에 관해 설명이나 해석을 요구하는 질의민원: 7일
> 2. 제도·절차 등에 관해 설명이나 해석을 요구하는 질의민원: 4일
>
> ② 행정기관의 장은 '건의민원'을 접수한 경우에는 10일 이내에 처리하여야 한다.
> ③ 행정기관의 장은 '고충민원'을 접수한 경우에는 7일 이내에 처리하여야 한다. 단, 고충민원의 처리를 위해 14일의 범위에서 실지조사를 할 수 있고, 이 경우 실지조사 기간은 처리기간에 산입(算入)하지 아니한다.
> ④ 행정기관의 장은 '기타민원'을 접수한 경우에는 즉시 처리하여야 한다.
>
> 제00조 ① 민원의 처리기간을 '즉시'로 정한 경우에는 3근무시간 이내에 처리하여야 한다.
> ② 민원의 처리기간을 5일 이하로 정한 경우에는 민원의 접수시각부터 '시간' 단위로 계산한다. 이 경우 1일은 8시간의 근무시간을 기준으로 한다.
> ③ 민원의 처리기간을 6일 이상으로 정한 경우에는 '일' 단위로 계산하고 첫날을 산입한다.
> ④ 공휴일과 토요일은 민원의 처리기간과 실지조사 기간에 산입하지 아니한다.

※ 업무시간은 09:00 ~ 18:00이다. (점심시간 12:00 ~ 13:00 제외)
※ 3근무시간: 업무시간 내 3시간
※ 광복절(8월 15일, 화요일)과 일요일은 공휴일이고, 그 이외에 공휴일은 없다고 가정한다.

<보 기>

ㄱ. A부처는 8.7(월) 16시에 건의민원을 접수하고, 8.21(월) 14시에 처리하였다.
ㄴ. B부처는 8.14(월) 13시에 고충민원을 접수하고, 10일간 실지조사를 하여 9.7(목) 10시에 처리하였다.
ㄷ. C부처는 8.16(수) 17시에 기타민원을 접수하고, 8.17(목) 10시에 처리하였다.
ㄹ. D부처는 8.17(목) 11시에 제도에 대한 설명을 요구하는 질의민원을 접수하고, 8.22(화) 14시에 처리하였다.

① ㄱ, ㄴ
② ㄱ, ㄷ
③ ㄴ, ㄹ
④ ㄱ, ㄷ, ㄹ
⑤ ㄴ, ㄷ, ㄹ

문 45. 다음 글과 <상황>을 근거로 판단할 때, 2020년 5월 16일 현재 공무원 신분인 사람만을 모두 고르면?

제00조 ① 다음 각 호의 어느 하나에 해당하는 자는 공무원으로 임용될 수 없다.
1. 파산선고를 받고 복권되지 아니한 자
2. 금고 이상의 실형을 선고받고 그 집행이 종료되거나 집행을 받지 아니하기로 확정된 후 5년이 지나지 아니한 자
3. 금고 이상의 형을 선고받고 그 집행유예 기간이 끝난 날부터 2년이 지나지 아니한 자
4. 금고 이상의 형의 선고유예를 받은 경우에 그 선고유예 기간 중에 있는 자

② 제1항 각 호의 어느 하나에 해당하는 자가 국가의 과실로 인해 공무원으로 임용된 경우 공무원 신분은 발생하지 않는다.
③ 공무원이 제1항 각 호의 어느 하나에 해당할 경우에는 당연히 퇴직된다.
제00조 ① 공무원의 정년은 60세로 한다.
② 공무원은 그 정년에 이른 날이 1월부터 6월 사이에 있으면 6월 30일에, 7월부터 12월 사이에 있으면 12월 31일에 각각 당연히 퇴직된다.
제00조 정직은 1개월 이상 3개월 이하의 기간으로 하고, 정직처분을 받은 자는 그 기간 중 공무원의 신분은 보유하나 직무에 종사하지 못하며 보수는 전액을 감한다.

<상 황>

○ 파산선고를 받고 복권된 후 다시 신용불량 상태에서 공무원으로 임용되어 근무중인 甲
○ 결격사유 없이 공무원으로 임용되었다가 금고형의 선고유예를 받고 선고유예 기간 중에 있는 乙
○ 결격사유 없이 공무원으로 임용되었다가 비위행위를 이유로 정직처분을 받아 정직 중에 있는 丙
○ 금고형을 선고받고 그 집행유예 기간 중에 국가의 과실로 공무원으로 임용되어 근무중인 丁
○ 결격사유 없이 공무원으로 임용되어 2020년 3월 31일 정년에 이른 戊

① 甲, 丁
② 乙, 丁
③ 甲, 丙, 戊
④ 乙, 丙, 戊
⑤ 甲, 乙, 丁, 戊

문 46. 다음 글을 근거로 판단할 때 옳은 것은?

제00조 ① 특별자치시장·특별자치도지사·시장·군수 또는 자치구의 구청장(이하 '시장·군수 등'이라 한다)은 빈집이 다음 각 호의 어느 하나에 해당하면 빈집정비계획에서 정하는 바에 따라 그 빈집 소유자에게 철거 등 필요한 조치를 명할 수 있다. 다만 빈집정비계획이 수립되어 있지 아니한 경우에는 지방건축위원회의 심의를 거쳐 그 빈집 소유자에게 철거 등 필요한 조치를 명할 수 있다.
1. 붕괴·화재 등 안전사고나 범죄발생의 우려가 높은 경우
2. 공익상 유해하거나 도시미관 또는 주거환경에 현저한 장애가 되는 경우

② 제1항의 경우 빈집 소유자는 특별한 사유가 없으면 60일 이내에 조치를 이행하여야 한다.
③ 시장·군수 등은 제1항에 따라 빈집의 철거를 명한 경우 그 빈집 소유자가 특별한 사유 없이 제2항의 기간 내에 철거하지 아니하면 직권으로 그 빈집을 철거할 수 있다.
④ 시장·군수 등은 제3항에 따라 철거할 빈집 소유자의 소재를 알 수 없는 경우 그 빈집에 대한 철거명령과 이를 이행하지 아니하면 직권으로 철거한다는 내용을 일간신문 및 홈페이지에 1회 이상 공고하고, 일간신문에 공고한 날부터 60일이 지난 날까지 빈집 소유자가 빈집을 철거하지 아니하면 직권으로 철거할 수 있다.
⑤ 시장·군수 등은 제3항 또는 제4항에 따라 빈집을 철거하는 경우에는 정당한 보상비를 빈집 소유자에게 지급하여야 한다. 이 경우 시장·군수 등은 보상비에서 철거에 소요된 비용을 빼고 지급할 수 있다.
⑥ 시장·군수 등은 다음 각 호의 어느 하나에 해당하는 경우에는 보상비를 법원에 공탁하여야 한다.
1. 빈집 소유자가 보상비 수령을 거부하는 경우
2. 빈집 소유자의 소재불명(所在不明)으로 보상비를 지급할 수 없는 경우

※ 공탁이란 채무자가 변제할 금액을 법원에 맡기면 채무(의무)가 소멸하는 것을 말한다.

① A자치구 구청장은 주거환경에 현저한 장애가 되더라도 붕괴 우려가 없는 빈집에 대해서는 빈집정비계획에 따른 철거를 명할 수 없다.
② B군 군수가 소유자의 소재를 알 수 없는 빈집의 철거를 명한 경우, 일간신문에 공고한 날부터 60일 내에 직권으로 철거해야 한다.
③ C특별자치시 시장은 직권으로 빈집을 철거한 경우, 그 소유자에게 철거에 소요된 비용을 빼지 않고 보상비 전액을 지급해야 한다.
④ D군 군수가 빈집을 철거한 경우, 그 소유자가 보상비 수령을 거부하면 그와 동시에 보상비 지급의무는 소멸한다.
⑤ E시 시장은 빈집정비계획에 따른 빈집 철거를 명한 후 그 소유자가 특별한 사유 없이 60일 이내에 철거하지 않으면, 지방건축위원회의 심의 없이 직권으로 철거할 수 있다.

문 47. 다음 글을 근거로 판단할 때 옳은 것은?

제00조 ① 특별시장·광역시장·특별자치시장·도지사 또는 특별자치도지사(이하 '시·도지사'라 한다)는 아이돌보미의 양성을 위하여 적합한 시설을 교육기관으로 지정·운영하여야 한다.
② 시·도지사는 교육기관이 다음 각 호의 어느 하나에 해당하는 경우 사업의 정지를 명하거나 그 지정을 취소할 수 있다. 다만 제1호에 해당하는 경우 지정을 취소하여야 한다.
1. 거짓이나 그 밖의 부정한 방법으로 교육기관으로 지정을 받은 경우
2. 교육과정을 1년 이상 운영하지 아니하는 경우
③ 제2항 제1호의 방법으로 교육기관 지정을 받은 자는 1년 이하의 징역 또는 1천만 원 이하의 벌금에 처한다.
④ 아이돌보미가 되려는 사람은 시·도지사가 지정·운영하는 교육기관에서 교육과정을 수료하여야 한다.
⑤ 아이돌보미가 되려는 사람은 여성가족부장관이 실시하는 적성·인성검사를 받아야 한다.
제00조 ① 아이돌보미는 다른 사람에게 자기의 성명을 사용하여 아이돌보미 업무를 수행하게 하거나 수료증을 대여하여서는 아니 된다.
② 아이돌보미가 아닌 사람은 아이돌보미 또는 이와 유사한 명칭을 사용할 수 없다.
③ 제1항, 제2항을 위반한 사람에게는 300만 원 이하의 과태료를 부과한다.
제00조 ① 여성가족부장관은 아이돌봄서비스의 질적 수준과 아이돌보미의 전문성 향상을 위하여 보수교육을 실시하여야 한다.
② 제1항에 따른 보수교육은 전문기관에 위탁하여 실시할 수 있다.

① 아이돌보미가 아닌 보육 관련 종사자도 아이돌보미 명칭을 사용할 수 있다.
② 시·도지사는 아이돌보미 양성을 위한 교육기관을 지정·운영하고 보수교육을 실시하여야 한다.
③ 아이돌보미가 되려는 사람은 시·도지사가 실시하는 적성·인성검사를 받아야 한다.
④ 서울특별시의 A기관이 부정한 방법을 통해 아이돌보미 양성을 위한 교육기관으로 지정을 받은 경우, 서울특별시장은 200만 원의 과태료를 부과할 수 있다.
⑤ 인천광역시의 B기관이 아이돌보미 양성을 위한 교육기관으로 지정된 후 교육과정을 1년간 운영하지 않은 경우, 인천광역시장은 그 지정을 취소할 수 있다.

문 48. 다음 글을 근거로 판단할 때 옳은 것은?

제00조 ① 농림축산식품부장관은 채소류 등 저장성이 없는 농산물의 가격안정을 위하여 필요하다고 인정할 때에는 생산자 또는 생산자단체로부터 농산물가격안정기금으로 해당 농산물을 수매할 수 있다. 다만 가격안정을 위하여 특히 필요하다고 인정할 때에는 도매시장에서 해당 농산물을 수매할 수 있다.
② 제1항에 따라 수매한 농산물은 판매 또는 수출하거나 사회복지단체에 기증하는 등 필요한 처분을 할 수 있다.
③ 농림축산식품부장관은 제1항과 제2항에 따른 수매 및 처분에 관한 업무를 농업협동조합중앙회·산림조합중앙회(이하 '농림협중앙회'라 한다) 또는 한국농수산식품유통공사에 위탁할 수 있다.
제00조 ① 농림축산식품부장관은 농산물(쌀과 보리는 제외한다. 이하 이 조에서 같다)의 수급조절과 가격안정을 위하여 필요하다고 인정할 때에는 농산물가격안정기금으로 농산물을 비축하거나 농산물의 출하를 약정하는 생산자에게 그 대금의 일부를 미리 지급하여 출하를 조절할 수 있다.
② 제1항에 따른 비축용 농산물은 생산자 또는 생산자단체로부터 수매할 수 있다. 다만 가격안정을 위하여 특히 필요하다고 인정할 때에는 도매시장에서 수매하거나 수입할 수 있다.
③ 농림축산식품부장관은 제1항과 제2항에 따른 사업을 농림협중앙회 또는 한국농수산식품유통공사에 위탁할 수 있다.
④ 농림축산식품부장관은 제2항 단서에 따라 비축용 농산물을 수입하는 경우, 국제가격의 급격한 변동에 대비하여야 할 필요가 있다고 인정할 때에는 선물거래(先物去來)를 할 수 있다.

① 한국농수산식품유통공사는 가격안정을 위해 수매한 저장성이 없는 농산물을 외국에 수출할 수 없다.
② 채소류의 가격안정을 위해서 특히 필요하다고 인정되어 수매할 경우, 농림협중앙회는 소매시장에서 수매하여야 한다.
③ 농림협중앙회는 보리의 수급조절을 위하여 보리 생산자에게 대금의 일부를 미리 지급하여 출하를 조절할 수 있다.
④ 농림축산식품부장관은 개별 생산자로부터 비축용 농산물을 수매할 수 있다.
⑤ 농림축산식품부장관은 비축용 농산물 국제가격의 급격한 변동에 대비하여야 할 필요가 있다고 인정할 경우에도 선물거래를 할 수 없다.

문 49. 다음 글을 근거로 판단할 때 옳은 것은?

제00조 ① 재산공개대상자 및 그 이해관계인이 보유하고 있는 주식의 직무관련성을 심사·결정하기 위하여 인사혁신처에 주식백지신탁 심사위원회(이하 '심사위원회'라 한다)를 둔다.
② 심사위원회는 위원장 1명을 포함한 9명의 위원으로 구성한다.
③ 심사위원회의 위원장 및 위원은 대통령이 임명하거나 위촉한다. 이 경우 위원 중 3명은 국회가, 3명은 대법원장이 추천하는 자를 각각 임명하거나 위촉한다.
④ 심사위원회의 위원은 다음 각 호의 어느 하나에 해당하는 자격을 갖추어야 한다.
1. 대학이나 공인된 연구기관에서 부교수 이상의 직에 5년 이상 근무하였을 것
2. 판사, 검사 또는 변호사로 5년 이상 근무하였을 것
3. 금융 관련 분야에 5년 이상 근무하였을 것
4. 3급 이상 공무원 또는 고위공무원단에 속하는 공무원으로 3년 이상 근무하였을 것
⑤ 위원장 및 위원의 임기는 2년으로 하되, 1차례만 연임할 수 있다. 다만 임기가 만료된 위원은 그 후임자가 임명되거나 위촉될 때까지 해당 직무를 수행한다.
⑥ 주식의 직무관련성은 주식 관련 정보에 관한 직접적·간접적인 접근 가능성, 영향력 행사 가능성 등을 기준으로 판단하여야 한다.

① 심사위원회의 위원장은 위원 중에서 호선한다.
② 심사위원회의 위원 중 3명은 국회가 위촉한다.
③ 심사위원회의 위원이 4년을 초과하여 직무를 수행하는 경우가 있다.
④ 주식 관련 정보에 관한 간접적인 접근 가능성은 주식의 직무관련성을 판단하는 기준이 될 수 없다.
⑤ 금융 관련 분야에 5년 이상 근무하였더라도 대학에서 부교수 이상의 직에 5년 이상 근무하지 않으면 심사위원회의 위원이 될 수 없다.

문 50. 다음 글을 근거로 판단할 때, <보기>에서 옳은 것만을 모두 고르면?

제00조 ① 여객자동차플랫폼운송사업(이하 '플랫폼운송사업'이라 한다)은 운송플랫폼과 자동차를 확보하고 다른 사람의 수요에 응하여 운송플랫폼을 통해 운송계약을 여객과 체결하여 유상으로 여객을 운송하는 사업을 말한다.
② 플랫폼운송사업을 경영하려는 자는 국토교통부장관의 허가를 받아야 한다.
③ 국토교통부장관은 제2항에 따라 플랫폼운송사업을 허가하는 경우, 30년 이내에서 기간을 한정하여 허가하거나 플랫폼운송사업의 질서를 확립하기 위하여 필요한 조건을 붙일 수 있다.
④ 플랫폼운송사업자는 매출액, 허가대수 또는 운행횟수를 고려하여 다음 각 호에 따른 여객자동차운송시장안정기여금(이하 '기여금'이라 한다)을 국토교통부장관에게 납부해야 한다.
1. 기여금은 월 단위로 산정하여 해당 월의 차차 월(다음다음 달) 말일까지 납부해야 한다.
2. 기여금은 매출액의 5%, 운행횟수당 800원, 허가대수당 40만 원 중 사업자가 어느 하나를 선택할 수 있다. 다만 허가대수가 총 300대 미만인 사업자는 아래 표와 같이 완화하여 적용한다.

허가대수 / 기여금 산정방식	200대 미만	200대 이상 300대 미만
매출액 대비 정률	1.25%	2.5%
운행횟수당 정액	200원	400원
허가대수당 정액	10만 원	20만 원

<보 기>

ㄱ. 국토교통부장관은 플랫폼운송사업을 하려는 甲에게 사업 기간을 15년으로 하여 허가할 수 있다.
ㄴ. 플랫폼운송사업허가를 받아 2020년 12월 15일부터 사업을 시작한 乙은 첫 기여금을 2021년 1월 31일까지 납부하여야 한다.
ㄷ. 100대의 차량으로 플랫폼운송사업허가를 받은 丙이 1개월 동안 20,000회 운행하여 매출 3억 원을 올렸다면, 丙이 납부해야 할 해당 월의 기여금은 400만 원 미만이 될 수 있다.
ㄹ. 300대의 차량으로 플랫폼운송사업허가를 받은 丁은 매출액의 5%에 해당하는 금액 또는 허가대수당 800원 중에서 선택하여 기여금을 납부할 수 있다.

① ㄱ, ㄴ
② ㄱ, ㄷ
③ ㄱ, ㄹ
④ ㄴ, ㄷ
⑤ ㄷ, ㄹ

문 51. 다음 규정을 근거로 판단할 때, <보기>에서 옳은 것을 모두 고르면?

> 제00조 ① 의회의 정기회는 법률이 정하는 바에 의하여 매년 1회 집회되며, 의회의 임시회는 대통령 또는 의회재적의원 4분의 1 이상의 요구에 의하여 집회된다.
> ② 정기회의 회기는 100일을, 임시회의 회기는 30일을 초과할 수 없다.
> ③ 대통령이 임시회의 집회를 요구할 때에는 기간과 집회 요구의 이유를 명시하여야 한다.
> 제00조 의회는 헌법 또는 법률에 특별한 규정이 없는 한 재적의원 과반수의 출석과 출석의원 과반수의 찬성으로 의결한다. 가부동수(可否同數)인 때에는 부결된 것으로 본다.
> 제00조 의회에 제출된 법률안 및 기타의 의안은 회기 중에 의결되지 못한 이유로 폐기되지 아니한다. 다만, 의회의원의 임기가 만료된 때에는 그러하지 아니하다.
> 제00조 부결된 안건은 같은 회기 중에 다시 발의 또는 제출하지 못한다.

<보 기>

ㄱ. 甲의원이 임시회의 기간과 이유를 명시하여 집회요구를 하는 경우 임시회가 소집된다.
ㄴ. 정기회와 임시회 회기의 상한일수는 상이하나 의결정족수는 특별한 규정이 없는 한 동일하다.
ㄷ. 乙의원이 제출한 의안이 계속해서 의결되지 못한 상태에서 乙의원의 임기가 만료되면 이 의안은 폐기된다.
ㄹ. 임시회에서 丙의원이 제출한 의안이 표결에서 가부동수인 경우, 丙의원은 동일 회기 중에 그 의안을 다시 발의할 수 없다.

① ㄱ, ㄴ
② ㄱ, ㄷ
③ ㄴ, ㄹ
④ ㄱ, ㄷ, ㄹ
⑤ ㄴ, ㄷ, ㄹ

문 52. 다음 규정을 근거로 판단할 때, <보기>에서 옳지 않은 것을 모두 고르면? (단, 각 회사는 상시 5명 이상의 근로자를 사용하고 있음을 전제로 한다)

> 제00조(해고 등의 제한) 사용자는 근로자에게 정당한 이유 없이 해고, 휴직, 정직, 전직, 감봉, 그 밖의 징벌(懲罰)을 하지 못한다.
> 제00조(경영상 이유에 의한 해고의 제한) ① 사용자가 경영상 이유에 의하여 근로자를 해고하려면 긴박한 경영상의 필요가 있어야 한다. 이 경우 경영 악화를 방지하기 위한 사업의 양도·인수·합병은 긴박한 경영상의 필요가 있는 것으로 본다.
> ② 제1항의 경우에 사용자는 해고를 피하기 위한 노력을 다하여야 하며, 합리적이고 공정한 해고의 기준을 정하고 이에 따라 그 대상자를 선정하여야 한다. 이 경우 남녀의 성을 이유로 차별하여서는 아니 된다.
> ③ 사용자는 제2항에 따른 해고를 피하기 위한 방법과 해고의 기준 등에 관하여 그 사업 또는 사업장에 근로자의 과반수로 조직된 노동조합이 있는 경우에는 그 노동조합(근로자의 과반수로 조직된 노동조합이 없는 경우에는 근로자의 과반수를 대표하는 자를 말한다)에 해고를 하려는 날의 50일 전까지 통보하고 성실하게 협의하여야 한다.
> ④ 사용자가 제1항부터 제3항까지의 규정에 따른 요건을 갖추어 근로자를 해고한 경우에는 정당한 이유가 있는 해고를 한 것으로 본다.
> 제00조(해고의 예고) 사용자는 근로자를 해고(경영상 이유에 의한 해고를 포함한다)하려면 적어도 30일 전에 예고를 하여야 하고, 30일 전에 예고를 하지 아니하였을 때에는 30일분 이상의 통상임금을 지급하여야 한다. 다만, 천재·사변, 그 밖의 부득이한 사유로 사업을 계속하는 것이 불가능한 경우 또는 근로자가 고의로 사업에 막대한 지장을 초래하거나 재산상 손해를 끼친 경우에는 그러하지 아니하다.
> 제00조(해고사유 등의 서면통지) ① 사용자는 근로자를 해고하려면 해고사유와 해고시기를 서면으로 통지하여야 한다.
> ② 근로자에 대한 해고는 제1항에 따라 서면으로 통지하여야 효력이 있다.

<보 기>

ㄱ. 부도위기에 직면한 甲회사가 근로자의 과반수로 조직된 노동조합이 있음에도 불구하고, 그 노동조합과 협의하지 않고 전체 근로자의 절반을 정리해고한 경우, 그 해고는 정당한 이유가 있는 해고이다.
ㄴ. 乙회사가 무단결근을 이유로 근로자를 해고하면서 그 사실을 구두로 통지한 경우, 그 해고는 효력이 있는 해고이다.
ㄷ. 丙회사가 고의는 없었으나 부주의로 사업에 막대한 지장을 초래한 근로자를 예고 없이 즉시 해고한 경우에는, 그 근로자에게 30일분 이상의 통상임금을 지불하지 않아도 된다.
ㄹ. 丁회사가 고의로 사업에 막대한 지장을 초래한 근로자를 해고하면서 그 사실을 서면으로 통지하지 않은 경우, 그 해고는 효력이 없다.

① ㄱ, ㄴ
② ㄱ, ㄹ
③ ㄷ, ㄹ
④ ㄱ, ㄴ, ㄷ
⑤ ㄴ, ㄷ, ㄹ

문 53. 다음 글을 근거로 판단할 때, 위계에 의한 공무집행방해죄에 해당하는 것을 <보기>에서 모두 고르면?

A. 직무를 집행하는 공무원에 대하여 폭행 또는 협박한 자, 공무원에 대하여 그 직무상의 행위를 강요 또는 저지하거나 그 직(職)을 사퇴하게 할 목적으로 폭행 또는 협박한 자는 '공무집행방해죄'로 처벌된다. 여기서 직무란 공무원의 직무인 이상 그 종류 및 성질을 가리지 않는다. 다만 공무원의 직무는 적법한 것이어야 한다.

B. 위계(僞計)로써 공무원의 직무집행을 방해하는 자는 '위계에 의한 공무집행방해죄'로 처벌된다. 위계에 의한 공무집행방해죄도 공무집행방해죄와 마찬가지로 공무원의 적법한 직무집행의 보호를 그 목적으로 하지만, 그 행위수단이 '위계'라는 점에서 '폭행 또는 협박'을 그 행위수단으로 하는 공무집행방해죄와 구별된다. 여기에서 위계라 함은 사람을 착오에 빠지게 하는 기망이나 유혹 등 널리 사람의 판단을 그르치게 하는 술책을 말한다. 위계의 상대방에는 직무를 집행하는 공무원 외에 제3자도 포함된다. 따라서 제3자를 기망하여 공무원의 직무를 방해하는 경우도 당해 죄를 구성한다.

<보 기>

ㄱ. 시험감독자를 속이고 국가시행의 자동차운전면허시험에 타인을 대리하여 응시한 경우
ㄴ. 수산업협동조합 조합장이 조합관련 비리를 수사하고 있는 해양경찰서 경찰공무원에게 전화로 폭언하며 협박한 경우
ㄷ. 출입국관리공무원이 甲회사의 사업장 관리자를 기망하여 그 사업장에 진입한 후, 불법체류자 단속업무를 실시한 경우
ㄹ. 타인의 소변을 자신의 소변인 것으로 속여 수사기관에 건네주어 필로폰 음성반응이 나오게 한 경우

① ㄱ, ㄴ
② ㄱ, ㄹ
③ ㄴ, ㄷ
④ ㄷ, ㄹ
⑤ ㄱ, ㄷ, ㄹ

문 54. 다음 규정을 근거로 판단할 때, <보기>에서 옳은 것을 모두 고르면?

제00조(성립) ① 정당은 중앙당이 중앙선거관리위원회에 등록함으로써 성립한다.
② 제1항의 등록에는 다음 각 호의 요건을 구비하여야 한다.
1. 정당은 5개 이상의 시·도당을 가져야 한다.
2. 시·도당은 각 1,000명 이상의 당원을 가져야 한다.
제00조(창당준비위원회) 정당의 창당활동은 발기인으로 구성하는 창당준비위원회가 한다.
제00조(창당준비위원회의 활동범위) ① 중앙당창당준비위원회는 중앙선거관리위원회에의 결성신고일부터 6월 이내에 한하여 창당활동을 할 수 있다.
② 중앙당창당준비위원회가 제1항의 기간 이내에 중앙당의 창당등록신청을 하지 아니한 때에는 그 기간만료일의 다음 날에 그 창당준비위원회는 소멸된 것으로 본다.
제00조(발기인) 창당준비위원회는 중앙당의 경우에는 200명 이상의, 시·도당의 경우에는 각 100명 이상의 발기인으로 구성한다.
제00조(등록신청) 창당준비위원회가 창당준비를 완료한 때에는 그 대표자는 관할 선거관리위원회에 정당의 등록을 신청하여야 한다.
제00조(등록의 취소) 정당이 다음 각 호의 어느 하나에 해당하는 때에는 당해 선거관리위원회는 그 등록을 취소한다.
1. 정당성립의 등록에 필요한 시·도당 수 및 시·도당의 당원수의 요건을 구비하지 못하게 된 때. 다만, 요건의 흠결이 공직선거의 선거일 전 3월 이내에 생긴 때에는 선거일 후 3월까지, 그 외의 경우에는 요건 흠결시부터 3월까지 그 취소를 유예한다.
2. 의회의원 총선거에 참여하여 의석을 얻지 못하고 유효투표총수의 100분의 2 이상을 득표하지 못한 때

<보 기>

ㄱ. 2010년 2월 1일, 정치인 甲은 5개 시·도에서 600명의 발기인으로 구성된 창당준비위원회를 결성하고 신고한 뒤, 이들 시·도에서 총 4,000명의 당원을 모집하였고, 같은 해 7월 30일 중앙선거관리위원회에 등록을 신청하여 정당으로 성립되었다.
ㄴ. 2010년 3월 15일, 정치인 乙은 중앙당 300명, 5개 시·도에서 각각 150명의 발기인으로 창당준비위원회를 결성하고 신고한 뒤, 이들 시·도에서 각 2,000명씩 총 10,000명의 당원을 모집한 후, 같은 해 9월 30일 중앙선거관리위원회에 등록을 신청하여 정당으로 성립되었다.
ㄷ. 중앙선거관리위원회에 등록되어 활동해오던 정당 丙은 의회의원 총선거를 2개월 앞둔 시점에서 2개 도의 당원수가 각각 2,000명에서 절반으로 줄어 선거 1개월 후에 등록이 취소되었다.
ㄹ. 중앙선거관리위원회에 등록되어 활동해오던 정당 丁은 최근에 실시되었던 의회의원 총선거에 참여하여 한 명의 후보도 당선시키지 못하였으나, 유효투표총수인 1,000만 표 중 25만 표를 획득함으로써 등록이 유지되었다.

① ㄹ
② ㄱ, ㄴ
③ ㄴ, ㄷ
④ ㄷ, ㄹ
⑤ ㄱ, ㄴ, ㄹ

문 55. 다음 규정을 근거로 판단할 때, <보기>에서 옳은 것을 모두 고르면?

> 제00조(감사) ① 감사는 총회에서 선임한다.
> ② 감사는 감사업무를 총괄하며, 감사결과를 총회에 서면으로 보고하여야 한다.
> 제00조(감사의 보조기구) ① 감사는 직무수행을 위하여 감사인과 직원으로 구성된 보조기구를 둔다.
> ② 단체장은 다음 각 호의 어느 하나에 해당하는 자를 감사인으로 임명할 수 있다.
> 1. 4급 이상으로 그 근무기간이 1년 이상이 경과된 자로서, 계약심사·IT·회계·인사분야 업무에서 3년 이상 근무한 경력이 있는 자
> 2. 공인회계사(CPA), 공인내부감사사(CIA) 또는 정보시스템감사사(CISA) 자격증을 갖고 있는 직원
>
> ③ 제2항에도 불구하고 다음 각 호의 결격사유 중 어느 하나에 해당하는 자는 감사인이 될 수 없다.
> 1. 형사처벌을 받은 자
> 2. 징계 이상의 처분을 받은 날로부터 3년이 경과되지 않은 자
>
> ④ 감사가 당해 감사업무에 필요하다고 인정할 때에는 소관부서장과 협의하여 그 소속 직원으로 하여금 감사업무를 수행하게 할 수 있다.

<보 기>

ㄱ. 계약심사 업무를 4년 간 담당한 5급 직원 甲은 원칙적으로 감사인으로 임명될 수 있다.
ㄴ. 정보시스템감사사 자격증을 가지고 있고 규정에 정한 결격사유가 없는 경력 2년의 5급 직원 乙은 감사인으로 임명될 수 있다.
ㄷ. 2년 전 징계를 받은 적이 있고 공인내부감사사 자격증을 가지고 있는 직원 丙은 감사인으로 임명될 수 있다.
ㄹ. 감사는 인사부서장과 협의하여, 계약심사 업무를 2년 간 담당하고 현재 인사부서에서 일하고 있는 5급 직원 丁으로 하여금 감사업무를 수행하게 할 수 있다.

① ㄱ, ㄴ
② ㄱ, ㄷ
③ ㄴ, ㄷ
④ ㄴ, ㄹ
⑤ ㄷ, ㄹ

문 56. 다음 규정을 근거로 판단할 때, <보기>에서 옳은 것을 모두 고르면?

> 제00조 ① 의회는 다음 각 호의 사유를 제외하고는 재적의원 과반수의 출석과 출석의원 과반수의 찬성으로 안건을 의결한다. 가부동수(可否同數)인 때에는 부결된 것으로 한다.
> 1. 국무총리 또는 국무위원의 해임 건의
> 2. 국무총리·국무위원·행정각부의 장·헌법재판소재판관·법관에 대한 탄핵소추
> 3. 대통령에 대한 탄핵소추
> 4. 헌법개정안
> 5. 의회의원 제명
> 6. 대통령이 재의를 요구한 법률안에 대한 재의결
>
> ② 제1항 제1호와 제2호는 재적의원 과반수의 찬성으로 의결한다.
> ③ 제1항 제3호, 제4호, 제5호는 재적의원 3분의 2 이상의 찬성으로 의결한다.
> ④ 제1항 제6호는 재적의원 과반수의 출석과 출석의원 3분의 2 이상의 찬성으로 의결한다.

<보 기>

ㄱ. 탄핵소추의 대상에 따라 탄핵소추를 의결하는데 필요한 정족수가 다르다.
ㄴ. 의회 재적의원 과반수의 찬성이 있더라도 의회는 직접 국무위원을 해임시킬 수 없다.
ㄷ. 의회의 의결정족수 중 대통령이 재의를 요구한 법률안을 의회가 재의결하는 데 필요한 의결정족수가 가장 크다.
ㄹ. 헌법개정안을 의회에서 의결하기 위해서는 의회 재적의원 과반수의 출석과 출석의원 과반수의 찬성을 요한다.

① ㄱ, ㄴ
② ㄴ, ㄷ
③ ㄷ, ㄹ
④ ㄱ, ㄴ, ㄷ
⑤ ㄴ, ㄷ, ㄹ

문 57. 다음 <약관>의 규정에 근거할 때, 신용카드사용이 일시정지 또는 해지될 수 없는 경우는?

<약 관>

제00조(회원의 종류) ① 회원은 본인회원과 가족회원으로 구분합니다.
② 본인회원이란 이 약관을 승인하고 당해 신용카드 회사(이하 '카드사'로 약칭함)에 신용카드(이하 '카드'로 약칭함)의 발급을 신청하여 카드사로부터 카드를 발급받은 분을 말합니다.
③ 가족회원이란 본인회원이 지정하고 대금의 지급 및 기타 카드사용에 관한 책임을 본인회원이 부담할 것을 승낙한 분으로서, 이 약관을 승인하고 카드사로부터 카드를 발급 받은 분을 말합니다.
제00조(카드사용의 일시정지 또는 해지) ① 카드사는 다음 각 호의 1에 해당되는 회원에게 그 사유와 그로 인한 카드사용의 일시정지 또는 카드사와 회원 사이의 카드이용계약(이하 '계약'으로 약칭함)의 해지를 통보할 수 있습니다.
1. 입회신청서의 기재사항을 허위로 작성한 경우
2. 카드사용 대금을 3회 연속하여 연체한 경우
3. 이민, 구속, 사망 등으로 회원의 채무변제가 불가능하거나 현저히 곤란하다고 판단되는 경우
② 회원은 카드사에 언제든지 카드사용의 일시정지 또는 해지를 통보할 수 있습니다.
③ 본인회원은 가족회원의 동의 없이 가족회원의 카드사용의 일시정지 또는 해지를 통보할 수 있습니다.
④ 제1항부터 제3항의 일시정지 또는 해지는 상대방에게 통보한 때 그 효력이 발생합니다.
제00조(카드사의 의무 등) ① 회원이 최종 사용일로부터 1년 이상 카드를 사용하지 않은 경우 카드사는 전화, 서면, 전자우편(e-mail), 단문메시지서비스(SMS), 자동응답시스템(ARS) 등으로 회원의 계약 해지의사를 확인하여야 합니다.
② 제1항에 의해 회원이 전화, 서면, 전자우편, 단문메시지서비스, 자동응답시스템 등으로 해지의사를 밝히면 그 시점에 계약이 해지됩니다.

① 본인회원인 A가 가족회원인 딸 B의 동의 없이 B의 카드사용 해지를 카드사에 통보한 경우
② 가족회원인 C가 자신의 카드사용의 일시정지를 카드사에 통보한 경우
③ 카드사가 최근 1년 간 카드사용 실적이 없는 회원 D에게 전화로 계약 해지의사를 묻자, D가 해지의사를 밝힌 경우
④ 카드사가 회원 E에게 2회의 카드사용 대금 연체 사실을 통보한 경우
⑤ 입회신청서를 허위로 기재한 회원 F에게 카드사가 그 사실과 카드사용의 일시정지를 통보한 경우

문 58. 다음 A국의 법률을 근거로 할 때, ○○장관의 조치로 옳지 않은 것은?

제00조(출국의 금지) ① ○○장관은 다음 각 호의 어느 하나에 해당하는 사람에 대하여는 6개월 이내의 기간을 정하여 출국을 금지할 수 있다.
1. 형사재판에 계류 중인 사람
2. 징역형이나 금고형의 집행이 끝나지 아니한 사람
3. 1천만 원 이상의 벌금이나 2천만 원 이상의 추징금을 내지 아니한 사람
4. 5천만 원 이상의 국세·관세 또는 지방세를 정당한 사유 없이 그 납부기한까지 내지 아니한 사람
② ○○장관은 범죄 수사를 위하여 출국이 적당하지 아니하다고 인정되는 사람에 대하여는 1개월 이내의 기간을 정하여 출국을 금지할 수 있다. 다만 다음 각 호에 해당하는 사람은 그 호에서 정한 기간으로 한다.
1. 소재를 알 수 없어 기소중지결정이 된 사람 또는 도주 등 특별한 사유가 있어 수사진행이 어려운 사람 : 3개월 이내
2. 기소중지결정이 된 경우로서 체포영장 또는 구속영장이 발부된 사람 : 영장 유효기간 이내

① 사기사건으로 인해 유죄판결을 받고 현재 고등법원에서 항소심이 진행 중인 甲에 대하여 5개월 간 출국을 금지할 수 있다.
② 추징금 2천 5백만 원을 내지 않은 乙에 대하여 3개월 간 출국을 금지할 수 있다.
③ 소재를 알 수 없어 기소중지결정이 된 강도사건 피의자 丙에 대하여 2개월 간 출국을 금지할 수 있다.
④ 징역 2년을 선고받고 그 집행이 끝나지 않은 丁에 대하여 3개월 간 출국을 금지할 수 있다.
⑤ 정당한 사유 없이 2천만 원의 지방세를 납부기한까지 내지 않은 戊에 대하여 4개월 간 출국을 금지할 수 있다.

문 59. 다음 글을 근거로 판단할 때 옳은 것은?

법 제00조(정의) 이 법에서 "재외동포"란 다음 각 호의 어느 하나에 해당하는 자를 말한다.
1. 대한민국의 국민으로서 외국의 영주권(永住權)을 취득한 자 또는 영주할 목적으로 외국에 거주하고 있는 자(이하 "재외국민"이라 한다)
2. 대한민국의 국적을 보유하였던 자(대한민국정부 수립 전에 국외로 이주한 동포를 포함한다) 또는 그 직계비속(直系卑屬)으로서 외국국적을 취득한 자 중 대통령령으로 정하는 자(이하 "외국국적동포"라 한다)

시행령 제00조(재외국민의 정의) ① 법 제00조 제1호에서 "외국의 영주권을 취득한 자"라 함은 거주국으로부터 영주권 또는 이에 준하는 거주목적의 장기체류자격을 취득한 자를 말한다.
② 법 제00조 제1호에서 "영주할 목적으로 외국에 거주하고 있는 자"라 함은 해외이주자로서 거주국으로부터 영주권을 취득하지 아니한 자를 말한다.
제00조(외국국적동포의 정의) 법 제00조 제2호에서 "대한민국의 국적을 보유하였던 자(대한민국정부 수립 이전에 국외로 이주한 동포를 포함한다) 또는 그 직계비속으로서 외국국적을 취득한 자 중 대통령령이 정하는 자"란 다음 각 호의 어느 하나에 해당하는 자를 말한다.
1. 대한민국의 국적을 보유하였던 자(대한민국정부 수립 이전에 국외로 이주한 동포를 포함한다. 이하 이 조에서 같다)로서 외국국적을 취득한 자
2. 부모의 일방 또는 조부모의 일방이 대한민국의 국적을 보유하였던 자로서 외국국적을 취득한 자

① 대한민국 국민은 재외동포가 될 수 없다.
② 재외국민이 되기 위한 필수 요건은 거주국의 영주권 취득이다.
③ 할아버지가 대한민국 국적을 보유하였던 미국 국적자는 재외국민이다.
④ 대한민국 국민으로서 회사업무를 위해 중국출장 중인 사람은 외국국적동포이다.
⑤ 과거에 대한민국 국적을 보유하였던 자로서 현재 브라질 국적을 취득한 자는 외국국적동포이다.

문 60. 다음 글을 근거로 판단할 때, <보기>에서 인공임신중절수술이 허용되는 경우만을 모두 고르면?

법 제00조(인공임신중절수술의 허용한계) ① 의사는 다음 각 호의 어느 하나에 해당되는 경우에만 본인과 배우자(사실상의 혼인관계에 있는 사람을 포함한다. 이하 같다)의 동의를 받아 인공임신중절수술을 할 수 있다.
1. 본인이나 배우자가 대통령령으로 정하는 우생학적(優生學的) 또는 유전학적 정신장애나 신체질환이 있는 경우
2. 본인이나 배우자가 대통령령으로 정하는 전염성 질환이 있는 경우
3. 강간 또는 준강간(準强姦)에 의하여 임신된 경우
4. 법률상 혼인할 수 없는 혈족 또는 인척 간에 임신된 경우
5. 임신의 지속이 보건의학적 이유로 모체의 건강을 심각하게 해치고 있거나 해칠 우려가 있는 경우
② 제1항의 경우에 배우자의 사망·실종·행방불명, 그 밖에 부득이한 사유로 동의를 받을 수 없으면 본인의 동의만으로 그 수술을 할 수 있다.
③ 제1항의 경우 본인이나 배우자가 심신장애로 의사표시를 할 수 없을 때에는 그 친권자나 후견인의 동의로, 친권자나 후견인이 없을 때에는 부양의무자의 동의로 각각 그 동의를 갈음할 수 있다.

시행령 제00조(인공임신중절수술의 허용한계) ① 법 제00조에 따른 인공임신중절수술은 임신 24주일 이내인 사람만 할 수 있다.
② 법 제00조 제1항 제1호에 따라 인공임신중절수술을 할 수 있는 우생학적 또는 유전학적 정신장애나 신체질환은 연골무형성증, 낭성섬유증 및 그 밖의 유전성 질환으로서 그 질환이 태아에 미치는 위험성이 높은 질환으로 한다.
③ 법 제00조 제1항 제2호에 따라 인공임신중절수술을 할 수 있는 전염성 질환은 풍진, 톡소플라즈마증 및 그 밖에 의학적으로 태아에 미치는 위험성이 높은 전염성 질환으로 한다.

<보 기>

ㄱ. 태아에 미치는 위험성이 높은 연골무형성증의 질환이 있는 임신 20주일 임산부와 그 남편이 동의한 경우
ㄴ. 풍진을 앓고 있는 임신 28주일 임산부가 동의한 경우
ㄷ. 남편이 실종 중인 상황에서 임신중독증으로 생명이 위험한 임신 20주일 임산부가 동의한 경우
ㄹ. 남편이 실업자가 되어 도저히 아이를 키울 수 없다고 판단한 임신 16주일 임산부와 그 남편이 동의한 경우

① ㄱ, ㄴ
② ㄱ, ㄷ
③ ㄴ, ㄹ
④ ㄱ, ㄷ, ㄹ
⑤ ㄴ, ㄷ, ㄹ

문 61. 다음 글을 근거로 판단할 때 옳은 것은?

> 제00조(국민공천배심원단) ① 공정하고 투명한 국회의원 후보자 선발을 위하여 국민공천배심원단을 둔다.
> ② 국민공천배심원단은 국회의원 후보자 중 비전략지역 후보자를 제외한 전략지역 및 비례대표 후보자를 심사대상으로 한다.
> 제00조(지역구 국회의원 후보자의 확정) ① 지역구 국회의원 후보자는 공천위원회의 추천을 받아 최고위원회의 의결로 확정한다.
> ② 공천위원회는 후보자의 적격여부에 대한 심사를 거쳐 단수 후보자를 최고위원회에 추천하거나 복수의 후보자를 선정한다.
> ③ 공천위원회는 제2항에 따라 선정된 복수의 후보자를 대상으로 여론조사를 실시하여 결정된 단수 후보자를 최고위원회에 추천한다.
> ④ 국민공천배심원단은 공천위원회에서 추천한 전략지역 후보자에 대해 적격여부를 심사하여 부적격하다고 판단할 경우, 재적 3분의 2 이상의 의결로 최고위원회에 재의요구를 권고할 수 있다.
> 제00조(비례대표 국회의원 후보자 확정) 비례대표 국회의원 후보자는 공천위원회에서 지역 및 직역별로 공모를 실시한 후 후보자와 그 순위를 정하고, 국민공천배심원단의 심사를 거쳐 최고위원회의 의결로 확정한다.

① 국민공천배심원단은 비례대표 국회의원 후보자를 최종적으로 확정한다.
② 국민공천배심원단은 전략지역 국회의원 후보자를 추천할 수 있다.
③ 국민공천배심원단은 공천위원회가 추천한 비전략지역 국회의원 후보자에 대해 재의를 요구할 수 있다.
④ 최고위원회는 공천위원회의 추천을 받아 비전략지역 국회의원 후보자를 의결로 확정한다.
⑤ 전략지역 국회의원 후보자에 대하여 최고위원회에 재의요구를 권고할 수 있는 국민공천배심원단의 의결정족수는 재적 3분의 1 이상이다.

문 62. 다음 글을 근거로 판단할 때, <보기>에서 옳은 것만을 모두 고르면?

> 제00조 ① 개발부담금을 징수할 수 있는 권리(개발부담금 징수권)와 개발부담금의 과오납금을 환급받을 권리(환급청구권)는 행사할 수 있는 시점부터 5년간 행사하지 아니하면 소멸시효가 완성된다.
> ② 제1항에 따른 개발부담금 징수권의 소멸시효는 다음 각 호의 어느 하나의 사유로 중단된다.
> 1. 납부고지
> 2. 납부독촉
> 3. 교부청구
> 4. 압류
>
> ③ 제2항에 따라 중단된 소멸시효는 다음 각 호의 어느 하나에 해당하는 기간이 지난 시점부터 새로이 진행한다.
> 1. 고지한 납부기간
> 2. 독촉으로 재설정된 납부기간
> 3. 교부청구 중의 기간
> 4. 압류해제까지의 기간
>
> ④ 제1항에 따른 환급청구권의 소멸시효는 환급청구권 행사로 중단된다.

※ 개발부담금이란 개발이익 중 국가가 부과·징수하는 금액을 말한다.
※ 소멸시효는 일정한 기간 권리자가 권리를 행사하지 않으면 권리가 소멸하는 것을 말한다.

<보 기>

ㄱ. 개발부담금 징수권의 소멸시효는 고지한 납부기간이 지난 시점부터 중단된다.
ㄴ. 국가가 개발부담금을 징수할 수 있는 때로부터 3년간 징수하지 않으면 개발부담금 징수권의 소멸시효가 완성된다.
ㄷ. 국가가 개발부담금을 징수할 수 있는 날로부터 2년이 경과한 후 납부의무자에게 납부고지하면, 개발부담금 징수권의 소멸시효가 중단된다.
ㄹ. 납부의무자가 개발부담금을 기준보다 많이 납부한 경우, 그 환급을 받을 수 있는 때로부터 환급청구권을 3년간 행사하지 않으면 소멸시효가 완성된다.

① ㄱ
② ㄷ
③ ㄱ, ㄹ
④ ㄴ, ㄷ
⑤ ㄴ, ㄹ

문 63. 동산 X를 甲, 乙, 丙 세 사람이 공유하고 있다. 다음 A국의 규정을 근거로 판단할 때, <보기>에서 옳은 것만을 모두 고르면?

> 제00조(물건의 공유) ① 물건이 지분에 의하여 여러 사람의 소유로 된 때에는 공유로 한다.
> ② 공유자의 지분은 균등한 것으로 추정한다.
> 제00조(공유지분의 처분과 공유물의 사용, 수익) 공유자는 자신의 지분을 다른 공유자의 동의 없이 처분할 수 있고 공유물 전부를 지분의 비율로 사용, 수익할 수 있다.
> 제00조(공유물의 처분, 변경) 공유자는 다른 공유자의 동의 없이 공유물을 처분하거나 변경하지 못한다.
> 제00조(공유물의 관리, 보존) 공유물의 관리에 관한 사항은 공유자의 지분의 과반수로써 결정한다. 그러나 보존행위는 각자가 할 수 있다.
> 제00조(지분포기등의 경우의 귀속) 공유자가 그 지분을 포기하거나 상속인 없이 사망한 때에는 그 지분은 다른 공유자에게 각 지분의 비율로 귀속한다.

<보 기>

ㄱ. 甲, 乙, 丙은 X에 대해 각자 1/3씩 지분을 갖는 것으로 추정된다.
ㄴ. 甲은 단독으로 X에 대한 보존행위를 할 수 있다.
ㄷ. 甲이 X에 대한 자신의 지분을 처분하기 위해서는 乙과 丙의 동의를 얻어야 한다.
ㄹ. 甲이 상속인 없이 사망한 경우, X에 대한 甲의 지분은 乙과 丙에게 각 지분의 비율에 따라 귀속된다.

① ㄱ, ㄴ
② ㄴ, ㄷ
③ ㄷ, ㄹ
④ ㄱ, ㄴ, ㄹ
⑤ ㄱ, ㄷ, ㄹ

문 64. 다음 A국의 규정을 근거로 판단할 때 옳은 것은?

> 제00조 ① 법령 등을 제정·개정 또는 폐지(이하 "입법"이라 한다)하려는 경우에는 해당 입법안을 마련한 행정청은 이를 예고하여야 한다. 다만, 다음 각 호의 어느 하나에 해당하는 경우에는 예고를 하지 아니할 수 있다.
> 1. 신속한 국민의 권리 보호 또는 예측 곤란한 특별한 사정의 발생 등으로 입법이 긴급을 요하는 경우
> 2. 상위 법령 등의 단순한 집행을 위한 경우
> 3. 예고함이 공공의 안전 또는 복리를 현저히 해칠 우려가 있는 경우
>
> ② 법제처장은 입법예고를 하지 아니한 법령안의 심사 요청을 받은 경우에 입법예고를 하는 것이 적당하다고 판단할 때에는 해당 행정청에 입법예고를 권고하거나 직접 예고할 수 있다.
> 제00조 ① 행정청은 입법안의 취지, 주요 내용 또는 전문(全文)을 관보·공보나 인터넷·신문·방송 등을 통하여 널리 공고하여야 한다.
> ② 행정청은 입법예고를 할 때에 입법안과 관련이 있다고 인정되는 중앙행정기관, 지방자치단체, 그 밖의 단체 등이 예고사항을 알 수 있도록 예고사항을 통지하거나 그 밖의 방법으로 알려야 한다.
> ③ 행정청은 예고된 입법안의 전문에 대한 열람 또는 복사를 요청받았을 때에는 특별한 사유가 없으면 그 요청에 따라야 하며, 복사에 드는 비용을 복사를 요청한 자에게 부담시킬 수 있다.

① 행정청은 신속한 국민의 권리 보호를 위해 입법이 긴급을 요하는 경우 입법예고를 하지 않을 수 있다.
② 행정청은 예고된 입법안 전문에 대한 복사 요청을 받은 경우 복사에 드는 비용을 부담하여야만 한다.
③ 행정청은 법령의 단순한 집행을 위해 그 하위 법령을 개정하는 경우 입법예고를 하여야만 한다.
④ 법제처장은 입법예고를 하지 않은 법령안의 심사를 요청받은 경우 그 법령안의 입법예고를 직접 할 수 없다.
⑤ 행정청은 법령을 폐지하는 경우 입법예고를 하지 않는다.

문 65. 다음 글을 근거로 판단할 때, <보기>에서 규정을 위반한 행위만을 모두 고르면?

제00조(청렴의 의무) ① 공무원은 직무와 관련하여 직접적이든 간접적이든 사례·증여 또는 향응을 주거나 받을 수 없다.
② 공무원은 직무상의 관계가 있든 없든 그 소속 상관에게 증여하거나 소속 공무원으로부터 증여를 받아서는 아니 된다.
제00조(정치운동의 금지) ① 공무원은 정당이나 그 밖의 정치단체의 결성에 관여하거나 이에 가입할 수 없다.
② 공무원은 선거에서 특정 정당 또는 특정인을 지지 또는 반대하기 위한 다음의 행위를 하여서는 아니 된다.
1. 투표를 하거나 하지 아니하도록 권유 운동을 하는 것
2. 기부금을 모집 또는 모집하게 하거나, 공공자금을 이용 또는 이용하게 하는 것
3. 타인에게 정당이나 그 밖의 정치단체에 가입하게 하거나 가입하지 아니하도록 권유 운동을 하는 것
③ 공무원은 다른 공무원에게 제1항과 제2항에 위배되는 행위를 하도록 요구하거나, 정치적 행위에 대한 보상 또는 보복으로서 이익 또는 불이익을 약속하여서는 아니 된다.
제00조(집단행위의 금지) ① 공무원은 노동운동이나 그 밖에 공무 외의 일을 위한 집단행위를 하여서는 아니 된다. 다만, 사실상 노무에 종사하는 공무원은 예외로 한다.
② 제1항 단서에 규정된 공무원으로서 노동조합에 가입된 자가 조합 업무에 전임하려면 소속 장관의 허가를 받아야 한다.

<보 기>

ㄱ. 공무원 甲은 그 소속 상관에게 직무상 관계 없이 고가의 도자기를 증여하였다.
ㄴ. 사실상 노무에 종사하는 공무원으로서 노동조합에 가입된 乙은 소속 장관의 허가를 받아 조합 업무에 전임하고 있다.
ㄷ. 공무원 丙은 동료 공무원 丁에게 선거에서 A정당을 지지하기 위한 기부금을 모집하도록 요구하였다.
ㄹ. 공무원 戊는 국회의원 선거기간에 B후보를 낙선시키기 위해 해당 지역구 지인들을 대상으로 다른 후보에게 투표하도록 권유 운동을 하였다.

① ㄱ, ㄴ
② ㄴ, ㄷ
③ ㄷ, ㄹ
④ ㄱ, ㄴ, ㄹ
⑤ ㄱ, ㄷ, ㄹ

문 66. 다음 글을 근거로 판단할 때, <보기>에서 옳은 것만을 모두 고르면?

제00조(술에 취한 상태에서의 운전 금지) ① 누구든지 술에 취한 상태에서 자동차를 운전하여서는 아니 된다.
② 경찰공무원은 제1항을 위반하여 술에 취한 상태에서 자동차를 운전하였다고 인정할 만한 상당한 이유가 있는 경우에는 운전자가 술에 취하였는지를 호흡조사로 측정(이하 '음주측정'이라 한다)할 수 있다. 이 경우 운전자는 경찰공무원의 음주측정에 응하여야 한다.
③ 제1항을 위반하여 술에 취한 상태에서 자동차를 운전한 사람은 다음 각 호의 구분에 따라 처벌한다.
1. 혈중알콜농도가 0.2퍼센트 이상인 사람은 1년 이상 3년 이하의 징역이나 500만 원 이상 1천만 원 이하의 벌금
2. 혈중알콜농도가 0.1퍼센트 이상 0.2퍼센트 미만인 사람은 6개월 이상 1년 이하의 징역이나 300만 원 이상 500만 원 이하의 벌금
3. 혈중알콜농도가 0.05퍼센트 이상 0.1퍼센트 미만인 사람은 6개월 이하의 징역이나 300만 원 이하의 벌금
④ 다음 각 호의 어느 하나에 해당하는 사람은 1년 이상 3년 이하의 징역이나 500만 원 이상 1천만 원 이하의 벌금에 처한다.
1. 제3항에도 불구하고 제1항을 2회 이상 위반한 사람으로서 다시 술에 취한 상태에서 자동차를 운전한 사람
2. 술에 취한 상태에 있다고 인정할 만한 상당한 이유가 있는 사람으로서 제2항에 따른 경찰공무원의 음주측정에 응하지 아니한 사람

<보 기>

ㄱ. 혈중알콜농도 0.05퍼센트의 상태에서 운전하여 1회 적발된 행위는, 술에 취한 상태에서 운전을 하고 있다고 인정할 만한 상당한 이유가 있는 사람이 경찰공무원의 음주측정을 거부하는 행위보다 불법의 정도가 크다.
ㄴ. 술에 취한 상태에서 자동차를 운전하는 행위는 혈중알콜농도 또는 적발된 횟수에 따라 처벌의 정도가 달라질 수 있다.
ㄷ. 술에 취한 상태에서의 자동차 운전으로 2회 적발된 자가 다시 혈중알콜농도 0.15퍼센트 상태의 운전으로 적발된 경우, 6개월 이상 1년 이하의 징역이나 300만 원 이상 500만 원 이하의 벌금에 처해진다.

① ㄱ
② ㄴ
③ ㄱ, ㄷ
④ ㄴ, ㄷ
⑤ ㄱ, ㄴ, ㄷ

문 67. 다음 글을 근거로 판단할 때 옳은 것은?

제00조(성년후견) ① 가정법원은 질병, 장애, 노령, 그 밖의 사유로 인한 정신적 제약으로 사무를 처리할 능력이 지속적으로 결여된 사람에 대하여 본인, 배우자, 4촌 이내의 친족, 검사 또는 지방자치단체의 장의 청구에 의하여 성년후견개시의 심판을 한다.
② 성년후견인은 피성년후견인의 법률행위를 취소할 수 있다.
③ 제2항에도 불구하고 일용품의 구입 등 일상생활에 필요하고 그 대가가 과도하지 아니한 법률행위는 성년후견인이 취소할 수 없다.
제00조(피성년후견인의 신상결정) ① 피성년후견인은 자신의 신상에 관하여 그의 상태가 허락하는 범위에서 단독으로 결정한다.
② 성년후견인이 피성년후견인을 치료 등의 목적으로 정신병원이나 그 밖의 다른 장소에 격리하려는 경우에는 가정법원의 허가를 받아야 한다.
제00조(성년후견인의 선임) ① 성년후견인은 가정법원이 직권으로 선임한다.
② 가정법원은 성년후견인이 선임된 경우에도 필요하다고 인정하면 직권으로 또는 청구권자의 청구에 의하여 추가로 성년후견인을 선임할 수 있다.

① 성년후견인의 수는 1인으로 제한된다.
② 지방자치단체의 장은 가정법원에 성년후견개시의 심판을 청구할 수 있다.
③ 성년후견인은 피성년후견인이 행한 일용품 구입행위를 그 대가의 정도와 관계없이 취소할 수 없다.
④ 가정법원은 성년후견개시의 심판절차에서 직권으로 성년후견인을 선임할 수 없다.
⑤ 성년후견인은 가정법원의 허가 없이 단독으로 결정하여 피성년후견인을 치료하기 위해 정신병원에 격리할 수 있다.

문 68. 다음 글을 근거로 판단할 때 옳은 것은?

제○○조 ① 지방자치단체의 장은 하수도정비기본계획에 따라 공공하수도를 설치하여야 한다.
② 시·도지사는 공공하수도를 설치하고자 하는 때에는 사업시행지의 위치 및 면적, 설치하고자 하는 시설의 종류, 사업시행기간 등을 고시하여야 한다. 고시한 사항을 변경 또는 폐지하고자 하는 때에도 또한 같다.
③ 시장·군수·구청장(자치구의 구청장을 말한다. 이하 같다)은 공공하수도를 설치하려면 시·도지사의 인가를 받아야 한다.
④ 시장·군수·구청장은 제3항에 따라 인가받은 사항을 변경하거나 폐지하려면 시·도지사의 인가를 받아야 한다.
⑤ 시·도지사는 국가의 보조를 받아 설치하고자 하는 공공하수도에 대하여 제2항에 따른 고시 또는 제3항의 규정에 따른 인가를 하고자 할 때에는 그 설치에 필요한 재원의 조달 및 사용에 관하여 환경부장관과 미리 협의하여야 한다.
제□□조 ① 공공하수도관리청(이하 '관리청'이라 한다)은 관할 지방자치단체의 장이 된다.
② 공공하수도가 둘 이상의 지방자치단체의 장의 관할구역에 걸치는 경우, 관리청이 되는 자는 제○○조 제2항에 따른 공공하수도 설치의 고시를 한 시·도지사 또는 같은 조 제3항에 따른 인가를 받은 시장·군수·구청장으로 한다.

※ 공공하수도: 지방자치단체가 설치 또는 관리하는 하수도

① A자치구의 구청장이 관할구역 내에 공공하수도를 설치하려고 인가를 받았는데, 그 공공하수도가 B자치구에 걸치는 경우, 설치하려는 공공하수도의 관리청은 B자치구의 구청장이다.
② 시·도지사가 국가의 보조를 받아 공공하수도를 설치하려면, 그 설치에 필요한 재원의 조달 등에 관하여 환경부장관의 인가를 받아야 한다.
③ 시장·군수·구청장이 공공하수도 설치에 관하여 인가받은 사항을 폐지할 경우에는 시·도지사의 인가를 필요로 하지 않는다.
④ 시·도지사가 공공하수도 설치를 위해 고시한 사항은 변경할 수 없다.
⑤ 시장·군수·구청장이 공공하수도를 설치하려면 시·도지사의 인가를 받아야 한다.

문 69. 다음 글을 근거로 판단할 때, <보기>에서 옳은 것만을 모두 고르면?

> 제00조 ① 민사에 관한 분쟁의 당사자는 법원에 조정을 신청할 수 있다.
> ② 조정을 신청하는 당사자를 신청인이라고 하고, 그 상대방을 피신청인이라고 한다.
> 제00조 ① 신청인은 다음 각 호의 어느 하나에 해당하는 곳을 관할하는 지방법원에 조정을 신청해야 한다.
> 1. 피신청인의 주소지, 피신청인의 사무소 또는 영업소 소재지, 피신청인의 근무지
> 2. 분쟁의 목적물 소재지, 손해 발생지
>
> ② 조정사건은 조정담당판사가 처리한다.
> 제00조 ① 조정담당판사는 사건이 그 성질상 조정을 하기에 적당하지 아니하다고 인정하거나 신청인이 부당한 목적으로 조정신청을 한 것임을 인정하는 경우에는 조정을 하지 아니하는 결정으로 사건을 종결시킬 수 있다. 신청인은 이 결정에 대해서 불복할 수 없다.
> ② 조정담당판사는 신청인과 피신청인 사이에 합의가 성립되지 아니한 경우 조정 불성립으로 사건을 종결시킬 수 있다.
> ③ 조정담당판사는 신청인과 피신청인 사이에 합의된 사항이 조정조서에 기재되면 조정 성립으로 사건을 종결시킨다. 조정조서는 판결과 동일한 효력이 있다.
> 제00조 다음 각 호의 어느 하나에 해당하는 경우에는 조정신청을 한 때에 민사소송이 제기된 것으로 본다.
> 1. 조정을 하지 아니하는 결정이 있는 경우
> 2. 조정 불성립으로 사건이 종결된 경우

<보 기>

ㄱ. 신청인은 피신청인의 근무지를 관할하는 지방법원에 조정을 신청할 수 있다.
ㄴ. 조정을 하지 아니하는 결정을 조정담당판사가 한 경우, 신청인은 이에 대해 불복할 수 있다.
ㄷ. 신청인과 피신청인 사이에 합의된 사항이 기재된 조정조서는 판결과 동일한 효력을 갖는다.
ㄹ. 조정 불성립으로 사건이 종결된 경우, 사건이 종결된 때를 민사소송이 제기된 시점으로 본다.
ㅁ. 조정담당판사는 신청인이 부당한 목적으로 조정신청을 한 것으로 인정하는 경우, 조정 불성립으로 사건을 종결시킬 수 있다.

① ㄱ, ㄷ
② ㄴ, ㄹ
③ ㄱ, ㄷ, ㄹ
④ ㄱ, ㄷ, ㅁ
⑤ ㄴ, ㄹ, ㅁ

문 70. 다음 글을 근거로 판단할 때, <보기>에서 옳은 것만을 모두 고르면?

> 제○○조 이 법에서 '폐교'란 학생 수 감소, 학교 통폐합 등의 사유로 폐지된 공립학교를 말한다.
> 제△△조 ① 시·도 교육감은 폐교재산을 교육용시설, 사회복지시설, 문화시설, 공공체육시설로 활용하려는 자 또는 소득증대시설로 활용하려는 자에게 그 폐교재산의 용도와 사용 기간을 정하여 임대할 수 있다.
> ② 제1항에 따라 폐교재산을 임대하는 경우, 연간 임대료는 해당 폐교재산평정가격의 1천분의 10을 하한으로 한다.
> 제□□조 ① 제△△조 제2항에도 불구하고 시·도 교육감은 다음 각 호의 어느 하나에 해당하는 경우에는 폐교재산의 연간 임대료를 감액하여 임대할 수 있다.
> 1. 국가 또는 지방자치단체가 폐교재산을 교육용시설, 사회복지시설, 문화시설, 공공체육시설 또는 소득증대시설로 사용하려는 경우
> 2. 단체 또는 사인(私人)이 폐교재산을 교육용시설, 사회복지시설, 문화시설 또는 공공체육시설로 사용하려는 경우
> 3. 폐교가 소재한 시·군·구에 주민등록이 되어 있고 실제 거주하는 지역주민이 공동으로 폐교재산을 소득증대시설로 사용하려는 경우
>
> ② 전항에 따라 폐교재산의 임대료를 감액하는 경우 연간 임대료의 감액분은 다음 각 호에서 정한 바를 초과하지 아니하는 범위에서 정한다.
> 1. 교육용시설, 사회복지시설, 문화시설, 공공체육시설로 사용하는 경우: 제△△조 제2항에 따른 연간 임대료의 1천분의 500
> 2. 소득증대시설로 사용하는 경우: 제△△조 제2항에 따른 연간 임대료의 1천분의 300

<보 기>

ㄱ. 시·도 교육감은, 폐교가 소재하는 시·군·구에 거주하지 않으면서 폐교재산을 사회복지시설로 활용하려는 자에게 그 폐교재산을 임대할 수 있다.
ㄴ. 폐교재산평정가격이 5억 원인 폐교재산을 지방자치단체가 문화시설로 사용하려는 경우, 연간 임대료의 최저액은 250만 원이다.
ㄷ. 폐교가 소재한 군에 주민등록이 되어 있고 실제 거주하는 지역주민이 단독으로 폐교재산을 소득증대시설로 사용하려는 경우, 연간 임대료로 지불해야 할 최저액은 폐교재산평정가격의 0.7%이다.
ㄹ. 폐교재산을 활용하려는 자가 폐교 소재 지역주민이 아니어도 그 폐교재산을 공공체육시설로 사용할 수 있으나 임대료 감액은 받을 수 없다.

① ㄱ, ㄴ
② ㄱ, ㄷ
③ ㄱ, ㄴ, ㄹ
④ ㄱ, ㄷ, ㄹ
⑤ ㄴ, ㄷ, ㄹ

문 71. 다음 글을 근거로 판단할 때, <보기>에서 옳은 것만을 모두 고르면?

제○○조 ① 사업자는 소비자를 속이거나 소비자로 하여금 잘못 알게 할 우려가 있는 표시·광고 행위로서 공정한 거래질서를 해칠 우려가 있는 다음 각 호의 행위를 하거나 다른 사업자로 하여금 하게 하여서는 안 된다.
1. 거짓·과장의 표시·광고
2. 기만적인 표시·광고
3. 부당하게 비교하는 표시·광고
4. 비방적인 표시·광고

② 제1항을 위반하여 제1항 각 호의 행위를 하거나 다른 사업자로 하여금 하게 한 사업자는 2년 이하의 징역 또는 1억 5천만 원 이하의 벌금에 처한다.

제△△조 ① 공정거래위원회는 상품 등이나 거래 분야의 성질에 비추어 소비자 보호 또는 공정한 거래질서 유지를 위하여 필요한 경우에는 사업자가 표시·광고에 포함하여야 하는 사항(이하 '중요정보'라 한다)과 표시·광고의 방법을 고시할 수 있다.
② 공정거래위원회는 제1항에 따라 고시를 하려면 관계 행정기관의 장과 미리 협의하여야 한다. 이 경우 필요하다고 인정하면 공청회를 개최하여 사업자단체, 소비자단체, 그 밖의 이해관계인 등의 의견을 들을 수 있다.
③ 사업자가 표시·광고 행위를 하는 경우에는 제1항에 따라 고시된 중요정보를 표시·광고하여야 한다.

제□□조 ① 사업자가 제△△조 제3항을 위반하여 고시된 중요정보를 표시·광고하지 않은 경우에는 1억 원 이하의 과태료를 부과한다.
② 제1항에 따른 과태료는 공정거래위원회가 부과·징수한다.

<보 기>

ㄱ. 공정거래위원회가 중요정보 고시 여부를 결정함에 있어 상품 등이나 거래 분야는 고려의 대상이 아니다.
ㄴ. 사업자 A가 다른 사업자 B로 하여금 공정한 거래질서를 해칠 우려가 있는 비방적인 표시·광고를 하게 한 경우, 공정거래위원회는 사업자 A에게 과태료를 부과한다.
ㄷ. 사업자가 표시·광고 행위를 하면서 고시된 중요정보를 표시·광고하지 않은 경우, 공정거래위원회는 5천만 원의 과태료를 부과할 수 있다.
ㄹ. 공정거래위원회는 소비자 보호를 위해 필요한 경우, 사업자가 표시·광고에 포함하여야 하는 사항과 함께 그 표시·광고의 방법도 고시할 수 있다.

① ㄱ, ㄴ
② ㄱ, ㄷ
③ ㄴ, ㄷ
④ ㄴ, ㄹ
⑤ ㄷ, ㄹ

문 72. 다음 글을 근거로 판단할 때 옳은 것은?

제○○조 ① 무죄재판을 받아 확정된 사건(이하 '무죄재판사건'이라 한다)의 피고인은 무죄재판이 확정된 때부터 3년 이내에, 확정된 무죄재판사건의 재판서(이하 '무죄재판서'라 한다)를 법무부 인터넷 홈페이지에 게재하도록 해당 사건을 기소한 검사의 소속 지방검찰청에 청구할 수 있다.
② 피고인이 제1항의 무죄재판서 게재 청구를 하지 아니하고 사망한 때에는 그 상속인이 이를 청구할 수 있다. 이 경우 같은 순위의 상속인이 여러 명일 때에는 상속인 모두가 그 청구에 동의하였음을 소명하는 자료도 함께 제출하여야 한다.
③ 무죄재판서 게재 청구가 취소된 경우에는 다시 그 청구를 할 수 없다.

제□□조 ① 제○○조의 청구를 받은 날부터 1개월 이내에 무죄재판서를 법무부 인터넷 홈페이지에 게재하여야 한다.
② 다음 각 호의 어느 하나에 해당할 때에는 무죄재판서의 일부를 삭제하여 게재할 수 있다.
1. 청구인이 무죄재판서 중 일부 내용의 삭제를 원하는 의사를 명시적으로 밝힌 경우
2. 무죄재판서의 공개로 인하여 사건 관계인의 명예나 사생활의 비밀 또는 생명·신체의 안전이나 생활의 평온을 현저히 해칠 우려가 있는 경우

③ 제2항 제1호의 경우에는 청구인의 의사를 서면으로 확인하여야 한다.
④ 제1항에 따른 무죄재판서의 게재기간은 1년으로 한다.

① 무죄재판이 확정된 피고인 甲은 무죄재판이 확정된 때부터 3년 이내에 관할법원에 무죄재판서 게재 청구를 할 수 있다.
② 무죄재판이 확정된 피고인 乙이 무죄재판서 게재 청구를 취소한 후 사망한 경우, 乙의 상속인은 무죄재판이 확정된 때부터 3년 이내에 무죄재판서 게재 청구를 할 수 있다.
③ 무죄재판이 확정된 피고인 丙이 무죄재판서 게재 청구 없이 사망한 경우, 丙의 상속인은 같은 순위의 다른 상속인의 동의 없이 무죄재판서 게재 청구를 할 수 있다.
④ 무죄재판이 확정된 피고인 丁이 무죄재판서 게재 청구를 하면 그의 무죄재판서는 법무부 인터넷 홈페이지에 3년간 게재된다.
⑤ 무죄재판이 확정된 피고인 戊의 청구로 무죄재판서가 공개되면 사건 관계인의 명예를 현저히 해칠 우려가 있는 경우, 무죄재판서의 일부를 삭제하여 게재할 수 있다.

문 73. 다음 글을 근거로 판단할 때, <보기>에서 옳은 것만을 모두 고르면?

> 제00조 지방자치단체의 장은 행정재산에 대하여 그 목적 또는 용도에 장애가 되지 않는 범위에서 사용 또는 수익을 허가할 수 있다.
> 제00조 ① 행정재산의 사용·수익허가기간은 그 허가를 받은 날부터 5년 이내로 한다.
> ② 지방자치단체의 장은 허가기간이 끝나기 전에 사용·수익허가를 갱신할 수 있다.
> ③ 제2항에 따라 사용·수익허가를 갱신 받으려는 자는 사용·수익허가기간이 끝나기 1개월 전에 지방자치단체의 장에게 사용·수익허가의 갱신을 신청하여야 한다.
> 제00조 ① 지방자치단체의 장은 행정재산의 사용·수익을 허가하였을 때에는 매년 사용료를 징수한다.
> ② 지방자치단체의 장은 행정재산의 사용·수익을 허가할 때 다음 각 호의 어느 하나에 해당하면 제1항에도 불구하고 그 사용료를 면제할 수 있다.
> 1. 국가나 다른 지방자치단체가 직접 해당 행정재산을 공용·공공용 또는 비영리 공익사업용으로 사용하려는 경우
> 2. 천재지변이나 재난을 입은 지역주민에게 일정기간 사용·수익을 허가하는 경우
>
> 제00조 ① 지방자치단체의 장은 행정재산의 사용·수익허가를 받은 자가 다음 각 호의 어느 하나에 해당하면 그 허가를 취소할 수 있다.
> 1. 지방자치단체의 장의 승인 없이 사용·수익의 허가를 받은 행정재산의 원상을 변경한 경우
> 2. 해당 행정재산의 관리를 게을리하거나 그 사용 목적에 위배되게 사용한 경우
>
> ② 지방자치단체의 장은 사용·수익을 허가한 행정재산을 국가나 지방자치단체가 직접 공용 또는 공공용으로 사용하기 위하여 필요로 하게 된 경우에는 그 허가를 취소할 수 있다.
> ③ 제2항의 경우에 그 취소로 인하여 해당 허가를 받은 자에게 손실이 발생한 경우에는 이를 보상한다.

<보 기>

ㄱ. A시의 장은 A시의 행정재산에 대하여 B기업에게 사용허가를 했더라도 국가가 그 행정재산을 직접 공용으로 사용하기 위해 필요로 하게 된 경우, 그 허가를 취소할 수 있다.
ㄴ. C시의 행정재산에 대하여 C시의 장이 천재지변으로 주택을 잃은 지역주민에게 임시 거처로 사용하도록 허가한 경우, C시의 장은 그 사용료를 면제할 수 있다.
ㄷ. D시의 행정재산에 대하여 사용허가를 받은 E기업이 사용 목적에 위배되게 사용한다는 이유로 허가가 취소되었다면, D시의 장은 E기업의 손실을 보상하여야 한다.
ㄹ. 2014년 3월 1일에 5년 기한으로 F시의 행정재산에 대하여 수익허가를 받은 G가 허가 갱신을 받으려면, 2019년 2월 28일까지 허가 갱신을 신청하여야 한다.

① ㄱ, ㄴ
② ㄴ, ㄷ
③ ㄷ, ㄹ
④ ㄱ, ㄴ, ㄹ
⑤ ㄴ, ㄷ, ㄹ

문 74. 다음 글을 근거로 판단할 때 옳은 것은?

> 제00조 ① 재산명시절차의 관할법원은 재산명시절차에서 채무자가 제출한 재산목록의 재산만으로 집행채권의 만족을 얻기에 부족한 경우, 그 재산명시를 신청한 채권자의 신청에 따라 개인의 재산 및 신용에 관한 전산망을 관리하는 공공기관·금융기관·단체 등에 채무자 명의의 재산에 관하여 조회할 수 있다.
> ② 채권자가 제1항의 신청을 할 경우에는 조회할 기관·단체를 특정하여야 하며 조회에 드는 비용을 미리 내야 한다.
> ③ 법원이 제1항의 규정에 따라 조회할 경우에는 채무자의 인적 사항을 적은 문서에 의하여 해당 기관·단체의 장에게 채무자의 재산 및 신용에 관하여 그 기관·단체가 보유하고 있는 자료를 한꺼번에 모아 제출하도록 요구할 수 있다.
> ④ 공공기관·금융기관·단체 등은 정당한 사유 없이 제1항 및 제3항의 조회를 거부하지 못한다.
> ⑤ 제1항 및 제3항의 조회를 받은 기관·단체의 장이 정당한 사유 없이 거짓 자료를 제출하거나 자료를 제출할 것을 거부한 때에는 결정으로 500만 원 이하의 과태료에 처한다.
> 제00조 ① 누구든지 재산조회의 결과를 강제집행 외의 목적으로 사용하여서는 안 된다.
> ② 제1항의 규정에 위반한 사람은 2년 이하의 징역 또는 500만 원 이하의 벌금에 처한다.

① 채무자 甲이 제출한 재산목록의 재산만으로 집행채권의 만족을 얻기 부족한 경우에는 재산명시절차의 관할법원은 직권으로 금융기관에 甲 명의의 재산에 관해 조회할 수 있다.
② 재산명시절차의 관할법원으로부터 채무자 명의의 재산에 관해 조회를 받은 공공기관은 정당한 사유가 있는 경우 이를 거부할 수 있다.
③ 채무자 乙의 재산조회 결과를 획득한 채권자 丙은 해당 결과를 강제집행 외의 목적으로도 사용할 수 있다.
④ 재산명시절차의 관할법원으로부터 채무자 명의의 재산에 관해 조회를 받은 기관의 장이 정당한 사유 없이 자료제출을 거부하였다면, 법원은 결정으로 500만 원의 벌금에 처한다.
⑤ 채권자 丁이 채무자 명의의 재산에 관한 조회를 신청할 경우, 조회에 드는 비용은 재산조회가 종료된 후 납부하면 된다.

문 75. 다음 글을 근거로 판단할 때 옳은 것은?

> 제00조 ① 광역교통위원회는 위원장 1명과 상임위원 1명 및 다음 각 호의 위원을 포함하여 30명 이내로 구성한다.
> 1. 대도시권 광역교통 관련 업무를 담당하는 중앙행정기관 소속 고위공무원 중 대통령령으로 정하는 사람
> 2. 대도시권에 포함되는 광역지방자치단체의 부단체장 중 대통령령으로 정하는 사람
> 3. 그 밖에 광역교통 관련 전문지식과 경험이 풍부한 사람
>
> ② 광역교통위원회의 위원장은 국토교통부장관의 제청으로 대통령이 임명하고, 위원은 국토교통부장관이 임명 또는 위촉한다.
>
> 제00조 ① 실무위원회는 다음 각 호의 사항을 심의한다.
> 1. 광역교통위원회에 부칠 안건의 사전검토 또는 조정에 관한 사항
> 2. 그 밖에 실무위원회의 위원장이 심의가 필요하다고 인정하는 사항
>
> ② 실무위원회의 위원장은 광역교통위원회의 상임위원이 된다.
>
> ③ 실무위원회의 위원은 다음 각 호의 사람이 된다.
> 1. 기획재정부·행정안전부·국토교통부 및 행정중심복합도시건설청 소속 공무원 중 소속 기관의 장이 지명하는 사람
> 2. 대도시권에 포함되는 시·도 또는 시·군·구(자치구를 말한다) 소속 공무원 중 소속 기관의 장이 광역교통위원회와 협의해 지명하는 사람
> 3. 교통·도시계획·재정·행정·환경 등 광역교통에 관한 학식과 경험이 풍부한 사람 중에서 광역교통위원회의 위원장이 성별을 고려해 위촉하는 50명 이내의 사람

① 실무위원회의 위원 위촉 시 성별은 고려하지 않는다.

② 광역교통위원회의 구성원은 실무위원회의 구성원이 될 수 없다.

③ 광역교통위원회 위원장의 위촉 없이도 실무위원회의 위원이 될 수 있다.

④ 공무원이 아닌 사람은 실무위원회의 위원은 될 수 있으나, 광역교통위원회의 위원은 될 수 없다.

⑤ 광역교통위원회의 위원으로 행정안전부 소속 공무원을 선정하는 경우 행정안전부장관이 임명한다.

문 76. 다음 글을 근거로 판단할 때 옳은 것은?

> 제○○조 이 법에서 사용하는 용어의 뜻은 다음과 같다.
> 1. '배아'란 인간의 수정란 및 수정된 때부터 발생학적으로 모든 기관이 형성되기 전까지의 분열된 세포군을 말한다.
> 2. '잔여배아'란 체외수정으로 생성된 배아 중 임신의 목적으로 이용하고 남은 배아를 말한다.
>
> 제△△조 ① 누구든지 임신 외의 목적으로 배아를 생성하여서는 아니 된다.
>
> ② 누구든지 배아를 생성할 때 다음 각 호의 어느 하나에 해당하는 행위를 하여서는 아니 된다.
> 1. 특정의 성을 선택할 목적으로 난자와 정자를 선별하여 수정시키는 행위
> 2. 사망한 사람의 난자 또는 정자로 수정하는 행위
> 3. 미성년자의 난자 또는 정자로 수정하는 행위. 다만 혼인한 미성년자가 그 자녀를 얻기 위하여 수정하는 경우는 제외한다.
>
> ③ 누구든지 금전, 재산상의 이익 또는 그 밖의 반대급부를 조건으로 배아나 난자 또는 정자를 제공 또는 이용하거나 이를 유인하거나 알선하여서는 아니 된다.
>
> 제□□조 ① 배아의 보존기간은 5년으로 한다. 다만 난자 또는 정자의 기증자가 배아의 보존기간을 5년 미만으로 정한 경우에는 이를 보존기간으로 한다.
>
> ② 제1항에도 불구하고 제1항의 기증자가 항암치료를 받는 경우 그 기증자는 보존기간을 5년 이상으로 정할 수 있다.
>
> ③ 배아생성의료기관은 제1항 또는 제2항에 따른 보존기간이 끝난 배아 중 제◇◇조에 따른 연구의 목적으로 이용하지 아니할 배아는 폐기하여야 한다.
>
> 제◇◇조 제□□조에 따른 배아의 보존기간이 지난 잔여배아는 발생학적으로 원시선(原始線)이 나타나기 전까지만 체외에서 다음 각 호의 연구 목적으로 이용할 수 있다.
> 1. 난임치료법 및 피임기술의 개발을 위한 연구
> 2. 희귀·난치병의 치료를 위한 연구

※ 원시선: 중배엽 형성 초기에 세포의 이동에 의해서 형성되는 배반(胚盤)의 꼬리쪽 끝에서 볼 수 있는 얇은 선

① 배아생성의료기관은 불임부부를 위해 반대급부를 조건으로 배아의 제공을 알선할 수 있다.

② 난자 또는 정자의 기증자는 항암치료를 받지 않더라도 배아의 보존기간을 6년으로 정할 수 있다.

③ 배아생성의료기관은 혼인한 미성년자의 정자를 임신 외의 목적으로 수정하여 배아를 생성할 수 있다.

④ 보존기간이 남은 잔여배아는 발생학적으로 원시선이 나타나기 전이라면 체내에서 난치병 치료를 위한 연구 목적으로 이용할 수 있다.

⑤ 생성 후 5년이 지나지 않은 잔여배아도 발생학적으로 원시선이 나타나기 전까지 체외에서 피임기술 개발을 위한 연구에 이용하는 것이 가능한 경우가 있다.

문 77. 다음 글을 근거로 판단할 때 옳은 것은?

제00조 ① 수입신고를 하려는 자(업소를 포함한다)는 해당 수입식품의 안전성 확보 등을 위하여 식품의약품안전처장이 정하는 기준에 따라 해외제조업소에 대하여 위생관리 상태를 점검할 수 있다.
② 제1항에 따라 위생관리 상태를 점검한 자는 식품의약품안전처장에게 우수수입업소 등록을 신청할 수 있다.
③ 식품의약품안전처장은 제2항에 따라 신청된 내용이 식품의약품안전처장이 정하는 기준에 적합한 경우에는 우수수입업소 등록증을 신청인에게 발급하여야 한다.
④ 우수수입업소 등록의 유효기간은 등록된 날부터 3년으로 한다.
⑤ 식품의약품안전처장은 우수수입업소가 다음 각 호의 어느 하나에 해당하는 경우에는 그 등록을 취소하거나 시정을 명할 수 있다. 다만 우수수입업소가 제1호에 해당하는 경우에는 등록을 취소하여야 한다.
1. 거짓이나 그 밖의 부정한 방법으로 등록된 경우
2. 수입식품 수입·판매업의 시설기준을 위배하여 영업정지 2개월 이상의 행정처분을 받은 경우
3. 수입식품에 대한 부당한 표시를 하여 영업정지 2개월 이상의 행정처분을 받은 경우
⑥ 제5항에 따라 등록이 취소된 업소는 그 취소가 있은 날부터 3년 동안 우수수입업소 등록을 신청할 수 없다.
제00조 ① 식품의약품안전처장은 수입신고된 수입식품에 대하여 관계공무원으로 하여금 필요한 검사를 하게 하여야 한다.
② 식품의약품안전처장은 수입신고된 수입식품이 다음 각 호의 어느 하나에 해당하는 경우에는 제1항에도 불구하고 수입식품의 검사 전부 또는 일부를 생략할 수 있다.
1. 우수수입업소로 등록된 자가 수입하는 수입식품
2. 해외우수제조업소로 등록된 자가 수출하는 수입식품

① 업소 甲이 우수수입업소 등록을 신청하기 위해서는 식품의약품안전처장이 정하는 기준에 따라 국내 자기업소에 대한 위생관리 상태를 점검하여야 한다.
② 업소 乙이 2020년 2월 20일에 우수수입업소로 등록되었다면, 그 등록은 2024년 2월 20일까지 유효하다.
③ 업소 丙이 부정한 방법으로 우수수입업소로 등록된 경우 식품의약품안전처장은 등록을 취소하지 않고 시정을 명할 수 있다.
④ 우수수입업소 丁이 수입식품 수입·판매업의 시설기준을 위배하여 영업정지 1개월의 행정처분을 받았다면, 그 때로부터 3년 동안 丁은 우수수입업소 등록을 신청할 수 없다.
⑤ 식품의약품안전처장은 우수수입업소 戊가 수입신고한 수입식품에 대한 검사를 전부 생략할 수 있다.

문 78. 다음 글을 근거로 판단할 때, <보기>에서 저작권자의 허락없이 허용되는 행위만을 모두 고르면?

제00조 타인의 공표된 저작물의 내용·형식을 변환하거나 그 저작물을 복제·배포·공연 또는 공중송신(방송·전송을 포함한다)하기 위해서는 특별한 규정이 없는 한 저작권자의 허락을 받아야 한다.
제00조 ① 누구든지 공표된 저작물을 저작권자의 허락없이 시각장애인을 위하여 점자로 복제·배포할 수 있다.
② 시각장애인을 보호하고 있는 시설, 시각장애인을 위한 특수학교 또는 점자도서관은 영리를 목적으로 하지 아니하고 시각장애인의 이용에 제공하기 위하여, 공표된 어문저작물을 저작권자의 허락없이 녹음하여 복제하거나 디지털음성정보기록방식으로 복제·배포 또는 전송할 수 있다.
제00조 ① 누구든지 공표된 저작물을 저작권자의 허락없이 청각장애인을 위하여 한국수어로 변환할 수 있으며 이러한 한국수어를 복제·배포·공연 또는 공중송신할 수 있다.
② 청각장애인을 보호하고 있는 시설, 청각장애인을 위한 특수학교 또는 한국어수어통역센터는 영리를 목적으로 하지 아니하고 청각장애인의 이용에 제공하기 위하여, 공표된 저작물에 포함된 음성 및 음향 등을 저작권자의 허락없이 자막 등 청각장애인이 인지할 수 있는 방식으로 변환할 수 있으며 이러한 자막 등을 청각장애인이 이용할 수 있도록 복제·배포·공연 또는 공중송신할 수 있다.

※ 어문저작물: 소설·시·논문·각본 등 문자로 이루어진 저작물

<보 기>

ㄱ. 학교도서관이 공표된 소설을 청각장애인을 위하여 한국수어로 변환하고 이 한국수어를 복제·공중송신하는 행위
ㄴ. 한국어수어통역센터가 영리를 목적으로 청각장애인의 이용에 제공하기 위하여, 공표된 영화에 포함된 음성을 자막으로 변환하여 배포하는 행위
ㄷ. 점자도서관이 영리를 목적으로 하지 아니하고 시각장애인의 이용에 제공하기 위하여, 공표된 피아니스트의 연주 음악을 녹음하여 복제·전송하는 행위

① ㄱ
② ㄴ
③ ㄱ, ㄷ
④ ㄴ, ㄷ
⑤ ㄱ, ㄴ, ㄷ

문 79. 다음 글을 근거로 판단할 때 옳은 것은?

> 제00조 이 규칙은 법원이 소지하는 국가기밀에 속하는 문서 등의 보안업무에 관한 사항을 규정함을 목적으로 한다.
> 제00조 이 규칙에서 비밀이라 함은 그 내용이 누설되는 경우 국가안전보장에 유해한 결과를 초래할 우려가 있는 국가기밀로서 이 규칙에 의하여 비밀로 분류된 것을 말한다.
> 제00조 ① Ⅰ급비밀 취급 인가권자는 대법원장, 대법관, 법원행정처장으로 한다.
> ② Ⅱ급 및 Ⅲ급비밀 취급 인가권자는 다음과 같다.
> 1. Ⅰ급비밀 취급 인가권자
> 2. 사법연수원장, 고등법원장, 특허법원장, 사법정책연구원장, 법원공무원교육원장, 법원도서관장
> 3. 지방법원장, 가정법원장, 행정법원장, 회생법원장
> 제00조 ① 비밀 취급 인가권자는 비밀을 취급 또는 비밀에 접근할 직원에 대하여 해당 등급의 비밀 취급을 인가한다.
> ② 비밀 취급의 인가는 대상자의 직책에 따라 필요한 최소한의 인원으로 제한하여야 한다.
> ③ 비밀 취급 인가를 받은 자가 다음 각 호의 어느 하나에 해당하는 경우에는 그 취급의 인가를 해제하여야 한다.
> 1. 고의 또는 중대한 과실로 중대한 보안 사고를 범한 때
> 2. 비밀 취급이 불필요하게 된 때
> ④ 비밀 취급의 인가 및 해제와 인가 등급의 변경은 문서로 하여야 하며 직원의 인사기록사항에 이를 기록하여야 한다.
> 제00조 ① 비밀 취급 인가권자는 임무 및 직책상 해당 등급의 비밀을 항상 사무적으로 취급하는 자에 한하여 비밀 취급을 인가하여야 한다.
> ② 비밀 취급 인가권자는 소속직원의 인사기록카드에 기록된 비밀 취급의 인가 및 해제사유와 임용시의 신원조사회보서에 의하여 새로 신원조사를 행하지 아니하고 비밀 취급을 인가할 수 있다. 다만 Ⅰ급비밀 취급을 인가하는 때에는 새로 신원조사를 실시하여야 한다.

① 비밀 취급 인가의 해제는 구술로 할 수 있다.
② 법원행정처장은 Ⅰ급비밀, Ⅱ급비밀, Ⅲ급비밀 모두에 대해 취급 인가권을 가진다.
③ 비밀 취급 인가는 대상자의 직책에 따라 가능한 한 제한 없이 충분한 인원에게 하여야 한다.
④ 비밀 취급 인가를 받은 자가 중대한 보안 사고를 범한 경우 고의가 없었다면 그 취급의 인가를 해제할 수 없다.
⑤ 비밀 취급 인가권자는 소속직원에 대해 새로 신원조사를 행하지 아니하고 Ⅰ급비밀 취급을 인가할 수 있다.

문 80. 다음 글을 근거로 판단할 때 옳은 것은?

> 제○○조 ① 국유재산은 다음 각 호의 어느 하나에 해당하지 않는 경우에는 매각할 수 있다.
> 1. 제△△조에 의한 매각제한의 대상에 해당하는 경우
> 2. 제□□조에 의한 총괄청의 매각승인을 받지 않은 경우
> ② 국유재산의 매각은 일반경쟁입찰을 원칙으로 한다. 다만 필요한 경우에는 제한경쟁, 지명경쟁 또는 수의계약의 방법으로 매각할 수 있다.
> 제△△조 다음 각 호의 어느 하나에 해당하는 경우에는 매각할 수 없다.
> 1. 중앙관서의 장이 행정목적으로 사용하기 위하여 그 국유재산을 행정재산으로 사용 승인한 경우
> 2. 소유자 없는 부동산에 대하여 공고를 거쳐 국유재산으로 취득한 후 10년이 지나지 아니한 경우. 다만 해당 국유재산에 대하여 중앙관서의 장이 공익사업에 필요하다고 인정한 경우와 행정재산의 용도로 사용하던 소유자 없는 부동산을 행정재산으로 취득하였으나 그 행정재산을 당해 용도로 사용하지 아니하게 된 경우에는 그러하지 아니하다.
> 제□□조 ① 국유일반재산인 토지의 면적이 특별시·광역시 지역에서는 1,000제곱미터를, 그 밖의 시 지역에서는 2,000제곱미터를 초과하는 재산을 매각하고자 하는 경우에는 총괄청의 승인을 받아야 한다.
> ② 제1항에도 불구하고 다음 각 호의 어느 하나에 해당하는 경우에는 총괄청의 승인을 요하지 아니한다.
> 1. 수의계약의 방법으로 매각하는 경우
> 2. 다른 법률에 따른 무상귀속
> 3. 법원의 확정판결·결정 등에 따른 소유권의 변경

① 중앙관서의 장이 행정목적으로 사용하기 위하여 행정재산으로 사용 승인한 국유재산인 건물은 총괄청의 매각승인을 받아야 매각될 수 있다.
② 총괄청의 매각승인 대상인 국유일반재산이더라도 그 매각방법이 지명경쟁인 경우에는 총괄청의 승인없이 매각할 수 있다.
③ 법원의 확정판결로 국유일반재산의 소유권을 변경하려는 경우 총괄청의 승인을 받아야 한다.
④ 광역시에 소재하는 국유일반재산인 1,500제곱미터 면적의 토지를 수의계약의 방법으로 매각하려는 경우에는 총괄청의 승인을 받아야 한다.
⑤ 행정재산의 용도로 사용하던 소유자 없는 500제곱미터 면적의 토지를 공고를 거쳐 행정재산으로 취득한 후 이를 당해 용도로 사용하지 않게 된 경우, 취득한 때로부터 10년이 경과하지 않았더라도 매각할 수 있다.

문 81. 다음 글을 근거로 판단할 때 옳은 것은?

> 제○○조(진흥기금의 징수) ① 영화위원회(이하 "위원회"라 한다)는 영화의 발전 및 영화·비디오물산업의 진흥을 위하여 영화상영관에 입장하는 관람객에 대하여 입장권 가액의 100분의 5의 진흥기금을 징수한다. 다만, 직전 연도에 제△△조 제1호에 해당하는 영화를 연간 상영일수의 100분의 60 이상 상영한 영화상영관에 입장하는 관람객에 대해서는 그러하지 아니하다.
> ② 영화상영관 경영자는 관람객으로부터 제1항의 규정에 따른 진흥기금을 매월 말일까지 징수하여 해당 금액을 다음 달 20일까지 위원회에 납부하여야 한다.
> ③ 위원회는 영화상영관 경영자가 제2항에 따라 관람객으로부터 수납한 진흥기금을 납부기한까지 납부하지 아니하였을 때에는 체납된 금액의 100분의 3에 해당하는 금액을 가산금으로 부과한다.
> ④ 위원회는 제2항에 따른 진흥기금 수납에 대한 위탁 수수료를 영화상영관 경영자에게 지급한다. 이 경우 수수료는 제1항에 따른 진흥기금 징수액의 100분의 3을 초과할 수 없다.
> 제△△조(전용상영관에 대한 지원) 위원회는 청소년 관객의 보호와 영화예술의 확산 등을 위하여 다음 각 호의 어느 하나에 해당하는 영화를 연간 상영일수의 100분의 60 이상 상영하는 영화상영관을 지원할 수 있다.
> 1. 애니메이션영화·단편영화·예술영화·독립영화
> 2. 제1호에 해당하지 않는 청소년관람가영화
> 3. 제1호 및 제2호에 해당하지 않는 국내영화

① 영화상영관 A에서 직전 연도에 연간 상영일수의 100분의 60 이상 청소년관람가 애니메이션영화를 상영한 경우 진흥기금을 징수한다.

② 영화상영관 경영자 B가 8월분 진흥기금 60만 원을 같은 해 9월 18일에 납부하는 경우, 가산금을 포함하여 총 61만 8천 원을 납부하여야 한다.

③ 관람객 C가 입장권 가액과 그 진흥기금을 합하여 영화상영관에 지불하는 금액이 12,000원이라고 할 때, 지불 금액 중 진흥기금은 600원이다.

④ 연간 상영일수가 매년 200일인 영화상영관 D에서 직전 연도에 단편영화를 40일, 독립영화를 60일 상영했다면 진흥기금을 징수하지 않는다.

⑤ 영화상영관 경영자 E가 7월분 진흥기금과 그 가산금을 합한 금액인 103만 원을 같은 해 8월 30일에 납부한 경우, 위원회는 E에게 최대 3만 원의 수수료를 지급할 수 있다.

문 82. 다음 글을 근거로 판단할 때 옳은 것은?

> 제00조 ① 사업주는 근로자가 조부모, 부모, 배우자, 배우자의 부모, 자녀 또는 손자녀(이하 '가족'이라 한다)의 질병, 사고, 노령으로 인하여 그 가족을 돌보기 위한 휴직(이하 '가족돌봄휴직'이라 한다)을 신청하는 경우 이를 허용하여야 한다. 다만 대체인력 채용이 불가능한 경우, 정상적인 사업 운영에 중대한 지장을 초래하는 경우, 근로자 본인 외에도 조부모의 직계비속 또는 손자녀의 직계존속이 있는 경우에는 그러하지 아니하다.
> ② 사업주는 근로자가 가족(조부모 또는 손자녀의 경우 근로자 본인 외에도 직계비속 또는 직계존속이 있는 경우는 제외한다)의 질병, 사고, 노령 또는 자녀의 양육으로 인하여 긴급하게 그 가족을 돌보기 위한 휴가(이하 '가족돌봄휴가'라 한다)를 신청하는 경우 이를 허용하여야 한다. 다만 근로자가 청구한 시기에 가족돌봄휴가를 주는 것이 정상적인 사업 운영에 중대한 지장을 초래하는 경우에는 근로자와 협의하여 그 시기를 변경할 수 있다.
> ③ 제1항 단서에 따라 사업주가 가족돌봄휴직을 허용하지 아니하는 경우에는 해당 근로자에게 그 사유를 서면으로 통보하여야 한다.
> ④ 가족돌봄휴직 및 가족돌봄휴가의 사용기간은 다음 각 호에 따른다.
> 1. 가족돌봄휴직 기간은 연간 최장 90일로 하며, 이를 나누어 사용할 수 있을 것
> 2. 가족돌봄휴가 기간은 연간 최장 10일로 하며, 일 단위로 사용할 수 있을 것. 다만 가족돌봄휴가 기간은 가족돌봄휴직 기간에 포함된다.
> 3. ○○부 장관은 감염병의 확산 등을 원인으로 심각단계의 위기경보가 발령되는 경우, 가족돌봄휴가 기간을 연간 10일의 범위에서 연장할 수 있다.

① 조부모와 부모를 함께 모시고 사는 근로자가 조부모의 질병을 이유로 가족돌봄휴직을 신청한 경우, 사업주는 가족돌봄휴직을 허용하지 않을 수 있다.

② 사업주는 근로자가 신청한 가족돌봄휴직을 허용하지 않는 경우, 해당 근로자에게 그 사유를 구술 또는 서면으로 통보해야 한다.

③ 정상적인 사업 운영에 중대한 지장을 초래하는 경우, 사업주는 근로자의 가족돌봄휴가 시기를 근로자와 협의 없이 변경할 수 있다.

④ 근로자가 가족돌봄휴가를 8일 사용한 경우, 사업주는 이와 별도로 그에게 가족돌봄휴직을 연간 90일까지 허용해야 한다.

⑤ 감염병의 확산으로 심각단계의 위기경보가 발령되고 가족돌봄휴가 기간이 5일 연장된 경우, 사업주는 근로자에게 연간 20일의 가족돌봄휴가를 허용해야 한다.

문 83. 다음 글을 근거로 판단할 때 옳은 것은?

> 제00조 ① 영화업자는 제작 또는 수입한 영화(예고편영화를 포함한다)에 대하여 그 상영 전까지 영상물등급위원회로부터 상영등급을 분류받아야 한다. 다만 다음 각 호의 어느 하나에 해당하는 영화에 대하여는 그러하지 아니하다.
> 1. 대가를 받지 아니하고 청소년이 포함되지 아니한 특정인에 한하여 상영하는 단편영화
> 2. 영화진흥위원회가 추천하는 영화제에서 상영하는 영화
>
> ② 제1항 본문의 규정에 의한 영화의 상영등급은 영화의 내용 및 영상 등의 표현 정도에 따라 다음 각 호와 같이 분류한다. 다만 예고편영화는 제1호 또는 제4호로 분류하고 청소년 관람불가 예고편영화는 청소년 관람불가 영화의 상영 전후에만 상영할 수 있다.
> 1. 전체관람가: 모든 연령에 해당하는 자가 관람할 수 있는 영화
> 2. 12세 이상 관람가: 12세 이상의 자가 관람할 수 있는 영화
> 3. 15세 이상 관람가: 15세 이상의 자가 관람할 수 있는 영화
> 4. 청소년 관람불가: 청소년은 관람할 수 없는 영화
>
> ③ 누구든지 제1항 및 제2항의 규정을 위반하여 상영등급을 분류받지 아니한 영화를 상영하여서는 안 된다.
> ④ 누구든지 제2항 제2호 또는 제3호의 규정에 의한 상영등급에 해당하는 영화의 경우에는 해당 영화를 관람할 수 있는 연령에 도달하지 아니한 자를 입장시켜서는 안 된다. 다만 부모 등 보호자를 동반하여 관람하는 경우에는 그러하지 아니하다.
> ⑤ 누구든지 제2항 제4호의 규정에 의한 상영등급에 해당하는 영화의 경우에는 청소년을 입장시켜서는 안 된다.

① 예고편영화는 12세 이상 관람가 상영등급을 받을 수 있다.
② 청소년 관람불가 영화의 경우, 청소년은 부모와 함께 영화관에 입장하여 관람할 수 있다.
③ 상영등급 분류를 받지 않은 영화의 경우, 영화업자는 영화진흥위원회가 추천한 △△영화제에서 상영할 수 없다.
④ 영화업자는 청소년 관람불가 예고편영화를 15세 이상 관람가 영화의 상영 직전에 상영할 수 있다.
⑤ 영화업자는 초청한 노인을 대상으로 상영등급을 분류받지 않은 단편영화를 무료로 상영할 수 있다.

문 84. 다음 글을 근거로 판단할 때 옳은 것은?

> 제00조 ① 각 중앙관서의 장은 그 소관 물품관리에 관한 사무를 소속 공무원에게 위임할 수 있고, 필요하면 다른 중앙관서의 소속 공무원에게 위임할 수 있다.
> ② 제1항에 따라 각 중앙관서의 장으로부터 물품관리에 관한 사무를 위임받은 공무원을 물품관리관이라 한다.
> 제00조 ① 물품관리관은 물품수급관리계획에 정하여진 물품에 대하여는 그 계획의 범위에서, 그 밖의 물품에 대하여는 필요할 때마다 계약담당공무원에게 물품의 취득에 관한 필요한 조치를 할 것을 청구하여야 한다.
> ② 계약담당공무원은 제1항에 따른 청구가 있으면 예산의 범위에서 해당 물품을 취득하기 위한 필요한 조치를 하여야 한다.
> 제00조 물품은 국가의 시설에 보관하여야 한다. 다만 물품관리관이 국가의 시설에 보관하는 것이 물품의 사용이나 처분에 부적당하다고 인정하거나 그 밖에 특별한 사유가 있으면 국가 외의 자의 시설에 보관할 수 있다.
> 제00조 ① 물품관리관은 물품을 출납하게 하려면 물품출납공무원에게 출납하여야 할 물품의 분류를 명백히 하여 그 출납을 명하여야 한다.
> ② 물품출납공무원은 제1항에 따른 명령이 없으면 물품을 출납할 수 없다.
> 제00조 ① 물품출납공무원은 보관 중인 물품 중 사용할 수 없거나 수선 또는 개조가 필요한 물품이 있다고 인정하면 그 사실을 물품관리관에게 보고하여야 한다.
> ② 물품관리관은 제1항에 따른 보고에 의하여 수선이나 개조가 필요한 물품이 있다고 인정하면 계약담당공무원이나 그 밖의 관계 공무원에게 그 수선이나 개조를 위한 필요한 조치를 할 것을 청구하여야 한다.

① 물품출납공무원은 물품관리관의 명령이 없으면 자신의 재량으로 물품을 출납할 수 없다.
② A중앙관서의 장이 그 소관 물품관리에 관한 사무를 위임하고자 할 경우, B중앙관서의 소속 공무원에게는 위임할 수 없다.
③ 계약담당공무원은 물품을 국가의 시설에 보관하는 것이 그 사용이나 처분에 부적당하다고 인정하는 경우, 그 물품을 국가 외의 자의 시설에 보관할 수 있다.
④ 물품수급관리계획에 정해진 물품 이외의 물품이 필요한 경우, 물품관리관은 필요할 때마다 물품출납공무원에게 물품의 취득에 관한 필요한 조치를 할 것을 청구해야 한다.
⑤ 물품출납공무원은 보관 중인 물품 중 수선이 필요한 물품이 있다고 인정하는 경우, 계약담당공무원에게 수선에 필요한 조치를 할 것을 청구해야 한다.

문 85. 다음 글을 근거로 판단할 때 옳은 것은?

제○○조 ① 누구든지 법률에 의하지 아니하고는 우편물의 검열·전기통신의 감청 또는 통신사실확인자료의 제공을 하거나 공개되지 아니한 타인 상호간의 대화를 녹음 또는 청취하지 못한다.
② 다음 각 호의 어느 하나에 해당하는 자는 1년 이상 10년 이하의 징역과 5년 이하의 자격정지에 처한다.
1. 제1항에 위반하여 우편물의 검열 또는 전기통신의 감청을 하거나 공개되지 아니한 타인 상호간의 대화를 녹음 또는 청취한 자
2. 제1호에 따라 알게 된 통신 또는 대화의 내용을 공개하거나 누설한 자
③ 누구든지 단말기기 고유번호를 제공하거나 제공받아서는 안 된다. 다만 이동전화단말기 제조업체 또는 이동통신사업자가 단말기의 개통처리 및 수리 등 정당한 업무의 이행을 위하여 제공하거나 제공받는 경우에는 그러하지 아니하다.
④ 제3항을 위반하여 단말기기 고유번호를 제공하거나 제공받은 자는 3년 이하의 징역 또는 1천만 원 이하의 벌금에 처한다.
제□□조 제○○조의 규정에 위반하여, 불법검열에 의하여 취득한 우편물이나 그 내용, 불법감청에 의하여 지득(知得) 또는 채록(採錄)된 전기통신의 내용, 공개되지 아니한 타인 상호간의 대화를 녹음 또는 청취한 내용은 재판 또는 징계절차에서 증거로 사용할 수 없다.

① 甲이 불법검열에 의하여 취득한 乙의 우편물은 징계절차에서 증거로 사용할 수 있다.
② 甲이 乙과 정책용역을 수행하면서 乙과의 대화를 녹음한 내용은 재판에서 증거로 사용할 수 없다.
③ 甲이 乙과 丙 사이의 공개되지 않은 대화를 녹음하여 공개한 경우, 1천만 원의 벌금에 처해질 수 있다.
④ 이동통신사업자 甲이 乙의 단말기를 개통하기 위하여 단말기기 고유번호를 제공받은 경우, 1년의 징역에 처해질 수 있다.
⑤ 甲이 乙과 丙 사이의 우편물을 불법으로 검열한 경우, 2년의 징역과 3년의 자격정지에 처해질 수 있다.

문 86. 다음 글을 근거로 판단할 때 옳지 않은 것은?

제00조 ① 정보공개심의회(이하 '심의회'라 한다)는 다음 각 호의 구분에 따라 10인 이내의 위원으로 구성한다.
1. 내부 위원: 위원장 1인(○○실장)과 각 부서의 정보공개 담당관 중 지명된 3인
2. 외부 위원: 관련분야 전문가 중에서 총 위원수의 3분의 1 이상 위촉
② 위원은 특정 성별이 다른 성별의 2분의 1 이하가 되지 않도록 한다.
③ 위원장을 비롯한 내부 위원의 임기는 그 직위에 재직하는 기간으로 하며, 외부 위원의 임기는 2년으로 하되 2회에 한하여 연임할 수 있다.
④ 심의회는 위원장이 소집하고, 회의는 위원장을 포함한 재적위원 3분의 2 이상의 출석으로 개의하고 출석위원 3분의 2 이상의 찬성으로 의결한다.
⑤ 위원은 부득이한 이유로 참석할 수 없는 경우에는 서면으로 의견을 제출할 수 있다. 이 경우 해당 위원은 심의회에 출석한 것으로 본다.

① 외부 위원의 최대 임기는 6년이다.
② 정보공개심의회는 최소 6명의 위원으로 구성된다.
③ 정보공개심의회 내부 위원이 모두 여성일 경우, 정보공개심의회는 7명의 위원으로 구성될 수 있다.
④ 정보공개심의회가 8명의 위원으로 구성되면, 위원 3명의 찬성으로 의결되는 경우가 있다.
⑤ 위원장을 포함한 위원 5명이 직접 출석하여 이들 모두 안건에 찬성하고, 위원 2명이 부득이한 이유로 서면으로 의견을 제출한 경우, 제출된 서면 의견에 상관없이 해당 안건은 찬성으로 의결된다.

문 87. 다음 글을 근거로 판단할 때 옳은 것은?

> 제00조 재해경감 우수기업(이하 '우수기업'이라 한다)이란 재난으로부터 피해를 최소화하기 위한 재해경감활동으로 우수기업 인증을 받은 기업을 말한다.
> 제00조 ① 우수기업으로 인증받고자 하는 기업은 A부 장관에게 신청하여야 한다.
> ② A부 장관은 제1항에 따라 신청한 기업의 재해경감활동에 대하여 다음 각 호의 기준에 따라 평가를 실시하고 우수기업으로 인증할 수 있다.
> 1. 재난관리 전담조직을 갖출 것
> 2. 매년 1회 이상 종사자에게 재난관리 교육을 실시할 것
> 3. 재해경감활동 비용으로 총 예산의 5% 이상 할애할 것
> 4. 방재관련 인력을 총 인원의 2% 이상 갖출 것
> ③ 제2항 각 호의 충족 여부는 매년 1월 말을 기준으로 평가하며, 모든 요건을 갖춘 경우 우수기업으로 인증한다. 다만 제3호의 경우 최초 평가에 한하여 해당 기준을 3개월 내에 충족할 것을 조건으로 인증할 수 있다.
> ④ 제3항에서 정하는 평가 및 인증에 소요되는 비용은 신청하는 자가 부담한다.
> 제00조 A부 장관은 인증받은 우수기업을 6개월마다 재평가하여 다음 각 호의 어느 하나에 해당하는 때에는 인증을 취소할 수 있다. 다만 제1호의 경우에는 인증을 취소하여야 한다.
> 1. 거짓이나 그 밖의 부정한 방법으로 인증을 받은 경우
> 2. 인증 평가기준에 미달되는 경우
> 3. 양도·양수·합병 등에 의하여 인증받은 요건이 변경된 경우

① 처음 우수기업 인증을 받고자 하는 甲기업이 총 예산의 4%를 재해경감활동 비용으로 할애하였다면, 다른 모든 기준을 충족하였더라도 우수기업으로 인증받을 여지가 없다.
② A부 장관이 乙기업을 평가하여 2022. 2. 25. 우수기업으로 인증한 경우, A부 장관은 2022. 6. 25.까지 재평가를 해야 한다.
③ 丙기업이 우수기업 인증을 신청하는 경우, 인증에 소요되는 비용은 A부 장관이 부담한다.
④ 丁기업이 재난관리 전담조직을 갖춘 것처럼 거짓으로 신청서를 작성하여 우수기업으로 인증을 받은 경우라도, A부 장관은 인증을 취소하지 않을 수 있다.
⑤ 우수기업인 戊기업이 己기업을 흡수합병하면서 재평가 당시 일시적으로 방재관련 인력이 총 인원의 1.5%가 되었더라도, A부 장관은 戊기업의 인증을 취소하지 않을 수 있다.

문 88. 다음 글을 근거로 판단할 때 옳은 것은?

> 제00조 정비사업이란 도시기능을 회복하기 위하여 정비구역에서 정비사업시설을 정비하거나 주택 등 건축물을 개량 또는 건설하는 주거환경개선사업, 재개발사업, 재건축사업 등을 말한다.
> 제00조 특별자치시장·특별자치도지사·시장·군수·구청장(이하 '시장 등'이라 한다)은 노후불량건축물이 밀집하는 구역에 대하여 정비계획에 따라 정비구역을 지정할 수 있다.
> 제00조 시장 등이 아닌 자가 정비사업을 시행하려는 경우에는 토지 등 소유자로 구성된 조합을 설립해야 한다.
> 제00조 ① 시장 등이 아닌 사업시행자가 정비사업 공사를 완료한 때에는 시장 등의 준공인가를 받아야 한다.
> ② 제1항에 따라 준공인가신청을 받은 시장 등은 지체 없이 준공검사를 실시해야 한다.
> ③ 시장 등은 제2항에 따른 준공검사를 실시한 결과 정비사업이 인가받은 사업시행 계획대로 완료되었다고 인정되는 때에는 준공인가를 하고 공사의 완료를 해당 지방자치단체의 공보에 고시해야 한다.
> ④ 시장 등은 직접 시행하는 정비사업에 관한 공사가 완료된 때에는 그 완료를 해당 지방자치단체의 공보에 고시해야 한다.
> 제00조 ① 정비구역의 지정은 공사완료의 고시가 있은 날의 다음 날에 해제된 것으로 본다.
> ② 제1항에 따른 정비구역의 해제는 조합의 존속에 영향을 주지 않는다.

① 甲특별자치시장이 직접 정비사업을 시행하려는 경우에는 토지 등 소유자로 구성된 조합을 설립해야 한다.
② A도 乙군수가 직접 시행하는 정비사업에 관한 공사가 완료된 때에는 A도지사에게 준공인가신청을 해야 한다.
③ 丙시장이 사업시행자 B의 정비사업에 관해 준공인가를 하면, 토지 등 소유자로 구성된 조합은 해산된다.
④ 丁시장이 사업시행자 C의 정비사업에 관해 공사완료를 고시하면, 정비구역의 지정은 고시한 날 해제된다.
⑤ 戊시장이 직접 시행하는 정비사업에 관한 공사가 완료된 때에는 그 완료를 戊시의 공보에 고시해야 한다.

문 89. 다음 글을 근거로 판단할 때 옳은 것은?

> 제00조 ① 선박이란 수상 또는 수중에서 항행용으로 사용하거나 사용할 수 있는 배 종류를 말하며 그 구분은 다음 각 호와 같다.
> 1. 기선: 기관(機關)을 사용하여 추진하는 선박과 수면비행선박(표면효과 작용을 이용하여 수면에 근접하여 비행하는 선박)
> 2. 범선: 돛을 사용하여 추진하는 선박
> 3. 부선: 자력(自力) 항행능력이 없어 다른 선박에 의하여 끌리거나 밀려서 항행되는 선박
>
> ② 소형선박이란 다음 각 호의 어느 하나에 해당하는 선박을 말한다.
> 1. 총톤수 20톤 미만인 기선 및 범선
> 2. 총톤수 100톤 미만인 부선
>
> 제00조 ① 매매계약에 의한 선박 소유권의 이전은 계약당사자 사이의 양도합의만으로 효력이 생긴다. 다만 소형선박 소유권의 이전은 계약당사자 사이의 양도합의와 선박의 등록으로 효력이 생긴다.
> ② 선박의 소유자(제1항 단서의 경우에는 선박의 매수인)는 선박을 취득(제1항 단서의 경우에는 매수)한 날부터 60일 이내에 선적항을 관할하는 지방해양수산청장에게 선박의 등록을 신청하여야 한다. 이 경우 총톤수 20톤 이상인 기선과 범선 및 총톤수 100톤 이상인 부선은 선박의 등기를 한 후에 선박의 등록을 신청하여야 한다.
> ③ 지방해양수산청장은 제2항의 등록신청을 받으면 이를 선박원부(船舶原簿)에 등록하고 신청인에게 선박국적증서를 발급하여야 한다.
>
> 제00조 선박의 등기는 등기할 선박의 선적항을 관할하는 지방법원, 그 지원 또는 등기소를 관할 등기소로 한다.

① 총톤수 80톤인 부선의 매수인 甲이 선박의 소유권을 취득하기 위해서는 매도인과 양도합의를 하고 선박을 등록해야 한다.
② 총톤수 100톤인 기선의 소유자 乙이 선박의 등기를 하기 위해서는 먼저 관할 지방해양수산청장에게 선박의 등록을 신청해야 한다.
③ 총톤수 60톤인 기선의 소유자 丙은 선박을 매수한 날부터 60일 이내에 해양수산부장관에게 선박의 등록을 신청해야 한다.
④ 총톤수 200톤인 부선의 소유자 丁이 선적항을 관할하는 등기소에 선박의 등기를 신청하면, 등기소는 丁에게 선박국적증서를 발급해야 한다.
⑤ 총톤수 20톤 미만인 범선의 매수인 戊가 선박의 등록을 신청하면, 관할 법원은 이를 선박원부에 등록하고 戊에게 선박국적증서를 발급해야 한다.

문 90. 다음 글을 근거로 판단할 때 옳은 것은?

> 제00조 ① 자신의 생명 또는 신체상의 위험을 무릅쓰고 급박한 위해에 처한 다른 사람의 생명·신체 또는 재산을 구하기 위한 구조행위로서 다음 각 호의 어느 하나의 경우에 대해서는 이 법을 적용한다. 다만 자신의 행위로 인하여 위해에 처한 사람에 대하여 구조행위를 하다가 사망하거나 부상을 입은 행위는 제외한다.
> 1. 범죄행위를 제지하거나 그 범인을 체포하다가 사망하거나 부상을 입은 경우
> 2. 운송수단의 사고로 위해에 처한 다른 사람의 생명·신체 또는 재산을 구하다가 사망하거나 부상을 입은 경우
> 3. 천재지변, 수난(水難), 화재 등으로 위해에 처한 다른 사람의 생명·신체 또는 재산을 구하다가 사망하거나 부상을 입은 경우
> 4. 물놀이 등을 하다가 위해에 처한 다른 사람의 생명 또는 신체를 구하다가 사망하거나 부상을 입은 경우
>
> ② 의사자(義死者)란 직무 외의 행위로서 구조행위를 하다가 사망하여 □□부장관이 의사자로 인정한 사람을 말한다.
> ③ 의상자(義傷者)란 직무 외의 행위로서 구조행위를 하다가 신체상의 부상을 입어 □□부장관이 의상자로 인정한 사람을 말한다.
>
> 제00조 ① 국가는 의사자·의상자가 보여준 살신성인의 숭고한 희생정신과 용기가 항구적으로 존중될 수 있도록 서훈(敍勳)을 수여하는 등 필요한 조치를 할 수 있다.
> ② 국가와 지방자치단체는 의사자를 추모하고 숭고한 뜻을 기리기 위한 동상 및 비석 등의 기념물을 설치하는 기념사업을 수행할 수 있다.
> ③ 국가는 다음 각 호의 기준에 따라 의상자 및 의사자 유족에게 보상금을 지급한다.
> 1. 의상자의 경우에는 그 본인에게 지급한다.
> 2. 의사자의 경우에는 그 배우자, 자녀, 부모, 조부모, 형제자매의 순으로 지급한다. 이 경우 같은 순위의 유족이 2인 이상인 때에는 보상금을 같은 금액으로 나누어 지급한다.

※ 서훈: 공적의 등급에 따라 훈장을 내림

① 의사자 甲에게 배우자와 자녀가 있는 경우, 보상금은 전액 배우자에게 지급된다.
② 지방자치단체는 의상자 乙에게 서훈을 수여하거나 동상을 설치하는 기념사업을 수행할 수 있다.
③ 소방관 丙이 화재 현장에 출동하여 화재를 진압하던 중 부상을 입은 경우, 丙은 의상자로 인정될 수 있다.
④ 물놀이를 하던 丁이 물에 빠진 애완동물을 구조하던 중 부상을 입은 경우, 丁은 의상자로 인정될 수 있다.
⑤ 운전자 戊가 자신이 일으킨 교통사고의 피해자를 구조하던 중 다른 차량에 치여 부상당한 경우, 戊는 의상자로 인정될 수 있다.

문 91. 다음 글을 근거로 판단할 때 옳은 것은?

> 제00조 ① 본인 또는 배우자, 직계혈족(이하 '본인 등'이라 한다)은 가족관계등록부의 기록사항에 관하여 발급할 수 있는 증명서(가족관계증명서, 기본증명서, 혼인관계증명서, 입양관계증명서, 친양자입양관계증명서 등)의 교부를 청구할 수 있고, 본인 등의 대리인이 청구하는 경우에는 본인 등의 위임을 받아야 한다. 다만 다음 각 호의 어느 하나에 해당하는 경우에는 본인 등이 아닌 경우에도 교부를 신청할 수 있다.
> 1. 국가 또는 지방자치단체가 직무상 필요에 따라 문서로 신청하는 경우
> 2. 소송·민사집행의 각 절차에서 필요한 경우
> 3. 다른 법령에서 본인 등에 관한 증명서를 제출하도록 요구하는 경우
>
> ② 제1항에도 불구하고 친양자입양관계증명서는 다음 각 호의 어느 하나에 해당하는 경우에 한하여 교부를 청구할 수 있다.
> 1. 친양자가 성년이 되어 신청하는 경우
> 2. 법원의 사실조회촉탁이 있거나 수사기관이 수사상 필요에 따라 문서로 신청하는 경우
>
> ③ 제1항 및 제2항에 따라 증명서의 교부를 청구하는 사람은 수수료를 납부하여야 하며, 증명서의 송부를 신청하는 경우에는 우송료를 따로 납부하여야 한다.
>
> ④ 본인 또는 배우자, 부모, 자녀는 가족관계등록부의 기록사항 전부 또는 일부에 대하여 전자적 방법에 의한 열람을 청구할 수 있다. 다만 친양자입양관계증명서의 기록사항에 대하여는 친양자가 성년이 된 이후에만 청구할 수 있다.

① A의 직계혈족인 B가 A의 기본증명서 교부를 청구할 때에는 A의 위임을 받아야 한다.

② 본인의 입양관계증명서 교부를 청구한 C는 수수료와 우송료를 일괄 납부하여야 한다.

③ 지방자치단체는 직무상 필요에 따라 구두로 지역주민 D의 가족관계증명서 교부를 신청할 수 있다.

④ E의 자녀 F는 E의 혼인관계증명서의 기록사항에 대해 전자적 방법에 의한 열람을 청구할 수 있다.

⑤ 미성년자 G는 본인의 친양자입양관계증명서의 기록사항에 대해 전자적 방법에 의한 열람을 청구할 수 있다.

문 92. 다음 글을 근거로 판단할 때, 입찰공고 기간을 준수한 것은?

> 제00조 ① 입찰공고(이하 '공고'라 한다)는 입찰서 제출마감일의 전일부터 기산(起算)하여 7일 전에 이를 행하여야 한다.
>
> ② 공사를 입찰하는 경우로서 현장설명을 실시하는 경우에는 현장설명일의 전일부터 기산하여 7일 전에 공고하여야 한다. 다만 입찰참가자격을 사전에 심사하려는 공사에 관한 입찰의 경우에는 현장설명일의 전일부터 기산하여 30일 전에 공고하여야 한다.
>
> ③ 공사를 입찰하는 경우로서 현장설명을 실시하지 아니하는 경우에는 입찰서 제출마감일의 전일부터 기산하여 다음 각 호에서 정한 기간 전에 공고하여야 한다.
> 1. 입찰가격이 10억 원 미만인 경우: 7일
> 2. 입찰가격이 10억 원 이상 50억 원 미만인 경우: 15일
> 3. 입찰가격이 50억 원 이상인 경우: 40일
>
> ④ 제1항부터 제3항까지의 규정에도 불구하고 다음 각 호의 어느 하나에 해당하는 경우에는 입찰서 제출마감일의 전일부터 기산하여 5일 전까지 공고할 수 있다.
> 1. 재공고입찰의 경우
> 2. 다른 국가사업과 연계되어 일정조정이 불가피한 경우
> 3. 긴급한 행사 또는 긴급한 재해예방·복구 등을 위하여 필요한 경우
>
> ⑤ 협상에 의해 계약을 체결하는 경우에는 제1항 및 제4항에도 불구하고 제안서 제출마감일의 전일부터 기산하여 40일 전에 공고하여야 한다. 다만 다음 각 호의 어느 하나에 해당하는 경우에는 제안서 제출마감일의 전일부터 기산하여 10일 전까지 공고할 수 있다.
> 1. 제4항 각 호의 어느 하나에 해당하는 경우
> 2. 입찰가격이 고시금액 미만인 경우

① A부서는 건물 청소 용역업체 교체를 위해 제출마감일을 2021. 4. 1.로 정하고 2021. 3. 26. 공고를 하였다.

② B부서는 입찰참가자격을 사전에 심사하고 현장설명을 실시하는 신청사 건설공사 입찰가격을 30억 원에 진행하고자, 현장설명일을 2021. 4. 1.로 정하고 2021. 3. 15. 공고를 하였다.

③ C부서는 협상에 의해 헬기도입에 관한 계약을 체결하려고 하였는데, 다른 국가사업과 연계되어 일정조정이 불가피하게 되자 제출마감일을 2021. 4. 1.로 정하고 2021. 3. 19. 공고를 하였다.

④ D부서는 협상에 의해 다른 국가사업과 관계없는 계약을 체결하고자, 제출마감일을 2021. 4. 1.로 정하고 2021. 3. 26. 공고를 하였다.

⑤ E부서는 현장설명 없이 5억 원에 주차장 공사를 입찰하고자 2021. 4. 1.을 제출마감일로 하여 공고하였으나, 입찰자가 1개 회사밖에 없어 제출마감일을 2021. 4. 9.로 다시 정하고 2021. 4. 5. 재공고하였다.

문 93. 다음 글을 근거로 판단할 때 옳은 것은?

제○○조(동물학대 등의 금지) 누구든지 동물에 대하여 학대행위를 하여서는 아니 된다.
제△△조(동물보호센터의 설치·지정 등) ① 지방자치단체의 장은 동물의 구조·보호조치 등을 위하여 A부장관이 정하는 기준에 맞는 동물보호센터를 설치·운영할 수 있다.
② A부장관은 지방자치단체의 장이 설치·운영하는 동물보호센터의 설치·운영비용의 전부 또는 일부를 지원할 수 있다.
③ 지방자치단체의 장은 A부장관이 정하는 기준에 맞는 기관이나 단체를 동물보호센터로 지정하여 동물의 구조·보호조치 등을 하게 할 수 있고, 이때 소요비용(이하 '보호비용'이라 한다)의 전부 또는 일부를 지원할 수 있다.
④ 제3항에 따른 동물보호센터로 지정받으려는 기관이나 단체는 A부장관이 정하는 바에 따라 지방자치단체의 장에게 신청하여야 한다.
⑤ 지방자치단체의 장은 지정된 동물보호센터가 다음 각 호의 어느 하나에 해당하는 경우에는 그 지정을 취소할 수 있다. 다만 제1호에 해당하는 경우에는 지정을 취소하여야 한다.
1. 거짓이나 그 밖의 부정한 방법으로 지정을 받은 경우
2. 제3항에 따른 지정기준에 맞지 아니하게 된 경우
3. 제○○조의 규정을 위반한 경우
4. 보호비용을 거짓으로 청구한 경우
⑥ 지방자치단체의 장은 제5항에 따라 지정이 취소된 기관이나 단체를 지정이 취소된 날부터 1년 이내에는 다시 동물보호센터로 지정하여서는 아니 된다. 다만 제5항 제3호에 따라 지정이 취소된 기관이나 단체는 지정이 취소된 날부터 2년 이내에는 다시 동물보호센터로 지정하여서는 아니 된다.

① A부장관은 지방자치단체의 장이 지정한 동물보호센터에 보호비용의 일부를 지원하여야 한다.
② 지정된 동물보호센터가 동물을 학대한 사실이 확인된 경우, 지방자치단체의 장은 그 지정을 취소하여야 한다.
③ 동물보호센터로 지정받고자 하는 기관은 지방자치단체의 장이 정하는 바에 따라 A부장관에게 신청하여야 한다.
④ 부정한 방법으로 동물보호센터 지정을 받아 그 지정이 취소된 기관은 지정이 취소된 날부터 2년이 지나야 다시 동물보호센터로 지정받을 수 있다.
⑤ 지정된 동물보호센터가 보호비용을 거짓으로 청구한 경우라도 지방자치단체의 장은 그 지정을 취소해야 하는 것은 아니다.

문 94. 다음 글을 근거로 판단할 때 옳은 것은?

제00조(소하천의 점용 등) ① 소하천에서 다음 각 호의 어느 하나에 해당하는 행위를 하려는 자는 그 소하천을 지정한 시장·군수 또는 구청장(이하 '관리청'이라 한다)의 허가(이하 '소하천 점용·사용 허가'라 한다)를 받아야 한다.
1. 유수(流水)의 점용
2. 토지의 점용
3. 토석·모래·자갈, 그 밖의 소하천 산출물의 채취
4. 인공구조물의 신축·개축 또는 변경
② 관리청은 소하천에 대하여 제1항 제1호에 따른 허가를 한 때에는 그 내용을 A부장관에게 통보하여야 한다.
제00조(원상회복 의무) ① 소하천 점용·사용 허가를 받은 자는 그 허가가 실효(失效)되거나 점용 또는 사용을 폐지한 경우에는 그 소하천을 원상으로 회복시켜야 한다.
② 관리청은 필요한 경우 제1항의 원상회복 의무를 면제할 수 있고, 이때 그 인공구조물이나 그 밖의 물건은 해당 지방자치단체에 무상(無償)으로 귀속된다.
제00조(점용료 등의 징수) ① 관리청은 소하천 점용·사용 허가를 받은 자로부터 유수 및 토지의 점용료, 토석·모래·자갈 등 소하천 산출물의 채취료(이하 '점용료 등'이라 한다)를 징수할 수 있다.
② 관리청은 소하천 점용·사용 허가를 받지 아니하고 소하천을 점용하거나 사용한 자로부터 변상금을 징수할 수 있다.
③ 소하천 점용·사용 허가를 받으려는 자는 수수료를 내야 한다.
④ 관리청은 소하천 점용·사용 허가를 하는 경우로서 다음 각 호의 어느 하나에 해당하는 경우에는 점용료 등 또는 수수료를 감면할 수 있다. 이 경우 점용료 등의 감면 비율은 대통령령으로 정하고, 수수료의 감면 비율은 해당 지방자치단체의 조례로 정한다.
1. 공공용 사업, 그 밖의 공익 목적 비영리사업인 경우
2. 재해나 그 밖의 특별한 사정으로 본래의 점용 목적을 달성할 수 없는 경우

① 관리청은 소하천에서의 토석 채취를 허가한 경우, 그 내용을 A부장관에게 통보하여야 한다.
② 관리청이 소하천에서의 인공구조물 신축 허가를 받은 자에게 원상회복 의무를 면제한 경우, 해당 인공구조물은 그 허가를 받은 자에게 귀속된다.
③ 소하천 점용·사용 허가에 따른 점용료 등과 수수료의 각 감면 비율은 해당 지방자치단체의 조례로 정한다.
④ 소하천 점용·사용 허가를 하는 경우에 재해로 인하여 본래의 점용 목적을 달성할 수 없는 때에는 관리청은 점용료 등을 감면할 수 있다.
⑤ 공공용 사업을 위해 소하천 점용·사용 허가를 받지 않고 소하천을 점용한 경우, 관리청은 변상금을 감면할 수 있다.

문 95. 다음 글을 근거로 판단할 때 옳은 것은?

> 제00조(정의) 이 법에서 사용하는 용어의 뜻은 다음과 같다.
> 1. "인공우주물체"란 우주공간에서 사용하는 것을 목적으로 설계·제작된 물체(우주발사체, 인공위성, 우주선 및 그 구성품을 포함한다)를 말한다.
> 2. "우주발사체"란 자체 추진기관에 의하여 인공위성이나 우주선 등을 우주공간에 진입시키는 인공우주물체를 말한다.
>
> 제00조(인공우주물체의 국내 등록) ① 인공우주물체(우주발사체는 제외한다. 이하 같다)를 발사하려는 경우, 다음 각 호의 구분에 따라 발사 예정일부터 180일 전까지 과학기술정보통신부장관에게 예비등록을 하여야 한다.
> 1. 대한민국 국민이 국내외에서 발사하려는 경우
> 2. 대한민국 국민이 아닌 자가 대한민국 영역 또는 대한민국의 관할권이 미치는 지역·구조물에서 발사하려는 경우
> 3. 대한민국 국민이 아닌 자가 대한민국 정부 또는 국민이 소유하고 있는 우주발사체를 이용하여 국외에서 발사하려는 경우
>
> ② 제1항에 따라 인공우주물체를 예비등록하려는 자는 다음 각 호의 사항이 포함된 발사계획서를 첨부하여야 한다.
> 1. 인공우주물체의 사용 목적에 관한 사항
> 2. 인공우주물체의 소유권자 또는 이용권자에 관한 사항
> 3. 인공우주물체의 기본적 궤도에 관한 사항
> 4. 우주사고 발생 시의 손해배상책임 이행에 관한 사항
>
> ③ 제1항에 따라 인공우주물체를 예비등록한 자는 그 인공우주물체가 위성궤도에 진입한 날부터 90일 이내에 과학기술정보통신부장관에게 인공우주물체를 등록하여야 한다. 다만 국제 협약에 따라 발사국 정부와 합의하여 외국에 등록한 인공우주물체에 대하여는 그러하지 아니하다.

① 대한민국 국민이 우주발사체를 발사하려는 경우, 과학기술정보통신부장관에게 그 발사체를 예비등록하여야 한다.

② 대한민국 국민이 아닌 자가 대한민국 정부 소유의 우주발사체를 이용하여 국내에서 인공위성을 발사하려는 경우, 그 위성을 예비등록할 필요가 없다.

③ 우주선을 발사하려는 자는 그 사용 목적에 관한 사항이 포함된 발사계획서를 첨부하여 발사 예정일부터 9개월 전까지 예비등록하여야 한다.

④ 국제 협약에 따라 발사국 정부와 합의하여 외국에 등록한 인공위성의 경우, 위성궤도에 진입한 날부터 90일이 경과했더라도 과학기술정보통신부장관에게 그 위성을 등록하지 않아도 된다.

⑤ 인공위성을 예비등록한 자가 그 위성을 발사한 경우, 발사한 날부터 90일 이내에 과학기술정보통신부장관에게 인공위성을 등록하여야 한다.

문 96. 다음 글을 근거로 판단할 때 옳은 것은?

> 제00조(간행물 정가 표시 및 판매) ① 출판사가 판매를 목적으로 간행물(전자출판물을 포함한다. 이하 같다)을 발행할 때에는 소비자에게 판매하는 가격(이하 '정가'라 한다)을 정하여 해당 간행물의 표지에 표시하여야 한다.
>
> ② 제1항에도 불구하고 전자출판물의 경우에는 출판사가 정가를 서지정보에 명기하고, 전자출판물을 판매하는 자는 출판사가 서지정보에 명기한 정가를 구매자가 식별할 수 있도록 판매사이트에 표시하여야 한다.
>
> ③ 간행물을 판매하는 자는 이를 정가대로 판매하여야 한다.
>
> ④ 제3항에도 불구하고 간행물을 판매하는 자는 독서 진흥을 위하여 정가의 15퍼센트 이내에서 가격할인과 경제상의 이익을 자유롭게 조합하여 판매할 수 있다. 이 경우 가격할인은 정가의 10퍼센트 이내로 하여야 한다.
>
> ⑤ 다음 각 호의 어느 하나에 해당하는 간행물에 대하여는 제3항 및 제4항에 따른 제한을 적용하지 아니한다.
> 1. 사회복지시설에 판매하는 간행물
> 2. 저작권자에게 판매하는 간행물
>
> ⑥ 제4항에서 "경제상의 이익"이란 간행물의 거래에 부수하여 소비자에게 제공되는 다음 각 호의 어느 하나에 해당하는 것을 말한다.
> 1. 물품
> 2. 할인권
> 3. 상품권

① 출판사가 사회복지시설에 판매할 목적으로 간행물을 발행할 때에는 정가를 표시할 필요가 없다.

② 전자출판물을 판매하는 자는 서지정보에 정가가 명기되어 있다면, 판매사이트에는 할인된 가격만 표시해도 된다.

③ 간행물을 판매하는 자는 저작권자에게 간행물을 정가의 20퍼센트 할인한 가격으로 판매할 수 없다.

④ 간행물을 판매하는 자가 간행물을 할인하여 판매할 경우, 가격할인은 정가의 15퍼센트로 한다.

⑤ 간행물을 판매하는 자는 독서 진흥을 위하여 정가 20,000원인 간행물을 19,000원에 판매하고 이에 부수하여 2,000원 상당의 물품을 제공할 수 있다.

문 97. 다음 글을 근거로 판단할 때 옳은 것은?

제00조(정의) 이 법에서 사용하는 용어의 뜻은 다음과 같다.
1. "건강검사"란 신체의 발달상황 및 능력, 정신건강 상태, 생활습관, 질병의 유무 등에 대하여 조사하거나 검사하는 것을 말한다.
2. "학교"란 유치원, 초·중·고등학교, 대학·산업대학·교육대학·전문대학 및 각종학교를 말한다.
3. "관할청"이란 다음 각 목의 구분에 따른 지도·감독기관을 말한다.
가. 국립 유치원, 국립 초·중·고등학교: 교육부장관
나. 공·사립 유치원, 공·사립 초·중·고등학교: 교육감
다. 대학·산업대학·교육대학·전문대학 및 각종학교: 교육부장관

제00조(건강검사 등) ① 학교의 장은 학생과 교직원에 대하여 건강검사를 실시하여야 한다.
② 학교의 장은 천재지변 등 부득이한 사유가 있는 경우 관할청의 승인을 받아 건강검사를 연기하거나 건강검사의 전부 또는 일부를 생략할 수 있다.
③ 학교의 장은 정신건강 상태 검사를 실시할 때 필요한 경우에는 학부모의 동의 없이 실시할 수 있다. 이 경우 학교의 장은 그 실시 후 지체 없이 해당 학부모에게 검사 사실을 통보하여야 한다.

제00조(등교 중지) ① 감염병으로 인해 주의 이상의 위기경보가 발령되는 경우, 교육부장관은 질병관리청장과 협의하여 등교 중지가 필요하다고 인정되는 학생 또는 교직원에 대하여 등교를 중지시킬 것을 학교의 장에게 명할 수 있다. 이 경우 해당 학교의 관할청을 경유하여야 한다.
② 제1항에 따른 명을 받은 학교의 장은 해당 학생 또는 교직원에 대하여 지체 없이 등교를 중지시켜야 한다.

① 건강검사와 관련하여 국·공립 중학교의 관할청은 교육부장관이다.
② 학생의 정신건강 상태 검사를 실시하는 경우, 학교의 장은 필요한 때에는 학부모의 동의 없이 이를 실시할 수 있다.
③ 교육부장관이 사립대학 교직원의 등교 중지를 명하는 경우, 관할 교육감을 경유하여야 한다.
④ 학교의 장은 천재지변이 발생한 경우, 건강검사를 다음 학년도로 연기하거나 생략하여야 한다.
⑤ 감염병으로 인해 주의 이상의 위기경보가 발령되는 경우, 질병관리청장은 학교의 장에게 학생 또는 교직원에 대한 등교 중지를 명할 수 있다.

문 98. 다음 글을 근거로 판단할 때 옳지 않은 것은?

제00조(지방전문경력관직위 지정) 지방자치단체의 장(교육감을 포함한다. 이하 같다)은 해당 기관의 공무원 직위 중 순환보직이 곤란하거나 장기 재직 등이 필요한 특수 업무 분야의 직위를 지방전문경력관직위로 지정할 수 있다.

제00조(직위군 구분) ① 지방전문경력관직위의 군(이하 '직위군'이라 한다)은 직무의 특성·난이도 및 직무에 요구되는 숙련도 등에 따라 가군, 나군 및 다군으로 구분한다.
② 지방자치단체의 장이 지방전문경력관직위를 지정할 때에는 해당 지방전문경력관직위를 제1항의 직위군 중 어느 하나에 배정하여야 한다.

제00조(시험실시기관) 지방전문경력관의 임용시험은 특별시·광역시·특별자치시·도·특별자치도(이하 '시·도'라 한다) 단위로 해당 시·도 인사위원회에서 실시한다.

제00조(임용시험 공고) 시·도 인사위원회는 다음 각 호의 어느 하나에 해당하는 경우에는 지방전문경력관 임용시험 공고를 하지 아니할 수 있다.
1. 임용시험에 따른 비용이 지나치게 많이 들거나 그 밖에 이에 준하는 특별한 사유가 있는 경우
2. 외국인, 북한이탈주민을 임용하는 경우로서 불가피한 사유가 있는 경우

제00조(임용시험의 방법) 임용권자는 지방전문경력관을 임용할 때에는 응시요건을 갖추었는지 등을 서면으로 심사하고, 해당 직무 수행에 필요한 지식·능력 및 적격성 등을 필기시험, 실기시험, 면접시험을 통하여 검정(檢定)하여야 한다. 다만 필기시험 또는 실기시험은 시·도 인사위원회가 필요하다고 인정하는 경우에만 실시한다.

제00조(시보임용) 지방전문경력관 가군을 신규임용할 때에는 1년간 시보(試補)로 임용하고, 지방전문경력관 나군 및 지방전문경력관 다군은 각각 6개월간 시보로 임용한다.

① 甲도지사가 지방전문경력관직위를 지정할 때에는 가군, 나군, 다군 중 어느 하나에 배정해야 한다.
② 乙교육감은 해당 기관 내 장기 재직이 필요한 특수 업무 분야의 직위를 지방전문경력관직위로 지정할 수 있다.
③ 丙이 지방전문경력관으로 신규임용될 경우, 시보임용 기간은 해당 직위군에 따라 다를 수 있다.
④ 임용시험을 실시하는 경우, 그 실시에 비용이 지나치게 많이 든다면 임용권자는 면접시험을 통한 검정 없이 지방전문경력관을 임용할 수 있다.
⑤ 외국인을 지방전문경력관으로 임용하는 경우, 불가피한 사유가 있는 때에는 임용시험 공고를 하지 아니할 수 있다.

문 99. 다음 글을 근거로 판단할 때 옳은 것은?

> 제00조(공공데이터의 제공 및 이용 활성화에 관한 기본계획) ① 정부는 공공데이터의 제공 및 이용 활성화에 관한 기본계획(이하 '기본계획'이라 한다)을 수립하여야 한다.
> ② 기본계획은 행정안전부장관이 과학기술정보통신부장관과 협의하여 매 3년마다 국가 및 각 지방자치단체의 부문계획을 종합하여 수립하며, 공공데이터전략위원회(이하 '전략위원회'라 한다)의 심의·의결을 거쳐 확정한다. 기본계획 중 중요한 사항을 변경하는 경우에도 또한 같다.
> ③ 행정안전부장관은 전략위원회의 심의를 거쳐 국가와 지방자치단체의 부문계획의 작성지침을 정하고 이를 관계 기관에 통보할 수 있으며, 기본계획의 작성을 위하여 필요한 경우 공공기관의 장에게 관련 자료의 제출을 요청할 수 있다.
> 제00조(공공데이터의 제공 및 이용 활성화에 관한 시행계획) ① 국가와 지방자치단체의 장은 기본계획에 따라 매년 공공데이터의 제공 및 이용 활성화에 관한 시행계획(이하 '시행계획'이라 한다)을 수립하여야 한다.
> ② 중앙행정기관의 장과 지방자치단체의 장은 시행계획을 전략위원회에 제출하고, 전략위원회의 심의·의결을 거쳐 시행하여야 한다. 시행계획 중 중요한 사항을 변경하는 경우에도 또한 같다.
> 제00조(공공데이터의 제공 운영실태 평가) ① 행정안전부장관은 매년 공공기관(국회·법원·헌법재판소 및 중앙선거관리위원회는 제외한다. 이하 이 조에서 같다)을 대상으로 공공데이터의 제공기반조성, 제공현황 등 제공 운영실태를 평가하여야 한다.
> ② 행정안전부장관은 제1항에 따른 평가결과를 전략위원회와 국무회의에 보고한 후 이를 공공기관의 장에게 통보하고 공표하여야 하며, 전략위원회가 개선이 필요하다고 권고한 사항에 대하여는 해당 공공기관에 시정요구 등의 조치를 취하여야 한다.
> ③ 행정안전부장관은 제1항에 따른 평가결과가 우수한 공공기관이나 공공데이터 제공에 이바지한 공로가 인정되는 공무원 또는 공공기관 임직원을 선정하여 포상할 수 있다.

① 행정안전부장관은 기본계획의 작성을 위해 필요한 경우, 관련 자료의 제출을 공공기관의 장에게 요청할 수 있다.
② 지방자치단체의 장은 시행계획 중 중요한 사항을 변경하는 경우, 공공데이터전략위원회의 심의를 생략하고 이를 시행할 수 있다.
③ 행정안전부장관은 헌법재판소를 대상으로 공공데이터의 제공 운영실태를 평가하여야 한다.
④ 공공데이터전략위원회는 공공데이터의 제공 운영실태 평가 결과를 행정안전부장관에게 보고하여야 한다.
⑤ 공공데이터의 제공 운영실태 평가에 따른 포상 대상은 공무원에 한한다.

문 100. 다음 글을 근거로 판단할 때 옳은 것은?

> 제○○조(문화관광형시장의 지정·육성) ① 시장·군수·구청장(이하 '시장 등'이라 한다)은 직접 또는 상인조직을 대표하는 자가 신청하는 경우 시·도지사의 승인을 받아 문화관광형시장을 지정할 수 있다. 이 경우 시·도지사는 중소벤처기업부장관 및 문화체육관광부장관과 협의를 거쳐 승인 여부를 결정하여야 한다.
> ② 시장 등은 문화관광형시장을 지정한 경우에는 그 지정 내용과 육성계획을 중소벤처기업부장관과 시·도지사에게 제출하여야 한다.
> ③ 정부와 지방자치단체는 지정된 문화관광형시장을 육성하기 위하여 다음 각 호의 사항을 지원할 수 있다.
> 1. 문화관광형시장으로 육성하기 위하여 필요한 공공시설과 편의시설의 설치 및 개량
> 2. 기념품 및 지역특산품의 개발과 판매시설 설치
> 3. 지역특성을 반영한 축제·행사·문화공연 개최
> 4. 시장·상점가와 지역 문화·관광자원을 연계한 상품 및 문화·관광 콘텐츠의 개발과 홍보
> 5. 문화관광형시장의 상인 및 상인조직에 대한 교육
>
> 제□□조(문화관광형시장 지정의 해제) ① 시·도지사는 지정된 문화관광형시장이 다음 각 호의 어느 하나에 해당하는 경우에는 그 지정을 해제할 수 있다.
> 1. 문화관광형시장을 지정한 날부터 3개월 이내에 제○○조 제2항에 따라 지정 내용과 육성계획이 제출되지 아니한 경우
> 2. 문화관광형시장을 지정한 날부터 2년 이내에 제○○조 제2항의 육성계획이 추진되지 아니한 경우
>
> ② 시·도지사는 문화관광형시장의 지정을 해제하려는 경우에는 시장 등 및 그 밖의 이해관계인에게 의견진술의 기회를 주어야 한다.
> ③ 시·도지사는 문화관광형시장의 지정을 해제한 때에는 그 내용을 중소벤처기업부장관, 문화체육관광부장관 및 시장 등에게 통보하여야 한다.

① 시·도지사는 개별 상인의 신청에 따라 문화관광형시장을 지정할 수 있다.
② 문화관광형시장의 지정을 해제한 때에는 시·도지사가 그 내용을 중소벤처기업부장관에게 통보할 필요가 없다.
③ 시·도지사는 문화관광형시장의 지정 해제를 함에 있어 이해관계인에게 의견진술의 기회를 줄 필요는 없다.
④ 지방자치단체는 지정된 문화관광형시장을 육성하기 위해 지역특산품의 개발과 판매시설 설치를 지원할 수 있지만, 기념품 개발과 판매시설 설치는 지원할 수 없다.
⑤ 시장·군수·구청장이 문화관광형시장을 지정한 날부터 3개월 이내에 그 지정 내용과 육성계획을 제출하지 않은 경우, 시·도지사는 그 지정을 해제할 수 있다.

문 101. 다음 글을 근거로 판단할 때 옳은 것은?

> 제00조(자연지진 · 지진해일 · 화산의 관측 결과 통보) 기상청장은 국내외에서 발생하는 주요 자연지진 · 지진해일 · 화산에 대한 관측 결과 및 특보 등의 정보를 보도기관 또는 인터넷 홈페이지를 이용하거나 다른 적절한 방법을 통하여 관계 기관과 국민에게 알릴 수 있다.
> 제00조(지진조기경보체제 구축 · 운영) ① 기상청장은 지진 관측 즉시 관련 정보를 국민에게 알릴 수 있는 지진조기경보 체제를 구축 · 운영하여야 한다.
> ② 기상청장은 다음 각 호의 경우 즉시 지진조기경보를 발령하여야 한다.
> 1. 규모 5.0 이상으로 예상되는 지진이 국내에서 발생한 경우
> 2. 규모 5.0 이상으로 예상되는 지진으로서 국내에 상당한 영향을 미칠 것으로 예상되는 지진이 국외에서 발생한 경우
>
> 제00조(지진 · 지진해일 · 화산의 관측 결과 통보의 제한) ① 기상청장 외의 자는 지진 · 지진해일 · 화산에 대한 관측 결과 및 특보를 발표할 수 없다. 다만, 다음 각 호의 경우에는 그러하지 아니하다.
> 1. 핵실험이나 대규모 폭발 등으로 인하여 발생한 인공지진에 대한 관측 결과를 발표하는 경우
> 2. 지진 · 지진해일 · 화산에 대한 관측 결과를 학문연구를 위하여 발표하는 경우
>
> ② 기상청장 외의 자가 제1항 단서에 따른 발표를 하려는 때에는 기상청장의 승인을 받아야 한다.

① 기상청장은 국내외에서 발생하는 모든 자연지진에 대한 관측 결과를 관계 기관과 국민에게 알려야 한다.
② 지진조기경보는 지진의 발생이 예상되는 즉시 발령되어야 한다.
③ 기상청장은 화산에 대한 관측 결과를 학문연구를 위해 발표할 수 없다.
④ 핵실험으로 인해 발생한 인공지진에 대한 관측 결과를 기상청장 외의 자가 발표하려는 경우, 기상청장의 승인은 필요 없다.
⑤ 국외에서 규모 6.0으로 예상되는 지진이 발생하였으나 그 지진이 국내에 영향을 미치지 않을 것으로 예상된다면, 기상청장은 즉시 지진조기경보를 발령하지 않아도 된다.

문 102. 다음 글을 근거로 판단할 때 옳은 것은?

> 제○○조(헌혈증서의 발급 및 수혈비용의 보상 등) ① 혈액원이 헌혈자로부터 헌혈을 받았을 때에는 헌혈증서를 그 헌혈자에게 발급하여야 한다.
> ② 제1항에 따른 헌혈자 또는 그 헌혈자의 헌혈증서를 양도받은 사람은 의료기관에 그 헌혈증서를 제출하면 무상으로 혈액제제를 수혈받을 수 있다.
> ③ 보건복지부장관은 의료기관이 제2항에 따라 헌혈증서 제출자에게 수혈을 하였을 때에는 제□□조 제2항에 따른 헌혈환급적립금에서 그 비용을 해당 의료기관에 보상하여야 한다.
> 제□□조(헌혈환급예치금 및 헌혈환급적립금) ① 혈액원이 헌혈자로부터 헌혈을 받았을 때에는 헌혈환급예치금을 보건복지부장관에게 내야 한다.
> ② 보건복지부장관은 제1항에 따른 헌혈환급예치금으로 헌혈환급적립금(이하 '적립금'이라 한다)을 조성 · 관리한다.
> ③ 적립금은 다음 각 호의 어느 하나에 해당하는 용도에만 사용하여야 한다.
> 1. 제○○조 제3항에 따른 수혈비용의 보상
> 2. 헌혈의 장려
> 3. 혈액관리와 관련된 연구
>
> 제△△조(특정수혈부작용 및 채혈부작용의 보상) ① 혈액원은 다음 각 호의 어느 하나에 해당하는 사람에 대하여 특정수혈부작용 및 채혈부작용에 대한 보상금(이하 '보상금'이라 한다)을 지급할 수 있다.
> 1. 혈액원이 공급한 혈액이 직접적인 원인이 되어 질병이 발생하거나 사망한 특정수혈부작용자
> 2. 헌혈이 직접적인 원인이 되어 질병이 발생하거나 사망한 채혈부작용자
>
> ② 제1항에도 불구하고 다음 각 호의 어느 하나에 해당하는 경우에는 보상금을 지급하지 아니할 수 있다.
> 1. 채혈부작용이 헌혈자 본인의 고의 또는 중대한 과실로 인하여 발생한 경우
> 2. 채혈부작용이라고 결정된 사람 또는 그 가족이 손해배상청구소송 등을 제기한 경우 또는 소송제기 의사를 표시한 경우

① 헌혈증서를 제출함으로써 무상으로 혈액제제를 수혈받을 수 있는 사람은 헌혈자에 한한다.
② 혈액원은 헌혈이 직접적인 원인이 되어 사망한 자에 대하여 헌혈환급적립금에서 보상금을 지급하여야 한다.
③ 보건복지부장관은 혈액원으로부터 적립받은 헌혈환급적립금으로 헌혈환급예치금을 조성 · 관리하여야 한다.
④ 혈액원이 공급한 혈액이 직접적인 원인이 되어 질병이 발생한 특정수혈부작용자가 손해배상청구소송을 제기한 경우, 혈액원의 보상금 지급대상에서 제외된다.
⑤ 의료기관이 헌혈증서를 제출한 헌혈자에게 무상으로 혈액제제를 수혈한 경우, 해당 의료기관은 보건복지부장관으로부터 그 비용을 보상받을 수 있다.

문 103. 다음 글을 근거로 판단할 때 옳은 것은?

제○○조(건축물에 대한 미술작품의 설치 등) ① 일정 규모 이상의 건축물을 건축하려는 자(이하 '건축주'라 한다)는 제4항에 따른 금액을 사용하여 회화·조각·공예 등 건축물 미술작품(이하 '미술작품'이라 한다)을 설치하여야 한다.
② 건축주는 건축물에 미술작품을 설치하려는 경우 해당 건축물이 소재하는 지역을 관할하는 시·도지사에게 해당 미술작품의 가격과 예술성 등에 대한 감정·평가를 받아야 한다.
③ 제1항에 따라 미술작품을 설치해야 하는 건축물은 다음 각 호의 어느 하나에 해당되는 건축물로서 연면적이 1만 제곱미터(증축하는 경우에는 증축되는 부분의 연면적이 1만 제곱미터) 이상인 것으로 한다.
 1. 공동주택(기숙사 및 공공건설임대주택은 제외한다)
 2. 문화 및 집회시설 중 공연장·집회장 및 관람장
 3. 업무시설
④ 미술작품의 설치에 사용해야 하는 금액은 다음과 같다.
 1. 제3항 제1호의 공동주택: 건축비용의 1천분의 1
 2. 제3항 제1호 이외의 건축물: 건축비용의 1천분의 5
 3. 제1호 및 제2호에도 불구하고 제3항 제1호부터 제3호까지의 건축물로서 건축주가 국가 또는 지방자치단체인 건축물: 건축비용의 1백분의 1
제□□조(건축물에 대한 미술작품의 설치 등) ① 건축주(국가 및 지방자치단체는 제외한다)는 제○○조 제4항에 따른 금액을 미술작품의 설치에 사용하는 대신에 문화예술진흥기금에 출연할 수 있다.
② 제1항에 따라 문화예술진흥기금에 출연하는 금액은 제○○조 제4항에 따른 금액의 1백분의 70에 해당하는 금액으로 한다.
③ 건축물의 설계변경으로 건축비용이 인상됨에 따라 제○○조 제4항에 따른 금액이 종전에 제○○조 제2항에 따른 감정·평가를 거친 금액보다 커진 경우에는 그 차액을 문화예술진흥기금에 출연하는 것으로 미술작품을 변경하여 설치하는 것을 갈음할 수 있다.

① A지방자치단체가 건축비용 30억 원으로 연면적 1만 5천 제곱미터의 공연장을 건립하려는 경우, 미술작품 설치에 1천 5백만 원을 사용하여야 한다.
② B지방자치단체가 건축비용 25억 원으로 연면적 1만 제곱미터 이상의 업무시설을 건립하려는 경우, 미술작품을 설치하는 대신에 1,750만 원을 문화예술진흥기금에 출연하여도 된다.
③ C회사가 건축비용 10억 원으로 기존 연면적 7천 제곱미터의 업무시설을 전체 연면적 1만 2천 제곱미터의 업무시설로 증축하려는 경우, 미술작품을 설치할 필요가 없다.
④ D대학교가 건축비용 20억 원으로 연면적 1만 제곱미터의 기숙사를 건립하려는 경우, 미술작품의 설치에 200만 원을 사용하여야 한다.
⑤ E회사가 건축비용 40억 원으로 연면적 1만 제곱미터의 집회장을 건립하면서 2천만 원의 미술작품을 설치하기로 한 후, 설계변경으로 건축비용이 45억 원으로 늘어났다면 2천만 원을 문화예술진흥기금에 출연하여야 한다.

문 104. 다음 글을 근거로 판단할 때, <보기>에서 옳은 것만을 모두 고르면?

○○문화예술위원회는 매년 문학적 역량이 뛰어난 작가의 집필활동을 지원하기 위해 문학창작기금 지원사업(이하 '지원사업'이라 한다)을 실시하고 있다. 지원대상은 집필이 완료된 작품의 작품집을 발간하려는 작가이며, 선정된 작가에게는 작품집의 발간을 위해 창작지원금(원고료 및 출판 비용 등) 1,000만 원이 지급된다. 2024년 지원사업의 신청 마감일은 2024년 6월 30일이고, 창작지원금은 2025년 1월 중 지급한다.

신청 대상은 국적에 관계없이 한국에서 활동 중인 시, 시조, 소설, 수필, 평론, 희곡 분야의 작가이다. 신청 마감일을 기준으로 신청 분야의 최초 창작활동 시작 후 3년 이상 경과한 작가에게 자격요건이 있으며, 창작활동 경력은 신청 분야와 활동 분야가 동일한 경우에 한해 인정된다. 신청 분야의 창작활동 시작 시점은 ① 신청 분야 신춘문예 당선일, ② 신청 분야 단행본 출간일, ③ 신청 분야 신인문학상 수상일, ④ 신청 분야 문예매체 작품 발표일, ⑤ 최초 공연일(희곡 분야에 한함)로 한다.

선정된 작가는 창작지원금을 지급받은 해의 12월 말일까지 작품집을 발간해야 한다. 지정된 날짜까지 작품집 발간 실적이 없는 경우, 창작지원금이 반환처리될 수 있다.

<보 기>

ㄱ. 지원사업은 한국에서 활동 중인 한국인 작가만을 대상으로 한다.
ㄴ. 2015년 4월 16일 소설 분야 신춘문예에 당선된 이후 한국에서 활동 중인 작가는 2024년 지원사업의 소설 분야 신청 자격이 있다.
ㄷ. 2020년 6월 28일 최초 공연된 작품으로 3개월 뒤 희곡 분야 신인문학상을 수상한 이후 한국에서 활동 중인 작가는 희곡 분야 2024년 지원사업 신청 자격이 없다.
ㄹ. 2024년 지원사업에 선정된 작가가 2025년 12월 말일까지 작품집을 발간하지 않는 경우, 창작지원금이 반환처리될 수 있다.

① ㄱ, ㄷ
② ㄱ, ㄹ
③ ㄴ, ㄷ
④ ㄴ, ㄹ
⑤ ㄱ, ㄴ, ㄷ

문 105. 다음 글을 근거로 판단할 때 옳은 것은?

제○○조(정의) 이 법에서 사용하는 용어의 뜻은 다음과 같다.
1. "공연"이란 음악·무용·연극 등 예술적 관람물을 실연(實演)에 의하여 공중에게 관람하도록 하는 행위를 말한다.
2. "공연장"이란 공연을 주된 목적으로 설치하여 운영하는 시설을 말한다.
3. "연소자"란 18세 미만의 사람(고등학교에 재학 중인 사람을 포함한다)을 말한다.

제□□조(유해 공연물 관람금지) 누구든지 다음 각 호의 기준에 따른 연소자 유해 공연물을 연소자에게 관람시킬 수 없다.
1. 연소자에게 성적인 욕구를 자극하는 선정적인 것
2. 각종 폭력 행위 또는 약물의 남용을 자극하거나 미화하는 것

제△△조(공연장 설치·운영 등) ① 공연장을 설치하여 운영하려는 자(이하 '공연장 운영자'라 한다)는 공연장 소재지를 관할하는 시장, 군수, 구청장(이하 '시장 등'이라 한다)에게 등록하여야 한다.
② 제1항에 따라 공연장의 등록을 한 자가 영업을 폐지한 경우에는 폐지한 날부터 30일 이내에 관할 시장 등에게 폐업신고를 하여야 한다.
③ 관할 시장 등은 제2항에 따라 폐업신고를 하여야 하는 자가 폐업신고를 하지 아니하면 폐업한 사실을 확인한 후 그 등록사항을 직권으로 말소할 수 있다.
④ 공연장 운영자는 화재 등 재해나 그 밖의 위급한 상황의 발생 시 관람자가 안전하게 피난할 수 있도록 공연장에 피난안내도를 갖추어 두어야 한다.
⑤ 공연장 외의 장소에서 1천 명 이상의 관람자가 있을 것으로 예상되는 공연을 하려는 자가 갖추어 두어야 할 피난안내도에 관하여는 제4항을 준용한다.

제◇◇조(벌칙) ① 제□□조를 위반한 자는 3년 이하의 징역 또는 3천만 원 이하의 벌금에 처한다.
② 공연의 입장권을 판매하는 자의 동의 없이 다른 사람에게 입장권을 상습 또는 영업으로 자신이 구입한 가격을 넘는 금액으로 판매한 자(이하 '암표상'이라 한다)는 20만 원 이하의 벌금, 구류 또는 과료에 처한다.

① 甲이 A도 B군에서 공연장을 설치하여 운영하려는 경우, A도지사에게 등록하여야 한다.
② 공연장 등록을 한 乙이 영업을 폐지한 경우 관할 시장 등에게 폐업신고를 하지 않는다면, 관할 시장 등은 그 등록사항을 직권으로 말소할 수 없다.
③ 丙이 18세인 고등학생에게 약물의 남용을 자극하는 내용의 공연물을 관람시킨 경우, 丙은 3천만 원의 벌금에 처해질 수 있다.
④ 丁이 암표상으로부터 공연장 입장권을 구매한 경우, 丁은 10만 원의 벌금에 처해질 수 있다.
⑤ 戊가 공연장 외의 장소에서 500명의 관람자가 있을 것으로 예상되는 공연을 하는 경우, 피난안내도를 갖추어 두어야 한다.

문 106. 다음 글을 근거로 판단할 때 옳은 것은?

제○○조(참전유공자 등) ① 이 법에서 "참전유공자"란 다음 각 호의 어느 하나에 해당하는 사람을 말한다. 다만, 6·25전쟁이나 월남전쟁 참전 중 범죄행위로 인하여 금고 이상의 형을 선고받고 불명예스러운 제대를 하거나 파면된 사실이 있는 사람은 제외한다.
1. 6·25전쟁에 참전하고 전역 또는 퇴직한 군인 및 경찰공무원
2. 월남전쟁에 참전하고 전역한 군인
3. 6·25전쟁에 참전한 사실 또는 월남전쟁에 참전한 사실이 있다고 국방부장관이 인정한 사람
4. 경찰서장 등 경찰관서장의 지휘·통제를 받아 6·25전쟁에 참전한 사실이 있다고 경찰청장이 인정한 사람

② 참전유공자로서 제□□조에 따라 등록된 사람은 이 법에 따른 예우를 받는다.

제□□조(참전유공자 등록 등) ① 참전유공자로서 이 법을 적용받으려는 사람은 국가보훈부장관에게 등록을 신청하여야 한다.
② 국가보훈부장관은 제○○조 제1항에 따른 참전유공자임에도 불구하고 제1항에 따른 등록을 마치지 못하고 사망한 사람에 대해서는 참전유공자로 기록하고 예우 및 관리를 할 수 있다.

제△△조(참전명예수당) ① 국가보훈부장관은 65세 이상의 참전유공자에게는 참전의 명예를 기리기 위하여 참전명예수당을 지급한다.
② 참전명예수당은 제1항에 따른 참전명예수당 지급연령이 된 날이 속하는 달부터 지급한다. 다만, 참전명예수당 지급연령이 지난 후에 제□□조 제1항에 따른 등록신청을 한 경우에는 등록신청을 한 날이 속하는 달부터 지급한다.
③ 참전유공자가 국적을 상실한 경우에도 참전명예수당을 지급할 수 있다.
④ 참전명예수당은 수당지급 대상자가 지정하는 예금계좌에 입금하는 방법으로 지급한다. 다만, 불가피한 사유가 있는 경우에는 해당 수당지급 대상자의 신청에 따라 현금으로 지급할 수 있다.

① 65세 이상의 참전유공자가 이 법에 따른 등록을 마친 후 대한민국 국적을 상실한 경우에도 국가보훈부장관은 참전명예수당을 지급할 수 있다.
② 월남전쟁에 참전한 사실이 있다고 경찰청장이 인정한 사람은 참전유공자가 된다.
③ 참전명예수당은 불가피한 사유가 있는 경우, 해당 수당지급 대상자가 신청하지 않더라도 현금으로 지급한다.
④ 6·25전쟁에 참전한 군인이 전역 후에 범죄행위를 저질러 금고 이상의 형을 선고받은 경우, 참전유공자에서 제외된다.
⑤ 참전유공자가 참전명예수당 지급연령이 지난 후 참전유공자 등록신청을 한 경우, 참전명예수당은 그 지급연령이 된 날이 속하는 달부터 소급하여 지급한다.

문 107. 다음 글을 근거로 판단할 때 옳은 것은?

> 제○○조(등록대상 선박) 국제선박으로 등록할 수 있는 선박은 다음 각 호의 어느 하나에 해당하는 선박으로 한다.
> 1. 대한민국 국민이 소유한 선박
> 2. 대한민국 법률에 따라 설립된 상사(商事) 법인이 소유한 선박
>
> 제□□조(등록절차) ① 국제선박으로 등록하려는 등록대상 선박의 소유자는 해양수산부장관에게 등록을 신청하여야 한다. 이 경우 선박소유자는 국제선박으로 등록하기 전에 선적항을 관할하는 지방해양수산청장에게 신청하여 그 선박을 선박원부에 등록하고 선박국적증서를 발급받아야 한다.
> ② 해양수산부장관은 제1항에 따른 국제선박의 등록신청을 받은 경우에는 그 선박이 제○○조에 따른 국제선박의 등록대상이 되는 선박인지를 확인한 후, 등록대상인 경우 지체 없이 이를 국제선박등록부에 등록하고 신청인에게 국제선박등록증을 발급하여야 한다.
> ③ 제2항에 따라 등록된 국제선박의 선박소유자는 선박소유자, 구조변경 등 등록사항이 변경된 경우에는 그 사실이 발생한 날부터 1개월 이내에 해양수산부장관에게 변경등록을 신청하여야 한다.
> ④ 제2항에 따라 등록된 국제선박은 국내항과 외국항 간 또는 외국항 간에만 운항하여야 한다.

① 등록된 국제선박의 선박소유자 甲은 그 국제선박을 부산항과 인천항 간에 운항할 수 있다.
② 외국법에 따라 설립된 상사 법인 乙은 소유하고 있는 선박을 국제선박으로 등록할 수 있다.
③ 대한민국 국민 丙은 자신의 선박을 국제선박으로 등록한 후에 관할 지방해양수산청장에게 신청하여 선박국적증서를 발급받아야 한다.
④ 대한민국 국민 丁이 자신의 선박을 국제선박으로 등록신청한 경우, 해양수산부장관은 그 선박을 선박원부에 등록하고 丁에게 국제선박등록증을 발급할 수 있다.
⑤ 등록된 국제선박의 선박소유자 戊가 구조변경을 하여 등록사항이 변경된 경우, 戊는 그 사실이 발생한 날부터 1개월 이내에 해양수산부장관에게 변경등록을 신청해야 한다.

문 108. 다음 글을 근거로 판단할 때 옳은 것은?

> 제○○조(어장청소 등) ① 양식업면허를 받은 자는 그 양식업면허를 받은 날부터 3개월 이내에 해당 어장의 퇴적물이나 어장에 버려진 폐기물을 수거·처리(이하 '어장청소'라 한다)해야 하고, 어장청소를 끝낸 날부터 정해진 주기에 따라 어장청소를 해야 한다.
> ② 제1항의 어장청소 주기는 다음의 표와 같다. 단, 같은 면허 내에서 서로 다른 양식방법을 혼합하거나 두 종류 이상의 수산동식물을 양식하는 경우, 어장청소 주기는 그중 단기로 한다.

면허의 종류	양식방법	양식품종	주기
해조류 양식업	수하식 (지주망식)	김, 매생이 등	5년
	수하식 (연승식)	미역, 다시마, 톳, 모자반 등	4년
어류 등 양식업	가두리식	조피볼락, 돔류, 농어, 방어, 고등어, 민어 등	3년
	수하식 (연승식)	우렁쉥이, 미더덕, 오만둥이 등	4년

> ③ 제1항에도 불구하고, 양식업면허의 유효기간이 만료된 자가 해당 어장에서 기존 면허와 동일한 신규 면허를 받은 경우에는 면허의 유효기간 만료 전 마지막으로 어장청소를 끝낸 날부터 제2항의 주기에 따라 어장청소를 할 수 있다.
> ④ 시장·군수·구청장(이하 '시장 등'이라 한다)은 양식업면허를 받은 자가 제1항을 위반하여 어장청소를 하지 아니하는 경우 어장청소를 명하되, 60일 이내의 범위에서 이행기간을 부여해야 한다.
>
> 제□□조(이행강제금) ① 시장 등은 제○○조 제4항에 따른 명령을 받고 그 정한 기간 내에 명령을 이행하지 아니한 자에게 어장 규모 등을 고려하여 이행강제금을 부과한다.
> ② 시장 등은 제○○조 제4항에 따른 최초의 명령을 한 날을 기준으로 1년에 2회 이내의 범위에서 그 명령이 이행될 때까지 반복하여 제1항의 이행강제금을 부과할 수 있다.
> ③ 제1항에 따른 이행강제금은 면허면적 0.1 ha당 5만 원이며, 1회 부과하는 이행강제금은 250만 원을 초과할 수 없다.

① 유효기간이 10년인 해조류 양식업면허를 처음으로 받은 甲이 수하식(지주망식)으로 매생이를 양식하는 경우, 유효기간 동안 어장청소를 두 번은 해야 한다.
② 어류 등 양식업면허를 받은 乙이 가두리식으로 방어와 수하식(연승식)으로 우렁쉥이를 양식하는 경우, 어장청소 주기는 4년이다.
③ 유효기간이 만료된 후 해당 어장에서 기존 면허와 동일한 신규 면허를 받은 丙은 신규 면허를 받은 날부터 3개월 이내에 어장청소를 해야 한다.
④ 6 ha 면적의 어류 등 양식업면허를 받은 丁이 지속적으로 어장청소를 하지 않을 경우, 1회 300만 원의 이행강제금이 부과된다.
⑤ 2020. 12. 11. 어류 등 양식업면허를 받아 수하식(연승식)으로 미더덕을 양식하는 戊가 2024. 3. 11.까지 어장청소를 한 번밖에 하지 않는다면, 2024. 3. 12.에 이행강제금이 부과된다.

문 109. 다음 글을 근거로 판단할 때 옳은 것은?

제00조(정의) 이 법에서 사용하는 용어의 정의는 다음과 같다.
1. "천문업무"란 우주에 대한 관측업무와 그에 따른 부대 업무를 말한다.
2. "천문역법"이란 천체운행의 계산을 통하여 산출되는 날짜와 천체의 출몰시각 등을 정하는 방법을 말한다.
3. "윤초"란 지구자전속도의 불규칙성으로 인하여 발생하는 세계시와 세계협정시의 차이가 1초 이내로 되도록 보정하여주는 것을 말한다.
4. "그레고리력"이란 1년의 길이를 365.2425일로 정하는 역법체계로서 윤년을 포함하는 양력을 말한다.
5. "윤년"이란 그레고리력에서 여분의 하루인 2월 29일을 추가하여 1년 동안 날짜의 수가 366일이 되는 해를 말한다.
6. "월력요항"이란 관공서의 공휴일, 기념일, 24절기 등의 자료를 표기한 것으로 달력 제작의 기준이 되는 자료를 말한다.

제00조(천문역법) ① 천문역법을 통하여 계산되는 날짜는 양력인 그레고리력을 기준으로 하되, 음력을 병행하여 사용할 수 있다.
② 과학기술정보통신부장관은 천문역법의 원활한 관리를 위하여 윤초의 결정을 관장하는 국제기구가 결정·통보한 윤초를 언론매체나 과학기술정보통신부 인터넷 홈페이지 등을 통하여 지체 없이 발표하여야 한다.
③ 과학기술정보통신부장관은 한국천문연구원으로부터 필요한 자료를 제출받아 매년 6월 말까지 다음 연도의 월력요항을 작성하여 관보에 게재하여야 한다.

① 그레고리력은 윤년을 제외하는 양력을 말한다.
② 달력 제작의 기준이 되는 자료인 월력요항에는 24절기가 표기된다.
③ 과학기술정보통신부장관은 세계시와 세계협정시를 고려하여 윤초를 결정한다.
④ 천문역법을 통해 계산되는 날짜는 음력을 사용할 수 없고, 양력인 그레고리력을 기준으로 한다.
⑤ 과학기술정보통신부장관은 한국천문연구원으로부터 자료를 제출받아 매년 6월 말까지 그해의 월력요항을 작성하여 관보에 게재하여야 한다.

문 110. 다음 글을 근거로 판단할 때 옳은 것은?

제00조(법 적용의 기준) ① 새로운 법령등은 법령등에 특별한 규정이 있는 경우를 제외하고는 그 법령등의 효력 발생 전에 완성되거나 종결된 사실관계 또는 법률관계에 대해서는 적용되지 아니한다.
② 당사자의 신청에 따른 처분은 법령등에 특별한 규정이 있거나 처분 당시의 법령등을 적용하기 곤란한 특별한 사정이 있는 경우를 제외하고는 처분 당시의 법령등에 따른다.

제00조(처분의 효력) 처분은 권한이 있는 기관이 취소 또는 철회하거나 기간의 경과 등으로 소멸되기 전까지는 유효한 것으로 통용된다. 다만, 무효인 처분은 처음부터 그 효력이 발생하지 아니한다.

제00조(위법 또는 부당한 처분의 취소) ① 행정청은 위법 또는 부당한 처분의 전부나 일부를 소급하여 취소할 수 있다. 다만, 당사자의 신뢰를 보호할 가치가 있는 등 정당한 사유가 있는 경우에는 장래를 향하여 취소할 수 있다.
② 행정청은 제1항에 따라 당사자에게 권리나 이익을 부여하는 처분을 취소하려는 경우에는 취소로 인하여 당사자가 입게 될 불이익을 취소로 달성되는 공익과 비교·형량(衡量)하여야 한다. 다만, 다음 각 호의 어느 하나에 해당하는 경우에는 그러하지 아니하다.
1. 거짓이나 그 밖의 부정한 방법으로 처분을 받은 경우
2. 당사자가 처분의 위법성을 알고 있었거나 중대한 과실로 알지 못한 경우

① 새로운 법령등은 법령등에 특별한 규정이 있는 경우에는 그 법령등의 효력 발생 전에 종결된 법률관계에 대해 적용될 수 있다.
② 무효인 처분의 경우 그 처분의 효력이 소멸되기 전까지는 유효한 것으로 통용된다.
③ 행정청은 부당한 처분의 일부는 소급하여 취소할 수 있으나 전부를 소급하여 취소할 수는 없다.
④ 당사자의 신청에 따른 처분은 처분 당시의 법령등을 적용하기 곤란한 특별한 사정이 있는 경우에도 처분 당시의 법령등에 따른다.
⑤ 당사자가 부정한 방법으로 자신에게 이익이 부여되는 처분을 받아 행정청이 그 처분을 취소하고자 하는 경우, 취소로 인해 당사자가 입게 될 불이익과 취소로 달성되는 공익을 비교·형량하여야 한다.

문 111. 다음 글을 근거로 판단할 때 옳은 것은?

제00조(조직 등) ① 자율방범대에는 대장, 부대장, 총무 및 대원을 둔다.
② 경찰서장은 자율방범대장이 추천한 사람을 자율방범대원으로 위촉할 수 있다.
③ 경찰서장은 자율방범대원이 이 법을 위반하여 파출소장이 해촉을 요청한 경우에는 해당 자율방범대원을 해촉해야 한다.
제00조(자율방범활동 등) ① 자율방범대는 다음 각 호의 활동(이하 '자율방범활동'이라 한다)을 한다.
1. 범죄예방을 위한 순찰 및 범죄의 신고, 청소년 선도 및 보호
2. 시·도경찰청장, 경찰서장, 파출소장이 지역사회의 안전을 위해 요청하는 활동
② 자율방범대원은 자율방범활동을 하는 때에는 자율방범활동 중임을 표시하는 복장을 착용하고 자율방범대원의 신분을 증명하는 신분증을 소지해야 한다.
③ 자율방범대원은 경찰과 유사한 복장을 착용해서는 안 되며, 경찰과 유사한 도장이나 표지 등을 한 차량을 운전해서는 안 된다.
제00조(금지의무) ① 자율방범대원은 자율방범대의 명칭을 사용하여 다음 각 호의 어느 하나에 해당하는 행위를 해서는 안 된다.
1. 기부금품을 모집하는 행위
2. 영리목적으로 자율방범대의 명의를 사용하는 행위
3. 특정 정당 또는 특정인의 선거운동을 하는 행위
② 제1항 제3호를 위반한 자에 대해서는 3년 이하의 징역 또는 600만 원 이하의 벌금에 처한다.

① 파출소장은 자율방범대장이 추천한 사람을 자율방범대원으로 위촉할 수 있다.
② 자율방범대원이 범죄예방을 위한 순찰을 하는 경우, 경찰과 유사한 복장을 착용할 수 있다.
③ 자율방범대원이 영리목적으로 자율방범대의 명의를 사용한 경우, 3년 이하의 징역에 처한다.
④ 자율방범대원이 청소년 선도활동을 하는 경우, 자율방범활동 중임을 표시하는 복장을 착용하면 자율방범대원의 신분을 증명하는 신분증을 소지하지 않아도 된다.
⑤ 자율방범대원이 자율방범대의 명칭을 사용하여 기부금품을 모집했고 이를 이유로 파출소장이 그의 해촉을 요청한 경우, 경찰서장은 해당 자율방범대원을 해촉해야 한다.

문 112. 다음 글을 근거로 판단할 때 옳은 것은?

제○○조(해수욕장의 구역) 관리청은 해수욕장을 이용하는 용도에 따라 물놀이구역과 수상레저구역으로 구분하여 관리·운영하여야 한다. 다만, 해수욕장 이용이나 운영에 상당한 불편을 초래하거나 효율성을 떨어뜨린다고 판단되는 경우에는 그러하지 아니하다.
제□□조(해수욕장의 개장기간 등) ① 관리청은 해수욕장의 특성이나 여건 등을 고려하여 해수욕장의 개장기간 및 개장시간을 정할 수 있다. 이 경우 관리청은 해수욕장협의회의 의견을 듣고, 미리 관계 행정기관의 장과 협의하여야 한다.
② 관리청은 해수욕장 이용자의 안전 확보나 해수욕장의 환경보전 등을 위하여 필요한 경우에는 해수욕장의 개장기간 또는 개장시간을 제한할 수 있다. 이 경우 제1항 후단을 준용한다.
제△△조(해수욕장의 관리·운영 등) ① 해수욕장은 관리청이 직접 관리·운영하여야 한다.
② 관리청은 제1항에도 불구하고 해수욕장의 효율적인 관리·운영을 위하여 필요한 경우 관할 해수욕장 관리·운영업무의 일부를 위탁할 수 있다.
③ 관리청은 제2항에 따라 해수욕장 관리·운영업무를 위탁하려는 경우 지역번영회·어촌계 등 지역공동체 및 공익법인 등을 수탁자로 우선 지정할 수 있다.
④ 제2항 및 제3항에 따라 수탁자로 지정받은 자는 위탁받은 관리·운영업무의 전부 또는 일부를 재위탁하여서는 아니 된다.
제◇◇조(과태료) ① 다음 각 호의 어느 하나에 해당하는 자에게는 500만 원 이하의 과태료를 부과한다.
1. 거짓이나 부정한 방법으로 제△△조에 따른 수탁자로 지정받은 자
2. 제△△조 제4항을 위반하여 위탁받은 관리·운영업무의 전부 또는 일부를 재위탁한 자
② 제1항에 따른 과태료는 관리청이 부과·징수한다.

① 관리청은 해수욕장의 효율적인 관리·운영을 위하여 필요한 경우, 관할 해수욕장 관리·운영업무의 전부를 위탁할 수 있다.
② 관리청은 해수욕장을 운영함에 있어 그 효율성이 떨어진다고 판단하더라도 물놀이구역과 수상레저구역을 구분하여 관리·운영하여야 한다.
③ 관리청이 해수욕장 관리·운영업무를 위탁하려는 경우, 공익법인을 수탁자로 우선 지정할 수 있으나 지역공동체를 수탁자로 우선 지정할 수는 없다.
④ 관리청으로부터 해수욕장 관리·운영업무를 위탁받은 공익법인이 이를 타 기관에 재위탁한 경우, 관리청은 그 공익법인에 대해 300만 원의 과태료를 부과할 수 있다.
⑤ 관리청은 해수욕장의 개장기간 및 개장시간을 정함에 있어 해수욕장의 특성이나 여건 등을 고려해야 하나, 관계 행정기관의 장과 협의할 필요는 없다.

문 113. 다음 글을 근거로 판단할 때 옳은 것은?

제○○조(119구조견교육대의 설치·운영 등) ① 소방청장은 체계적인 구조견 양성·교육훈련 및 보급 등을 위하여 119구조견교육대를 설치·운영하여야 한다.
② 119구조견교육대는 중앙119구조본부의 단위조직으로 한다.
③ 119구조견교육대가 관리하는 견(犬)은 다음 각 호와 같다.
1. 훈련견: 구조견 양성을 목적으로 도입되어 훈련 중인 개
2. 종모견: 훈련견 번식을 목적으로 보유 중인 개
제□□조(훈련견 교육 및 평가 등) ① 119구조견교육대는 관리하는 견에 대하여 입문 교육, 정기 교육, 훈련견 교육 등을 실시한다.
② 훈련견 평가는 다음 각 호의 평가로 구분하여 실시하고 각 평가에서 정한 요건을 모두 충족한 경우 합격한 것으로 본다.
1. 기초평가: 훈련견에 대한 기본평가
가. 생후 12개월 이상 24개월 이하일 것
나. 기초평가 기준에 따라 총점 70점 이상을 득점하고, 수의검진 결과 적합판정을 받을 것
2. 중간평가: 양성 중인 훈련견의 건강, 성품 변화, 발전 가능성 및 임무 분석 등의 판정을 위해 실시하는 평가
가. 훈련 시작 12개월 이상일 것
나. 중간평가 기준에 따라 총점 70점 이상을 득점하고, 수의진료소견 결과 적합판정을 받을 것
다. 공격성 보유, 능력 상실 등의 결격사유가 없을 것
③ 훈련견 평가 중 어느 하나라도 불합격한 훈련견은 유관기관 등 외부기관으로 관리전환할 수 있다.
제△△조(종모견 도입) 훈련견이 종모견으로 도입되기 위해서는 제□□조 제2항에 따른 훈련견 평가에 모두 합격하여야 하며, 다음 각 호의 요건을 갖추어야 한다.
1. 순수한 혈통일 것
2. 생후 20개월 이상일 것
3. 원친(遠親) 번식에 의한 견일 것

① 중앙119구조본부의 장은 구조견 양성 및 교육훈련 등을 위하여 119구조견교육대를 설치하여야 한다.
② 원친 번식에 의한 생후 20개월인 순수한 혈통의 훈련견은 훈련견 평가결과에 관계없이 종모견으로 도입될 수 있다.
③ 기초평가 기준에 따라 총점 80점을 득점하고, 수의검진 결과 적합판정을 받은 훈련견은 생후 15개월에 종모견으로 도입될 수 있다.
④ 생후 12개월에 훈련을 시작해 반년이 지난 훈련견이 결격사유 없이 중간평가 기준에 따라 총점 75점을 득점하고, 수의진료소견 결과 적합판정을 받는다면 중간평가에 합격한 것으로 본다.
⑤ 기초평가에서 합격했더라도 결격사유가 있어 중간평가에 불합격한 훈련견은 유관기관으로 관리전환할 수 있다.

문 114. 다음 글을 근거로 판단할 때 옳은 것은?

제○○조(정의) 이 법에서 사용하는 용어의 뜻은 다음과 같다.
1. "한부모가족"이란 모자가족 또는 부자가족을 말한다.
2. "모(母)" 또는 "부(父)"란 다음 각 목의 어느 하나에 해당하는 자로서 아동인 자녀를 양육하는 자를 말한다.
가. 배우자와 사별 또는 이혼하거나 배우자로부터 유기된 자
나. 정신이나 신체의 장애로 장기간 노동능력을 상실한 배우자를 가진 자
다. 교정시설·치료감호시설에 입소한 배우자 또는 병역복무 중인 배우자를 가진 자
라. 미혼자
3. "아동"이란 18세 미만(취학 중인 경우에는 22세 미만을 말하되, 병역의무를 이행하고 취학 중인 경우에는 병역의무를 이행한 기간을 가산한 연령 미만을 말한다)의 자를 말한다.
제□□조(지원대상자의 범위) ① 이 법에 따른 지원대상자는 제○○조 제1호부터 제3호까지의 규정에 해당하는 자로 한다.
② 제1항에도 불구하고 부모가 사망하거나 그 생사가 분명하지 아니한 아동을 양육하는 조부 또는 조모는 이 법에 따른 지원대상자가 된다.
제△△조(복지 급여 등) ① 국가나 지방자치단체는 지원대상자의 복지 급여 신청이 있으면 다음 각 호의 복지 급여를 실시하여야 한다.
1. 생계비
2. 아동교육지원비
3. 아동양육비
② 이 법에 따른 지원대상자가 다른 법령에 따라 지원을 받고 있는 경우에는 그 범위에서 이 법에 따른 급여를 실시하지 아니한다. 다만, 제1항 제3호의 아동양육비는 지급할 수 있다.
③ 제1항 제3호의 아동양육비를 지급할 때에 다음 각 호의 어느 하나에 해당하는 경우에는 예산의 범위에서 추가적인 복지 급여를 실시하여야 한다.
1. 미혼모나 미혼부가 5세 이하의 아동을 양육하는 경우
2. 34세 이하의 모 또는 부가 아동을 양육하는 경우

① 5세인 자녀를 홀로 양육하는 자가 지원대상자가 되기 위해서는 미혼자여야 한다.
② 배우자와 사별한 자가 18개월간 병역의무를 이행한 22세의 대학생 자녀를 양육하는 경우, 지원대상자가 될 수 없다.
③ 부모의 생사가 불분명한 6세인 손자를 양육하는 조모에게는 복지 급여 신청이 없어도 생계비를 지급하여야 한다.
④ 30세인 미혼모가 5세인 자녀를 양육하는 경우, 아동양육비를 지급할 때 추가적인 복지 급여를 실시할 수 없다.
⑤ 지원대상자가 다른 법령에 따른 지원을 받고 있는 경우에도 국가나 지방자치단체는 아동양육비를 지급할 수 있다.

문 115. 다음 글을 근거로 판단할 때 옳은 것은?

제00조 ① A부장관은 클라우드컴퓨팅(cloud computing)에 관한 정책의 효과적인 수립·시행에 필요한 산업 현황과 통계를 확보하기 위한 실태조사(이하 '실태조사'라 한다)를 할 수 있다.
② A부장관은 실태조사를 위하여 필요한 경우에는 클라우드컴퓨팅서비스 제공자나 그 밖의 관련 기관 또는 단체에 자료의 제출이나 의견의 진술 등을 요청할 수 있다.
③ A부장관은 클라우드컴퓨팅의 발전과 이용 촉진 및 이용자 보호와 관련된 중앙행정기관(이하 '관계 중앙행정기관'이라 한다)의 장이 요구하는 경우 실태조사 결과를 통보하여야 한다.
④ A부장관은 실태조사를 할 때에는 다음 각 호의 사항을 내용에 포함하여야 한다.
1. 클라우드컴퓨팅 관련 기업 현황 및 시장 규모
2. 클라우드컴퓨팅기술 및 클라우드컴퓨팅서비스의 이용·보급 현황
3. 클라우드컴퓨팅 산업의 인력 현황 및 인력 수요 전망
4. 클라우드컴퓨팅 관련 연구개발 및 투자 규모
⑤ 실태조사는 현장조사, 서면조사, 통계조사 및 문헌조사 등의 방법으로 실시하되, 효율적인 실태조사를 위하여 필요한 경우에는 정보통신망 및 전자우편 등의 전자적 방식으로 실시할 수 있다.
제00조 ① 관계 중앙행정기관의 장은 클라우드컴퓨팅기술 및 클라우드컴퓨팅서비스에 관한 연구개발사업을 추진할 수 있다.
② 관계 중앙행정기관의 장은 기업·연구기관 등에 제1항에 따른 연구개발사업을 수행하게 하고 그 사업 수행에 드는 비용의 전부 또는 일부를 지원할 수 있다.
제00조 국가와 지방자치단체는 클라우드컴퓨팅기술 및 클라우드컴퓨팅서비스의 발전과 이용 촉진을 위하여 조세감면을 할 수 있다.

① 실태조사는 전자적 방식으로 실시하는 것을 원칙으로 하되, 필요한 경우 현장조사, 서면조사 등의 방법으로 실시할 수 있다.
② 클라우드컴퓨팅기술 및 클라우드컴퓨팅서비스의 발전과 이용 촉진을 위하여 지방자치단체가 조세감면을 할 수는 없다.
③ A부장관은 실태조사의 내용에 클라우드컴퓨팅 산업의 인력 현황을 포함해야 하지만, 인력 수요에 대한 전망을 포함시킬 필요는 없다.
④ A부상관은 관계 중앙행정기관의 장에게 실태조사 결과를 요구할 수 있고, 이 경우 관계 중앙행정기관의 장은 그 결과를 A부장관에게 통보하여야 한다.
⑤ 관계 중앙행정기관의 장이 연구기관에 클라우드컴퓨팅기술 및 클라우드컴퓨팅서비스에 관한 연구개발사업을 수행하게 한 경우, 그 사업 수행에 드는 비용을 지원할 수 있다.

문 116. 다음 글을 근거로 판단할 때 옳은 것은?

제00조 이 법에서 사용하는 용어의 뜻은 다음과 같다.
1. "산림병해충"이란 산림에 있는 식물과 산림이 아닌 지역에 있는 수목에 해를 끼치는 병과 해충을 말한다.
2. "예찰"이란 산림병해충이 발생할 우려가 있거나 발생한 지역에 대하여 발생 여부, 발생 정도, 피해 상황 등을 조사하거나 진단하는 것을 말한다.
3. "방제"란 산림병해충이 발생하지 아니하도록 예방하거나, 이미 발생한 산림병해충을 약화시키거나 제거하는 모든 활동을 말한다.
제00조 ① 산림소유자는 산림병해충이 발생할 우려가 있거나 발생하였을 때에는 예찰·방제에 필요한 조치를 하여야 한다.
② 산림청장, 시·도지사, 시장·군수·구청장 또는 지방산림청장은 산림병해충이 발생할 우려가 있거나 발생하였을 때에는 예찰·방제에 필요한 조치를 할 수 있다.
③ 시·도지사, 시장·군수·구청장 또는 지방산림청장(이하 '시·도지사 등'이라 한다)은 산림병해충이 발생할 우려가 있거나 발생하였을 때에는 산림소유자, 산림관리자, 산림사업 종사자, 수목의 소유자 또는 판매자 등에게 다음 각 호의 조치를 하도록 명할 수 있다. 이 경우 명령을 받은 자는 특별한 사유가 없으면 명령에 따라야 한다.
1. 산림병해충이 있는 수목이나 가지 또는 뿌리 등의 제거
2. 산림병해충이 발생할 우려가 있거나 발생한 산림용 종묘, 베어낸 나무, 조경용 수목 등의 이동 제한이나 사용 금지
3. 산림병해충이 발생할 우려가 있거나 발생한 종묘·토양의 소독
④ 시·도지사 등은 제3항 제2호에 따라 산림용 종묘, 베어낸 나무, 조경용 수목 등의 이동 제한이나 사용 금지를 명한 경우에는 그 내용을 해당 기관의 게시판 및 인터넷 홈페이지 등에 10일 이상 공고하여야 한다.
⑤ 시·도지사 등은 제3항 각 호의 조치이행에 따라 발생한 농약대금, 인건비 등의 방제비용을 예산의 범위에서 지원할 수 있다.

① 산림병해충이 발생하지 않도록 예방하는 활동은 방제에 해당하지 않는다.
② 산림병해충이 발생할 우려가 있는 경우, 수목의 판매자는 예찰에 필요한 조치를 하여야 한다.
③ 산림병해충 발생으로 인한 조치 명령을 이행함에 따라 발생한 인건비는 시·도지사 등의 지원 대상이 아니다.
④ 산림병해충이 발생한 종묘에 대해 관할 구청장이 소독을 명한 경우, 그 내용을 구청 게시판 및 인터넷 홈페이지에 10일 이상 공고하여야 한다.
⑤ 산림병해충이 발생하여 관할 지방산림청장이 해당 수목의 소유자에게 수목 제거를 명령하였더라도, 특별한 사유가 있으면 그 명령에 따르지 않을 수 있다.

문 117. 다음 글을 근거로 판단할 때 옳은 것은?

제00조 ① 게임물의 윤리성 및 공공성을 확보하고 사행심 유발 또는 조장을 방지하며 청소년을 보호하고 불법 게임물의 유통을 방지하기 위하여 ○○관리위원회(이하 '위원회'라 한다)를 둔다.
② 위원회는 위원장 1명을 포함한 9명 이내의 위원으로 구성하되, 위원장은 상임으로 한다.
③ 위원회의 위원은 문화예술·문화산업·청소년·법률·교육·정보통신·역사 분야에 종사하는 사람으로서 게임산업·아동 또는 청소년에 대한 전문성과 경험이 있는 사람 중에서 관련 단체의 장이 추천하는 사람을 A부장관이 위촉하며, 위원장은 위원 중에서 호선한다.
④ 위원장 및 위원의 임기는 3년으로 한다.
제00조 ① 위원회는 법인으로 한다.
② 위원회는 A부장관의 인가를 받아 주된 사무소의 소재지에서 설립등기를 함으로써 성립한다.
제00조 ① 위원회의 업무 및 회계에 관한 사항을 감사하기 위하여 위원회에 감사 1인을 둔다.
② 감사는 A부장관이 임명하며, 상임으로 한다.
③ 감사의 임기는 3년으로 한다.

① 감사와 위원의 임기는 다르다.
② 위원장과 감사는 상임으로 한다.
③ 위원장은 A부장관이 위원 중에서 지명한다.
④ 위원회는 감사를 포함하여 9명으로 구성하여야 한다.
⑤ 위원회는 A부장관의 인가 여부와 관계없이 주된 사무소의 소재지에서 설립등기를 함으로써 성립할 수 있다.

문 118. 다음 글을 근거로 판단할 때 옳은 것은?

제00조 ① A부장관은 김치산업의 활성화를 위한 제조기술 및 김치와 어울리는 식문화 보급을 위하여 필요한 전문인력을 양성할 수 있다.
② A부장관은 제1항에 따른 전문인력 양성을 위하여 대학·연구소 등 적절한 시설과 인력을 갖춘 기관·단체를 전문인력 양성기관으로 지정·관리할 수 있다.
③ A부장관은 제2항에 따라 지정된 전문인력 양성기관에 대하여 예산의 범위에서 그 양성에 필요한 경비를 지원할 수 있다.
④ A부장관은 김치산업 전문인력 양성기관이 다음 각 호의 어느 하나에 해당하는 경우에는 지정을 취소하거나 6개월 이내의 범위에서 기간을 정하여 업무의 전부 또는 일부를 정지할 수 있다. 다만, 제1호에 해당하는 경우에는 지정을 취소하여야 한다.
1. 거짓이나 그 밖의 부정한 방법으로 지정을 받은 경우
2. 지정받은 사항을 위반하여 업무를 행한 경우
3. 지정기준에 적합하지 아니하게 된 경우
제00조 ① 국가는 김치종주국의 위상제고, 김치의 연구·전시·체험 등을 위하여 세계 김치연구소를 설립하여야 한다.
② 국가와 지방자치단체는 세계 김치연구소의 효율적인 운영·관리를 위하여 필요한 경비를 예산의 범위에서 지원할 수 있다.
제00조 ① 국가와 지방자치단체는 김치산업의 육성, 김치의 수출 경쟁력 제고 및 해외시장 진출 활성화를 위하여 김치의 대표상품을 홍보하거나 해외시장을 개척하는 개인 또는 단체에 대하여 필요한 지원을 할 수 있다.
② A부장관은 김치의 품질향상과 국가 간 교역을 촉진하기 위하여 김치의 국제규격화를 추진하여야 한다.

① 김치산업 전문인력 양성기관으로 지정된 기관이 부정한 방법으로 지정을 받은 경우, A부장관은 그 지정을 취소하여야 한다.
② A부장관은 김치의 품질향상과 국가 간 교역을 촉진하기 위하여 김치의 국제규격화는 지양하여야 한다.
③ A부장관은 적절한 시설을 갖추지 못한 대학이라도 전문인력 양성을 위하여 해당 대학을 김치산업 전문인력 양성기관으로 지정할 수 있다.
④ 국가와 지방자치단체는 김치종주국의 위상제고를 위해 세계 김치연구소를 설립하여야 한다.
⑤ 지방자치단체가 김치의 해외시장 개척을 지원함에 있어서 개인은 그 지원대상이 아니다.

II | 부합·추론형 : TEXT 및 기타 형식

법령을 TEXT 또는 기타의 형식으로 풀어 설명하는 식으로 제시하고, 즉시 선택지나 보기를 제시하며 '옳은 것'과 '옳지 않은 것'을 구별할 것을 요구하는 문제들을 모아두었다. 이 유형 또한 많이 출제되는 유형이며, TEXT형 문제의 출제를 줄이는 최근의 경향에도 불구하고 꾸준히 출제되는 유형이다. 법조문 형식의 제시문을 소재로 하는 문제와 마찬가지로 『형식구조 파악 → 내용구조 파악 & 정보 위치 MAPPING → 단계적 선택지(보기) 검토』의 접근 방식으로 풀 수 있는 유형이지만, TEXT 형식 내에서 주요 정보의 위치를 파악하는 것은 의외로 만만치 않아서, 전형적인 법조문 형식의 문제에 비해 풀이에 소요되는 시간이 조금 더 길어질 수도 있다.

다음의 사항들에 특히 주의하며 문제를 풀어보도록 하자.

1. 형식구조는 '문단' 등의 개수를 세는 것으로 파악하도록 하자.

2. '문단' 등을 기본 단위로 하여 내용구조와 정보의 위치를 먼저 파악한 후 선택지(보기)를 검토한다.

3. 내용구조와 주요 정보만을 파악하는 것이 쉽지 않을 것 같으면, 과욕을 부리지 말고 차근차근 글을 읽어 내려가는 것이 훨씬 더 나은 선택일 수도 있다.

4. 주목해야 하는 포인트는 전형적인 형식의 법조문을 읽을 때와 다를 바 없다. 즉, 주어와 서술어에 주목하고, '숫자(%, 금액, 기간)'에도 주의를 기울여야 하며, '예외사항'이 존재한다면 이를 놓치지 않도록 주의해야 한다.

5. 선택지(보기)를 검토할 때에도 주어와 서술어 등을 기준으로 하여, 관련된 정보를 찾아 적용한다.

7. 선택지(보기)를 검토할 때에는 글자 하나의 변화까지 조심스럽게 확인해야 한다.

8. 판단이 쉽지 않은 선택지(보기)나, 판단을 위하여 계산 등의 작업을 해야 해서 시간을 빼앗을 수 있는 선택지(보기)는 일단 넘기고 다른 선택지(보기)를 먼저 검토하는 것도 문제풀이의 효율을 살릴 수 있는 좋은 방법이다.

9. 부합·추론형 문제의 형식을 갖추고 있으나 선택지(보기)의 각각에 짧은 사례가 제시되어 있어서, 규칙을 사례에 적용하여 결과를 확인해야 하는 문제들도 종종 출제된다. 이런 문제들을 풀 때에는 이용할 만한 '단계'나 '트리구조'가 있는지 확인하며 내용구조를 조금 더 철저히 살피는 것이 좋다. 그리고 '규칙을 하나씩만 적용하며 단계적으로 검토한다'는 원칙을 실천하면 효율을 살릴 수 있다.

문 1. 다음 글을 읽고 판단할 때 <보기> 중 옳은 것을 모두 고른 것은?

> 이혼(離婚)은 완전·유효하게 성립한 혼인을 당사자 쌍방 또는 일방의 의사에 의하여 해소하는 제도이다. 이혼에는 협의상 이혼과 재판상 이혼이 있다. 협의상 이혼이란 부부의 합의에 의해 성립하는 이혼을 말한다. 협의상 이혼에 의해 혼인이 해소되기 위해서는 당사자 사이에 이혼의사가 합치되어야 하고, 가정법원의 확인을 받아 신고하여야 한다. 이혼하려는 자는 가정법원으로부터 확인서 등본을 교부 또는 송달 받은 날로부터 3월 이내에 그 등본을 첨부하여 신고인의 본적지 또는 주소지나 현재지에 이혼신고를 하여야 한다. 가정법원에 확인을 받은 후 신고하지 않고 3월을 경과한 때에는 그 확인은 효력을 상실한다.
>
> 한편 재판상 이혼은 당사자 일방의 청구로 법원이 판결에 의하여 혼인을 해소시키는 것을 말한다. 재판상 이혼은 당사자 일방의 이혼요구에 대해서 상대방이 이에 동의하지 않는 경우에 이혼을 용인하는 유일한 방법이다. 재판상 이혼의 원인으로는 ① 부정행위, ② 악의의 유기, ③ 배우자나 그 직계존속으로부터의 심히 부당한 대우, ④ 자기의 직계존속에 대한 배우자의 심히 부당한 대우, ⑤ 3년 이상의 생사불명, ⑥ 기타 혼인을 계속하기 어려운 중대한 사유 등이 있다. 여기서 부정한 행위란 배우자의 정조 의무에 충실하지 못한 일체의 행위를 포함하며, 이른바 간통보다는 넓은 개념이다. 악의의 유기란 배우자의 일방이 정당한 이유 없이 서로 동거·부양·협조하여야 할 부부로서의 의무를 일부라도 게을리한 경우를 말한다. 그 밖에 혼인을 계속하기 어려운 중대한 사유란 부부 간의 애정과 신뢰가 바탕이 되어야 할 혼인의 본질에 상응하는 부부의 공동생활 관계가 회복될 수 없을 정도로 파탄되고, 그 혼인생활을 지속하는 것이 배우자 일방에게 참을 수 없는 고통이 되는 경우를 말한다.

<보 기>

ㄱ. 남편이 도박에 빠져 장기간 집에 들어오지 않았다면, 자기 부인에게 생활비를 빠짐없이 보내어 부양의무를 이행했더라도 악의의 유기에 해당한다.
ㄴ. 갑과 을이 이혼하기로 합의하고 법원으로부터 협의이혼 의사 확인서등본을 교부받았더라도 이혼신고를 하지 않으면 이혼의 효력이 발생하지 않는다.
ㄷ. 혼인생활의 파탄을 초래할 만한 치유불능의 정신병, 과도한 신앙생활 등을 원인으로 하여 재판상 이혼을 청구할 수 없다.
ㄹ. 건강상·직업상·경제상 또는 자녀의 교육상 필요하여 별거하는 것은 악의의 유기에 해당하지 않는다.
ㅁ. 을의 남편 갑이 직장의 여직원과 불륜관계를 맺고 있어 을이 이혼을 제의하였으나 갑이 이혼에 응하지 않은 경우, 을은 이혼을 할 수 없다.

① ㄱ, ㄴ
② ㄷ, ㅁ
③ ㄱ, ㄴ, ㄹ
④ ㄱ, ㄷ, ㄹ
⑤ ㄱ, ㄴ, ㄹ, ㅁ

문 2. 다음 제시문을 근거로 판단할 때 <보기>에서 옳은 것을 모두 고른 것은?

> 체약국이 아닌 국가가 다자조약(多者條約)에 가입을 희망하면서 다자조약의 일부 규정에 대해 행한 유보선언에 대하여 모든 당사국이 전원 일치로 반대한 경우, 그 국가는 가입국이 되지 못한다. 다만 체약국 중 한 국가라도 유보에 동의하면, 유보에 동의한 국가(유보동의국)와 유보를 희망하는 국가(유보국) 사이에서 유보 내용이 조약에 반영된다.
>
> 반면 체약국 중 어떤 국가가 유보에 반대하면 유보를 반대한 국가(유보반대국)와 유보국 사이에서 조약은 일단 유보 없이 발효된다. 다만 이러한 유보반대국이 조약의 발효에도 명시적으로 반대하면, 유보국은 그 유보반대국과의 관계에서 당해 다자조약의 당사국이 되지 않는다.
>
> A국, B국, C국이 체약국인 다자조약에 D국이 새로 가입하면서 제7조를 자국에 적용하지 않는다고 유보하였다. D국의 유보에 대하여 A국은 동의하였고, B국은 유보만 반대하였고, C국은 유보를 반대하면서 동시에 조약의 발효에도 명시적으로 반대하였다.

※ 조약의 유보란 조약의 서명·비준·수락·승인·가입 시에 특정 규정의 법적 효과를 배제하거나 변경하여 자국에 적용하려는 의사표시를 말함.

<보 기>

ㄱ. D국과 B국, D국과 C국 간에는 조약이 적용된다.
ㄴ. D국과 A국 간에는 제7조가 적용되지 않는다.
ㄷ. A국과 C국 간에는 제7조가 적용되지 않는다.
ㄹ. D국과 A국 간에는 제7조가 적용되고, D국과 B국 간에는 조약이 적용되지 않는다.
ㅁ. B국과 C국 간에는 제7조가 적용되지 않는다.

① ㄱ
② ㄴ
③ ㄴ, ㄷ
④ ㄷ, ㄹ
⑤ ㄹ, ㅁ

문 3. 다음 글을 근거로 내린 판단으로 틀린 것은?

A. 일반법은 그 적용범위에 있어서 사람·장소·사항 등에 특별한 제한이 없는 법이며, 특별법은 한정된 사람·장소·사항 등에만 적용되는 법이다. 특별법은 일반법에 우선하여 적용된다.
B. 고의 또는 과실로 인한 위법행위로 타인에게 손해를 끼친 자는 그 손해를 배상할 책임이 있다.(민법 제750조) 이를 불법행위로 인한 손해배상책임이라 한다. 실화(失火)의 경우에는 중대한 과실이 있을 때에 한하여 민법 제750조를 적용한다.(실화책임에 관한 법률)
C. 타인을 사용하여 어느 사무에 종사하게 한 자(사용자)는 피용자(被用者)가 그 사무집행에 관하여 제3자에게 끼친 손해를 배상하여야 하는데(민법 제756조 제1항), 이를 사용자책임이라 한다. 여기서 '사무'는 통속적으로 '일'이라는 것과 같은 의미이며, 사용관계란 실질적인 지휘·감독관계를 말한다.
D. 국가 또는 지방자치단체는 공무원이 그 직무를 집행하면서 고의 또는 과실로 법령을 위반하여 타인에게 손해를 끼쳤을 때 그 손해를 배상하여야 한다.(국가배상법 제2조) 이를 국가배상책임이라 한다. 여기서 '직무를 집행하면서'란 공무원의 행위의 외관을 객관적으로 관찰하여 공무원의 직무 또는 이와 밀접한 관련이 있는 행위로 보이는 경우를 말한다.
E. '중대한 과실(중과실)'이란 사회평균인에게 요구되는 정도의 상당한 주의를 하지 않더라도 약간의 주의를 기울였다면 손쉽게 위법·유해한 결과를 예견할 수 있었음에도 이를 간과한 것과 같은, 거의 고의에 가까울 정도로 주의를 현저하게 결여한 상태를 말한다.

① 건조주의보가 내려진 상태에서 잡초가 무성한 곳에 불이 완전히 꺼지지 않은 담배꽁초를 버린 경우, 중과실이 인정된다.
② 지방공무원 갑이 퇴근 후에 친구들과 술을 마시다가 고의로 을을 폭행한 경우, 을은 갑에게 불법행위로 인한 손해배상을 청구할 수 있다.
③ 국세청 직원 갑이 체납처분을 집행하는 도중 구경나온 이웃 주민 을에게 중과실로 신체상 손해를 입힌 경우, 을은 국가배상책임을 주장할 수 있다.
④ 갑 이삿짐센터의 종업원 을이 공무원 병의 이삿짐을 운반하다가 실수로 정을 다치게 한 경우, 정은 을의 사용자책임을 주장할 수 있다.
⑤ 공휴일에 가족과 함께 여행 중이던 국가공무원 갑의 잘못으로 을 소유의 건물에 화재가 발생하였더라도 갑에게 중과실이 인정되지 않은 경우, 을은 갑에게 불법행위로 인한 손해배상을 청구할 수 없다.

문 4. 다음 제시문을 근거로 바르게 추론한 것을 <보기>에서 모두 고른 것은?

국적은 국민이 되는 자격·신분을 의미하므로 대한민국 국적이 없는 자를 외국인이라고 한다. 국민은 국가의 항구적 소속원이므로 어느 곳에 있든지 그가 속하는 국가의 통치권에 복종할 의무를 부담한다. 국적은 국가와 그 구성원 간의 법적 유대이고 보호와 복종관계를 뜻하므로 이를 분리하여 생각할 수 없다. 국적은 성문의 법령을 통해서가 아니라 국가의 생성과 더불어 존재하는 것이므로, 헌법의 위임에 따라 국적법이 제정되며, 그 내용은 국가의 구성요소인 국민의 범위를 구체화, 현실화하는 사항을 규율하고 있다.

우리 헌법은 제헌헌법 이래로 "대한민국의 영토는 한반도와 그 부속도서로 한다"는 규정을 두고 있다. 대법원은 이를 근거로 하여 북한지역도 대한민국의 영토에 속하는 한반도의 일부를 이루는 것이어서 대한민국의 주권이 미치고, 북한 주민도 대한민국 국적을 취득·유지하는 데 아무런 영향이 없는 것으로 해석하고 있다.

국적에 관한 임시조례(1948. 5. 11) 제2조 제1호는 조선인을 부친으로 하여 출생한 자는 조선 국적을 가지는 것으로 규정하고 있고, 제헌헌법은 제3조에서 "대한민국의 국민이 되는 요건을 법률로써 정한다"고 규정하면서 제100조에서 "현행 법령은 이 헌법에 저촉되지 아니하는 한 효력을 가진다"고 규정하고 있다. 따라서 조선인을 부친으로 하여 출생한 자는 비록 그가 북한법의 규정에 따라 북한 국적을 취득하였다고 하더라도, 위 임시조례의 규정에 따라 조선 국적을 취득하였다가 제헌헌법의 공포(1948. 7. 17)와 동시에 대한민국 국적을 취득하게 된다.

<보 기>

ㄱ. 북한지역에서 태어나고 자란 사람은 출생시기에 관계없이 처음부터 대한민국 국적을 취득한다.
ㄴ. 국적은 국가와 그 구성원 간의 법적 유대이고 보호와 복종관계를 뜻하므로, 북한지역에서 출생한 자를 대한민국 국민으로 보는 것은 국적법상 인정되지 않는다.
ㄷ. 우리 정부가 탈북자들에게 대한민국 국적을 부여하는 것은 현행 헌법상 가능한 조치이다.
ㄹ. 북한지역에도 대한민국의 주권이 미치지만 실효적 지배를 하고 있지 못하므로, 북한에서 출생하여 그 곳에서 생활하고 있는 사람은 대한민국 국민으로 볼 수 없다.
ㅁ. 대한민국 국민이 외국을 여행할 때에는 대한민국이 아니라 여행 중인 국가의 통치권에 복종하여야 한다.

① ㄱ
② ㄷ
③ ㄱ, ㄷ
④ ㄴ, ㄹ
⑤ ㄱ, ㄷ, ㅁ

문 5. 다음 제시문을 근거로 판단할 때 甲의 행위가 '뇌물에 관한 죄'에 해당되지 않는 것은?

> 뇌물에 관한 죄는 공무원 또는 중재인이 그 직무에 관하여 뇌물을 수수(收受)·요구 또는 약속하는 수뢰죄와 공무원 또는 중재인에게 뇌물을 약속·공여(자진하여 제공하는 것)하거나 공여의 의사표시를 하는 증뢰죄를 포함한다. 뇌물에 관한 죄가 성립하기 위해서는 직무에 관하여 뇌물을 수수·요구 또는 약속한다는 사실에 대한 고의(故意)가 있어야 한다. 즉 직무의 대가에 대한 인식이 있어야 한다. 또한 뇌물로 인정되기 위해서는 그것이 직무에 관한 것이어야 하며, 뇌물은 불법한 보수이어야 한다. 여기서 '직무'란 공무원 또는 중재인의 권한에 속하는 직무행위 그 자체뿐만 아니라 직무와 밀접한 관계가 있는 행위도 포함하는 개념이다. 그리고 '불법한 보수'란 정당하지 않은 보수이므로, 법령이나 사회윤리적 관점에서 인정될 수 있는 정당한 대가는 뇌물이 될 수 없다. 그 밖에 '수수'란 뇌물을 취득하는 것을 의미하며, 수수라고 하기 위해서는 자기나 제3자의 소유로 할 목적으로 남의 재물을 취득할 의사가 있어야 한다. 한편 보수는 직무행위와 대가관계에 있는 것임을 요하고, 그 종류, 성질, 액수나 유형, 무형을 불문한다.

※ 중재인이란 법령에 의하여 중재의 직무를 담당하는 자를 말한다. 예컨대 노동조합 및 노동관계조정법에 의한 중재위원, 중재법에 의한 중재인 등이 이에 해당한다.

① 甲은 대통령경제수석비서관으로 재직하면서 X은행장인 乙로부터 X은행이 추진 중이던 업무전반에 관하여 선처해 달라는 취지의 부탁을 받고 금전을 받았다.
② 甲은 각종 인·허가로 잘 알게 된 담당공무원 乙에게 건축허가를 해달라고 부탁하면서 술을 접대하였을 뿐만 아니라 乙이 윤락여성과 성관계를 맺을 수 있도록 하였다.
③ 경찰청 형사과 소속 경찰관 甲은 乙회사가 외국인 산업연수생에 대한 국내관리업체로 선정되도록 중소기업협동조합중앙회 회장 丙에게 잘 이야기해 달라는 부탁을 받고 乙로부터 향응을 제공받았다.
④ 자치단체장 甲은 해당 지방자치단체의 공사도급을 받으려는 건설업자 乙로부터 청탁과 함께 금품을 받아 이를 개인적인 용도가 아닌 부하직원의 식대, 휴가비와 자치단체의 홍보비 등으로 소비하였다.
⑤ 노동부 해외근로국장으로서 해외취업자 국외송출허가 업무를 취급하던 甲이 乙로부터 인력송출의 부탁과 함께 사례조로 받은 자기앞수표를 자신의 은행계좌에 예치시켰다가 그 뒤 후환을 염려하여 乙에게 반환하였다.

문 6. 다음 제시문을 읽고 바르게 추론한 것만을 <보기>에서 모두 고르면?

> 민법 제750조는 고의 또는 과실로 인한 위법행위로 타인에게 손해를 가한 자는 그 손해를 배상할 책임이 있다고 규정하고 있다. 고의로 인한 위법행위의 경우 손해배상 책임이 있는 것은 당연하나, 과실의 경우에는 무엇을 기준으로 과실유무를 결정하느냐가 중요한 법정책적 과제가 된다. 일반적으로 민법 제750조에 대한 해석론을 보면, 과실유무의 판단은 일반인·보통인의 주의정도를 다하였는가 아닌가를 기준으로 하고 있다. 한마디로 동조의 과실은 개개인의 평상시의 주의정도를 기준으로 하는 구체적 과실이 아니라 일반인·보통인의 주의정도를 기준으로 하는 추상적 과실을 의미한다. 물론 이 때의 일반인·보통인이란 당사자의 직업, 지위, 당해사건의 환경 등을 고려한 평균개념이다.
>
> 그러나 추상적인 기준을 보다 객관화할 수 있는 근거가 필요하다. 이에 판사 갑은 선창에 매어 두었던 배가 밧줄이 느슨해져 움직이는 바람에 옆에 있던 다른 배를 파손한 사건에서, 가해를 한 배의 소유자의 주의의무 정도를 판단하는 기준을 다음과 같이 제시했다.
>
> 소유자의 주의의무 정도를 판단하는 데에는 다음과 같은 세 가지 변수가 있다. (1) 그 배를 묶어 둔 밧줄이 느슨해져 다른 배에게 피해를 줄 확률(P), (2) 그러한 사건이 생길 때 다른 배에게 줄 피해의 정도(L), (3) 그러한 사건을 방지하기 위하여 사전조치를 하는 데 드는 비용(B)이 그것이다. 배 소유자의 과실로 인한 책임은 B < PL 일 때 물을 수 있다.

<보 기>

ㄱ. B가 주의의무를 이행하는 데 드는 비용이라면, PL은 주의의무를 이행할 경우 방지할 수 있는 기대손실액이다.
ㄴ. 사고방지비용이 사고의 기대손실액(사고확률×사고피해금액)보다 작은데도 사고방지노력을 하지 아니한 경우에는 과실이 인정되지 않는다.
ㄷ. 갑에 의하면, 사고확률이 0.1%, 사고피해금액이 25,000원 그리고 사고방지비용이 50원인 경우 배 소유자의 과실이 인정되지 않는다.
ㄹ. 갑에 의하면, 한 사람의 과실유무를 판단하기 위해서는 그의 사고방지비용과 다른 사람의 사고방지비용을 비교해야 한다.

① ㄱ
② ㄱ, ㄷ
③ ㄴ, ㄹ
④ ㄱ, ㄷ, ㄹ
⑤ ㄴ, ㄷ, ㄹ

문 7. 다음 제시문을 근거로 판단할 때 금융기관 등이 의무적으로 해야 할 일이 아닌 것을 <보기>에서 모두 고르면?

<혐의거래보고 기본체계>

1) 혐의거래보고의 대상

금융기관 등은 ① 원화 2천만 원 또는 외화 1만 달러 상당 이상의 거래로서 금융재산이 불법재산이거나 금융거래 상대방이 자금세탁행위를 하고 있다고 의심할 만한 합당한 근거가 있는 경우, ② 범죄수익 또는 자금세탁행위를 알게 되어 수사기관에 신고한 경우에는 의무적으로 금융정보분석원에 혐의거래보고를 하여야 한다.

의무보고대상거래를 보고하지 않을 경우에는 관련 임직원에 대한 징계 및 기관에 대한 과태료 부과 등 적절한 제재조치를 할 수 있다. 또한, 혐의거래 중 거래액이 보고대상 기준금액 미만인 경우에 금융기관은 이를 자율적으로 보고할 수 있다.

2) 혐의거래보고의 방법 및 절차

영업점직원은 업무지식과 전문성, 경험을 바탕으로 고객의 평소 거래상황, 직업, 사업내용 등을 고려하여 취급한 금융거래가 혐의거래로 의심되면 그 내용을 보고책임자에게 보고한다.

보고책임자는 특정금융거래정보보고 및 감독규정의 별지 서식에 의한 혐의거래보고서에 보고기관, 거래상대방, 의심스러운 거래내용, 의심스러운 합당한 근거, 보존하는 자료의 종류 등을 기재하여 온라인으로 보고하거나 문서로 제출하되, 긴급한 경우에는 우선 전화나 팩스로 보고하고 추후 보완할 수 있다.

<보 기>

ㄱ. A은행은 창구에서 3천만 원을 현금으로 인출하려는 고객의 금융재산이 불법재산이라고 의심할 만한 합당한 근거가 있어 혐의거래보고를 한다.

ㄴ. B은행이 자금세탁행위로 신고하여 검찰수사를 받고 있는 거래에 대하여 B은행은 혐의거래보고서를 금융정보분석원에 제출한다.

ㄷ. C은행은 10억 원을 해외송금하는 거래자에 대해 뚜렷이 의심할 만한 근거는 없으나 거액의 거래이므로 혐의거래보고를 한다.

ㄹ. D은행은 의심할 만한 합당한 근거가 있는 거래에 대해 혐의거래보고서를 완벽하게 작성하지 못했지만 신속한 조사를 위해 팩스로 검찰청에 제출한다.

ㅁ. E은행은 5백만 원을 현금으로 인출하는 거래에 대해 의심할 만한 합당한 근거를 찾고 혐의거래보고서를 금융정보분석원에 제출한다.

① ㄱ, ㄴ
② ㄷ, ㄹ
③ ㄴ, ㄹ, ㅁ
④ ㄴ, ㄷ, ㅁ
⑤ ㄷ, ㄹ, ㅁ

문 8. 다음은 근로장려금 신청자격 요건에 대한 정부제출안과 국회통과안의 내용이다. 이에 근거하여 <보기>에서 옳지 않은 것을 모두 고르면?

요건	정부제출안	국회통과안
총소득	부부의 연간 총소득이 1,700만 원 미만일 것(총소득은 근로소득과 사업소득 등 다른 소득을 합산한 소득)	좌동
부양자녀	다음 항목을 모두 갖춘 자녀를 2인 이상 부양할 것 (1) 거주자의 자녀이거나 동거하는 입양자일 것 (2) 18세 미만일 것(단, 중증장애인은 연령제한을 받지 않음) (3) 연간 소득금액의 합계액이 100만 원 이하일 것	다음 항목을 모두 갖춘 자녀를 1인 이상 부양할 것 (1) ~ (3) 좌동
주택	세대원 전원이 무주택자일 것	세대원 전원이 무주택자이거나 기준시가 5천만 원 이하의 주택을 한 채 소유할 것
재산	세대원 전원이 소유하고 있는 재산 합계액이 1억 원 미만일 것	좌동
신청 제외자	(1) 3개월 이상 국민기초생활보장급여 수급자 (2) 외국인(단, 내국인과 혼인한 외국인은 신청 가능)	좌동

<보 기>

ㄱ. 정부제출안보다 국회통과안에 의할 때 근로장려금 신청자격을 갖춘 대상자의 수가 더 줄어들 것이다.

ㄴ. 두 안의 총소득요건과 부양자녀요건을 충족하고, 소유재산이 주택(5천만 원), 토지(3천만 원), 자동차(2천만 원)인 A는 정부제출안에 따르면 근로장려금을 신청할 수 없지만 국회통과안에 따르면 신청할 수 있다.

ㄷ. 소득이 없는 20세 중증장애인 자녀 한 명만을 부양하는 B가 국회통과안에서의 다른 요건들을 모두 충족하고 있다면 B는 국회통과안에 의해 근로장려금을 신청할 수 있다.

ㄹ. 총소득, 부양자녀, 주택, 재산 요건을 모두 갖춘 한국인과 혼인한 외국인은 정부제출안에 따르면 근로장려금을 신청할 수 없지만 국회통과안에 따르면 신청할 수 있다.

① ㄱ, ㄴ
② ㄱ, ㄷ
③ ㄷ, ㄹ
④ ㄱ, ㄴ, ㄹ
⑤ ㄴ, ㄷ, ㄹ

문 9. 다음 글과 <법률 규정>을 근거로 판단할 때, 옳은 것은?

가. 채권은 특정인(채권자)이 다른 특정인(채무자)에게 일정한 행위를 요구할 수 있는 권리(예: 임차권, 손해배상채권, 매수인의 매도인에 대한 소유권이전등기청구권 등)이다. 물권은 채권과 달리 특정한 물건에 대한 권리(예: 소유권, 지상권*, 전세권* , 저당권 등)이므로, 그 권리를 제3자에게도 주장할 수 있다. 가령 甲의 부동산 위에 乙이 지상권을 취득한 후 丙이 소유권을 취득한 경우, 지상권은 물건에 대한 권리이므로, 乙은 丙에 대해서 지상권을 주장할 수 있다.

나. 동일한 물건 위에 여러 개의 물권이 성립하는 경우, 먼저 성립한 권리가 나중에 성립한 권리에 우선한다. 부동산 물권을 취득하기 위해서는 원칙적으로 자신의 명의로 등기가 이루어져야 한다. 다만 경매 기타 법률규정에 의하여 부동산에 관한 물권을 취득하는 경우에는 등기를 요하지 아니한다.

다. 동일물에 관하여 물권과 채권이 병존하는 경우에는 그 성립시기를 불문하고 물권이 원칙적으로 우선한다. 가령 甲이 자신의 부동산을 乙에게 매도하기로 약정한 후 다시 丙에게 이중으로 매도하여 그 명의로 소유권이전등기를 해 준 경우, 부동산에 대한 소유권이전채권을 가지는 데 불과한 乙은 丙보다 먼저 甲과 매매계약을 체결하였다는 이유로 부동산에 대한 소유권을 주장할 수 없다. 다만 임차권은 임차인이 임대인에게 임차목적물(토지, 건물 등)에 대한 사용·수익을 청구할 수 있는 권리(채권)이지만, 임차권이 등기가 되면 그 등기 이후에 성립한 물권보다 우선하는 효력이 있다.

※ 지상권: 타인의 토지에 건물, 기타 공작물을 소유하기 위하여 그 토지를 사용할 수 있는 물권

※ 전세권: 전세금을 지급하고 타인의 부동산을 점유하여 그 부동산의 용도에 따라 사용·수익하고, 그 부동산 전부에 대하여 후순위 권리자, 기타 채권자보다 전세금을 우선 변제 받을 수 있는 물권

<법률 규정>

제00조 경매절차에서 경매목적물을 매각(경락) 받은 매수인(경락인)은 매각대금(경매대금)을 다 낸 때에 경매목적물에 대한 소유권을 취득한다.

제00조 ① 매각된 목적물(경매목적물)에 설정된 모든 저당권은 매각으로 소멸한다.

② 지상권·전세권 및 등기된 임차권은 저당권에 대항할 수 없는* 경우에는 매각으로 소멸된다.

③ 제2항의 경우 외의 지상권·전세권 및 등기된 임차권은 매수인이 인수한다. 다만 그 중 전세권의 경우에는 전세권자가 배당요구를 하면 매각으로 소멸된다.

※ 대항할 수 없다: 자신의 권리를 상대방에게 주장할 수 없다

① 乙이 甲소유의 토지에 저당권을 취득한 후 丙이 저당권을 취득하였다. 그 토지가 경매절차에서 丁에게 매각된 경우, 乙의 저당권도 소멸한다.
② 乙이 甲소유의 토지를 임차한 후 丙이 그 토지에 대해 지상권을 취득한 경우, 乙이 자신의 임차권을 등기하지 않았더라도 乙의 임차권이 丙의 지상권보다 우선한다.
③ 乙이 甲소유의 부동산에 전세권을 취득한 후 丙이 저당권을 취득하였다. 그 부동산이 경매로 매각된 경우, 乙이 배당요구를 하지 않더라도 그의 전세권은 소멸한다.
④ 乙이 甲소유의 토지를 임차하여 그 임차권을 등기한 후 丙이 그 토지에 저당권을 취득하였다. 그 토지가 경매절차에서 丁에게 매각된 경우, 乙의 임차권은 소멸한다.
⑤ 乙이 甲소유의 부동산에 저당권을 취득한 후 그 부동산이 경매절차에서 丙에게 매각된 경우, 丙이 매각대금을 다 낸 때에도 부동산에 대한 소유권을 취득하기 위해서는 자신의 명의로 등기가 이루어져야 한다.

문 10. 다음 글을 읽고 <보기>에서 옳은 것만을 모두 고르면?

동산에 관한 소유권의 이전(양도)은 그 동산을 인도하여야 효력이 생긴다. 그러나 첫째, 양수인이 이미 동산을 점유한 때에는 당사자 사이에 의사표시의 합치만 있으면 그 효력이 생긴다. 둘째, 당사자 사이의 계약으로 양도인이 그 동산을 계속 점유하기로 한 때에는 양수인이 인도받은 것으로 본다. 셋째, 제3자가 점유하고 있는 동산에 관한 소유권을 이전하는 경우에는 양도인이 그 제3자에 대한 반환청구권을 양수인에게 양도함으로써 동산을 인도한 것으로 본다.

※ 인도(引渡): 물건에 대한 점유의 이전, 즉 사실상 지배의 이전

<보 기>

ㄱ. 乙이 甲소유의 동산을 증여받아 소유하기 위해서는 원칙적으로 甲이 乙에게 그 동산에 대한 사실상 지배를 이전하여야 한다.
ㄴ. 乙이 甲소유의 동산을 빌려서 사용하고 있는 경우, 甲과 乙 사이에 그 동산에 대한 매매를 합의하더라도 甲이 현실적으로 인도하지 않으면 乙은 동산의 소유권을 취득할 수 없다.
ㄷ. 甲이 자신의 동산을 乙에게 양도하기로 하면서 乙과의 계약으로 자신이 그 동산을 계속 점유하고 있으면, 乙은 그 동산의 소유권을 취득할 수 없다.
ㄹ. 甲이 乙에게 맡겨 둔 자신의 동산을 丙에게 현실적으로 인도하지 않더라도 甲이 乙에 대한 반환청구권을 丙에게 양도함으로써 소유권을 丙에게 이전할 수 있다.

① ㄹ
② ㄱ, ㄴ
③ ㄱ, ㄹ
④ ㄴ, ㄷ
⑤ ㄱ, ㄷ, ㄹ

문 11. 다음 글을 읽고 옳게 추론한 것을 <보기>에서 모두 고르면?

가. "회원이 카드를 분실하거나 도난당한 경우에는 즉시 서면으로 신고하여야 하고 분실 또는 도난당한 카드가 타인에 의하여 부정사용되었을 경우에는 신고접수일 이후의 부정사용액에 대하여는 전액을 보상하나, 신고접수한 날의 전날부터 15일전까지의 부정사용액에 대하여는 금 2백만 원의 범위 내에서만 보상하고, 16일 이전의 부정사용액에 대하여는 전액 지급할 책임이 회원에게 있다."고 신용카드 발행회사 회원규약에 규정하고 있는 경우, 위와 같은 회원규약을 신의성실의 원칙에 반하는 무효의 규약이라고 볼 수 없다.

나. 카드의 월간 사용한도액이 회원 본인의 책임한도액이 되는 것은 아니므로 부정사용액 중 월간 사용한도액의 범위 내에서만 회원의 책임이 있는 것은 아니다.

다. 신용카드업법에 의하면 "신용카드가맹점은 신용카드에 의한 거래를 할 때마다 신용카드 상의 서명과 매출전표 상의 서명이 일치하는지를 확인하는 등 당해 신용카드가 본인에 의하여 정당하게 사용되고 있는지 여부를 확인하여야 한다."라고 규정하고 있다. 따라서 가맹점이 위와 같은 주의의무를 게을리하여 손해를 자초하거나 확대하였다면, 그 과실의 정도에 따라 회원의 책임을 감면해 주는 것이 거래의 안전을 위한 신의성실의 원칙상 정당하다.

<보 기>

ㄱ. 신용카드사는 회원에 대하여 카드의 분실 및 도난 시 서면신고 의무를 부과하고, 부정사용액에 대한 보상액을 그 분실 또는 도난된 카드의 사용시기에 따라 상이하게 정할 수 있다.

ㄴ. 회원이 분실 또는 도난당한 카드가 타인에 의하여 부정사용되었을 경우, 신용카드사는 서면으로 신고 접수한 날 이후의 부정사용액에 대한 보상액을 제한할 수 있다.

ㄷ. 카드의 분실 또는 도난 사실을 서면으로 신고 접수한 날의 전날까지의 부정사용액에 대해서는 자신의 월간 카드사용한도액의 범위를 초과하여 회원이 책임을 질 수 있다.

ㄹ. 신용카드가맹점이 신용카드의 부정사용 여부를 확인하지 않은 경우에는 가맹점 과실의 경중을 묻지 않고 회원의 모든 책임이 면제된다.

① ㄱ, ㄴ
② ㄱ, ㄷ
③ ㄴ, ㄷ
④ ㄴ, ㄹ
⑤ ㄷ, ㄹ

문 12. 다음을 근거로 판단할 때 A국 사람들이 나눈 대화 중 옳은 것은? (단, 여권은 모두 유효하며, 아래 대화의 시점은 2011년 2월 26일이다)

<A국의 비자면제협정 체결 현황>

(2009. 4. 기준)

대상여권	국가(체류기간)
외교관	우크라이나(90일), 우즈베키스탄(60일)
외교관·관용	이집트(90일), 일본(3개월), 에콰도르(외교관 : 업무수행기간, 관용 : 3개월), 캄보디아(60일)
외교관·관용·일반	포르투갈(60일), 베네수엘라(외교관·관용 : 30일, 일반 : 90일), 영국(90일), 터키(90일), 이탈리아(90일), 파키스탄(3개월, 2008.10.1부터 일반 여권 소지자에 대한 비자면제협정 일시정지)

※ 2009년 4월 이후 변동사항은 고려하지 않는다.
※ 상대국에 파견하는 행정원의 경우에는 관용 여권을 발급한다.
※ 면제기간은 입국한 날부터 기산(起算)한다.
※ 상기 협정들은 상호적인 규정이다.

① 희선 : 포르투갈인이 일반 여권을 가지고 2010년 2월 2일부터 같은 해 4월 6일까지 A국을 방문했을 때 비자를 발급받을 필요가 없었겠군.
② 현웅 : A국이 작년에 4개월 동안 우즈베키스탄에 행정원을 파견한 경우 비자를 취득해야 했지만, 같은 기간 동안 에콰도르에 행정원을 파견한 경우 비자를 취득할 필요가 없었겠군.
③ 유리 : 나는 일반 여권으로 2009년 5월 1일부터 같은 해 8월 15일까지 이탈리아에 비자 없이 체류했었고, 2010년 1월 2일부터 같은 해 3월 31일까지 영국에도 체류했었어.
④ 용훈 : 외교관 여권을 가지고 같은 기간을 A국에서 체류하더라도 이집트 외교관은 비자를 발급받아야 하지만, 파키스탄 외교관은 비자를 발급받지 않아도 되는 경우가 있겠군.
⑤ 예리 : 관용 여권을 가지고 2010년 5월 5일부터 같은 해 5월 10일까지 파키스탄을 방문했던 A국 국회의원은 비자를 취득해야 했었겠군.

문 13. 다음 글에 근거할 때, 옳지 않은 것을 <보기>에서 모두 고르면? (단, <보기>에 제시된 업종의 사업자는 현금영수증 발급 의무자이다)

○ 사업자는 30만 원 이상 거래금액에 대하여 그 대금을 현금(대금 일부를 현금으로 지급한 경우도 포함)으로 받은 경우, 세금계산서를 발급하는 경우를 제외하고는 소비자가 요청하지 않아도 현금영수증을 발급하여야 한다. 물론 30만 원 미만의 거래금액도 소비자의 요청이 있으면 현금영수증을 발급하여야 한다.
○ 사업자가 현금영수증 발급 의무를 위반하였을 경우에는 미발급금액의 50%를 과태료로 부과한다. 사업자가 현금영수증을 발급하지 않은 경우, 소비자가 거래사실과 거래금액이 확인되는 계약서 등 증빙서류를 첨부하여 현금 지급일로부터 1개월 이내에 신고하면, 미발급금액에 대한 과태료의 20%를 포상금으로 지급한다.
○ 소비자가 현금영수증 발급을 원하지 않는 경우에 사업자는 국세청에서 지정한 코드로 발급할 수 있으며, 이 경우 현금영수증 발급으로 인정한다.

<보 기>

ㄱ. 법무서비스를 받은 A는 대금 30만 원에 대해 20만 원은 신용카드로, 10만 원은 현금으로 결제하였다. 현금 10만 원에 대해서는 A의 요청이 있는 경우에 한하여 현금영수증이 발급된다.
ㄴ. 부동산중개인을 통해 2011년 4월 1일 집을 산 B는 중개료 70만 원에 대해 30만 원은 신용카드로, 40만 원은 현금으로 결제하였으나 부동산중개인은 현금영수증을 발급하지 않았다. B는 같은 해 4월 29일 부동산중개인이 현금영수증 발급 의무를 위반했다며 신고하였다. 부동산중개인에게 과태료가 부과되었고, B는 포상금으로 8만 원을 받았다.
ㄷ. C는 2011년 6월 5일 장례비용 대금 100만 원을 현금으로 지불하면서 현금영수증 발급을 원하지 않는다고 말하자 업주는 국세청의 지정코드로 자진 발급하였다. 마음이 변한 C는 업주가 현금영수증 당연 발급 의무를 위반했다며 2011년 6월 12일 관련 증빙서류를 첨부하여 신고했지만 신고 포상금 10만 원은 받을 수 없었다.
ㄹ. D는 2011년 7월 12일 사업자에게 전답 측량 대금으로 현금 50만 원을 지불하였고, 이에 대해 사업자는 현금영수증 대신 세금계산서를 발행하였다. D는 같은 해 8월 19일 현금영수증이 발급되지 않았다고 신고하여 사업자에게 과태료 25만 원이 부과되었다.

① ㄱ, ㄴ
② ㄱ, ㄹ
③ ㄷ, ㄹ
④ ㄱ, ㄴ, ㄹ
⑤ ㄴ, ㄷ, ㄹ

문 14. 다음 글은 문화상품권 뒷면에 기재된 이용 안내이다. 2012년 2월 1일 현재, A가 가지고 있는 문화상품권을 사용하고자 할 때 옳은 것은?

○ 본 상품권은 문화상품권 오프라인 가맹점 및 온라인 가맹점에서 사용하실 수 있습니다.
○ 본 상품권은 현금교환이 불가합니다. 단, 권면금액의 80% 이상을 사용하신 경우 그 잔액을 돌려받으실 수 있습니다. 이는 오프라인 가맹점과 온라인 가맹점에서 동일하게 적용됩니다.
○ 상품권의 도난, 분실 등에 대하여 회사는 책임지지 않으며, 상품권이 훼손되어 식별 불가능할 경우 사용하실 수 없습니다.
○ 앞면 금액란의 은박으로 가려진 부분을 긁으면 노출되는 PIN번호를 입력하여 온라인 가맹점에서 사용 가능합니다.
○ PIN번호가 노출되면 오프라인 가맹점에서 사용할 수 없습니다.
○ 본 상품권의 유효기간은 발행일로부터 5년입니다.

<A가 가지고 있는 문화상품권>

금액	발행일	현재 PIN번호 노출 여부
10,000원	2007년 3월 1일	노출 안 됨
10,000원	2009년 5월 10일	노출됨
5,000원	2006년 9월 20일	노출 안 됨
5,000원	2010년 12월 15일	노출됨
5,000원	2011년 9월 10일	노출 안 됨

① 오프라인 가맹점인 서점에서 10,000원이 적힌 문화상품권을 사용하여 9,000원짜리 책을 사면 1,000원은 돌려받지 못한다.
② 현재 갖고 있는 문화상품권만으로는 오프라인 가맹점에서 최대 20,000원 밖에 사용하지 못한다.
③ 현재 갖고 있는 문화상품권만으로는 온라인 가맹점에서 최대 15,000원 밖에 사용하지 못한다.
④ 현재 갖고 있는 문화상품권 가운데 2015년 12월 16일에 온라인 가맹점에서 사용할 수 있는 상품권은 없다.
⑤ 현재 갖고 있는 문화상품권 2매로 온라인 가맹점에서 가격이 15,500원인 공연티켓을 사면 잔액을 돌려받지 못한다.

문 15. 다음 글을 근거로 판단할 때 옳은 것은?

사회통합프로그램이란 국내 이민자가 법무부장관이 정하는 소정의 교육과정을 이수하도록 하여 건전한 사회구성원으로 적응·자립할 수 있도록 지원하고 국적취득, 체류허가 등에 있어서 편의를 주는 제도이다. 프로그램의 참여대상은 대한민국에 체류하고 있는 결혼이민자 및 일반이민자(동포, 외국인근로자, 유학생, 난민 등)이다.

사회통합프로그램의 교육과정은 '한국어과정'과 '한국사회이해과정'으로 구성된다. 신청자는 우선 한국어능력에 대한 사전평가를 받고, 그 평가점수에 따라 한국어과정 또는 한국사회이해과정에 배정된다.

일반이민자로서 참여를 신청한 자는 사전평가 점수에 의해 배정된 단계로부터 6단계까지 순차적으로 교육과정을 이수하여야 한다. 한편 결혼이민자로서 참여를 신청한 자는 4～5단계를 면제받는다. 예를 들어 한국어과정 2단계를 배정받은 결혼이민자는 3단계까지 완료한 후 바로 6단계로 진입한다. 다만 결혼이민자의 한국어능력 강화를 위하여 2013년 1월 1일부터 신청한 결혼이민자에 대해서는 한국어과정 면제제도를 폐지하여 일반이민자와 동일하게 프로그램을 운영한다.

<과정 및 이수시간>

(2012년 12월 현재)

구분 \ 단계		1	2	3	4	5	6
과정		한국어					한국사회이해
		기초	초급 1	초급 2	중급 1	중급 2	
이수시간		15시간	100시간	100시간	100시간	100시간	50시간
사전평가점수	일반이민자	0점 ～ 10점	11점 ～ 29점	30점 ～ 49점	50점 ～ 69점	70점 ～ 89점	90점 ～ 100점
	결혼이민자	0점～ 10점	11점～ 29점	30점～ 49점	면제		50점 ～ 100점

① 2012년 12월에 사회통합프로그램을 신청한 결혼이민자 A는 한국어과정을 최소 200시간 이수하여야 한다.
② 2013년 1월에 사회통합프로그램을 신청하여 사전평가에서 95점을 받은 외국인근로자 B는 한국어과정을 이수하여야 한다.
③ 난민 인정을 받은 후 2012년 11월에 사회통합프로그램을 신청한 C는 한국어과정과 한국사회이해과정을 동시에 이수할 수 있다.
④ 2013년 2월에 사회통합프로그램 참여를 신청한 결혼이민자 D는 한국어과정 3단계를 완료한 직후 한국사회이해과정을 이수하면 된다.
⑤ 2012년 12월에 사회통합프로그램을 신청하여 사전평가에서 77점을 받은 유학생 E는 사회통합프로그램 교육과정을 총 150시간 이수하여야 한다.

문 16. 다음 글을 근거로 판단할 때, <보기>에서 옳은 것을 모두 고르면?

디자인은 쉽게 모방할 수 있기 때문에 이를 방지하고 디자인을 창작한 자의 권리를 보호하기 위해, 우리나라는 디자인보호법을 두고 있다. 디자인보호법상 디자인이란 물품이나 물품의 부분 및 글자체의 형상·모양·색채 또는 이들을 결합한 것으로서 시각을 통하여 미감(아름답다든가 멋있다는 등의 느낌)을 일으키게 하는 것을 말한다. 따라서 이에 해당되지 않는 것은 디자인보호법을 통해 보호받을 수 없다.

한편 디자인을 보호하는 방법에는 특허권적 방법과 저작권적 방법이 있다. 특허권적 보호방법이란 법적으로 보호받기 위한 일정한 요건을 갖춘 디자인만을 특허청에 등록할 수 있고, 등록된 디자인에 대해서만 디자인권이라는 독점·배타적인 효력을 인정하는 방법을 말한다. 이 경우 디자인을 독자적으로 창작한 사람이라도 그 디자인에 대해서 타인이 이미 등록을 하였다면, 그는 특허청에 등록할 수 없을 뿐만 아니라 자신이 창작한 디자인을 사용하더라도 타인의 디자인권을 침해하는 것이 된다. 이와 달리 저작권적 보호방법이란 등록과 같은 방식을 갖추지 않더라도 법적으로 보호하는 방법을 말한다. 이 경우 타인이 이미 창작한 디자인과 동일한 디자인을 고안한 사람이라도 타인의 디자인을 모방하지 않은 경우라면, 자신이 고안한 디자인을 사용할 수 있으며 타인의 디자인권을 침해하는 것이 아니다.

우리나라 디자인보호법은 특허권적 보호방법을 취하며, 일본·미국 등도 마찬가지이다. 따라서 이들 국가에서 독점·배타적인 디자인권을 취득하고자 하는 사람은 해당 국가의 특허청에 디자인을 등록하여야 한다.

<보 기>

ㄱ. A가 자신이 창작한 디자인을 일본에서 독점·배타적으로 보호받기 위해서는 일본 특허청에 디자인 등록을 하여야 한다.
ㄴ. B가 아름다운 노래를 창작한 경우, 그 노래는 우리나라 디자인보호법에 따라 보호받을 수 있다.
ㄷ. C가 미국 특허청에 등록된 D의 디자인과 동일한 디자인을 독자적으로 창작하였더라도, 이를 미국에서 사용하면 D의 디자인권을 침해하는 것이 된다.
ㄹ. 독일인 E가 고안한 디자인과 동일한 디자인이 우리나라 특허청에 이미 등록되어 있더라도, E의 창작성이 인정되면 우리나라 특허청에 등록할 수 있다.

① ㄱ, ㄴ
② ㄱ, ㄷ
③ ㄴ, ㄹ
④ ㄱ, ㄷ, ㄹ
⑤ ㄴ, ㄷ, ㄹ

문 17. 다음 글과 <법률규정>을 근거로 판단할 때, <보기>에서 옳은 것을 모두 고르면? (단, 변제의 장소, 대금지급장소에 대한 언급이 없으면 특별한 약정이 없는 것으로 한다)

물건을 인도하여야 할 채무는 인도할 물건이 특정되어 있는가 여부에 따라 특정물인도 채무와 불특정물인도 채무로 나뉜다. 특정물인도 채무는 특정된 물건을 인도하여야 하는 채무이다. 예컨대 골동품 가게에서 골동품X를 매수한 경우, 골동품 가게 주인은 매도인으로서 그 골동품X를 인도할 채무를 부담한다.

불특정물인도 채무는 일정한 종류에 속하는 물건 중에서 일정량을 인도하여야 하는 채무이다. 예컨대 체육대회 도중 동네 가게에 전화하여 맥주 1상자를 주문한 경우, 가게 주인은 여러 맥주 상자 중 1상자를 인도할 채무를 부담한다.

한편 매수인은 매매대금을 지급하여야 하는데, 이때 매수인의 대금지급의무는 일종의 불특정물인도 채무이다.

<법률규정>

제00조 ① 채무의 성질 또는 당사자의 약정에 의해 변제장소가 정해지지 아니한 때에는 특정물인도 채무의 변제는 채권성립 당시에 그 물건이 있던 장소에서 하여야 한다.
② 제1항의 경우에 특정물인도 이외의 채무변제는 채권자의 현주소에서 하여야 한다.
제00조 매매 목적물의 인도와 동시에 대금을 지급할 경우에는 그 인도장소에서 이를 지급하여야 한다.

<보 기>

ㄱ. 甲이 쌀 1가마니를 전화로 乙에게 주문한 경우, 乙이 쌀 1가마니를 인도하여야 할 변제장소는 甲의 현주소이다.
ㄴ. 甲이 자기 집에 주차되어 있는 중고 자동차X를 乙에게 매도하기로 한 경우, 甲이 중고 자동차X를 인도하여야 할 변제장소는 乙의 현주소이다.
ㄷ. 甲이 乙로부터 외상으로 물건을 구입한 경우, 甲의 매매대금 지급장소는 乙의 현주소이다.
ㄹ. 甲이 자기 집에 보관하고 있는 중고 자전거Y를 乙에게 매도하면서 매매대금은 중고 자전거Y를 인도할 때 지급받기로 약정한 경우, 乙의 매매대금 지급장소는 甲의 집이다.

① ㄱ, ㄴ
② ㄱ, ㄷ
③ ㄴ, ㄹ
④ ㄱ, ㄷ, ㄹ
⑤ ㄴ, ㄷ, ㄹ

문 18. 다음 글을 근거로 판단할 때, <보기>에서 옳지 않은 것을 모두 고르면?

정부는 미술품 및 문화재를 소장한 자가 이를 판매해 발생한 이익에 대해 소정세율의 기타소득세를 부과하는 법률을 시행하고 있다. 이 법률에서는 '대통령령으로 정하는 서화(書畵)·골동품'으로 개당·점당 또는 조(2개 이상이 함께 사용되는 물품으로서 통상 짝을 이루어 거래되는 것을 말한다)당 양도가액이 6,000만 원 이상인 것을 과세 대상으로 규정하고 있다. 다만 양도일 현재 생존하고 있는 국내 원작자의 작품은 과세 대상에서 제외한다. 또한 국보와 보물 등 국가지정문화재의 거래 및 양도도 제외한다.

대통령령으로 정하는 서화·골동품이란 (i) 회화, 데생, 파스텔(손으로 그린 것에 한정하며, 도안과 장식한 가공품은 제외한다) 및 콜라주와 이와 유사한 장식판, (ii) 판화·인쇄화 및 석판화의 원본, (iii) 골동품(제작 후 100년을 넘은 것에 한정한다)을 말한다.

법률에 따르면 대통령령으로 정하는 서화·골동품을 6,000만 원 이상으로 판매하는 경우, 양도차액의 80 ~ 90 %를 필요경비로 인정하고, 나머지 금액인 20 ~ 10 %를 기타소득으로 간주하여 이에 대해 기타소득세를 징수하게 된다. 작품의 보유 기간이 10년 미만일 때는 양도차액의 80 %가, 10년 이상일 때는 양도차액의 90 %가 필요경비로 인정된다. 기타소득세의 세율은 작품 보유기간에 관계없이 20 %이다. 예를 들어 1,000만 원에 그림을 구입하여 10년 후 6,000만 원에 파는 사람은 양도차액 5,000만 원 가운데 90 %(4,500만 원)를 필요경비로 공제받고, 나머지 금액 500만 원에 대해 기타소득세가 부과된다. 따라서 결정세액은 100만 원이다.

※ 양도가액이란 판매가격을 의미하며, 양도차액은 구매가격과 판매가격과의 차이를 말한다.

<보 기>

ㄱ. A가 석판화의 복제품을 12년 전 1,000만 원에 구입하여 올해 5,000만 원에 판매한 경우, 이에 대한 기타소득세 100만 원을 납부하여야 한다.
ㄴ. B가 보물로 지정된 고려시대의 골동품 1점을 5년 전 1억 원에 구입하여 올해 1억 5,000만 원에 판매한 경우, 이에 대한 기타소득세 200만 원을 납부하여야 한다.
ㄷ. C가 현재 생존하고 있는 국내 화가의 회화 1점을 15년 전 100만 원에 구입하여 올해 1억 원에 판매한 경우, 이에 대한 기타소득세를 납부하지 않아도 된다.
ㄹ. D가 작년에 세상을 떠난 국내 화가의 회화 1점을 15년 전 1,000만 원에 구입하여 올해 3,000만 원에 판매한 경우, 이에 대한 기타소득세 40만 원을 납부하여야 한다.

① ㄱ, ㄴ
② ㄱ, ㄷ
③ ㄷ, ㄹ
④ ㄱ, ㄴ, ㄹ
⑤ ㄴ, ㄷ, ㄹ

문 19. 다음 글을 근거로 판단할 때 옳지 않은 것은?

> 동산질권(動産質權)이란 채권자가 채권의 담보로서 채무자 또는 제3자가 제공한 동산을 유치(점유)할 수 있는 권리이다. 예컨대 A가 500만 원을 B에게 빌려주고 그 담보로 B소유의 보석을 받으면, B가 500만 원을 변제할 때까지 A는 그 보석을 보유한 채 되돌려 주지 않을 권리가 있다. 여기서 A처럼 질권을 취득한 채권자를 질권자라 하고, B처럼 채권담보로 동산을 제공한 채무자 또는 제3자를 질권설정자라 한다. 동산질권은 채무를 전부 변제한 때, 질권자가 담보목적물을 질권설정자에게 반환한 때 소멸한다.
>
> 한편 법인이나 상호등기를 한 사람(이하 '법인 등'이라 한다)이 채권자에게 채권의 담보로 동산을 제공한 경우에는 그 동산에 대해 채권자가 담보등기를 할 수 있다. 이와 같이 법인 등이 제공한 동산에 대해 담보목적으로 등기된 채권자의 권리를 동산담보권(動産擔保權)이라 한다. 동산담보권의 취득이나 소멸은 동산질권과 달리 담보등기부에 등기를 하여야 그 효력이 발생한다. 또한 동일한 동산에 설정된 동산담보권 상호간의 우선순위는 등기의 선후에 따른다. 그밖에 동산담보권자는 동산질권자와 마찬가지로 채권 전부를 변제받을 때까지 담보목적물 전부에 대하여 동산담보권을 행사할 수 있다.

① 甲이 乙소유의 동산에 대해 동산질권을 취득한 후, 그 동산을 乙에게 반환하면 甲의 동산질권은 소멸한다.
② 경찰관 乙이 채권자 甲에게 자신의 동산을 담보로 제공하기로 약정하더라도 甲은 동산담보권을 취득할 수 없다.
③ 상호등기를 한 乙이 채권자 甲에게 자신의 동산을 담보로 제공한 경우, 甲이 그 동산을 담보등기부에 등기하면 甲은 동산담보권을 취득한다.
④ 乙법인이 제공한 동산을 담보등기부에 등기하여 甲이 동산담보권을 취득한 후, 丙이 그 동산에 대해 동산담보권을 취득한 경우, 甲의 동산담보권이 丙의 동산담보권보다 우선한다.
⑤ 채권자 甲이 채무자 乙법인의 동산을 담보등기부에 등기하여 동산담보권을 취득한 후, 乙이 甲에게 채무 일부를 변제하면 변제액에 비례하여 甲은 동산의 일부에 대해 동산담보권을 행사할 수 있다.

문 20. 다음 글을 근거로 판단할 때, <보기>에서 고액현금거래 보고대상에 해당되는 사람을 모두 고르면? (단, 모든 금융거래는 1거래일 내에 이루어진 것으로 가정한다)

> 금융기관은 현금(외국통화는 제외)이나 어음·수표와 같이 현금과 비슷한 기능의 지급수단(이하 '현금 등'이라 한다)으로 1거래일 동안 같은 사람 명의로 이루어진 금융거래를 통해 거래상대방에게 지급한 총액이 2,000만 원 이상 또는 영수(領收)한 총액이 2,000만 원 이상인 경우, 이러한 고액현금거래 사실을 관계기관에 보고하여야 한다. 다만 금융기관 사이 또는 금융기관과 국가·지방자치단체 사이에서 이루어지는 현금 등의 지급 또는 영수는 보고대상에서 제외된다.
>
> 이러한 고액현금거래 보고대상에는 금융기관 창구에서 이루어지는 현금거래뿐만 아니라 현금자동입출금기상에서의 현금입출금 등이 포함된다. 하지만 계좌이체, 인터넷뱅킹 등 회계상의 가치이전만 이루어지는 금융거래는 보고대상에 해당하지 않는다.

<보 기>

○ A는 甲은행의 자기 명의 계좌에 100,000달러를 입금하고, 3,000만 원을 100만 원권 자기앞수표로 인출하였다.
○ B는 乙은행의 자기 명의 계좌에서 세종시 세무서에서 부과된 소득세 3,000만 원을 계좌이체를 통해 납부하였다.
○ C는 丙은행의 자기 명의 계좌에서 현금 1,500만 원을, 丙은행의 배우자 명의 계좌에서 현금 1,000만 원을 각각 인출하였다.
○ D는 丁은행의 자기 명의 a, b계좌에서 현금 1,000만 원을 각각 인출하였다.
○ E는 戊은행의 자기 명의 계좌에 현금 1,900만 원을 입금하고, 戊은행의 F 명의 계좌로 인터넷뱅킹을 통해 100만 원을 이체하였다.

① A, B
② A, D
③ A, B, D
④ B, C, E
⑤ C, D, E

문 21. 다음 글을 근거로 판단할 때 옳은 것은?

국민연금법이 정한 급여의 종류에는 노령연금, 장애연금, 유족연금, 반환일시금이 있다. 그 중 노령연금은 국민연금에 10년 이상 가입하였던 자 또는 10년 이상 가입 중인 자에게 만 60세가 된 때부터 그가 생존하는 동안 지급하는 급여를 말한다. 노령연금을 받을 권리자(노령연금 수급권자)와 이혼한 사람도 일정한 요건을 충족하면 노령연금을 분할한 일정 금액의 연금을 받을 수 있는데, 이를 분할연금이라 한다. 분할연금은 혼인기간 동안 보험료를 내는 데 부부가 힘을 합쳤으니 이혼 후에도 연금을 나누는 것이 공평하다는 취지가 반영된 것이다.

분할연금을 받기 위해서는 혼인기간(배우자의 국민연금 가입기간 중의 혼인기간만 해당)이 5년 이상인 자로서, ① 배우자와 이혼하였고, ② 배우자였던 사람이 노령연금 수급권자이며, ③ 만 60세가 되어야 한다. 이러한 요건을 모두 갖추게 된 때부터 3년 이내에 분할연금을 청구하면, 분할연금 수급권자는 생존하는 동안 분할연금을 수령할 수 있다. 분할연금 수급권은 그 수급권을 취득한 후에 배우자였던 사람이 사망 등의 사유로 노령연금을 수령할 수 없게 된 때에도 영향을 받지 않는다. 또한 분할연금은 재혼을 해도 계속해서 받을 수 있다.

분할연금액은 무조건 노령연금액을 반으로 나누는 것이 아니라, 혼인기간에 해당하는 연금을 균등하게 나눈 금액으로 한다. 그리고 분할연금을 받던 사람이 사망하면, 분할연금액은 전 배우자에게 원상복구되지 않고 그대로 소멸하게 된다. 한편 공무원연금, 군인연금, 사학연금 등에서는 연금 가입자와 이혼한 사람에게 분할연금을 인정하고 있지 않다.

① 국민연금 가입기간이 8년째인 A와 혼인한 B가 3년 만에 이혼한 경우, B는 A가 받는 노령연금에서 분할연금을 받을 수 있다.
② C와 이혼한 D가 C의 노령연금에서 30만 원의 분할연금을 수령하고 있던 중 D가 사망한 경우, 이후 분할연금액 30만 원은 C가 수령하게 된다.
③ E와 이혼한 F가 만 60세에 도달하지 않아도, E가 노령연금을 수령하는 때로부터 F는 분할연금을 받을 수 있다.
④ 공무원 G와 민간인 H가 이혼한 경우, G는 H가 받는 노령연금에서 분할연금을 받을 수 있고 H는 G가 받는 공무원연금에서 분할연금을 받을 수 있다.
⑤ I의 노령연금에서 분할연금을 수령하고 있던 J가 K와 결혼을 한 경우, J가 생존하는 동안 계속하여 I의 노령연금에서 분할연금을 받을 수 있다.

문 22. 다음 <민간위탁 교육훈련사업 계약>을 근거로 판단할 때, <보기>에서 계약 위반행위만을 모두 고르면?

<민간위탁 교육훈련사업 계약>

(가) 계약금액(사업비)은 7,000만 원이고, 계약기간은 1월 1일부터 12월 31일까지이다.
(나) 甲은 乙에게 사업비의 50%에 해당하는 금액을 반기(6개월)별로 지급하며, 乙이 청구한 날로부터 14일 이내에 지급하여야 한다.
(다) 乙은 하반기 사업비 청구시 상반기 사업추진실적과 상반기 사업비 사용내역을 함께 제출하여야 하며, 甲은 이를 확인한 후 지급한다.
(라) 乙은 사업비를 위탁받은 교육훈련 이외의 다른 용도로 사용하여서는 안 된다.
(마) 乙은 상·하반기 사업비와는 별도로 매 분기(3개월) 종료 후 10일 이내에 관련 증빙서류를 구비하여 甲에게 훈련참여자의 취업실적에 따른 성과인센티브의 지급을 청구할 수 있다.
(바) 甲은 (마)에 따른 관련 증빙서류를 확인한 후 인정된 취업실적에 대한 성과인센티브를 취업자 1인당 10만 원씩 지급한다.

<보 기>

ㄱ. 乙은 9월 10일 교육훈련과 관련없는 甲의 등산대회에 사업비에서 100만 원을 협찬하였다.
ㄴ. 乙은 1월 25일에 상반기 사업비 지급을 청구하였으며, 甲은 2월 10일에 3,500만 원을 지급하였다.
ㄷ. 乙은 8월 8일에 하반기 사업비 지급을 청구하면서 상반기 사업추진실적 및 사업비 사용내역을 제출하였다.
ㄹ. 乙은 10월 9일에 관련 증빙서류를 구비하여 성과인센티브의 지급을 청구하였으나, 甲은 증빙서류의 확인을 거부하고 지급하지 않았다.

① ㄱ, ㄷ
② ㄴ, ㄹ
③ ㄱ, ㄴ, ㄷ
④ ㄱ, ㄴ, ㄹ
⑤ ㄴ, ㄷ, ㄹ

문 23. 다음 글과 <규정>을 근거로 판단할 때, <보기>에서 옳은 것만을 모두 고르면?

지방자치단체는 자율적으로 지방행정을 처리하지만, 지방행정도 중앙행정과 마찬가지로 국가행정의 일부이다. 따라서 지방자치는 국가의 법질서 테두리 내에서만 인정되는 것이므로 지방자치단체가 국가차원의 감독, 통제를 받는 것은 불가피하다. 국회는 지방자치에 관하여 중요하고 본질적인 사항을 직접 결정해야 하므로, 지방자치에 관한 입법권한을 모두 지방자치단체에 위임할 수는 없다.

그러므로 지방의회가 제정하는 조례와 지방자치단체장이 제정하는 규칙의 형식적 효력은 국회가 제정한 법률이나 중앙행정기관이 제정한 명령보다 하위에 있으며, 조례와 규칙은 법률과 명령을 위반해서는 안 된다.

<규 정>

헌법 제00조 ① 지방자치단체는 주민의 복리에 관한 사무를 처리하고 재산을 관리하며, 법령의 범위 안에서 자치에 관한 규정을 제정할 수 있다.
② 지방자치단체의 종류는 법률로 정한다.
헌법 제00조 ① 지방자치단체에 의회를 둔다.
② 지방의회의 조직·권한·의원선거와 지방자치단체장의 선임방법 기타 지방자치단체의 조직과 운영에 관한 사항은 법률로 정한다.

지방자치법 제00조 지방자치단체는 법령의 범위 안에서 그 사무에 관하여 조례를 제정할 수 있다. 다만 주민의 권리 제한 또는 의무 부과에 관한 사항이나 벌칙을 정할 때에는 법률의 위임이 있어야 한다.
지방자치법 제00조 지방자치단체장은 법령이나 조례가 위임한 범위에서 그 권한에 속하는 사무에 관하여 규칙을 제정할 수 있다.

※ 법령이란 법률과 명령을 의미함.

<보 기>

ㄱ. 주민의 복리에 관한 조례는 법령의 범위 안에서 지방자치단체에 따라 상이할 수 있다.
ㄴ. 헌법을 개정하지 않더라도 법률의 개정으로 지방자치단체의 종류를 변경할 수 있다.
ㄷ. 지방의회는 공석이 된 지방자치단체장의 선임방법을 조례로만 정해야 한다.
ㄹ. 지방자치단체장은 지방의회의 조직을 임의로 정할 수 있다.

① ㄱ, ㄴ
② ㄷ, ㄹ
③ ㄱ, ㄴ, ㄷ
④ ㄴ, ㄷ, ㄹ
⑤ ㄱ, ㄴ, ㄷ, ㄹ

문 24. 다음 글을 뒷받침할 근거로 제시될 수 있는 것만을 <보기>에서 모두 고르면?

하나의 선거구에서 1인을 선출하는 국회의원 지역선거구를 획정할 때, 과거 헌법재판소는 국회의원의 지역대표성, 도시와 농어촌 간의 인구편차, 각 분야의 개발불균형 등을 근거로 인구편차의 허용기준을 전국 국회의원 지역선거구 평균인구 기준 상하 50%로 제시한 바 있었다. 그러나 최근 헌법재판소는 다음과 같은 이유로 국회의원 지역선거구별 인구편차 기준은 가장 큰 선거구와 가장 작은 선거구가 인구비례 2:1을 넘지 않아야 한다고 입장을 변경하였다.

(1) 종래의 인구편차의 허용 기준을 적용하게 되면 1인의 투표가치가 다른 1인의 투표가치에 비하여 세 배가 되는 경우도 발생하는데, 이는 투표가치의 지나친 불평등이다.
(2) 국회를 구성함에 있어 국회의원의 지역대표성이 고려되어야 한다고 할지라도 이것이 국민주권주의의 출발점인 투표가치의 평등보다 우선시 될 수는 없다. 특히 현재는 지방자치제도가 정착되어 있으므로, 지역대표성을 이유로 헌법상 원칙인 투표가치의 평등을 현저히 완화할 필요성이 예전에 비해 크지 않다.
(3) 인구편차의 허용기준을 완화하면 할수록 과대대표되는 지역과 과소대표되는 지역이 생길 가능성 또한 높아지는데, 이는 지역정당구조를 심화시키는 부작용을 야기할 수 있다. 이러한 불균형은 농어촌 지역 사이에서도 나타날 수 있다. 그것은 농어촌 지역의 합리적인 변화를 저해할 수 있으며, 국토의 균형발전에도 도움이 되지 않는다.
(4) 인구편차의 허용기준을 엄격하게 하는 것이 외국의 판례와 입법추세임을 고려할 때, 우리도 인구편차의 허용기준을 엄격하게 하는 일을 더 이상 미룰 수 없다.

※ '인구'는 '선거권자'를 의미함

<보 기>

ㄱ. 지방자치제도가 정착되었기 때문에 국회의원의 지역대표성을 더욱 강화해야 한다.
ㄴ. 국회의원 지역선거구를 획정할 때, 인구가 '최대인 선거구의 인구'를 '최소인 선거구의 인구'로 나눈 숫자가 2 이상이 되지 않는 것이 외국의 일반적인 경향이다.
ㄷ. 지역정당구조의 완화와 농어촌 지역 간 불균형을 극복하기 위하여 국회의원 지역선거구 획정은 평균인구 기준 상하 66.6%를 기준으로 판단해야 한다.
ㄹ. 선거구별 인구의 차이가 커질수록 인구가 많은 선거구에 거주하는 사람의 투표가치는 인구가 적은 선거구에 거주하는 사람의 투표가치보다 줄어든다.

① ㄱ
② ㄴ, ㄷ
③ ㄴ, ㄹ
④ ㄷ, ㄹ
⑤ ㄱ, ㄴ, ㄷ

문 25. 다음 글을 근거로 판단할 때 옳은 것은?

○○국의 지방자치단체는 국가에 비해 재원확보능력이 취약하고 지역간 재정 불균형이 심한 편이다. 이에 따라 국가는 지방자치단체의 재정활동을 지원하고 지역간 재정 불균형을 해소하기 위해, 지방교부세와 국고보조금을 교부하고 있다.

지방교부세는 국가가 각 지방자치단체의 재정부족액을 산정해 국세로 징수한 세금의 일부를 지방자치단체로 이전하는 재원이다. 이에 비해 국고보조금은 국가가 특정한 행정업무를 지방자치단체로 하여금 처리하도록 하기 위해 지방자치단체에 지급하는 재원으로, 국가의 정책상 필요한 사업뿐만 아니라 지방자치단체가 필요한 사업을 지원하기 위한 것이다.

국고보조금의 특징은 다음과 같다. 첫째, 국고보조금은 매년 지방자치단체장의 신청에 의해 지급된다. 둘째, 국고보조금은 특정 용도 외의 사용이 금지되어 있다는 점에서 용도에 제한을 두지 않는 지방교부세와 다르다. 셋째, 국고보조금이 투입되는 사업에 대해서는 상급기관의 행정적·재정적 감독을 받게 되어 예산운용의 측면에서 지방자치단체의 자율성이 약화될 수 있다. 넷째, 국고보조금은 지방자치단체가 사업 비용의 일부를 부담해야 한다는 것이 전제 조건이다. 따라서 재정력이 양호한 지방자치단체의 경우는 국고보조사업을 수행하는 데 문제가 없으나, 재정력이 취약한 지방자치단체는 지방비 부담으로 인해 상대적으로 국고보조사업 신청에 소극적이다.

① 국가는 지방자치단체가 필요로 하는 사업에 용도를 지정하여 지방교부세를 지급한다.
② 국고보조금은 지방교부세에 비해 예산운용의 측면에서 지방자치단체의 자율성을 약화시킬 수 있다.
③ 지방자치단체의 R&D 사업에 지급된 국고보조금의 경우, 해당 R&D 사업 외의 용도로 사용될 수 있다.
④ 일반적으로 재정력이 취약한 지방자치단체는 재정력이 양호한 지방자치단체에 비해 국고보조사업 신청에 더 적극적이다.
⑤ 국고보조금은 지방자치단체가 필요로 하는 사업에는 지원되지 않기 때문에 지방자치단체간 재정불균형을 해소하는 기능은 없다.

문 26. 다음 글을 근거로 판단할 때, <보기>에서 인증이 가능한 경우만을 모두 고르면?

○○국 친환경농산물의 종류는 3가지로, 인증기준에 부합하는 재배방법은 각각 다음과 같다. 1) 유기농산물의 경우 일정 기간(다년생 작물 3년, 그 외 작물 2년) 이상을 농약과 화학비료를 사용하지 않고 재배한다. 2) 무농약농산물의 경우 농약을 사용하지 않고, 화학비료는 권장량의 2분의 1 이하로 사용하여 재배한다. 3) 저농약농산물의 경우 화학비료는 권장량의 2분의 1 이하로 사용하고, 농약은 살포시기를 지켜 살포 최대횟수의 2분의 1 이하로 사용하여 재배한다.

<농산물별 관련 기준>

종류	재배기간 내 화학비료 권장량 (kg/ha)	재배기간 내 농약살포 최대횟수	농약 살포시기
사과	100	4	수확 30일 전까지
감귤	80	3	수확 30일 전까지
감	120	4	수확 14일 전까지
복숭아	50	5	수확 14일 전까지

※ 1 ha = 10,000 m², 1 t = 1,000 kg

<보 기>

ㄱ. 甲은 5 km²의 면적에서 재배기간 동안 농약을 전혀 사용하지 않고 20 t의 화학비료를 사용하여 사과를 재배하였으며, 이 사과를 수확하여 무농약농산물 인증신청을 하였다.
ㄴ. 乙은 3 ha의 면적에서 재배기간 동안 농약을 1회 살포하고 50 kg의 화학비료를 사용하여 복숭아를 재배하였다. 하지만 수확시기가 다가오면서 병충해 피해가 나타나자 농약을 추가로 1회 살포하였고, 열흘 뒤 수확하여 저농약농산물 인증신청을 하였다.
ㄷ. 丙은 지름이 1 km인 원 모양의 농장에서 작년부터 농약을 전혀 사용하지 않고 감귤을 재배하였다. 작년에는 5 t의 화학비료를 사용하였으나, 올해는 전혀 사용하지 않고 감귤을 수확하여 유기농산물 인증신청을 하였다.
ㄹ. 丁은 가로와 세로가 각각 100 m, 500 m인 과수원에서 감을 재배하였다. 재배기간 동안 총 2회(올해 4월 말과 8월 초) 화학비료 100 kg씩을 뿌리면서 병충해 방지를 위해 농약도 함께 살포하였다. 丁은 추석을 맞아 9월 말에 감을 수확하여 저농약농산물 인증신청을 하였다.

① ㄱ, ㄹ
② ㄴ, ㄷ
③ ㄱ, ㄴ, ㄹ
④ ㄱ, ㄷ, ㄹ
⑤ ㄴ, ㄷ, ㄹ

문 27. 다음 글을 근거로 판단할 때 옳은 것은?

> 상훈법은 훈장과 포장을 함께 규정하고 있다. 훈장은 대한민국 국민이나 외국인으로서 대한민국에 뚜렷한 공로가 있는 자에게 수여한다. 훈장의 종류는 무궁화대훈장·건국훈장·국민훈장·무공훈장·근정훈장·보국훈장·수교훈장·산업훈장·새마을훈장·문화훈장·체육훈장·과학기술훈장 등 12종이 있다. 무궁화대훈장(무등급)을 제외하고는 각 훈장은 모두 5개 등급으로 나누어져 있고, 각 등급에 따라 다른 명칭이 붙여져 있다. 포장은 건국포장·국민포장·무공포장·근정포장·보국포장·예비군포장·수교포장·산업포장·새마을포장·문화포장·체육포장·과학기술포장 등 12종이 있고, 훈장과는 달리 등급이 없다.
>
> 훈장의 수여 여부는 서훈대상자의 공적 내용, 그 공적이 국가·사회에 미친 효과의 정도, 지위 및 그 밖의 사항을 참작하여 결정하며, 동일한 공적에 대하여는 훈장을 거듭 수여하지 않는다. 서훈의 추천은 원·부·처·청의 장, 국회사무총장, 법원행정처장, 헌법재판소사무처장, 감사원장, 중앙선거관리위원회 위원장 등이 행하되, 청의 장은 소속 장관을 거쳐야 한다. 이상의 추천권자의 소관에 속하지 않는 서훈의 추천은 행정안전부장관이 행하고, 서훈의 추천을 하고자 할 때에는 공적 심사를 거쳐야 한다. 서훈대상자는 국무회의의 심의를 거쳐 대통령이 결정한다.
>
> 훈장은 대통령이 직접 수여함을 원칙으로 하나 예외적으로 제3자를 통해 수여할 수 있고, 훈장과 부상(금품)을 함께 줄 수 있다. 훈장은 본인에 한하여 종신 패용할 수 있고, 사후에는 그 유족이 보존하되 패용하지는 못한다. 훈장을 받은 자가 훈장을 분실하거나 파손한 때에는 유상으로 재교부 받을 수 있다.
>
> 훈장을 받은 자의 공적이 허위임이 판명된 경우, 훈장을 받은 자가 국가안전에 관한 죄를 범하고 형을 받았거나 적대지역으로 도피한 경우, 사형·무기 또는 3년 이상의 징역이나 금고의 형을 받은 경우에는 국무회의의 심의를 거쳐 서훈을 취소하고 훈장과 이에 관련하여 수여한 금품을 환수한다.

① 훈장의 명칭은 60개로 구분된다.
② 훈장과 포장은 등급별로 구분되어 있다.
③ 훈장을 받은 자가 사망하였다면 그 훈장은 패용될 수 없다.
④ 서훈대상자는 국회의 의결을 거쳐 대통령이 결정한다.
⑤ 훈장을 받은 자의 공적이 허위임이 판명되어 서훈이 취소된 경우, 훈장과 함께 수여한 금품은 그의 소유로 남는다.

문 28. 다음 글을 근거로 판단할 때, <보기>에서 옳은 것만을 모두 고르면?

> 甲국의 공무원연금공단은 다음 기준에 따라 사망조위금을 지급하고 있다. 사망조위금은 최우선 순위의 수급권자 1인에게만 지급한다.

<사망조위금 지급기준>

<table>
<tr><th>사망자</th><th colspan="2">수급권자 순위</th></tr>
<tr><td rowspan="2">공무원의 배우자·부모(배우자의 부모 포함)·자녀</td><td>해당 공무원이 1인인 경우</td><td>해당 공무원</td></tr>
<tr><td>해당 공무원이 2인 이상인 경우</td><td>1. 사망한 자의 배우자인 공무원
2. 사망한 자를 부양하던 직계비속인 공무원
3. 사망한 자의 최근친 직계비속인 공무원 중 최연장자
4. 사망한 자의 최근친 직계비속의 배우자인 공무원 중 최연장자 직계비속의 배우자인 공무원</td></tr>
<tr><td>공무원 본인</td><td colspan="2">1. 사망한 공무원의 배우자
2. 사망한 공무원의 직계비속 중 공무원
3. 장례와 제사를 모시는 자 중 아래의 순위
가. 사망한 공무원의 최근친 직계비속 중 최연장자
나. 사망한 공무원의 최근친 직계존속 중 최연장자
다. 사망한 공무원의 형제자매 중 최연장자</td></tr>
</table>

<보 기>

ㄱ. A와 B는 비(非)공무원 부부이며 공무원 C(37세)와 공무원 D(32세)를 자녀로 두고 있다. 공무원 D가 부모님을 부양하던 상황에서 A가 사망하였다면, 사망조위금 최우선 순위 수급권자는 D이다.
ㄴ. A와 B는 공무원 부부로 비공무원 C를 아들로 두고 있으며, 공무원 D는 C의 아내이다. 만약 C가 사망하였다면, 사망조위금 최우선 순위 수급권자는 A이다.
ㄷ. 공무원 A와 비공무원 B는 부부이며 비공무원 C(37세)와 비공무원 D(32세)를 자녀로 두고 있다. A가 사망하고 C와 D가 장례와 제사를 모시는 경우, 사망조위금 최우선 순위 수급권자는 C이다.

① ㄱ
② ㄴ
③ ㄷ
④ ㄱ, ㄴ
⑤ ㄱ, ㄷ

문 29. 다음 <국내 대학(원) 재학생 학자금 대출 조건>을 근거로 판단할 때, <보기>에서 옳은 것만을 모두 고르면? (단, 甲 ~ 丙은 국내 대학(원)의 재학생이다)

<국내 대학(원) 재학생 학자금 대출 조건>

구분		X학자금 대출	Y학자금 대출
신청 대상	신청 연령	· 35세 이하	· 55세 이하
	성적 기준	· 직전 학기 12학점 이상 이수 및 평균 C학점 이상 (단, 장애인, 졸업학년인 경우 이수학점 기준 면제)	· 직전 학기 12학점 이상 이수 및 평균 C학점 이상 (단, 대학원생, 장애인, 졸업학년인 경우 이수학점 기준 면제)
	가구소득 기준	· 소득 1 ~ 8분위	· 소득 9, 10분위
	신용 요건	· 제한 없음	· 금융채무불이행자, 저신용자 대출 불가
대출 한도	등록금	· 학기당 소요액 전액	· 학기당 소요액 전액
	생활비	· 학기당 150만 원	· 학기당 100만 원
상환 사항	상환 방식 (졸업 후)	· 기준소득을 초과하는 소득 발생 이전: 유예 · 기준소득을 초과하는 소득 발생 이후: 기준소득 초과분의 20%를 원천 징수 ※ 기준소득: 연 □천만 원	· 졸업 직후 매월 상환 · 원금균등분할상환과 원리금균등분할상환 중 선택

<보 기>

ㄱ. 34세로 소득 7분위인 대학생 甲이 직전 학기에 14학점을 이수하여 평균 B학점을 받았을 경우 X학자금 대출을 받을 수 있다.

ㄴ. X학자금 대출 대상이 된 乙의 한 학기 등록금이 300만 원일 때, 한 학기당 총 450만 원을 대출받을 수 있다.

ㄷ. 50세로 소득 9분위인 대학원생 丙(장애인)은 신용 요건에 관계없이 Y학자금 대출을 받을 수 있다.

ㄹ. 대출금액이 동일하고 졸업 후 소득이 발생하지 않았다면, X학자금 대출과 Y학자금 대출의 매월 상환금액은 같다.

① ㄱ, ㄴ
② ㄱ, ㄷ
③ ㄷ, ㄹ
④ ㄱ, ㄴ, ㄹ
⑤ ㄴ, ㄷ, ㄹ

문 30. 다음 글을 근거로 판단할 때, <보기>에서 옳은 것만을 모두 고르면?

○ 정부□□청사 신축 시 <화장실 위생기구 설치기준>에 따라 위생기구(대변기 또는 소변기)를 설치하고자 한다.

○ 남자 화장실에는 위생기구 수가 짝수인 경우 대변기와 소변기를 절반씩 나누어 설치하고, 홀수인 경우 대변기를 한 개 더 많게 설치한다. 여자 화장실에는 모두 대변기를 설치한다.

<화장실 위생기구 설치기준>

기준	각 성별 사람 수(명)	위생기구 수(개)
A	1 ~ 9	1
	10 ~ 35	2
	36 ~ 55	3
	56 ~ 80	4
	81 ~ 110	5
	111 ~ 150	6
B	1 ~ 15	1
	16 ~ 40	2
	41 ~ 75	3
	76 ~ 150	4
C	1 ~ 50	2
	51 ~ 100	3
	101 ~ 150	4

<보 기>

ㄱ. 남자 30명과 여자 30명이 근무할 경우, A기준과 B기준에 따라 설치할 위생기구 수는 같다.

ㄴ. 남자 50명과 여자 40명이 근무할 경우, B기준에 따라 설치할 남자 화장실과 여자 화장실의 대변기 수는 같다.

ㄷ. 남자 80명과 여자 80명이 근무할 경우, A기준에 따라 설치할 소변기는 총 4개이다.

ㄹ. 남자 150명과 여자 100명이 근무할 경우, C기준에 따라 설치할 대변기는 총 5개이다.

① ㄱ, ㄴ
② ㄴ, ㄷ
③ ㄷ, ㄹ
④ ㄱ, ㄴ, ㄹ
⑤ ㄱ, ㄷ, ㄹ

문 31. 다음 글을 근거로 판단할 때 옳은 것은?

○ 가뭄 예·경보는 농업용수 분야와 생활 및 공업용수 분야로 구분하여 발령한다.
○ 예·경보 발령은 '주의', '심함', '매우심함' 3단계로 구분하며, '매우심함'이 가장 심각한 단계이다.
○ 가뭄 예·경보는 다음에서 정한 날에 발령한다.
 – 주의: 해당 기준에 도달한 매 월 10일
 – 심함: 해당 기준에 도달한 매 주 금요일
 – 매우심함: 해당 기준에 도달한 매 일마다 수시

<가뭄 예·경보 발령 기준>

주의	농업용수	영농기(4～9월)에 저수지 저수율이 평년의 70% 이하 또는 밭 토양 유효수분율이 60% 이하에 해당되는 경우
	생활 및 공업용수	하천여유수량을 감량 공급하는 상황에서 현재 하천유지유량이 고갈되거나, 장래 1～3개월 후 하천 및 댐 등에서 농업용수 공급이 어려울 것으로 판단되는 경우
심함	농업용수	영농기(4～9월)에 저수지 저수율이 평년의 60% 이하 또는 밭 토양 유효수분율이 40% 이하에 해당되는 경우
	생활 및 공업용수	하천유지유량을 감량 공급하는 상황에서 현재 하천 및 댐 등에서 농업용수 공급이 부족하거나, 장래 1～3개월 후 생활 및 공업용수 공급이 어려울 것으로 판단되는 경우
매우심함	농업용수	영농기(4～9월)에 저수지 저수율이 평년의 50% 이하 또는 밭 토양 유효수분율이 30% 이하에 해당되는 경우
	생활 및 공업용수	현재 하천 및 댐 등에서 농업용수, 생활 및 공업용수 공급이 부족하고, 장래 1～3개월 후 생활 및 공업용수 공급에도 차질이 발생할 것으로 판단되는 경우

※ 단, 상황이 여러 기준에 모두 해당되는 경우 더 심각한 단계에 해당되는 것으로 판단

① 영농기에 저수지 저수율이 평년의 50%라면 농업용수 가뭄 예·경보 기준의 심함에 해당한다.
② 영농기에 밭 토양 유효수분율이 70%일 경우 농업용수 가뭄 예·경보를 그 달 10일에 발령한다.
③ 하천유지유량을 감량 공급하는 상황에서 현재 하천 및 댐 등에서 농업용수 공급이 부족한 경우, 농업용수 가뭄 예·경보 기준의 심함에 해당한다.
④ 12월 23일 금요일에 저수지 저수율이 평년의 60% 이하이거나 밭 토양 유효수분율이 40% 이하이면 농업용수 가뭄 예·경보가 발령될 것이다.
⑤ 5월 19일 목요일에 생활 및 공업용수 가뭄 예·경보가 발령되었다면, 현재 하천 및 댐 등에서 농업용수, 생활 및 공업용수 공급이 부족하고, 장래 1～3개월 후 생활 및 공업용수 공급에도 차질이 발생할 것으로 판단되는 경우일 것이다.

문 32. 다음 글을 근거로 판단할 때 옳은 것은?

「국가공무원법」은 정무직 공무원을 ① 선거로 취임하는 공무원, ② 임명할 때 국회의 동의가 필요한 공무원, ③ 고도의 정책결정 업무를 담당하거나 이러한 업무를 보조하는 공무원으로서 법률이나 대통령령에서 정무직으로 지정하는 공무원으로 규정하고 있다. 이에 해당하는 정무직 공무원에는 대통령, 감사원장, 민주평화통일자문회의 사무처장, 국가정보원장, 대통령비서실 수석비서관 등이 있다.

「지방공무원법」에서는 정무직 공무원을 ① 선거로 취임하는 공무원, ② 임명할 때 지방의회의 동의가 필요한 공무원, ③ 고도의 정책결정 업무를 담당하거나 이러한 업무를 보조하는 공무원으로서 법령 또는 조례에서 정무직으로 지정하는 공무원으로 규정하고 있다.

정무직 공무원은 재산등록의무가 있으며 병역사항 신고의무도 있다. 한편 「국가공무원법」상 정무직 공무원은 국가공무원의 총정원에 포함되지 않지만 그 인사에 관한 사항은 관보에 게재된다.

행정기관 소속 정무직 공무원으로는 정부부처의 차관급 이상 공무원, 특별시의 행정부시장과 정무부시장 등이 있다. 이들은 정책결정자 역할과 함께 최고관리자 역할도 수행한다. 여기에는 일과 인력을 조직화하고 소속 직원의 동기를 부여하며 업무 수행을 통제하는 역할이 포함된다. 그리고 이들은 정책을 개발할 뿐만 아니라 정책집행의 법적 책임도 진다. 행정기관 소속 정무직 공무원은 좁은 의미의 공무원을 지칭하는 정부관료집단에 포함되지 않는 것이 보통이다.

① 감사원장은 국가공무원 총정원에 포함된다.
② 조례로 정무직 공무원을 지정하는 것이 가능하다.
③ 「국가공무원법」상 정무직 공무원의 임명에는 모두 국회의 동의가 필요하다.
④ 대통령비서실 수석비서관은 재산등록의무가 있으나 병역사항 신고의무는 없다.
⑤ 정부부처의 차관은 정부관료집단의 일원이지만 정책집행의 법적 책임은 지지 않는다.

문 33. 다음 글을 근거로 판단할 때 옳은 것은?

제00조 ① 체육시설업은 다음과 같이 구분한다.

1. 등록 체육시설업: 스키장업, 골프장업, 자동차 경주장업
2. 신고 체육시설업: 빙상장업, 썰매장업, 수영장업, 체력단련장업, 체육도장업, 골프연습장업, 당구장업, 무도학원업, 무도장업, 야구장업, 가상체험 체육시설업

② 체육시설업자는 체육시설업의 종류에 따라 아래 <시설기준>에 맞는 시설을 설치하고 유지·관리하여야 한다.

<시설기준>

필수시설	○ 수용인원에 적합한 주차장(등록 체육시설업만 해당한다) 및 화장실을 갖추어야 한다. 다만 해당 체육시설이 같은 부지 또는 복합건물 내에 다른 시설물과 함께 위치한 경우로서 그 다른 시설물과 공동으로 사용하는 주차장 및 화장실이 있을 때에는 별도로 갖추지 아니할 수 있다. ○ 수용인원에 적합한 탈의실과 급수시설을 갖추어야 한다. 다만 신고 체육시설업(수영장업은 제외한다)과 자동차 경주장업에는 탈의실을 대신하여 세면실을 설치할 수 있다. ○ 부상자 및 환자의 구호를 위한 응급실 및 구급약품을 갖추어야 한다. 다만 신고 체육시설업(수영장업은 제외한다)과 골프장업에는 응급실을 갖추지 아니할 수 있다.
임의시설	○ 체육용품의 판매·수선 또는 대여점을 설치할 수 있다. ○ 식당·목욕시설·매점 등 편의시설을 설치할 수 있다(무도학원업과 무도장업은 제외한다). ○ 등록 체육시설업의 경우에는 해당 체육시설을 이용하는 데에 지장이 없는 범위에서 그 체육시설 외에 다른 종류의 체육시설을 설치할 수 있다. 다만 신고 체육시설업의 경우에는 그러하지 아니하다.

① 무도장을 운영할 때 목욕시설과 매점을 설치하는 경우 시설기준에 위반된다.
② 수영장을 운영할 때 수용인원에 적합한 세면실과 급수시설을 모두 갖추어야 한다.
③ 체력단련장을 운영할 때 이를 이용하는 데에 지장이 없는 범위에서 가상체험 체육시설을 설치할 수 있다.
④ 복합건물 내에 위치한 골프연습장을 운영할 때 다른 시설물과 공동으로 사용하는 주차장이 없다면, 수용인원에 적합한 주차장을 반드시 갖추어야 한다.
⑤ 수영장을 운영할 때 구급약품을 충분히 갖추어 부상자 및 환자의 구호에 지장이 없다면, 응급실을 갖추지 않아도 시설기준에 위반되지 않는다.

문 34. 다음 글을 근거로 판단할 때 옳지 않은 것은?

A협회는 매년 12월 열리는 정기총회에서 다음해 협회장을 선출한다. 협회장의 선출은 ① 입후보자가 1인인 경우에는 '찬반투표'로 이루어지고, ② 입후보자가 2인 이상인 경우에는 '선거'를 통해 이루어진다.

'찬반투표'에 참여할 수 있는 회원의 자격은 투표일 현재까지 A협회의 정회원인 사람으로 한정한다. A협회의 정회원은 A협회의 준회원으로 만 1년 이상을 활동한 후 정회원 가입 신청을 하고 연회비를 납부한 자를 말한다. 기준에 따라 정회원 가입을 신청하고 연회비를 납부한 그 날부터 정회원 자격이 부여된다. 정회원은 정회원 자격을 획득한 다음해부터 매해 1월 30일까지 연회비를 납부하여야 그 자격이 유지된다. 기한 내에 연회비를 납부하지 않은 정회원은 그 자격이 유보되어 권리를 행사할 수 없고, 정회원 자격을 회복하기 위해서는 그 다음해 연회비 납부일까지 연회비의 3배를 납부하여야 한다. 2년 연속 연회비를 납부하지 않은 사람은 A협회의 회원 자격이 영구히 박탈된다.

한편 '선거'에 참여할 수 있는 회원의 자격은 선거일을 기준으로 정회원 자격을 얻은 후 만 1년을 경과한 정회원으로 한정한다. 연회비 미납부로 정회원 자격이 유보된 사람도 정회원 자격을 회복한 후 만 1년을 경과하여야 선거에 참여할 수 있다.

① 2019년 10월 A협회 정회원 자격을 얻은 甲은 '2020년 협회장' 선출을 위한 '선거'에 참여할 수 있었다.
② 2018년 10월 A협회 정회원 자격을 얻은 乙은 2019년 연회비 납부 여부와 관계없이 '2019년 협회장' 선출을 위한 '찬반투표'에 참여할 수 있었다.
③ 2017년 10월 A협회 정회원 자격을 얻은 丙이 연회비 미납부로 자격이 유보되었다가 2019년에 정회원 자격을 회복하였더라도 '2020년 협회장' 선출을 위한 '선거'에 참여할 수 없었다.
④ 2017년 10월 A협회 준회원 활동을 시작한 丁이 최소 요구 연한 경과 직후에 정회원 자격을 획득하였다면 '2019년 협회장' 선출을 위한 '찬반투표'에 참여할 수 있었다.
⑤ 2016년 10월 처음으로 A협회 정회원 자격을 얻은 戊가 2017년부터 연회비를 계속 납부하지 않았다면 협회장 선출을 위한 '선거'에 한 번도 참여할 수 없었다.

문 35. 다음 글을 근거로 판단할 때 옳은 것은?

> 상속에는 혈족상속과 배우자상속이 있다. 혈족상속인은 피상속인(사망자)과의 관계에 따라 피상속인의 직계비속(1순위), 피상속인의 직계존속(2순위), 피상속인의 형제자매(3순위), 피상속인의 4촌 이내 방계혈족(4순위) 순으로 상속인이 된다. 후순위 상속인은 선순위 상속인이 없는 경우에 상속재산을 상속할 수 있다. 같은 순위의 혈족상속인이 여럿인 경우, 그 법정상속분은 균분(均分)한다.
>
> 피상속인의 배우자는 언제나 상속인이 된다. 그 배우자의 법정상속분은 직계비속과 공동으로 상속하는 때에는 직계비속 상속분의 5할을 가산하고, 직계존속과 공동으로 상속하는 때에는 직계존속 상속분의 5할을 가산한다. 피상속인에게 배우자만 있고 직계비속도 직계존속도 없는 때에는 배우자가 단독으로 상속한다.
>
> 한편 개인은 자신의 재산을 증여하거나 유언(유증)으로 자유롭게 처분할 수 있다. 그런데 이러한 자유를 무제한 허용한다면 상속재산의 전부가 타인에게 넘어가 상속인의 생활기반이 붕괴될 우려가 있다. 그래서 법률은 일정한 범위의 상속인에게 유류분을 인정하고 있다. 유류분이란 법률상 상속인에게 귀속되는 것이 보장되는 상속재산에 대한 일정비율을 의미한다.
>
> 피상속인이 유류분을 침해하는 유증이나 증여를 하는 경우, 유류분 권리자는 자기가 침해당한 유류분에 대해 반환을 청구할 수 있다. 유류분 권리자는 피상속인의 직계비속, 배우자, 직계존속 및 형제자매이다. 유류분은 피상속인의 배우자 또는 직계비속의 경우 그 법정상속분의 2분의 1, 피상속인의 직계존속 또는 형제자매의 경우 그 법정상속분의 3분의 1이다.
>
> 유류분반환청구권의 행사는 반드시 소에 의한 방법으로 하여야 할 필요는 없고, 유증을 받은 자 또는 증여를 받은 자에 대한 의사표시로 하면 된다. 유류분반환청구권은 유류분 권리자가 상속의 개시(피상속인의 사망시)와 반환하여야 할 증여 또는 유증을 한 사실을 안 때부터 1년 내에 행사하지 않거나, 상속이 개시된 때부터 10년이 경과하면 시효에 의하여 소멸한다.

① 피상속인이 유언에 의해 재산을 모두 사회단체에 기부한 경우, 그의 자녀는 유류분 권리자가 될 수 없다.
② 피상속인의 자녀에게는 법정상속분 2분의 1의 유류분이 인정되며, 유류분 산정액은 피상속인의 배우자의 그것과 같다.
③ 피상속인의 부모는 피상속인의 자녀와 공동으로 상속재산을 상속할 수 있다.
④ 상속이 개시한 때부터 10년이 경과하였다면, 소에 의한 방법으로 유류분반환청구권을 행사해야 한다.
⑤ 피상속인에게 3촌인 방계혈족만 있는 경우, 그 방계혈족은 상속인이 될 수 있지만 유류분 권리자는 될 수 없다.

문 36. 정부포상 대상자 추천의 제한요건에 관한 다음 규정을 근거로 판단할 때, 2011년 8월 현재 정부포상 대상자로 추천을 받을 수 있는 자는?

> 1) 형사처벌 등을 받은 자
> 가) 형사재판에 계류 중인 자
> 나) 금고 이상의 형을 받고 그 집행이 종료된 후 5년을 경과하지 아니한 자
> 다) 금고 이상의 형의 집행유예를 받은 경우 그 집행유예의 기간이 완료된 날로부터 3년을 경과하지 아니한 자
> 라) 금고 이상의 형의 선고유예를 받은 경우에는 그 기간 중에 있는 자
> 마) 포상추천일 전 2년 이내에 벌금형 처벌을 받은 자로서 1회 벌금액이 200만 원 이상이거나 2회 이상의 벌금형 처분을 받은 자
>
> 2) 공정거래관련법 위반 법인 및 그 임원
> 가) 최근 2년 이내 3회 이상 고발 또는 과징금 처분을 받은 법인 및 그 대표자와 책임 있는 임원 (단, 고발에 따른 과징금 처분은 1회로 간주)
> 나) 최근 1년 이내 3회 이상 시정명령 처분을 받은 법인 및 그 대표자와 책임 있는 임원

① 금고 1년 형을 선고 받아 복역한 후 2009년 10월 출소한 자
② 2011년 8월 현재 형사재판에 계류 중인 자
③ 2010년 10월 이후 현재까지, 공정거래관련법 위반으로 3회 시정명령 처분을 받은 기업의 대표자
④ 2010년 1월, 교통사고 후 필요한 구호조치를 하지 않아 500만 원의 벌금형 처분을 받은 자
⑤ 2009년 7월 이후 현재까지, 공정거래관련법 위반으로 고발에 따른 과징금 처분을 2회 받은 기업

문 37. 다음 글을 근거로 판단할 때, 국제형사재판소(ICC)가 재판관할권을 행사하기 위한 전제조건이 충족된 경우를 <보기>에서 모두 고르면?

> 네덜란드의 헤이그에 위치한 국제형사재판소(International Criminal Court, 이하 'ICC'라 한다)는 4대 중대범죄인 대량학살, 인도주의(人道主義)에 반하는 범죄, 전쟁범죄, 침략범죄에 대한 개인의 책임을 묻고자 '국제형사재판소에 관한 로마규정'(이하 '로마규정'이라 한다)에 따라 2002년 7월 1일 설립되었다. 로마규정에 의하면 ICC는 위의 4대 중대범죄에 대해 재판관할권을 가진다.
>
> ICC가 재판관할권을 행사하기 위해서는 다음의 전제조건이 충족되어야 한다. 즉, 범죄가 발생한 국가가 범죄발생 당시 ICC 재판관할권을 인정하고 있던 국가이거나, 범죄 가해자의 현재 국적국이 ICC 재판관할권을 인정한 국가이어야 한다.

<보 기>

ㄱ. ICC 재판관할권을 인정하지 않은 A국 정부는 자국 국민 甲이 ICC 재판관할권을 인정하고 있던 B국에서 인도주의에 반하는 범죄를 저지르고 자국으로 도망쳐 오자 그를 체포했지만, 범죄인 인도협정이 체결되어 있지 않다는 이유로 甲의 인도를 요구하는 B국의 요청을 거부했다.

ㄴ. ICC 재판관할권을 인정하지 않고 있는 C국의 국민인 乙은 ICC 재판관할권을 현재까지 인정하지 않고 있는 D국에 주둔 중인 E국의 군인들을 대상으로 잔혹한 전쟁범죄를 저질렀다. 위 전쟁범죄 발생 당시 E국은 ICC 재판관할권을 인정하고 있었다.

ㄷ. ICC 재판관할권을 인정해오던 F국은 최근 자국에서 발생한 인도주의에 반하는 범죄를 저지른 민병대 지도자 丙을 국제사회의 압력에 밀려 체포했지만, 별다른 이유를 제시하지 않은 채 丙에 대한 기소와 재판을 차일피일 미루고 있다.

ㄹ. 현재까지 ICC 재판관할권을 인정하지 않고 있는 G국의 대통령 丁은 자국에서 소수민족을 대량학살하였다. 그 후 丁이 학살당한 소수민족의 모국인 H국을 방문하던 중 ICC 재판관할권을 인정하는 H국 정부는 丁을 체포하였다.

① ㄱ, ㄴ
② ㄱ, ㄷ
③ ㄱ, ㄹ
④ ㄴ, ㄹ
⑤ ㄷ, ㄹ

문 38. 甲, 乙, 丙, 丁은 A국의 건강보험 가입자이다. 다음 글을 근거로 판단할 때, <보기>에서 옳지 않은 것을 모두 고르면?

> A국의 건강보험공단(이하 '공단'이라 한다)이 제공하는 건강보험의 급여는 현물급여와 현금급여로 나눌 수 있다. 현물급여는 지정된 요양기관(병·의원)을 통하여 가입자 및 피부양자에게 직접 의료서비스를 제공하는 것으로, 요양급여와 건강검진이 있다. 요양급여는 가입자 및 피부양자의 질병·부상·출산 등에 대한 지정된 요양기관의 진찰, 처치·수술 기타의 치료, 재활, 입원, 간호 등을 말한다. 또한 공단은 질병의 조기 발견과 그에 따른 요양급여를 제공하기 위하여 가입자 및 피부양자에게 2년마다 1회 무료로 건강검진을 실시한다.
>
> 현금급여는 가입자 또는 피부양자가 긴급하거나 기타 부득이한 사유로 인하여 지정된 요양기관 이외의 의료기관에서 질병·부상·출산 등에 대하여 요양을 받은 경우와 요양기관 외의 장소에서 출산을 한 경우, 공단이 그 요양급여에 상당하는 금액을 가입자 또는 피부양자에게 요양비로 지급하는 것을 말한다. 이러한 요양비를 지급받기 위하여 요양을 제공받은 자는 요양기관이 발행한 요양비용명세서나 요양내역을 기재한 영수증 등을 공단에 제출하여야 한다. 또한 본인부담액보상금도 현금급여에 해당한다. 이는 전체 보험가입자의 보험료 수준별로 하위 50%는 연간 200만 원, 중위 30%는 연간 300만 원, 상위 20%는 연간 400만 원의 진료비를 초과하는 경우, 그 초과액을 공단이 부담하는 제도이다.

<보 기>

ㄱ. 甲의 피부양자는 작년에 이어 올해도 질병의 조기 발견을 위해 공단이 지정한 요양기관으로부터 건강검진을 무료로 받을 수 있다.

ㄴ. 乙이 갑작스러운 진통으로 인해 자기 집에서 출산한 경우, 공단으로부터 요양비를 지급받을 수 있다.

ㄷ. 丙이 혼자 섬으로 낚시를 갔다가 다리를 다쳐 낚시터에서 그 마을 주민으로부터 치료를 받은 경우, 공단으로부터 요양비를 지급받을 수 있다.

ㄹ. 상위 10% 수준의 보험료를 내고 있는 丁이 진료비로 연간 400만 원을 지출한 경우, 진료비의 일부를 공단으로부터 지원받을 수 있다.

① ㄱ, ㄴ
② ㄴ, ㄷ
③ ㄷ, ㄹ
④ ㄱ, ㄴ, ㄹ
⑤ ㄱ, ㄷ, ㄹ

문 39. A국은 B국을 WTO협정 위반을 이유로 WTO 분쟁해결기구에 제소하였다. 다음 글을 근거로 판단할 때 옳은 것은?

> 일반적으로 상대 회원국의 조치가 WTO협정에 어긋난다고 판단하는 회원국은 먼저 상대 회원국과 '외교적 교섭'을 하고, 그래도 해결가능성이 보이지 않으면 WTO 분쟁해결기구에 제소한다. WTO 회원국 간의 분쟁은 분쟁해결기구에 의하여 처리되는데, 분쟁해결절차는 크게 '협의', '패널', '상소'로 이루어진다. WTO에 제소한 이후에도 양국은 우호적인 해결을 위하여 비공개로 60일 간의 협의를 가진다. 그 협의를 통해 분쟁이 해결되지 않은 경우, WTO에 제소한 국가가 패널설치를 요구하면 분쟁해결기구는 이를 설치한다.
>
> 분쟁해결기구는 충분한 자질을 갖춘 정부인사 또는 비정부인사를 패널위원으로 위촉하여야 하며, 분쟁당사국 국민은 분쟁당사국 사이에 별도의 합의가 없는 한 패널위원이 될 수 없다. 패널은 별도의 합의가 없으면 3인으로 구성된다. 패널은 분쟁사실, 관련 규정 적용가능성과 분쟁해결에 대한 제안을 수록한 패널보고서를 분쟁해결기구에 제출하고, 분쟁당사국이 분쟁해결기구에 상소의사를 통보하지 않는 한 패널보고서는 회원국 전체에 회람된 날로부터 60일 이내에 분쟁해결기구에서 채택된다.
>
> 상소기구는 패널보고서에서 다루어진 법률문제와 패널이 내린 법률해석만을 대상으로 심의한다. 상소기구보고서는 분쟁당사국의 참여 없이 작성되는데, 패널에서의 법률적 조사결과나 결론을 확정, 변경 또는 파기할 수 있다.

① 협의는 A국, B국 및 제3자가 공개적으로 진행한다.
② 패널위원은 원칙적으로 A국과 B국의 국민을 포함한 3인이다.
③ 패널보고서와 상소기구보고서는 분쟁당사국과 합의하여 작성된다.
④ A국은 협의를 통해 분쟁이 해결되지 않으면 분쟁해결기구에 패널설치를 요구할 수 있다.
⑤ B국이 패널보고서를 회람한 후 60일 이내에 상소의사를 통보하더라도 분쟁해결기구는 패널보고서를 채택하여야 한다.

문 40. 다음 글을 근거로 판단할 때 옳지 않은 것은?

> 법원은 증인신문기일에 증인을 신문하여야 한다. 법원으로부터 증인출석요구를 받은 증인은 지정된 일시·장소에 출석할 의무가 있다. 증인의 출석을 확보하기 위해서 증인이 질병·관혼상제·교통기관의 두절·천재지변 등의 정당한 사유 없이 출석하지 않은 경우, 그 증인에 대해서는 아래의 일정한 제재가 뒤따른다.
>
> 첫째, 법원은 정당한 사유 없이 출석하지 아니한 증인에게 이로 말미암은 소송비용을 부담하도록 명하고, 500만 원 이하의 과태료를 부과하는 결정을 할 수 있다. 법원은 과태료결정을 한 이후 증인의 증언이나 이의 등에 따라 그 결정 자체를 취소하거나 과태료를 감할 수 있다.
>
> 둘째, 증인이 과태료결정을 받고도 정당한 사유 없이 출석하지 아니한 경우, 법원은 증인을 7일 이내의 감치(監置)에 처하는 결정을 할 수 있다. 감치결정이 있으면, 법원공무원 또는 국가경찰공무원이 증인을 교도소, 구치소, 경찰서 유치장에 유치(留置)함으로써 이를 집행한다. 증인이 감치의 집행 중에 증언을 한 때에는 법원은 바로 감치결정을 취소하고 그 증인을 석방하여야 한다.
>
> 셋째, 법원은 정당한 사유 없이 출석하지 아니한 증인을 구인(拘引)하도록 명할 수 있다. 구인을 하기 위해서는 법원에 의한 구속영장 발부가 필요하다. 증인을 구인하면 법원에 그를 인치(引致)하며, 인치한 때부터 24시간 내에 석방하여야 한다. 또한 법원은 필요한 경우에 인치한 증인을 교도소, 구치소, 경찰서 유치장에 유치할 수 있는데, 그 유치기간은 인치한 때부터 24시간을 초과할 수 없다.

※ 감치(監置): 법원의 결정에 의하여 증인을 경찰서 유치장 등에 유치하는 것
유치(留置): 사람이나 물건을 어떤 사람이나 기관의 지배 하에 두는 것
구인(拘引): 사람을 강제로 잡아 끌고 가는 것
인치(引致): 사람을 강제로 끌어 가거나 끌어 오는 것

① 증인 甲이 정당한 사유 없이 출석하지 아니한 경우, 법원은 구속영장을 발부하여 증인을 구인할 수 있다.
② 과태료결정을 받은 증인 乙이 증인신문기일에 출석하여 증언한 경우, 법원은 과태료결정을 취소할 수 있다.
③ 증인 丙을 구인한 경우, 법원은 증인신문을 마치지 못하더라도 인치한 때부터 24시간 이내에 그를 석방하여야 한다.
④ 7일의 감치결정을 받고 교도소에 유치 중인 증인 丁이 그 유치 후 3일이 지난 때에 증언을 했다면, 법원은 그를 석방하여야 한다.
⑤ 감치결정을 받은 증인 戊에 대하여, 법원공무원은 그를 경찰서 유치장에 유치할 수 없다.

문 41. A회사의 월차 및 월차수당에 관한 다음 글에 근거할 때 옳지 않은 것은?

○ 어느 월(月)에 12일 이상 근무한 근로자에게 1일의 유급휴일을 부여하며, 이를 '월차'라 한다. 월차는 발생 다음 월부터 같은 해 말일까지 사용할 수 있으며, 합산하여 사용할 수도 있다. 다만 해당 연도의 월차는 그 다음 해로 이월되지 않는다.
○ 해당 연도 마지막 월까지 사용하지 않은 월차는 그 해 마지막 월의 급여 지급일에 월차 1일당 1일분의 급여로 지급하는데, 이를 '월차수당'이라 한다. 근로자가 퇴직하는 경우, 퇴직일까지 사용하지 않은 월차는 퇴직일에 월급여와 함께 월차수당으로 지급한다. 다만 매년 12월 또는 퇴직한 월의 근무로 인해 발생한 월차는 유급휴일로 사용할 수 없고, 월차수당으로만 지급한다.

※ '월'은 매월 1일부터 말일까지이며, '월급여'는 매월 말일에 지급한다.

① 甲이 7월 20일에 퇴직한다면 7월 말일에 월급여와 월차수당을 함께 지급받는다.
② 乙이 6월 9일에 퇴직한다면 6월의 근무로 발생한 6월분의 월차수당을 받을 수 없을 것이다.
③ 丙이 3월 12일 입사하여 같은 해 7월 20일에 퇴직할 때까지 결근 없이 근무하였다면 최대 4일의 월차를 사용할 수 있다.
④ 1월 초부터 같은 해 12월 말까지 결근 없이 근무한 근로자 丁은 최대 11일의 월차를 사용할 수 있다.
⑤ 9월 20일에 입사하여 같은 해 12월 31일까지 매월 발생된 월차를 한 번도 사용하지 않고 결근 없이 근무한 戊는 최대 3일분의 월차수당을 받을 수 있다.

문 42. 다음 글을 근거로 판단할 때 옳은 것은?

첨단산업・지적소유권・건축공사・국제금융・파생상품 등 전문적 지식이 요구되는 민사소송사건에서는 전문심리위원제도를 활용할 수 있다. 이는 증거조사・화해 등 소송절차의 원활한 진행을 위한 것으로, 법원이 당해 사건의 관계전문가를 전문심리위원으로 재판절차에 참여시키고 그로부터 전문적 지식에 관해 조언을 받을 수 있도록 한 제도이다. 전문심리위원이 재판에 참여하면 당사자의 허위 진술을 방지할 수 있으며, 그의 전문지식을 통해 사안을 밝힐 수 있기 때문에 감정을 할 때 소요되는 값비싼 감정료를 절감할 수 있는 등의 장점이 있다.

법원은 직권 또는 당사자의 신청에 따른 결정으로 1인 이상의 전문심리위원을 지정한다. 전문심리위원은 당해 소송절차에서 설명 또는 의견을 기재한 서면을 제출하거나, 변론기일 또는 변론준비기일에 출석하여 설명을 하거나 의견을 제시하는 등으로 재판절차에 참여한다. 그러나 전문심리위원은 증인이나 감정인이 아니기 때문에 그의 설명이나 의견은 증거자료가 아니다. 한편 전문심리위원이 당사자, 증인 또는 감정인 등 소송관계인에게 질문하기 위해서는 재판장의 허가를 얻어야 한다. 또한 전문심리위원은 재판부의 구성원이 아니므로 판결 내용을 정하기 위한 판결의 합의나 판결문 작성에는 참여할 수 없다.

법원은 상당한 이유가 있는 때에는 직권 또는 당사자의 신청에 의해 전문심리위원의 지정결정을 취소할 수 있다. 다만 당사자의 합의로 그 지정결정을 취소할 것을 신청한 때에는 법원은 그 결정을 취소하여야 한다. 한편 전문심리위원의 공정성을 확보하기 위해서, 전문심리위원이 당사자의 배우자가 되거나 친족이 된 경우 또는 그가 당해 사건에 관하여 증언이나 감정을 한 경우 등에는 법원이 그에 대한 별도의 조처를 하지 않더라도 그는 당연히 이후의 재판절차에 참여할 수 없게 된다.

① 소송당사자의 동의가 있으면 전문심리위원은 당사자에게 직접 질문할 수 있다.
② 전문심리위원은 판결 내용을 결정하기 위해 진행되는 판결의 합의에 참여할 수 있다.
③ 전문심리위원이 변론에서 행한 설명 또는 의견은 증거자료에 해당하기 때문에 법원은 그의 설명 또는 의견에 의거하여 재판하여야 한다.
④ 소송당사자가 합의하여 전문심리위원 지정결정의 취소를 신청한 경우일지라도 법원은 상당한 이유가 있으면 그 지정결정을 취소하지 않아도 된다.
⑤ 전문심리위원이 당해 사건에서 증언을 하였다면, 법원의 전문심리위원 지정결정 취소가 없더라도 그는 전문심리위원으로서 이후의 재판절차에 참여할 수 없게 된다.

문 43. 다음 글을 근거로 판단할 때 옳은 것은?

> ‘스마트 엔트리 서비스(Smart Entry Service)’는 대한민국 자동출입국심사시스템의 명칭으로, 사전에 여권정보와 바이오정보(지문, 안면)를 등록한 후 스마트 엔트리 서비스 게이트에서 이를 활용하여 출입국심사를 진행하는 첨단 시스템이다. 이 서비스 이용자는 출입국심사관의 대면심사를 대신하여 자동출입국심사대를 이용해 약 12초 이내에 출입국 심사를 마칠 수 있다.
>
> 17세 이상의 주민등록증을 발급받은 대한민국 국민 및 국내체류 중인 등록외국인은 스마트 엔트리 서비스에 가입할 수 있다. 단, 복수국적자인 대한민국 국민은 외국여권으로는 가입할 수 없다. 미국인의 경우 한·미 자동출입국심사 서비스 상호이용 프로그램에 따라 국내체류 중인 등록외국인이 아니어도 가입이 가능하다.
>
> 스마트 엔트리 서비스 가입 희망자는 자동판독이 가능한 전자여권을 소지하여야 한다. 그리고 바이오정보로 본인 여부를 확인할 수 있도록 지문정보 취득 및 얼굴사진 촬영이 가능해야 한다. 따라서 지문의 상태가 좋지 않아 본인확인이 어려운 경우에는 가입이 제한된다. 대한민국 국민과 국내체류 중인 등록외국인은 스마트 엔트리 서비스 가입을 위한 수수료가 면제되고, 한·미 자동출입국심사서비스 상호이용 프로그램을 통해 스마트 엔트리 서비스에 가입하려는 미국인은 100달러의 수수료를 지불해야 한다.
>
> 가입 후, 스마트 엔트리 서비스 이용 중에 여권 또는 개인정보가 변경된 경우에는 등록센터를 방문하여 변경사항을 수정하여야 하며, 심사대에서 지문 인식이 불가능한 경우에는 등록센터를 방문하여 지문을 재등록 하여야 한다. 스마트 엔트리 서비스에 가입한 사람은 출입국시 스마트 엔트리 서비스 게이트 또는 일반심사대에서 심사를 받을 수 있고, 스마트 엔트리 서비스 게이트를 이용하는 경우에는 출입국심사인 날인이 생략된다.

① 복수국적자인 대한민국 국민은 스마트 엔트리 서비스에 가입할 수 없다.

② 외국인의 경우 국내체류 중인 등록외국인 외에는 스마트 엔트리 서비스 가입이 불가능하다.

③ 스마트 엔트리 서비스에 가입한 자는 출입국시 항상 스마트 엔트리 서비스 게이트에서 심사를 받아야 한다.

④ 한·미 자동출입국심사서비스 상호이용 프로그램을 통해 스마트 엔트리 서비스에 가입하려는 대한민국 국민은 100달러를 수수료로 지불해야 한다.

⑤ 스마트 엔트리 서비스 가입 후 여권을 재발급 받아 여권정보가 변경된 경우, 이 서비스를 계속 이용하기 위해서는 등록센터를 방문하여 여권정보를 수정하여야 한다.

문 44. 다음 글을 근거로 판단할 때, <보기>에서 옳은 것만을 모두 고르면?

> □ 사업개요
>
> 1. 사업목적
>   - ○ 취약계층 아동에게 맞춤형 통합서비스를 제공하여 아동의 건강한 성장과 발달을 도모하고, 공평한 출발 기회를 보장함으로써 건강하고 행복한 사회구성원으로 성장할 수 있도록 지원함
> 2. 사업대상
>   - ○ 0세~만 12세 취약계층 아동
>   - ※ 0세는 출생 이전의 태아와 임산부를 포함
>   - ※ 초등학교 재학생이라면 만 13세 이상도 포함
>
> □ 운영계획
>
> 1. 지역별 인력구성
>   - ○ 전담공무원 : 3명
>   - ○ 아동통합서비스 전문요원 : 4명 이상
>   - ※ 아동통합서비스 전문요원은 대상 아동 수에 따라 최대 7명까지 배치 가능
> 2. 사업예산
>   - ○ 시·군·구별 최대 3억 원(국비 100%) 한도에서 사업 환경을 반영하여 차등지원
>   - ※ 단, 사업예산의 최대 금액은 기존사업지역 3억 원, 신규사업지역 1억 5천만 원으로 제한

<보 기>

ㄱ. 임신 6개월째인 취약계층 임산부는 사업대상에 해당되지 않는다.

ㄴ. 내년 초등학교 졸업을 앞둔 만 14세 취약계층 학생은 사업대상에 해당한다.

ㄷ. 대상 아동 수가 많은 지역이더라도 해당 사업의 전담공무원과 아동통합서비스 전문요원을 합한 인원은 10명을 넘을 수 없다.

ㄹ. 해당 사업을 신규로 추진하고자 하는 △△시는 사업예산을 최대 3억 원까지 국비로 지원받을 수 있다.

① ㄱ, ㄴ

② ㄱ, ㄹ

③ ㄴ, ㄷ

④ ㄴ, ㄹ

⑤ ㄷ, ㄹ

문 45. 다음 글의 (가)~(라)와 <보기>의 ㄱ~ㄹ을 옳게 짝지은 것은?

> 법의 폐지란 법이 가진 효력을 명시적·묵시적으로 소멸시키는 것을 말한다. 여기에는 4가지 경우가 있다.
>
> (가) 법에 시행기간(유효기간)을 두고 있는 때에는 그 기간의 종료로 당연히 그 법은 폐지된다. 이렇게 일정기간 동안만 효력을 발생하도록 제정된 법을 '한시법'이라 한다.
>
> (나) 신법에서 구법의 규정 일부 또는 전부를 폐지한다고 명시적으로 정한 때에는 그 규정은 당연히 폐지된다. 이러한 경우에 신법은 구법을 대신하여 효력을 갖는다.
>
> (다) 동일 사항에 관하여 구법과 서로 모순·저촉되는 신법이 제정되면 그 범위 내에서 구법은 묵시적으로 폐지된다. 이처럼 신법은 구법을 폐지한다. 그러나 특별법은 일반법에 우선하여 적용되므로 신일반법은 구특별법을 폐지하지 못한다.
>
> (라) 처음부터 일정한 조건의 성취, 목적의 달성을 위하여 제정된 법은 그 조건의 성취, 목적의 달성이나 소멸로 인해 당연히 폐지된다.

<보 기>

ㄱ. A법에는 "공포 후 2014년 12월 31일까지 시행한다"고 규정되어 있다.
ㄴ. "B법의 제00조는 폐지한다"는 규정을 신법C에 두었다.
ㄷ. D법으로 규율하고자 했던 목적이 완전히 달성되었다.
ㄹ. 동일 사항에 대하여, 새로 제정된 E법(일반법)에 F법(특별법)과 다른 규정이 있는 경우에는 F법이 적용된다.

	(가)	(나)	(다)	(라)
①	ㄱ	ㄴ	ㄷ	ㄹ
②	ㄱ	ㄴ	ㄹ	ㄷ
③	ㄴ	ㄱ	ㄷ	ㄹ
④	ㄴ	ㄹ	ㄱ	ㄷ
⑤	ㄷ	ㄹ	ㄴ	ㄱ

문 46. 다음 글을 근거로 판단할 때, 스프링클러설비를 설치해야 하는 곳은?

> 스프링클러설비를 설치해야 하는 곳은 다음과 같다.
>
> 1. 종교시설(사찰·제실·사당은 제외한다), 운동시설(물놀이형 시설은 제외한다)로서 수용인원이 100명 이상인 경우에는 모든 층
> 2. 판매시설, 운수시설 및 창고시설 중 물류터미널로서 다음의 어느 하나에 해당하는 경우에는 모든 층
>   ○ 층수가 3층 이하인 건축물로서 바닥면적 합계가 6,000 m^2 이상인 것
>   ○ 층수가 4층 이상인 건축물로서 바닥면적 합계가 5,000 m^2 이상인 것
> 3. 다음의 어느 하나에 해당하는 경우에는 모든 층
>   ○ 의료시설 중 정신의료기관, 노인 및 어린이 시설로서 해당 용도로 사용되는 바닥면적의 합계가 600 m^2 이상인 것
>   ○ 숙박이 가능한 수련시설로서 해당 용도로 사용되는 바닥면적의 합계가 600 m^2 이상인 것
> 4. 기숙사(교육연구시설·수련시설 내에 있는 학생 수용을 위한 것을 말한다) 또는 복합건축물로서 연면적 5,000 m^2 이상인 경우에는 모든 층
> 5. 교정 및 군사시설 중 다음의 어느 하나에 해당하는 경우에는 해당 장소
>   ○ 보호감호소, 교도소, 구치소, 보호관찰소, 갱생보호시설, 치료감호시설, 소년원의 수용거실
>   ○ 경찰서 유치장

① 경찰서 민원실
② 수용인원이 500명인 사찰의 모든 층
③ 연면적 15,000 m^2인 5층 복합건축물의 모든 층
④ 2층 건축물로서 바닥면적 합계가 5,000 m^2인 물류터미널의 모든 층
⑤ 외부에서 입주한 편의점의 바닥면적을 포함한 바닥면적 합계가 500 m^2인 정신의료기관의 모든 층

문 47. 다음 글을 근거로 판단할 때, <보기>에서 옳은 것만을 모두 고르면?

> □ 증여세의 납세의무자는 누구이며 부과대상은 무엇입니까?
> ○ 증여세는 타인으로부터 재산을 무상으로 받은 사람, 즉 수증자가 원칙적으로 납세의무를 부담합니다.
> ○ 또한 법인 아닌 사단·재단, 비영리법인은 증여세 납세의무를 부담합니다. 다만 증여받은 재산에 대해 법인세가 과세되는 영리법인은 증여세 납부의무가 없습니다.
> ○ 수증자가 국내거주자이면 증여받은 '국내외 모든 재산', 수증자가 국외거주자이면 증여받은 '국내소재 재산, 국외 예금과 국외 적금'이 증여세 부과대상입니다.
>
> □ 증여자가 예외적으로 수증자와 함께 납세의무를 부담하는 경우도 있습니까?
> ○ 수증자가 국외거주자인 경우, 증여자는 연대납세의무를 부담합니다.
> ○ 또한 수증자가 다음 중 어느 하나에 해당하는 경우에도 증여자는 연대납세의무를 부담합니다.
> – 수증자의 주소 또는 거소가 분명하지 아니한 경우로서 조세채권의 확보가 곤란한 경우
> – 수증자가 증여세를 납부할 능력이 없다고 인정되는 경우로서 체납처분을 하여도 조세채권의 확보가 곤란한 경우

<보 기>

> ㄱ. 甲이 국내거주자 장남에게 자신의 강릉 소재 빌딩(시가 10억 원 상당)을 증여한 경우, 甲은 원칙적으로 증여세를 납부할 의무가 있다.
> ㄴ. 乙이 평생 모은 재산 10억 원을 국내소재 사회복지법인 丙(비영리법인)에게 기부한 경우, 丙은 증여세를 납부할 의무가 있다.
> ㄷ. 丁이 자신의 국외 예금(10억 원 상당)을 해외에 거주하고 있는 아들에게 증여한 경우, 丁은 연대납세의무를 진다.
> ㄹ. 戊로부터 10억 원을 증여받은 국내거주자 己가 현재 파산상태로 인해 체납처분을 하여도 조세채권의 확보가 곤란한 경우, 己는 증여세 납부의무가 없다.

① ㄱ, ㄴ
② ㄱ, ㄷ
③ ㄴ, ㄷ
④ ㄴ, ㄹ
⑤ ㄷ, ㄹ

문 48. 다음 글을 근거로 판단할 때, 재산등록 의무자(A ~ E)의 재산등록 대상으로 옳은 것은?

> 재산등록 및 공개 제도는 재산등록 의무자가 본인, 배우자 및 직계존·비속의 재산을 주기적으로 등록·공개하도록 하는 제도이다. 이 제도는 재산등록 의무자의 재산 및 변동사항을 국민에게 투명하게 공개함으로써 부정이 개입될 소지를 사전에 차단하여 공직 사회의 윤리성을 높이기 위해 도입되었다.
>
> ○ 재산등록 의무자: 대통령, 국무총리, 국무위원, 지방자치단체장 등 국가 및 지방자치단체의 정무직 공무원, 4급 이상의 일반직·지방직 공무원 및 이에 상당하는 보수를 받는 별정직 공무원, 대통령령으로 정하는 외무공무원 등
> ○ 등록대상 친족의 범위: 본인, 배우자, 본인의 직계존·비속. 다만, 혼인한 직계비속인 여성, 외증조부모, 외조부모 및 외손자녀, 외증손자녀는 제외한다.
> ○ 등록대상 재산: 부동산에 관한 소유권·지상권 및 전세권, 자동차·건설기계·선박 및 항공기, 합명회사·합자회사 및 유한회사의 출자 지분, 소유자별 합계액 1천만 원 이상의 현금·예금·증권·채권·채무, 품목당 5백만 원 이상의 보석류, 소유자별 연간 1천만 원 이상의 소득이 있는 지식재산권

※ 직계존속: 부모, 조부모, 증조부모 등 조상으로부터 자기에 이르기까지 직계로 이어 내려온 혈족
※ 직계비속: 자녀, 손자, 증손 등 자기로부터 아래로 직계로 이어 내려가는 혈족

① 시청에 근무하는 4급 공무원 A의 동생이 소유한 아파트
② 시장 B의 결혼한 딸이 소유한 1,500만 원의 정기예금
③ 도지사 C의 아버지가 소유한 연간 600만 원의 소득이 있는 지식재산권
④ 정부부처 4급 공무원 상당의 보수를 받는 별정직 공무원 D의 아들이 소유한 승용차
⑤ 정부부처 4급 공무원 E의 이혼한 전처가 소유한 1,000만 원 상당의 다이아몬드

문 49. ○○시의 <버스정류소 명칭 관리 및 운영계획>을 근거로 판단할 때 옳은 것은? (단, 모든 정류소는 ○○시 내에 있다)

<버스정류소 명칭 관리 및 운영계획>

□ 정류소 명칭 부여기준
- ○ 글자 수 : 15자 이내로 제한
- ○ 명칭 수 : 2개 이내로 제한
  - – 정류소 명칭은 지역대표성 명칭을 우선으로 부여
  - – 2개를 병기할 경우 우선순위대로 하되, · 으로 구분

우선순위	지역대표성 명칭			특정법인(개인) 명칭	
	1	2	3	4	5
명칭	고유지명	공공기관, 공공시설	관광지	시장, 아파트, 상가, 빌딩	기타 (회사, 상점 등)

□ 정류소 명칭 변경 절차
- ○ 자치구에서 명칭 부여기준에 맞게 홀수달 1일에 신청
  - – 홀수달 1일에 하지 않은 신청은 그 다음 홀수달 1일 신청으로 간주
- ○ 부여기준에 적합한지를 판단하여 시장이 승인 여부를 결정
- ○ 관련기관은 정류소 명칭 변경에 따른 정비를 수행
- ○ 관련기관은 정비결과를 시장에게 보고

명칭 변경 신청 (자치구)	▶	명칭 변경 승인 (시장)	▶	명칭 변경에 따른 정비 (관련기관)	▶	정비결과 보고 (관련기관)
홀수달 1일 신청		신청일로부터 5일 이내		승인일로부터 7일 이내		정비완료일로부터 3일 이내

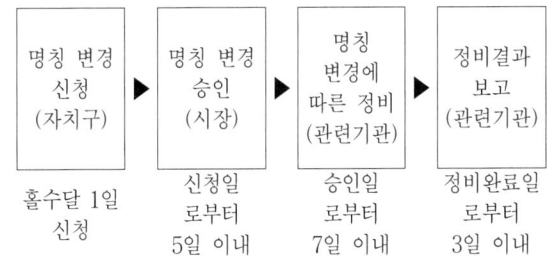

※ 단, 주말 및 공휴일도 일수(日數)에 산입하며, 당일(신청일, 승인일, 정비완료일)은 일수에 산입하지 않는다.

① 자치구가 7월 2일에 정류소 명칭 변경을 신청한 경우, ○○시의 시장은 늦어도 7월 7일까지는 승인 여부를 결정해야 한다.
② 자치구가 8월 16일에 신청한 정류소 명칭 변경이 승인될 경우, 늦어도 9월 16일까지는 정비결과가 시장에게 보고된다.
③ '가나시영3단지'라는 정류소 명칭을 '가나서점·가나3단지아파트'로 변경하는 것은 명칭 부여기준에 적합하다.
④ '다라중학교·다라동1차아파트'라는 정류소 명칭은 글자 수가 많아 명칭 부여기준에 적합하지 않다.
⑤ 명칭을 변경하는 정류소에 '마바구도서관·마바시장·마바물산'이라는 명칭이 부여될 수 있다.

문 50. 다음 글을 근거로 판단할 때 옳은 것은?

토지와 그 정착물을 부동산이라 하고, 부동산 이외의 물건을 동산이라 한다. 계약(예 : 매매, 증여 등)에 의하여 부동산의 소유권을 취득하려면 양수인(예 : 매수인, 수증자) 명의로 소유권이전등기를 마쳐야 한다. 반면에 상속·공용징수(강제수용)·판결·경매나 그 밖의 법률규정에 의하여 부동산의 소유권을 취득하는 경우에는 등기를 필요로 하지 않는다. 다만 등기를 하지 않으면 그 부동산을 처분하지 못한다. 한편 계약에 의하여 동산의 소유권을 취득하려면 양도인(예 : 매도인, 증여자)이 양수인에게 그 동산을 인도하여야 한다.

① 甲이 자신의 부동산 X를 乙에게 1억 원에 팔기로 한 경우, 乙이 甲에게 1억 원을 지급할 때 부동산 X의 소유권을 취득한다.
② 甲의 부동산 X를 경매를 통해 취득한 乙이 그 부동산을 丙에게 증여하고 인도하면, 丙은 소유권이전등기 없이 부동산 X의 소유권을 취득한다.
③ 甲이 점유하고 있는 자신의 동산 X를 乙에게 증여하기로 한 경우, 甲이 乙에게 동산 X를 인도하지 않더라도 乙은 동산 X의 소유권을 취득한다.
④ 甲의 상속인으로 乙과 丙이 있는 경우, 乙과 丙이 상속으로 甲의 부동산 X에 대한 소유권을 취득하려면 乙과 丙 명의로 소유권이전등기를 마쳐야 한다.
⑤ 甲과의 부동산 X에 대한 매매계약에 따라 乙이 甲에게 매매대금을 지급하였더라도 乙 명의로 부동산 X에 대한 소유권이전등기를 마치지 않은 경우, 乙은 그 소유권을 취득하지 못한다.

문 51. 다음 글을 근거로 판단할 때, <보기>에서 옳은 것만을 모두 고르면?

> 주민투표제도는 주민에게 과도한 부담을 주거나 중대한 영향을 미치는 주요사항을 결정하는 과정에서 주민에게 직접 의사를 표시할 수 있는 기회를 주기 위해 2004년 1월 주민투표법에 의해 도입되었다. 주민투표법에서는 주민투표를 실시할 수 있는 권한을 지방자치단체장에게만 부여하고 있다. 한편 중앙행정기관의 장은 지방자치단체장에게 주민투표 실시를 요구할 수 있고, 지방의회와 지역주민은 지방자치단체장에게 주민투표 실시를 청구할 수 있다.
>
> 주민이 직접 조례의 제정 및 개폐를 청구할 수 있는 주민발의제도는 1998년 8월 지방자치법의 개정으로 도입되었다. 주민발의는 지방자치단체장에게 청구하도록 되어 있는데, 지방자치단체장은 청구를 수리한 날로부터 60일 이내에 조례의 제정 또는 개폐안을 작성하여 지방의회에 부의하여야 한다. 주민발의를 지방자치단체장에게 청구하려면 선거권이 있는 19세 이상 주민 일정 수 이상의 서명을 받아야 한다. 청구에 필요한 주민의 수는 지방자치단체의 조례로 정하되 인구가 50만 명 이상인 대도시에서는 19세 이상 주민 총수의 100분의 1 이상 70분의 1 이하의 범위 내에서, 그리고 그 외의 시·군 및 자치구에서는 19세 이상 주민 총수의 50분의 1 이상 20분의 1 이하의 범위 내에서 정하도록 하고 있다.
>
> 주민소환제도는 선출직 지방자치단체장 또는 지방의회 의원의 위법·부당행위, 직무유기 또는 직권남용 등에 대한 책임을 묻는 제도로, 2006년 5월 지방자치법 개정으로 도입되었다. 주민소환 실시의 청구를 위해서도 주민소환에 관한 법률에 따라 일정 수 이상 주민의 서명을 받아야 한다. 광역자치단체장을 소환하고자 할 때는 선거권이 있는 19세 이상 주민 총수의 100분의 10 이상, 기초자치단체장에 대해서는 100분의 15 이상, 지방의회 지역구의원에 대해서는 100분의 20 이상의 서명을 받아야 주민소환 실시를 청구할 수 있다.

<보 기>

ㄱ. 주민투표법에서 주민투표를 실시할 수 있는 권한은 지방자치단체장만이 가지고 있다.
ㄴ. 인구 70만 명인 甲시에서 주민발의 청구를 위해서는 19세 이상 주민 총수의 50분의 1 이상 20분의 1 이하의 범위에서 서명을 받아야 한다.
ㄷ. 주민발의제도에 근거할 때 주민은 조례의 제정 및 개폐에 관한 사항을 지방의회에 대해 직접 청구할 수 없다.
ㄹ. 기초자치단체인 乙시의 丙시장에 대한 주민소환 실시의 청구를 위해서는 선거권이 있는 19세 이상 주민의 100분의 20 이상의 서명을 받아야 한다.

① ㄱ, ㄷ
② ㄱ, ㄹ
③ ㄴ, ㄷ
④ ㄱ, ㄴ, ㄹ
⑤ ㄴ, ㄷ, ㄹ

문 52. 다음 <A 도서관 자료 폐기 지침>을 근거로 판단할 때 옳은 것은?

<A 도서관 자료 폐기 지침>

가. 자료 선정
도서관 직원은 누구든지 수시로 서가를 살펴보고, 이용하기 곤란하다고 생각되는 자료는 발견 즉시 회수하여 사무실로 옮겨야 한다.

나. 목록 작성
사무실에 회수된 자료는 사서들이 일차적으로 갱신 대상을 추려내어 갱신하고, 폐기 대상 자료로 판단되는 것은 폐기심의대상 목록으로 작성하여 폐기심의위원회에 제출한다.

다. 폐기심의위원회 운영
폐기심의위원회 회의(이하 '회의'라 한다)는 연 2회 정기적으로 개최한다. 회의는 폐기심의대상 목록과 자료의 실물을 비치한 회의실에서 진행되고, 위원들은 실물과 목록을 대조하여 확인하여야 한다. 폐기심의위원회는 폐기 여부만을 판정하며 폐기 방법의 결정은 사서에게 위임한다. 폐기 대상 판정시 위원들 사이에 이견(異見)이 있는 자료는 당해 연도의 폐기 대상에서 제외하고, 다음 연도의 회의에서 재결정한다.

라. 폐기 방법
(1) 기증: 상태가 양호하여 다른 도서관에서 이용될 수 있다고 판단되는 자료는 기증 의사를 공고하고 다른 도서관 등 희망하는 기관에 기증한다.
(2) 이관: 상태가 양호하고 나름의 가치가 있는 자료는 자체 기록보존소, 지역 및 국가의 보존전문도서관 등에 이관한다.
(3) 매각과 소각: 폐지로 재활용 가능한 자료는 매각하고, 폐지로도 매각할 수 없는 자료는 최종적으로 소각 처리한다.

마. 기록 보존 및 목록 최신화
연도별로 폐기한 자료의 목록과 폐기 경위에 관한 기록을 보존하되, 폐기한 자료에 대한 내용을 도서관의 각종 현행자료 목록에서 삭제하여 목록을 최신화한다.

※ 갱신: 손상된 자료의 외형을 수선하거나 복사본을 만듦

① 사서는 폐기심의대상 목록만을 작성하고, 자료의 폐기 방법은 폐기심의위원회가 결정한다.
② 폐기 대상 판정시 폐기심의위원들 간에 이견이 있는 자료의 경우, 바로 다음 회의에서 그 자료의 폐기 여부가 논의되지 않을 수 있다.
③ 폐기심의위원회는 자료의 실물을 확인하지 않고 폐기 여부를 판정할 수 있다.
④ 매각 또는 소각한 자료는 현행자료 목록에서 삭제하고, 폐기 경위에 관한 기록도 제거하여야 한다.
⑤ 사서가 아닌 도서관 직원은, 이용하기 곤란하다고 생각되는 자료를 발견하면 갱신하거나 폐기심의대상 목록을 작성하여야 한다.

문 53. 다음 글을 근거로 판단할 때 옳지 않은 것은?

> 정부는 저출산 문제 해소를 위해 공무원이 안심하고 일과 출산·육아를 병행할 수 있도록 관련 제도를 정비하여 시행 중이다.
>
> 먼저 임신 12주 이내 또는 임신 36주 이상인 여성 공무원을 대상으로 하던 '모성보호시간'을 임신 기간 전체로 확대하여 임신부터 출산시까지 근무시간을 1일에 2시간씩 단축할 수 있게 하였다.
>
> 다음으로 생후 1년 미만의 영아를 자녀로 둔 공무원을 대상으로 1주일에 2일에 한해 1일에 1시간씩 단축근무를 허용하던 '육아시간'을, 만 5세 이하 자녀를 둔 공무원을 대상으로 1주일에 2일에 한해 1일에 2시간 범위 내에서 사용할 수 있도록 하였다. 또한 부부 공동육아 실현을 위해 '배우자 출산휴가'를 10일(기존 5일)로 확대하였다.
>
> 마지막으로 어린이집, 유치원, 초·중·고등학교에서 공식적으로 주최하는 행사와 공식적인 상담에만 허용되었던 '자녀돌봄휴가'(공무원 1인당 연간 최대 2일)를 자녀의 병원진료·검진·예방접종 등에도 쓸 수 있도록 하고, 자녀가 3명 이상일 경우 1일을 가산할 수 있도록 하였다.

① 변경된 현행 제도에서는 변경 전에 비해 '육아시간'의 적용 대상 및 시간이 확대되었다.

② 변경된 현행 제도에 따르면, 초등학생 자녀 3명을 둔 공무원은 연간 3일의 '자녀돌봄휴가'를 사용할 수 있다.

③ 변경된 현행 제도에 따르면, 임신 5개월인 여성 공무원은 산부인과 진료를 받기 위해 '모성보호시간'을 사용할 수 있다.

④ 변경 전 제도에서 공무원은 초등학교 1학년인 자녀의 병원진료를 위해 '자녀돌봄휴가'를 사용할 수 있었다.

⑤ 변경된 현행 제도에 따르면, 만 2세 자녀를 둔 공무원은 '육아시간'을 사용하여 근무시간을 1주일에 총 4시간 단축할 수 있다.

조·항·호·목의 전형적인 형식의 법조문이나 TEXT 등 어떤 형식으로든 '규칙'을 제시하고, 이를 적용해야 할 〈상황〉을 함께 제시하는 구성의 문제 유형이다. 과거에는 상당히 긴 발문 안에 상황을 제시하기도 하였으나, 최근에는 제시문 다음에 〈상황〉이나 〈사례〉 등의 제목을 붙인 별도의 글상자를 추가하는 구성으로 많이 출제된다. 이 때문에 겉모양만 보고도 유형을 쉽게 짐작할 수 있다.

다음의 사항들에 특히 주의하며 문제를 풀어보도록 하자.

1. '제시문'의 형식구조와 내용구조의 파악, 기타 주의해야 할 사항들은 다른 유형과 동일하다.
2. '제시문(규칙)'과 〈상황〉 중 상대적으로 더 간단해 보이거나 짧은 것을 먼저 읽는다. 〈상황〉이 짧게 제시되어 있다면 이것을 먼저 읽는 것도 좋은 방법이다. 위의 제시문에 어떠한 내용의 규칙이 제시되어 있을 것인지를 미리 짐작해 볼 수도 있으며, 이를 제시문의 주요 정보를 검색하는 기준으로 삼아 문제풀이의 효율성을 높일 수도 있기 때문이다. 반대로 〈상황〉이 복잡해 보이거나 내용이 많다면, 다른 유형과 마찬가지로 '제시문(규칙)'의 형식구조와 내용구조를 먼저 확인하는 것이 더 좋을 수 있다.
3. 주목해야 하는 포인트는 전형적인 형식의 법조문을 읽을 때와 다를 바 없다. 즉, 주어와 서술어에 주목하고, '숫자(%, 금액, 기간)'에도 주의를 기울여야 하며, '예외사항'이 존재한다면 이를 놓치지 않도록 주의해야 한다.
4. 기본적으로 '규칙을 상황에 적용할 것'이 문제의 요구사항이므로, 서두르거나 과욕을 부리지 말고 실수 없이 차근차근 관련 규칙을 찾아 적용하는 것을 기본 원칙으로 삼자.
5. 제시된 상황이 복잡한 문제나 여러 개의 사례 중 규칙에 부합하는 것을 골라내야 하는 문제 등에서는 '규칙을 하나씩만 적용하며 단계적으로 검토한다'는 원칙을 실천하면, 처리과정이 간결해지고 전체적인 문제풀이의 효율성이 높아질 수도 있다.
6. 다른 유형의 문제를 풀 때의 일반적인 주의사항은 이 유형에서도 동등한 수준으로 지켜주어야 한다.

문 1. 갑 사업의 택지개발예정지구지정 기준일은 2002년 2월 20일이고, 최초 보상계획공고일은 2004년 7월 28일이다. 갑 사업으로 인한 이주대책 대상자와 그 대책 내용으로 옳은 것은? (단, 아래에서 주택의 소유자란 주택의 현재 소유자를 가리키며, 주택 소유자의 전입일은 해당 주택을 소유하게 된 시점과 같다. 또한 거주란 전입신고를 한 상태를 의미한다.)

- 기준일 이전부터 최초 보상계획공고일까지 사업지구 내에 허가주택을 소유하고 계속 그 주택에 거주한 자로서 당해 사업에 따라 그 주택이 철거되는 자는 이주자택지 또는 전용면적 $85\,m^2$ 이하 공공분양아파트 중 하나를 선택할 수 있다. 다만 그 주택을 계속 소유한 채 최초 보상계획공고일 전에 다른 곳으로 전출한 자는 전용면적 $85\,m^2$ 이하 공공분양아파트를 받을 수 있다.
- 기준일 이전부터 최초 보상계획공고일까지 사업지구 내에 무허가주택을 소유하고 계속하여 거주한 자로서 당해 사업에 따라 그 주택이 철거되는 자는 전용면적 $85\,m^2$ 이하 공공분양아파트를 받을 수 있다.
- 기준일 3개월 전부터 최초 보상계획공고일까지 계속하여 거주한 사업지구 내 허가주택의 세입자는 전용면적 $60\,m^2$ 이하 국민임대아파트 또는 주거이전비 중 하나를 선택할 수 있다.

※ 이주대책이란 공익사업의 시행으로 인하여 주거용 건축물을 제공함에 따라 생활의 근거를 상실하게 되는 자를 위하여 사업시행자에 의해 수립되는 대책임.

① 전입일이 2002년 5월 4일이고, 전출일이 2005년 5월 18일인 무허가주택 소유자 A는 전용면적 $85\,m^2$ 이하 공공분양아파트를 받을 수 있다.
② 허가주택을 임차한 B의 전입일이 2001년 12월 30일이고, 전출일이 2004년 9월 19일인 경우, B는 전용면적 $60\,m^2$ 이하 국민임대아파트를 받을 수 있다.
③ 전입일이 2000년 4월 18일이고, 전출일이 2003년 8월 28일인 허가주택 소유자 C는 이주자택지를 받을 수 있다.
④ 전입일이 2000년 4월 6일이고, 전출일이 2004년 5월 23일인 허가주택 소유자 D는 전용면적 $85\,m^2$ 이하 공공분양아파트만 받을 수 있다.
⑤ 허가주택을 임차한 E의 전입일이 2001년 8월 18일이고, 전출일이 2004년 6월 30일인 경우, E는 주거이전비를 받을 수 있다.

문 2. 다음 법률규정에 근거하여 <보기 2>에서 제시된 내용이 나타날 수 있는 상황을 <보기 1>에서 골라 바르게 연결한 것은?

제○○조 국회는 재적의원 4분의 1 이상의 조사 요구가 있는 때에는 특별위원회 또는 상임위원회로 하여금 국정의 특정 사안에 관하여 조사를 시행하게 한다.

제○○조 의장은 조사요구서가 제출되면 지체 없이 본회의에 보고하고, 교섭단체 대표의원들과 협의하여 조사위원회를 구성한다. 조사위원회의 위원은 각 교섭단체 소속 의원수의 비율에 따라 의장이 선임한다.

제○○조 국회가 폐회 또는 휴회 중일 때에는 조사요구서에 의하여 국회의 집회 또는 재개의 요구가 있는 것으로 본다.

제○○조 조사위원회는 조사계획서를 본회의에 제출하여 승인을 얻어 조사를 시행한다.

제○○조 본회의는 조사계획서를 검토한 다음 의결로 이를 승인하거나 반려한다.

제○○조 본회의에서는 재적의원 과반수의 출석과 출석의원 과반수의 찬성으로 의결한다.

제○○조 위원회가 감사 또는 조사와 관련된 서류제출 요구를 하는 경우에는 재적위원 3분의 1 이상의 요구가 있어야 한다.

<보기 1>

상황 1 : 국회 내에서 여당, 제1야당, 제2야당이 각각 65 %, 20 %, 15 %의 의석을 차지하고 있다.
상황 2 : 국회 내에서 여당, 제1야당, 제2야당이 각각 35 %, 55 %, 10 %의 의석을 차지하고 있다.
상황 3 : 국회 내에서 여당, 제1야당, 제2야당이 각각 80 %, 15 %, 5 %의 의석을 차지하고 있다.

※ 단, 국회의원들은 항상 소속정당의 당론에 따르고, 무효표와 기권은 없으며 3당이 모두 교섭단체를 구성하고 있음.

<보기 2>

가. 여당만 반대하는 경우 국정조사위원회가 구성될 수 없다.
나. 제1야당만 찬성하는 경우 본회의에서 조사계획서가 반려될 수 있다.
다. 여당만 반대하는 경우 조사계획서가 반려될 수 있다.
라. 여당만 반대하는 경우 국회가 폐회 중일 때에도 위원회 활동을 위하여 국회를 재개할 수 있다.
마. 제1야당의 요구만으로 조사를 위한 서류제출요구를 할 수 있다.

① 가 – 상황 1, 2
② 나 – 상황 2, 3
③ 다 – 상황 1, 2
④ 라 – 상황 1, 2
⑤ 마 – 상황 2, 3

상황제시

문 3. 2008년 1월 1일 A는 B와 전화통화를 하면서 자기 소유 X물건을 1억 원에 매도하겠다는 청약을 하고, 그 승낙 여부를 2008년 1월 15일까지 통지해 달라고 하였다. 다음 날 A는 "2008년 1월 1일에 했던 청약을 철회합니다."라고 B와 전화통화를 하였는데, 같은 해 1월 12일 B는 "X물건에 대한 A의 청약을 승낙합니다."라는 내용의 서신을 발송하여 같은 해 1월 14일 A에게 도달하였다. 다음 법 규정을 근거로 판단할 때, 옳은 것은?

> 제○○조 ① 청약은 상대방에게 도달한 때에 효력이 발생한다.
> ② 청약은 철회될 수 없는 것이더라도, 철회의 의사표시가 청약의 도달 전 또는 그와 동시에 상대방에게 도달하는 경우에는 철회될 수 있다.
> 제○○조 청약은 계약이 체결되기까지는 철회될 수 있지만, 상대방이 승낙의 통지를 발송하기 전에 철회의 의사표시가 상대방에게 도달되어야 한다. 다만 승낙기간의 지정 또는 그 밖의 방법으로 청약이 철회될 수 없음이 청약에 표시되어 있는 경우에는 청약은 철회될 수 없다.
> 제○○조 ① 청약에 대한 동의를 표시하는 상대방의 진술 또는 그 밖의 행위는 승낙이 된다. 침묵이나 부작위는 그 자체만으로 승낙이 되지 않는다.
> ② 청약에 대한 승낙은 동의의 의사표시가 청약자에게 도달하는 시점에 효력이 발생한다. 청약자가 지정한 기간 내에 동의의 의사표시가 도달하지 않으면 승낙의 효력이 발생하지 않는다.
> 제○○조 계약은 청약에 대한 승낙의 효력이 발생한 시점에 성립된다.
> 제○○조 청약, 승낙, 그 밖의 의사표시는 상대방에게 구두로 통고된 때 또는 그 밖의 방법으로 상대방 본인, 상대방의 영업소나 우편주소에 전달된 때, 상대방이 영업소나 우편주소를 가지지 아니한 경우에는 그의 상거소(常居所)에 전달된 때에 상대방에게 도달된다.

※ 상거소라 함은 한 장소에 주소를 정하려는 의사 없이 상당기간 머무는 장소를 말한다.

① 계약은 2008년 1월 15일에 성립되었다.
② 계약은 2008년 1월 14일에 성립되었다.
③ A의 청약은 2008년 1월 2일에 철회되었다.
④ B의 승낙은 2008년 1월 1일에 효력이 발생하였다.
⑤ B의 승낙은 2008년 1월 12일에 효력이 발생하였다.

문 4. A국 내에 있던 B국 국적의 갑은 살인혐의로 A국의 형사당국에 의해 체포되어 수감되었다. 다음 제시문은 A, B 양국이 모두 가입하고 있는 조약의 일부이다. 이를 근거로 판단했을 때 A국의 행위 중 조약상 절차 위반에 해당하지 않는 것은?

> 파견국의 국민에 관련된 영사기능의 수행을 용이하게 할 목적으로 다음의 규정이 적용된다.
> (a) 영사관원은 파견국의 국민과 자유로이 통신할 수 있으며 또한 접촉할 수 있다. 파견국의 국민은 파견국 영사관원과의 통신 및 접촉에 관하여 동일한 자유를 가진다.
> (b) 파견국의 영사관할구역 내에서 파견국의 국민이 체포되는 경우, 재판에 회부되기 전에 구금 또는 유치되는 경우, 또는 기타의 방법으로 구속되는 경우에 해당 국민이 그 사실을 파견국의 영사기관에 통보할 것을 접수국에게 요청하면, 접수국의 권한 있는 당국은 지체 없이 통보하여야 한다. 체포, 구금, 유치 또는 구속되어 있는 자가 영사기관에 보내는 모든 통신은 동 당국에 의하여 지체 없이 전달되어야 한다. 동 당국은 본 규정에 따른 영사를 만날 수 있는 권리를 포함한 그의 권리를 당사자에게 지체 없이 통보하여야 한다.
> (c) 영사관원은 구금, 유치 또는 구속되어 있는 파견국의 국민을 방문하고 동 국민과 면담하고 교신하며, 그의 법적 대리를 주선할 권리를 가진다.

① 갑이 교도소에서 자신의 구금상태를 알리고 도움을 요청하기 위해 A국 주재 B국 영사관에 보낸 편지를 송부하지 않은 행위
② 구금상태를 통보하는 것에 대한 갑의 요청이 없었기 때문에 이를 A국 주재 B국 영사관에 통보하지 않은 행위
③ A국 주재 B국 영사관원이 갑을 만나기 위해 교도소를 방문하는 것을 금지한 행위
④ 갑에게 A국 주재 B국 영사관원을 만날 수 있는 권리가 있음을 통보하지 아니한 행위
⑤ A국 주재 B국 영사관원이 갑을 위해 소송대리인을 주선하는 것을 제한하는 행위

문 5. 갑은 어머니와 임신 8개월인 아내, 다섯 살인 아들과 함께 살고 있었는데 괴한이 집에 침입하여 2,000만 원어치의 금품을 탈취하였고, 이 과정에서 갑과 괴한 사이에 몸싸움이 벌어졌다. 갑은 괴한이 휘두른 흉기에 찔려 사망하였고, 아내는 중장해를 당하였으나 결국 범인은 잡히지 않았다. 다음 제시문을 읽고 옳게 추론한 것은?

> 제1조 (목적) 이 법은 사람의 생명 또는 신체를 해하는 범죄행위로 인하여 사망한 자의 유족이나 중장해를 당한 자를 구조함을 목적으로 한다.
> 제2조 (적용범위) 국가는 범죄피해를 받은 자가 가해자의 불명 또는 무자력의 사유로 인하여 피해의 전부 또는 일부를 배상받지 못하거나, 자기 또는 타인의 형사사건의 수사 또는 재판에 있어서 고소, 고발 등 수사단서의 제공, 진술, 증언 또는 자료제출과 관련하여 피해자로 된 때에는 이 법이 정하는 바에 의하여 피해자 또는 유족에게 범죄피해구조금을 지급한다.
> 제3조 (구조금의 종류 등)
> ① 구조금은 유족구조금과 장해구조금으로 구분하며, 일시금으로 지급한다.
> ② 유족구조금은 피해자가 사망한 경우에 제4조의 규정에 의한 제1순위의 유족에게 지급한다. 다만, 동순위의 유족이 2인 이상인 경우에는 이를 균분하여 지급한다.
> ③ 장해구조금은 당해 피해자에게 지급한다.
> 제4조 (유족의 범위 및 순위)
> ① 유족구조금을 지급받을 수 있는 유족은 다음 각 호의 어느 하나에 해당하는 자로 한다.
> 1. 배우자(사실상 혼인관계를 포함한다), 피해자의 사망 당시 피해자의 수입에 의하여 생계를 유지하고 있던 피해자의 자(子)
> 2. 피해자의 사망 당시 피해자의 수입에 의하여 생계를 유지하고 있던 피해자의 부모, 손, 조부모, 형제자매
> 3. 제1호 및 제2호에 해당하지 아니하는 피해자의 자(子), 부모, 손, 조부모, 형제자매
> ② 태아는 제1항의 규정에 의한 유족의 범위를 적용함에 있어서는 이미 출생한 것으로 본다.
> ③ 유족구조금을 지급받을 유족의 순위는 제1항 각 호에 열거한 순서로 하고, 동항 제2호 및 제3호에 열거한 자 사이에서는 해당 각 호에 열거한 순서로 하며, 부모의 경우에는 양부모를 선순위로 하고 친생부모를 후순위로 한다.

① 다섯 살 아들은 장해구조금청구권을 가진다.
② 1순위 유족구조금청구권이 인정되는 사람은 모두 2명이다.
③ 아내는 2,000만 원 상당의 재산상 피해에 대하여 범죄피해구조금을 청구할 수 있다.
④ 갑과 그 아내가 모두 사망하였다면 갑의 어머니와 다섯 살 아들에게 1순위 유족구조금청구권이 인정된다.
⑤ 만약 다섯 살 아들도 범죄로 인하여 사망한 경우, 갑의 아내는 아들에 대한 1순위 유족구조금청구권을 가진다.

문 6. A와 B는 공동사업을 하기 위해 각각 1억 원씩 투자하여 갑회사를 설립하였다. A와 B는 갑회사의 사원으로 갑회사의 모든 업무집행을 담당하였는데, 갑회사는 주거래은행인 을은행에 3억 원의 채무를 부담하게 되었다. 현재 갑회사에는 을은행에 예금되어 있는 1억 원 이외에는 어떠한 재산도 없다. 다음 제시문을 근거로 옳게 추론한 것은? (단, 갑회사의 사원은 A와 B로 한정한다)

> 제○○조 (사원의 책임)
> 회사의 재산으로 회사의 채무를 완전히 변제할 수 없는 때에는 그 부족액에 대하여 각 사원은 연대하여 변제할 책임이 있다.
> 제○○조 (사원의 항변)
> ① 사원이 회사채무에 관하여 변제의 청구를 받은 때에는 회사가 주장할 수 있는 항변으로 그 채권자에게 대항할 수 있다.
> ② 회사가 그 채권자에 대하여 상계, 취소 또는 해제할 권리가 있는 경우에는 사원은 전항의 청구에 대하여 변제를 거부할 수 있다.
> 제○○조 (재산을 출연한 채무자의 구상권)
> 어느 연대채무자가 변제 기타 자기의 재산의 출연으로 공동면책이 된 때에는 다른 연대채무자의 부담부분에 대하여 구상권을 행사할 수 있다.

※ 연대채무 : 연대하여 변제할 책임으로서 동일 내용의 급부에 관하여 여러 명의 채무자가 각자 채무 전부를 변제할 의무를 지고, 채무자 중의 한 사람이 전부 변제하면 다른 채무자의 채무도 모두 소멸되는 채무
※ 항변 : 상대방의 청구권 행사나 주장을 막는 사유
※ 상계 : 채권자와 채무자가 동종의 채권·채무를 가지는 경우, 대등액의 채권·채무를 서로 소멸(상쇄)시키는 행위
※ 구상권 : 남의 채무를 갚아준 사람이 그 사람에게 자신이 갚은 채무액의 반환을 청구할 수 있는 권리

① B는 을은행에 대하여 1억 원에 한하여 변제책임이 있다.
② 갑회사와 A, B는 을은행에 대하여 연대하여 변제할 책임을 부담한다.
③ 을은행이 B에게 2억 원의 변제청구를 한 경우, B는 2억 원에 대한 변제를 거부할 수 있다.
④ B가 을은행에 대하여 1억 원을 변제하였다면, A에 대하여 5천만 원을 청구할 수 있다.
⑤ 을은행이 A에게 3억 원을 청구하는 경우, 상계할 수 있는 1억 원에 대하여는 변제를 거부할 수 있다.

문 7. 다음 글과 <상황>을 근거로 판단할 때, <보기>에서 옳은 것만을 모두 고르면?

> 민사분쟁을 해결하는 대표적인 제도는 법원의 재판을 통해 분쟁을 해결하는 민사소송이지만, 그 외에도 다음과 같은 분쟁해결제도가 있다.
>
> ○ 제소전 화해 : 민사분쟁의 당사자 한 쪽이 지방법원(또는 시·군법원)에 화해신청을 하여 단독판사 주재 하에 행하는 것으로, 화해가 성립하여 화해조서가 작성되면 분쟁이 해결된다. 화해가 성립되지 않으면 당사자는 민사소송을 제기하기 위한 소제기 신청을 할 수 있는데, 이 소제기 신청이 있으면 화해신청을 한 때에 민사소송이 제기된 것으로 본다.
>
> ○ 중재 : 민사분쟁을 법관이 아닌 중재인의 판단으로 해결한다. 즉 분쟁에 대한 판단을 분쟁당사자의 합의에 의해 중재인에게 맡기고 그의 판단(중재판정)에 의해 분쟁을 해결하는 제도이다.
>
> ○ 조정 : 법관이나 조정위원회(판사와 민간인 조정위원 2인으로 구성됨)가 민사분쟁의 당사자 사이에 개입하여 화해로 이끄는 절차이다. 분쟁당사자는 지방법원(또는 시·군법원)에 조정을 신청한다. 조정이 성립되어 조정조서가 작성되면 분쟁은 해결된다. 그러나 조정이 성립되지 않고 종결된 때는 조정을 신청한 때에 민사소송이 제기된 것으로 본다.
>
> ○ 독촉절차 : 금전(金錢)을 지급받을 것을 목적으로 하는 청구와 관련된 제도이다. 채권자가 지방법원(시·군법원)에 신청을 하면, 법원은 채무자를 심문하지 않고 채무자에게 지급명령을 한다. 채무자가 지급명령에 대하여 이의신청을 하지 않으면 채권자는 확정된 지급명령에 의하여 채무자의 재산에 대해 강제집행을 신청할 수 있다.

<상 황>

> 甲은 乙에게 자신의 X주택을 임대하여 주었다. 임대차계약 기간이 종료하자 甲은 乙에게 여러 차례 X주택을 비워줄 것을 요구하였지만, 乙은 X주택에서 계속 생활하고 있다.

<보 기>

> ㄱ. 甲이 중재를 이용하기 위해서는 乙과의 합의가 있어야 한다.
> ㄴ. 甲이 제소전 화해나 조정을 신청한 경우, 조정은 조정위원회가 개입할 수 있다는 점에서 법관만이 개입하는 제소전 화해와 차이가 있다.
> ㄷ. 甲은 법원에 독촉절차를 신청하여 乙에게 지급명령을 받게 한 후 乙이 이의를 제기하지 않으면, X주택에 대한 강제집행을 신청할 수 있다.
> ㄹ. 甲은 乙과의 분쟁을 화해, 조정, 중재로 해결할 수 있는데, 법관이 이 절차를 모두 진행한다.
> ㅁ. 甲이 2009년 5월 1일 조정을 신청하였지만, 그 조정이 성립되지 않아 2009년 8월 10일 조정절차가 종료되었다. 이 경우 甲과 乙 사이에 2009년 8월 10일에 민사소송이 제기된 것으로 본다.

① ㄱ, ㄴ　　② ㄱ, ㄷ
③ ㄱ, ㄴ, ㅁ　　④ ㄴ, ㄷ, ㄹ
⑤ ㄷ, ㄹ, ㅁ

문 8. 다음 글과 <상황>을 근거로 판단할 때, 제사주재자를 옳게 짝지은 것은?

> 사망한 사람의 제사를 주재하는 사람(이하 '제사주재자'라 한다)은 사망한 사람의 공동상속인들 간 협의에 의해 정하는 것이 원칙이다. 다만 공동상속인들 사이에 협의가 이루어지지 않을 때, 누구를 제사주재자로 결정할 것인지 문제가 된다.
>
> 종전 대법원 판례는, 제사주재자의 지위를 유지할 수 없는 특별한 사정이 없는 한 사망한 사람의 직계비속으로서 장남(장남이 이미 사망한 경우에는 장손자)이 제사주재자가 되고, 공동상속인들 중 아들이 없는 경우에는 장녀가 제사주재자가 된다고 하였다. 이 판례에 대해, 사망한 사람에게 아들, 손자가 있다는 이유만으로 여성 상속인이 자신의 의사와 무관하게 제사주재자가 되지 못한다는 점에서 양성평등의 원칙에 어긋난다는 비판이 있었다.
>
> 이를 반영해서 최근 대법원은 연령을 기준으로 하여 제사주재자가 결정되는 것으로 판례를 변경하였다. 즉, 공동상속인들 사이에 협의가 이루어지지 않으면, 제사주재자의 지위를 유지할 수 없는 특별한 사정이 없는 한 사망한 사람의 직계비속 가운데 남녀를 불문하고 최근친(最近親) 중 연장자가 제사주재자가 된다고 하였다.

<상 황>

> 甲과 乙은 혼인하여 자녀 A(딸), B(아들), C(아들)를 두었다. B는 혼인하여 자녀 D(아들)가 있고, A와 C는 자녀가 없다. B는 2023. 5. 1. 43세로 사망하였고, 甲은 2024. 5. 1. 사망하였다. 2024. 6. 1. 현재 甲의 공동상속인인 乙(73세), A(50세), C(40세), D(20세)는 각자 자신이 甲의 제사주재자가 되겠다고 다투고 있다. 이들에게는 제사주재자의 지위를 유지할 수 없는 특별한 사정이 없다.

	종전 대법원 판례	최근 대법원 판례
①	A	C
②	C	A
③	C	乙
④	D	A
⑤	D	乙

문 9. 甲은 乙로부터 5차에 걸쳐 총 7천만 원을 빌렸으나, 자금 형편상 갚지 못하고 있다가 2010년 2월 5일 1천만 원을 갚았다. 다음 <조건>을 근거로 판단할 때, <甲의 채무현황>에서 2010년 2월 5일에 전부 또는 일부가 소멸된 채무는? (다만 연체 이자와 그 밖의 다른 조건은 고려하지 않는다)

<조 건>

○ 채무 중에 상환하기로 약정한 날짜(이행기)가 도래한 것과 도래하지 아니한 것이 있으면, 이행기가 도래한 채무가 변제로 먼저 소멸한다.
○ 이행기가 도래한(또는 도래하지 않은) 채무 간에는 이자가 없는 채무보다 이자가 있는 채무, 저이율의 채무보다는 고이율의 채무가 변제로 먼저 소멸한다.
○ 이율이 같은 경우, 이행기가 먼저 도래한 채무나 도래할 채무가 변제로 먼저 소멸한다.

<甲의 채무현황>

구분	이행기	이율	채무액
A	2009. 11. 10.	0%	1천만 원
B	2009. 12. 10.	20%	1천만 원
C	2010. 1. 10.	15%	1천만 원
D	2010. 1. 30.	20%	2천만 원
E	2010. 3. 30	15%	2천만 원

① A
② B
③ C
④ D
⑤ E

문 10. 다음 <규정>을 읽고 공무원 A의 음주운전사건을 처리할 때 옳은 것은?

<규 정>

○ 관련 지침
– 공무원이 음주운전을 하고 관계기관으로부터 음주운전 사실이 통보되었을 때에는, 통보될 당시 직원이 소속된 기관의 장은 징계위원회를 개최해야 하며 징계위원회는 징계의결을 해야 한다.
– 징계처분의 집행이 종료된 날로부터 일정기간이 경과하지 않은 사람은 승진임용의 대상이 되지 못한다.(강등 24개월, 정직 18개월, 감봉 12개월, 견책 6개월)
○ 공무원 복무·징계 관련 예규 : 음주운전자에 대한 처리기준

유 형	처리기준
① 단순음주운전(3회 이상)	중징계 의결
② 면허취소(2회이상)	
③ 면허취소 1회와 면허정지 2회 이상	
④ 음주운전(면허정지 이상)으로 인적·물적 피해를 발생시킨 후 필요한 조치를 취하지 않고 도주	
⑤ 음주운전으로 사망사고 발생	
⑥ 음주운전으로 인한 면허정지·취소 상태에서의 무면허 음주운전	
① 음주측정 불응으로 벌금형 처벌을 받은 자	경징계 의결
② 혈중알콜농도 0.05% 이상으로 확인된 자	
③ 면허취소 1회	

※ 경징계 : 견책, 감봉
※ 중징계 : 정직, 강등, 해임, 파면
※ 단순음주운전(혈중알콜농도 0.05% 이상인 상태에서 인적·물적 사고 없이 운전한 것)으로 적발 시 혈중알콜농도 0.05% 이상 ~ 0.10% 미만의 경우는 면허정지 처벌을 받고, 0.10% 이상인 경우에는 면허가 취소된다.

<사 례>

2011년 현재 甲세무서에서 근무 중인 A의 음주운전 사실이 통보되었다. A는 乙세무서 근무 당시인 2010년 11월 30일 새벽 3시 20분 경 본인의 승용차로 약 8km를 음주운전하던 중 적발되었다. 검사결과 혈중알콜농도는 0.193%로 밝혀졌다. 당시 그는 공무원 신분임을 속이고 무직 상태라고 진술하였다. A는 이전에 음주운전으로 적발된 적이 없었다.

① 乙세무서장이 징계 절차를 밟아야 한다.
② A는 면허가 취소되어 정직을 받게 될 것이다.
③ A는 징계처리 이후 최소한 18개월간 승진임용대상이 되지 못한다.
④ A는 단순음주운전에 해당하지만, 공무원 신분임을 속였기 때문에 징계 대상이 된다.
⑤ A가 향후 단순음주운전으로 2회 이상 적발될 경우, 중징계 의결 대상이 되는 것을 면치 못할 것이다.

문 11. 甲은 2010.10.10. 인근 농업진흥지역 내의 A농지 2,000 m^2를 주말영농을 하기 위하여 구입하였고, 2010.11.11. B농지 15,000 m^2를 상속받았다. 다음 <조건>을 근거로 판단할 때 옳지 않은 것을 <보기>에서 모두 고르면?

<조 건>

○ 농업인이란 1,000 m^2 이상의 농지에서 농작물을 경작하는 자 또는 1년 중 90일 이상 농업에 종사하는 자를 말한다.
○ 자기의 농업경영에 이용하거나 이용할 자가 아니면 농지를 소유하지 못한다. 예외적으로 ① 자기의 농업경영에 이용하지 않더라도 주말·체험 영농을 하려는 자는 총 1,000 m^2 미만의 농지를 소유할 수 있다. ② 상속으로 농지를 취득한 자로서 농업경영을 하지 않는 자는 그 상속 농지 중에서 총 10,000 m^2까지는 자기의 농업경영에 이용하지 않더라도 농지를 소유 및 제3자에게 임대할 수 있지만, 한국농촌공사에 위탁하여 임대하는 경우에는 20,000 m^2까지 소유할 수 있다.
○ 농지소유자가 정당한 사유 없이 그 농지를 주말·체험 영농에 이용하지 않는 경우, 그 때부터 1년 이내에 그 농지를 처분하여야 한다. 또한 농지 소유 상한을 초과하여 농지를 소유한 것이 판명된 경우, 농지소유자는 그 때부터 1년 이내에 초과된 농지를 처분하여야 한다.

※ 농업경영이란 농업인이나 농업법인이 자기의 계산과 책임으로 농업을 영위하는 것을 말함
※ 주말·체험영농이란 개인이 주말 등을 이용하여 취미생활이나 여가활동으로 농작물을 경작하는 것을 말함

<보 기>

ㄱ. 甲이 직장을 다니면서 A농지에 농작물을 직접 경작하는 경우, 농업인으로 볼 수 있다.
ㄴ. 甲이 정당한 사유 없이 A농지를 경작하지 않는 경우, 그 때부터 1년 이내에 A농지 전부를 처분하여야 한다.
ㄷ. 甲이 농업인 乙에게 B농지를 임대한 경우, B농지 전부를 처분하여야 한다.
ㄹ. 직장을 그만두고 귀농한 甲이 A농지에 농작물을 스스로 경작하고 B농지는 한국농촌공사에 임대한 경우, A·B 농지 모두를 계속 소유할 수 있다.

① ㄷ
② ㄹ
③ ㄱ, ㄴ
④ ㄷ, ㄹ
⑤ ㄱ, ㄴ, ㄹ

문 12. 다음 규정과 <상황>에 근거할 때, 옳은 것은?

제00조(환경오염 및 예방 대책의 추진) 환경부장관 및 시장·군수·구청장 등은 국가산업단지의 주변지역에 대한 환경기초조사를 정기적으로 실시하여야 하며 이를 기초로 하여 환경오염 및 예방 대책을 수립·시행하여야 한다.
제00조(환경기초조사의 방법·시기 등) 전조(前條)에 따른 환경기초조사의 방법과 시기 등은 다음 각 호와 같다.
1. 환경기초조사의 범위는 지하수 및 지표수의 수질, 대기, 토양 등에 대한 계획·조사 및 치유대책을 포함한다.
2. 환경기초조사는 당해 기초지방자치단체장이 1단계 조사를 실시하고 환경부장관이 2단계 조사를 실시한다. 다만 1단계 조사결과에 의하여 정상지역으로 판정된 때는 2단계 조사를 실시하지 아니한다.
3. 제2호에 따른 1단계 조사는 그 조사 실시일 기준으로 매 3년마다 실시하고, 2단계 조사는 1단계 조사 판정일 이후 1월내에 실시하여야 한다.

<상 황>

甲시에는 A, B, C 세 개의 국가산업단지가 위치해 있다. 甲시 시장은 아래와 같이 세 개 단지의 주변지역에 대한 1단계 환경기초조사를 실시하였다. 2012년 1월 1일 현재, 기록되어 있는 실시일, 판정일 및 판정결과는 다음과 같다.

	1단계 조사 실시일	1단계 조사 판정일	판정 결과
A단지 주변지역	2011. 7. 1.	2011. 11. 30.	오염지역
B단지 주변지역	2009. 3. 1.	2009. 9. 1.	오염지역
C단지 주변지역	2010. 10. 1.	2011. 7. 1.	정상지역

① A단지 주변지역에 대하여 2012년에 환경부장관은 2단계 조사를 실시해야 한다.
② B단지 주변지역에 대하여 2012년에 甲시 시장은 1단계 조사를 실시해야 한다.
③ B단지 주변지역에 대하여 甲시 시장은 2단계 조사를 실시하였다.
④ C단지 주변지역에 대하여 환경부장관은 2011년 7월 중에 2단계 조사를 실시하였다.
⑤ C단지 주변지역에 대하여 甲시 시장은 2012년에 1단계 조사를 실시해야 한다.

문 13. 다음 규정에 근거할 때, 옳은 것을 <보기>에서 모두 고르면?

> 제00조(공공기관의 구분) ① 기획재정부장관은 공공기관을 공기업·준정부기관과 기타공공기관으로 구분하여 지정한다. 직원 정원이 50인 이상인 공공기관은 공기업 또는 준정부기관으로, 그 외에는 기타공공기관으로 지정한다.
> ② 기획재정부장관은 제1항의 규정에 따라 공기업과 준정부기관을 지정하는 경우 자체수입액이 총수입액의 2분의 1 이상인 기관은 공기업으로, 그 외에는 준정부기관으로 지정한다.
> ③ 기획재정부장관은 제1항 및 제2항의 규정에 따른 공기업을 다음 각 호의 구분에 따라 세분하여 지정한다.
> 1. 시장형 공기업: 자산규모가 2조 원 이상이고, 총 수입액 중 자체수입액이 100분의 85 이상인 공기업
> 2. 준시장형 공기업: 시장형 공기업이 아닌 공기업

<공공기관 현황>

공공기관	직원 정원	자산규모	자체수입비율
A	80명	3조 원	85%
B	40명	1.5조 원	60%
C	60명	1조 원	45%
D	55명	2.5조 원	40%

※ 자체수입비율: 총 수입액 대비 자체수입액 비율

<보 기>

ㄱ. 기관 A는 시장형 공기업이다.
ㄴ. 기관 B는 준시장형 공기업이다.
ㄷ. 기관 C는 기타공공기관이다.
ㄹ. 기관 D는 준정부기관이다.

① ㄱ, ㄴ
② ㄱ, ㄹ
③ ㄴ, ㄷ
④ ㄱ, ㄷ, ㄹ
⑤ ㄴ, ㄷ, ㄹ

문 14. 다음 글과 <상황>을 근거로 판단할 때 옳은 것은?

> ○ 소취하: 소송진행 중 원고는 자신이 제기한 소(訴)를 취하할 수 있다. 다만 피고가 소송에서 변론을 하였을 때에는 피고의 동의를 얻어야 소취하를 할 수 있다. 소취하를 하면 소가 제기된 때로 소급하여 소송이 소멸된다. 원고는 판결이 선고되었어도 그 판결이 확정되기 전까지 언제든지 소취하를 할 수 있다. 따라서 원고는 1심 소송진행 중에 소취하를 할 수 있을 뿐만 아니라 항소심 소송진행 중에도 소취하를 할 수 있다. 원고가 항소심에서 소취하를 하면 1심의 소를 제기한 때로 소급하여 소송이 소멸된다. 따라서 현재 진행 중인 항소심이 종료될 뿐만 아니라 1심 소송결과 자체를 소멸시키기 때문에 항소의 대상이 되었던 1심 판결도 그 효력을 상실한다. 그 결과 소송당사자 사이의 권리의무에 관한 분쟁은 해결되지 아니한 채 소송만 종료된다.
> ○ 항소취하: 1심 판결에 패소한 당사자는 항소(抗訴)를 제기할 수 있는데, 그 자를 '항소인'이라고 하고 항소의 상대방 당사자를 '피항소인'이라고 한다. 항소인은 항소심 판결이 선고되기 전까지만 항소취하를 할 수 있다. 피항소인의 동의는 필요하지 않다. 항소취하를 하면 항소가 제기된 때로 소급하여 항소가 소멸되고 항소심은 종료된다. 항소취하는 항소 제기시점으로 소급하여 항소만 소멸되기 때문에, 항소의 대상이 되었던 1심 판결의 효력은 유지되며 그 판결 내용대로 당사자 사이의 분쟁은 해결된다.

<상 황>

> 甲은 乙에게 1억 원을 빌려주었는데 갚기로 한 날짜가 지났는데도 乙이 갚지 않고 있다. 그래서 甲이 원고가 되어 乙을 피고로 하여 1억 원의 대여금반환청구의 소를 제기하였다. 1심 법원은 甲의 주장을 인정하여 甲의 승소 판결을 선고하였고, 이에 대해 乙이 항소를 제기하여 현재 항소심이 진행 중이다.

① 항소심 판결이 선고된 후에는 乙은 항소취하를 할 수 없다.
② 항소심 판결이 선고되기 전에 甲은 乙의 동의 없이 항소취하를 할 수 있다.
③ 항소심 판결이 선고되기 전에 乙은 甲의 동의를 얻어야 소취하를 할 수 있다.
④ 항소취하가 유효하면 항소심이 종료되고, 甲의 乙에 대한 1심 승소판결의 효력은 소멸된다.
⑤ 소취하가 항소심에서 유효하게 이루어진 경우, 甲과 乙사이의 대여금에 관한 분쟁에서 甲이 승소한 것으로 분쟁이 해결된다.

문 15. 다음 글과 <상황>을 근거로 판단할 때 옳은 것은?

제00조(특허침해죄) ① 특허권을 침해한 자는 7년 이하의 징역 또는 1억 원 이하의 벌금에 처한다.
② 제1항의 죄는 고소가 있어야 한다.
제00조(위증죄) 이 법의 규정에 의하여 선서한 증인·감정인 또는 통역인이 특허심판원에 대하여 허위의 진술·감정 또는 통역을 한 때에는 5년 이하의 징역 또는 1천만 원 이하의 벌금에 처한다.
제00조(사위행위의 죄) 사위(詐僞) 기타 부정한 행위로써 특허청으로부터 특허의 등록이나 특허권의 존속기간의 연장등록을 받은 자 또는 특허심판원의 심결을 받은 자는 3년 이하의 징역 또는 2천만 원 이하의 벌금에 처한다.
제00조(양벌규정) 법인의 대표자나 법인 또는 개인의 대리인, 사용인, 그 밖의 종업원이 그 법인 또는 개인의 업무에 관하여 특허침해죄, 사위행위의 죄의 어느 하나에 해당하는 위반행위를 하면 그 행위자를 벌하는 외에 그 법인에게는 다음 각 호의 어느 하나에 해당하는 벌금형을, 그 개인에게는 해당 조문의 벌금형을 과(科)한다. 다만 법인 또는 개인이 그 위반행위를 방지하기 위하여 해당 업무에 관하여 상당한 주의와 감독을 게을리하지 아니한 경우에는 그러하지 아니하다.
1. 특허침해죄의 경우: 3억 원 이하의 벌금
2. 사위행위죄의 경우: 6천만 원 이하의 벌금

※ 사위(詐僞): 거짓을 꾸미어 속임.

<상 황>

개인 발명자 甲은 전자제품인 발명품 A에 대해서 특허권을 부여받았다. 한편 乙은 A에 대해 특허권이 부여된 것은 잘못이라고 주장하며, 특허심판원에 甲을 상대로 A에 관한 특허무효심판을 청구하였다. 당해 심판에서 선서한 감정인 丙은 甲의 발명품이 특허무효사유에 해당한다는 내용의 감정을 하였다. 그 후 당해 감정이 허위임이 밝혀지고 달리 특허무효사유가 없음을 이유로 특허심판원은 甲에 대한 특허권의 부여는 유효라고 심결하였고 이 심결이 확정되었다. 한편 전자제품 생산회사인 丁회사의 생산공장에 근무하는 戊는 그 공장에서 A를 무단으로 생산한 후 丁회사의 이름으로 이를 판매하였다.

① 甲의 고소가 있어야 丙이 위증죄로 처벌될 수 있다.
② 丙이 위증죄로 처벌되는 경우 1천만 원의 벌금형을 받을 수 있다.
③ 丙이 위증죄로 처벌되는 경우 양벌규정에 따라 乙에게 6천만 원의 벌금형이 부과될 수 있다.
④ 戊가 특허침해죄로 처벌되는 경우 벌금형의 상한은 3억 원이다.
⑤ 戊에 대해서 특허침해죄가 성립되지 않더라도 사용자의 관리책임을 이유로 丁회사에게 3억 원의 벌금형이 부과될 수 있다.

문 16. 다음 글과 <상황>을 근거로 판단할 때 옳은 것은?

A국 의회 의원은 10인 이상 의원의 찬성으로 법률안을 발의할 수 있다. 법률안을 발의한 의원(이하 '발의의원'이라 한다)은 찬성의원 명단과 함께 법률안을 의장에게 제출하여야 한다. 의원이 법률안을 발의할 때에는 그 법률안에 대하여 법률명(法律名)의 부제(副題)로 발의의원의 성명을 기재한다. 만약 발의의원이 2인 이상이면 발의의원 중 대표발의의원 1인을 정하여 그 1인의 성명만을 기재해야 한다.

의장은 법률안이 발의되었을 때 이를 의원에게 배포하고 본회의에 보고하며, 소관상임위원회에 회부하여 그 심사가 끝난 후 본회의에 부의한다. 법률안이 어느 상임위원회의 소관인지 명백하지 않을 때 의장은 의회운영위원회와 협의하여 정한 소관상임위원회에 회부하되, 협의가 이루어지지 않을 때는 의장이 소관상임위원회를 결정한다.

소관상임위원회에서 본회의에 부의할 필요가 없다고 결정된 법률안은 본회의에 부의하지 않는다. 그러나 소관상임위원회의 결정이 본회의에 보고된 날부터 7일 내에 의원 30인 이상의 요구가 있을 때는 그 법률안을 본회의에 부의해야 한다. 이러한 요구가 없을 때는 그 법률안은 폐기된다.

발의의원은 찬성의원 전원의 동의를 얻어 자신이 발의한 법률안을 철회할 수 있다. 단, 본회의 또는 소관상임위원회에서 그 법률안이 의제로 된 때에는 발의의원은 본회의 또는 소관상임위원회의 동의를 얻어야 한다.

한편 본회의에서 번안동의(飜案動議)는 법률안을 발의한 의원이 그 법률안을 발의할 때의 발의의원 및 찬성의원 총수의 3분의 2 이상의 동의(同意)로 하여야 한다. 이렇게 상정된 법률안을 본회의에서 의결하려면 재적의원 과반수의 출석과 출석의원 3분의 2 이상의 찬성이 필요하다.

※ 번안동의: 법률안 내용을 변경하고자 안건을 상정하는 행위

<상 황>

○ A국 의회 의원 甲은 △△법률안을 의원 10인의 찬성을 얻어 발의하였다.
○ A국 의회의 재적의원은 200인이다.

① △△법률안 법률명의 부제로 의원 甲의 성명을 기재한다.
② △△법률안이 어느 상임위원회 소관인지 명확하지 않을 경우 본회의의 의결로 소관상임위원회를 결정한다.
③ 의원 甲은 △△법률안이 소관상임위원회의 의제가 되기 전이면, 단독으로 그 법률안을 철회할 수 있다.
④ △△법률안이 번안동의로 본회의에 상정되면 의원 60인의 찬성으로 의결할 수 있다.
⑤ 소관상임위원회가 △△법률안을 본회의에 부의할 필요가 없다고 결정하더라도, △△법률안의 찬성의원 10인의 요구만 있으면 본회의에 부의할 수 있다.

문 17. 다음 글과 <상황>을 근거로 판단할 때 옳은 것은?

불법 주·정차 등 질서위반행위에 대하여 관할행정청은 과태료를 부과한다. 관할행정청으로부터 과태료 부과처분의 통지를 받은 사람(이하 '당사자'라 한다)은 그 처분을 다투기 위하여 관할행정청에 이의를 제기할 수 있고, 이의제기가 있으면 과태료 처분은 효력을 상실한다. 관할행정청이 당사자의 이의제기 사실을 관할법원에 통보하면, 그 법원은 당사자의 신청 없이 직권으로 과태료를 부과하는 재판을 개시한다. 과태료 재판을 담당하는 관할법원은 당사자의 주소지 지방법원 또는 지방법원지원이다.

법원은 정식재판절차 또는 약식재판절차 중 어느 하나의 절차를 선택하여 과태료 재판을 진행한다. 정식재판절차로 진행하는 경우, 법원은 당사자 진술을 듣고 검사 의견을 구한 다음에 과태료 재판을 한다. 약식재판절차에 의하는 경우, 법원은 당사자 진술을 듣지 않고 검사 의견만을 구하여 재판을 한다.

정식절차에 의한 과태료 재판에 불복하고자 하는 당사자 또는 검사는 그 재판의 결과(이하 '결정문'이라 한다)를 고지받은 날부터 1주일 내에 상급심 법원에 즉시항고하여야 한다. 그러나 약식절차에 의한 과태료 재판에 불복하고자 하는 당사자 또는 검사는 결정문을 고지받은 날부터 1주일 내에 과태료 재판을 한 법원에 이의신청하여야 한다. 이의신청이 있으면 법원은 정식재판절차에 의해 다시 과태료 재판을 하며, 그 재판에 대해 당사자 또는 검사는 상급심 법원에 즉시항고할 수 있다.

<상 황>

청주시에 주소를 둔 甲은 자기 승용차를 운전하여 인천에 놀러갔다. 며칠 후 관할행정청(이하 '乙'이라 한다)은 불법 주차를 이유로 과태료를 부과한다는 통지를 甲에게 하였다. 이 과태료 부과에 대해 甲은 乙에게 이의를 제기하였고, 乙은 甲의 주소지 법원인 청주지방법원에 이의제기 사실을 통보하였다.

① 甲은 乙에게 이의제기를 하지 않고 직접 청주지방법원에 과태료 재판을 신청할 수 있다.
② 甲이 乙에게 이의를 제기하더라도 과태료 처분은 유효하기 때문에 검사의 명령에 의해 과태료를 징수할 수 있다.
③ 청주지방법원이 정식재판절차에 의해 과태료 재판을 한 경우, 乙이 그 재판에 불복하려면 결정문을 고지받은 날부터 1주일 내에 상급심 법원에 즉시항고하여야 한다.
④ 청주지방법원이 甲의 진술을 듣고 검사 의견을 구한 다음 과태료 재판을 한 경우, 검사가 이 재판에 불복하려면 결정문을 고지받은 날부터 1주일 내에 청주지방법원에 이의신청을 하여야 한다.
⑤ 청주지방법원이 약식재판절차에 의해 과태료 재판을 한 경우, 甲이 그 재판에 불복하려면 결정문을 고지받은 날부터 1주일 내에 청주지방법원에 이의신청을 하여야 한다.

문 18. 다음 글과 <상황>을 근거로 판단할 때 옳은 것은?

형사소송절차에서 화해는 형사사건의 심리 도중 피고인과 피해자 사이에 민사상 다툼에 관하여 합의가 성립한 경우, 신청에 의하여 그 합의내용을 공판조서에 기재하면 민사소송상 확정판결과 동일한 효력을 부여하는 제도이다. 예컨대 사기를 당한 피해자는 사기범이 형사처벌을 받더라도 사기로 인한 피해를 배상받으려면 그를 피고로 하여 민사소송절차를 밟아야 하는 것이 원칙이다. 이는 민사소송절차와 형사소송절차가 분리되어 있기 때문이다. 그런데 만약 형사소송절차 도중 피해자가 피고인과 피해배상에 관하여 합의한 경우, 별도의 민사소송을 거치지 않고 피해를 구제받을 수 있게 한다면 범죄 피해자는 신속하고 간편하게 범죄로 인한 피해 배상을 받을 수 있게 된다. 이것이 바로 형사소송절차상 화해제도의 취지이다.

합의의 대상은 형사사건 피고인과 피해자 사이의 해당 사건과 관련된 피해에 관한 다툼을 포함하는 민사상 다툼으로 한정된다. 피고인과 피해자가 합의를 하면 그 형사사건이 계속 중인 1심 또는 2심 법원의 변론종결 전까지 피해자와 피고인이 공동으로 합의내용을 공판조서에 기재하여 줄 것을 서면으로 신청할 수 있다. 합의가 피고인의 피해자에 대한 금전 지급을 내용으로 하는 경우에는 피고인 외의 자(이하 '보증인'이라 한다)가 피해자에 대하여 그 지급을 보증할 수 있다. 이때에는 위 신청과 함께 보증인은 그 취지를 공판조서에 기재하여 줄 것을 신청할 수 있다. 이와 같은 합의가 기재된 공판조서는 민사소송상 확정판결과 동일한 효력이 있으므로, 피해자는 그 공판조서에 근거하여 강제집행을 할 수 있다.

※ 공판조서 : 법원사무관 등이 공판기일에 진행된 소송절차의 경과를 기재한 조서

<상 황>

甲은 친구 乙이 丙에게 빌려준 500만 원을 변제받지 못하고 있다는 이야기를 듣고 대신 받아주려고 丙을 만났는데, 丙이 격분하여 甲을 폭행하였다. 그로 인해 甲은 병원치료비 200만 원을 지출하게 되었다. 이후 甲은 丙을 폭행죄로 고소하여 현재 丙을 피고인으로 한 형사소송절차가 진행 중이다.

① 甲과 丙이 피해배상을 합의하면 그 합의는 공판조서에 기재되지 않더라도 민사소송상의 확정판결과 동일한 효력이 있다.
② 형사소송 2심 법원의 변론종결 후에 甲과 丙이 피해배상에 대해 합의하면, 그 합의내용을 공판조서에 기재해 줄 것을 구술로 신청할 수 있다.
③ 丙이 乙에게 변제할 500만 원과 甲의 치료비 200만 원을 丙이 지급한다는 합의내용을 알게 된 법관은 신청이 없어도 이를 공판조서에 기재할 수 있다.
④ 공판조서에 기재된 합의금에 대해 甲이 강제집행을 하기 위해서는 별도의 민사소송상 확정판결이 있어야 한다.
⑤ 丙이 甲에게 지급할 금액을 丁이 보증한다는 내용이 공판조서에 기재된 경우, 甲은 그 공판조서에 근거하여 丁의 재산에 대해서 강제집행할 수 있다.

문 19. 다음 글과 <상황>을 근거로 판단할 때 옳은 것은?

> 저작자는 미술저작물, 건축저작물, 사진저작물(이하 "미술저작물 등"이라 한다)의 원본이나 그 복제물을 전시할 권리를 가진다. 전시권은 저작자인 화가, 건축물설계자, 사진작가에게 인정되므로, 타인이 미술저작물 등을 전시하기 위해서는 저작자의 허락을 얻어야 한다. 다만 전시는 일반인에 대한 공개를 전제로 하는 것이므로, 예컨대 가정 내에서 진열하는 때에는 저작자의 허락이 필요 없다. 또한 저작자는 복제권도 가지기 때문에 타인이 미술저작물 등을 복제하기 위해서는 저작자의 허락을 얻어야 한다. 그런데 저작자가 미술저작물 등을 타인에게 판매하여 소유권을 넘긴 경우에는 저작자의 전시권·복제권과 소유자의 소유권이 충돌하는 문제가 발생한다. 저작권법은 미술저작물 등의 전시·복제와 관련된 문제들을 다음과 같이 해결하고 있다.
>
> 첫째, 미술저작물 등의 원본의 소유자나 그의 허락을 얻은 자는 자유로이 미술저작물 등의 원본을 전시할 수 있다. 다만 가로·공원·건축물의 외벽 등 공중에게 개방된 장소에 항시 전시하는 경우에는 저작자의 허락을 얻어야 한다.
>
> 둘째, 개방된 장소에 항시 전시되어 있는 미술저작물 등은 제3자가 어떠한 방법으로든지 이를 복제하여 이용할 수 있다. 다만 건축물을 건축물로 복제하는 경우, 조각 또는 회화를 조각 또는 회화로 복제하는 경우, 미술저작물 등을 판매목적으로 복제하는 경우에는 저작자의 허락을 얻어야 한다.
>
> 셋째, 화가 또는 사진작가가 고객으로부터 위탁을 받아 완성한 초상화 또는 사진저작물의 경우, 화가 또는 사진작가는 위탁자의 허락이 있어야 이를 전시·복제할 수 있다.

<상 황>

> ○ 화가 甲은 자신이 그린 「군마」라는 이름의 회화를 乙에게 판매하였다.
>
> ○ 화가 丙은 丁의 위탁을 받아 丁을 모델로 한 초상화를 그려 이를 丁에게 인도하였다.

① 乙이 「군마」를 건축물의 외벽에 잠시 전시하고자 할 때라도 甲의 허락을 얻어야만 한다.

② 乙이 감상하기 위해서 「군마」를 자신의 거실 벽에 걸어 놓을 때는 甲의 허락을 얻어야 한다.

③ A가 공원에 항시 전시되어 있는 「군마」를 회화로 복제하고자 할 때는 乙의 허락을 얻어야 한다.

④ 丙이 丁의 초상화를 복제하여 전시하고자 할 때는 丁의 허락을 얻어야 한다.

⑤ B가 공원에 항시 전시되어 있는 丁의 초상화를 판매목적으로 복제하고자 할 때는 丙의 허락을 얻을 필요가 없다.

문 20. 다음 글을 근거로 판단할 때, <상황>에서 제한보호구역으로 지정해야 하는 지역은?

> 제00조(통제보호구역과 제한보호구역의 지정)
>
> ① 다음 각 호 중 어느 하나에 해당하는 경우 통제보호구역으로 지정한다.
>
> 1. 민간인통제선 이북(以北)지역
> 2. 제1호 외의 지역에 위치한 특별군사시설의 최외곽경계선으로부터 500미터 이내의 지역
>
> ② 통제보호구역이 아닌 지역으로 다음 각 호 중 어느 하나에 해당하는 경우 제한보호구역으로 지정한다.
>
> 1. 특별군사시설이 아닌 군사시설로서 군폭발물시설·군방공기지·군사격장·군훈련장의 경우, 당해 군사시설의 최외곽경계선으로부터 1킬로미터 이내의 지역
> 2. 특별군사시설이 아닌 군사시설로서 취락지역에 위치하는 제1호 이외의 군사시설의 경우, 당해 군사시설의 최외곽경계선으로부터 500미터 이내의 지역

<상 황>

(단위 : 미터)

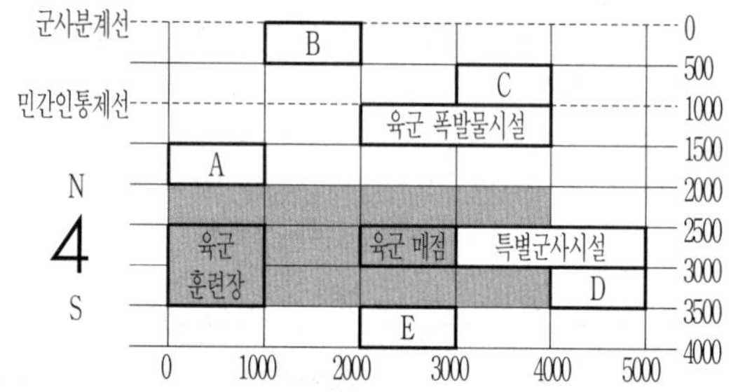

※ 음영으로 표시된 부분은 취락지역이다.

① A

② B

③ C

④ D

⑤ E

문 21. 다음 글과 <상황>을 근거로 판단할 때 옳은 것은? (단, 기간을 일(日)로 정한 때에는 기간의 초일은 산입하지 않는다)

> 제○○조(위원회의 직무) 위원회는 그 소관에 속하는 의안과 청원 등의 심사 기타 법률에서 정하는 직무를 행한다.
>
> 제△△조(안건의 신속처리) ① 위원회에 회부된 안건을 제2항에 따른 신속처리대상안건으로 지정하고자 하는 경우 의원은 재적의원 과반수가 서명한 신속처리대상안건 지정요구 동의(이하 "신속처리안건지정동의")를 국회의장에게, 안건의 소관 위원회 소속 위원은 소관 위원회 재적위원 과반수가 서명한 신속처리안건지정동의를 소관 위원회 위원장에게 제출하여야 한다. 이 경우 의장 또는 안건의 소관 위원회 위원장은 지체 없이 신속처리안건지정동의를 무기명투표로 표결하되 재적의원 5분의 3 이상 또는 안건의 소관 위원회 재적위원 5분의 3 이상의 찬성으로 의결한다.
>
> ② 의장은 제1항에 따라 신속처리안건지정동의가 가결된 때에는 해당 안건을 제3항의 기간 내에 심사를 마쳐야 하는 안건(이하 "신속처리대상안건")으로 지정하여야 한다.
>
> ③ 위원회는 신속처리대상안건에 대한 심사를 그 지정일부터 180일 이내에 마쳐야 한다. 다만, 법제사법위원회는 신속처리대상안건에 대한 체계·자구심사를 그 지정일, 제4항에 따라 회부된 것으로 보는 날 또는 제□□조에 따라 회부된 날부터 90일 이내에 마쳐야 한다.
>
> ④ 위원회(법제사법위원회를 제외한다)가 신속처리대상안건에 대하여 제3항에 따른 기간 내에 신속처리대상안건의 심사를 마치지 아니한 때에는 그 기간이 종료된 다음 날에 소관 위원회에서 심사를 마치고 체계·자구심사를 위하여 법제사법위원회로 회부된 것으로 본다.
>
> ⑤ 법제사법위원회가 신속처리대상안건에 대하여 제3항에 따른 기간 내에 심사를 마치지 아니한 때에는 그 기간이 종료한 다음 날에 법제사법위원회에서 심사를 마치고 바로 본회의에 부의된 것으로 본다.
>
> ⑥ 제5항에 따른 신속처리대상안건은 본회의에 부의된 것으로 보는 날부터 60일 이내에 본회의에 상정되어야 한다.
>
> 제□□조(체계·자구의 심사) 위원회에서 법률안의 심사를 마치거나 입안한 때에는 법제사법위원회에 회부하여 체계와 자구에 대한 심사를 거쳐야 한다.

<상 황>

> ○ 국회 재적의원은 300명이고, 지식경제위원회 재적위원은 25명이다.
> ○ 지식경제위원회에 회부된 안건 X가 3월 2일 신속처리대상안건으로 지정되었다.

① 안건 X는 국회 재적의원 중 최소 150명 또는 지식경제위원회 위원 중 최소 13명의 찬성으로 신속처리대상안건으로 지정되었다.
② 지식경제위원회는 안건 X에 대해 당해년도 10월 1일까지 심사를 마쳐야 한다.
③ 지식경제위원회가 안건 X에 대해 기간 내 심사를 마치지 못했다면, 90일을 연장하여 재심사 할 수 있다.
④ 지식경제위원회가 안건 X에 대해 심사를 마치고 당해년도 7월 1일 법제사법위원회로 회부했다면, 법제사법위원회는 당해년도 9월 29일까지 심사를 마쳐야 한다.
⑤ 안건 X가 당해년도 8월 1일 법제사법위원회로 회부되었고 법제사법위원회가 기간 내 심사를 마치지 못했다면, 다음 해 1월 28일에 본회의에 부의된 것으로 본다.

문 22. 다음 <A대학 학사규정>을 근거로 판단할 때, <상황>의 ㉠과 ㉡에 들어갈 기간으로 옳게 짝지은 것은?

<A대학 학사규정>

> 제1조(목적) 이 규정은 졸업을 위한 재적기간 및 수료연한을 정하는 것을 목적으로 한다.
>
> 제2조(재적기간과 수료연한) ① 재적기간은 입학 시부터 졸업 시까지의 기간으로 휴학기간을 포함한다.
>
> ② 졸업을 위한 수료연한은 4년으로 한다. 다만 다음 각 호의 경우에는 수료연한을 달리할 수 있다.
>
> 1. 외국인 유학생은 어학습득을 위하여 수료연한을 1년 연장하여 5년으로 할 수 있다.
> 2. 특별입학으로 입학한 학생은 2년차에 편입되며 수료연한은 3년으로 한다. 다만 특별입학은 내국인에 한한다.
>
> ③ 수료와 동시에 졸업한다.
>
> 제3조(휴학) ① 휴학은 일반휴학과 해외 어학연수를 위한 휴학으로 구분한다.
>
> ② 일반휴학은 해당 학생의 수료연한의 2분의 1을 초과할 수 없으며, 6개월 단위로만 신청할 수 있다.
>
> ③ 해외 어학연수를 위한 휴학은 해당 학생의 수료연한의 2분의 1을 초과할 수 없으며, 1년 단위로만 신청할 수 있다.

<상 황>

> ○ A대학의 학생이 재적할 수 있는 최장기간은 (㉠)이다.
> ○ A대학에 특별입학으로 입학한 학생이 일반휴학 없이 재적할 수 있는 최장기간은 (㉡)이다.

	㉠	㉡
①	9년	4년
②	9년 6개월	4년
③	9년 6개월	4년 6개월
④	10년	4년 6개월
⑤	10년	5년

상황제시

문 23. 다음 글과 <상황>을 근거로 판단할 때 옳은 것은?

> 민사소송에서 판결은 다음의 어느 하나에 해당하면 확정되며, 확정된 판결에 대해서 당사자는 더 이상 상급심 법원에 상소를 제기할 수 없게 된다.
>
> 첫째, 판결은 선고와 동시에 확정되는 경우가 있다. 예컨대 대법원 판결에 대해서는 더 이상 상소할 수 없기 때문에 그 판결은 선고 시에 확정된다. 그리고 하급심 판결이라도 선고 전에 당사자들이 상소하지 않기로 합의하고 이 합의서를 법원에 제출할 경우, 판결은 선고 시에 확정된다.
>
> 둘째, 상소기간이 만료된 때에 판결이 확정되는 경우가 있다. 상소는 패소한 당사자가 제기하는 것으로, 상소를 하고자 하는 자는 판결문을 송달받은 날부터 2주 이내에 상소를 제기해야 한다. 이 기간 내에 상소를 제기하지 않으면 더 이상 상소할 수 없게 되므로, 판결은 상소기간 만료 시에 확정된다. 또한 상소기간 내에 상소를 제기하였더라도 그 후 상소를 취하하면 상소기간 만료 시에 판결은 확정된다.
>
> 셋째, 상소기간이 경과되기 전에 패소한 당사자가 법원에 상소포기서를 제출하면, 제출 시에 판결은 확정된다.

<상 황>

> 원고 甲은 피고 乙을 상대로 ○○지방법원에 매매대금지급청구소송을 제기하였다. ○○지방법원은 甲에게 매매대금지급청구권이 없다고 판단하여 2016년 11월 1일 원고 패소 판결을 선고하였다. 이 판결문은 甲에게는 2016년 11월 10일 송달되었고, 乙에게는 2016년 11월 14일 송달되었다.

① 乙은 2016년 11월 28일까지 상소할 수 있다.
② 甲이 2016년 11월 28일까지 상소하지 않으면, 같은 날 판결은 확정된다.
③ 甲이 2016년 11월 11일 상소한 후 2016년 12월 1일 상소를 취하하였다면, 취하한 때 판결은 확정된다.
④ 甲과 乙이 상소하지 않기로 하는 내용의 합의서를 2016년 10월 25일 법원에 제출하였다면, 판결은 2016년 11월 1일 확정된다.
⑤ 甲이 2016년 11월 21일 법원에 상소포기서를 제출하면, 판결은 2016년 11월 1일 확정된 것으로 본다.

문 24. 다음 글과 <甲지방자치단체 공직자윤리위원회 위원 현황>을 근거로 판단할 때 옳은 것은? (단, 오늘은 2018년 3월 10일이다)

> 제00조 ① 지방자치단체는 공직자윤리위원회(이하 '위원회'라 한다)를 두어야 한다.
> ② 위원회는 위원장과 부위원장 각 1명을 포함한 9명의 위원으로 구성하되 위원은 다음 각 호에 따라 위촉한다.
> 1. 5명의 위원은 법관, 교육자, 시민단체에서 추천한 자로 한다. 이 경우 제2호의 요건에 해당하는 자는 제외된다.
> 2. 4명의 위원은 해당 지방의회 의원 2명, 해당 지방자치단체 소속 행정국장, 기획관리실장(이하 '소속 공무원'이라 한다)으로 한다.
>
> ③ 위원회의 위원장과 부위원장은 위원회에서 다음 각 호에 따라 선임한다.
> 1. 위원장은 제2항 제1호의 5명 중에서 선임
> 2. 부위원장은 제2항 제2호의 4명 중에서 선임
>
> 제00조 ① 위원의 임기는 2년으로 하되, 한 차례만 연임할 수 있다.
> ② 지방자치단체의회 의원 및 소속 공무원 중에서 위촉된 위원의 임기는 제1항에도 불구하고 지방의회 의원인 경우에는 그 임기 내로 하고, 소속 공무원인 경우에는 그 직위에 재직 중인 기간으로 한다.
> ③ 전조 제2항 제1호에 따른 위원 중 결원이 생겼을 경우 그 자리에 새로 위촉된 위원의 임기는 전임자의 남은 기간으로 한다.

<甲지방자치단체 공직자윤리위원회 위원 현황>

성명	직위	최초 위촉일자
A	甲지방의회 의원	2016. 9. 1.
B	시민연대 회원	2016. 9. 1.
C	甲지방자치단체 소속 기획관리실장	2016. 9. 1.
D	지방법원 판사	2017. 3. 1.
E	대학교 교수	2016. 9. 1.
F	고등학교 교사	2014. 9. 1.
G	중학교 교사	2016. 9. 1.
H	甲지방의회 의원	2016. 9. 1.
I	甲지방자치단체 소속 행정국장	2016. 9. 1.

※ 모든 위원은 최초 위촉 이후 계속 위원으로 활동하고 있다.

① B가 사망하여 새로운 위원을 위촉하는 경우 甲지방의회 의원을 위촉할 수 있다.
② C가 오늘자로 명예퇴직하더라도 위원직을 유지할 수 있다.
③ E가 오늘자로 사임한 경우 당일 그 자리에 위촉된 위원의 임기는 위촉된 날로부터 2년이다.
④ F는 임기가 만료되면 연임할 수 있다.
⑤ I는 부위원장으로 선임될 수 있다.

문 25. 다음 글과 <상황>을 근거로 판단할 때 옳은 것은?

> 제00조 ① 증인신문은 증인을 신청한 당사자가 먼저 하고, 다음에 다른 당사자가 한다.
> ② 재판장은 제1항의 신문이 끝난 뒤에 신문할 수 있다.
> ③ 재판장은 제1항과 제2항의 규정에 불구하고 언제든지 신문할 수 있다.
> ④ 재판장은 당사자의 의견을 들어 제1항과 제2항의 규정에 따른 신문의 순서를 바꿀 수 있다.
> ⑤ 당사자의 신문이 중복되거나 쟁점과 관계가 없는 때, 그 밖에 필요한 사정이 있는 때에 재판장은 당사자의 신문을 제한할 수 있다.
> ⑥ 합의부원은 재판장에게 알리고 신문할 수 있다.
> 제00조 ① 증인은 따로따로 신문하여야 한다.
> ② 신문하지 않은 증인이 법정 안에 있을 때에는 법정에서 나가도록 명하여야 한다. 다만 필요하다고 인정한 때에는 신문할 증인을 법정 안에 머무르게 할 수 있다.
> 제00조 재판장은 필요하다고 인정한 때에는 증인 서로의 대질을 명할 수 있다.
> 제00조 증인은 서류에 의하여 진술하지 못한다. 다만 재판장이 허가하면 그러하지 아니하다.

※ 당사자: 원고, 피고를 가리킨다.

<상 황>

> 원고 甲은 피고 乙을 상대로 대여금반환청구의 소를 제기하였다. 이후 절차에서 甲은 丙을, 乙은 丁을 각각 증인으로 신청하였으며 해당 재판부(재판장 A, 합의부원 B와 C)는 丙과 丁을 모두 증인으로 채택하였다.

① 丙을 신문할 때 A는 乙보다 먼저 신문할 수 없다.
② 甲의 丙에 대한 신문이 쟁점과 관계가 없는 때, A는 甲의 신문을 제한할 수 있다.
③ A가 丁에 대한 신문을 乙보다 甲이 먼저 하게 하려면, B와 C의 의견을 들어야 한다.
④ 丙과 丁을 따로따로 신문해야 하는 것이 원칙이지만, B는 필요하다고 인정한 때 丙과 丁의 대질을 명할 수 있다.
⑤ 丙이 질병으로 인해 서류에 의해 진술하려는 경우 A의 허가를 요하지 않는다.

문 26. 다음 글과 <상황>을 근거로 판단할 때, <보기>에서 옳은 것만을 모두 고르면?

'에너지이용권'은 에너지 취약계층에게 난방에너지 구입을 지원하는 것으로 관련 내용은 다음과 같다.

월별 지원 금액	1인 가구: 81,000원 2인 가구: 102,000원 3인 이상 가구: 114,000원
지원 형태	신청서 제출 시 실물카드와 가상카드 중 선택 · 실물카드: 에너지원(등유, 연탄, LPG, 전기, 도시가스)을 다양하게 구매 가능함. 단, 아파트 거주자는 관리비가 통합고지서로 발부되기 때문에 신청할 수 없음 · 가상카드: 전기·도시가스·지역난방 중 택일. 매월 요금이 자동 차감됨. 단, 사용기간(발급일로부터 1개월) 만료 시 잔액이 발생하면 전기요금 차감
신청 대상	생계급여 또는 의료급여 수급자로서 다음 각 호의 어느 하나에 해당하는 사람을 포함한 가구의 가구원 1. 1954. 12. 31. 이전 출생자 2. 2002. 1. 1. 이후 출생자 3. 등록된 장애인(1 ~ 6급)
신청 방법	수급자 본인 또는 가족이 신청 ※ 담당공무원이 대리 신청 가능
신청 서류	1. 에너지이용권 발급 신청서 2. 전기, 도시가스 또는 지역난방 요금고지서(영수증), 아파트 거주자의 경우 관리비 통합고지서 3. 신청인의 신분증 사본 4. 대리 신청일 경우 신청인 본인의 위임장, 대리인의 신분증 사본

<상 황>

> 甲 ~ 丙은 에너지이용권을 신청하고자 한다.
> ○ 甲: 3급 장애인, 실업급여 수급자, 1인 가구, 아파트 거주자
> ○ 乙: 2005. 1. 1. 출생, 의료급여 수급자, 4인 가구, 단독주택 거주자
> ○ 丙: 1949. 3. 22. 출생, 생계급여 수급자, 2인 가구, 아파트 거주자

<보 기>

> ㄱ. 甲은 에너지이용권 발급 신청서, 관리비 통합고지서, 본인 신분증 사본을 제출하고, 81,000원의 에너지이용권을 요금 자동 차감 방식으로 지급받을 수 있다.
> ㄴ. 담당공무원인 丁이 乙을 대리하여 신청 서류를 모두 제출하고, 乙은 114,000원의 에너지이용권을 실물카드 형태로 지급받을 수 있다.
> ㄷ. 丙은 도시가스를 선택하여 102,000원의 에너지이용권을 가상카드 형태로 지급받을 수 있으며, 이용권 사용기간 만료 시 잔액이 발생한다면 전기요금이 차감될 것이다.

① ㄱ ② ㄴ
③ ㄷ ④ ㄱ, ㄷ
⑤ ㄴ, ㄷ

문 27. 다음 글과 <상황>을 근거로 판단할 때, 甲~丙 중 임금피크제 지원금을 받을 수 있는 사람만을 모두 고르면?

제00조(임금피크제 지원금) ① 정부는 다음 각 호의 어느 하나에 해당하는 경우, 근로자의 신청을 받아 제2항의 규정에 따라 임금피크제 지원금을 지급하여야 한다.
1. 사업주가 근로자 대표의 동의를 받아 정년을 60세 이상으로 연장하면서 55세 이후부터 일정 나이, 근속시점 또는 임금액을 기준으로 임금을 줄이는 제도를 시행하는 경우
2. 정년을 55세 이상으로 정한 사업주가 정년에 이른 사람을 재고용(재고용 기간이 1년 미만인 경우는 제외한다)하면서 정년퇴직 이후부터 임금만을 줄이는 경우
3. 사업주가 제2호에 따라 재고용하면서 주당 소정의 근로시간을 15시간 이상 30시간 이하로 단축하는 경우

② 임금피크제 지원금은 해당 사업주에 고용되어 18개월 이상을 계속 근무한 자로서 피크임금(임금피크제의 적용으로 임금이 최초로 감액된 날이 속하는 연도의 직전 연도 임금을 말한다)과 지원금 신청연도의 임금을 비교하여 다음 각 호의 구분에 따른 비율 이상 낮아진 자에게 지급한다. 다만 상시 사용하는 근로자가 300명 미만인 사업장인 경우에는 100분의 10으로 한다.
1. 제1항제1호의 경우: 100분의 10
2. 제1항제2호의 경우: 100분의 20
3. 제1항제3호의 경우: 100분의 30

<상 황>

甲~丙은 올해 임금피크제 지원금을 신청하였다.

○ 甲(56세)은 사업주가 근로자 대표의 동의를 받아 정년을 60세로 연장하면서 임금피크제를 실시하고 있는 사업장(상시 사용하는 근로자 320명)에 고용되어 3년간 계속 근무하고 있다. 甲의 피크임금은 4,000만 원이었고, 올해 임금은 3,500만 원이다.
○ 乙(56세)은 사업주가 정년을 55세로 정한 사업장(상시 사용하는 근로자 200명)에서 1년간 계속 근무하다 작년 12월 31일 정년에 이르렀다. 乙은 올해 1월 1일 근무기간 10개월, 주당 근로시간은 동일한 조건으로 재고용되었다. 乙의 피크임금은 3,000만 원이었고, 올해 임금은 2,500만 원이다.
○ 丙(56세)은 사업주가 정년을 55세로 정한 사업장(상시 사용하는 근로자 400명)에서 2년간 계속 근무하다 작년 12월 31일 정년에 이르렀다. 丙은 올해 1월 1일 근무기간 1년, 주당 근로시간을 40시간에서 30시간으로 단축하는 조건으로 재고용되었다. 丙의 피크임금은 2,000만 원이었고, 올해 임금은 1,200만 원이다.

① 甲
② 乙
③ 甲, 丙
④ 乙, 丙
⑤ 甲, 乙, 丙

문 28. 다음 글과 <상황>을 근거로 판단할 때 옳은 것은?

제○○조 ① 주택 등에서 월령 2개월 이상인 개를 기르는 경우, 그 소유자는 시장·군수·구청장에게 이를 등록하여야 한다.
② 소유자는 제1항의 개를 기르는 곳에서 벗어나게 하는 경우에는 소유자의 성명, 소유자의 전화번호, 등록번호를 표시한 인식표를 그 개에게 부착하여야 한다.

제□□조 ① 맹견의 소유자는 다음 각 호의 사항을 준수하여야 한다.
1. 소유자 없이 맹견을 기르는 곳에서 벗어나지 아니하게 할 것
2. 월령이 3개월 이상인 맹견을 동반하고 외출할 때에는 목줄과 입마개를 하거나 맹견의 탈출을 방지할 수 있는 적정한 이동장치를 할 것

② 시장·군수·구청장은 맹견이 사람에게 신체적 피해를 주는 경우, 소유자의 동의 없이 맹견에 대하여 격리조치 등 필요한 조치를 취할 수 있다.
③ 맹견의 소유자는 맹견의 안전한 사육 및 관리에 관하여 정기적으로 교육을 받아야 한다.

제△△조 ① 제□□조 제1항을 위반하여 사람을 사망에 이르게 한 자는 3년 이하의 징역 또는 3천만 원 이하의 벌금에 처한다.
② 제□□조 제1항을 위반하여 사람의 신체를 상해에 이르게 한 자는 2년 이하의 징역 또는 2천만 원 이하의 벌금에 처한다.

<상 황>

甲과 乙은 맹견을 각자 자신의 주택에서 기르고 있다. 甲은 월령 1개월인 맹견 A의 소유자이고, 乙은 월령 3개월인 맹견 B의 소유자이다.

① 甲이 A를 동반하고 외출하는 경우 A에게 목줄과 입마개를 해야 한다.
② 甲은 맹견의 안전한 사육 및 관리에 관하여 정기적으로 교육을 받지 않아도 된다.
③ 甲이 A와 함께 타 지역으로 여행을 가는 경우, A에게 甲의 성명과 전화번호를 표시한 인식표를 부착하지 않아도 된다.
④ B가 제3자에게 신체적 피해를 주는 경우, 구청장이 B를 격리조치하기 위해서는 乙의 동의를 얻어야 한다.
⑤ 乙이 B에게 목줄을 하지 않아 제3자의 신체를 상해에 이르게 한 경우, 乙을 3년의 징역에 처한다.

문 29. 다음 글과 <상황>을 근거로 판단할 때 옳은 것은?

주주총회의 소집절차 또는 그 결의방법이 법령이나 정관을 위반하거나 그 결의내용이 정관을 위반한 경우, 주주총회 결의취소의 소(이하 '결의취소의 소'라 한다)를 제기할 수 있는 사람은 해당 회사의 주주, 이사 또는 감사이다. 이들 이외의 사람이 결의취소의 소를 제기하면 소는 부적법한 것으로 각하된다. 결의취소의 소를 제기한 주주・이사・감사는 변론이 종결될 때까지 그 자격을 유지하여야 한다. 따라서 변론종결 전에 원고인 주주가 주식을 전부 양도하거나 이사・감사가 임기만료나 해임・사임・사망 등으로 그 지위를 상실한 경우, 소는 부적법한 것으로 각하된다. 소가 부적법 각하되면 주주총회의 결의를 취소하는 것이 정당한지에 관한 법원의 판단 없이 소송은 그대로 종료하게 된다.

결의취소의 소는 해당 회사를 피고로 해야 하며, 회사 아닌 사람을 공동피고로 한 경우 그 사람에 대한 소는 부적법한 것으로 각하되고, 회사에 대한 소송만 진행된다. 한편 회사가 피고가 된 소송에서는 회사의 대표이사가 회사를 대표하여 소송을 수행한다. 그렇지만 이사가 결의취소의 소를 제기한 때에는 이사와 대표이사의 공모를 막기 위해서 감사가 회사를 대표하여 소송을 수행한다. 이와 달리 이사 이외의 자가 결의취소의 소를 제기한 때에는 대표이사가 소송을 수행하며, 그 대표이사가 결의취소의 소의 대상이 된 주주총회 결의로 선임된 경우라 하더라도 마찬가지이다.

<상 황>

A회사의 주주총회는 대표이사 甲을 해임하고 새로이 乙을 대표이사로 선임하는 결의를 하여 乙이 즉시 대표이사로 취임하였다. 그런데 그 주주총회의 소집절차는 법령에 위반된 것이었다. A회사의 주주는 丙과 丁 등이 있고, 이사는 戊, 감사는 己이다. 甲과 乙은 주주가 아니며, 甲은 대표이사 해임결의로 이사의 지위도 상실하였다.

① 甲이 A회사를 피고로 하여 결의취소의 소를 제기하면, 법원은 결의를 취소하는 것이 정당한지에 관해 판단해야 한다.
② 丙이 A회사를 피고로 하여 결의취소의 소를 제기하면, 乙이 A회사를 대표하여 소송을 수행한다.
③ 丁이 A회사와 乙을 공동피고로 하여 결의취소의 소를 제기하면, A회사와 乙에 대한 소는 모두 부적법 각하된다.
④ 戊가 A회사를 피고로 하여 결의취소의 소를 제기하면, 甲이 A회사를 대표하여 소송을 수행한다.
⑤ 己가 A회사를 피고로 하여 제기한 결의취소의 소의 변론이 종결된 후에 己의 임기가 만료된다면, 그 소는 부적법 각하된다.

문 30. 다음 글과 <상황>을 근거로 판단할 때 옳은 것은?

제00조 ① 법원은 소송비용을 지출할 자금능력이 부족한 사람의 신청에 따라 또는 직권으로 소송구조(訴訟救助)를 할 수 있다. 다만 패소할 것이 분명한 경우에는 그러하지 아니하다.
② 제1항의 신청인은 구조의 사유를 소명하여야 한다.
제00조 소송구조의 범위는 다음 각 호와 같다. 다만 법원은 상당한 이유가 있는 때에는 다음 각 호 가운데 일부에 대한 소송구조를 할 수 있다.
1. 재판비용의 납입유예
2. 변호사 보수의 지급유예
3. 소송비용의 담보면제
제00조 ① 소송구조는 이를 받은 사람에게만 효력이 미친다.
② 법원은 소송승계인에게 미루어 둔 비용의 납입을 명할 수 있다.
제00조 소송구조를 받은 사람이 소송비용을 납입할 자금능력이 있다는 것이 판명되거나, 자금능력이 있게 된 때에는 법원은 직권으로 또는 이해관계인의 신청에 따라 언제든지 구조를 취소하고, 납입을 미루어 둔 소송비용을 지급하도록 명할 수 있다.

※ 소송구조: 소송수행상 필요한 비용을 감당할 수 없는 경제적 약자를 위하여 비용을 미리 납입하지 않고 소송을 할 수 있도록 하는 제도
※ 소송승계인: 소송 중 소송당사자의 지위를 승계한 사람

<상 황>

甲은 乙이 운행하던 차량에 의해 교통사고를 당했다. 이에 甲은 乙을 상대로 불법행위로 인한 손해배상청구의 소를 제기하였다.

① 甲의 소송구조 신청에 따라 법원이 소송구조를 하는 경우, 甲의 재판비용 납입을 면제할 수 있다.
② 甲이 소송구조를 받아 소송을 진행하던 중 증여를 받아 자금능력이 있게 되었더라도 법원은 직권으로 소송구조를 취소할 수 없다.
③ 甲의 신청에 의해 법원이 소송구조를 한 경우, 甲뿐만 아니라 乙에게도 그 효력이 미쳐 乙은 법원으로부터 변호사 보수의 지급유예를 받을 수 있다.
④ 甲이 소송비용을 지출할 자금능력이 부족함을 소명하여 법원에 소송구조를 신청한 경우, 법원은 甲이 패소할 것이 분명하더라도 소송구조를 할 수 있다.
⑤ 甲이 소송구조를 받아 소송이 진행되던 중 丙이 甲의 소송승계인이 된 경우, 법원은 소송구조에 따라 납입유예한 재판비용을 丙에게 납입하도록 명할 수 있다.

문 31. 다음 글과 <상황>을 근거로 판단할 때 옳은 것은?

공소제기는 법원에 특정한 형사사건의 심판을 청구하는 검사의 소송행위이다. 그러나 공소시효 기간이 만료(공소시효가 완성)된 범죄에 대하여는 검사가 공소를 제기할 수 없다. 공소시효는 범죄 후 일정 기간이 지나면 국가의 형벌소추권을 소멸시키는 제도이다. 따라서 공소시효가 완성된 범죄에 대한 검사의 공소제기는 위법하다.

공소시효는 범죄행위가 종료된 때를 기준으로 계산한다. 예컨대 감금죄의 경우 범죄행위의 종료는 감금된 날이 아니라 감금에서 벗어나는 날이 기준이므로 그날부터 공소시효를 계산한다. 또한 초일은 시간을 계산하지 않고 1일로 산정하며, 기간의 말일이 공휴일이거나 토요일이라도 기간에 산입한다. 연 또는 월 단위로 정한 기간은 연 또는 월 단위로 기간을 계산한다. 예컨대 절도행위가 2021년 1월 5일에 종료된 경우 절도죄의 공소시효는 7년이고 1월 5일을 1일로 계산하므로 2028년 1월 4일 24시에 공소시효가 완성된다.

한편 공소시효는 일정한 사유로 정지될 수 있다. 공소시효가 정지되었다가 그 사유가 없어지면 그날부터 나머지 공소시효 기간이 진행된다. 예컨대 범인이 형사처벌을 면할 목적으로 1년간 국외에 있다가 귀국하였다면 공소시효의 계산에서 1년을 제외한다. 다만 공범이 있는 경우 국외로 출국하지 않은 공범은 그 기간에도 공소시효가 정지되지 않는다.

또한 공소가 제기되면 그때부터 공소시효가 정지되고, 이는 공범의 경우에도 마찬가지이다. 따라서 공범 1인에 대하여 공소가 제기되면 그날부터 다른 공범의 공소시효도 정지되었다가 공범이 재판에서 유죄로 확정된 날부터 다른 공범에 대한 나머지 공소시효 기간이 진행된다. 그러나 공소가 먼저 제기된 사람이 범죄혐의 없음을 이유로 무죄 판결을 받은 경우, 다른 공범에 대한 공소시효는 정지되지 않는다.

<상 황>

○ 甲은 2015년 5월 1일 피해자를 불법으로 감금하였는데, 피해자는 2016년 5월 2일에 구조되어 감금에서 풀려났다. 甲은 피해자를 감금 후 수사망이 좁혀오자 2개월간 국외로 도피하였다가 2016년 5월 1일에 귀국하였다.
○ 乙, 丙, 丁이 공동으로 행한 A죄의 범죄행위가 2015년 2월 1일 종료되었다. 그 후 乙은 국내에서 도피 중 2016년 1월 1일 공소제기 되어 2016년 6월 30일 범죄혐의 없음을 이유로 무죄 확정판결을 받았다. 한편 丙은 범죄행위 종료 후 형사처벌을 면할 목적으로 1년간 국외에서 도피 생활을 하다가 귀국한 뒤 2020년 1월 1일 공소가 제기되어 2020년 12월 31일 유죄 확정판결을 받았다. 丁은 범죄행위 종료 후 계속 국내에서 도피 중이다.

※ 감금죄의 공소시효는 7년, A죄의 공소시효는 5년임

① 甲에 대해 공소가 제기되기 전 정지된 공소시효 기간은 2개월이다.
② 2023년 5월 1일 甲에 대해 공소가 제기된다면 위법한 공소제기이다.
③ 丙에 대해 공소가 제기되기 전 정지된 공소시효 기간은 1년이다.
④ 丙의 국외 도피기간 중 丁의 공소시효는 정지된다.
⑤ 2022년 1월 31일 丁에 대해 공소가 제기된다면 적법한 공소제기이다.

문 32. 다음 글과 <상황>을 근거로 판단할 때, 甲국 A정당 회계책임자가 2011년 1월 1일부터 2012년 12월 31일까지 중앙선거관리위원회에 회계보고를 한 총 횟수는?

법 제00조 정당 회계책임자는 중앙선거관리위원회에 다음 각 호에 정한 대로 회계보고를 하여야 한다.
1. 공직선거에 참여하지 아니한 연도
매년 1월 1일부터 12월 31일까지의 정치자금 수입과 지출에 관한 회계보고는 다음 연도 2월 15일에 한다.
2. 공직선거에 참여한 연도
가. 매년 1월 1일부터 선거일 후 20일까지의 정치자금 수입과 지출에 관한 회계보고는 당해 선거일 후 30일(대통령선거는 40일)에 한다.
나. 당해 선거일 후 21일부터 당해 연도 12월 31일까지의 정치자금 수입과 지출에 관한 회계보고는 다음 연도 2월 15일에 한다.

<상 황>

○ 甲국의 A정당은 위 법에 따라 정치자금 수입과 지출에 관한 회계보고를 했다.
○ 甲국에서는 2010년에 공직선거가 없었고, 따라서 A정당은 공직선거에 참여하지 않았다.
○ 甲국에서는 2011년 12월 5일에 대통령선거를, 2012년 3월 15일에 국회의원 총선거를 실시하였고, 그 밖의 공직선거는 없었다.
○ 甲국의 A정당은 2011년 대통령선거에 후보를 공천해 참여하였고, 2012년 국회의원 총선거에도 후보를 공천해 참여하였다.

① 3회
② 4회
③ 5회
④ 6회
⑤ 7회

문 33. 다음 글과 <상황>을 근거로 판단할 때 옳은 것은?

제00조 ① 문화재청장은 학술조사 또는 공공목적 등에 필요한 경우 다음 각 호의 지역을 발굴할 수 있다.
1. 고도(古都)지역
2. 수중문화재 분포지역
3. 폐사지(廢寺址) 등 역사적 가치가 높은 지역

② 문화재청장은 제1항에 따라 발굴할 경우 발굴의 목적, 방법, 착수 시기 및 소요 기간 등의 내용을 발굴 착수일 2주일 전까지 해당 지역의 소유자, 관리자 또는 점유자(이하 '소유자 등'이라 한다)에게 미리 알려 주어야 한다.

③ 제2항에 따른 통보를 받은 소유자 등은 그 발굴에 대하여 문화재청장에게 의견을 제출할 수 있으며, 발굴을 거부하거나 방해 또는 기피하여서는 아니 된다.

④ 문화재청장은 제1항의 발굴이 완료된 경우에는 완료된 날부터 30일 이내에 출토유물 현황 등 발굴의 결과를 소유자 등에게 알려 주어야 한다.

⑤ 국가는 제1항에 따른 발굴로 손실을 받은 자에게 그 손실을 보상하여야 한다.

⑥ 제5항에 따른 손실보상에 관하여는 문화재청장과 손실을 받은 자가 협의하여야 하며, 보상금에 대한 합의가 성립하지 않은 때에는 관할 토지수용위원회에 재결(裁決)을 신청할 수 있다.

⑦ 문화재청장은 제1항에 따른 발굴 현장에 발굴의 목적, 조사기관, 소요 기간 등의 내용을 알리는 안내판을 설치하여야 한다.

<상 황>

문화재청장 甲은 고도(古都)에 해당하는 A지역에 대한 학술조사를 위해 2021년 3월 15일부터 A지역의 발굴에 착수하고자 한다. 乙은 자기 소유의 A지역을 丙에게 임대하여 현재 임차인 丙이 이를 점유·사용하고 있다.

① 甲은 A지역 발굴의 목적, 방법, 착수 시기 및 소요 기간 등에 관한 내용을 丙에게 2021년 3월 29일까지 알려주어야 한다.
② A지역의 발굴에 대한 통보를 받은 丙은 甲에게 그 발굴에 대한 의견을 제출할 수 있다.
③ 乙은 발굴 현장에 발굴의 목적 등을 알리는 안내판을 설치하여야 한다.
④ A지역의 발굴로 인해 乙에게 손실이 예상되는 경우, 乙은 그 발굴을 거부할 수 있다.
⑤ A지역과 인접한 토지 소유자인 丁이 A지역의 발굴로 인해 손실을 받은 경우, 丁은 보상금에 대해 甲과 협의하지 않고 관할 토지수용위원회에 재결을 신청할 수 있다.

문 34. 다음 글과 <상황>을 근거로 판단할 때, <보기>에서 옳은 것만을 모두 고르면?

제00조 ① 급식은 유아의 교육을 위하여 설립·운영되는 국립·공립·사립 유치원을 대상으로 실시한다.

② 제1항에도 불구하고 원아수 50명 미만의 사립 유치원은 급식 대상에서 제외한다. 다만 교육감이 필요하다고 인정하는 경우 급식 대상에 포함시킬 수 있다.

③ 교육감은 제2항에 따라 급식 대상에서 제외되는 유치원의 명칭과 주소를 매년 1월말까지 공시하여야 한다.

제00조 ① 유치원에 두는 영양교사의 배치기준은 다음 각 호와 같다.
1. 급식을 실시할 유치원에는 영양교사 1명을 둔다.
2. 제1호에도 불구하고 같은 교육지원청의 관할구역에 있는 원아수 각 200명 미만인 유치원은 2개 이내의 유치원에 순회 또는 공동으로 영양교사를 둘 수 있다.

② 교육감은 급식을 위한 시설과 설비를 갖춘 유치원 중 원아수 100명 미만의 유치원에 대하여 영양관리, 식생활 지도 등의 업무를 지원하기 위하여 교육지원청에 전담직원을 둘 수 있다. 이 경우 교육지원청의 지원을 받는 유치원에는 영양교사를 둔 것으로 본다.

<상 황>

○ 현재 유치원 현황은 다음과 같다.

유치원	분류	원아수	관할 교육지원청
A	공립	223	甲
B	사립	152	乙
C	사립	123	乙
D	사립	74	丙
E	공립	46	丙

<보 기>

ㄱ. A유치원은 급식을 실시하기 위하여 영양교사 1명을 배치해야 한다.
ㄴ. B유치원과 C유치원은 공동으로 영양교사 1명을 배치할 수 있다.
ㄷ. 급식을 위한 시설과 설비를 갖춘 D유치원이 丙교육지원청의 전담직원을 통하여 영양관리, 식생활 지도 등의 업무를 지원받고 있다면, D유치원은 영양교사를 둔 것으로 본다.
ㄹ. E유치원은 급식 대상에서 제외되는 유치원으로 그 명칭과 주소가 매년 1월말까지 공시되어야 한다.

① ㄱ, ㄴ
② ㄱ, ㄹ
③ ㄷ, ㄹ
④ ㄱ, ㄴ, ㄷ
⑤ ㄴ, ㄷ, ㄹ

상황제시

문 35. 다음 글과 <상황>을 근거로 판단할 때 옳은 것은?

> 헌법재판소가 위헌으로 결정한 법률 또는 법률조항은 그 위헌결정이 있는 날부터 효력을 상실한다. 그러나 위헌으로 결정된 형벌에 관한 법률 또는 법률조항(이하 '형벌조항'이라고 함)은 소급하여 그 효력을 상실한다. 이는 죄형법정주의 원칙에 의할 때, 효력이 상실된 형벌조항에 따라 유죄의 책임을 지는 것은 타당하지 않다는 점을 고려한 것이다.
>
> 그러나 위헌인 형벌조항에 대해서 일률적으로 해당 조항의 제정 시점까지 소급효를 인정하는 것은 문제가 있다. 왜냐하면 헌법재판소가 기존에 어느 형벌조항에 대해서 합헌결정을 하였지만 그 후 시대 상황이나 국민의 법감정 등 사정변경으로 위헌결정을 한 경우, 해당 조항의 제정 시점까지 소급하여 그 효력을 상실하게 하여 과거에 형사처벌을 받은 사람들까지도 재심을 청구할 수 있게 하는 것은 부당하기 때문이다. 따라서 위헌으로 결정된 형벌조항에 대해서 종전에 합헌결정이 있었던 경우에는 그 결정이 선고된 날의 다음 날로 소급하여 효력을 상실하는 것으로 규정함으로써 그 소급효를 제한한다. 이러한 소급효 제한의 취지로 인해 동일한 형벌조항에 대해서 헌법재판소가 여러 차례 합헌결정을 한 때에는 최후에 합헌결정을 선고한 날의 다음 날로 소급하여 그 형벌조항의 효력이 상실되는 것으로 본다.
>
> 한편, 헌법재판소의 위헌결정이 내려진 형벌조항에 근거하여 유죄의 확정판결을 받은 사람은 '무죄임을 확인해 달라'는 취지의 재심청구가 인정된다. 또한 그 유죄판결로 인해 실형을 선고받고 교도소에서 복역하였던 사람은 구금일수에 따른 형사보상금 청구가 인정되며, 벌금형을 선고받아 이를 납부한 사람도 형사보상금 청구가 인정된다.

※ 소급효 : 법률이나 판결 등의 효력이 과거 일정 시점으로 거슬러 올라가서 미치는 것

<상 황>

> 1953. 9. 18.에 제정된 형법 제241조의 간통죄에 대해서, 헌법재판소는 1990. 9. 10., 1993. 3. 31., 2001. 10. 25., 2008. 10. 30.에 합헌결정을 하였지만, 2015. 2. 26.에 위헌결정을 하였다. 다음과 같이 형사처벌을 받았던 甲, 乙, 丙은 재심청구와 형사보상금 청구를 하였다.
>
> 甲 : 2007. 10. 1. 간통죄로 1년의 징역형이 확정되어 1년간 교도소에서 복역하였다.
> 乙 : 2010. 6. 1. 간통죄로 징역 1년과 집행유예 2년을 선고받고, 교도소에서 복역한 바 없이 집행유예기간이 경과되었다.
> 丙 : 2013. 8. 1. 간통죄로 1년의 징역형이 확정되어 1년간 교도소에서 복역하였다.

※ 집행유예 : 유죄판결을 받은 사람에 대하여 일정 기간 형의 집행을 유예하고, 그 기간을 무사히 지내면 형의 선고는 효력을 상실하는 것으로 하여 실형을 과하지 않는 제도

① 甲의 재심청구는 인정되나 형사보상금 청구는 인정되지 않는다.
② 乙의 재심청구와 형사보상금 청구는 모두 인정된다.
③ 乙의 재심청구는 인정되나 형사보상금 청구는 인정되지 않는다.
④ 丙의 재심청구와 형사보상금 청구는 모두 인정되지 않는다.
⑤ 丙의 재심청구는 인정되나 형사보상금 청구는 인정되지 않는다.

문 36. 다음 글에 근거할 때, <보기>의 甲, 乙 각각의 부양가족 수가 바르게 연결된 것은? (단, 위 각 세대 모든 구성원은 주민등록표상 같은 주소에 등재되어 있고 현실적으로 생계를 같이하고 있다)

> 부양가족이란 주민등록표상 부양의무자와 세대를 같이하는 사람으로서 해당 부양의무자의 주소에서 현실적으로 생계를 같이하는 다음 중 어느 하나에 해당하는 사람을 말한다.
> 1. 배우자
> 2. 본인 및 배우자의 60세(여성인 경우에는 55세) 이상의 직계존속과 60세 미만의 직계존속 중 장애의 정도가 심한 사람
> 3. 본인 및 배우자의 20세 미만의 직계비속과 20세 이상의 직계비속 중 장애의 정도가 심한 사람
> 4. 본인 및 배우자의 형제자매 중 장애의 정도가 심한 사람
>
> ※ '장애의 정도가 심한 사람'이란 다음 중 어느 하나에 해당하는 사람을 말한다.
> 가. 장애등급 제1급부터 제6급까지
> 나. 상이등급 제1급부터 제7급까지
> 다. 장해등급 제1급부터 제6급까지

<보 기>

> ㄱ. 부양의무자 甲은 배우자, 75세 아버지, 15세 자녀 1명, 20세 자녀 1명, 장애 6급을 가진 39세 처제 1명과 함께 살고 있다.
> ㄴ. 부양의무자 乙은 배우자, 58세 장인과 56세 장모, 16세 조카 1명, 18세 동생 1명과 함께 살고 있다.

	甲	乙
①	4명	2명
②	4명	3명
③	5명	2명
④	5명	3명
⑤	5명	4명

문 37. 다음 글과 <상황>을 근거로 판단할 때 옳은 것은?

> 제00조(국회의 정기회) 정기회는 매년 9월 1일에 집회한다. 그러나 그 날이 공휴일인 때에는 그 다음날에 집회한다.
> 제00조(국회의 임시회) ① 임시회의 집회요구가 있을 때에는 의장은 집회기일 3일 전에 공고한다. 이 경우 둘 이상의 집회요구가 있을 때에는 집회일이 빠른 것을 공고하되, 집회일이 같은 때에는 그 요구서가 먼저 제출된 것을 공고한다.
> ② 국회의원 총선거 후 최초의 임시회는 의원의 임기개시 후 7일째에 집회한다.
> 제00조(연간 국회운영기본일정 등) ① 의장은 국회의 연중 상시운영을 위하여 각 교섭단체대표의원과의 협의를 거쳐 매년 12월 31일까지 다음 연도의 국회운영기본일정을 정하여야 한다. 다만, 국회의원 총선거 후 처음 구성되는 국회의 당해 연도의 국회운영기본일정은 6월 30일까지 정하여야 한다.
> ② 제1항의 연간 국회운영기본일정은 다음 각 호의 기준에 따른다.
> 1. 매 짝수월(8월·10월 및 12월을 제외한다) 1일(그 날이 공휴일인 때에는 그 다음날)에 임시회를 집회한다. 다만, 국회의원 총선거가 있는 월의 경우에는 그러하지 아니하다.
> 2. 정기회의 회기는 100일, 제1호의 규정에 의한 임시회의 회기는 매 회 30일을 초과할 수 없다.

<상 황>

> ○ 국회의원 총선거는 4년마다 실시하며, 그 임기는 4년이다.
> ○ 제△△대 국회의원 총선거는 금년 4월 20일(수)에 실시되며 5월 30일부터 국회의원의 임기가 시작된다.

① 제△△대 국회의 첫 번째 임시회는 4월 27일에 집회한다.
② 올해 국회의 정기회는 9월 1일에 집회하여 12월 31일에 폐회한다.
③ 내년도 국회의 회기는 정기회와 임시회의 회기를 합하여 연간 130일을 초과할 수 없다.
④ 내년 4월 30일에 임시회의 집회요구가 있을 때에는 국회의장의 임시회 집회공고 없이 5월 1일에 임시회가 집회된다.
⑤ 제△△대 국회의 의장은 각 교섭단체대표의원과의 협의를 거쳐 내년도 국회운영기본일정을 올해 12월 31일까지 정해야 한다.

문 38. 다음 글을 근거로 판단할 때, <표>의 ㉠ ~ ㉣에 들어갈 기호로 모두 옳은 것은?

> 법 제○○조(학교환경위생 정화구역) 시·도의 교육감은 학교환경위생 정화구역(이하 '정화구역'이라 한다)을 절대정화구역과 상대정화구역으로 구분하여 설정하되, 절대정화구역은 학교출입문으로부터 직선거리로 50미터까지인 지역으로 하고, 상대정화구역은 학교경계선으로부터 직선거리로 200미터까지인 지역 중 절대정화구역을 제외한 지역으로 한다.
>
> 법 제△△조(정화구역에서의 금지시설) ① 누구든지 정화구역에서는 다음 각 호의 어느 하나에 해당하는 시설을 하여서는 아니 된다.
> 1. 도축장, 화장장 또는 납골시설
> 2. 고압가스·천연가스·액화석유가스 제조소 및 저장소
> 3. 폐기물수집장소
> 4. 폐기물처리시설, 폐수종말처리시설, 축산폐수배출시설
> 5. 만화가게(유치원 및 대학교의 정화구역은 제외한다)
> 6. 노래연습장(유치원 및 대학교의 정화구역은 제외한다)
> 7. 당구장(유치원 및 대학교의 정화구역은 제외한다)
> 8. 호텔, 여관, 여인숙
>
> ② 제1항에도 불구하고 대통령령으로 정하는 구역에서는 제1항의 제2호, 제3호, 제5호부터 제8호까지에 규정된 시설 중 교육감이 학교환경위생정화위원회의 심의를 거쳐 학습과 학교보건위생에 나쁜 영향을 주지 아니한다고 인정하는 시설은 허용될 수 있다.
>
> 대통령령 제□□조(제한이 완화되는 구역) 법 제△△조 제2항에서 '대통령령으로 정하는 구역'이란 법 제○○조에 따른 상대정화구역(법 제△△조 제1항 제7호에 따른 당구장 시설을 하는 경우에는 정화구역 전체)을 말한다.

<표>

구역 / 시설	초·중·고등학교		유치원·대학교	
	절대정화구역	상대정화구역	절대정화구역	상대정화구역
폐기물처리시설	×	×	×	×
폐기물수집장소	×	△	×	△
당구장	㉠		㉢	
만화가게		㉡		
호텔				㉣

× : 금지되는 시설
△ : 학교환경위생정화위원회의 심의를 거쳐 허용될 수 있는 시설
○ : 허용되는 시설

	㉠	㉡	㉢	㉣
①	△	○	○	△
②	△	△	○	△
③	×	△	○	△
④	×	△	△	×
⑤	×	×	△	×

문 39. 다음 글과 <상황>을 근거로 판단할 때 옳은 것은?

> 민사소송에서 당사자가 질병, 장애, 연령, 그 밖의 사유로 인한 정신적·신체적 제약으로 소송관계를 분명하게 하기 위하여 필요한 진술을 하기 어려운 경우가 있다. 이때 당사자는 법원의 허가를 받아 진술을 도와주는 사람(진술보조인)과 함께 출석하여 진술할 수 있는데, 이를 '진술보조인제도'라 한다. 이 제도는 말이 어눌하거나 말귀를 잘 알아듣지 못하는 당사자가 재판에서 받을 수 있는 불이익을 방지하기 위하여 그와 의사소통이 잘되는 사람이 법정에 출석하여 당사자를 보조하게 하는 것이다.
>
> 진술보조인이 될 수 있는 사람은 당사자의 배우자, 직계친족, 형제자매, 가족, 그 밖에 동거인으로서 당사자와의 생활관계에 비추어 충분한 자격이 인정되는 경우 등으로 제한된다. 이 제도를 이용하려는 당사자는 1심, 2심, 3심의 각 법원마다 서면으로 진술보조인에 대한 허가신청을 해야 한다. 법원은 이를 허가한 이후에도 언제든지 그 허가를 취소할 수 있다.
>
> 법원의 허가를 받은 진술보조인은 변론기일에 당사자 본인과 동석하여 당사자 본인의 진술을 법원과 상대방 당사자, 그 밖의 소송관계인이 이해할 수 있도록 중개하거나 설명할 수 있다. 이때 당사자 본인은 진술보조인의 중개 또는 설명을 즉시 취소할 수 있다. 한편, 진술보조인에 의한 중개 또는 설명의 정확성을 확인하기 위해 진술보조인에게 질문할 수 있는데 그 질문은 법원만이 한다. 진술보조인은 변론에서 당사자의 진술을 조력하는 사람일 뿐이다. 따라서 진술보조인은 당사자를 대신해서 출석하여 진술할 수 없고, 상소의 제기와 같이 당사자만이 할 수 있는 행위도 할 수 없다.

<상 황>

> 甲은 乙을 피고로 하여 A주택의 인도를 구하는 민사소송을 제기하였다. 한편, 乙은 교통사고를 당하여 현재 소송관계를 분명하게 하기 위하여 필요한 진술을 하기 어려운 상태에 있다. 이에 1심 법원은 乙로부터 진술보조인에 대한 허가신청을 받아 乙의 배우자 丙을 진술보조인으로 허가하였다. 1심 변론기일에 乙과 丙은 함께 출석하였다.

① 변론기일에 丙이 한 설명에 대한 정확성을 확인하기 위해 甲은 재판에서 직접 丙에게 질문할 수 있다.
② 변론기일에 丙이 한 설명은 乙을 위한 것이므로, 乙은 즉시라 할지라도 그 설명을 취소할 수 없다.
③ 1심 법원은 丙을 진술보조인으로 한 허가를 취소할 수 없다.
④ 1심 법원이 乙에게 패소판결을 선고한 경우 이 판결에 대해 丙은 상소를 제기할 수 없다.
⑤ 2심이 진행되는 경우, 2심 법원에 진술보조인에 대한 허가신청을 하지 않아도 丙의 진술보조인 자격은 그대로 유지된다.

문 40. 다음 글과 <상황>을 근거로 판단할 때, <보기>에서 옳은 것만을 모두 고르면?

> 제00조(우수현상광고) ① 광고에 정한 행위를 완료한 자가 수인(數人)인 경우에 그 우수한 자에 한하여 보수(報酬)를 지급할 것을 정하는 때에는 그 광고에 응모기간을 정한 때에 한하여 그 효력이 생긴다.
> ② 전항의 경우에 우수의 판정은 광고에서 정한 자가 한다. 광고에서 판정자를 정하지 아니한 때에는 광고자가 판정한다.
> ③ 우수한 자가 없다는 판정은 할 수 없다. 그러나 광고에서 다른 의사표시가 있거나 광고의 성질상 판정의 표준이 정하여져 있는 때에는 그러하지 아니하다.
> ④ 응모자는 제2항 및 제3항의 판정에 대하여 이의를 제기하지 못한다.
> ⑤ 수인의 행위가 동등으로 판정된 때에는 각각 균등한 비율로 보수를 받을 권리가 있다. 그러나 보수가 그 성질상 분할할 수 없거나 광고에 1인만이 보수를 받을 것으로 정한 때에는 추첨에 의하여 결정한다.

※ 현상광고 : 어떤 목적으로 조건을 붙여 보수(상금, 상품 등)를 지급할 것을 약속한 광고

<상 황>

> A청은 아래와 같은 내용으로 우수논문공모를 위한 우수현상광고를 하였고, 대학생 甲, 乙, 丙 등이 응모하였다.
>
> 우수논문공모
>
> ○ 논문주제 : 청렴한 공직사회 구현을 위한 정책방안
> ○ 참여대상 : 대학생
> ○ 응모기간 : 2017년 4월 3일 ~ 4월 28일
> ○ 제 출 처 : A청
> ○ 수 상 자 : 1명(아래 상금 전액 지급)
> ○ 상　　금 : 금 1,000만 원정
> ○ 특이사항
> – 논문의 작성 및 응모는 단독으로 하여야 한다.
> – 기준을 충족한 논문이 없다고 판정된 경우, 우수논문을 선정하지 않을 수 있다.

<보 기>

ㄱ. 우수논문의 판정은 A청이 한다.
ㄴ. 우수논문이 없다는 판정이 이루어질 수 있다.
ㄷ. 甲, 乙, 丙 등은 우수의 판정에 대해 이의를 제기할 수 있다.
ㄹ. 심사결과 甲과 乙의 논문이 동등한 최고점수로 판정되었다면, 甲과 乙은 500만 원씩 상금을 나누어 받는다.

① ㄱ, ㄴ
② ㄱ, ㄷ
③ ㄷ, ㄹ
④ ㄱ, ㄴ, ㄹ
⑤ ㄴ, ㄷ, ㄹ

문 41. 다음 글과 <상황>을 근거로 판단할 때 옳은 것은?

제00조(경계표, 담의 설치권) ① 인접하여 토지를 소유한 자는 공동비용으로 통상의 경계표나 담을 설치할 수 있다. 이 경우 그 비용은 쌍방이 절반하여 부담한다.
② 전항에도 불구하고 토지의 경계를 정하기 위한 측량비용은 토지의 면적에 비례하여 부담한다.
제00조(경계선 부근의 건축) ① 건물을 축조함에는 경계로부터 반미터 이상의 거리를 두어야 한다.
② 인접지소유자는 전항의 규정에 위반한 자에 대하여 건물의 변경이나 철거를 청구할 수 있다. 그러나 건축에 착수한 후 1년을 경과하거나 건물이 완성된 후에는 손해배상만을 청구할 수 있다.
제00조(차면시설의무) 경계로부터 2미터 이내의 거리에서 이웃 주택의 내부를 관망할 수 있는 창이나 마루를 설치하는 경우에는 적당한 차면(遮面)시설을 하여야 한다.
제00조(지하시설 등에 대한 제한) 우물을 파거나 용수, 하수 또는 오물 등을 저치(貯置)할 지하시설을 하는 때에는 경계로부터 2미터 이상의 거리를 두어야 하며, 지하실공사를 하는 때에는 경계로부터 그 깊이의 반 이상의 거리를 두어야 한다.

※ 차면(遮面)시설 : 서로 안 보이도록 가리는 시설
※ 저치(貯置) : 저축하거나 저장하여 둠

<상 황>

○ 甲과 乙은 1,000 m^2의 토지를 공동으로 구매하였다. 그리고 다음과 같이 A토지와 B토지로 나누어 A토지는 甲이, B토지는 乙이 소유하게 되었다.

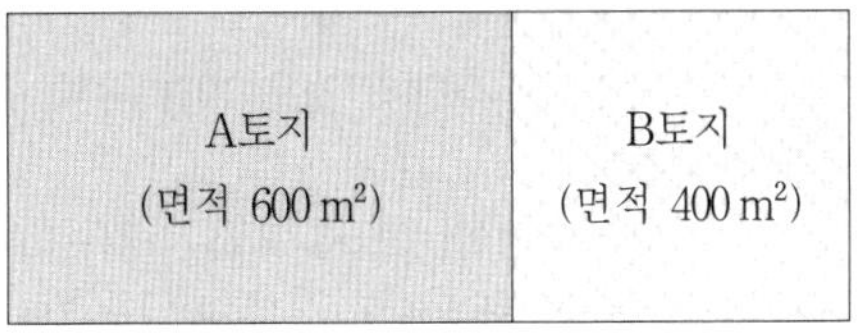

○ 甲은 A토지와 B토지의 경계에 담을 설치하고, A토지 위에 C건물을 짓고자 한다. 乙은 B토지를 주차장으로만 사용한다.

① 토지의 경계를 정하기 위해 측량을 하는 데 비용이 100만 원이 든다면 甲과 乙이 각각 50만 원씩 부담한다.
② 통상의 담을 설치하는 비용이 100만 원이라면 甲이 60만 원, 乙이 40만 원을 부담한다.
③ 甲이 B토지와의 경계로부터 반미터 이상의 거리를 두지 않고 C건물을 완성한 경우, 乙은 그 건물의 철거를 청구할 수 없다.
④ C건물을 B토지와의 경계로부터 2미터 이내의 거리에 축조한다면, 甲은 C건물에 B토지를 향한 창을 설치할 수 없다.
⑤ 甲이 C건물에 지하 깊이 2미터의 지하실공사를 하는 경우, B토지와의 경계로부터 2미터 이상의 거리를 두어야 한다.

문 42. 다음 글과 <상황>을 근거로 판단할 때, <보기>에서 옳은 것만을 모두 고르면?

제00조(유치권의 내용) 타인의 물건 또는 유가증권을 점유한 자는 그 물건이나 유가증권에 관하여 생긴 채권이 변제기에 있는 경우에는 변제를 받을 때까지 그 물건 또는 유가증권을 유치할 권리가 있다.
제00조(유치권의 불가분성) 유치권자는 채권 전부의 변제를 받을 때까지 유치물 전부에 대하여 그 권리를 행사할 수 있다.
제00조(유치권자의 선관의무) ① 유치권자는 선량한 관리자의 주의로 유치물을 점유하여야 한다.
② 유치권자는 채무자의 승낙 없이 유치물의 사용, 대여 또는 담보제공을 하지 못한다. 그러나 유치물의 보존에 필요한 사용은 그러하지 아니하다.
제00조(경매) 유치권자는 채권의 변제를 받기 위하여 유치물을 경매할 수 있다.
제00조(점유상실과 유치권소멸) 유치권은 점유의 상실로 인하여 소멸한다.

※ 유치: 물건 등을 일정한 지배 아래 둠

<상 황>

甲은 아버지의 양복을 면접시험에서 입으려고 乙에게 수선을 맡겼다. 수선비는 다음 날까지 계좌로 송금하기로 하고 옷은 일주일 후 찾기로 하였다. 甲은 수선비를 송금하지 않은 채 일주일 후 옷을 찾으러 갔고, 옷 수선을 마친 乙은 수선비를 받을 때까지 수선한 옷을 돌려주지 않겠다며 유치권을 행사하고 있다.

<보 기>

ㄱ. 甲이 수선비의 일부라도 지급한다면 乙은 수선한 옷을 돌려주어야 한다.
ㄴ. 甲이 수선한 옷을 돌려받지 못한 채 면접시험을 치렀고 이후 필요가 없어 옷을 찾으러 가지 않겠다고 한 경우, 乙은 수선비의 변제를 받기 위해 그 옷을 경매할 수 있다.
ㄷ. 甲이 수선을 맡긴 옷을 乙이 도둑맞아 점유를 상실하였다면 乙의 유치권은 소멸한다.
ㄹ. 甲이 수선비를 지급할 때까지, 乙은 수선한 옷을 甲의 승낙 없이 다른 사람에게 대여할 수 있다.

① ㄱ, ㄴ
② ㄱ, ㄹ
③ ㄴ, ㄷ
④ ㄷ, ㄹ
⑤ ㄴ, ㄷ, ㄹ

문 43. 다음 글과 <상황>을 근거로 판단할 때 옳은 것은?

> 제00조 이 법에서 사용하는 용어의 뜻은 다음과 같다.
> 1. '자연장(自然葬)'이란 화장한 유골의 골분(骨粉)을 수목·화초·잔디 등의 밑이나 주변에 묻어 장사하는 것을 말한다.
> 2. '개장(改葬)'이란 매장한 시신이나 유골을 다른 분묘에 옮기거나 화장 또는 자연장하는 것을 말한다.
>
> 제00조 ① 사망한 때부터 24시간이 지난 후가 아니면 매장 또는 화장을 하지 못한다.
> ② 누구든지 허가를 받은 공설묘지, 공설자연장지, 사설묘지 및 사설자연장지 외의 구역에 매장하여서는 안 된다.
>
> 제00조 ① 매장(단, 자연장 제외)을 한 자는 매장 후 30일 이내에 매장지를 관할하는 시장·군수·구청장(이하 '시장 등'이라 한다)에게 신고하여야 한다.
> ② 화장을 하려는 자는 화장시설을 관할하는 시장 등에게 신고하여야 한다.
> ③ 개장을 하려는 자는 다음 각 호의 구분에 따라 시신 또는 유골의 현존지(現存地) 또는 개장지(改葬地)를 관할하는 시장 등에게 각각 신고하여야 한다.
> 1. 매장한 시신 또는 유골을 다른 분묘로 옮기거나 화장하는 경우: 시신 또는 유골의 현존지와 개장지
> 2. 매장한 시신 또는 유골을 자연장하는 경우: 시신 또는 유골의 현존지
>
> 제00조 ① 국가, 시·도지사 또는 시장 등이 아닌 자는 가족묘지, 종중·문중묘지 등을 설치·관리할 수 있다.
> ② 제1항의 묘지를 설치·관리하려는 자는 해당 묘지 소재지를 관할하는 시장 등의 허가를 받아야 한다.

<상 황>

> 甲은 90세의 나이로 2019년 7월 10일 아침 7시 A시에서 사망하였다. 이에 甲의 자녀는 이미 사망한 甲의 배우자 乙의 묘지(B시 소재 공설묘지)에서 유골을 옮겨 가족묘지를 만드는 것을 포함하여 장례에 대하여 논의하였다.

① 甲을 2019년 7월 10일 매장할 수 있다.
② 甲을 C시 소재 화장시설에서 화장하려는 경우, 그 시설을 관할하는 C시의 장에게 신고하여야 한다.
③ 甲의 자녀가 가족묘지를 설치·관리하려는 경우, 그 소재지의 관할 시장 등에게 신고하여야 한다.
④ 甲의 유골의 골분을 자연장한 경우, 자연장지 소재지의 관할 시장에게 2019년 8월 10일까지는 허가를 받아야 한다.
⑤ 乙의 유골을 甲과 함께 D시 소재 공설묘지에 합장하려는 경우, B시의 장과 D시의 장의 허가를 각각 받아야 한다.

문 44. 다음 글과 <상황>을 근거로 판단할 때, <보기>에서 옳은 것만을 모두 고르면?

> K국에서는 모든 법인에 대하여 다음과 같이 구분하여 주민세를 부과하고 있다.

구분	세액(원)
○ 자본금액 100억 원을 초과하는 법인으로서 종업원 수가 100명을 초과하는 법인	500,000
○ 자본금액 50억 원 초과 100억 원 이하 법인으로서 종업원 수가 100명을 초과하는 법인	350,000
○ 자본금액 50억 원을 초과하는 법인으로서 종업원 수가 100명 이하인 법인 ○ 자본금액 30억 원 초과 50억 원 이하 법인으로서 종업원 수가 100명을 초과하는 법인	200,000
○ 자본금액 30억 원 초과 50억 원 이하 법인으로서 종업원 수가 100명 이하인 법인 ○ 자본금액 10억 원 초과 30억 원 이하 법인으로서 종업원 수가 100명을 초과하는 법인	100,000
○ 그 밖의 법인	50,000

<상 황>

법인	자본금액(억 원)	종업원 수(명)
甲	200	?
乙	20	?
丙	?	200

<보 기>

ㄱ. 甲이 납부해야 할 주민세 최소 금액은 20만 원이다.
ㄴ. 乙의 종업원이 50명인 경우 10만 원의 주민세를 납부해야 한다.
ㄷ. 丙이 납부해야 할 주민세 최소 금액은 10만 원이다.
ㄹ. 甲, 乙, 丙이 납부해야 할 주민세 금액의 합계는 최대 110만 원이다.

① ㄱ, ㄴ
② ㄱ, ㄷ
③ ㄱ, ㄹ
④ ㄴ, ㄷ
⑤ ㄴ, ㄹ

문 45. 다음 글과 <상황>을 근거로 판단할 때, <보기>에서 옳은 것만을 모두 고르면?

제00조 ① 기획재정부장관은 각 국제금융기구에 출자를 할 때에는 국무회의의 심의를 거쳐 대통령의 승인을 받아 미합중국통화 또는 그 밖의 자유교환성 통화나 금(金) 또는 내국통화로 그 출자금을 한꺼번에 또는 분할하여 납입할 수 있다.

② 기획재정부장관은 제1항에 따라 내국통화로 출자하는 경우에 그 출자금의 전부 또는 일부를 국무회의의 심의를 거쳐 대통령의 승인을 받아 내국통화로 표시된 증권으로 출자할 수 있다.

제00조 ① 기획재정부장관은 전조(前條) 제2항에 따라 출자한 증권의 전부 또는 일부에 대하여 각 국제금융기구가 지급을 청구하면 지체 없이 이를 지급하여야 한다.

② 기획재정부장관은 제1항에 따른 지급의 청구를 받은 경우에 지급할 재원(財源)이 부족하여 그 청구금액의 전부 또는 일부를 지급할 수 없을 때에는 국무회의의 심의를 거쳐 대통령의 승인을 받아 한국은행으로부터 차입하여 지급하거나 한국은행으로 하여금 그 금액에 상당하는 증권을 해당 국제금융기구로부터 매입하게 할 수 있다.

<상 황>

기획재정부장관은 적법한 절차에 따라 A국제금융기구에 일정액을 출자한다.

<보 기>

ㄱ. 기획재정부장관은 출자금을 자유교환성 통화로 납입할 수 있다.
ㄴ. 기획재정부장관은 출자금을 내국통화로 분할하여 납입할 수 없다.
ㄷ. 출자금 전부를 내국통화로 출자하는 경우, 그 중 일부액을 미합중국통화로 표시된 증권으로 출자할 수 있다.
ㄹ. 만약 출자금을 내국통화로 표시된 증권으로 출자한다면, A국제금융기구가 그 지급을 청구할 경우에 한국은행장은 지체 없이 이를 지급하여야 한다.

① ㄱ
② ㄴ
③ ㄱ, ㄹ
④ ㄷ, ㄹ
⑤ ㄴ, ㄷ, ㄹ

문 46. 다음 글과 <상황>을 근거로 판단할 때 옳은 것은?

매매목적물에 하자가 있는 경우, 하자가 있는 사실을 과실 없이 알지 못한 매수인은 매도인에 대하여 하자담보책임을 물어 계약을 해제하거나, 손해배상을 청구할 수 있다. 이때 매도인이 하자를 알았는지 여부나 그의 과실 유무를 묻지 않는다. 매매목적물의 하자는 통상 거래상의 관념에 비추어 그 물건이 지니고 있어야 할 품질·성질·견고성·성분 등을 갖추지 못해서 계약의 적합성을 갖지 못한 경우를 말한다. 가령 진품인 줄 알고 매수한 그림이 위작인 경우가 그렇다. 매수인은 이러한 계약해제권·손해배상청구권을 하자가 있는 사실을 안 날로부터 6개월 내에 행사하여야 한다.

한편 계약의 중요 부분에 착오가 있는 경우, 착오에 중대한 과실이 없는 계약당사자는 계약을 취소할 수 있다. 여기서 착오는 계약을 맺을 때에 실제로 없는 사실을 있는 사실로 잘못 알았거나 아니면 실제로 있는 사실을 없는 사실로 잘못 생각하듯이, 계약당사자(의사표시자)의 인식과 그 실제 사실이 어긋나는 경우를 가리킨다. 가령 위작을 진품으로 알고 매수한 경우가 그렇다. 이러한 취소권을 행사하려면, 착오자(착오로 의사표시를 한 사람)가 착오 상태에서 벗어난 날(예: 진품이 위작임을 안 날)로부터 3년 이내에, 계약을 체결한 날로부터 10년 이내에 행사하여야 한다. 착오로 인한 취소는 매도인의 하자담보책임과 다른 제도이다. 따라서 매매계약 내용의 중요 부분에 착오가 있는 경우, 매수인은 매도인의 하자담보책임이 성립하는지와 상관없이 착오를 이유로 매매계약을 취소할 수 있다.

<상 황>

2018년 3월 10일 매수인 甲은 매도인 乙 소유의 '나루터그림'을 과실 없이 진품으로 믿고 1,000만 원에 매매계약을 체결한 당일 그림을 넘겨받았다. 그 후 2018년 6월 20일 甲은 나루터그림이 위작이라는 사실을 알게 되었다.

① 2018년 6월 20일 乙은 하자를 이유로 甲과의 매매계약을 해제할 수 있다.
② 2019년 6월 20일 甲은 乙에게 하자를 이유로 손해배상을 청구할 수 있다.
③ 2019년 6월 20일 甲은 착오를 이유로 乙과의 매매계약을 취소할 수 없다.
④ 乙이 매매계약 당시 위작이라는 사실을 과실 없이 알지 못하였더라도, 2019년 6월 20일 甲은 하자를 이유로 乙과의 매매계약을 해제할 수 있다.
⑤ 乙이 위작임을 알았더라도 2019년 6월 20일 甲은 하자를 이유로 乙과의 매매계약을 해제할 수 없지만, 착오를 이유로 취소할 수 있다.

문 47. 다음 글과 <상황>을 근거로 판단할 때, <보기>에서 옳은 것만을 모두 고르면?

> 소송절차의 '정지'란 소송이 개시된 뒤 절차가 종료되기 전에 소송절차가 법률상 진행되지 않는 상태를 말한다. 여기에는 '중단'과 '중지'가 있다.
>
> 소송절차의 중단은 소송진행 중 당사자에게 소송을 수행할 수 없는 사유가 발생하였을 경우, 새로운 소송수행자가 나타나 소송에 관여할 수 있을 때까지 법률상 당연히 절차 진행이 정지되는 것이다. 예컨대 당사자가 사망한 경우, 그 상속인이 소송을 수행할 수 있을 때까지 절차진행이 정지되며, 이후 상속인의 수계신청 또는 법원의 속행명령에 의해 중단이 해소되고 절차는 다시 진행된다. 다만 사망한 당사자에게 이미 변호사가 소송대리인으로 선임되어 있을 때는 변호사가 소송을 대리하는 데 지장이 없으므로 절차는 중단되지 않는다. 소송대리인인 변호사의 사망도 중단사유가 아니다. 당사자가 절차를 진행할 수 있기 때문이다.
>
> 소송절차의 중지는 법원이나 당사자에게 소송을 진행할 수 없는 장애가 생겼거나 진행에 부적당한 사유가 발생하여 법률상 당연히 또는 법원의 재판에 의하여 절차가 정지되는 것이다. 이는 새로운 소송수행자로 교체되지 않는다는 점에서 중단과 다르다. 소송절차의 중지에는 당연중지와 재판중지가 있다. 당연중지는 천재지변이나 그 밖의 사고로 법원이 직무수행을 할 수 없게 된 경우에 법원의 재판 없이 당연히 절차진행이 정지되는 것을 말한다. 이 경우 법원의 직무수행불능 상태가 소멸함과 동시에 중지도 해소되고 절차는 진행된다. 재판중지는 법원이 직무수행을 할 수 있지만 당사자가 법원에 출석하여 소송을 진행할 수 없는 장애사유가 발생한 경우, 예컨대 전쟁이나 그 밖의 사유로 교통이 두절되어 당사자가 출석할 수 없는 경우에 법원의 재판에 의해 절차진행이 정지되는 것을 의미한다. 이때는 법원의 취소재판에 의하여 중지가 해소되고 절차는 진행된다.

※ 수계신청: 법원에 대해 중단된 절차의 속행을 구하는 신청

<상 황>

> 원고 甲과 피고 乙 사이에 대여금반환청구소송이 A법원에서 진행 중이다. 甲은 변호사 丙을 소송대리인으로 선임하였지만, 乙은 소송대리인을 선임하지 않았다.

<보 기>

ㄱ. 소송진행 중 甲이 사망하였다면, 절차진행은 중단되며 甲의 상속인의 수계신청에 의해 중단이 해소되고 절차가 진행된다.
ㄴ. 소송진행 중 丙이 사망하였다면, 절차진행은 중단되며 甲이 새로운 변호사를 소송대리인으로 선임하면 중단은 해소되고 절차가 진행된다.
ㄷ. 소송진행 중 A법원의 건물이 화재로 전소(全燒)되어 직무수행이 불가능해졌다면, 절차진행은 중단되며 이후 A법원의 속행명령이 있으면 절차가 진행된다.
ㄹ. 소송진행 중 乙이 거주하고 있는 장소에서만 발생한 지진으로 교통이 두절되어 乙이 A법원에 출석할 수 없는 경우, A법원의 재판에 의해 절차진행이 중지되며 이후 A법원의 취소재판에 의해 중지는 해소되고 절차가 진행된다.

① ㄹ
② ㄱ, ㄴ
③ ㄱ, ㄹ
④ ㄴ, ㄷ
⑤ ㄷ, ㄹ

문 48. 다음 글을 근거로 판단할 때 옳은 것은?

A국은 다음 5가지 사항을 반영하여 특허법을 제정하였다.

(1) 새로운 기술에 의한 발명을 한 사람에게 특허권이라는 독점권을 주는 제도와 정부가 금전적 보상을 해주는 보상제도 중, A국은 전자를 선택하였다.

(2) 특허권을 별도의 특허심사절차 없이 부여하는 방식과 신청에 의한 특허심사절차를 통해 부여하는 방식 중, A국은 후자를 선택하였다.

(3) 새로운 기술에 의한 발명인지를 판단하는 데 있어서 전세계에서의 새로운 기술을 기준으로 하는 것과 국내에서의 새로운 기술을 기준으로 하는 것 중, A국은 후자를 선택하였다.

(4) 특허권의 효력발생범위를 A국 영토 내로 한정하는 것과 A국 영토 밖으로 확대하는 것 중, A국은 전자를 선택하였다. 따라서 특허권이 부여된 발명을 A국 영토 내에서 특허권자의 허락없이 무단으로 제조·판매하는 행위를 금지하며, 이를 위반한 자에게는 손해배상의무를 부과한다.

(5) 특허권의 보호기간을 한정하는 방법과 한정하지 않는 방법 중, A국은 전자를 선택하였다. 그리고 그 보호기간은 특허권을 부여받은 날로부터 10년으로 한정하였다.

① A국에서 알려지지 않은 새로운 기술로 알코올램프를 발명한 자는 그 기술이 이미 다른 나라에서 널리 알려진 것이라도 A국에서 특허권을 부여받을 수 있다.
② A국에서 특허권을 부여받은 날로부터 11년이 지난 손전등을 제조·판매하기 위해서는 발명자로부터 허락을 받아야 한다.
③ A국에서 새로운 기술로 석유램프를 발명한 자는 A국 정부로부터 그 발명에 대해 금전적 보상을 받을 수 있다.
④ A국에서 새로운 기술로 필기구를 발명한 자는 특허심사절차를 밟지 않더라도 A국 내에서 다른 사람이 그 필기구를 무단으로 제조·판매하는 것을 금지시킬 수 있다.
⑤ A국에서 망원경에 대해 특허권을 부여받은 자는 다른 나라에서 그 망원경을 무단으로 제조 및 판매한 자로부터 A국 특허법에 따라 손해배상을 받을 수 있다.

문 49. 다음 글과 <상황>을 근거로 판단할 때 옳은 것은?

제00조(적용범위) 이 규정은 중앙행정기관, 광역자치단체(광역자치단체와 기초자치단체 공동주관 포함)가 국제행사를 개최하기 위하여 10억 원 이상의 국고지원을 요청하는 경우에 적용한다.

제00조(정의) "국제행사"라 함은 5개국 이상의 국가에서 외국인이 참여하고, 총 참여자 중 외국인 비율이 5% 이상(총 참여자 200만 명 이상은 3% 이상)인 국제회의·체육행사·박람회·전시회·문화행사·관광행사 등을 말한다.

제00조(국고지원의 제외) 국제행사 중 다음 각 호에 해당하는 행사는 국고지원의 대상에서 제외된다. 이 경우 제외되는 시기는 다음 각 호 이후 최초 개최되는 행사의 해당 연도부터로 한다.

1. 매년 1회 정기적으로 개최하는 국제행사로서 국고지원을 7회 받은 경우
2. 그 밖의 주기로 개최하는 국제행사로서 국고지원을 3회 받은 경우

제00조(타당성조사, 전문위원회 검토의 대상 등) ① 국고지원의 타당성조사 대상은 국제행사의 개최에 소요되는 총 사업비가 50억 원 이상인 국제행사로 한다.

② 국고지원의 전문위원회 검토 대상은 국제행사의 개최에 소요되는 총 사업비가 50억 원 미만인 국제행사로 한다.

③ 제1항에도 불구하고 국고지원 비율이 총 사업비의 20% 이내인 경우 타당성조사를 전문위원회 검토로 대체할 수 있다.

<상 황>

甲광역자치단체는 2021년에 제6회 A박람회를 국고지원을 받아 개최할 예정이다. A박람회는 매년 1회 총 250만 명이 참여하는 행사로서 20여 개국에서 8만 명 이상의 외국인들이 참여해 왔다. 2021년에도 동일한 규모의 행사가 예정되어 있다. 한편 2020년에 5번째로 국고지원을 받은 A박람회의 총 사업비는 40억 원이었으며, 이 중 국고지원 비율은 25%였다.

① 2021년에 총 250만 명의 참여자 중 외국인 참여자가 감소하여 6만 명이 되더라도 A박람회는 국제행사에 해당된다.
② 2021년에 A박람회가 예정대로 개최된다면, A박람회는 2022년에 국고지원의 대상에서 제외된다.
③ 2021년 총 사업비가 52억 원으로 증가하고 국고지원은 8억 원을 요청한다면, A박람회는 타당성조사 대상이다.
④ 2021년 총 사업비가 60억 원으로 증가하고 국고지원은 전년과 동일한 금액을 요청한다면, A박람회는 전문위원회 검토를 받을 수 있다.
⑤ 2021년 甲광역자치단체와 乙기초자치단체가 공동주관하여 전년과 동일한 총 사업비로 A박람회를 개최한다면, A박람회는 타당성조사 대상이다.

문 50. 다음 글과 <상황>을 근거로 판단할 때 옳은 것은?

민사소송의 1심을 담당하는 법원으로는 지방법원과 지방법원지원(이하 "그 지원"이라 한다)이 있다. 지방법원과 그 지원이 재판을 담당하는 관할구역은 지역별로 정해져 있는데, 피고의 주소지를 관할하는 지방법원 또는 그 지원이 재판을 담당한다. 다만 금전지급청구소송은 원고의 주소지를 관할하는 지방법원 또는 그 지원도 재판할 수 있다.

한편, 지방법원이나 그 지원의 재판사무의 일부를 처리하기 위해서 그 관할구역 안에 시법원 또는 군법원(이하 "시·군법원"이라 한다)이 설치되어 있는 경우가 있다. 시·군법원은 지방법원 또는 그 지원이 재판하는 사건 중에서 소송물가액이 3,000만 원 이하인 금전지급청구소송을 전담하여 재판한다. 즉, 이러한 소송의 경우 원고 또는 피고의 주소지를 관할하는 시·군법원이 있으면 지방법원과 그 지원은 재판할 수 없고 시·군법원만이 재판한다.

※ 소송물가액: 원고가 승소하면 얻게 될 경제적 이익을 화폐 단위로 평가한 것

<상 황>

○ 甲은 乙에게 빌려준 돈을 돌려받기 위해 소송물가액 3,000만 원의 금전지급청구의 소(이하 "A청구"라 한다)와 乙에게서 구입한 소송물가액 1억 원의 고려청자 인도청구의 소(이하 "B청구"라 한다)를 각각 1심 법원에 제기하려고 한다.
○ 甲의 주소지는 김포시이고 乙의 주소지는 양산시이다. 이들 주소지와 관련된 법원명과 그 관할구역은 다음과 같다.

법원명	관할구역
인천지방법원	인천광역시
인천지방법원 부천지원	부천시, 김포시
김포시법원	김포시
울산지방법원	울산광역시, 양산시
양산시법원	양산시

① 인천지방법원 부천지원은 A청구를 재판할 수 있다.
② 인천지방법원은 A청구를 재판할 수 있다.
③ 양산시법원은 B청구를 재판할 수 있다.
④ 김포시법원은 B청구를 재판할 수 있다.
⑤ 울산지방법원은 B청구를 재판할 수 있다.

문 51. 다음 글과 <상황>을 근거로 판단할 때 옳은 것은?

발명에 대해 특허권이 부여되기 위해서는 다음의 두 가지 요건 모두를 충족해야 한다.

첫째, 발명은 지금까지 세상에 없는 새로운 것, 즉 신규성이 있는 발명이어야 한다. 이미 누구나 알고 있는 발명에 대해서 독점권인 특허권을 부여하는 것은 부당하기 때문이다. 이때 발명이 신규인지 여부는 특허청에의 특허출원 시점을 기준으로 판단한다. 따라서 신규의 발명이라도 그에 대한 특허출원 전에 발명 내용이 널리 알려진 경우라든지, 반포된 간행물에 게재된 경우에는 특허출원 시점에는 신규성이 상실되었기 때문에 특허권이 부여되지 않는다. 그러나 발명자가 자발적으로 위와 같은 신규성을 상실시키는 행위를 하고 그날로부터 12개월 이내에 특허를 출원하면 신규성이 상실되지 않은 것으로 취급된다. 이를 '신규성의 간주'라고 하는데, 신규성을 상실시킨 행위를 한 발명자가 특허출원한 경우에만 신규성이 있는 것으로 간주된다.

둘째, 여러 명의 발명자가 독자적인 연구를 하던 중 우연히 동일한 발명을 완성하였다면, 발명의 완성 시기에 관계없이 가장 먼저 특허청에 특허출원한 발명자에게만 특허권이 부여된다. 이처럼 가장 먼저 출원한 발명자에게만 특허권이 부여되는 것을 '선출원주의'라고 한다. 따라서 특허청에 선출원된 어떤 발명이 신규성 상실로 특허권이 부여되지 못한 경우, 동일한 발명에 대한 후출원은 선출원주의로 인해 특허권이 부여되지 않는다.

<상 황>

○ 발명자 甲, 乙, 丙은 각각 독자적인 연구개발을 수행하여 동일한 A발명을 완성하였다.
○ 甲은 2020. 3. 1. A발명을 완성하였지만 그 발명 내용을 비밀로 유지하다가 2020. 9. 2. 특허출원을 하였다.
○ 乙은 2020. 4. 1. A발명을 완성하자 2020. 6. 1. 간행되어 반포된 학술지에 그 발명 내용을 논문으로 게재한 후, 2020. 8. 1. 특허출원을 하였다.
○ 丙은 2020. 7. 1. A발명을 완성하자마자 바로 당일에 특허출원을 하였다.

① 甲이 특허권을 부여받는다.
② 乙이 특허권을 부여받는다.
③ 丙이 특허권을 부여받는다.
④ 甲, 乙, 丙이 모두 특허권을 부여받는다.
⑤ 甲, 乙, 丙 중 어느 누구도 특허권을 부여받지 못한다.

문 52. 다음 글과 <상황>을 근거로 판단할 때 옳은 것은?

> 제00조(지역개발 신청 동의 등) ① 지역개발 신청을 하기 위해서는 지역개발을 하고자 하는 지역의 총 토지면적의 3분의 2 이상에 해당하는 토지의 소유자의 동의 및 지역개발을 하고자 하는 지역의 토지의 소유자 총수의 2분의 1 이상의 동의를 받아야 한다.
> ② 지역개발 신청을 하기 위해서 필요한 동의자의 수는 다음 각 호의 기준에 따라 산정한다.
> 1. 토지는 지적도 상 1필의 토지를 1개의 토지로 한다.
> 2. 1개의 토지를 여러 명이 공동소유하는 경우에는 다른 공동소유자들을 대표하는 대표 공동소유자 1인만을 해당 토지의 소유자로 본다.
> 3. 1인이 여러 개의 토지를 소유하고 있는 경우에는 소유하는 토지의 수와 무관하게 1인으로 본다.
> 4. 지역개발을 하고자 하는 지역에 국유지가 있는 경우 국유지도 포함하여 토지면적을 산정하고, 그 토지의 재산관리청을 토지 소유자로 본다.

<상 황>

- X지역은 100개의 토지로 이루어져 있고, 토지면적 합계가 총 6 km^2이다.
- 동의자 수 산정 기준에 따라 산정된 X지역 토지의 소유자는 모두 82인(이하 "동의대상자"라 한다)이고, 이 중에는 국유지 재산관리청 2인이 포함되어 있다.
- 甲은 X지역에 토지 2개를 소유하고 있고, 해당 토지면적 합계는 X지역 총 토지면적의 4분의 1이다.
- 乙은 X지역에 토지 10개를 소유하고 있고, 해당 토지면적 합계는 총 2 km^2이다.
- 丙, 丁, 戊, 己는 X지역에 토지 1개를 공동소유하고 있고, 해당 토지면적은 1 km^2이다.

① 乙이 동의대상자 31인의 동의를 얻으면 지역개발 신청을 위한 X지역 토지의 소유자 총수의 2분의 1 이상의 동의 조건은 갖추게 된다.
② X지역에 대한 지역개발 신청에 甲 ~ 己 모두 동의한 경우, 나머지 동의대상자 중 38인의 동의를 얻으면 신청할 수 있다.
③ X지역에 토지 2개 이상을 소유하는 자는 甲, 乙뿐이다.
④ X지역의 1필의 토지면적은 0.06 km^2로 모두 동일하다.
⑤ X지역 안에 있는 국유지의 면적은 1.5 km^2이다.

문 53. 다음 글과 <상황>을 근거로 판단할 때, <보기>에서 옳은 것만을 모두 고르면?

> 제00조 ① "주택담보노후연금보증"이란 주택소유자가 주택에 저당권을 설정하고 금융기관으로부터 제2항에서 정하는 연금 방식으로 노후생활자금을 대출(이하 "주택담보노후연금대출"이라 한다)받음으로써 부담하는 금전채무를 주택금융공사가 보증하는 행위를 말한다. 이 경우 주택소유자 또는 주택소유자의 배우자는 60세 이상이어야 한다.
> ② 제1항의 연금 방식이란 다음 각 호의 어느 하나에 해당하는 방식을 말한다.
> 1. 주택소유자가 생존해 있는 동안 노후생활자금을 매월 지급받는 방식
> 2. 주택소유자가 선택하는 일정한 기간 동안 노후생활자금을 매월 지급받는 방식
> 3. 제1호 또는 제2호의 어느 하나의 방식과, 주택소유자가 다음 각 목의 어느 하나의 용도로 사용하기 위하여 일정한 금액(단, 주택담보노후연금대출 한도의 100분의 50 이내의 금액으로 한다)을 지급받는 방식을 결합한 방식
>   가. 해당 주택을 담보로 대출받은 금액 중 잔액을 상환하는 용도
>   나. 해당 주택의 임차인에게 임대차보증금을 반환하는 용도

<상 황>

A주택의 소유자 甲(61세)은 A주택에 저당권을 설정하여 주택담보노후연금보증을 통해 노후생활자금을 대출받고자 한다. 甲의 A주택에 대한 주택담보노후연금대출 한도액은 3억 원이다.

<보 기>

ㄱ. 甲은 A주택의 임차인에게 임대차보증금을 반환하는 용도로 1억 원을 지급받고, 생존해 있는 동안 노후생활자금을 매월 지급받을 수 있다.
ㄴ. 甲의 배우자의 연령이 60세 이상이어야 주택담보노후연금보증을 통해 노후생활자금을 대출받을 수 있다.
ㄷ. 甲은 A주택을 담보로 대출받은 금액 중 잔액을 상환하는 용도로 1억 5천만 원을 지급받고, 향후 10년간 노후생활자금을 매월 지급받을 수 있다.

① ㄱ
② ㄴ
③ ㄱ, ㄷ
④ ㄴ, ㄷ
⑤ ㄱ, ㄴ, ㄷ

문 54. 다음 글과 <상황>을 근거로 판단할 때, 甲~丁 가운데 근무계획이 승인될 수 있는 사람만을 모두 고르면?

<유연근무제>

□ 개념
○ 주 40시간을 근무하되, 근무시간을 유연하게 관리하여 1주일에 5일 이하로 근무하는 제도

□ 복무관리
○ 점심 및 저녁시간 운영
- 근무 시작과 종료 시각에 관계없이 점심시간은 12:00~13:00, 저녁시간은 18:00~19:00의 각 1시간으로 하고 근무시간으로는 산정하지 않음

○ 근무시간 제약
- 근무일의 경우, 1일 최대 근무시간은 12시간으로 하고 최소 근무시간은 4시간으로 함
- 하루 중 근무시간으로 인정하는 시간대는 06:00~24:00로 한정함

<상 황>

다음은 甲~丁이 제출한 근무계획을 정리한 것이며 위의 <유연근무제>에 부합하는 근무계획만 승인된다.

직원＼요일	월	화	수	목	금
甲	08:00~18:00	08:00~18:00	09:00~13:00	08:00~18:00	08:00~18:00
乙	08:00~22:00	08:00~22:00	-	08:00~22:00	08:00~12:00
丙	08:00~24:00	08:00~24:00	-	08:00~22:00	-
丁	06:00~16:00	08:00~22:00	-	09:00~21:00	09:00~18:00

① 乙
② 甲, 丙
③ 甲, 丁
④ 乙, 丙
⑤ 乙, 丁

문 55. 다음 글과 <상황>을 근거로 판단할 때 옳은 것은?

제00조 ① 집합건물을 건축하여 분양한 분양자와 분양자와의 계약에 따라 건물을 건축한 시공자는 구분소유자에게 제2항 각 호의 하자에 대하여 과실이 없더라도 담보책임을 진다.
② 제1항의 담보책임 존속기간은 다음 각 호와 같다.
1. 내력벽, 주기둥, 바닥, 보, 지붕틀 및 지반공사의 하자: 10년
2. 대지조성공사, 철근콘크리트공사, 철골공사, 조적(組積)공사, 지붕 및 방수공사의 하자: 5년
3. 목공사, 창호공사 및 조경공사의 하자: 3년
③ 제2항의 기간은 다음 각 호의 날부터 기산한다.
1. 전유부분: 구분소유자에게 인도한 날
2. 공용부분: 사용승인일
④ 제2항 및 제3항에도 불구하고 제2항 각 호의 하자로 인하여 건물이 멸실(滅失)된 경우에는 담보책임 존속기간은 멸실된 날로부터 1년으로 한다.
⑤ 분양자와 시공자의 담보책임에 관하여 이 법에 규정된 것보다 매수인에게 불리한 특약은 효력이 없다.

※ 구분소유자: 집합건물(예: 아파트, 공동주택 등) 각 호실의 소유자
※ 담보책임: 집합건물의 하자로 인해 분양자, 시공자가 구분소유자에 대하여 지는 손해배상, 하자보수 등의 책임

<상 황>

甲은 乙이 분양하는 아파트를 매수하려고 乙과 아파트 분양계약을 체결하였다. 丙건설사는 乙과의 계약에 따라 아파트를 시공하였고, 준공검사 후 아파트는 2020. 5. 1. 사용승인을 받았다. 甲은 아파트를 2020. 7. 1. 인도받고 등기를 완료하였다.

① 丙은 창호공사의 하자에 대해 2025. 7. 1.까지 담보책임을 진다.
② 丙은 철골공사의 하자에 과실이 없으면 담보책임을 지지 않는다.
③ 乙은 甲의 전유부분인 거실에 물이 새는 방수공사의 하자에 대해 2025. 5. 1.까지 담보책임을 진다.
④ 대지조성공사의 하자로 인하여 2023. 10. 1. 공용부분인 주차장 건물이 멸실된다면 丙은 2024. 7. 1. 이후에는 담보책임을 지지 않는다.
⑤ 乙이 甲과의 분양계약에서 지반공사의 하자에 대한 담보책임 존속기간을 5년으로 정한 경우라도, 2027. 10. 1. 그 하자가 발생한다면 담보책임을 진다.

문 56. 다음 글과 <상황>을 근거로 판단할 때, 甲의 계약 의뢰 날짜와 공고 종료 후 결과통지 날짜를 옳게 짝지은 것은?

○ A국의 정책연구용역 계약 체결을 위한 절차는 다음과 같다.

순서	단계	소요기간
1	계약 의뢰	1일
2	서류 검토	2일
3	입찰 공고	40일 (긴급계약의 경우 10일)
4	공고 종료 후 결과통지	1일
5	입찰서류 평가	10일
6	우선순위 대상자와 협상	7일

※ 소요기간은 해당 절차의 시작부터 종료까지 걸리는 기간이다. 모든 절차는 하루 단위로 주말(토, 일) 및 공휴일에도 중단이나 중복 없이 진행된다.

<상 황>

A국 공무원인 甲은 정책연구용역 계약을 4월 30일에 체결하는 것을 목표로 계약부서에 긴급계약으로 의뢰하려 한다. 계약은 우선순위 대상자와 협상이 끝난 날의 다음 날에 체결된다.

	계약 의뢰 날짜	공고 종료 후 결과통지 날짜
①	3월 30일	4월 11일
②	3월 30일	4월 12일
③	3월 30일	4월 13일
④	3월 31일	4월 12일
⑤	3월 31일	4월 13일

문 57. 다음 글과 <상황>을 근거로 판단할 때, <보기>에서 옳은 것만을 모두 고르면?

○ 지방자치단체는 공립 박물관·미술관을 설립하려는 경우 □□부로부터 설립타당성에 관한 사전평가(이하 '사전평가')를 받아야 한다.
○ 사전평가는 연 2회(상반기, 하반기) 진행한다.
– 신청기한: 1월 31일(상반기), 7월 31일(하반기)
– 평가기간: 2월 1일 ~ 4월 30일(상반기)
8월 1일 ~ 10월 31일(하반기)
○ 사전평가 결과는 '적정' 또는 '부적정'으로 판정한다.
○ 지방자치단체가 동일한 공립 박물관·미술관 설립에 대해 3회 연속으로 사전평가를 신청하여 모두 '부적정'으로 판정받았다면, 그 박물관·미술관 설립에 대해서는 향후 1년간 사전평가 신청이 불가능하다.
○ 사전평가 결과 '적정'으로 판정되는 경우, 지방자치단체는 부지매입비를 제외한 건립비의 최대 40%를 국비로 지원받을 수 있다.

<상 황>

아래의 <표>는 지방자치단체 A ~ C가 설립하려는 공립 박물관·미술관과 건립비를 나타낸 것이다.

<표>

지방자치단체	설립 예정 공립 박물관·미술관	건립비(원)	
		부지매입비	건물건축비
A	甲미술관	30억	70억
B	乙박물관	40억	40억
C	丙박물관	10억	80억

<보 기>

ㄱ. 甲미술관을 국비 지원 없이 설립하기로 했다면, A는 사전평가를 거치지 않고도 甲미술관을 설립할 수 있다.
ㄴ. 乙박물관이 사전평가에서 '적정'으로 판정될 경우, B는 최대 32억 원까지 국비를 지원받을 수 있다.
ㄷ. 丙박물관이 2019년 하반기, 2020년 상반기, 2020년 하반기 사전평가에서 모두 '부적정'으로 판정된 경우, C는 丙박물관에 대한 2021년 상반기 사전평가를 신청할 수 없다.

① ㄱ
② ㄷ
③ ㄱ, ㄴ
④ ㄴ, ㄷ
⑤ ㄱ, ㄴ, ㄷ

상황판단

문 58. 다음 글과 <상황>을 근거로 판단할 때 옳은 것은?

제00조 ① 다음 각 호의 어느 하나에 해당하는 사람은 주민등록지의 시장(특별시장·광역시장은 제외하고 특별자치도지사는 포함한다. 이하 같다)·군수 또는 구청장에게 주민등록번호(이하 '번호'라 한다)의 변경을 신청할 수 있다.
1. 유출된 번호로 인하여 생명·신체에 위해를 입거나 입을 우려가 있다고 인정되는 사람
2. 유출된 번호로 인하여 재산에 피해를 입거나 입을 우려가 있다고 인정되는 사람
3. 성폭력피해자, 성매매피해자, 가정폭력피해자로서 유출된 번호로 인하여 피해를 입거나 입을 우려가 있다고 인정되는 사람

② 제1항의 신청 또는 제5항의 이의신청을 받은 주민등록지의 시장·군수·구청장(이하 '시장 등'이라 한다)은 ○○부의 주민등록번호변경위원회(이하 '변경위원회'라 한다)에 번호변경 여부에 관한 결정을 청구해야 한다.

③ 주민등록지의 시장 등은 변경위원회로부터 번호변경 인용결정을 통보받은 경우에는 신청인의 번호를 다음 각 호의 기준에 따라 지체 없이 변경하고 이를 신청인에게 통지해야 한다.
1. 번호의 앞 6자리(생년월일) 및 뒤 7자리 중 첫째 자리는 변경할 수 없음
2. 제1호 이외의 나머지 6자리는 임의의 숫자로 변경함

④ 제3항의 번호변경 통지를 받은 신청인은 주민등록증, 운전면허증, 여권, 장애인등록증 등에 기재된 번호의 변경을 위해서는 그 번호의 변경을 신청해야 한다.

⑤ 주민등록지의 시장 등은 변경위원회로부터 번호변경 기각결정을 통보받은 경우에는 그 사실을 신청인에게 통지해야 하며, 신청인은 통지를 받은 날부터 30일 이내에 그 시장 등에게 이의신청을 할 수 있다.

<상 황>

甲은 주민등록번호 유출로 인해 재산상 피해를 입게 되자 주민등록번호 변경신청을 하였다. 甲의 주민등록지는 A광역시 B구이고, 주민등록번호는 980101-23456□□이다.

① A광역시장이 주민등록번호변경위원회에 甲의 주민등록번호 변경 여부에 관한 결정을 청구해야 한다.
② 주민등록번호변경위원회는 번호변경 인용결정을 하면서 甲의 주민등록번호를 다른 번호로 변경할 수 있다.
③ 주민등록번호변경위원회의 번호변경 인용결정이 있는 경우, 甲의 주민등록번호는 980101-45678□□으로 변경될 수 있다.
④ 甲의 주민등록번호가 변경된 경우, 甲이 운전면허증에 기재된 주민등록번호를 변경하기 위해서는 변경신청을 해야 한다.
⑤ 甲은 번호변경 기각결정을 통지받은 날부터 30일 이내에 주민등록번호변경위원회에 이의신청을 할 수 있다.

문 59. 다음 글과 <상황>을 근거로 판단할 때, 수질검사빈도와 수질기준을 둘 다 충족한 검사지점만을 모두 고르면?

□□법 제00조(수질검사빈도와 수질기준) ① 기초자치단체의 장인 시장·군수·구청장은 다음 각 호의 구분에 따라 지방상수도의 수질검사를 실시하여야 한다.
1. 정수장에서의 검사
 가. 냄새, 맛, 색도, 탁도(濁度), 잔류염소에 관한 검사: 매일 1회 이상
 나. 일반세균, 대장균, 암모니아성 질소, 질산성 질소, 과망간산칼륨 소비량 및 증발잔류물에 관한 검사: 매주 1회 이상
 단, 일반세균, 대장균을 제외한 항목 중 지난 1년간 검사를 실시한 결과, 수질기준의 10퍼센트를 초과한 적이 없는 항목에 대하여는 매월 1회 이상
2. 수도꼭지에서의 검사
 가. 일반세균, 대장균, 잔류염소에 관한 검사: 매월 1회 이상
 나. 정수장별 수도관 노후지역에 대한 일반세균, 대장균, 암모니아성 질소, 동, 아연, 철, 망간, 잔류염소에 관한 검사: 매월 1회 이상
3. 수돗물 급수과정별 시설(배수지 등)에서의 검사
 일반세균, 대장균, 암모니아성 질소, 동, 수소이온 농도, 아연, 철, 잔류염소에 관한 검사: 매 분기 1회 이상

② 수질기준은 아래와 같다.

항목	기준	항목	기준
대장균	불검출/100 mL	일반세균	100 CFU/mL 이하
잔류염소	4 mg/L 이하	질산성 질소	10 mg/L 이하

<상 황>

甲시장은 □□법 제00조에 따라 수질검사를 실시하고 있다. 甲시 관할의 검사지점(A~E)은 이전 검사에서 매번 수질기준을 충족하였고, 이번 수질검사에서 아래와 같은 결과를 보였다.

검사지점	검사대상	검사결과	검사빈도
정수장 A	잔류염소	2 mg/L	매일 1회
정수장 B	질산성 질소	11 mg/L	매일 1회
정수장 C	일반세균	70 CFU/mL	매월 1회
수도꼭지 D	대장균	불검출/100 mL	매주 1회
배수지 E	잔류염소	2 mg/L	매주 1회

※ 제시된 검사대상 외의 수질검사빈도와 수질기준은 모두 충족한 것으로 본다.

① A, D
② B, D
③ A, D, E
④ A, B, C, E
⑤ A, C, D, E

문 60. 다음 글과 <상황>을 근서로 판단할 때 옳은 것은?

> ○ 민원의 종류
> 법정민원(인가・허가 등을 신청하거나 사실・법률관계에 관한 확인 또는 증명을 신청하는 민원), 질의민원(법령・제도 등에 관하여 행정기관의 설명・해석을 요구하는 민원), 건의민원(행정제도의 개선을 요구하는 민원), 기타민원(그 외 상담・설명 요구, 불편 해결을 요구하는 민원)으로 구분함
> ○ 민원의 신청
> 문서(전자문서를 포함, 이하 같음)로 해야 하나, 기타민원은 구술 또는 전화로 가능함
> ○ 민원의 접수
> 민원실에서 접수하고, 접수증을 교부하여야 함(단, 기타민원, 우편 및 전자문서로 신청한 민원은 접수증 교부를 생략할 수 있음)
> ○ 민원의 이송
> 접수한 민원이 다른 행정기관의 소관인 경우, 접수된 민원문서를 지체 없이 소관 기관에 이송하여야 함
> ○ 처리결과의 통지
> 접수된 민원에 대한 처리결과를 민원인에게 문서로 통지하여야 함(단, 기타민원의 경우와 통지에 신속을 요하거나 민원인이 요청하는 경우, 구술 또는 전화로 통지할 수 있음)
> ○ 반복 및 중복 민원의 처리
> 민원인이 동일한 내용의 민원(법정민원 제외)을 정당한 사유 없이 3회 이상 반복하여 제출한 경우, 2회 이상 그 처리결과를 통지하였다면 그 후 접수되는 민원에 대하여는 바로 종결 처리할 수 있음

<상 황>

> ○ 甲은 인근 공사장 소음으로 인한 불편 해결을 요구하는 민원을 A시에 제기하려고 한다.
> ○ 乙은 자신의 영업허가를 신청하는 민원을 A시에 제기하려고 한다.

① 甲은 구술 또는 전화로 민원을 신청할 수 없다.
② 乙은 전자문서로 민원을 신청할 수 없다.
③ 甲이 신청한 민원이 다른 행정기관 소관 사항인 경우라도, A시는 해당 민원을 이송 없이 처리할 수 있다.
④ A시는 甲이 신청한 민원에 대한 처리결과를 전화로 통지할 수 있다.
⑤ 乙이 동일한 내용의 민원을 이미 2번 제출하여 처리결과를 통지받았으나 정당한 사유 없이 다시 신청한 경우, A시는 해당 민원을 바로 종결 처리할 수 있다.

문 61. 다음 글과 <상황>을 근거로 판단할 때 옳지 않은 것은?

> 제00조 ① 건축물을 건축하거나 대수선하려는 자는 특별자치시장・특별자치도지사 또는 시장・군수・구청장의 허가를 받아야 한다. 다만 21층 이상의 건축물이나 연면적 합계 10만 제곱미터 이상인 건축물을 특별시나 광역시에 건축하려면 특별시장이나 광역시장의 허가를 받아야 한다.
> ② 허가권자는 제1항에 따른 허가를 받은 자가 다음 각 호의 어느 하나에 해당하면 허가를 취소하여야 한다. 다만 제1호에 해당하는 경우로서 정당한 사유가 있다고 인정되면 1년의 범위에서 공사의 착수기간을 연장할 수 있다.
> 1. 허가를 받은 날부터 2년 이내에 공사에 착수하지 아니한 경우
> 2. 제1호의 기간 이내에 공사에 착수하였으나 공사의 완료가 불가능하다고 인정되는 경우
>
> 제00조 ① ○○부 장관은 국토관리를 위하여 특히 필요하다고 인정하거나 주무부장관이 국방, 문화재보존, 환경보전 또는 국민경제를 위하여 특히 필요하다고 인정하여 요청하면 허가권자의 건축허가나 허가를 받은 건축물의 착공을 제한할 수 있다.
> ② 특별시장・광역시장・도지사(이하 '시・도지사'라 한다)는 지역계획이나 도시・군계획에 특히 필요하다고 인정하면 시장・군수・구청장의 건축허가나 허가를 받은 건축물의 착공을 제한할 수 있다.
> ③ ○○부 장관이나 시・도지사는 제1항이나 제2항에 따라 건축허가나 건축허가를 받은 건축물의 착공을 제한하려는 경우에는 주민의견을 청취한 후 건축위원회의 심의를 거쳐야 한다.
> ④ 제1항이나 제2항에 따라 건축허가나 건축물의 착공을 제한하는 경우 제한기간은 2년 이내로 한다. 다만 1회에 한하여 1년 이내의 범위에서 제한기간을 연장할 수 있다.

<상 황>

> 甲은 20층의 연면적 합계 5만 제곱미터인 건축물을, 乙은 연면적 합계 15만 제곱미터인 건축물을 각각 A광역시 B구에 신축하려고 한다.

① 甲은 B구청장에게 건축허가를 받아야 한다.
② 甲이 건축허가를 받은 경우에도 A광역시장은 지역계획에 특히 필요하다고 인정하면 일정한 절차를 거쳐 甲의 건축물 착공을 제한할 수 있다.
③ B구청장은 주민의견을 청취한 후 건축위원회의 심의를 거쳐 건축허가를 받은 乙의 건축물 착공을 제한할 수 있다.
④ 乙이 건축허가를 받은 날로부터 2년 이내에 정당한 사유 없이 공사에 착수하지 않은 경우, A광역시장은 건축허가를 취소하여야 한다.
⑤ 주무부장관이 문화재보존을 위하여 특히 필요하다고 인정하여 요청하는 경우, ○○부 장관은 건축허가를 받은 乙의 건축물에 대해 최대 3년간 착공을 제한할 수 있다.

문 62. 다음 글과 <상황>을 근거로 판단할 때, 김가을의 가족관계등록부에 기록해야 하는 내용이 아닌 것은?

> 제○○조 ① 가족관계등록부는 전산정보처리조직에 의하여 입력·처리된 가족관계 등록사항에 관한 전산정보자료를 제□□조의 등록기준지에 따라 개인별로 구분하여 작성한다.
> ② 가족관계등록부에는 다음 사항을 기록하여야 한다.
> 1. 등록기준지
> 2. 성명·본·성별·출생연월일 및 주민등록번호
> 3. 출생·혼인·사망 등 가족관계의 발생 및 변동에 관한 사항
>
> 제□□조 출생을 사유로 처음 등록을 하는 경우에는 등록기준지를 자녀가 따르는 성과 본을 가진 부 또는 모의 등록기준지로 한다.

<상 황>

> 경기도 과천시 ☆☆로 1-11에 거주하는 김여름(金海 김씨)과 박겨울(密陽 박씨) 부부 사이에 2021년 10월 10일 경기도 수원시 영통구 소재 병원에서 남자아이가 태어났다. 이 부부는 태어난 아이의 이름을 김가을로 하고 과천시 ▽▽주민센터에 출생신고를 하였다. 김여름의 등록기준지는 부산광역시 남구 ◇◇로 2-22이며, 박겨울은 서울특별시 마포구 △△로 3-33이다.

① 서울특별시 마포구 △△로 3-33
② 부산광역시 남구 ◇◇로 2-22
③ 2021년 10월 10일
④ 金海
⑤ 남

문 63. 다음 글과 <상황>을 근거로 판단할 때 옳은 것은?

> 제00조 ① 재외공관에 근무하는 공무원(이하 '재외공무원'이라 한다)이 공무로 일시귀국하고자 하는 경우에는 장관의 허가를 받아야 한다.
> ② 공관장이 아닌 재외공무원이 공무 외의 목적으로 일시귀국하려는 경우에는 공관장의 허가를, 공관장이 공무 외의 목적으로 일시귀국하려는 경우에는 장관의 허가를 받아야 한다. 다만 재외공무원 또는 그 배우자의 직계존·비속이 사망하거나 위독한 경우에는 공관장이 아닌 재외공무원은 공관장에게, 공관장은 장관에게 각각 신고하고 일시귀국할 수 있다.
> ③ 재외공무원이 공무 외의 목적으로 일시귀국할 수 있는 기간은 연 1회 20일 이내로 한다. 다만 다음 각 호의 어느 하나에 해당하는 경우에는 이를 일시귀국의 횟수 및 기간에 산입하지 아니한다.
> 1. 재외공무원의 직계존·비속이 사망하거나 위독하여 일시귀국하는 경우
> 2. 재외공무원 또는 그 동반가족의 치료를 위하여 일시귀국하는 경우
>
> ④ 제2항에도 불구하고 다음 각 호의 어느 하나에 해당하는 경우에는 장관의 허가를 받아야 한다.
> 1. 재외공무원이 연 1회 또는 20일을 초과하여 공무 외의 목적으로 일시귀국하려는 경우
> 2. 재외공무원이 일시귀국 후 국내 체류기간을 연장하는 경우

<상 황>

> A국 소재 대사관에는 공관장 甲을 포함하여 총 3명의 재외공무원(甲~丙)이 근무하고 있다. 아래는 올해 1월부터 7월 현재까지 甲~丙의 일시귀국 현황이다.
>
> ○ 甲: 공무상 회의 참석을 위해 총 2회(총 25일)
> ○ 乙: 동반자녀의 관절 치료를 위해 총 1회(치료가 더 필요하여 국내 체류기간 1회 연장, 총 17일)
> ○ 丙: 직계존속의 회갑으로 총 1회(총 3일)

① 甲은 일시귀국 시 장관에게 신고하였을 것이다.
② 甲은 배우자의 직계존속이 위독하여 올해 추가로 일시귀국하기 위해서는 장관의 허가를 받아야 한다.
③ 乙이 직계존속의 회갑으로 인해 올해 3일간 추가로 일시귀국하기 위해서는 장관의 허가를 받아야 한다.
④ 乙이 공관장의 허가를 받아 일시귀국하였더라도 국내 체류기간을 연장하였을 때에는 장관의 허가를 받았을 것이다.
⑤ 丙이 자신의 혼인으로 인해 올해 추가로 일시귀국하기 위해서는 공관장의 허가를 받아야 한다.

문 64. 다음 글과 <상황>을 근거로 판단할 때 옳은 것은?

제○○조 ① 소비자는 물품 등의 사용으로 인한 피해의 구제를 한국소비자원에 신청할 수 있다.
② 국가·지방자치단체 또는 소비자단체는 소비자로부터 피해구제의 신청을 받은 때에는 한국소비자원에 그 처리를 의뢰할 수 있다.
③ 사업자는 소비자로부터 피해구제의 신청을 받은 때에는 다음 각 호의 어느 하나에 해당하는 경우에 한하여 한국소비자원에 그 처리를 의뢰할 수 있다.
1. 소비자로부터 피해구제의 신청을 받은 날부터 30일이 경과하여도 합의에 이르지 못하는 경우
2. 한국소비자원에 피해구제의 처리를 의뢰하기로 소비자와 합의한 경우

제□□조 ① 한국소비자원장은 피해구제신청사건을 처리함에 있어서 당사자 또는 관계인이 법령을 위반한 것으로 판단되는 때에는 관계 기관에 이를 통보하고 적절한 조치를 의뢰하여야 한다. 다만 다음 각 호의 경우에는 그러하지 아니하다.
1. 피해구제신청사건의 당사자가 피해보상에 관한 합의를 하고 법령위반행위를 시정한 경우
2. 관계 기관에서 위법사실을 이미 인지·조사하고 있는 경우
② 한국소비자원장은 피해구제신청의 당사자에 대하여 피해보상에 관한 합의를 권고할 수 있다.

제△△조 한국소비자원장은 제○○조의 규정에 따라 피해구제의 신청을 받은 날부터 30일 이내에 제□□조 제2항의 규정에 따른 합의가 이루어지지 아니하는 때에는 지체 없이 소비자분쟁조정위원회에 분쟁조정을 신청하여야 한다.

제◇◇조 한국소비자원의 피해구제 처리절차 중에 법원에 소를 제기한 당사자는 그 사실을 한국소비자원에 통보하여야 한다.

<상 황>

소비자 甲은 사업자 乙이 생산한 물품을 사용하다가 피해를 입었다. 이에 甲은 乙에게 피해구제를 신청하였다.

① 乙이 신청을 받은 날부터 30일이 지나도록 甲과 합의에 이르지 못한 경우, 乙은 한국소비자원에 그 처리를 의뢰할 수 있다.
② 甲과 乙이 한국소비자원에 피해구제의 처리를 의뢰하기로 합의한 경우, 乙은 30일 이내에 소비자분쟁조정위원회에 분쟁조정을 신청하여야 한다.
③ 한국소비자원이 甲의 피해구제 처리절차를 진행하는 중에는 甲은 해당 사건에 대해 법원에 소를 제기할 수 없다.
④ 한국소비자원장이 권고한 피해보상에 관한 합의가 甲과 乙 사이에 이루어지지 않은 경우, 한국소비자원장은 30일 이내에 소비자분쟁조정위원회에 분쟁조정을 신청하여야 한다.
⑤ 한국소비자원장은 피해구제신청사건을 처리함에 있어서 乙이 법령을 위반한 것으로 판단되면, 관계 기관에서 위법사실을 이미 인지·조사하고 있는 경우라도 관계 기관에 이를 통보하고 적절한 조치를 의뢰하여야 한다.

문 65. 다음 글과 <상황>을 근거로 판단할 때 옳은 것은?

제00조 ① 박물관에는 임원으로서 관장 1명, 상임이사 1명, 비상임이사 5명 이내, 감사 1명을 둔다.
② 감사는 비상임으로 한다.
③ 관장은 정관으로 정하는 바에 따라 □□부장관이 임면하고, 상임이사와 비상임이사 및 감사의 임면은 정관으로 정하는 바에 따른다.

제00조 ① 관장의 임기는 3년으로 하며, 1년 단위로 연임할 수 있다.
② 이사와 감사의 임기는 2년으로 하며, 1년 단위로 연임할 수 있다.
③ 임원의 사임 등으로 인하여 선임되는 임원의 임기는 새로 시작된다.
④ 관장은 박물관을 대표하고 그 업무를 총괄하며, 소속 직원을 지휘·감독한다.
⑤ 관장이 부득이한 사유로 직무를 수행할 수 없을 때에는 상임이사가 그 직무를 대행하고, 상임이사도 직무를 수행할 수 없을 때에는 정관으로 정하는 임원이 그 직무를 대행한다.

제00조 ① 박물관의 중요 사항을 심의·의결하기 위하여 박물관에 이사회를 둔다.
② 이사회는 의장을 포함한 이사로 구성하고 관장이 의장이 된다.
③ 이사회는 재적이사 과반수의 출석으로 개의하고, 재적이사 과반수의 찬성으로 의결한다.
④ 감사는 직무와 관련하여 필요한 경우 이사회에 출석하여 발언할 수 있다.

제00조 ① 박물관의 임직원이나 임직원으로 재직하였던 사람은 그 직무상 알게 된 비밀을 누설하거나 도용하여서는 아니 된다.
② 제1항을 위반하여 직무상 알게 된 비밀을 누설하거나 도용한 사람은 2년 이하의 징역 또는 2천만 원 이하의 벌금에 처한다.

<상 황>

○○박물관에는 임원으로 이사인 관장 A, 상임이사 B, 비상임이사 C, D, E, F와 감사 G가 있다.

① A가 2년간 재직하다가 퇴직한 경우, 새로 임명된 관장의 임기는 1년이다.
② 이사회에 A, B, C, D, E가 출석한 경우, 그 중 2명이 반대하면 안건은 부결된다.
③ A가 부득이한 사유로 직무를 수행할 수 없을 때에는 G가 소속 직원을 지휘·감독한다.
④ B가 직무상 알게 된 비밀을 누설한 경우, 1년의 징역과 500만 원의 벌금에 처해질 수 있다.
⑤ ○○박물관 정관에 "관장은 이사, 감사를 임면한다."라고 규정되어 있는 경우, A는 G의 임기가 만료되면 H를 상임감사로 임명할 수 있다.

문 66. 다음 글과 <상황>을 근거로 판단할 때 옳은 것은?

19세 이상 주민(이하 '주민'이라 한다)은 지방자치단체에 조례의 제정·개정 및 폐지를 청구할 수 있다. 시·도와 인구 50만 이상 대도시에서는 주민 총수의 100분의 1 이상, 시·군 및 자치구에서는 주민 총수의 50분의 1 이상의 연서로 해당 지방자치단체의 장에게 조례를 제정하거나 개정 또는 폐지할 것을 청구할 수 있다. 이때 청구인 대표자는 조례의 제정안·개정안 및 폐지안(이하 '주민청구조례안'이라 한다)을 작성하여 제출해야 한다. 지방자치단체의 장은 청구를 받은 날부터 5일 이내에 그 내용을 공표하여야 하며, 공표한 날을 포함하여 10일간 청구인명부나 그 사본을 공개된 장소에서 누구나 열람할 수 있도록 해야 한다. 청구인명부의 서명에 관하여 이의가 있는 주민은 열람기간 동안 해당 지방자치단체의 장에게 이의를 신청할 수 있다. 지방자치단체의 장은 이의신청을 받으면 열람기간이 끝난 날의 다음 날부터 14일 이내에 그에 대해 심사·결정하고 그 결과를 당사자에게 알려야 한다.

지방자치단체의 장은 이의신청이 없는 경우 또는 이의신청에 대해 그 결정이 끝난 경우 청구를 수리하고, 요건을 갖추지 못하였다면 청구를 각하한다. 지방자치단체의 장은 청구를 수리한 날을 포함하여 60일 이내에 주민청구조례안을 지방의회에 부의하여야 하며, 그 결과를 청구인 대표자에게 알려야 한다.

지방의회는 재적의원 3분의 1 이상의 출석으로 개의한다. 의결 사항은 재적의원 과반수의 출석과 출석의원 과반수의 찬성으로 의결한다.

<상 황>

○ □□도 A시의 인구는 30만 명이며, 19세 이상 주민은 총 20만 명이다.
○ A시 주민 甲은 청구인 대표자로 2022. 1. 3. ○○조례에 대한 개정을 청구했고, 이에 A시 시장 B는 같은 해 1. 5. 이를 공표하였다.
○ A시 의회 재적의원은 12명이다.

① A시에서 주민이 조례 개정을 청구하기 위해서는 최소 6,000명 이상의 연서가 필요하다.
② A시 주민이 甲의 조례 개정 청구인명부의 서명에 대해 이의를 신청할 수 있는 기간은 2022. 1. 14.까지이다.
③ A시 주민 乙이 2022. 1. 6. 청구인명부의 서명에 대해 이의를 신청했다면, B는 같은 해 1. 31.까지 그에 대한 심사·결정 결과를 당사자에게 통보해야 한다.
④ 甲의 조례 개정 청구가 2022. 2. 1. 수리되었다면, B는 같은 해 4. 2.까지 ○○조례 개정안을 A시 의회에 부의해야 한다.
⑤ A시 의회는 의원 3명의 참석으로 ○○조례 개정안에 대해 개의할 수 있다.

문 67. 다음 글과 <상황>을 근거로 판단할 때 옳은 것은?

제○○조 ① 사업주는 다음 각 호의 어느 하나에 해당하는 작업을 도급하여 자신의 사업장에서 수급인의 근로자가 그 작업을 하도록 해서는 아니 된다.
1. 도금작업
2. 수은, 납 또는 카드뮴을 가공·처리하는 작업

② 사업주는 제1항에도 불구하고 다음 각 호의 어느 하나에 해당하는 경우에는 제1항 각 호에 따른 작업을 도급하여 자신의 사업장에서 수급인의 근로자가 그 작업을 하도록 할 수 있다.
1. 일시적·간헐적으로 하는 작업을 도급하는 경우
2. 수급인이 보유한 기술이 전문적이고 해당 사업주의 사업 운영에 필수불가결한 경우로서 고용노동부장관의 승인을 받은 경우

③ 제2항 제2호에 따른 승인을 받은 작업을 도급받은 수급인은 그 작업을 하도급할 수 없다.

제□□조 도급인은 수급인의 근로자가 자신의 사업장에서 작업을 하는 경우, 자신의 근로자와 수급인의 근로자의 산업재해를 예방하기 위하여 필요한 안전조치 및 보건조치를 하여야 한다.

제△△조 고용노동부장관은 사업주가 다음 각 호의 어느 하나에 해당하는 경우에는 10억 원 이하의 과징금을 부과·징수할 수 있다.
1. 제○○조 제1항을 위반하여 도급한 경우
2. 제○○조 제2항 제2호를 위반하여 승인을 받지 아니하고 도급한 경우
3. 제○○조 제3항을 위반하여 재하도급한 경우

제◇◇조 제□□조를 위반한 자는 3년 이하의 징역 또는 3천만 원 이하의 벌금에 처한다.

※ 도급(都給): 공사 등을 타인(수급인)에게 맡기는 일

<상 황>

장신구 제조업체 甲(도급인)은 도금작업을 위해 도금 전문업체 乙(수급인)과 도급계약을 체결하였다.

① 도금작업이 일시적인 경우, 甲은 고용노동부장관의 승인 없이 乙의 근로자를 자신의 사업장에서 작업하도록 할 수 있다.
② 도금작업이 상시적인 경우, 甲이 乙의 근로자를 자신의 사업장에서 작업하도록 하였다면 3년 이하의 징역에 처한다.
③ 乙은 자신의 기술이 甲의 사업 운영에 필수불가결한 경우가 아니라면 그 작업을 하도급할 수 없다.
④ 乙의 근로자가 甲의 사업장에서 작업을 하는 경우, 안전조치 및 보건조치를 할 의무는 乙이 진다.
⑤ 甲이 자신의 사업장에서 작업을 하는 乙의 근로자에 대해 필요한 안전조치 및 보건조치를 하지 않을 경우, 고용노동부장관은 3억 원의 과징금을 부과할 수 있다.

문 68. 다음 글과 <상황>을 근거로 판단할 때 옳은 것은?

> 민사소송에서 법원은 원고가 청구한 금액의 한도 내에서만 판결을 해야 하고, 그 상한을 넘는 금액을 인정하는 판결을 해서는 안 된다. 예컨대 임대인(원고)이 임차인(피고)을 상대로 밀린 월세를 이유로 2천 4백만 원의 지급을 청구하는 소를 제기하였다. 이 경우 법원은 심리 결과 임차인의 밀린 월세를 2천만 원으로 판단하면 2천만 원을 지급하라고 판결해야 하지만, 3천만 원으로 판단하더라도 3천만 원을 지급하라고 판결할 수는 없다. 다만 임대인이 소송 도중 청구금액을 3천만 원으로 변경하면 비로소 법원은 3천만 원을 지급하라고 판결할 수 있다.
>
> 그런데 교통사고 등으로 신체상 손해를 입은 경우, 피해자인 원고는 적극적 손해(치료비), 소극적 손해(일실수익), 위자료 등 3가지 손해항목으로 금액을 나누어 손해배상을 청구하는 것이 일반적이다. 예컨대 교통사고 피해자가 적극적 손해 3백만 원, 소극적 손해 4백만 원, 위자료 2백만 원으로 손해항목을 나누고 그 총액인 9백만 원의 지급을 청구하는 소를 제기하는 것이다. 이와 관련하여 손해배상 총액을 초과하지 않으면, 법원이 손해항목별 상한을 넘는 금액을 인정하는 판결을 할 수 있는지가 문제된다. 위 사례에서 법원이 심리 결과 적극적 손해 2백만 원, 소극적 손해 5백만 원, 위자료 2백만 원이 타당하다고 판단한 경우, 피고가 원고에게 합계 9백만 원의 손해배상을 지급하라고 판결할 수 있는지에 대해 3가지 견해가 있다. A견해는 각 손해항목별로 금액의 상한을 초과하는 판결을 할 수 없다고 한다. B견해는 손해배상 총액의 상한만 넘지 않으면 손해항목별 상한 금액을 넘더라도 무방하다고 한다. C견해는 적극적 손해와 소극적 손해는 동일한 '재산상 손해'이지만 '위자료'는 정신적 고통에 대한 배상으로 그 성질이 다르다는 점을 중시하여, 적극적 손해와 소극적 손해를 합산한 '재산상 손해' 그리고 '위자료' 두 개의 손해항목으로 나누고 그 항목별 상한 금액을 넘지 않으면 된다고 한다.

※ 일실수익: 교통사고 등으로 사망하거나 신체상의 상해를 입은 사람이 장래 얻을 수 있는 수입액의 상실분

<상 황>

> 甲은 乙 소유의 주택에 화재를 일으켰다. 이로 인해 乙은 주택 소실에 따른 재산상 손해를 입었고 주택의 임차인 丙이 화상을 입었다. 이에 乙은 재산상 손해 6천만 원의 지급을 청구하는 소를, 丙은 치료비 1천만 원, 일실수익 1억 원, 위자료 5천만 원, 합계 1억 6천만 원의 지급을 청구하는 소를 甲을 상대로 각각 제기하였다.
>
> 법원은 심리 결과 乙의 재산상 손해는 5천만 원이고, 丙의 손해는 치료비 5백만 원, 일실수익 1억 2천만 원, 위자료 3천 5백만 원이 타당하다고 판단하였다.

① 법원은 甲이 乙에게 6천만 원을 지급하라고 판결해야 한다.
② 소송 도중 乙이 청구금액을 8천만 원으로 변경한 경우, 법원은 심리 결과 손해액을 5천만 원으로 판단하더라도 甲이 乙에게 8천만 원을 지급하라고 판결해야 한다.
③ A견해에 따르면, 법원은 甲이 丙에게 1억 6천만 원을 지급하라고 판결해야 한다.
④ B견해에 따르면, 법원은 甲이 丙에게 1억 4천만 원을 지급하라고 판결해야 한다.
⑤ C견해에 따르면, 법원은 甲이 丙에게 1억 4천 5백만 원을 지급하라고 판결해야 한다.

문 69. 다음 글을 근거로 판단할 때, <상황>의 ㉠ ~ ㉢을 옳게 짝지은 것은?

> 1957년 제정 저작권법은 저작물의 저작재산권을 저작자가 생존하는 동안과 사망한 후 30년간 존속하는 것으로 규정하고 있었다.
>
> 이후 1987년 개정 저작권법은 저작재산권을 저작자가 생존하는 동안과 사망 후 50년간 존속하도록 개정하여 저작재산권의 보호기간(이하 '보호기간'이라 한다)을 연장하였다. 다만 1987년 저작권법이 시행된 1987. 7. 1. 이전에 1957년 저작권법에 따른 보호기간이 이미 경과한 저작물은 더 이상 보호하지 않는 것으로 규정하였다.
>
> 또한 2011년 개정 저작권법은 보호기간을 저작자 생존기간 동안과 사망 후 70년간으로 개정하였으며, 다만 2011년 저작권법이 시행된 2013. 7. 1. 이전에 1987년 저작권법에 따른 보호기간이 이미 경과한 저작물은 더 이상 보호하지 않는 것으로 규정하였다.
>
> 한편 보호기간을 산정할 때는 저작자가 사망한 다음 해의 1월 1일을 기산일(起算日)로 한다. 예컨대 '저작물 X'를 창작한 저작자 甲이 1957. 4. 1. 사망하였다면 저작물 X의 보호기간은 1958. 1. 1.부터 기산하여 1987년 저작권법에 의해 2007. 12. 31.까지 연장되지만, 2011년 저작권법에 따르면 보호기간이 이미 만료된 상태이다.

<상 황>

> '저작물 Y'를 창작한 저작자 乙은 1963. 1. 1. 사망하였다. 저작물 Y의 보호기간은 1957년 제정 저작권법에 따르면 (㉠)이고, 1987년 개정 저작권법에 따르면 (㉡)이며, 2011년 개정 저작권법에 따르면 (㉢)이다.

	㉠	㉡	㉢
①	1992. 1. 1.까지	2012. 1. 1.까지	이미 만료된 상태
②	1992. 12. 31.까지	2012. 12. 31.까지	이미 만료된 상태
③	1992. 12. 31.까지	2012. 12. 31.까지	2032. 12. 31.까지
④	1993. 12. 31.까지	2013. 12. 31.까지	이미 만료된 상태
⑤	1993. 12. 31.까지	2013. 12. 31.까지	2033. 12. 31.까지

문 70. 다음 글과 <상황>을 근거로 판단할 때 옳은 것은?

> 제○○조(신고) 식품판매업을 하려는 자는 영업소 소재지를 관할하는 시장·군수·구청장(이하 '시장 등'이라 한다)에게 신고해야 한다.
> 제□□조(준수사항) ① 식품판매업자는 다음 각 호의 사항을 지켜야 한다.
> 1. 소비기한이 경과된 식품을 판매의 목적으로 진열·보관하거나 이를 판매하지 말 것
> 2. 식중독 발생 시 보관 또는 사용 중인 식품은 역학조사가 완료될 때까지 폐기하지 않고 원상태로 보존하여야 하며, 식중독 원인규명을 위한 행위를 방해하지 말 것
>
> ② 관할 시장 등은 식품판매업자가 제1항을 위반한 경우에는 6개월 이내의 기간을 정하여 그 영업의 전부 또는 일부를 정지하거나 영업소 폐쇄를 명할 수 있다.
> ③ 관할 시장 등은 다음 각 호의 행위를 신고한 자에게는 포상금을 지급한다.
> 1. 제1항 제1호에 위반되는 행위: 7만 원
> 2. 제2항에 따른 영업정지 또는 영업소 폐쇄명령에 위반하여 영업을 계속하는 행위: 20만 원
>
> 제◇◇조(제품교환 등) 식품판매업자는 소비자에게 다음 각 호에 따른 조처를 이행해야 한다.
> 1. 소비자가 소비기한이 경과한 식품을 구입한 경우: 제품 교환 또는 구입가 환급
> 2. 소비자가 제1호의 식품을 섭취함으로써 신체에 부작용이 발생한 경우: 치료비, 경비 및 일실소득 배상
>
> 제△△조(벌칙) 다음 각 호의 어느 하나에 해당하는 식품판매업자는 3년 이하의 징역 또는 3천만 원 이하의 벌금에 처한다.
> 1. 제□□조 제1항의 사항을 위반한 경우
> 2. 제□□조 제2항의 명령을 위반하여 영업을 계속한 경우

<상 황>

> 식품판매업자 甲은 A도 B군에 영업소를 두고 있다. 乙은 甲의 영업소에 진열되어 있는 C식품을 구입하였는데, 집에서 확인해보니 구매 당시 이미 소비기한이 지나 있었고 이 사실을 친구 丙에게 알려 주었다.

① A도지사는 소비기한이 경과된 식품을 판매한 甲에 대해 1개월의 영업정지 명령을 내릴 수 있다.
② 甲에 대한 영업정지 또는 영업소 폐쇄명령 여부에 관계없이 甲은 3년 이하의 징역에 처해질 수 있다.
③ 乙이 C식품에 대해 제품교환을 요구하는 경우, 甲은 乙에게 제품교환과 함께 구입가 환급을 해 주어야 한다.
④ 丙이 甲의 소비기한 경과 식품 판매 사실을 신고한 경우, 乙과 丙은 각각 7만 원의 포상금을 지급받는다.
⑤ 乙이 C식품의 일부를 먹고 식중독에 걸렸는데 먹다 남은 C식품을 丙이 폐기함으로써 식중독 원인규명이 방해된 경우, 丙은 500만 원의 벌금에 처해질 수 있다.

문 71. 다음 글과 <상황>을 근거로 판단할 때, <보기>에서 A가 가맹금을 반환해야 하는 것만을 모두 고르면?

> 제○○조(정보공개서의 제공의무) 가맹본부는 가맹희망자에게 정보공개서를 제공하지 아니하였거나 제공한 날부터 14일이 지나지 아니한 경우에는 다음 각 호의 행위를 하여서는 아니 된다.
> 1. 가맹희망자로부터 가맹금을 수령하는 행위
> 2. 가맹희망자와 가맹계약을 체결하는 행위
>
> 제□□조(허위·과장된 정보제공의 금지) 가맹본부는 가맹희망자나 가맹점사업자에게 정보를 제공함에 있어서 다음 각 호의 행위를 하여서는 아니 된다.
> 1. 사실과 다르게 정보를 제공하거나 사실을 부풀려 정보를 제공하는 행위
> 2. 계약의 체결·유지에 중대한 영향을 미치는 사실을 은폐하거나 축소하는 방법으로 정보를 제공하는 행위
>
> 제△△조(가맹금의 반환) 가맹본부는 다음 각 호의 어느 하나에 해당하는 경우에는 가맹희망자나 가맹점사업자가 서면으로 요구하면 가맹금을 반환하여야 한다.
> 1. 가맹본부가 제○○조를 위반한 경우로서 가맹희망자 또는 가맹점사업자가 가맹계약 체결 전 또는 가맹계약의 체결일부터 4개월 이내에 가맹금의 반환을 요구하는 경우
> 2. 가맹본부가 제□□조를 위반한 경우로서 가맹희망자가 가맹계약 체결 전에 가맹금의 반환을 요구하는 경우
> 3. 가맹본부가 정당한 사유 없이 가맹사업을 일방적으로 중단한 경우로서 가맹희망자 또는 가맹점사업자가 가맹사업의 중단일부터 4개월 이내에 가맹금의 반환을 요구하는 경우

<상 황>

> 甲, 乙, 丙은 가맹본부 A에게 지급했던 가맹금의 반환을 2023. 2. 27. 서면으로 A에게 요구하였다.

<보 기>

> ㄱ. 2023. 1. 18. A가 甲에게 정보공개서를 제공하고, 2023. 1. 30. 가맹계약을 체결한 경우
> ㄴ. 2022. 9. 27. 가맹계약을 체결한 乙이 건강상의 이유로 2023. 1. 3. 가맹점사업을 일방적으로 중단한 경우
> ㄷ. 2023. 3. 7. 가맹계약을 체결할 예정인 가맹희망자 丙에게 A가 2023. 2. 10. 제공하였던 정보공개서상 정보의 내용이 사실과 다른 경우

① ㄱ
② ㄷ
③ ㄱ, ㄴ
④ ㄱ, ㄷ
⑤ ㄴ, ㄷ

문 72. 다음 글과 <상황>을 근거로 판단할 때 옳은 것은?

제00조(입주민대표회의 구성) ① 입주민대표회는 공동주택의 각 동별로 선출된 입주민대표자(이하 '동대표자'라 한다)들로 구성된다.
② 동대표자는 동대표자 선출공고에서 정한 각종 서류 제출 마감일(이하 '서류 제출 마감일'이라 한다)을 기준으로 해당 동에 주민등록을 마친 후 계속하여 6개월 이상 거주하고 있는 입주민 중에서 선출한다.
③ 서류 제출 마감일을 기준으로 다음 각 호의 어느 하나에 해당하는 사람은 동대표자가 될 수 없고, 이에 해당하면 그 자격을 상실한다.
1. 미성년자, 피성년후견인 또는 피한정후견인
2. 파산자
3. 금고형 또는 징역형의 실형 선고가 확정되고 그 집행이 끝나거나 집행이 면제된 날부터 2년이 지나지 아니한 사람
4. 금고형 또는 징역형의 집행유예 선고가 확정되고 그 유예기간 중에 있는 사람
④ 동대표자가 임기 중에 제2항에 따른 자격요건을 충족하지 않게 된 경우나 제3항 각 호에 따른 결격사유에 해당하게 된 경우에는 당연히 퇴임한다.

<상 황>

K공동주택은 A, B, C, D동으로 구성되어 있고, 甲은 A동, 乙은 B동, 丙은 C동, 丁은 D동의 입주민이다.

① K공동주택의 입주민대표회는 A, B, C, D동의 동별 구분 없이 선출된 입주민대표자들로 구성된다.
② 서류 제출 마감일이 2023. 3. 2.이고 선출일이 2023. 3. 31.인 A동대표자 선출에서, 2023. 3. 20.에 성년이 되는 甲은 A동 대표자가 될 수 있다.
③ 서류 제출 마감일이 2023. 1. 2.인 B동대표자의 선출에서, B동에 2022. 7. 29. 주민등록을 마쳤고 계속 거주하여 온 乙은 B동대표자로 선출될 자격이 있다.
④ 징역 2년의 실형 선고를 받고 2020. 1. 1.에 그 집행이 종료된 丙이 C동대표자 선출을 위한 서류 제출 마감일인 2023. 1. 2. 현재 파산자인 경우, C동대표자로 선출될 수 있다.
⑤ 임기가 2023. 12. 31.까지인 D동대표자 丁에 대하여 2023. 3. 7.에 징역 6개월 집행유예 1년의 선고가 확정된다면, 丁은 D동대표자의 직에서 당연히 퇴임한다.

문 73. 다음 글과 <상황>을 근거로 판단할 때 옳은 것은?

□ 특허무효심판
가. 특허청에 등록된 특허를 무효로 하기 위해서는 이해관계인 또는 특허청 심사관이 특허권자를 상대로 특허심판원에 특허무효심판을 제기해야 한다.
나. 특허심판원은 특허가 무효라고 판단하면 인용심결을, 특허가 유효라고 판단하면 기각심결을 선고하여 심판을 종료한다. 특허의 유·무효에 관한 심결이 잘못되었음을 주장하여 심결에 대해 불복하는 자는 심결의 등본을 송달받은 날부터 30일 이내에 특허법원에 심결취소의 소를 제기해야 한다.

□ 심결취소의 소
가. 특허법원은 특허의 유·무효에 관한 특허심판원의 심결에 잘못이 없다고 인정한 경우에는 기각판결을, 잘못이 있다고 인정한 경우에는 인용판결을 선고하여 소송을 종료한다. 예컨대 특허심판원의 인용심결에 대해 특허법원 역시 특허가 무효라고 판단하여 심결에 잘못이 없다고 인정하면 기각판결을 한다. 특허법원의 판결이 잘못되었음을 주장하여 판결에 대해 불복하는 자는 판결의 등본을 송달받은 날부터 2주 이내에 대법원에 상고해야 한다.
나. 대법원은 특허법원의 판결에 잘못이 없다고 인정한 경우에는 기각판결을, 잘못이 있다고 인정한 경우에는 인용판결을 선고하여 상고심을 종료한다. 이 판결에 대해서는 불복할 수 없다.

<상 황>

특허청에 등록된 甲의 특허에 대해서 이해관계인 乙이 특허무효심판을 제기하였다.

① 특허심판원은 甲의 특허가 무효라고 판단한 경우, 기각심결을 선고하여 심판을 종료한다.
② 특허심판원의 인용심결이 선고된 경우, 乙은 심결의 등본을 송달받은 날부터 30일 이내에 특허법원에 심결취소의 소를 제기해야 한다.
③ 특허심판원의 인용심결에 대한 심결취소의 소에서 특허법원이 甲의 특허가 유효하다고 판단한 경우, 인용판결을 선고해야 한다.
④ 특허심판원의 기각심결에 대한 심결취소의 소에서 특허법원이 기각판결을 선고하고 이에 대한 상고심에서 기각판결이 선고된 경우, 대법원은 甲의 특허가 무효라고 판단한 것이다.
⑤ 특허심판원의 기각심결에 대한 심결취소의 소에서 특허법원이 기각판결을 선고하고 이에 대한 상고심에서 기각판결이 선고된 경우, 乙은 상고심 판결의 등본을 송달받은 날부터 2주 이내에 불복할 수 있다.

상황제시

문 74. 다음 글과 <상황>을 근거로 판단할 때 옳은 것은?

제○○조(특허표시 및 특허출원표시) ① 특허권자는 다음 각 호의 구분에 따른 방법으로 특허표시를 할 수 있다.
1. 물건의 특허발명의 경우: 그 물건에 "특허"라는 문자와 그 특허번호를 표시
2. 물건을 생산하는 방법의 특허발명의 경우: 그 방법에 따라 생산된 물건에 "방법특허"라는 문자와 그 특허번호를 표시

② 특허출원인은 다음 각 호의 구분에 따른 방법으로 특허출원표시를 할 수 있다.
1. 물건의 특허출원의 경우: 그 물건에 "특허출원(심사중)"이라는 문자와 그 출원번호를 표시
2. 물건을 생산하는 방법의 특허출원의 경우: 그 방법에 따라 생산된 물건에 "방법특허출원(심사중)"이라는 문자와 그 출원번호를 표시

③ 제1항 또는 제2항에 따른 특허표시 또는 특허출원표시를 할 수 없는 물건의 경우에는 그 물건의 용기 또는 포장에 특허표시 또는 특허출원표시를 할 수 있다.

제□□조(허위표시의 금지) 누구든지 특허된 것이 아닌 물건, 특허출원 중이 아닌 물건, 특허된 것이 아닌 방법이나 특허출원 중이 아닌 방법에 의하여 생산한 물건 또는 그 물건의 용기나 포장에 특허표시 또는 특허출원표시를 하거나 이와 혼동하기 쉬운 표시를 하는 행위를 하여서는 아니 된다.

제△△조(허위표시의 죄) ① 제□□조를 위반한 자는 3년 이하의 징역 또는 3천만 원 이하의 벌금에 처한다.
② 법인의 대표자나 법인 또는 개인의 대리인, 사용인, 그 밖의 종업원이 그 법인 또는 개인의 업무에 관하여 제□□조에 해당하는 위반행위를 하면 그 행위자를 벌하는 외에 그 법인에는 6천만 원 이하의 벌금형을, 그 개인에게는 제1항의 벌금형을 과한다.

<상 황>

○ 물건의 특허발명에 해당하는 잠금장치를 발명한 甲은 그 발명에 대해 특허를 출원하여 특허권을 부여받은 후, 乙을 고용하여 해당 잠금장치를 생산하고 있다.
○ 황금색 도자기를 생산하는 방법을 발명한 丙은 그 발명에 대해 특허출원 중이며, 그 방법에 따라 황금색 도자기를 생산하고 있다. 丁은 丙의 황금색 도자기를 포장하는 데 사용되는 종이박스를 생산하고 있다.

① 甲이 잠금장치에 "방법특허"라는 문자와 특허번호를 표시한 경우, 허위표시에 해당하지 않는다.
② 丙이 황금색 도자기의 밑부분에 "특허출원(심사중)"이라는 문자와 출원번호를 표시한 경우, 허위표시에 해당하지 않는다.
③ 甲이 잠금장치에 특허표시를 하지 않은 경우, 허위표시의 죄로 처벌된다.
④ 甲의 지시에 따라 乙이 잠금장치에 허위의 특허표시를 한 경우, 乙은 허위표시의 죄로 처벌되지 않는다.
⑤ 丁이 丙의 황금색 도자기를 포장하는 종이박스에 허위의 특허출원표시를 한 경우, 丁은 허위표시의 죄로 처벌된다.

문 75. 다음 글과 <상황>을 근거로 판단할 때 옳은 것은?

제○○조(허가신청) ① 대기관리권역에서 총량관리대상 오염물질을 배출량 기준을 초과하여 배출하는 사업장을 설치하거나 이에 해당하는 사업장으로 변경하려는 자는 환경부장관으로부터 사업장 설치의 허가를 받아야 한다. 허가받은 사항을 변경하는 경우에도 같다.
② 제1항의 허가 또는 변경허가를 받으려는 자는 사업장의 설치 또는 변경의 허가신청서를 환경부장관에게 제출하여야 한다.

제□□조(허가제한) 환경부장관은 제○○조 제1항에 따른 설치 또는 변경의 허가신청을 받은 경우, 그 사업장의 설치 또는 변경으로 인하여 지역배출허용총량의 범위를 초과하게 되면 이를 허가하여서는 아니 된다.

제△△조(허가취소 등) ① 사업자가 거짓이나 그 밖의 부정한 방법으로 제○○조 제1항에 따른 허가 또는 변경허가를 받은 경우, 환경부장관은 그 허가 또는 변경허가를 취소할 수 있다.
② 환경부장관은 다음 각 호의 자에 대하여 해당 사업장의 폐쇄를 명할 수 있다.
1. 거짓이나 그 밖의 부정한 방법으로 제○○조 제1항에 따른 허가 또는 변경허가를 받은 자
2. 제○○조 제1항에 따른 허가 또는 변경허가를 받지 아니하고 사업장을 설치·운영하는 자

제◇◇조(벌칙) 다음 각 호의 어느 하나에 해당하는 자는 7년 이하의 징역 또는 2억 원 이하의 벌금에 처한다.
1. 제○○조 제1항에 따른 허가 또는 변경허가를 받지 아니하고 사업장을 설치하거나 변경한 자
2. 제△△조 제2항에 따른 사업장폐쇄명령을 위반한 자

<상 황>

甲 ~ 戊는 대기관리권역에서 총량관리대상 오염물질을 배출량 기준을 초과하여 배출하는 사업장을 설치하려 한다.

① 甲이 사업장 설치의 허가를 받은 경우, 이후 허가받은 사항을 변경하는 때에는 별도의 허가가 필요없다.
② 乙이 허가를 받지 않고 사업장을 설치한 경우, 7년의 징역과 2억 원의 벌금에 처한다.
③ 丙이 허가를 받지 않고 사업장을 설치·운영한 경우, 환경부장관은 해당 사업장의 폐쇄를 명할 수 있다.
④ 丁이 사업장 설치의 허가를 신청한 경우, 그 설치로 인해 지역배출허용총량의 범위를 초과하더라도 환경부장관은 이를 허가할 수 있다.
⑤ 戊가 사업장 설치의 허가를 부정한 방법으로 받은 경우에도 환경부장관은 그 허가를 취소할 수 없다.

Ⅳ | 계산·비교형

조·항·호·목의 전형적인 형식의 법조문이나 TEXT 등 어떤 형식으로든 '규칙'을 제시하고, 이를 적용해야 할 〈상황〉을 함께 제시하는 것이 기본구성이어서 '상황제시형'과 유사하지만 '계산'을 요구한다는 차이점이 있다.

다음의 사항들에 특히 주의하며 문제를 풀어보도록 하자.

1. 다른 유형의 문제를 풀 때의 일반적인 주의사항이 이 유형에도 통용되므로 동등한 수준과 내용의 주의를 기울인다.
2. 계산의 방식이 '수식'으로 제시되어 있으면 필요한 수치를 찾아 대입하면 되므로, 규칙을 꼼꼼히 확인하여 정확히 이해하고 적합한 수치를 제대로 찾는 데에 집중한다.
3. 계산의 방식이 조문(문장)으로 제시되어 있으면, '문장이 설명하는 순서대로' 필요한 수치를 찾아 대입하면 된다. 계산방식을 설명하는 문장은 반드시 계산이 진행되는 순서를 그대로 반영하므로, 당황하거나 서두르지 말고 문장에 등장하는 관련 단어에 해당하는 수치를 정확히 찾아 대입하고 문장이 설명하는 순서대로 따라가며 계산한다.
4. 잘못된 수치를 대입하지 않도록 제시된 규정을 정확히 이해하는 데에 충분한 노력을 들여야 한다.
5. 일반적인 계산·비교형 문제를 풀 때에 효율을 살리기 위한 테크닉들은 법조문을 소재로 하는 경우에도 동일하게 적용할 수 있다. 특히 '비교형 문제'에서는 '규칙을 한 개씩만 적용하여 대상을 우선 선별'하고, '비교에 꼭 필요한 만큼의 최소계산'으로 정답을 찾는다는 원칙을 지켜주면 문제풀이의 효율성이 확실히 높아진다.

문 1. 다음 제시문을 근거로 할 때 <사례>의 빈 칸에 들어갈 점수는?

1. 누진계급의 구분 및 진급
① 교도소장은 수형자에 대한 단계별 처우를 위하여 수형자의 행형(行刑)성적에 따라 누진계급을 제1급, 제2급, 제3급, 제4급으로 구분한다.
② 신입수형자는 제4급에 편입하고 행형성적에 따라 단계별로 상위계급으로 진급시킨다.
③ 계급의 진급은 각 계급의 책임점수를 매월 소득점수로 모두 공제한 때에 이루어진다. 만약 책임점수를 공제하고 소득점수가 남아있는 경우에는 이를 다음 계급의 소득점수로 인정한다.
2. 책임점수 및 소득점수
① 각 계급의 책임점수는 집행할 형기를 월 단위로 환산하여 이에 수형자의 개선급 유형 및 범수(犯數)별 점수를 곱하여 얻은 수로 한다(책임점수 = 집행할 형기의 개월 수 × 개선급 유형 및 범수별 점수).
② 책임점수는 계급이 바뀔 때마다 잔여형기를 기준으로 다시 부여한다.
③ 개선급은 범죄성향의 강화와 개선정도에 따라 책임점수의 산정기준이 되는 분류급을 의미한다. 개선급 유형 및 범수별 점수는 다음과 같다.

<개선급 유형 및 범수별 점수>

개선급 유형		범수별 점수	
구분	판단기준	초범	2범 이상
A급	범죄성향이 강화되지 아니한 자로서 개선이 가능한 자	2점	2.5점
B급	범죄성향이 강화된 자로서 개선이 가능한자	3점	3.5점
C급	범죄성향이 강화된 자로서 개선이 곤란한 자	4점	4.5점

④ 매월의 소득점수 산정은 소행점수, 작업점수, 상훈점수의 합산에 의한다

<사 례>

초범인 갑은 법원에서 징역 5년 2개월 형을 선고받고 교도소에 수감되었다(잔여형기 5년). 그리고 교도소 심사에서 '범죄성향이 강화되지 아니한 자로서 개선이 가능한 자'라는 판정을 받았다. 갑이 12개월 만에 129점의 소득점수를 얻어 제3급으로 진급하였다면 제2급으로 진급하기 위해서는 앞으로 최소한 (　　)점을 더 획득하여야 한다.

① 81
② 87
③ 96
④ 111
⑤ 115

문 2. 다음 글을 읽고, <보기>의 A, B, C에 해당하는 금액은?

카지노를 경영하는 사업자는 아래의 징수비율에 해당하는 금액(납부금)을 '관광진흥개발기금'에 내야 한다. 만일 납부기한까지 납부금을 내지 않으면, 체납된 납부금에 대해서 100분의 3에 해당하는 가산금이 1회에 한하여 부과된다(다만 가산금에 대한 연체료는 없다).

<납부금 징수비율>
○ 연간 총매출액이 10억 원 이하인 경우 : 총매출액의 100분의 1
○ 연간 총매출액이 10억 원을 초과하고 100억 원 이하인 경우 : 1천만 원 + (총매출액 중 10억 원을 초과하는 금액의 100분의 5)
○ 연간 총매출액이 100억 원을 초과하는 경우 : 4억 6천만 원 + (총매출액 중 100억 원을 초과하는 금액의 100분의 10)

<보 기>

카지노 사업자 甲의 연간 총매출액은 10억 원, 사업자 乙의 경우는 90억 원, 사업자 丙의 경우는 200억 원이다.
○ 甲이 납부금 전액을 체납했을 때, 체납된 납부금에 대한 가산금은 (A)만 원이다.
○ 乙이 기한 내 납부금으로 4억 원만을 낸 때, 체납된 납부금에 대한 가산금은 (B)만 원이다.
○ 丙이 기한 내 납부금으로 14억 원만을 낸 때, 체납된 납부금에 대한 가산금은 (C)만 원이다.

	A	B	C
①	30	30	180
②	30	30	3,180
③	30	180	180
④	180	30	3,180
⑤	180	180	3,180

문 3. 다음은 ○○사의 <여비규정>과 <국외여비정액표>이다. 이 회사의 A 이사가 아래 여행일정에 따라 국외출장을 가는 경우, 총일비, 총숙박비, 총식비는 각각 얼마인가? (다만 국가간 이동은 모두 항공편으로 한다)

<여비규정>

제00조(여비의 종류) 여비는 운임·일비·숙박비·식비·이전비·가족여비 및 준비금 등으로 구분한다.

제00조(여행일수의 계산) 여행일수는 여행에 실제로 소요되는 일수에 의한다. 국외여행의 경우에는 국내 출발일은 목적지를, 국내 도착일은 출발지를 여행하는 것으로 본다.

제00조(여비의 구분계산) ① 여비 각 항목은 구분하여 계산한다.

② 같은 날에 여비액을 달리하여야 할 경우에는 많은 액을 기준으로 지급한다. 다만 숙박비는 숙박지를 기준으로 한다.

제00조(일비·숙박비·식비의 지급) ① 국외여행자의 경우는 <국외여비정액표>에서 정하는 바에 따라 지급한다.

② 일비는 여행일수에 따라 지급한다.

③ 숙박비는 숙박하는 밤의 수에 따라 지급한다. 다만 항공편 이동 중에는 따로 숙박비를 지급하지 아니한다.

④ 식비는 여행일수에 따라 이를 지급한다. 다만 항공편 이동 중 당일의 식사 기준시간이 모두 포함되어 있는 경우는 식비를 제공하지 않는다.

⑤ 식사 시간은 현지 시각 08시(조식), 12시(중식), 18시(석식)를 기준으로 한다.

<국외여비정액표>

(단위 : 달러)

구분	국가등급	일비	숙박비	식비 (1일 기준)
이사	다	80	233	102
	라	70	164	85

<A 이사의 여행일정>

1일째 : (06 : 00) 출국
2일째 : (07 : 00) 갑국(다 등급지역) 도착
(18 : 00) 만찬
3일째 : (09 : 00) 회의
(15 : 00) 갑국 출국
(17 : 00) 을국(라 등급지역) 도착
4일째 : (09 : 00) 회의
(18 : 00) 만찬
5일째 : (22 : 00) 을국 출국
6일째 : (20 : 00) 귀국

※ 시각은 현지 기준이고, 날짜변경선의 영향은 없는 것으로 가정한다.

	총일비(달러)	총숙박비(달러)	총식비(달러)
①	440	561	374
②	440	725	561
③	450	561	374
④	450	561	561
⑤	450	725	561

문 4. 甲국은 곧 실시될 2011년 지역구국회의원선거에서 다음 규정과 <상황>에 근거하여 세 정당(A, B, C)에게 여성추천보조금을 지급하고자 한다. 각 정당이 지급받을 금액으로 옳은 것은?

제00조 ① 국가는 임기만료에 의한 지역구국회의원선거(이하 '국회의원선거'라 한다)에서 여성후보자를 추천하는 정당에 지급하기 위한 보조금(이하 '여성추천보조금'이라 한다)으로 직전 실시한 임기만료에 의한 국회의원선거의 선거권자 총수에 100원을 곱한 금액을 임기만료에 의한 국회의원선거가 있는 연도의 예산에 계상하여야 한다.

② 여성추천보조금은 국회의원선거에서 여성후보자를 추천한 정당에 대하여 다음 각 호의 기준에 따라 배분·지급한다. 이 경우 제1항의 규정에 의하여 당해 연도의 예산에 계상된 여성추천보조금의 100분의 50을 국회의원선거의 여성추천보조금 총액(이하 '총액'이라고 한다)으로 한다.

1. 여성후보자를 전국지역구총수의 100분의 30 이상 추천한 정당이 있는 경우
총액의 100분의 50은 지급 당시 정당별 국회의석수의 비율만큼, 총액의 100분의 50은 직전 실시한 임기만료에 의한 국회의원선거에서의 득표수의 비율만큼 배분·지급한다.
2. 여성후보자를 전국지역구총수의 100분의 30 이상 추천한 정당이 없는 경우
가. 여성후보자를 전국지역구총수의 100분의 15 이상 100분의 30 미만을 추천한 정당
제1호의 기준에 따라 배분·지급한다.
나. 여성후보자를 전국지역구총수의 100분의 5 이상 100분의 15 미만을 추천한 정당
총액의 100분의 30은 지급 당시 정당별 국회의석수의 비율만큼, 총액의 100분의 30은 직전 실시한 임기만료에 의한 국회의원선거에서의 득표수의 비율만큼 배분·지급한다. 이 경우 하나의 정당에 배분되는 여성추천보조금은 '가목'에 의하여 각 정당에 배분되는 여성추천보조금 중 최소액을 초과할 수 없다.

<상 황>

1. 직전 실시한 임기만료에 의한 지역구국회의원선거의 선거권자 총수는 4,000만 명이다.
2. 2011년 현재 전국지역구총수는 200개이다.
3. 2011년 지역구국회의원선거에서 여성후보자를 A정당은 50명, B정당은 30명, C정당은 20명을 추천했다.
4. 현재 국회의원 의석수의 비율은 A정당 50%, B정당 40%, C정당 10%이다.
5. 직전 실시한 임기만료에 의한 지역구국회의원선거의 득표수 비율은 A정당 40%, B정당 40%, C정당 20%였다.

	A	B	C
①	4억 5천만 원	4억 원	9천만 원
②	5억 4천만 원	4억 4천만 원	1억 6천 8백만 원
③	5억 4천만 원	4억 4천만 원	1억 8천만 원
④	9억 원	8억 원	1억 6천 8백만 원
⑤	9억 원	8억 원	1억 8천만 원

문 5. 甲, 乙, 丙은 서울특별시(수도권 중 과밀억제권역에 해당) ○○동 소재 3층 주택 소유자와 각 층별로 임대차 계약을 체결하고 현재 거주하고 있는 임차인들이다. 이들의 보증금은 각각 5,800만 원, 2,000만 원, 1,000만 원이다. 위 주택 전체가 경매절차에서 주택가액 8,000만 원에 매각되었고, 甲, 乙, 丙 모두 주택에 대한 경매신청 등기 전에 주택의 인도와 주민등록을 마쳤다. 乙과 丙이 담보물권자보다 우선하여 변제받을 수 있는 금액의 합은? (단, 확정일자나 경매비용은 무시한다)

제00조 ① 임차인은 보증금 중 일정액을 다른 담보물권자(擔保物權者)보다 우선하여 변제받을 권리가 있다. 이 경우 임차인은 주택에 대한 경매신청의 등기 전에 주택의 인도와 주민등록을 마쳐야 한다.

② 제1항에 따라 우선변제를 받을 보증금 중 일정액의 범위는 다음 각 호의 구분에 의한 금액 이하로 한다.

1. 수도권정비계획법에 따른 수도권 중 과밀억제권역: 2,000만 원
2. 광역시(군지역과 인천광역시지역은 제외): 1,700만 원
3. 그 밖의 지역: 1,400만 원

③ 임차인의 보증금 중 일정액이 주택가액의 2분의 1을 초과하는 경우에는 주택가액의 2분의 1에 해당하는 금액까지만 우선변제권이 있다.

④ 하나의 주택에 임차인이 2명 이상이고 그 각 보증금 중 일정액을 모두 합한 금액이 주택가액의 2분의 1을 초과하는 경우, 그 각 보증금 중 일정액을 모두 합한 금액에 대한 각 임차인의 보증금 중 일정액의 비율로 그 주택가액의 2분의 1에 해당하는 금액을 분할한 금액을 각 임차인의 보증금 중 일정액으로 본다.

제00조 전조(前條)에 따라 우선변제를 받을 임차인은 보증금이 다음 각 호의 구분에 의한 금액 이하인 임차인으로 한다.

1. 수도권정비계획법에 따른 수도권 중 과밀억제권역: 6,000만 원
2. 광역시(군지역과 인천광역시지역은 제외): 5,000만 원
3. 그 밖의 지역: 4,000만 원

① 2,200만 원
② 2,300만 원
③ 2,400만 원
④ 2,500만 원
⑤ 2,600만 원

문 6. 다음 글과 <상황>을 근거로 판단할 때, 甲이 납부하는 송달료의 합계는?

송달이란 소송의 당사자와 그 밖의 이해관계인에게 소송상의 서류의 내용을 알 수 있는 기회를 주기 위해 법에 정한 방식에 따라 하는 통지행위를 말하며, 송달에 드는 비용을 송달료라고 한다. 소 또는 상소를 제기하려는 사람은, 소장이나 상소장을 제출할 때 당사자 수에 따른 계산방식으로 산출된 송달료를 수납은행(대부분 법원구내 은행)에 납부하고 그 은행으로부터 교부받은 송달료납부서를 소장이나 상소장에 첨부하여야 한다. 송달료 납부의 기준은 아래와 같다.

○ 소 또는 상소 제기 시 납부해야 할 송달료
  가. 민사 제1심 소액사건: 당사자 수 × 송달료 10회분
  나. 민사 제1심 소액사건 이외의 사건: 당사자 수 × 송달료 15회분
  다. 민사 항소사건: 당사자 수 × 송달료 12회분
  라. 민사 상고사건: 당사자 수 × 송달료 8회분
○ 송달료 1회분: 3,200원
○ 당사자: 원고, 피고
○ 사건의 구별
  가. 소액사건: 소가 2,000만 원 이하의 사건
  나. 소액사건 이외의 사건: 소가 2,000만 원을 초과하는 사건

※ 소가(訴價)라 함은 원고가 승소하면 얻게 될 경제적 이익을 화폐단위로 평가한 금액을 말한다.

<상 황>

甲은 보행로에서 자전거를 타다가 乙의 상품진열대에 부딪쳐서 부상을 당하였고, 이 상황을 丙이 목격하였다. 甲은 乙에게 자신의 병원치료비와 위자료를 요구하였다. 그러나 乙은 甲의 잘못으로 부상당한 것으로 자신에게는 책임이 없으며, 오히려 甲때문에 진열대가 파손되어 손해가 발생했으므로 甲이 손해를 배상해야 한다고 주장하였다. 甲은 자신을 원고로, 乙을 피고로 하여 병원치료비와 위자료로 합계 금 2,000만 원을 구하는 소를 제기하였다. 제1심 법원은 증인 丙의 증언을 바탕으로 甲에게 책임이 있다는 乙의 주장이 옳다고 인정하여, 甲의 청구를 기각하는 판결을 선고하였다. 이 판결에 대해서 甲은 항소를 제기하였다.

① 76,800원
② 104,800원
③ 124,800원
④ 140,800원
⑤ 172,800원

문 7. 다음 글과 <법조문>을 근거로 판단할 때, 甲이 乙에게 2,000만 원을 1년간 빌려주면서 선이자로 800만 원을 공제하고 1,200만 원만을 준 경우, 乙이 갚기로 한 날짜에 甲에게 전부 변제하여야 할 금액은?

돈이나 물품 등을 빌려 쓴 사람이 돈이나 같은 종류의 물품을 같은 양만큼 갚기로 하는 계약을 소비대차라 한다. 소비대차는 이자를 지불하기로 약정할 수 있고, 그 이자는 일정한 이율에 의하여 계산한다. 이런 이자는 돈을 빌려주면서 먼저 공제할 수도 있는데, 이를 선이자라 한다. 한편 약정 이자의 상한에는 법률상의 제한이 있다.

<법조문>

제00조 ① 금전소비대차에 관한 계약상의 최고이자율은 연 30%로 한다.
② 계약상의 이자로서 제1항에서 정한 최고이자율을 초과하는 부분은 무효로 한다.
③ 약정금액(당초 빌려주기로 한 금액)에서 선이자를 사전 공제한 경우, 그 공제액이 '채무자가 실제 수령한 금액'을 기준으로 하여 제1항에서 정한 최고이자율에 따라 계산한 금액을 초과하면 그 초과부분은 약정금액의 일부를 변제한 것으로 본다.

① 760만 원
② 1,000만 원
③ 1,560만 원
④ 1,640만 원
⑤ 1,800만 원

문 8. 다음 글과 <상황>을 근거로 판단할 때, 甲주식회사에 대한 부가가치세 과세표준액은?

수출하는 재화가 선박에 선적 완료된 날을 공급시기로 한다. 수출대금을 외국통화로 받는 경우에는 아래와 같이 환산한 금액을 부가가치세 과세표준액으로 한다.

○ 공급시기 전에 환가한 경우
수출재화의 공급시기 전에 수출대금을 외화로 받아 외국환 은행을 통하여 원화로 환가한 경우에는 환가 당일의 '적용환율'로 계산한 금액

○ 공급시기 이후에 환가한 경우
수출재화의 공급시기까지 외화로 받은 수출대금을 원화로 환가하지 않고 공급시기 이후에 외국환 은행을 통하여 원화로 환가한 경우 또는 공급시기 이후에 외화로 받은 수출대금을 외국환 은행을 통하여 원화로 환가한 경우에는 공급시기의 '기준환율'로 계산한 금액

<상 황>

甲주식회사는 미국의 A법인과 2월 4일 수출계약을 체결하였으며, 甲주식회사의 수출과 관련된 사항은 아래와 같다.

1) 수출대금 : $ 50,000
2) 2. 4. : 수출선수금 $ 20,000를 송금받아 외국환 은행에서 환가
3) 2. 12. : 세관에 수출 신고
4) 2. 16. : 수출물품 선적 완료
5) 2. 20. : 수출대금 잔액 $ 30,000를 송금받아 외국환 은행에서 환가

<외환시세>

(단위 : 원/달러)

일 자	기준환율	적용환율
2. 4.	960	950
2. 12.	980	970
2. 16.	1,000	990
2. 20.	1,020	1,010

① 49,000,000원
② 49,030,000원
③ 49,200,000원
④ 49,300,000원
⑤ 49,600,000원

문 9. 다음 글을 근거로 판단할 때, <상황>의 (㉠)에 해당되는 수는?

<양성평등채용목표제>

1. 채용목표인원

○ 성별 최소 채용목표인원(이하 '목표인원')은 시험실시 단계별 합격예정인원에 30%(다만 검찰사무직렬은 20%)를 곱한 인원수로 함

2. 합격자 결정방법

가. 제1차시험

○ 각 과목 만점의 40% 이상, 전 과목 총점의 60% 이상 득점한 자 중에서 전 과목 총득점에 의한 고득점자 순으로 선발예정인원의 150%를 합격자로 결정함

○ 상기 합격자 중 어느 한 성(性)의 합격자가 목표인원에 미달하는 경우에는 각 과목 만점의 40% 이상, 전 과목 총점의 60% 이상 득점하고, 전 과목 평균득점이 합격선 −3점 이상인 해당 성의 응시자 중에서 고득점자 순으로 목표미달인원만큼 당초 합격예정인원을 초과하여 추가합격 처리함

나. 제2차시험 및 최종합격자 결정

○ 제1차시험에서 어느 한 성을 추가합격시킨 경우 일정 인원을 선발예정인원에 초과하여 최종합격자로 결정함

<7급 국가공무원 공개경쟁채용시험 공고>

○ 선발예정인원

직렬(직류)	선발예정인원
검찰사무직(검찰사무)	30명

※ 7급 국가공무원 공개경쟁채용시험은 양성평등채용목표제가 적용됨.

<상 황>

검찰사무직 제1차시험에서 남성이 39명 합격하였다면, 제1차시험의 합격자 수는 최대 (㉠)명이다.

① 42
② 45
③ 48
④ 52
⑤ 53

문 10. 다음 글과 <상황>을 근거로 판단할 때, A와 B의 값으로 옳게 짝지은 것은?

○○국 법원은 손해배상책임의 여부 또는 손해배상액을 정할 때에 피해자에게 과실이 있으면 그 과실의 정도를 반드시 참작하여야 하는데 이를 '과실상계(過失相計)'라고 한다. 예컨대 택시의 과속운행으로 승객이 부상당하여 승객에게 치료비 등 총 손해가 100만 원이 발생하였지만, 사실은 승객이 빨리 달리라고 요구하여 사고가 난 것이라고 하자. 이 경우 승객의 과실이 40%이면 손해액에서 40만 원을 빼고 60만 원만 배상액으로 정하는 것이다. 이는 자기 과실로 인한 손해를 타인에게 전가하는 것이 부당하므로 손해의 공평한 부담이라는 취지에서 인정되는 제도이다.

한편 손해가 발생하였어도 손해배상 청구권자가 손해를 본 것과 같은 원인에 의하여 이익도 보았을 때, 손해에서 그 이익을 공제하는 것을 '손익상계(損益相計)'라고 한다. 예컨대 타인에 의해 자동차가 완전 파손되어 자동차 가격에 대한 손해배상을 청구할 경우, 만약 해당 자동차를 고철로 팔아 이익을 얻었다면 그 이익을 공제하는 것이다. 주의할 것은, 국가배상에 의한 손해배상금에서 유족보상금을 공제하는 것과 같이 손해를 일으킨 원인으로 인해 피해자가 이익을 얻은 경우이어야 손익상계가 인정된다는 점이다. 따라서 손해배상의 책임 원인과 무관한 이익, 예컨대 사망했을 경우 별도로 가입한 보험계약에 의해 받은 생명보험금이나 조문객들의 부의금 등은 공제되지 않는다.

과실상계를 할 사유와 손익상계를 할 사유가 모두 있으면 과실상계를 먼저 한 후에 손익상계를 하여야 한다.

<상 황>

○○국 공무원 甲은 공무수행 중 사망하였다. 법원이 인정한 바에 따르면 국가와 甲 모두에게 과실이 있고, 손익상계와 과실상계를 하기 전 甲의 사망에 의한 손해액은 6억 원이었다. 甲의 유일한 상속인 乙은 甲의 사망으로 유족보상금 3억 원과 甲이 개인적으로 가입했던 보험계약에 의해 생명보험금 6천만 원을 수령하였다. 그 밖에 다른 사정은 없었다. 법원은 甲의 과실을 [A]%, 국가의 과실을 [B]%로 판단하여 국가가 甲의 상속인 乙에게 배상할 손해배상금을 1억 8천만 원으로 정하였다.

	A	B
①	20	80
②	25	75
③	30	70
④	40	60
⑤	70	30

문 11. 다음 글과 <상황>을 근거로 판단할 때, 2016년 정당에 지급할 국고보조금의 총액은?

제00조(국고보조금의 계상) ① 국가는 정당에 대한 보조금으로 최근 실시한 임기만료에 의한 국회의원선거의 선거권자 총수에 보조금 계상단가를 곱한 금액을 매년 예산에 계상하여야 한다.
② 대통령선거, 임기만료에 의한 국회의원선거 또는 동시지방선거가 있는 연도에는 각 선거(동시지방선거는 하나의 선거로 본다)마다 보조금 계상단가를 추가한 금액을 제1항의 기준에 의하여 예산에 계상하여야 한다.
③ 제1항 및 제2항에 따른 보조금 계상단가는 전년도 보조금 계상단가에 전전년도와 대비한 전년도 전국소비자물가 변동률을 적용하여 산정한 금액을 증감한 금액으로 한다.
④ 중앙선거관리위원회는 제1항의 규정에 의한 보조금(이하 '경상보조금'이라 한다)은 매년 분기별로 균등분할하여 정당에 지급하고, 제2항의 규정에 의한 보조금(이하 '선거보조금'이라 한다)은 당해 선거의 후보자등록마감일 후 2일 이내에 정당에 지급한다.

<상 황>

○ 2014년 실시된 임기만료에 의한 국회의원선거의 선거권자 총수는 3천만 명이었고, 국회의원 임기는 4년이다.
○ 2015년 정당에 지급된 국고보조금의 보조금 계상단가는 1,000원이었다.
○ 전국소비자물가 변동률을 적용하여 산정한 보조금 계상단가는 전년 대비 매년 30원씩 증가한다.
○ 2016년에는 5월에 대통령선거가 있고 8월에 임기만료에 의한 동시지방선거가 있다. 각 선거의 한 달 전에 후보자등록을 마감한다.
○ 2017년에는 대통령선거, 임기만료에 의한 국회의원선거 또는 동시지방선거가 없다.

① 309억 원
② 600억 원
③ 618억 원
④ 900억 원
⑤ 927억 원

문 12. 다음 글을 근거로 판단할 때, <상황>의 ㉠에 들어갈 금액으로 옳은 것은?

법원이 진행하는 부동산 경매를 통해 부동산을 매수하려는 사람은 법원이 정한 해당 부동산의 '최저가매각가격' 이상의 금액을 매수가격으로 하여 매수신고를 하여야 한다. 이때 신고인은 최저가매각가격의 10분의 1을 보증금으로 납부하여야 입찰에 참가할 수 있다. 법원은 입찰자 중 최고가 매수가격을 신고한 사람(최고가매수신고인)을 매수인으로 결정하며, 매수인은 신고한 매수가격(매수신고액)에서 보증금을 공제한 금액을 지정된 기일까지 납부하여야 한다. 만일 최고가매수신고인이 그 대금을 기일까지 납부하지 않으면, 최고가매수신고인 외의 매수신고인은 자신이 신고한 매수가격대로 매수를 허가하여 달라는 취지의 차순위매수신고를 할 수 있다. 다만 차순위매수신고는 매수신고액이 최고가매수신고액에서 보증금을 뺀 금액을 넘어야 할 수 있다.

<상 황>

甲과 乙은 법원이 최저가매각가격을 2억 원으로 정한 A주택의 경매에 입찰자로 참가하였다. 甲은 매수가격을 2억 5천만 원으로 신고하여 최고가매수신고인이 되었다. 甲이 지정된 기일까지 대금을 납부하지 않은 경우, 乙이 차순위매수신고를 하기 위해서는 乙의 매수신고액이 최소한 (㉠)을 넘어야 한다.

① 2천만 원
② 2억 원
③ 2억 2천만 원
④ 2억 2천 5백만 원
⑤ 2억 3천만 원

계산·비교

문 13. 다음 글과 <상황>을 근거로 판단할 때, 甲이 A대학을 졸업하기 위해 추가로 필요한 최소 취득학점은?

> △△법 제◇◇조(학점의 인정 등) ① 전문학사학위과정 또는 학사학위과정을 운영하는 대학(이하 '대학'이라 한다)은 학생이 다음 각 호의 어느 하나에 해당하는 경우에 학칙으로 정하는 바에 따라 이를 해당 대학에서 학점을 취득한 것으로 인정할 수 있다.
> 1. 국내외의 다른 전문학사학위과정 또는 학사학위과정에서 학점을 취득한 경우
> 2. 전문학사학위과정 또는 학사학위과정과 동등한 학력·학위가 인정되는 평생교육시설에서 학점을 취득한 경우
> 3. 「병역법」에 따른 입영 또는 복무로 인하여 휴학 중인 사람이 원격수업을 수강하여 학점을 취득한 경우
>
> ② 제1항에 따라 인정되는 학점의 범위와 기준은 다음 각 호와 같다.
> 1. 제1항제1호에 해당하는 경우: 취득한 학점의 전부
> 2. 제1항제2호에 해당하는 경우: 대학 졸업에 필요한 학점의 2분의 1 이내
> 3. 제1항제3호에 해당하는 경우: 연(年) 12학점 이내
>
> 제□□조(편입학 등) 학사학위과정을 운영하는 대학은 다음 각 호에 해당하는 학생을 편입학 전형을 통해 선발할 수 있다.
> 1. 전문학사학위를 취득한 자
> 2. 학사학위과정의 제2학년을 수료한 자

<상 황>

> ○ A대학은 학칙을 통해 학점인정의 범위를 △△법에서 허용하는 최대 수준으로 정하고 있다.
> ○ 졸업에 필요한 최소 취득학점은 A대학 120학점, B전문대학 63학점이다.
> ○ 甲은 B전문대학에서 졸업에 필요한 최소 취득학점만으로 전문학사학위를 취득하였다.
> ○ 甲은 B전문대학 졸업 후 A대학 3학년에 편입하였고 군복무로 인한 휴학 기간에 원격수업을 수강하여 총 6학점을 취득하였다.
> ○ 甲은 A대학에 복학한 이후 총 30학점을 취득하였고, 1년 동안 미국의 C대학에 교환학생으로 파견되어 총 12학점을 취득하였다.

① 9학점
② 12학점
③ 15학점
④ 22학점
⑤ 24학점

문 14. 다음 글과 <상황>을 근거로 판단할 때, 甲관할구역 소방서에 배치되어야 하는 소방자동차의 최소 대수는?

> <소방서에 두는 소방자동차 배치기준>
>
> 가. 소방사다리차
> 1) 관할구역에 층수가 11층 이상인 아파트가 20동 이상 있거나 11층 이상 건축물(아파트 제외)이 20개소 이상 있는 경우에는 고가사다리차를 1대 이상 배치한다.
> 2) 관할구역에 층수가 5층 이상인 아파트가 50동 이상 있거나 5층 이상 백화점, 복합상영관 등 대형 화재의 우려가 있는 건물이 있는 경우에는 굴절사다리차를 1대 이상 배치한다.
> 3) 고가사다리차 또는 굴절사다리차가 배치되어 있는 119안전센터와의 거리가 20km 이내인 경우에는 배치하지 않을 수 있다.
>
> 나. 화학차(내폭화학차 또는 고성능화학차): 위험물을 저장·취급하는 제조소·옥내저장소·옥외탱크저장소·옥외저장소·암반탱크저장소 및 일반취급소(이하 '제조소 등'이라 한다)의 수에 따라 화학차를 설치한다. 관할구역 내 제조소 등이 50개소 이상 500개소 미만인 경우는 1대를 배치한다. 500개소 이상인 경우는 2대를 배치하며, 1,000개소 이상인 경우는 다음 계산식에 따라 산출(소수점 이하 첫째자리에서 올림)된 수만큼 추가 배치한다.
>
> 화학차 대수 = (제조소 등의 수 − 1,000) ÷ 1,000
>
> 다. 지휘차 및 순찰차: 각각 1대 이상 배치한다.
>
> 라. 그 밖의 차량: 소방활동을 원활하게 추진하기 위하여 소방서장이 필요하다고 판단하는 경우 배연차, 조명차, 화재조사차, 중장비, 견인차, 진단차, 행정업무용 차량 등을 추가로 배치할 수 있다.

<상 황>

> 甲관할구역 내에는 소방서 한 곳이 설치되어 있으며, 이 소방서와 가장 가까운 119안전센터(乙관할구역)는 소방서로부터 25km 떨어져 있다. 甲관할구역 내에는 층수가 11층 이상인 아파트가 30동 있고, 3층 백화점 건물이 하나 있으며, 위험물을 저장·취급하는 제조소 등이 1,200개소 있다.

① 3
② 4
③ 5
④ 6
⑤ 7

문 15. 다음 글과 <상황>을 근거로 판단할 때, 수질 개선 설비 설치에 필요한 최소 비용은?

○ 용도에 따른 필요 수질은 다음과 같다.
- 농업용수: 중금속이 제거되고 3급 이상인 담수
- 공업용수: 중금속이 제거되고 2급 이상인 담수
- 생활용수: 중금속이 제거되고 음용이 가능하며 1급인 담수

○ 수질 개선에 사용하는 설비의 용량과 설치 비용은 다음과 같다.

수질 개선 설비	기능	처리 용량 (대당)	설치 비용 (대당)
1차 정수기	5 ~ 4급수를 3급수로 정수	5톤	5천만 원
2차 정수기	3 ~ 2급수를 1급수로 정수	1톤	1억 6천만 원
3차 정수기	음용 가능 처리	1톤	5억 원
응집 침전기	중금속 성분 제거	3톤	5천만 원
해수담수화기	염분 제거	10톤	1억 원

- 3차 정수기에는 2차 정수기의 기능이 포함되어 있다.
- 모든 수질 개선 설비는 필요 용량 이상으로 설치되어야 한다. 예를 들어 18톤의 해수를 담수로 개선하기 위해 해수담수화기가 최소 2대 설치되어야 한다.
- 수질 개선 전후 수량 변화는 없는 것으로 간주한다.

<상 황>

○○기관은 중금속이 포함된 4급에 해당하는 해수 3톤을 정수 처리하여 생활용수 3톤을 확보하려 한다. 이를 위해 필요한 설비를 갖추어 수질을 개선하여야 한다.

① 16억 원
② 16억 5천만 원
③ 17억 원
④ 18억 6천만 원
⑤ 21억 8천만 원

문 16. A국에서는 부동산을 매매·상속 등의 방법으로 취득하는 사람은 취득세, 농어촌특별세, 등록세, 지방교육세를 납부하여야 한다. 다음 글을 근거로 할 때, 자경농민인 甲이 공시지가 3억 5천만 원의 농지를 상속받아 주변농지의 시가 5억 원으로 신고한 경우, 甲이 납부하여야 할 세금액은? (단, 신고불성실가산세, 상속세, 증여세 등은 고려하지 않는다)

<부동산 취득시 납부하여야 할 세금의 산출방법>

○ 취득세는 부동산 취득 당시 가액에 2%의 세율을 곱하여 산정한다. 다만 자경농민이 농지를 상속으로 취득하는 경우에는 취득세가 비과세된다. 그리고 농어촌특별세는 결정된 취득세액에 10%의 세율을 곱하여 산정한다.
○ 등록세는 부동산 취득 당시 가액에 0.8%의 세율을 곱하여 산정한다. 다만 자경농민이 농지를 취득하는 때 등록세의 세율은 상속의 경우 취득가액의 0.3%, 매매의 경우 1%이다. 그리고 지방교육세는 결정된 등록세액에 20%의 세율을 곱하여 산정한다.
○ 부동산 취득 당시 가액은 취득자가 신고한 가액과 공시지가(시가표준액) 중 큰 금액으로 하며, 신고 또는 신고가액의 표시가 없는 때에는 공시지가를 과세표준으로 한다.

① 75만 원
② 126만 원
③ 180만 원
④ 280만 원
⑤ 1,280만 원

문 17. 다음 규정과 서울에서 대전으로 출장을 다녀온 <甲의 지출내역>에 근거하였을 때, 甲이 정산 받는 여비의 총액은?

제00조(여비의 종류) 여비는 운임·숙박비·식비·일비 등으로 구분한다.
1. 운임: 여행 목적지로 이동하기 위해 교통수단을 이용함에 있어 소요되는 비용을 충당하기 위한 여비
2. 숙박비: 여행 중 숙박에 소요되는 비용을 충당하기 위한 여비
3. 식비: 여행 중 식사에 소요되는 비용을 충당하기 위한 여비
4. 일비: 여행 중 출장지에서 소요되는 교통비 등 각종 비용을 충당하기 위한 여비

제00조(운임의 지급) ① 운임은 철도운임·선박운임·항공운임으로 구분한다.
② 국내 철도운임은 [별표 1]에 따라 지급한다.

제00조(일비·숙박비·식비의 지급) ① 국내 여행자의 일비·숙박비·식비는 [별표 1]에 따라 지급한다.
② 일비는 여행일수에 따라 지급한다.
③ 숙박비는 숙박하는 밤의 수에 따라 지급한다. 다만, 출장기간이 2일 이상인 경우에 지급액은 출장기간 전체의 총액한도 내 실비로 계산한다.
④ 식비는 여행일수에 따라 지급한다.

[별표 1] 국내 여비 지급표

(단위 : 원)

철도 운임	선박 운임	항공 운임	일비 (1일당)	숙박비 (1박당)	식비 (1일당)
실비 (일반실)	실비 (2등급)	실비	20,000	실비 (상한액 : 40,000)	20,000

<甲의 지출내역>

(단위 : 원)

항 목	1일차	2일차	3일차
KTX 운임(일반실)	20,000		20,000
대전 시내 버스요금	5,000	10,000	2,000
대전 시내 택시요금			10,000
식비	10,000	30,000	10,000
숙박비	45,000	30,000	

① 182,000원
② 187,000원
③ 192,000원
④ 230,000원
⑤ 235,000원

문 18. 다음 <관세 관련 규정>에 따를 때, 甲이 전자기기의 구입으로 지출한 총 금액은?

<관세 관련 규정>

○ 물품을 수입할 경우 과세표준에 품목별 관세율을 곱한 금액을 관세로 납부해야 한다. 단, 과세표준이 15만 원 미만이고, 개인이 사용할 목적으로 수입하는 물건에 대해서는 관세를 면제한다.
○ 과세표준은 판매자에게 지급한 물품가격, 미국에 납부한 세금, 미국 내 운송료, 미국에서 한국까지의 운송료를 합한 금액을 원화로 환산한 금액으로 한다. 단, 미국에서 한국까지의 운송료는 실제 지불한 운송료가 아닌 다음의 <국제선편요금>을 적용한다.

<국제선편요금>

중량	0.5 kg ~ 1 kg미만	1 kg ~ 1.5 kg미만
금액(원)	10,000	15,000

○ 과세표준 환산 시 환율은 관세청장이 정한 '고시환율'에 따른다. (현재 고시환율 : ₩1,100 / $)

<甲의 구매 내역>

한국에서 甲은 개인이 사용할 목적으로 미국 소재 인터넷 쇼핑몰에서 물품가격과 운송료를 지불하고 전자기기를 구입했다.
· 전자기기 가격 : $120
· 미국에서 한국까지의 운송료 : $30
· 지불시 적용된 환율 : ₩1,200 / $
· 전자기기 중량 : 0.9 kg
· 전자기기에 적용되는 관세율 : 10 %
· 미국 내 세금 및 미국 내 운송료는 없다.

① 142,000원
② 156,200원
③ 180,000원
④ 181,500원
⑤ 198,000원

문 19. 다음 글과 <상황>을 근거로 판단할 때, 甲과 乙의 최대 배상 금액으로 모두 옳은 것은?

A국의 층간소음 배상에 대한 기준은 아래와 같다.

○ 층간소음 수인(受忍)한도
- 주간 최고소음도 : 55 dB(A)
- 야간 최고소음도 : 50 dB(A)
- 주간 등가소음도 : 40 dB(A)
- 야간 등가소음도 : 35 dB(A)

○ 층간소음 배상 기준금액 : 수인한도 중 하나라도 초과 시

피해기간	피해자 1인당 배상 기준금액
6개월 이내	500,000원
6개월 초과 ~ 1년 이내	650,000원
1년 초과 ~ 2년 이내	800,000원

○ 배상금액 가산기준
(1) 주간 혹은 야간에 최고소음도와 등가소음도가 모두 수인한도를 초과한 경우에는 30% 이내에서 가산
(2) 최고소음도 혹은 등가소음도가 주간과 야간에 모두 수인한도를 초과한 경우에는 30% 이내에서 가산
(3) 피해자가 환자, 1세 미만 유아, 수험생인 경우에는 해당 피해자 개인에게 20% 이내에서 가산

○ 둘 이상의 가산기준에 해당하는 경우 기준금액을 기준으로 각각의 가산금액을 산출한 후 합산

예) 피해기간은 3개월이고, 주간의 최고소음도와 등가소음도가 수인한도를 모두 초과하였고, 피해자가 1인이며 환자인 경우 최대 배상금액 : 500,000원 + (500,000원 × 0.3) + (500,000원 × 0.2)

※ 등가소음도 : 변동하는 소음의 평균치

<상 황>

○ 아파트 위층에 사는 甲이 10개월 전부터 지속적으로 소음을 발생시키자, 아래층 부부는 문제를 제기하였다. 소음을 측정한 결과 주간과 야간 모두 최고소음도는 수인한도를 초과하지 않았으나, 주간 등가소음도는 45 dB(A)였으며, 야간 등가소음도는 38 dB(A)였다. 아래층 피해자 부부는 모두 가산기준 (3)에 해당되지 않는다.

○ 아파트 위층에 사는 乙이 1년 6개월 전부터 야간에만 지속적으로 소음을 발생시키자, 아래층에 사는 가족은 문제를 제기하였다. 야간에 소음을 측정한 결과 등가소음도는 42 dB(A)였으며, 최고소음도는 52 dB(A)이었다. 아래층 피해자 가족은 4명이며, 그 중 수험생 1명만 가산기준 (3)에 해당된다.

	甲	乙
①	1,690,000원	4,320,000원
②	1,690,000원	4,160,000원
③	1,690,000원	3,840,000원
④	1,300,000원	4,320,000원
⑤	1,300,000원	4,160,000원

문 20. 다음 글을 근거로 판단할 때, <사례>에서 甲이 乙에게 지급을 청구하여 받을 수 있는 최대 손해배상액은?

채무자가 고의 또는 과실로 인하여 채무의 내용에 따른 이행을 하지 않으면 채권자는 채무자에게 손해배상을 청구할 수 있다. 채권자가 채무불이행을 이유로 채무자로부터 손해배상을 받으려면 손해의 발생사실과 손해액을 증명하여야 하는데, 증명의 어려움을 해소하기 위해 손해배상액을 예정하는 경우가 있다.

손해배상액의 예정은 장래의 채무불이행 시 지급해야 할 손해배상액을 사전에 정하는 약정을 말한다. 채권자와 채무자 사이에 손해배상액의 예정이 있으면 채권자는 실손해액과 상관없이 예정된 배상액을 청구할 수 있지만, 실손해액이 예정액을 초과하더라도 그 초과액을 배상받을 수 없다. 그리고 손해배상액을 예정한 사유가 아닌 다른 사유로 발생한 손해에 대해서는 손해배상액 예정의 효력이 미치지 않는다. 따라서 이로 인한 손해를 배상받으려면 별도로 손해의 발생사실과 손해액을 증명해야 한다.

<사 례>

甲과 乙은 다음과 같은 공사도급계약을 체결하였다.

○ 계약당사자 : 甲(X건물 소유주) / 乙(건축업자)
○ 계약내용 : X건물의 리모델링
○ 공사대금 : 1억 원
○ 공사기간 : 2015. 10. 1. ~ 2016. 3. 31.
○ 손해배상액의 예정 : 공사기간 내에 X건물의 리모델링을 완료하지 못할 경우, 지연기간 1일당 위 공사대금의 0.1%를 乙이 甲에게 지급

그런데 乙의 과실로 인해 X건물 리모델링의 완료가 30일이 지연되었고, 이로 인해 甲은 500만 원의 손해를 입었다. 또한 乙이 고의로 불량자재를 사용하여 부실공사가 이루어졌고, 이로 인해 甲은 1,000만 원의 손해를 입었다. 甲은 각각의 손해발생사실과 손해액을 증명하여 乙에게 손해배상을 청구하였다.

① 500만 원
② 800만 원
③ 1,300만 원
④ 1,500만 원
⑤ 1,800만 원

계산·비교

문 21. 다음 글과 <상황>을 근거로 판단할 때, 甲이 납부해야 할 수수료를 옳게 짝지은 것은?

특허에 관한 절차를 밟는 사람은 다음 각 호의 수수료를 내야 한다.

1. 특허출원료
   가. 특허출원을 국어로 작성된 전자문서로 제출하는 경우: 매건 46,000원. 다만 전자문서를 특허청에서 제공하지 아니한 소프트웨어로 작성하여 제출한 경우에는 매건 56,000원으로 한다.
   나. 특허출원을 국어로 작성된 서면으로 제출하는 경우: 매건 66,000원에 서면이 20면을 초과하는 경우 초과하는 1면마다 1,000원을 가산한 금액
   다. 특허출원을 외국어로 작성된 전자문서로 제출하는 경우: 매건 73,000원
   라. 특허출원을 외국어로 작성된 서면으로 제출하는 경우: 매건 93,000원에 서면이 20면을 초과하는 경우 초과하는 1면마다 1,000원을 가산한 금액
2. 특허심사청구료: 매건 143,000원에 청구범위의 1항마다 44,000원을 가산한 금액

<상 황>

甲은 청구범위가 3개 항으로 구성된 총 27면의 서면을 작성하여 1건의 특허출원을 하면서, 이에 대한 특허심사도 함께 청구한다.

	국어로 작성한 경우	외국어로 작성한 경우
①	66,000원	275,000원
②	73,000원	343,000원
③	348,000원	343,000원
④	348,000원	375,000원
⑤	349,000원	375,000원

문 22. 다음의 종합부동산세에 관한 법률규정을 근거로 판단할 때 옳지 않은 것은?

제○○조(과세기준일) 종합부동산세의 과세기준일은 재산세의 과세기준일(6월 1일)로 한다.

제○○조(납세의무자) 과세기준일 현재 주택분 재산세의 납세의무자로서 국내에 있는 재산세 과세대상인 주택의 공시가격을 합산한 금액(개인의 경우 세대별로 합산한 금액)이 10억원을 초과하는 자는 종합부동산세를 납부할 의무가 있다.

제○○조(과세표준) 주택에 대한 종합부동산세의 과세표준은 납세의무자별로 주택의 공시가격을 합산한 금액에서 10억원을 공제한 금액으로 한다.

제○○조(세율 및 세액) ① 주택에 대한 종합부동산세는 과세표준에 다음의 세율을 적용하여 계산한 금액을 그 세액으로 한다.

과세표준	세율
5억 원 이하	1천분의 10
5억 원 초과 10억 원 이하	1천분의 15
10억 원 초과 100억 원 이하	1천분의 20
100억 원 초과	1천분의 30

② 주택분 종합부동산세액을 계산함에 있어 2008년부터 2010년까지의 기간에 납세의무가 성립하는 주택분 종합부동산세에 대하여는 제1항의 규정에 의한 세율별 과세표준에 다음 각호의 연도별 적용비율과 제1항의 규정에 의한 세율을 곱하여 계산한 금액을 각각 당해 연도의 세액으로 한다.

1. 2008년: 100분의 70
2. 2009년: 100분의 80
3. 2010년: 100분의 90

① 각각 단독세대주인 갑(공시가격 25억원 주택소유)과 을(공시가격 30억원 주택소유)이 2008년 5월 31일 혼인신고 하여 부부가 되었다. 만약 혼인하지 않았다면 갑과 을이 각각 납부하였을 2008년 종합부동산세액의 합계는 혼인 후 납부하는 세액과 동일하다.

② 2008년 12월 31일 현재 A의 세대별 주택공시가격의 합산액이 15억 원일 경우 재산변동이 없다면 다음 해의 종합부동산세액은 400만 원이다.

③ 종합부동산세를 줄이기 위해 주택을 처분하기로 결정하였다면, 당해 연도 6월 1일 이전에 처분하는 것이 유리하다.

④ 2008년부터 2010년까지의 적용비율을 점차적으로 상승시킴으로써 시행 초기에 나타날 수 있는 조세저항을 줄이려고 했다.

⑤ 종합부동산세를 줄이기 위해 기혼 무주택 자녀에게 주택을 증여하여 재산을 분할하는 일이 증가할 수 있다.

문 23. 다음 글과 <상황>을 근거로 판단할 때, A지방자치단체 지방의회의 의결에 관한 설명으로 옳은 것은?

> 제00조(의사정족수) ① 지방의회는 재적의원 3분의 1 이상의 출석으로 개의(開議)한다.
> ② 회의 중 제1항의 정족수에 미치지 못할 때에는 의장은 회의를 중지하거나 산회(散會)를 선포한다.
> 제00조(의결정족수) ① 의결사항은 재적의원 과반수의 출석과 출석의원 과반수의 찬성으로 의결한다.
> ② 의장은 의결에서 표결권을 가지며, 찬성과 반대가 같으면 부결된 것으로 본다.
> ③ 의장은 제1항에 따라 의결하지 못한 때에는 다시 그 일정을 정한다.
> 제00조(지방의회의 의결사항) 지방의회는 다음 사항을 의결한다.
> 1. 조례의 제정·개정 및 폐지
> 2. 예산의 심의·확정

※ 지방의회의원 중 사망한 자, 제명된 자, 확정판결로 의원직을 상실한 자는 재적의원에 포함되지 않는다.

<상 황>

○ A지방자치단체의 지방의회 최초 재적의원은 111명이다. 그 중 2명은 사망하였고, 3명은 선거법 위반으로 구속되어 재판이 진행 중이며, 2명은 의회에서 제명되어 현재 총 104명이 의정활동을 하고 있다.
○ A지방자치단체 ○○조례 제정안이 상정되었다.
○ A지방자치단체의 지방의회는 의장을 포함한 53명이 출석하여 개의하였다.

① 의결할 수 없다.
② 부결된 것으로 본다.
③ 26명 찬성만으로 의결할 수 있다.
④ 27명 찬성만으로 의결할 수 있다.
⑤ 28명 찬성만으로 의결할 수 있다.

문 24. 재적의원이 210명인 ○○국 의회에서 다음과 같은 <규칙>에 따라 안건 통과 여부를 결정한다고 할 때, <보기>에서 옳은 것만을 모두 고르면?

<규 칙>

○ 안건이 상정된 회의에서 기권표가 전체의 3분의 1 이상이면 안건은 부결된다.
○ 기권표를 제외하고, 찬성 또는 반대의견을 던진 표 중에서 찬성표가 50%를 초과해야 안건이 가결된다.

※ 재적의원 전원이 참석하여 1인 1표를 행사하였고, 무효표는 없다.

<보 기>

ㄱ. 70명이 기권하여도 71명이 찬성하면 안건이 가결된다.
ㄴ. 104명이 반대하면 기권표에 관계없이 안건이 부결된다.
ㄷ. 141명이 찬성하면 기권표에 관계없이 안건이 가결된다.
ㄹ. 안건이 가결될 수 있는 최소 찬성표는 71표이다.

① ㄱ, ㄴ
② ㄱ, ㄷ
③ ㄴ, ㄷ
④ ㄴ, ㄹ
⑤ ㄷ, ㄹ

문 25. 다음 글과 <상황>을 근거로 판단할 때 옳은 것은?

> 제00조(과세대상) 주권(株券)의 양도에 대해서는 이 법에 따라 증권거래세를 부과한다.
> 제00조(납세의무자) 주권을 양도하는 자는 납세의무를 진다. 다만 금융투자업자를 통하여 주권을 양도하는 경우에는 해당 금융투자업자가 증권거래세를 납부하여야 한다.
> 제00조(과세표준) 주권을 양도하는 경우에 증권거래세의 과세표준은 그 주권의 양도가액(주당 양도금액에 양도 주권수를 곱한 금액)이다.
> 제00조(세율) 주권의 양도에 대한 세율은 양도가액의 1천분의 5로 한다.
> 제00조(탄력세율) X 또는 Y증권시장에서 양도되는 주권에 대하여는 제00조(세율)의 규정에도 불구하고 다음의 세율에 의한다.
> 1. X증권시장: 양도가액의 1천분의 1.5
> 2. Y증권시장: 양도가액의 1천분의 3

<상 황>

> 투자자 甲은 금융투자업자 乙을 통해 다음 3건의 주권을 양도하였다.
> ○ A회사의 주권 100주를 주당 15,000원에 양수하였다가 이를 주당 30,000원에 X증권시장에서 전량 양도하였다.
> ○ B회사의 주권 200주를 주당 10,000원에 Y증권시장에서 양도하였다.
> ○ C회사의 주권 200주를 X 및 Y증권시장을 통하지 않고 주당 50,000원에 양도하였다.

① 증권거래세는 甲이 직접 납부하여야 한다.
② 납부되어야 할 증권거래세액의 총합은 6만 원 이하다.
③ 甲의 3건의 주권 양도는 모두 탄력세율을 적용받는다.
④ 甲의 A회사 주권 양도에 따른 증권거래세 과세표준은 150만 원이다.
⑤ 甲이 乙을 통해 Y증권시장에서 C회사의 주권 200주 전량을 주당 50,000원에 양도할 수 있다면 증권거래세액은 2만 원 감소한다.

문 26. 다음 글과 <상황>을 근거로 판단할 때 옳은 것은?

> K국의 현행법상 상속인으로는 혈족상속인과 배우자상속인이 있다. 제1순위 상속인은 피상속인의 직계비속이며, 직계비속이 없는 경우 직계존속이 상속인이 된다. 태아는 사산되어 출생하지 못한 경우를 제외하고 상속인이 된다. 배우자는 직계비속과 동순위로 공동상속인이 되고, 직계비속이 없는 경우에 피상속인의 직계존속과 공동상속인이 되며, 피상속인에게 직계비속과 직계존속이 없으면 단독상속인이 된다. 현행 상속분 규정은 상속재산을 배우자에게 직계존속·직계비속보다 50%를 더 주도록 정하고 있다. 예를 들어 상속인이 배우자(X)와 2명의 자녀(Y, Z)라면, '1.5(X) : 1(Y) : 1(Z)'의 비율로 상속이 이루어진다.
> 그런데 K국에서는 부부의 공동재산 기여분을 보장하기 위한 차원에서 상속법 개정을 추진하고 있다. '개정안'은 상속재산의 절반을 배우자에게 우선 배분하고, 나머지 절반은 현행 규정대로 배분하는 내용을 골자로 한다. 즉, 피상속인이 사망하였을 경우 상속재산의 50%를 그 배우자에게 먼저 배분하고, 이를 제외한 나머지 50%에 대해서는 다시 현행법상의 비율대로 상속이 이루어진다.

<상 황>

> 甲은 심장마비로 갑자기 사망하였다. 甲의 유족으로는 어머니 A, 배우자 B, 아들 C, 딸 D가 있고, B는 현재 태아 E를 임신 중이다. 甲은 9억 원의 상속재산을 남겼다.

① 현행법에 의하면, E가 출생한 경우 B는 30% 이하의 상속분을 갖게 된다.
② 개정안에 의하면, E가 출생한 경우 B는 6억 원을 상속받게 된다.
③ 현행법에 의하면, E가 사산된 경우 B는 3억 원을 상속받게 된다.
④ 개정안에 의하면, E가 사산된 경우 B는 4억 원을 상속받게 된다.
⑤ 개정안에 의하면, E의 사산여부에 관계없이 B가 상속받게 되는 금액은 현행법에 의할 때보다 50% 증가한다.

문 27. 다음 규정에 근거하여 장애수당을 신청한 장애인 중 2009년 5월분으로 가장 많은 금액(장애수당과 노령기초연금의 합산액)을 받은 사람은?

> 제00조(장애수당) 국가와 지방자치단체는 장애인의 장애 정도와 경제적 수준을 고려하여 장애인의 소득 보전을 위한 장애수당을 지급할 수 있다.
> 제00조(장애수당 등의 지급대상자) 장애수당을 지급받을 수 있는 자는 18세 이상으로서 장애인으로 등록한 자 중 '국민기초생활 보장법'에 따른 수급자 또는 차상위계층으로서 장애로 인한 추가적 비용 보전(補塡)이 필요한 자로 한다. 다만 노령기초연금을 받고 있는 자에게는 해당 월분에 대한 장애수당의 100분의 50을 지급한다.
> 제00조(장애수당 등의 지급 시기 및 방법) 장애수당 등은 그 신청일을 수당지급 개시일로 하여 수당지급 개시일이 그 달의 15일 이전이면 해당 월분에 대한 수당의 전부를 지급하고, 16일 이후이면 해당 월분에 대한 수당의 100분의 50을 지급한다.

<매월 장애수당 지급기준>

(단위 : 원)

분류	수급자	차상위계층
1급 및 2급 장애인	130,000	120,000
3급 및 4급 장애인	100,000	80,000
5급 및 6급 장애인	80,000	60,000

※ 노령기초연금은 매월 다음 기준에 따라 지급한다.

(단위 : 원)

분류	수급자	차상위계층
65세 이상 80세 미만	80,000	60,000
80세 이상	100,000	80,000

① 갑 : 65세, 차상위계층, 2급 장애인, 2009년 5월 26일 신청
② 을 : 18세, 수급자, 3급 장애인, 2009년 5월 16일 신청
③ 병 : 45세, 차상위계층, 3급 장애인, 2009년 5월 18일 신청
④ 정 : 19세, 수급자, 4급 장애인, 2009년 5월 8일 신청
⑤ 무 : 80세, 차상위계층, 6급 장애인, 2009년 5월 18일 신청

문 28. 다음 규정에 근거할 때, 수수료 총액이 가장 많은 것은?

> 제00조 특허출원 관련 수수료는 다음 각 호와 같다.
> 1. 특허출원료
> 가. 출원서를 서면으로 제출하는 경우 : 매건 5만 8천 원 (단, 출원서의 첨부서류 중 명세서, 도면 및 요약서의 합이 20면을 초과하는 경우 초과하는 1면마다 1천 원을 가산한다)
> 나. 출원서를 전자문서로 제출하는 경우 : 매건 3만 8천 원
> 2. 출원인변경신고료
> 가. 상속에 의한 경우 : 매건 6천 5백 원
> 나. 법인의 분할 · 합병에 의한 경우 : 매건 6천 5백 원
> 다. 「기업구조조정 촉진법」 제15조 제1항의 규정에 따른 약정을 체결한 기업이 경영정상화계획의 이행을 위하여 행하는 영업양도의 경우 : 매건 6천 5백 원
> 라. 가목 내지 다목 외의 사유에 의한 경우 : 매건 1만 3천 원
> 제00조 특허권 관련 수수료는 다음 각 호와 같다.
> 1. 특허권의 실시권 설정 또는 그 보존등록료
> 가. 전용실시권 : 매건 7만 2천 원
> 나. 통상실시권 : 매건 4만 3천 원
> 2. 특허권의 이전등록료
> 가. 상속에 의한 경우 : 매건 1만 4천 원
> 나. 법인의 분할 · 합병에 의한 경우 : 매건 1만 4천 원
> 다. 기업구조조정 촉진법 제15조 제1항의 규정에 따른 약정을 체결한 기업이 경영정상화계획의 이행을 위하여 행하는 영업양도의 경우 : 매건 1만 4천 원
> 라. 가목 내지 다목 외의 사유에 의한 경우 : 매건 5만 3천 원
> 3. 등록사항의 경정 · 변경(행정구역 또는 지번의 변경으로 인한 경우 및 등록명의인의 표시변경 또는 경정으로 인한 경우는 제외한다) · 취소 · 말소 또는 회복등록료 : 매건 5천 원

① 특허출원 5건을 신청한 A가 사망한 후, A의 단독 상속인 B가 출원인을 변경하고자 할 때의 출원인변경신고료
② C가 자기 소유의 특허권 9건을 말소하는 경우의 등록료
③ D가 특허출원 1건에 대한 40면 분량의 특허출원서를 전자문서로 제출하는 경우의 특허출원료
④ E소유의 특허권 1건의 통상실시권에 대한 보존등록료
⑤ F주식회사가 G주식회사를 합병하면서 획득한 G주식회사 소유의 특허권 4건에 대한 이전등록료

계산 · 비교

문 29. 다음 글을 근거로 할 때, 생태계보전협력금의 1회분 분할납부금액으로 가장 적은 것은? (단, 부과금을 균등한 액수로 최대한 분할납부하며, 甲 ~ 戊의 사업은 모두 생태계보전협력금 납부대상 사업이다)

<생태계보전협력금 부과·징수 방법>

1. 부과·징수 대상
○ 자연환경 또는 생태계에 미치는 영향이 현저하거나 생물다양성의 감소를 초래하는 사업을 하는 사업자
2. 부과금액 산정 방식
○ 생태계보전협력금 = 생태계 훼손면적 × 단위면적당 부과금액 × 지역계수
○ 단위면적($1m^2$)당 부과금액 : 250원
○ 단, 총 부과금액은 10억 원을 초과할 수 없다.
3. 토지용도 및 지역계수
○ 토지의 용도는 생태계보전협력금 부과대상 사업의 인가·허가 또는 승인 등 처분시 토지의 용도(부과대상 사업의 시행을 위하여 토지의 용도를 변경하는 경우에는 변경 전의 용도를 말한다)에 따른다.
○ 지역계수
가. 주거지역 : 1
나. 상업지역 : 2
다. 녹지지역 : 3
라. 농림지역 : 4
마. 자연환경보전지역 : 5
4. 분할납부
○ 생태계보전협력금의 부과금액은 3년 이내의 기간을 정하여 분할납부한다.
○ 분할납부의 횟수는 부과금액이 2억 원 이하인 경우 2회, 2억 원을 초과하는 경우 3회로 한다. 다만 국가·지방자치단체 및 공공기관의 분할납부의 횟수는 2회 이하로 한다.

※ 사업대상 전 지역에서 생태계 훼손이 발생하는 것으로 가정한다.

① 상업지역 35만 m^2에 레저시설을 설치하려는 개인사업자 甲
② 농림지역 20만 m^2에 골프장 사업을 추진 중인 건설회사 乙
③ 녹지지역 30만 m^2에 관광단지를 조성하려는 공공기관 丙
④ 주거지역 20만 m^2와 녹지지역 20만 m^2를 개발하여 새로운 복합주거상업지구를 조성하려는 지방자치단체 丁
⑤ 주거지역 25만 m^2와 자연환경보전지역 25만 m^2를 묶어 염전 체험박물관을 건립하려는 개인사업자 戊

문 30. 다음 글과 <사례>를 근거로 판단할 때, 반납해야 할 경비가 가장 많은 사람부터 가장 적은 사람 순으로 바르게 나열된 것은?

제00조 ① 임명권자는 전시·사변 등의 국가비상시에 군위탁생 중 군에 복귀시킬 필요가 있다고 인정되는 자에 대하여는 교육을 일시중지하거나 군위탁생 임명을 해임하여 원대복귀하게 할 수 있다.
② 각 군 참모총장은 군위탁생으로서 다음 각 호에 해당하는 자에 대하여 지급한 경비(이하 '지급경비')를 아래 <표>의 반납액 산정기준에 의하여 본인 또는 그의 연대보증인으로 하여금 반납하게 하여야 한다.
1. 소정의 과정을 마친 후 정당한 사유 없이 복귀하지 아니한 자
2. 수학 중 해임된 자(제1항의 경우를 제외한다)
3. 소정의 과정을 마친 후 의무복무기간 중에 전역 또는 제적 등의 사유가 발생하여 복무의무를 이행하지 아니한 자

<표> 반납액 산정기준

구분	반납액
1. 제2항 제1호 해당자	지급경비 전액
2. 제2항 제2호 해당자	지급경비 전액 (다만 질병이나 기타 심신장애로 인하여 수학을 계속할 수 없어 해임된 경우에는 지급경비의 2분의 1)
3. 제2항 제3호 해당자	$\text{지급경비} \times \frac{\text{의무복무월수} - \text{복무월수}}{\text{의무복무월수}}$

<사 례>

A. 수학 중 성적불량으로 군위탁생 임명이 해임된 부사관 (지급경비 1,500만 원)
B. 군위탁생으로 박사과정을 마친 후 정당한 사유 없이 복귀하지 아니한 장교(지급경비 2,500만 원)
C. 위탁교육을 마친 후 의무복무년수 6년 중 3년을 마치고 전역하는 장교(지급경비 3,500만 원)
D. 심신장애로 인하여 계속하여 수학할 수 없다고 인정되어 수학 중 군위탁생 임명이 해임된 부사관(지급경비 2,000만 원)
E. 국방부장관이 국가비상시에 군에 복귀시킬 필요가 있다고 인정하여 군위탁생 임명을 해임하여 원대복귀시킨 장교 (지급경비 3,000만 원)

① B − C − A − D − E
② B − C − D − A − E
③ C − B − E − A − D
④ C − E − B − D − A
⑤ E − C − B − A − D

문 31. 다음 글과 <상황>을 근거로 할 때, 각 기업들이 납부해야 할 과징금이 큰 순서대로 나열한 것은?

A국은 기업들이 부당한 공동행위를 하는 경우 매출액의 10%에 해당하는 과징금을 부과한다. 그러나 기업들이 자신의 위법행위에 대해 자진신고를 하는 경우, 아래 법조항에 따라 과징금을 면제 또는 감경해 준다. 한편 기업들 사이의 가격에 관한 담합행위는 법에서 정한 '부당한 공동행위'에 해당한다.

제00조 ① 자진신고한 자에 대한 과징금의 면제 또는 감경에 대한 기준은 다음 각 호와 같다.

1. 경쟁규제 당국이 조사를 시작하기 전에 자진신고한 자로서 다음 각 목의 모두에 해당하는 경우에는 과징금을 면제한다.
   가. 부당한 공동행위임을 입증하는데 필요한 증거를 단독으로 제공한 최초의 자일 것
   나. 경쟁규제 당국이 부당한 공동행위에 대한 정보를 입수하지 못하였거나 부당한 공동행위임을 입증하는데 필요한 증거를 충분히 확보하지 못한 상태에서 자진신고하였을 것
   다. 그 부당한 공동행위를 중단하였을 것
2. 경쟁규제 당국이 조사를 시작하기 전에 자진신고한 자로서 다음 각 목의 모두에 해당하는 경우에는 과징금의 100분의 50을 감경한다.
   가. 부당한 공동행위임을 입증하는데 필요한 증거를 단독으로 제공한 두 번째의 자일 것
   나. 제1호 다목에 해당할 것
3. 제1호 내지 제2호에 해당하는 자라도 다른 사업자에게 그 의사에 반하여 해당 부당한 공동행위에 참여하도록 강요하거나 이를 중단하지 못하도록 강요한 사실이 있는 경우에는 과징금을 면제 또는 감경하지 아니한다.

② 제1항의 "부당한 공동행위를 입증하는데 필요한 증거를 단독으로 제공한 최초의 자(또는 두 번째의 자)"인지 여부를 판단함에 있어 증거제공의 순서는 자진신고한 시점에 의해 판단한다.

③ 자진신고한 자가 2인 이상인 경우 그 중 일부의 자가 제1항의 규정에 의하여 면제 또는 감경이 인정되지 않을 경우 그 다음 신고자가 이전 신고자의 신고 순서를 승계한다.

<상 황>

A국에서 甲, 乙, 丙, 丁, 戊 5개 기업은 X제품의 가격을 인상하기로 담합하였다. 甲은 경쟁규제 당국이 이에 대한 조사를 실시할 수도 있다는 소식을 듣고 2013년 1월 3일에 경쟁규제 당국에 자진신고를 했다. 乙역시 경쟁규제 당국의 동태가 심상치 않아서 2013년 1월 4일에 자진신고를 했고, 丙은 2013년 1월 7일에 자진신고하였다. 丁은 뒤늦게 경쟁기업들의 자진신고 사실을 알고 2013년 1월 9일에 자진신고를 하였다. 한편 甲으로부터 담합행위에 참여할 것을 강요당한 戊는 자신이 면책될 것으로 믿고 자진신고를 하지 않았다. 甲～丁은 경쟁규제 당국이 담합행위 적발에 필요한 증거를 확보하지 못한 상태에서 각각 자진신고 및 담합을 입증하는데 필요한 증거를 제출하였다. 丙과 戊를 제외하고는 담합행위를 중단하였다.

<각 기업 매출액 현황>

(단위 : 억 원)

기업	甲	乙	丙	丁	戊
매출액	2,000	3,000	700	1,500	900

① 甲 > 戊 > 丙 > 丁 > 乙
② 甲 > 戊 > 丁 > 丙 > 乙
③ 甲 > 丁 > 戊 > 丙 > 乙
④ 丁 > 乙 > 戊 > 丙 > 甲
⑤ 丁 > 戊 > 丙 > 乙 > 甲

문 32. 다음 글과 <지원대상 후보 현황>을 근거로 판단할 때, 기업 F가 받는 지원금은?

□□부는 2021년도 중소기업 광고비 지원사업 예산 6억 원을 기업에 지원하려 하며, 지원대상 선정 및 지원금 산정 방법은 다음과 같다.

○ 2020년도 총매출이 500억 원 미만인 기업만 지원하며, 우선 지원대상 사업분야는 백신, 비대면, 인공지능이다.
○ 우선 지원대상 사업분야 내 또는 우선 지원대상이 아닌 사업분야 내에서는 '소요 광고비 × 2020년도 총매출'이 작은 기업부터 먼저 선정한다.
○ 지원금 상한액은 1억 2,000만 원이나, 해당 기업의 2020년도 총매출이 100억 원 이하인 경우 상한액의 2배까지 지원할 수 있다. 단, 지원금은 소요 광고비의 2분의 1을 초과할 수 없다.
○ 위의 지원금 산정 방법에 따라 예산 범위 내에서 지급 가능한 최대 금액을 예산이 소진될 때까지 지원대상 기업에 순차로 배정한다.

<지원대상 후보 현황>

기업	2020년도 총매출(억 원)	소요 광고비 (억 원)	사업분야
A	600	1	백신
B	500	2	비대면
C	400	3	농산물
D	300	4	인공지능
E	200	5	비대면
F	100	6	의류
G	30	4	백신

① 없음
② 8,000만 원
③ 1억 2,000만 원
④ 1억 6,000만 원
⑤ 2억 4,000만 원

문 33. 다음 <A기관 특허대리인 보수 지급 기준>과 <상황>을 근거로 판단할 때, 甲과 乙이 지급받는 보수의 차이는?

<A기관 특허대리인 보수 지급 기준>

○ A기관은 특허출원을 특허대리인(이하 '대리인')에게 의뢰하고, 이에 따라 특허출원 건을 수임한 대리인에게 보수를 지급한다.
○ 보수는 착수금과 사례금의 합이다.
○ 착수금은 대리인이 작성한 출원서의 내용에 따라 <착수금 산정 기준>의 세부항목을 합산하여 산정한다. 단, 세부항목을 합산한 금액이 140만 원을 초과할 경우 착수금은 140만 원으로 한다.

<착수금 산정 기준>

세부항목	금액(원)
기본료	1,200,000
독립항 1개 초과분(1개당)	100,000
종속항(1개당)	35,000
명세서 20면 초과분(1면당)	9,000
도면(1도당)	15,000

※ 독립항 1개 또는 명세서 20면 이하는 해당 항목에 대한 착수금을 산정하지 않는다.

○ 사례금은 출원한 특허가 '등록결정'된 경우 착수금과 동일한 금액으로 지급하고, '거절결정'된 경우 0원으로 한다.

<상 황>

○ 특허대리인 甲과 乙은 A기관이 의뢰한 특허출원을 각각 1건씩 수임하였다.
○ 甲은 독립항 1개, 종속항 2개, 명세서 14면, 도면 3도로 출원서를 작성하여 특허를 출원하였고, '등록결정'되었다.
○ 乙은 독립항 5개, 종속항 16개, 명세서 50면, 도면 12도로 출원서를 작성하여 특허를 출원하였고, '거절결정'되었다.

① 2만 원
② 8만 5천 원
③ 123만 원
④ 129만 5천 원
⑤ 259만 원

문 34. 다음 글과 <상황>을 근거로 판단할 때, A시장이 잘못 부과한 과태료 초과분의 합은?

제00조 ① ☆☆영업을 하려는 자는 시·도지사에게 기간 내에 일정한 사항을 신고하여야 한다.
② 신고의무자가 부실하게 신고한 경우에는 신고하지 아니한 것으로 본다.
③ 시·도지사는 신고의무자가 기간 내에 신고하지 아니한 경우, 일정한 기간(이하 '사실조사기간'이라 한다)을 정하여 그 사실을 조사하고, 신고의무자에게 사실대로 신고할 것을 촉구하여야 한다.
④ 시·도지사는 신고의무자가 기간 내에 신고하지 아니한 경우에는 다음 각 호의 기준에 따라 과태료를 부과한다. 단, 제3항의 촉구를 받은 신고의무자가 신고하지 아니한 경우에는 다음 각 호 기준 금액의 2배를 부과한다.
1. 신고기간이 지난 후 1개월 이내: 1만 원
2. 신고기간이 지난 후 1개월 초과 6개월 이내: 3만 원
3. 신고기간이 지난 후 6개월 초과: 5만 원

제00조 시·도지사는 과태료 처분대상자가 다음 각 호의 어느 하나에 해당하는 경우에는 과태료를 경감하여 부과한다. 단, 둘 이상에 해당하는 경우에는 그 중 높은 경감비율만을 한 차례 적용한다.
1. 사실조사기간 중 자진신고한 자: 2분의 1 경감
2. 「장애인복지법」상 장애인: 10분의 2 경감

<상 황>

A시장은 신고기간 내에 신고를 하지 않은 甲, 乙, 丙을 대상으로 사실조사를 실시하였고, 사실조사기간 중 자진신고를 한 丙을 제외한 모든 자에게 신고를 촉구하였다. 촉구를 받은 甲은 사실대로 신고하였지만 乙은 부실하게 신고하였다. 그 후 A시장은 甲, 乙, 丙에게 아래의 금액을 과태료로 부과하였다.

<과태료 부과현황>

대상자	신고기간 후 경과일수	특이사항	부과액
甲	200일	국가유공자	10만 원
乙	71일		6만 원
丙	9일	「장애인복지법」상 장애인	1만 5천 원

① 57,000원
② 60,000원
③ 72,000원
④ 85,000원
⑤ 90,000원

V | 1문2제형

법조문 형식의 제시문에 2개의 문제를 붙여 출제하기도 한다. 일반적으로 1문2제형은, 첫 번째 문제를 부합·추론형으로 출제하고 두 번째 문제를 규칙·지침형이나 계산·비교형으로 출제하는데, 법조문을 소재로 하더라도 이러한 구성은 달라지지 않는다.

다음의 사항들에 특히 주의하며 문제를 풀어보도록 하자.

1. 다른 유형의 문제를 풀 때의 일반적인 주의사항이 이 유형에도 통용되므로 동등한 수준과 내용의 주의를 기울인다.
2. 제시문의 내용과 구조를 정확히 파악하면 2개의 문제를 풀 수 있으므로, 서두르지 말고 제시문의 내용구조와 정보의 위치 등을 파악하는 데에 조금 더 많이 공을 들이도록 하자.
3. 제시문을 읽기 전에 2개의 문제가 각각 무엇을 요구하는지를 먼저 확인해 보는 것도 좋은 방법이다. 특히 제시된 법조문의 내용이 많고 길 때에는 문제의 요구사항을 먼저 확인하는 것이 큰 도움이 될 수도 있다. 제시문의 내용이 많다는 것은 그만큼 문제풀이와는 상관없는 내용이 섞여있을 가능성이 높다는 의미일 수도 있기 때문이다.
4. 조금 어렵게 출제되더라도 두 문제 중 한 문제는 풀만한 것이 일반적이다. 적어도 1문제는 풀어 맞힌다는 생각으로 접근해 보는 것이 좋다.

※ 다음 글을 읽고 물음에 답하시오. [문 1. ~ 문 2.]

대한민국 국제사법

제00조(목적) 이 법은 외국적 요소가 있는 법률관계에 관하여 국제재판관할에 관한 원칙과 준거법※을 정함을 목적으로 한다.

제00조(혼인의 성립) ① 혼인의 성립요건은 각 당사자에 관하여 그 본국법에 의한다.

② 혼인의 방식은 혼인거행지법 또는 당사자 일방의 본국법에 의한다.

제00조(혼인의 일반적 효력) 혼인의 일반적 효력은 다음 각 호에 정한 법의 순위에 의한다.

1. 부부의 동일한 본국법
2. 부부의 동일한 상거소지법(常居所地法)※
3. 부부와 가장 밀접한 관련이 있는 곳의 법

제00조(부부재산제) ① 부부재산제※에 관하여는 제00조(혼인의 일반적 효력) 규정을 준용한다.

② 부부가 합의에 의하여 다음 각 호의 법 중 어느 것을 선택한 경우에는 부부재산제는 제1항의 규정에 불구하고 그 법에 의한다. 다만, 그 합의는 일자(日字)와 부부의 기명날인 또는 서명이 있는 서면으로 작성된 경우에 한하여 그 효력이 있다.

1. 부부 중 일방이 국적을 가지는 법
2. 부부 중 일방의 상거소지법(常居所地法)
3. 부동산에 관한 부부재산제에 대하여는 그 부동산의 소재지법

※ 준거법 : 재판에서 기준으로 삼는 법. 국제사법에서는 내국인과 외국인, 외국인과 외국인 사이의 법률 분쟁을 해결하기 위해서 당사자들이 대한민국 법원에 소를 제기한 경우, 그 사건에 적용하여야 할 본국법 또는 외국법

※ 상거소지 : 상시 거주하는 장소

※ 부부재산제 : 혼인을 한 당사자가 혼인 당시에 재산을 가지고 있거나 혼인 후에 새로이 재산을 취득하는 경우 그 재산의 귀속과 관리에 관련된 제도

문 1. 다음 <상황>에서 A군과 B양의 혼인의 성립요건에 관하여 대한민국 법원에서 다툼이 있을 때 적용할 준거법은?

<상 황>

대한민국 국적인 A군(당시 만20세)은 2002년 미국에서 유학 중 일본 국적의 유학생인 B양(당시 만19세)을 만나 부모의 동의 없이 독일에서 혼례를 올리고 현재 미국 X주에서 살고 있다.

① 대한민국 법
② 일본 법
③ 독일 법
④ 미국 X주 법
⑤ A군에게는 대한민국 법이, B양에게는 일본 법이 각각 적용된다.

문 2. 다음 <상황>에서 C와 D의 부부 재산문제를 해결하기 위해 적용해야 하는 준거법은?(다만 제시된 내용 이외의 다른 조건은 없는 것으로 가정한다)

<상 황>

미국의 X주에서 혼례를 올리고 그 이후로 5년간 계속 미국의 Y주에 거주하고 있는 법률상 부부 C(대한민국 국적)와 D(일본 국적)는 1억 달러 상당의 로또에 당첨되었다. 두 사람은 당첨 금액 중 절반은 미국의 Z주의 부동산에 투자하였고, 나머지는 Y주의 한 은행에 예치하였다.

그런데 C와 D는 부부 간에 재산의 소유나 관리에 관한 다툼이 생길 경우를 대비하여 "부부 간의 부동산 문제는 당해 부동산 소재지법에 따라 해결한다."고 서면으로 합의하였는데, 날짜를 기입하지 않은 채 서명한 후 보관해 두었다.

한국을 방문한 C와 D는 어떤 문제로 인해 갈등을 겪게 되었다. 두 사람은 결국 부부 간의 재산문제를 해결하기 위해 대한민국 법원에 제소하였다.

① 대한민국 법
② 일본 법
③ 미국 X주 법
④ 미국 Y주 법
⑤ 미국 Z주 법

1문 2쾌

※ 다음을 읽고 물음에 답하시오. [문 3. ~ 문 4.]

제00조(설립인가기준 등) ① 대학을 설립하고자 하는 자는 다음 각 호의 기준을 갖추어 교육부장관에게 대학설립인가를 신청하여야 한다.

1. 제2항에 따른 교사(校舍) 및 제4항에 따른 교지(校地)를 확보할 것
2. 제5항에 따른 교원의 2분의 1 이상을 확보할 것
3. 제6항 및 제7항에 따른 수익용 기본재산을 확보할 것

② 교사는 교육기본시설, 지원시설 및 연구시설, 부속시설을 말하며, 교사의 확보기준은 다음 각 호와 같다.

1. 교육기본시설: 교육·연구활동에 적합하게 갖출 것
2. 지원시설 및 연구시설: 제3항에 따라 확보한 면적의 범위에서 대학이 필요한 경우에 갖출 것
3. 부속시설: 학교헌장에서 정하는 바에 따라 갖출 것. 다만 의학·한의학 및 치의학에 관한 학과를 두는 의학계열이 있는 대학은 부속병원을 직접 갖추거나 교육에 지장이 없도록 해당 기준을 충족하는 병원에 위탁하여 실습할 수 있는 조치를 하여야 한다.

③ 제2항 각 호의 시설면적은 [별표 1]에 의한 학생 1인당 교사기준면적에 편제완성연도를 기준으로 한 계열별 학생정원을 곱하여 합산한 면적 이상으로 한다.

④ 교지(농장·학술림·사육장·목장·양식장·어장 및 약초원 등 실습지를 제외한 학교 구내의 모든 용지를 말한다)는 교육·연구활동에 지장이 없는 적합한 장소에 [별표 2]에 의한 기준면적을 확보하여야 한다.

⑤ 대학은 편제완성연도를 기준으로 한 계열별 학생정원을 [별표 3]에 따른 교원 1인당 학생 수로 나눈 수의 교원을 확보하여야 한다.

⑥ 학교법인은 대학의 연간 학교회계 운영수익총액에 해당하는 가액의 수익용 기본재산을 확보하되, 설립 당시에는 다음 각 호에서 정한 금액 이상을 확보하여야 한다.

1. 대학: 100억 원
2. 전문대학: 70억 원
3. 대학원 대학: 40억 원

⑦ 제6항 각 호의 규정에 불구하고 1개의 법인이 수 개의 학교를 설립·운영하고자 하는 경우에는 각 학교별 제6항 각 호의 금액의 합산액 이상을 확보하여야 한다.

[별표 1]

교사기준면적(제00조 제3항 관련)

(단위: m^2)

계열	인문·사회	자연과학	공학	예·체능	의학
학생 1인당 교사기준면적	12	17	20	19	20

[별표 2]

교지기준면적(제00조 제4항 관련)

학생정원	1,000명 미만	1,000명 이상
면적	교사기준면적 이상	교사기준면적의 2배 이상

[별표 3]

교원산출기준(제00조 제5항 관련)

(단위: 명)

계열	인문·사회	자연과학	공학	예·체능	의학
교원 1인당 학생 수	25	20	20	20	8

<상 황>

甲은 편제완성연도 기준 계열별 학생정원이 인문·사회 400명, 자연과학 200명, 공학 300명, 의학 100명인 A대학을 설립하고자 한다.

문 3. 위의 글과 <상황>을 근거로 판단할 때, <보기>에서 옳은 것만을 모두 고르면?

<보 기>

ㄱ. 甲은 A대학 설립 시 부속병원을 반드시 갖추어야 한다.
ㄴ. A대학의 설립인가를 받을 당시 공학계열 학생을 위해 甲이 확보해야 하는 교원 수는 최소 8명이다.
ㄷ. 甲이 동일 법인 내에 A대학뿐만 아니라 B전문대학을 함께 설립하고자 하는 경우, 확보해야 할 수익용 기본재산의 합산액은 최소 135억 원이다.

① ㄱ
② ㄴ
③ ㄱ, ㄷ
④ ㄴ, ㄷ
⑤ ㄱ, ㄴ, ㄷ

문 4. A대학 설립을 위해 甲이 확보해야 할 최소 교지면적은?

① 16,200 m^2
② 18,200 m^2
③ 32,400 m^2
④ 36,200 m^2
⑤ 38,200 m^2

※ 다음 글을 읽고 물음에 답하시오. [문 5. ~ 문 6.]

> 제00조 교도소에 수용된 수형자(이하 '수형자'라 한다)의 도주 위험성에 따라 계호(戒護)의 정도를 구별하고, 범죄성향의 진전과 개선정도, 교정성적에 따라 처우수준을 구별하는 경비처우급은 개방처우급, 완화경비처우급, 일반경비처우급, 중(重)경비처우급으로 구분한다.
>
> 제00조 교도소장(이하 '소장'이라 한다)은 개방처우급·완화경비처우급·일반경비처우급 수형자로서 교정성적, 나이, 인성 등을 고려하여 다른 수형자의 모범이 된다고 인정되는 경우에는 봉사원으로 선정하여 교도관의 사무처리 업무를 보조하게 할 수 있다.
>
> 제00조 ① 소장은 개방처우급·완화경비처우급 수형자에게 자치생활을 허가할 수 있다.
>
> ② 소장은 자치생활 수형자들이 교육실, 강당 등 적당한 장소에서 월 1회 이상 토론회를 할 수 있도록 하여야 한다.
>
> 제00조 ① 수형자의 접견의 허용횟수는 개방처우급은 1일 1회, 완화경비처우급은 월 6회, 일반경비처우급은 월 5회, 중경비처우급은 월 4회로 한다.
>
> ② 접견은 1일 1회만 허용한다.
>
> ③ 소장은 개방처우급·완화경비처우급 수형자에 대하여 가족 만남의 날 행사에 참여하게 하거나 가족 만남의 집을 이용하게 할 수 있다. 이 경우 제1항의 접견 허용횟수에는 포함되지 아니한다.
>
> ④ 소장은 제3항에도 불구하고 교화를 위하여 특히 필요한 경우에는 일반경비처우급 수형자에 대하여도 가족 만남의 날 행사 참여 또는 가족 만남의 집 이용을 허가할 수 있다.
>
> 제00조 소장은 개방처우급·완화경비처우급 수형자에 대하여 교도소 밖에서 이루어지는 사회견학, 사회봉사, 종교행사 참석, 연극·영화·그 밖의 문화공연 관람 활동을 허가할 수 있다. 다만 처우상 특히 필요한 경우에는 일반경비처우급 수형자에게도 이를 허가할 수 있다.
>
> 제00조 ① 소장은 개방처우급 혹은 완화경비처우급 수형자가 형기(刑期)가 3년 이상이고 범죄 횟수가 2회 이하이며 형기 종료 예정일까지 기간이 3개월 이상 1년 6개월 이하인 경우에는 교도소 내에 설치된 개방시설에 수용하여 사회적응에 필요한 교육, 취업지원 등 적정한 처우를 할 수 있다.
>
> ② 소장은 제1항에 따른 처우의 대상자 중 형기 종료 예정일까지의 기간이 9개월 미만인 수형자에 대해서는 지역사회에 설치된 개방시설에 수용하여 제1항에 따른 처우를 할 수 있다.
>
> 제00조 소장은 수형자가 개방처우급 또는 완화경비처우급으로서 직업능력 향상을 위하여 특히 필요한 경우에는 교도소 밖의 공공기관 또는 기업체 등에서 운영하는 직업훈련을 받게 할 수 있다.

※ 계호(戒護): 경계하여 지킴

문 5. 윗글을 근거로 판단할 때, 소장이 일반경비처우급 수형자에게 부여할 수 있는 처우를 <보기>에서 모두 고르면?

<보 기>

ㄱ. 교도관의 사무처리 업무 보조
ㄴ. 교도소 밖 사회봉사활동 및 종교행사 참석
ㄷ. 교도소 내 교육실에서의 월 1회 토론회 참여
ㄹ. 가족 만남의 날 행사 참여

① ㄱ, ㄴ
② ㄴ, ㄷ
③ ㄷ, ㄹ
④ ㄱ, ㄴ, ㄹ
⑤ ㄱ, ㄷ, ㄹ

문 6. 윗글을 근거로 판단할 때, <보기>에서 소장의 조치로 적법한 것만을 모두 고르면?

<보 기>

ㄱ. 과거 범죄 횟수가 1회이며, 7년 형을 선고받고 남은 형기가 6개월인 개방처우급 수형자 甲에게 소장은 교도소 내 개방시설에 수용하여 사회적응교육을 받도록 하였다.
ㄴ. 과거 범죄 횟수가 1회이며, 5년 형을 선고받고 남은 형기가 10개월인 완화경비처우급 수형자 乙에게 소장은 지역사회에 설치된 개방시설에 수용하여 취업지원 처우를 받도록 하였다.
ㄷ. 과거 범죄 횟수가 3회이며, 5년 형을 선고받고 남은 형기가 2개월인 일반경비처우급 수형자 丙에게 소장은 교도소 밖의 개방시설에 수용하여 사회적응교육을 받도록 하였다.
ㄹ. 초범자로서 3년 형을 선고받고 남은 형기가 8개월인 완화경비처우급 수형자 丁을 소장은 직업능력 향상을 위하여 특히 필요한 경우로 보아 교도소 밖의 공공기관에서 직업훈련을 받게 하였다.

① ㄱ, ㄴ
② ㄱ, ㄹ
③ ㄴ, ㄷ
④ ㄱ, ㄷ, ㄹ
⑤ ㄴ, ㄷ, ㄹ

1회 2회

※ 다음 글을 읽고 물음에 답하시오. [문 7. ~ 문 8.]

○ 국가는 지방자치단체인 시・군・구의 인구, 지리적 여건, 생활권・경제권, 발전가능성 등을 고려하여 통합이 필요한 지역에 대하여는 지방자치단체 간 통합을 지원해야 한다.

○ △△위원회(이하 '위원회')는 통합대상 지방자치단체를 발굴하고 통합방안을 마련한다. 지방자치단체의 장, 지방의회 또는 주민은 인근 지방자치단체와의 통합을 위원회에 건의할 수 있다. 단, 주민이 건의하는 경우에는 해당 지방자치단체의 주민투표권자 총수의 50분의 1 이상의 연서(連書)가 있어야 한다. 지방자치단체의 장, 지방의회 또는 주민은 위원회에 통합을 건의할 때 통합대상 지방자치단체를 관할하는 특별시장・광역시장 또는 도지사(이하 '시・도지사')를 경유해야 한다. 이 경우 시・도지사는 접수받은 통합건의서에 의견을 첨부하여 지체 없이 위원회에 제출해야 한다. 위원회는 위의 건의를 참고하여 시・군・구 통합방안을 마련해야 한다.

○ □□부 장관은 위원회가 마련한 시・군・구 통합방안에 따라 지방자치단체 간 통합을 해당 지방자치단체의 장에게 권고할 수 있다. □□부 장관은 지방자치단체 간 통합권고안에 관하여 해당 지방의회의 의견을 들어야 한다. 그러나 □□부 장관이 필요하다고 인정하여 해당 지방자치단체의 장에게 주민투표를 요구하여 실시한 경우에는 그렇지 않다. 지방자치단체의 장은 시・군・구 통합과 관련하여 주민투표의 실시 요구를 받은 때에는 지체 없이 이를 공표하고 주민투표를 실시해야 한다.

○ 지방의회 의견청취 또는 주민투표를 통하여 지방자치단체의 통합의사가 확인되면 '관계지방자치단체(통합대상 지방자치단체 및 이를 관할하는 특별시・광역시 또는 도)'의 장은 명칭, 청사 소재지, 지방자치단체의 사무 등 통합에 관한 세부사항을 심의하기 위하여 공동으로 '통합추진공동위원회'를 설치해야 한다.

○ 통합추진공동위원회의 위원은 관계지방자치단체의 장 및 그 지방의회가 추천하는 자로 한다. 통합추진공동위원회를 구성하는 각각의 관계지방자치단체 위원 수는 다음에 따라 산정한다. 단, 그 결과값이 자연수가 아닌 경우에는 소수점 이하의 수를 올림한 값을 관계지방자치단체 위원 수로 한다.

관계지방자치단체 위원 수 = [(통합대상 지방자치단체 수) × 6 + (통합대상 지방자치단체를 관할하는 특별시・광역시 또는 도의 수) × 2 + 1] ÷ (관계지방자치단체 수)

○ 통합추진공동위원회의 전체 위원 수는 위에 따라 산출된 관계지방자치단체 위원 수에 관계지방자치단체 수를 곱한 값이다.

문 7. 윗글을 근거로 판단할 때 옳은 것은?

① □□부 장관이 요구하여 지방자치단체의 통합과 관련한 주민투표가 실시된 경우에는 통합권고안에 대해 지방의회의 의견을 청취하지 않아도 된다.
② 지방의회가 의결을 통해 다른 지방자치단체와의 통합을 추진하고자 한다면 통합건의서는 시・도지사를 경유하지 않고 △△위원회에 직접 제출해야 한다.
③ 주민투표권자 총수가 10만 명인 지방자치단체의 주민들이 다른 인근 지방자치단체와의 통합을 △△위원회에 건의하고자 할 때, 주민 200명의 연서가 있으면 가능하다.
④ 통합추진공동위원회의 위원은 □□부 장관과 관계지방자치단체의 장이 추천하는 자로 한다.
⑤ 지방자치단체의 장은 해당 지방자치단체의 통합을 △△위원회에 건의할 때, 지방의회의 의결을 거쳐야 한다.

문 8. 윗글과 <상황>을 근거로 판단할 때, '통합추진공동위원회'의 전체 위원 수는?

<상 황>

甲도가 관할하는 지방자치단체인 A군과 B군, 乙도가 관할하는 지방자치단체인 C군, 그리고 丙도가 관할하는 지방자치단체인 D군은 관련 절차를 거쳐 하나의 지방자치단체로 통합을 추진하고 있다. 현재 관계지방자치단체장은 공동으로 '통합추진공동위원회'를 설치하고자 한다.

① 42명
② 35명
③ 32명
④ 31명
⑤ 28명

정답 및 해설

정답표

1	2	3	4	5	6	7	8	9	10
①	④	③	④	③	⑤	④	④	③	④
11	12	13	14	15	16	17	18	19	20
④	④	⑤	③	③	③	④	⑤	⑤	③
21	22	23	24	25	26	27	28	29	30
④	②	③	①	②	④	⑤	④	④	③
31	32	33	34	35	36	37	38	39	40
③	②	①	①	④	①	⑤	④	③	④
41	42	43	44	45	46	47	48	49	50
④	②	①	④	③	⑤	⑤	④	③	②
51	52	53	54	55	56	57	58	59	60
⑤	④	②	①	④	①	④	⑤	⑤	②
61	62	63	64	65	66	67	68	69	70
④	②	④	①	⑤	②	②	⑤	①	①
71	72	73	74	75	76	77	78	79	80
⑤	⑤	①	②	③	⑤	⑤	①	②	⑤
81	82	83	84	85	86	87	88	89	90
⑤	①	⑤	①	⑤	⑤	⑤	⑤	①	①
91	92	93	94	95	96	97	98	99	100
④	③	⑤	④	④	⑤	②	④	①	⑤
101	102	103	104	105	106	107	108	109	110
⑤	⑤	③	④	③	①	⑤	①	②	①
111	112	113	114	115	116	117	118		
⑤	④	⑤	⑤	⑤	⑤	②	①		

1

정답 ①　　5급 공채 2007 무 31

선택지 검토

① [X] 갑이 사망한 경우, 사망신고를 한 때에 갑의 상속재산은 상속인에게 상속된다.
➡ 상속의 개시 시점은 '사망 시'이다. '사망신고 시'가 아니다.

② [O] 갑의 생사불명 상태가 일정기간 계속되어 가정법원으로부터 실종선고를 받은 경우, 갑의 상속재산은 상속인에게 상속된다.
➡ 실종선고를 받은 사람은 사망한 것으로 보기 때문에 상속이 개시된다.

③ [O] 갑에게는 아버지 A, 자녀 B와 C가 있는데, 갑이 A보다 먼저 사망한 경우, 특별한 사정이 없는 한 갑의 상속재산은 A가 아니라 B와 C에게 상속된다.
➡ 직계비속(자녀 B, C)은 직계존속(아버지 A)보다 상속 순위가 앞선다.

④ [O] 사망한 갑에게 자녀 A를 임신한 부인 B와 어머니 C가 있는 경우, A가 출생하면 C는 갑의 상속인이 될 수 없다.
➡ 태아는 상속순위에 관하여는 이미 출생한 것으로 보므로 자녀 A는 태아인 상태에서 상속 1순위의 권리를 가지게 되고, 출생한 경우 그 권리가 확정된다. 이때, 직계존속인 어머니 C는 2순위가 되어 상속을 받을 수 없다.

⑤ [O] 2001년 1월 10일 항공기 추락으로 행방불명된 갑에 대해 부인 A가 2006년 3월 15일 실종선고를 신청하여 법원이 2006년 9월 30일 실종선고를 한 경우, 갑은 2001년 7월 10일에 사망한 것으로 보게 된다.
➡ 실종선고를 받은 자는 법률에 규정된 일정한 기간(5년, 6개월, 1년)이 만료한 때에 사망한 것으로 본다. 항공기 추락에 의한 실종의 경우 항공기가 추락한 때(2001년 1월 10일)로부터 6개월 후인 2001년 7월 10일에 실종자가 사망한 것으로 본다.

2

정답 ④　　5급 공채 2007 무 12

선택지 검토

① [O] A회사가 B회사 주식의 51%를 소유하고 있고 B회사도 C회사 주식의 51%를 소유하고 있는 경우, C회사는 A회사 주식을 취득하지 못한다.
➡ [제1조] C회사는 A회사의 자회사이므로, 모회사인 A회사 주식을 취득하지 못한다.

② [O] B회사 주식의 51%를 소유하고 있는 A회사가 B회사와 함께 소유하고 있는 C회사 주식의 합계가 C회사 주식의 51%인 경우, C회사는 A회사 주식을 취득하지 못한다.
➡ [제1조, 제2조] C회사는 A회사의 자회사이므로, 모회사인 A회사 주식을 취득하지 못한다.

③ [O] A회사는 C회사 주식의 30%를 소유하고 C회사는 A회사 주식의 15%를 소유하는 경우, A회사와 C회사가 소유하는 상대방 회사의 주식은 각각 의결권이 없다.
➡ [제1조] 서로 10%를 초과하는 주식을 가지고 있으므로 상대방에 대하여 의결권을 행사할 수 없다.

④ [X] A회사는 B회사 주식의 51%와 C회사 주식의 7%를 소유하고, B회사는 C회사 주식의 8%를 소유하는 경우, C회사가 소유하는 B회사 주식은 의결권이 없다.
➡ [제3조] A회사가 모회사 B회사가 자회사이다. A·B회사가 함께 보유한 C회사 주식 수가 15%이므로 C회사는 모회사인 A회사에 대해 의결권을 행사할 수 없지만, 자회사인 B회사에 대해서는 의결권을 행사할 수 있다.

⑤ [O] A회사는 B회사 주식의 51%를 소유하고, B회사는 C회사 주식의 15%를 소유하는 경우, C회사가 소유하는 A회사 주식은 의결권이 없다.
➡ [제3조] A회사는 B회사의 모회사이고, B회사(자회사)가 C회사 주식의 15%를 소유하므로, C회사가 소유하는 A회사(모회사)의 주식은 의결권이 없다.

3

정답 ③　　5급 공채 2008 창 4

선택지 검토

① [X] 비례대표 국회의원 甲은 국민들의 여론에 따라 소속 정당을 탈당하고 신생정당으로 옮겨 국회의원으로서의 활동을 계속 하고 있다.
➡ [제4조 본문] 소속 정당의 합당·해산 또는 제명 외의 사유로 당적을 이탈하였으므로 퇴직된다.

② [X] A정당은 지난 달 비례대표 국회의원 선거에서 유효투표 총수의 2%를 득표하고 지역구 국회의원 총선거에서 4석을 차지하여 정당등록이 취소되었다.
➡ [제2조 2호] 정당등록이 취소되려면 의석을 얻지 못하고 유효투표 총수의 100분의 2 미만을 득표하는 2개의 요건을 모두 충족시켜야 한다. A정당은 이 2가지 요건에서 모두 자유로우므로 정당등록이 취소되지 아니한다.

③ [O] 비례대표 국회의원 乙은 자신이 속한 정당의 당론과 반대되는 의견을 제시한다는 이유로 소속 정당으로부터 제명되었으나 국회의원직을 계속 유지하고 있다.
➡ [제4조 본문] 제명의 사유로 당적을 이탈한 경우에는 퇴직되지 아니한다.

④ [X] 국회의장은 당적을 보유할 수 없고 비례대표 국회의원은 당적이 변경되면 퇴직하여야 하기 때문에 비례대표 국회의원 丙은 국회의장으로 당선될 수 없다.
➡ [제4조 단서] 비례대표 국회의원이 국회의장으로 당선되어 당적을 이탈한 경우에는 퇴직되지 아니하므로, 비례대표 국회의원 丙은 국회의장으로 당선될 수 있다.

⑤ [X] B정당은 비례대표 국회의원 선거에서 유효투표 총수의 3%를 획득하였으나 지역구 국회의원 선거에서 의석을 4석밖에 차지하지 못하였기 때문에 비례대표 국회의원 의석을 배분받지 못하였다.
➡ [제1조] 비례대표 국회의원 의석을 배분받기 위해서는 규정된 2개의 요건 중 1개만 충족시키면 된다. B정당은 비례대표 국회의원 선거에서 유효투표 총수의 3%를 획득했으므로 비례대표 국회의원 의석을 배분받을 수 있다.

4

정답 ④ 5급 공채 2008 창 5

선택지 검토

① [O] 서울특별시에 등기된 프랑스 음식점의 상호 '빠리지앤느'에서 힌트를 얻어 택배업에 사용할 목적으로 선정된 상호 '빠르지안니'는 서울특별시에서도 등기가 가능하다.

➡ [제2조] ① 동일한 지역의 ② 동일한 업종에 ③ 타인이 등기한 (동일한) 상호인 경우에만 상호의 등기를 할 수 없다.
같은 지역에 '빠리지앤느'라는 상호가 등기되어 있지만, '빠르지안니'는 다른 상호이며 다른 업종에 사용될 것이므로 등기가 가능하다.

② [O] 부정한 목적으로 甲의 영업이라고 오인될 수 있는 상호를 사용하는 乙에 대하여 상호의 부정사용으로 손해를 받을 염려가 있는 甲은 그 상호의 폐지를 청구할 수 있다.

➡ [제3조 제1-2항] '손해를 받을 염려가 있는 자'는 폐지를 청구할 수 있다.

③ [O] 상호를 등기한 甲은 부정한 목적으로 甲의 영업이라고 오인될 수 있는 상호를 사용하는 乙에 대하여 상호의 부정사용으로 손해를 받을 염려가 없더라도 그 상호의 폐지를 청구할 수 있다.

➡ [제3조 1-2항] '상호를 등기한 자'는 폐지를 청구할 수 있다.

④ [X] 상호를 등기한 자는 동종영업을 하는 타인이 동일 지역에서 등기된 자신의 상호를 사용한 경우에 그 상호의 폐지 및 손해배상을 청구하기 위해서는 그의 부정한 목적을 증명하여야 한다.

➡ [제3조 제4항, 각주] 동일한 지역에서 동종영업으로 타인이 등기한 상호를 사용하는 자는 부정한 목적으로 사용하는 것으로 추정(반대증거가 없을 때 그 사실을 그대로 인정)하므로, 상호를 등기한 자(상호의 폐지 및 손해배상을 청구하는 자)가 타인의 부정한 목적을 입증할 필요는 없다.

⑤ [O] 영업이 잘 되고 있는 甲의 '미더'라는 상호가 아직 등기되지 않았음을 알고 乙이 '미더'라는 상호를 사용하여 甲의 영업을 방해하려고 그 상호를 등기한 경우, 이로 인해 손해를 입은 甲은 乙에 대하여 손해배상을 청구할 수 있다.

➡ [제3조 제1항] 누구든지 부정한 목적으로 타인의 영업으로 오인할 수 있는 상호를 사용하지 못하는데 乙이 이를 위반하려는 경우이다. 이 경우,
[제3조 제3항] 甲은 상호의 폐지를 청구할 수 있고,
[제3조 제3항] 추가로 손해배상의 청구도 할 수 있다.

5

정답 ③ 5급 공채 2008 창 24

법조문의 이해

- 제1조
  혼인의 성립요건은 '신고'이다.

- 제2조
  부부 사이에 체결된 재산에 관한 계약은
  → 계약은 혼인 중에 체결된 것이어야 한다.
  부부가 그 혼인관계를 해소하지 않는 한
  → 혼인 중이어야 한다. 이혼한 상태라면 일방적 취소가 허용되지 않는다.
  언제든지 부부의 일방이 이를 취소할 수 있다.
  → 부부 쌍방의 합의는 필요하지 않다. 부부 중 1인이 일방적으로 취소할 수 있다.

- 제3조
  혼인성립 전에 그 재산에 관하여 약정한 때에는
  → 약정(계약)은 혼인 전에 체결된 것이어야 한다.
  혼인 중에 한하여 이를 변경하지 못한다.
  → 혼인 중이어야 한다. 혼인 전이거나 이혼한 상태라면 변경할 수 있다.

보기 검토

ㄱ. [O] 약혼자 A와 B가 가족관계등록법에서 정한 절차에 따라 혼인신고를 하면 아직 혼례식을 올리지 않았더라도 법률상 부부가 된다.

➡ [제1조] 혼인의 성립요건은 '신고'이다.

ㄴ. [O] A는 혼인 5주년을 기념하는 의미로(혼인 중) 자기가 장래 취득할 부동산을 배우자 B의 명의로 등기하기로 약정하였지만, 마음이 바뀌면 혼인 중에는 이 약정을 언제든지 취소할 수 있다.

➡ [제2조 본문] 혼인 중에 체결한 계약을 혼인 중에 일방적으로 취소하는 것은 허용된다.

ㄷ. [X] B는 배우자(혼인 중) A에게 자기 소유의 주택을 증여하였는데, A가 친구 C(제3자)에게 이 주택을 매도하여 소유권을 이전하였더라도 그 증여계약을 취소하면 B는 C에게 그 주택의 반환을 청구할 수 있다.

➡ [제2조 단서] A와 B 사이의 문제를 이유로 제3자인 C의 권리(정당하게 취득한 소유권)를 침해할 수 없다.

ㄹ. [O] 혼인 후 사이가 좋을 때에(혼인 중) A가 배우자 B에게 자기 소유의 주택을 증여했으나, 이혼을 한 현재는(혼인관계 해소) 이전의 증여계약을 취소하고 주택반환을 청구할 수 없다.

➡ [제2조 본문] 혼인 중에 체결한 계약은 혼인 중에만 일방적 취소가 가능하다.

ㅁ. [X] 약혼자 A와 B가(혼인 전) 혼인 후 B의 재산을 A가 관리하기로 합의를 하였다면, 아직 혼인신고 이전(혼인 전)이더라도 법원의 허가 없이는 합의내용을 변경할 수 없다.

➡ [제3조 본문] 혼인성립 전의 재산에 관한 약정은 아직 혼인 전이라면 법원의 허가 없이 변경할 수 있다.

6

정답 ⑤ 5급 공채 2008 창 27

보기 검토

ㄱ. (X) 국무회의의 최대 구성원수와 감사원의 최대 구성원수의 합은 41인이다.

➡ [제5조 제1항] 국무회의는 대통령·국무총리와 15인 이상 30인 이하의 국무위원으로 구성한다. 따라서 국무회의 구성원수는 17 ~ 32명이다.

[제2조] 감사원은 원장을 포함한 5인 이상 11인 이하의 감사위원으로 구성한다. 따라서 감사원의 구성원수는 5 ~ 11명이다.

→ 최대 구성원수의 합은 43인이다.

ㄴ. (X) 부도덕한 사생활이나 정치적 무능력으로 야기되는 행위 등은 대통령에 대한 탄핵사유가 된다.

➡ [제1조] 그 직무집행에 있어서 헌법이나 법률을 위배한 경우에만 탄핵소추의 대상이 된다.

ㄷ. (O) 국무위원은 자신의 업무와 관련되는 대통령의 국정행위문서에 대한 부서를 거부할 수 있다.

➡ [제3조] 국무위원은 문서에 부서할 권한을 갖는다. 이것은 권한이지 의무가 아니기 때문에 부서를 거부할 수도 있다.

ㄹ. (O) 대통령이 국무위원을 임명하는 경우에는 국무총리의 제청이 있어야 하지만, 국무위원의 해임은 국무총리의 제청 없이 자유로이 할 수 있다.

➡ [제4조] '임명한다'는 단정적 표현과, '건의할 수 있다'는 허용을 나타내는 표현의 차이를 감지하자. 국무위원의 임명에 있어서는 국무총리의 제청이 정해진 절차의 일부분이지만, 국무위원의 해임에 있어서 국무총리의 건의는 허용되는 행위일 뿐, 반드시 거쳐야 하는 절차는 아니다.

ㅁ. (O) 탄핵제도는 대통령을 비롯한 고위직 공직자에 대하여 책임을 추궁함으로써 헌법을 보호하는 기능을 한다고 볼 수 있다.

➡ **〈보기 ㅁ〉은 상식적으로는 옳다고 판단할 수 있지만, 제시된 법규정에서 근거를 찾을 수 없는 내용을 담고 있다.**
과거의 기출문제들에는 옳다고 판단하기에는 명확한 근거가 없는, 약간은 애매한 보기나 선택지가 간혹 눈에 띈다. 이때에는 명백히 옳은 것과 명백히 잘못된 것을 먼저 구별하여 선택지를 소거하고, 〈보기 ㅁ〉과 같이 애매한 것을 판단하지 않고도 답을 찾는 방법이 유용하다.
최근의 기출문제에는 이런 경우가 거의 없고, 대개 근거가 명확한 내용으로 보기와 선택지가 구성되고 있다.

7

정답 ④ 5급 공채 2010 선 27

보기 검토

ㄱ. (O) 호주 국적을 자진 취득한 한국인 A는 호주 국적을 취득한 때 대한민국 국적을 상실한다.

➡ [제2조 제1항]

ㄴ. (O) 영주 목적이 아닌 미국 유학생활 중에 한국인 부부가 낳아 미국 국적도 취득한 B가 제1국민역에 편입된 후 징병검사를 받고 제2국민역에 편입된 경우, 제2국민역에 편입된 때부터 2년 이내에 하나의 국적을 선택하여야 한다.

➡ [제1조 제3항 제3호 + 제1조 제1항 단서]

ㄷ. (X) 7세 때 한국에서 캐나다로 입양되어 캐나다 국적을 취득하게 된 C는 캐나다 국적 취득 후 6개월 내에 법무부장관에게 대한민국 국적을 보유할 의사가 있다는 뜻을 법정대리인이 신고하지 아니하였을 경우, 캐나다 국적 취득 후 6개월이 경과한 때 대한민국 국적을 상실한다.

➡ [제2조 제2항 제2호 + 제3조 + 제2조 제2항 본문]

ㄹ. (O) 외국인과의 혼인으로 외국법에 따라 외국 국적을 취득한 24세 D가 외국 국적 취득 후 6개월 내에 법무부장관에게 대한민국 국적을 보유할 의사가 있다는 뜻을 신고한 경우 이중국적을 보유하나, 외국 국적을 취득한 때로부터 2년 내에 국적을 선택해야 한다.

➡ [제2조 제2항 제1호 + 제1조 제1항 본문]

8

정답 ④ 5급 공채 2011 선 8

제시문의 이해

- 제1조 : 선의취득
- 제2조 : 도품 및 유실물에 대한 특례 1
- 제3조 : 도품 및 유실물에 대한 특례 2
- 제4조 : 유실물의 소유권 취득

	선의취득 (제1·2·3조)			유실물의 소유권 취득 (제4조)
점유 방법	(타인으로부터) 양수			(직접) 습득
소유권 취득 시기	즉시			공고 1년 후
동산의 종류	기타 (일반)	도품	유실물	유실물
반환 청구	-	1. 도난, 유실한 날부터 2년 내 (2조) 2. 금전은 반환 청구 불가 (2조 단서) 3. 대가 변상 후 반환 청구 (3조)		-

보기 검토

ㄱ. (X) A가 밤늦게 길을 가다가 MP3기기를 주웠는데 MP3기기의 소유자를 알 수 없는 경우, 습득자인 A가 공고 없이 MP3기기의 소유권을 취득한다.

➡ A는 유실물을 직접 습득한 자로 『제4조(유실물의 소유권 취득)』의 적용을 받는다. 따라서 공고를 하고 1년 동안 소유자가 나타나지 않아야 소유권을 취득할 수 있다.

ㄴ. (O) A가 한 달 전에 잃어버린 자전거를 B가 평온·공연하게 선의이며 과실 없이 중고 자전거판매점에서 구입하여 타고 다니는 것을 알았을 경우, A는 B가 지급한 대가를 변상하고 자전거의 반환을 청구할 수 있다.

➡ 자전거를 중고 자전거판매점에서 구입했으므로 '같은 종류의 물건을 판매하는 상인으로부터 선의로 매수한 때'에 해당한다. 『제3조(도품, 유실물에 대한 특례 2)』의 적용을 받는다.

ㄷ. (X) A가 3년 전에 도난당한 시계를 B가 정육점 주인 C로부터 선의취득한 경우, A는 B가 지급한 대가를 변상하고 시계의 반환을 청구할 수 있다.

➡ 도품인 시계를 정육점 주인로부터 양수한 경우이다. 『제3조(도품, 유실물에 대한 특례 2)』가 적용되지 않고, 『제2조(도품, 유실물에 대한 특례 1)』가 적용된다. 이 경우 시계의 반환은 2년 내에 청구할 수 있는데, 이미 3년이 지났으므로 반환청구도 불가능하다.

ㄹ. (O) A가 B소유의 카메라를 빌려 사용하고 있는 C로부터 평온·공연하게 선의이며 과실 없이 그 카메라를 구입하여 사용하고 있는 경우, A는 카메라의 소유자가 된다.

➡ 『제1조(선의취득)』에 해당하여, A는 소유권을 즉시 취득한다.

조언 / 더 생각해 보기

- **각 조의 관계를 이해하면 적용 조문을 찾을 때 실수하지 않을 수 있다. 1~3번째 조문은 선의취득의 원칙과 특례를 제시한 것이고, 마지막 조문은 유실물의 소유권취득에 대한 내용으로 앞의 세 조문과는 별개의 내용이다.**
특히 '유실물'에 대한 사례에서 적용 조문을 선택할 때 주의할 필요가 있다.

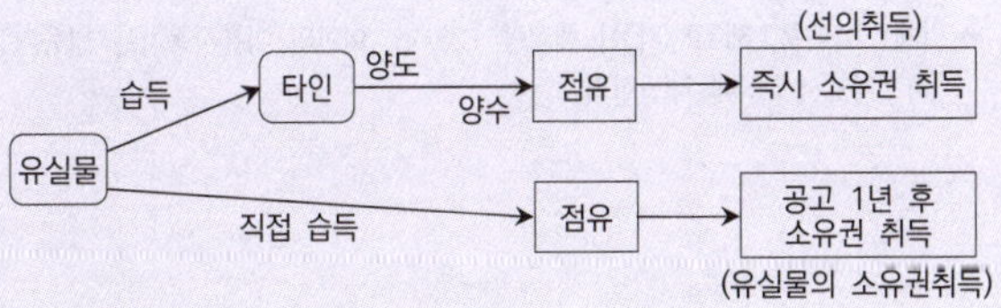

9

정답 ③ 5급 공채 2011 선 5

법조문의 이해

- 제1조 : 정의
- 제2조 : 금지
- 제3조 : 의무(신고 필수) / 예외(신고 불요)
- 제4조 제1항 : 금지 / 예외(허용)
  제2항 : 금지 / 예외(허용)

선택지 검토

① (X) 공무원 A가 직무관련자인 친족으로부터 통상적인 관례의 범위에서 경조사 관련 금품을 주거나 받는 것은 규정에 위배된다.
➡ [제4조 제2항] 금지되는 것은 '통상적인 관례의 범위를 초과'하는 금품의 수수이며, 친족에 대해서는 예외조항도 마련되어 있다.

② (X) 공무원 B가 소관 업무와 관련하여 직무상 명령을 받는 하급공무원(직무관련공무원)에게 자신의 경조사를 알리는 것은 규정상 언제나 허용된다.
➡ [제4조 제1항] 원칙적으로 금지되며, 규정된 경우에 한하여 예외적으로 허용된다.

③ (O) 공무원 C가 K시청의 강연 요청을 받고 소속 기관장에게 외부강연 신고를 하지 않은 것은 규정상 허용된다.
➡ [제3조 단서] K시청은 지방자치단체이므로, 공무원 C의 강연 사실을 신고할 의무는 없다.

④ (X) 공무원 D가 정책·사업 등의 집행으로 이익을 직접적으로 받는 단체(직무관련자)에게 본인의 결혼식을 알리는 것은 규정상 허용된다.
➡ [제4조 제1항] 금지된다. 예외적으로 허용되는 경우에도 해당되지 않는다.

⑤ (X) 공무원 E가 자연림 보호구역의 출입을 통제하는 관리직원에게 소속 근무기관과 공무원 신분임을 밝히고, 친구들과 함께 산행하는 행위는 규정상 허용된다.
➡ [제2조]

10

정답 ④ 민간경력 2011 인 3

보기 검토

ㄱ. (O) 경운기
➡ [제1호 마목] 동력에 의하여 운전되는 것에 해당한다.

ㄴ. (O) 자전거
➡ [제1호 라목]

ㄷ. (X) 유모차
➡ [제1호 마목 단서] 유모차는 '차'에서 제외된다.

ㄹ. (X) 기차
➡ [제1호 마목 단서] 철길에서 운전되는 것은 '차'에서 제외된다.

ㅁ. (O) 50 cc 스쿠터
➡ [제1호 다목, 제3호 가목] 배기량 125 cc 이하의 이륜자동차는 원동기장치자전거로서 '차'에 해당한다.

11

정답 ④ 5급 공채 2010 선 26

법조문의 이해

			전기고등학교					후기고등학교
			전문계	예·체능	자율형 사립	특수 목적	특성화	전기고등학교 이외의 고등학교
입학 전형		평준화지역	○	○	○	○	○	×
		비평준화지역	○	○	○	○	○	○
입학 전형 지원	지원 가능 지역	일반중학교 졸업	중학교 소재 지역			제한 없음		중학교 소재 지역
		특성화/자율 중학교 졸업	거주 지역					거주 지역
	지원 가능한 학교 수		1개	1개	1개	1개	1개	2개 이상

보기 검토

※ A와 C는 비평준화지역, B와 D는 평준화지역임

ㄱ. (O) A지역에 거주하고, B지역에 위치한 특성화중학교 졸업예정인 가영이는 C지역에 위치한 특수목적고등학교에 지원하였다.
➡ [제2조 제2항 제1호] 특수목적고등학교의 지원에는 지역의 제한이 없다.

ㄴ. (X) B지역에 위치한 일반 중학교 졸업 예정인 나희는 D지역에 위치한 자율형 사립고등학교(전기 고등학교)에 지원하였다.
➡ [제2조 제1항 본문] 평준화지역의 전기 고등학교(자율형 사립고등학교)에 응시하고자 하는 자는 그가 졸업한 혹은 졸업 예정인 중학교가 소재하는 지역의 고등학교에 지원하여야 한다.

ㄷ. (O) C지역(비평준화지역)에 거주하고, C지역에 위치한 중학교를 졸업한 다미는 C지역에 위치한 3개의 고등학교에 지원하였다.
➡ [제2조 제3항] 비평준화지역에서는 2개 이상의 후기 고등학교에 지원할 수 있으므로 가능한 상황이다.

ㄹ. (O) D지역에 거주하는 라진이는 C지역에 위치한 특성화고등학교에 지원하였다가 떨어진 후 D지역 교육감에게 입학의사를 밝혀 D지역의 자율형 공립고등학교(후기 고등학교)에 진학하였다.
➡ [제2조 제2항 제2호] 특성화고등학교는 지역에 상관없이 지원이 가능하다.
[제1조 제3항] D지역은 평준화지역이고 자율형 '공립'고등학교는 후기 고등학교이므로, 입학의사만 밝히면 진학이 가능하다.

12

정답 ④ 5급 공채 2011 선 7

보기 검토

ㄱ. [X] (○○삼계탕 식당 광고) "고단백 식품인 닭고기와 스트레스 해소에 효과가 있는 인삼을 넣은 삼계탕은 인삼, 찹쌀, 밤, 대추 등의 유효성분이 어우러져 영양의 균형을 이룬 아주 훌륭한 보양식입니다."
➡ [제2항 제1호] 일반음식점과 제과점에서 조리·제조·판매하는 식품에 대한 표시·광고는 허위표시나 과대광고에 해당하지 않는다.

ㄴ. [O] (○○라면의 표시·광고) "우리 회사의 라면은 폐식용유를 사용하지 않습니다."
➡ [제1항 제3호] 사용하지 않은 성분을 강조함으로써 다른 업소의 제품을 간접적으로 다르게 인식하게 하는 광고는 허위표시나 과대광고에 해당한다.

ㄷ. [X] (○○두부의 표시·광고) "건강유지 및 영양보급에 만점인 단백질을 많이 함유한 ○○두부"
➡ [제2항 제2호] 인체의 건전한 성장 및 발달과 건강한 활동을 유지하는데 도움을 준다는 표시·광고

ㄹ. [O] (○○녹차의 표시·광고) "변비와 당뇨병 예방에 탁월한 ○○녹차"
➡ [제1항 제1호] 질병의 치료와 예방에 효능이 있다는 내용의 표시·광고는 허위표시나 과대광고에 해당한다.

ㅁ. [X] (○○소시지의 표시·광고) "위해요소중점관리기준을 충족하는 업소에서 만든 식품의약품안전청 인증 ○○소시지"
➡ [제1항 제2호 단서] 중앙행정기관의 인증을 받았다는 내용의 광고는 허위표시나 과대광고에 해당하지 않는다.

13

정답 ⑤ 5급 공채 2011 선 25

보기 검토

ㄱ. [O] 법률을 개정하여 현행 지방행정체계를 변경할 수 있다.
➡ [헌법 제1조 제2항] 지방자치단체의 종류는 법률로 정한다.
[헌법 제2조 제2항] 지방자치단체의 조직과 운영에 관한 사항은 법률로 정한다.

ㄴ. [O] 중앙정부가 지방자치단체장을 임명할 수 있도록 법률로 정할 수 있다.
➡ [헌법 제2조 제2항] 지방자치단체장의 선임방법에 관한 사항은 법률로 정한다.

ㄷ. [O] 시·군 및 자치구가 독자적으로 처리하기에 부적당한 사무는 법률로 광역지방자치단체의 사무로 정할 수 있다.
➡ [지방자치법 제2조] 지방자치단체는 법령에 따라 지방자치단체에 속하는 사무를 처리한다. 따라서 시·군 및 자치구의 사무를 광역지방자치단체가 처리하도록 법률로 정할 수 있다.

ㄹ. [O] 지방의회가 감사를 실시한 지방자치단체의 사무를 감사원이 중복하여 감사할 수 있다.
➡ [감사원법 제1조 제2항] 지방자치법에 의해 지방의회가 실시하는 감사와는 별도로, 감사원법에 의거하여 감사원이 지방자치단체의 사무를 감찰할 수 있다.
[각주] 직무감찰은 감사의 한 종류이다.

ㅁ. [O] 특정한 목적을 수행하기 위하여 필요하면 법률로 특별지방자치단체를 설치할 수 있다.
➡ [헌법 제1조 제2항] 지방자치단체의 종류는 법률로 정한다.

14

정답 ③ 5급 공채 2011 선 26

법조문의 이해

	위헌법률심판	→ 헌법소원심판(1)	헌법소원심판(2)
대상	재판에 적용되는 법률		국가 공권력의 행사 또는 불행사로 인한 헌법상 보장된 기본권의 침해
청구 주체	제청(청구) : 법원 제청신청 : 당사자	당사자	당사자
전제 조건	–	법률의 위헌여부심판의 제청신청이 기각된 경우	다른 법률에 구제절차가 있는 경우에는 그 절차를 모두 거친 후
기간 제한	–	제청신청을 기각하는 결정을 통지받은 날부터 30일 이내	그 사유가 있음을 안 날부터 90일 이내 또는 그 사유가 있은 날부터 1년 이내
관련 조문	제1조 제1항	제1조 제2-3항	제2조

선택지 검토

① [X] 살인죄로 인하여 사형선고를 받은 조직폭력배 A는 그 판결이 헌법상의 생명권을 침해한다는 이유로 헌법소원심판을 청구할 수 있다.
➡ [제2조 제1항] 법원의 재판은 헌법소원심판 대상이 되지 않는다.

② [X] 임산부에게 낙태를 허용하는 것이 인간의 존엄성을 침해한다고 생각하는 국회의원 B는 낙태 정당화 사유를 정하고 있는 관련 법률 규정의 위헌여부심판을 청구할 수 있다.
➡ [제1조 제1항] 법률의 위헌여부심판을 제청(청구)할 수 있는 주체는 '법원'이며, 제청신청을 할 수 있는 주체는 사건의 '당사자'이다. 국회의원 B는 어느 쪽에도 해당되지 않는다.

③ [O] 영장 없이 체포되어 구속·수감 중인 C는 다른 법률의 구제절차가 없는 경우, 일정한 기간 내에 헌법상의 권리인 신체의 자유가 침해되었음을 이유로 헌법소원심판을 청구할 수 있다.
➡ [제2조 제1항] C는 국가 공권력의 행사 또는 불행사로 인하여 헌법상 보장된 기본권을 직접 침해받은 자에 해당한다. 또한, 다른 법률에 구제절차가 없으므로 즉시 헌법소원심판을 청구할 수 있다.

④ [X] 간통죄로 기소되어 재판을 받고 있는 회사원 D는 관련 법률규정이 자신의 행복추구권을 침해하고 있다는 이유로 기소 후 90일 이내에(X) 직접(X) 헌법재판소에 위헌여부심판을 청구할 수 있다.
➡ [제1조 제2-3항, 제2조 제2항] '90일 이내'라는 기간의 제한은 국가 공권력의 행사 또는 불행사로 인해 발생한 기본권의 침해에 대한 헌법소원심판의 청구에 적용되는 것이다.
이 사례는 법률의 위헌 여부를 문제 삼고 있는 경우로, D가 법원에 위헌여부심판의 제청을 신청하여 법원이 헌법재판소에 위헌여부심판을 제청하는 절차를 밟아야 하며, D의 제청신청이 법원에 의해 기각된 경우에만 D는 30일 이내에 직접 헌법소원심판을 청구할 수 있다.

⑤ [X] 회사 간부로부터 회사의 세무비리를 폭로하지 못하도록 강요받은 그 회사의 고문변호사 E는 그 사실이 있은 날부터 1년 이내에 헌법상의 권리인 양심 및 표현의 자유가 침해당했다는 이유로 헌법소원심판을 청구할 수 있다.
➡ [제2조 제1항] 회사 간부의 강요는 '국가 공권력의 행사 또는 불행사'에 해당되지 않는다.

15

정답 ③ 5급 공채 2011 선 29

보기 검토

ㄱ. (O) 甲회사가 수습기간 3개월을 포함하여 1년 6개월간 A를 고용하기로 근로계약을 체결한 경우

➡ [제2조 제1항] 2년을 초과하지 않는 범위 안의 기간으로 계약을 하였으므로 A는 기간제 근로자이다.

ㄴ. (X) 乙회사는 근로자 E의 휴직으로 결원이 발생하여 2년간 B를 계약직으로 고용하였는데, E의 복직 후에도(제2조 제1항 단서의 사유 소멸) B가 계속해서 현재 3년(2년 초과) 이상 근무하고 있는 경우

➡ [제2조 제1항 2호, 제2항] 제2조 제1항 단서의 사유 소멸되었음에도 불구하고 2년을 초과하여 기간제 근로자로 사용하는 경우에 해당하므로, B는 기간제 근로자가 아니다.

ㄷ. (O) 丙국책연구소는 관련 분야 박사학위를 취득한 C를 계약직(기간제) 연구원으로 고용하여 C가 현재 丙국책연구소에서 3년간 근무하고 있는 경우

➡ [제2조 제1항 3호] 계약기간이 3년이지만 박사 학위를 소지하고 해당 분야에 종사하는 경우에 해당하므로, C는 기간제 근로자이다.

ㄹ. (O) 국가로부터 도급받은 3년간의 건설공사를 완성하기 위해 丁건설회사가 D를 그 기간 동안 고용하기로 근로계약을 체결한 경우

➡ [제2조 제1항 1호] 계약기간이 3년이지만 업무의 완성에 필요한 기간을 정한 경우에 해당하므로, D는 기간제 근로자이다.

16

정답 ③ 5급 공채 2012 인 24

보기 검토

ㄱ. (X) A시 시장은 B시 소관의 민원사항에 관해서는 무인민원발급창구를 통해 그 처리결과를 교부할 수 없다.

➡ [제4조] 다른 행정기관 소관의 민원사항을 처리한 결과도 무인민원발급창구를 이용하여 교부할 수 있다.

ㄴ. (O) C시 시장은 정보통신망을 이용하여 D시 소관의 민원사무를 접수·교부할 수 있다.

➡ [제3조]

ㄷ. (X) 민원인은 소액의(X) 경제적 비용이 소요되고 신속히 처리할 사안에 대하여 약식서류로 사전심사를 청구할 수 있다.

➡ [제7조] 대규모의 경제적 비용이 수반되는 민원사항의 경우에 한하여 약식서류로 사전심사를 청구할 수 있다.

ㄹ. (X) E시 시장은 민원인의 편의를 위하여 당해 시에만 소재하는 유명 서점을 지정하여 소관 민원사항을 접수·교부하게 할 수 있다.

➡ [제2조] 전국적인 조직을 가진 법인 중 추가 요건을 갖춘 법인에게만 접수·교부를 위탁할 수 있다.

ㅁ. (O) F시 시장은 민원인에게 소정의 구비서류 이외의 서류제출을 요구할 수 없다.

➡ [제1조]

17

정답 ④ 5급 공채 2012 인 25

법조문의 이해

<통합방위사태>

	갑종	을종		병종	
성격	대규모 병력 대량살상무기	일부/여러 지역 치안회복 장기간		⑤ 침투·도발·위협 예상 소규모 침투	
지휘·통제	통합방위본부장 지역군사령관	③ 지역군사령관		지방경찰청장 지역군사령관 함대사령관	
지역	무관	둘 이상의 시·도	일반	둘 이상의 시·도	⑤ 일반
건의	국방부장관 (국무총리 경유)	국방부장관 (국무총리 경유)	지방경찰청장 지역군사령관	행정안전부장관 ② 국방부장관 (국무총리 경유)	지방경찰청장 지역군사령관
심의	중앙협의회와 국무회의	중앙협의회와 국무회의	시·도 협의회	중앙협의회와 ① 국무회의	시·도 협의회
선포	대통령	④ 대통령	시·도지사	④ 대통령	⑤ 시·도지사

선택지 검토

① (X) 국무회의에서는 병종사태에 대해서는 심의할 수 없고 갑종과 을종사태에 대해서 심의한다.

➡ [제3조 제2~3항] 국무회의에서는 둘 이상의 시·도에 걸쳐 발생한 병종사태에 대해서도 심의한다.

② (X) 행정안전부장관은 모든 유형의 통합방위사태에 대하여 대통령에게 통합방위사태의 선포를 건의할 수 있다.

➡ [제3조 제2항 제2호] 행정안전부장관은 둘 이상의 시·도에 걸쳐 발생한 병종사태에 대해서만 대통령에게 통합방위사태의 선포를 건의할 수 있다.

③ (X) 갑종사태 또는 을종사태가 발생한 경우에는 통합방위본부장이 통합방위작전을 지휘한다.

➡ [제2조 제3호] 을종사태의 경우에는 지역군사령관에게만 지휘권이 있다.

④ (O) A광역시와 B광역시에 걸쳐서 통합방위사태가 발생한 경우에 통합방위사태를 선포할 수 있는 사람은 대통령이다.

➡ [제3조 제2~3항] 둘 이상의 시·도에 걸쳐 통합방위사태가 발생한 경우에는 대통령이 통합방위사태를 선포한다.

⑤ (X) C광역시 D구와 E구에 대하여(1개의 시에서) 적이 도발을 기도하는 것으로(병종사태) 정보당국에 의해 포착되었다면, 행정안전부장관이나 국방부장관은 대통령(X)에게 통합방위사태 선포를 건의하여야 한다.

➡ [제2조 제4호, 제3조 제4항] 병종사태에 해당하므로 지방경찰청장 또는 지역군사령관 시·도지사에게 건의하여야 한다.

18

정답 ⑤ 5급 공채 2013 인 5

조문 내용의 정리

구분	업종		기관	위탁	
등록	여행업 관광숙박업 관광객 이용시설업 국제회의업		특별자치도지사 시장 군수 구청장	불가	
허가	카지노업		문화체육관광부장관	불가	
허가	유원시설업	종합유원시설업 일반유원시설업	특별자치도지사 시장 군수 구청장	불가	
신고	유원시설업	기타 유원시설업	특별자치도지사 시장 군수 구청장	불가	
지정	관광 편의 시설업	관광극장유흥업, 한옥체험업, 외국인관광 도시민박업, 관광식당업, 관광사진업, 여객자동차터미널시설업	특별시장 광역시장 도지사 특별자치도지사 시장 군수 구청장	가능(일부)	〈가능 업종〉 관광식당업, 관광사진업, 여객자동차터미널시설업 〈수탁기관〉 한국관광공사, 협회, 지역별·업종별 관광협회

선택지 검토

① [X] 청주시에서 관광극장유흥업을 경영하려는 자는 지역별 관광협회인 충청북도 관광협회에 등록하여야 한다.

➡ '관광극장유흥업'은 지정을 받아야 하는 업종이고, 지정의 권한을 위탁할 수 있는 업종이 아니다. 따라서 청주시장으로부터 지정을 받아야 한다.

② [X] 제주특별자치도에서 관광숙박업을 경영하려는 자는 문화체육관광부장관에게 신고하여야 한다.

➡ 제주특별자치도지사에게 등록하여야 한다.

③ [X] 서울특별시 종로구에서 한옥체험업을 경영하려는 자는 서울특별시 종로구청장이 위탁한 자로부터 지정을 받아야 한다.

➡ '한옥체험업'은 관광 편의시설업에 해당하지만, 대통령령 제3항에 명시된 지정의 권한을 위탁할 수 있는 업종이 아니다. 따라서 종로구청장으로부터 직접 지정을 받아야 한다.

④ [X] 부산광역시 해운대구에서 카지노업을 경영하려는 자는 부산광역시장의 허가를 받아야 한다.

➡ 문화체육관광부장관의 허가를 받아야 한다.

⑤ [O] 군산시에서 종합유원시설업을 경영하려는 자는 군산시장의 허가를 받아야 한다.

19

정답 ⑤ 외교원 2013 인 27

법조문의 이해

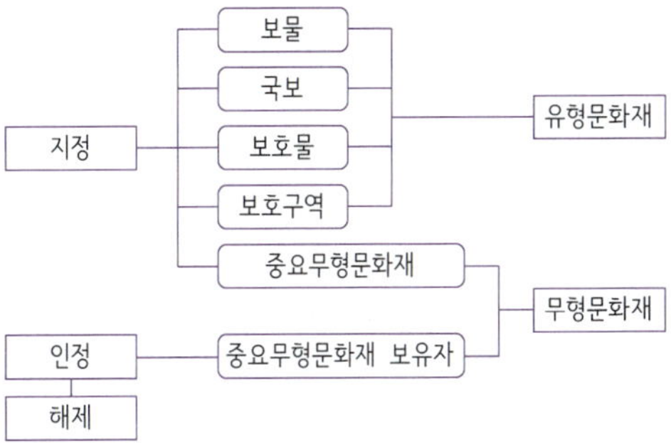

보기 검토

ㄱ. [X] 중요무형문화재 가운데 인류문화의 관점에서 볼 때, 그 가치가 크고 유례가 드물면 국보가 될 수 있다.

➡ [제1조 제1-2항] 국보는 보물에 해당하는 문화재(유형문화재) 중에서 선택하여 지정하므로 무형문화재는 국보가 될 수 없다.

ㄴ. [X] 중요무형문화재가 발생한 지역의 보호가 특별히 필요한 경우 해당 지역을 보호구역으로 지정할 수 있다.

➡ [제3조 제1항] 보호구역은 제1조에 따른 지정(유형문화재의 보물, 국보 지정)을 할 때 문화재(유형문화재) 보호를 위하여 특히 필요하면 지정하는 것이다. 따라서 무형문화재와는 관계가 없다.

ㄷ. [X] 중요무형문화재 보유자는 전수교육을 정상적으로 실시할 수 있는 때에도 일정한 연령이 되면 명예보유자가 되고 중요무형문화재 보유자의 인정은 해제된다.

➡ [제2조 제4항] 명예보유자로 인정되기 위한 요건
① 전수교육을 정상적으로 실시하기 어려운 경우
② 문화재위원회의 심의
이 2가지가 모두 충족되어야 한다.

ㄹ. [X] 문화재청장은 해당 중요무형문화재를 최고의 가치로 실현할 수 있는 사람을 선정하여 종목당 한 사람 또는 한 단체만을 중요무형문화재 보유자 또는 보유단체로 인정한다.

➡ [제2조 제3항] 중요무형문화재의 보유자는 2명 이상이 될 수도 있다.

20

정답 ③ 5급 공채 2014 A 7

선택지 검토

① [O] 보증인 丙이 주채무자 乙의 甲에 대한 금전채무를 보증하기 위해 채권자 甲과 보증계약을 서면으로 체결하지 않으면 그 계약은 무효이다.
➡ [제1조 제1항] 보증은 서면으로 표시되어야만 효력이 발생한다.

② [O] 보증인 丙이 주채무자 乙의 甲에 대한 금전채무를 보증하기 위해 채권자 甲과 보증계약을 체결하면서 보증기간을 약정하지 않으면 그 기간은 3년이다.
➡ [제3조 제1항] 보증기간의 약정이 없는 때에는 그 기간을 3년으로 본다.

③ [X] 주채무자 乙이 원본, 이자 그 밖의 채무를 2개월 이상 이행하지 아니하는 경우, 금융기관이 아닌 채권자 甲은 지체없이 보증인 丙에게 그 사실을 알려야 한다.
➡ [제2조 제1항] 금융기관이 아닌 채권자이므로 제2조 제1항이 적용된다. 2개월이 아니라 3개월이다.

④ [O] 보증인 丙의 청구가 있는데도 채권자 甲이 주채무의 내용 및 그 이행 여부를 丙에게 알려주지 않으면, 丙은 그로 인하여 손해를 입은 한도에서 채무를 면하게 된다.
➡ [제2조 제3항, 제4항] 채권자가 제2조 제3항에 따른 통지의무를 불이행한 경우이다. 이 경우 보증인인 丙은 그로 인하여 손해를 입은 한도에서 채무를 면하게 된다.

⑤ [O] 보증인 丙이 주채무자 乙의 甲에 대한 금전채무를 보증하기 위해 채권자 甲과 기간을 2년으로 약정한 보증계약을 체결한 다음, 그 계약을 갱신하면서 기간을 약정하지 않으면 그 기간은 2년이다.
➡ [제3조 제2항] 보증계약을 갱신할 때에 기간을 별도로 약정하지 않으면, 처음 보증계약을 체결할 때에 결정된 기간과 동일한 기간을 보증기간으로 한다.

21

정답 ④ 5급 공채 2014 A 24

보기 검토

ㄱ. [X] 국민생활에 매우 큰 영향을 미치는 정책에 관한 정보는 모두 공개하여야 한다.
➡ [제1조 제1항 단서, 제1호] 국민생활에 매우 큰 영향을 미치는 정책에 관한 정보라 할지라도 제□□조 제1항 각 호의 어느 하나에 해당하는 정보는 공개하지 아니할 수 있다. 또한 제1조 제1항 본문에 따라 '구체적 범위'를 정하였을 때, 이 범위에서 벗어나는 정보에 대해서는 공개할 의무가 없다고 볼 수도 있다.

ㄴ. [O] 헌법재판소규칙에서 비공개 사항으로 규정한 정보는 공개하지 아니할 수 있다.
➡ [제3조 제1항 단서, 제1호]

ㄷ. [O] 국가의 시책으로 시행하는 공사 등 대규모 예산이 투입되는 사업에 관한 직무를 수행한 공무원의 성명·직위는 공개할 수 있다.
➡

제1조 제1항 제2호	국가의 시책으로 시행하는 공사(工事) 등 대규모 예산이 투입되는 사업에 관한 정보

공개 대상
↓

제1조 제1항 단서 제3조 제1항 단서 제3조 제1항 제2호 본문	해당 정보에 포함되어 있는 성명·주민등록번호 등 개인에 관한 사항으로서 공개될 경우 사생활의 비밀 또는 자유를 침해할 우려가 있다고 인정되는 정보.

예외 (비공개 대상)
↓

제3조 제1항 제2호 단서 제3조 제1항 제2호 다목	직무를 수행한 공무원의 성명·직위

예외의 예외 (공개 대상)

〈보기 ㄷ〉에서 '… 성명·직위는 공개할 수 있다'는 표현은 '… 성명·직위는 공개 대상이다'는 의미이다. 즉, 여기에 사용된 '~할 수 있다'는 표현은 가능성을 나타낸 것일 뿐, 재량과 기속을 구분하기 위해 사용된 표현이 아니다.

22

정답 ② 5급 공채 2014 A 25

제시문의 이해

고도(古都): 경주시, 부여군, 공주시, 익산시

- 특별보존지구
  - <원칙> 법 제00조 제1항, 시행령 제△△조 제1항 : 금지
  - <예외> 법 제00조 제1항 단서 : 문화체육부장관 허가 시 허용
- 보존육성지구
  - <원칙> 법 제00조 제2항 : 허가 시 허용(시장·군수)
  - <예외> 법 제00조 제3항, 시행령 제△△조 제2항 : 허가 없이 허용

※ '특별보존지구'에서의 행위(법 1~4호, 령 1~2호)는 원칙적으로 금지되며, 문화체육부장관의 허가가 있는 경우에만 예외적으로 허용된다.

※ '보존육성지구'에서의 행위(법 1~3호)는 원칙적으로 허가를 받아야 하며, 대통령령에 정해진 행위(령 1~3호)에 한하여 예외적으로 허가 없이 허용된다.

선택지 검토

① 〔X〕 경주시의 특별보존지구에서 과수원을 하고 있는 甲이 과수를 새로 심기 위해서는 시장의 허가를 받아야 한다.
➡ [○○법 제00조 제1항 제3호] '특별보존지구'에서 수목을 심으려면 문화체육부장관의 허가를 받아야 한다.

② 〔O〕 익산시의 보존육성지구에 토지를 소유한 乙은 시장의 허가 없이 60제곱미터의 토지 형질을 변경할 수 있다.
➡ [○○법 제00조 제3항, 시행령 제△△조 제2항 제2호] '보존육성지구'에서 60제곱미터 이하의 토지 형질을 변경하는 행위는 대통령령으로 허가하는 행위로서, 시장의 허가를 받지 않고도 행할 수 있다.

③ 〔X〕 공주시의 특별보존지구에서 농사를 짓고 있는 丙은 문화체육관광부장관의 허가 없이 수로를 변경할 수 있다.
➡ [○○법 제00조 제1항 제4호, 시행령 제△△조 제1항 제2호] '특별보존지구'에서의 수로 변경은 ○○법에 근거하여 대통령령으로 정하는 금지행위로서, 문화체육부장관의 허가를 받지 않고서는 행할 수 없다.

④ 〔X〕 공주시의 보존육성지구에서 채석장을 운영하고 있는 丁이 일정기간 채석장에 토석류를 적치하기 위해서는 시장의 허가를 받아야 한다.
➡ [○○법 제00조 제2항 제3호] '보존육성지구'에서 토석류를 적치하는 행위는 ○○법에 규정된 허가를 받아야 하는 행위가 아니다.
cf. '특별보존지구'에서의 토석류 적치는 금지행위임(○○법 제00조 제1항 제3호).

⑤ 〔X〕 부여군의 보존육성지구에 건조물을 가지고 있는 戊가 건조물의 외부형태를 변경시키지 않는 내부시설 보수를 하기 위해서는 군수의 허가를 받아야 한다.
➡ [○○법 제00조 제3항, 시행령 제△△조 제2항 제1호] '보존육성지구'에서 건조물의 외부형태를 변경시키지 아니하고 내부시설의 개·보수하는 행위는 대통령령으로 허가하는 행위로서, 시장의 허가를 받지 않고도 행할 수 있다.

23

정답 ③ 5급 공채 2015 인 5

법조문의 이해

- 제1조 : 관광상륙허가의 요건 - 선박
- 제2조 : 관광상륙허가의 요건 - 승객

선택지 검토

① 〔O〕 관광 목적의 여객운송선박에 탑승한 외국인승객이더라도 관광상륙허가를 받지 못할 수 있다.
➡ 제2조 제2항에 정한 승객에 대한 관광상륙허가의 기준을 충족시키지 못하면 허가를 받지 못할 수 있다.

② 〔O〕 관광상륙허가를 받은 외국인승객은 하선 후 상륙허가기간 내에 하선한 기항지의 하선한 선박으로 돌아가야 한다.
➡ [제1조] 관광상륙은 3일의 범위에서 허가된다.
[제2조 제2항 2호] 자신이 하선한 기항지에서 자신이 하선한 선박으로 돌아와 출국하는 것은 관광상륙허가를 받기 위한 요건 중 하나이다.

③ 〔X〕 대한민국 사증이 없으면 입국할 수 없는 사람은 관광상륙허가를 받더라도 제주특별자치도에 체류할 수 없다.
➡ 제2조 제2항 3호 가목과 나목의 요건은 둘 중 하나만 충족시키면 된다. 따라서 제주특별자치도에 체류하려는 사람은 사증 없이 입국 가능한가 여부와 상관없이 관광상륙허가를 받고 체류할 수 있다.

④ 〔O〕 관광 목적으로 부산에 하선한 후 인천에서 승선하여 출국하려고 하는 외국인승객은 관광상륙허가를 받을 수 없다.
➡ [제2조 제2항 2호] 자신이 하선한 기항지에서 자신이 하선한 선박으로 돌아와 출국하는 것은 관광상륙허가를 받기 위한 요건 중 하나이다.

⑤ 〔O〕 국제총톤수 10만 톤(1호)으로 복합해상여객운송사업 면허(3호)를 받고 크루즈업을 등록(4호)한 선박 A가 관광 목적으로 중국 - 한국 - 일본(2호)에 기항하는 경우, 그 선박의 장은 승객의 관광상륙허가를 신청할 수 있다.
➡ 제1조 규정에 의해 선박에 요구되는 모든 요건을 충족시키고 있다.

24

정답 ① 5급 공채 2015 인 8

선택지 검토

① 〔O〕 해군 장교가 군위탁생으로 추천받기 위해서는 해군에서 시행하는 전형과 해당 교육기관에서 시행하는 시험에 합격하여야 한다.
➡ [제1조 제1항]

② 〔X〕 육군 부사관인 군위탁생이 다른 학교로 전학을 하기 위해서는 국방부장관의 허가를 받아야 한다.
➡ [제1조 제1항 단서, 제2항] 군위탁생이 다른 학교로 전학을 하기 위해서는 임명권자의 허가가 필요한데, 부사관의 경우에는 참모총장이 임명권자이다.

③ 〔X〕 석사과정을 우수한 성적으로 마친 군위탁생은 소속군 참모총장의 추천이 없어도 관련 학문분야 박사과정에 진학하여 계속 수학할 수 있다.
➡ [제3조 제1항] 상급과정에 진학하기 위해서는 소속군 참모총장의 추천이 필요하다.

④ 〔X〕 군위탁생의 경우 국내위탁과 국외위탁의 구별 없이 동일한 경비가 지급된다.
➡ [제2조] 국외위탁생에 대하여는 왕복항공료, 체재비 등이 추가로 지급된다.

⑤ 〔X〕 3개월의 국외위탁교육을 받는 군위탁생은 체재비를 지급받을 수 없다.
➡ [제2조 제2항] 체재비는 위탁교육의 기간에 상관없이 지급된다.

25

정답 ② 5급 공채 2015 인 25

보기 검토

ㄱ. 〔X〕 회의 안건이 보건복지와 관련이 있더라도 보건복지부장관은 회의 구성원이 될 수 없다.
➡ [제2조 제1항] 회의에 상정되는 안건과 관련되는 부처의 장은 회의의 구성원이 된다.

ㄴ. 〔O〕 회의 당일 해양수산부장관이 수산협력 국제컨퍼런스에 참석 중이라면, 해양수산부 차관이 회의에 대신 출석할 수 있다.
➡ [제4조 제2항] 회의 구성원이 회의에 출석하지 못하는 경우에는 그 바로 하위직에 있는 자가 대리로 출석하여 그 직무를 대행할 수 있다.

ㄷ. 〔X〕 환경부의 A안건이 관계 부처의 협의를 거쳐 회의에 상정된 경우, 환경부장관이 회의를 주재한다.
➡ [제2조 제2-3항] 회의를 주재하는 의장은 기획재정부장관이다.

ㄹ. 〔X〕 회의에 민간전문가 3명을 포함해 13명이 참석(구성원 10명 출석)하였을 때 의결을 위해서는 최소 9명의 찬성이 필요하다.
➡ [제2조, 제3조, 제4조 제1항] 출석 구성원(10명)의 3분의 2 이상(7명 이상)의 찬성으로 의결한다. 민간전문가는 의견을 내기 위하여 참석하는 것일 뿐 회의 구성원이 아니다.

26

정답 ④ 5급 공채 2015 인 27

법조문의 이해

	경우	기한
신고	토지 취득 계약	계약체결일로부터 60일
	상속·경매로 토지 취득	토지취득일로부터 6개월
	토지소유자가 외국인이 된 때	외국인이 된 날로부터 6개월
허가	토지 취득 계약 제2조 제2항 각 호의 토지를 취득하려는 때	계약체결 전

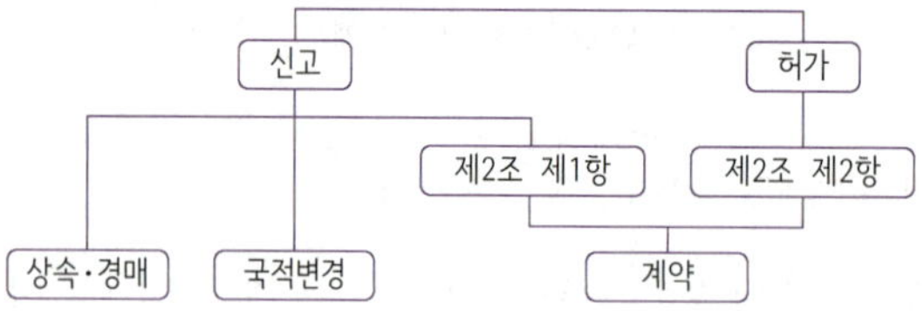

선택지 검토

① 〔X〕 대한민국 국적을 보유하지 않은 甲(외국인)이 전남 무안군에 소재하는 토지를 취득하는 계약을 체결한 경우, 전라남도지사에게 신고하여야 한다.
➡ [제2조 제1항] 무안군수에게 신고하여야 한다.

② 〔X〕 충북 보은군에 토지를 소유하고 있는 乙이 대한민국 국적을 포기하고 외국국적을 취득한 경우(외국인으로 변경), 그 토지를 계속 보유하려면 외국국적을 취득한 날부터 6개월 내에 보은군수의 허가를 받아야 한다.
➡ [제4조] 허가를 받아야 하는 경우가 아니라 신고해야 하는 경우이다.

③ 〔X〕 사원 50명 중 대한민국 국적을 보유하지 않은 자가 30명인 丙법인(외국인 : 사원구성원의 50 %이상이 외국인인 경우)이 사옥을 신축하기 위해 서울 금천구에 있는 토지를 경매로 취득한 경우, 경매를 받은 날부터 60일 내에 서울특별시장에게 신고하여야 한다.
➡ [제3조] 6개월 내에 금천구청장에게 신고하여야 한다.

④ 〔O〕 외국 법령에 따라 설립된 丁법인(외국인)이 자연환경보전법에 따른 생태·경관보전지역 내의 토지(강원 양양군 소재)를 취득하는 계약을 체결한 경우(허가를 받아야 하는 경우), 계약체결 전에 양양군수의 허가를 받지 않았다면 그 계약은 무효이다.
➡ [제2조 제2항 3호, 제3항] 자연환경보전법에 따른 생태·경관보전지역 내의 토지에 대하여 사전에 허가를 받지 않고 체결한 토지취득계약은 무효이다.

⑤ 〔X〕 대한민국 법령에 따라 설립된 戊법인의 임원 8명 중 5명이 2012. 12. 12. 외국인으로 변경된 후(토지취득계약 이전에 이미 외국인인 상황, 임원의 50 % 이상이 외국인), 戊법인이 2013. 3. 3. 경기 군포시에 있는 토지를 취득하는 계약을 체결한 경우, 戊법인은 2013. 9. 3.까지(6개월) 군포시장에게 신고하여야 한다.
➡ [제2조 제1항] 토지취득계약 이전에 이미 외국인이 된 경우이므로 제2조 제1항이 적용된다. 따라서 60일 이내에(2013. 5. 2.까지) 신고하여야 한다.

27

정답 ⑤ 5급 공채 2016 ④ 5

제시문의 이해

구분	선거공보 작성		공보 면수	후보자 정보공개자료 게재	소명 자료 게재
	책자형	점자형 (책자형 작성시)			
대통령선거	선택	의무	16면 이내	의무	선택
국회의원선거	선택	의무	12면 이내	의무	선택
지방자치단체장 선거	선택	의무	12면 이내	의무	선택
지방의회의원선거	선택	선택	8면 이내	의무	선택

선택지 검토

① [X] 지역구지방의회의원선거에 출마한 A는 책자형 선거공보를 12면까지 가득 채워서 작성할 수 있다.
➡ [제2항] 지방의회의원선거의 책자형 선거공보는 8면 이내로 작성하여야 한다.

② [X] 지역구국회의원선거에 출마한 B는 자신의 선거운동전략에 따라 책자형 선거공보 제작시 점자형 선거공보는 제작하지 않을 수 있다.
➡ [제3항 단서] 지역구국회의원선거의 출마자는 책자형 선거공보 제작시 점자형 선거공보를 반드시 함께 제작하여야 한다.

③ [X] 지역구지방의회의원선거에 출마한 C는 책자형 선거공보를 제출할 경우, 자신의 가족 중 15세인 친손녀의 재산총액을 표시할 필요가 없다.
➡ [제4항 제1호] 친손녀는 직계비속에 해당하므로 재산총액을 표시하여야 한다.

④ [X] 지역구국회의원선거에 출마한 D가 제작한 책자형 선거공보에는 D 본인과 자신의 가족 중 아버지, 아들, 손자의 병역사항을 표시해야 한다.
➡ [제4항 제2호] 아버지는 직계존속에 해당하는데, 직계존속의 병역사항은 반드시 게재해야 하는 후보자정보공개자료의 항목이 아니다.

⑤ [O] 지역구국회의원선거에 출마한 E는 자신에게 전과기록이 있다는 사실을 공개하면 선거운동에 악영향을 미칠 것이라고 판단할 경우, 책자형 선거공보를 제작하지 않고 선거운동을 할 수 있다.
➡ [제1항] 책자형 선거공보의 작성은 의무사항이 아니다. 따라서 책자형 선거공보를 제작하지 않고도 선거운동을 할 수 있다.

28

정답 ④ 5급 공채 2016 ④ 6

선택지 검토

① [O] 외국인 A의 귀화 허가를 위하여 A의 범죄경력을 조회하는 행위
➡ [제5호]

② [O] 회사원 B에 대한 사회봉사명령 집행을 위하여 B에 대한 수사경력을 조회하는 행위
➡ [제2호]

③ [O] 퇴직공무원 C의 공무원연금 지급 제한 사유를 확인하기 위해 C의 범죄경력을 조회하는 행위
➡ [제8호]

④ [X] 취업준비생 D의 채용에 참고하기 위하여 해당 사기업의 요청을 받아 D의 범죄경력을 조회하는 행위
➡ 사기업의 요청에 의한 범죄경력 조회는 허용되는 경우로 규정되어 있지 않다

⑤ [O] 징계절차가 개시된 공무원 E의 구체적인 징계 사유를 확인하기 위하여 E의 범죄경력을 조회하는 행위
➡ [제8호]

29

정답 ④ 5급 공채 2016 ④ 25

제시문의 이해

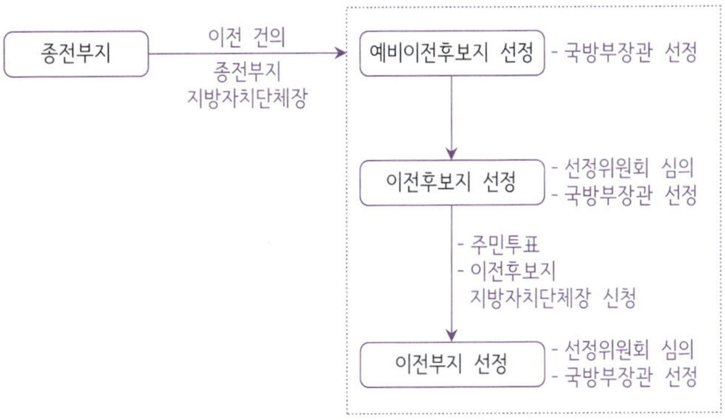

선택지 검토

① [O] 종전부지를 관할하는 광역시장은 이전부지 선정 심의에 참여한다.
➡ [제3조 제2항 제2호 또는 4호] 종전부지 지방자치단체의 장은 선정위원회의 당연직위원이다.

② [O] 국방부장관은 선정위원회의 심의를 거치지 않고 예비이전후보지를 선정할 수 있다.
➡ [제1조 제2항] 예비이전후보지의 선정은 국방부장관이 임의로 진행할 수 있는 사항이다.

③ [O] 선정위원회는 군 공항이 이전되고 난 후에 종전부지를 어떻게 활용할 것인지에 대한 사항도 심의한다.
➡ [제3조 제3항 제2호] '종전부지 활용방안'도 선정위원회가 심의하는 사항 중 하나이다.

④ [X] 종전부지 지방자치단체의 장은 주민투표를 거치지 않으면 국방부장관에게 군 공항 이전을 건의할 수 없다.
➡ [제1조 제1항] 종전부지 자방자치단체장에 의한 군 공항 이전의 건의에 있어서 주민투표는 필요한 요건이 아니다.

⑤ [O] 예비이전후보지가 한 곳이라고 하더라도 선정위원회의 심의를 거쳐야 이전후보지로 선정될 수 있다.
➡ [제2조] 한 곳 이상의 예비이전후보지 중에서 군 공항 이전후보지를 선정함에 있어서 군 공항 이전부지 선정위원회의 심의를 거쳐야 한다.

30

정답 ③ 5급 공채 2016 ④ 26

선택지 검토

① [X] 甲과 乙이 계약을 말로 체결하면서 중재조항을 포함한 문서를 인용한 경우, 중재합의가 있는 것으로 본다.
➡ [제1조 제4항] 중재합의는 서면으로 하여야 하며, 계약에 중재조항을 포함한 문서를 인용한 경우에도 그 계약이 서면으로 작성되어야 중재합의가 있는 것으로 본다.

② [X] 甲과 乙이 계약을 체결하면서 중재합의를 하고자 하는 경우, 계약에 중재조항을 포함시키지 않으면 안 된다.
➡ [제1조 제1항] 계약에 중재조항을 포함시키지 않아도, 독립된 합의의 형식으로 중재합의를 할 수 있다.

③ [O] 甲과 乙 사이에 교환된 문서의 내용에 중재합의가 있는 것을 甲이 주장하고 乙이 이에 대하여 다투지 아니하는 경우, 서면에 의한 중재합의로 본다.
➡ [제1조 제3항 제3호] 해당 상황은 서면에 의한 중재합의로 간주되는 것으로 명확히 규정되어 있다.

④ [X] 甲과 乙이 계약을 체결하면서 중재합의를 하였지만 중재합의의 대상인 계약에 관하여 소가 제기되어 법원에 계속 중인 경우, 중재판정부는 중재절차를 개시할 수 없다.
➡ [제2조 제2항] 중재합의의 대상인 계약에 관하여 소가 제기되어 진행 중인 경우에도 중재판정부는 중재절차를 개시할 수 있다.

⑤ [X] 甲과 乙이 계약을 체결하면서 중재합의를 하였으나 중재합의의 효력이 상실된 경우, 해당 계약에 관한 소가 제기되어 피고가 중재합의가 있다는 항변을 하면 법원은 그 소를 각하하여야 한다.
➡ [제2조 제1항 단서] 중재합의의 효력이 상실된 경우는 법원이 소를 각하하지 않아도 되는 예외적인 상황으로 규정되어 있다.

31

정답 ③ 5급 공채 2017 가 4

보기 검토

ㄱ. [X] 국가의 재정지원 비율이 50 %인 총사업비 550억 원 규모의 신규 건설사업은 예비타당성조사 대상이 된다.
➡ [제1조] 신규 사업이고 건설사업이며 총사업비 규모는 500억 원 이상이지만, 국가의 재정지원 규모가 275억 원(550억 원 × 50 %)으로 300억 원 미만이기 때문에 예비타당성조사 대상이 되지 않는다.

ㄴ. [O] 민간이 시행하는 사업도 타당성조사 대상사업이 될 수 있다.
➡ [제2조 제1항 본문] 민간이 시행하는 사업도 타당성조사 대상사업이 될 수 있다.

ㄷ. [O] 지자체가 시행하는 건설사업으로서 사업완성에 2년 이상 소요되며 전액 국가의 재정지원을 받는 총사업비 460억 원 규모의 사업추진 과정에서, 총사업비가 10 % 증가한 경우 타당성조사를 실시하여야 한다.
➡ [제1조] 총사업비 460억 원 규모의 사업이므로 예비타당성조사 대상사업은 아니며, [제2조 제1항] 국가 예산의 지원을 받고 사업완성에 2년 이상 소요되며, 지자체가 시행하는 총사업비 200억 원 이상의 건설사업이므로 타당성조사 대상사업이 된다. [제2조 제2항 제1호] 그리고 사업추진 과정에서 총사업비가 예비타당성조사의 대상규모(500억 원 이상)로 증가했으므로(460억 원 × 1.1 = 506억 원) 타당성조사를 실시하여야 한다.

ㄹ. [X] 총사업비가 500억 원 미만인 모든 사업은 예비타당성조사 및 타당성조사 대상사업에서 제외된다.
➡ [제2조 제1항 제2호] 국가 예산의 지원을 받고 완성에 2년 이상이 소요되는 건설사업의 경우, 총사업비가 200억 원 이상이라면 타당성조사 대상사업이 된다.

32

정답 ② 5급 공채 2018 나 3

제시문의 이해

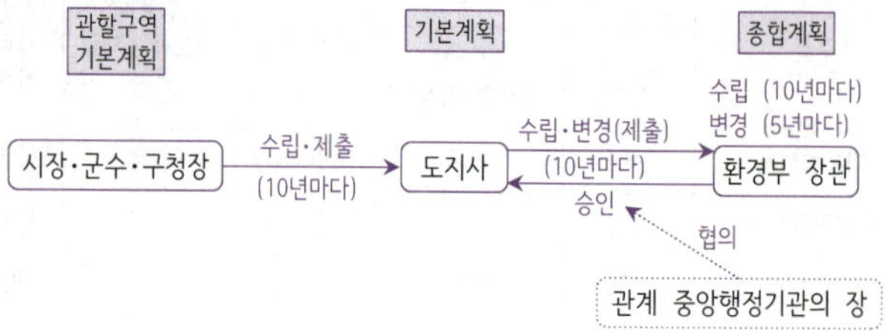

● 의무
(1) 시장·군수·구청장의 관할구역 기본계획 수립·제출
(2) 도지사의 기본계획 (수립·변경) 승인 획득
(3) 환경부장관의 기본계획 (수립·변경) 승인 시 관계 중앙행정기관의 장과 협의
(4) 환경부장관의 종합계획 수립

● 재량
- 환경부장관의 종합계획 변경

선택지 검토

① [X] 재원의 확보계획은 기본계획에 포함되지 않아도 된다.
➡ [제2조 제3항 제7호] 재원의 확보계획은 기본계획에 반드시 포함되어야 하는 사항이다.

② [O] A도 도지사가 제출한 기본계획을 승인하려면, 환경부장관은 관계 중앙행정기관의 장과 협의를 거쳐야 한다.
➡ [제2조 제1항 단서(3문)] 환경부장관이 기본계획을 승인하려면 반드시 관계 중앙행정기관의 장과 협의하여야 한다.

③ [X] 환경부장관은 국가 폐기물을 적정하게 관리하기 위하여 10년마다 기본계획을 수립하여야 한다.
➡ [제3조 제1항] 환경부장관이 수립하여야 하는 것은 '종합계획'이다.

④ [X] B군 군수는 5년마다 종합계획을 세워 환경부장관에게 제출하여야 한다.
➡ [제2조 제2항] '군수'는 10년마다 관할 구역의 기본계획을 세워 도지사에게 제출하여야 한다.

⑤ [X] 기본계획 수립 이후 5년이 경과하였다면, 환경부장관은 계획의 타당성을 재검토하여 계획을 변경하여야 한다.
➡ [제3조 제2항] 기본계획의 타당성 검토 및 변경에 대한 규정은 없다. 환경부장관이 수립 5년 후 타당성 검토 및 변경할 수 있는 것은 '종합계획'이다. 또한 종합계획의 변경은 재량사항이고 의무사항이 아니다.

33

정답 ① 5급 공채 2018 나 4

제시문의 이해

● 제1조 : 감사청구의 주체
● 제2조 : 감사청구의 대상 → 기본 요건 : 공공기관에서 처리한 사무처리일 것.

선택지 검토

① [O] A시 지방의회는 A시가 주요 사업으로 시행하는 노후수도설비교체사업 중 발생한 예산낭비 사항에 대하여 감사를 청구할 수 있다.
➡ [제1조 제4호, 제2조 제1항 제1호] 지방의회는 해당 지방자치단체의 사무처리에 대하여 감사를 청구할 수 있으며, 예산낭비에 관한 사항은 감사청구의 대상이 된다.

② [X] B정당의 사무총장은 C시청 별관신축공사 입찰시 담당공무원의 부당한 업무처리에 대하여 단독으로 감사를 청구할 수 있다.
➡ [제1조] B정당의 사무총장은 감사청구의 주체에 해당하지 않는다.

③ [X] D정부투자기관의 장은 해당 기관 직원과 특정 기업 간 유착관계에 대하여 자체감사기구에서 직접 처리할 수 있더라도 감사를 청구할 수 있다.
➡ [제1조 제3호 단서, 각주] 정부투자기관은 공공기관이다. 따라서 D정부투자기관의 장은 감사청구의 주체가 될 수 있지만, 자체감사기구에서 직접 처리하기 어려운 부득이한 사유가 있거나 자체감사기구가 없는 경우에만 감사를 청구할 수 있다.

④ [X] E시 지방의회는 E시 시장의 위법한 사무처리에 대하여 판결이 확정되었더라도 감사를 청구할 수 있다.
➡ [제2조 제2항 제2호] 판결에 의해 확정된 사항에 대하여는 감사를 청구할 수 없다.

⑤ [X] 민간 유통업체 F마트 사장은 농산물의 납품대가로 과도한 향응을 받은 담당 직원의 위법행위에 대하여 감사를 청구할 수 있다.
➡ [제1조 제3호, 제2조 제1항] 민간 유통업체 F마트는 공공기관이 아니기 때문에 감사대상기관이 될 수 없다.

34

정답 ① 5급 공채 2018 나 5

제시문의 이해

● 귀휴 허가를 위한 기간 요건
제2항에서 정한 예외적인 경우를 제외하면 2가지 요건을 모두 만족시켜야 한다.
(1) 6개월 이상 복역했을 것.
(2-1) 형기의 3분의 1을 초과하여 복역했을 것.
(2-2) 21년 이상의 유기형 또는 무기형의 경우에는 7년을 초과하여 복역했을 것.

선택지 검토

① [X] 징역 1년을 선고받고 4개월 동안 복역 중인 甲의 아버지의 회갑일인 경우
➡ 6개월 이상 복역하지 않았으므로 귀휴가 허가되지 않는다.

② [O] 징역 2년을 선고받고 10개월 동안 복역 중인 乙의 친형의 혼례가 있는 경우
➡ [제1항 제5호] 6개월 이상, 형기의 3분의 1 이상을 복역했고 귀휴 허가 사유에 해당한다.

③ [O] 징역 10년을 선고받고 4년 동안 복역 중인 丙의 자녀가 입대하는 경우
➡ [제1항 제6호] 6개월 이상, 형기의 3분의 1 이상을 복역했고 귀휴 허가 사유에 해당한다.

④ [O] 징역 30년을 선고받고 8년 동안 복역 중인 丁의 부친이 위독한 경우
➡ [제1항 제1호] 6개월 이상, 21년 이상의 유기의 형기 중 7년 이상을 복역했고 귀휴 허가 사유에 해당한다.

⑤ [O] 무기징역을 선고받고 5년 동안 복역 중인 戊의 배우자의 모친이 사망한 경우
➡ [제2항 제1호] 기간 요건을 충족시키지 못하지만 예외적인 귀휴 허가 사유에 해당한다.

35

정답 ④ 5급 공채 2018 나 22

선택지 검토

① [X] 모든 법률의 공포문 전문에는 국회의장인이 찍혀 있다.
➡ [제2조 제1-2항] 법률 공포문의 전문에는 기본적으로 대통령인을 찍고, 국회의장이 공포하는 법률의 공포문 전문에만 국회의장인을 찍는다.

② [X] 핵무기비확산조약의 공포문 전문에는 총리인이 찍혀 있다.
➡ [제3조] 조약 공포문의 전문에는 대통령인을 찍고, 국무총리는 서명만 한다.

③ [X] 지역문화발전기본법의 공포문 전문에는 대법원장인이 찍혀 있다.
➡ [제2조 제1-2항] 지역문화발전기본법은 '법률'이다. 따라서 해당 공포문 전문에는 대통령인이 찍혀 있을 것이고, 만일 국회의장이 해당 법률을 공포했다면 국회의장인이 찍혀 있을 것이다.

④ [O] 대통령인이 찍혀 있는 법령의 공포문 전문에는 국무총리의 서명이 들어 있다.
➡ [제2조 제1항, 제3조, 제4조, 각주] 대통령인이 찍혀 있는 법령이란 대통령이 공포한 법률과 조약, 대통령령을 말한다. 해당 법령의 공포문 전문에는 모두 국무총리가 서명한다.

⑤ [X] 종이관보에 기재된 법인세법의 세율과 전자관보에 기재된 그 세율이 다른 경우 전자관보를 기준으로 판단하여야 한다.
➡ [제6조 제2항] 종이관보의 내용을 우선으로 하고 전자관보는 부차적인 효력만 인정되므로 종이관보를 기준으로 판단하여야 한다.

36

정답 ① 5급 공채 2019 가 1

선택지 검토

① [O] 문서에 '2018년 7월 18일 오후 11시 30분'을 표기해야 할 때 특별한 사유가 없으면 '2018. 7. 18. 23:30'으로 표기한다.
➡ [제2조 제5항] 특별한 사유가 없으면 연·월·일의 글자 대신 온점(.)을 찍어 표시하고, 시·분은 24시각제에 따라 숫자로 표기하며, 시·분의 글자는 생략하고 그 사이에 쌍점(:)을 찍어 구분한다.

② [X] 2018년 9월 7일 공고된 문서에 효력발생 시기가 구체적으로 명시되지 않은 경우 그 문서의 효력은 즉시 발생한다.
➡ [제1조 제3항] 효력발생 시기를 구체적으로 밝히고 있지 않은 공고문서는 공고가 있은 날부터 5일이 경과한 때에 효력이 발생한다.

③ [X] 전자문서의 경우 해당 수신자가 지정한 전자적 시스템에 도달한 문서를 확인한 때부터 효력이 발생한다.
➡ [제1조 제2항 괄호] 전자문서의 경우는 수신자가 지정한 전자적 시스템에 입력됨으로써 효력이 발생한다.

④ [X] 문서 작성 시 이해를 쉽게 하기 위해 일반화되지 않은 약어와 전문용어를 사용하여 작성하여야 한다.
➡ [제2조 제2항] 일반화되지 않은 약어와 전문용어 등의 사용은 피해야 한다.

⑤ [X] 연계된 바코드는 문서에 함께 표기할 수 없기 때문에 영상 파일로 처리하여 첨부하여야 한다.
➡ [제2조 제3항] 문서에는 연계된 바코드 등을 표기할 수 있다.

37

정답 ⑤ 5급 공채 2018 나 24

제시문의 이해

● 신청서 제출

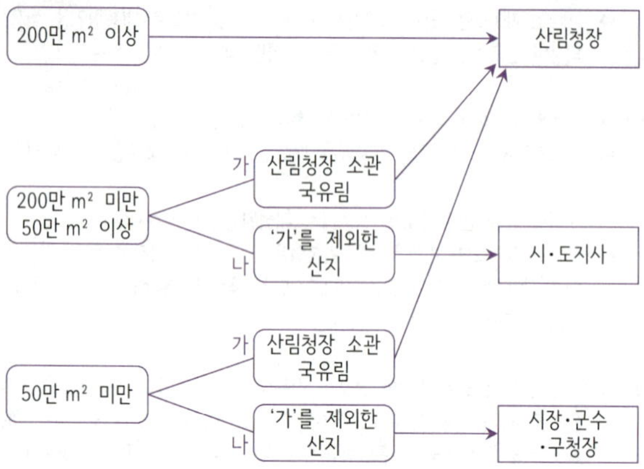

선택지 검토

① [X] 사유림인 산지 180만 m^2에 대해 산지전용허가를 받으려는 甲은 신청서를 산림청장에게 제출해야 한다.

➡ [제1항 제2호 나목] 200만 m^2 미만 50만 m^2 이상인 사유림의 경우, 신청서를 시·도지사에게 제출해야 한다.

② [X] 공유림인 산지 250만 m^2에 대해 산지전용허가를 받으려는 乙은 신청서를 시·도지사에게 제출해야 한다.

➡ [제1항 제1호] 200만 m^2 이상인 산지의 경우, 신청서를 항상 산림청장에게 제출해야 한다.

③ [X] 산지전용허가를 신청하는 丙은 토지등기사항증명서를 첨부하면 사업계획서를 제출하지 않아도 된다.

➡ [제3항 제1호, 제3호] 사업계획서는 항상 제출해야 한다. 토지등기사항증명서를 첨부했을 때 제출하지 않아도 되는 것은 '산지의 소유권 또는 사용·수익권을 증명할 수 있는 서류'이다.

④ [X] 산림청장 소관의 국유림 50만 m^2에 대해 산지전용허가를 받으려는 丁은 산림조사서를 산림청장에게 제출해야 한다.

➡ [제3항 제4호 단서] 전용하려는 산지의 면적이 65만m^2 미만인 경우에는 산림조사서를 제출하지 않아도 된다.

⑤ [O] 산지전용허가를 받으려는 戊가 해당 산지에 대하여 허가신청일 1년 전에 완료된 산지전용타당성조사 결과서를 제출한 경우, '산림청장 등'은 현지조사를 않고 심사할 수 있다.

➡ [제2항 단서, 제3항 제2호] 산지전용타당성조사를 받은 경우에는 현지조사를 않고 심사할 수 있다. 산지전용타당성조사 결과서는 허가신청일 전 2년 이내에 완료된 것으로 제출하면 된다.

38

정답 ④ 5급 공채 2019 가 2

보기 검토

ㄱ. [X] ○○도 지방보조사업자는 모든 경비배분이나 내용의 변경에 대해서 ○○도 도지사의 승인을 얻어야 한다.

➡ [제2조 제2항 단서] 경미한 내용변경이나 경미한 경비배분변경의 경우에는 도지사의 승인을 얻지 않아도 된다.

ㄴ. [O] ○○도 지방보조사업자가 수익성 악화를 이유로 자신이 수행하는 지방보조사업을 다른 사업자에게 인계하기 위해서는 미리 ○○도 도지사의 승인을 얻어야 한다.

➡ [제2조 제3항] 지방보조사업을 다른 사업자에게 인계하려면 미리 도지사의 승인을 얻어야 한다.

ㄷ. [X] ○○도 A시 시장은 도비보조사업과 무관한 자신의 공약사업 예산을 도비보조사업에 대한 시비 부담액보다 우선적으로 해당연도 A시 예산에 반영해야 한다.

➡ [제4조] 시장은 도비보조사업에 대한 시비 부담액을 다른 사업에 우선하여 해당연도 시 예산에 반영하여야 한다.

ㄹ. [O] ○○도 도지사는 지방보조금 지급대상사업인 '상하수도 정비사업(총사업비 40억 원)'에 대하여 최대 20억 원을 지방보조금 예산으로 정할 수 있다.

➡ [제3조 제2호] 상하수 사업의 경우, 도비보조율의 최대치는 총사업비의 50 %이다. 따라서 예산으로 정할 수 있는 도비보조금의 최대 액수는 20억 원이다.

39

정답 ③ 5급 공채 2019 가 21

제시문의 이해

● 제1항 : 논문 제출 의무

● 제2항 ~ 제5항 : 연구실적평가위원회

- 제2항 : 설치
- 제3항 : 구성
- 제4항 : 회의
- 제5항 : 표결

선택지 검토

① [X] 개별 연구실적평가위원회는 최대 3명의 대학교수를 위원으로 위촉할 수 있다.

➡ [제3항 2문, 각주] 대학교수로 위촉할 수 있는 위원의 수는 2명으로 규정되어 있다. 또한, '각주'에 의하면 대학교수와 연구관은 겸직할 수 없으므로, 대학교수가 연구관 등의 자격으로 2명을 초과하여 위촉되는 일도 없다. 따라서 위원으로 위촉될 수 있는 대학교수는 최대 2명이다.

② [X] 연구실적평가위원회 위원장은 소속기관 내부 연구관이 아닌 대학교수가 맡을 수 있다.

➡ [제3항 2문, 각주] 위원장은 소속기관 내부 연구관 중에서 위촉하도록 규정되어 있는데, '각주'에 의하면 대학교수와 연구관은 겸직할 수 없으므로 대학교수는 위원장이 될 수 없다.

③ [O] 연구실적평가위원회에 4명의 위원이 출석한 경우와 5명의 위원이 출석한 경우의 의결정족수는 같다.

➡ [제3항 1문, 제5항] 재적위원은 5명이며, 의결정족수는 재적위원의 과반수, 즉 3명 이상이다. 기준이 '재적위원'이므로 출석위원수와 관계없이 의결정족수는 항상 동일하다.

④ [X] 연구실적평가위원회 위원으로 위촉된 경력이 있는 사람을 재위촉하는 경우 별도의 위촉절차를 거치지 않아도 된다.

➡ [제3항 2문] 위원은 연구실적평가위원회를 구성할 때마다 위촉하여야 한다.

⑤ [X] 석사학위 이상을 소지하지 않은 모든 연구사는 연구직으로 임용된 이후 5년이 지나면 석사학위를 소지한 연구사와 동일하게 연구실적 결과물 제출을 면제받는다.

➡ [제1항 단서] 연구실적 심사평가를 3번 이상 통과한 경우에만 연구실적 결과물 제출을 면제받을 수 있다.

40

정답 ④ 5급 공채 2019 가 22

선택지 검토

① 〔X〕 대구광역시 수성구 A동 주민 甲(30세)이 전자본인서명확인서 발급시스템을 이용하기 위해서는 미리 동장을 방문하여 이용 승인을 신청하여야 한다.

➡ [제3조 제1항] 전자본인서명확인서 발급시스템 이용의 승인권자는 시장·군수 또는 자치구의 구청장이다. '동장'은 승인권자가 아니다.

② 〔X〕 재외국민 乙(26세)이 「재외동포의 출입국과 법적 지위에 관한 법률」에 따라 국내거소신고를 하였다면 본인서명사실확인서 발급을 신청한 것으로 본다.

➡ [제2조 제1항] 국내거소신고를 한 재외국민은 본인서명사실확인서 발급을 신청할 수 있다. 그러나 발급이 필요한 때에 직접 방문하여 발급을 신청하는 것이지, 국내거소신고를 했다는 사실만으로 본인서명사실확인서 발급을 신청한 것으로 간주되는 것은 아니다.

③ 〔X〕 본인서명사실확인서를 발급받은 바 있는 丙(17세)이 전자본인서명확인서 발급시스템 이용 승인을 신청하기 위해서는 법정대리인의 동의를 받지 않아도 된다.

➡ [제3조 제3항] 미성년자가 전자본인서명확인서 발급시스템을 이용하려는 경우에는 법정대리인의 동의를 받아 신청하여야 한다. 이에 대한 예외 규정은 없다.

④ 〔O〕 토지매매시 인감증명서를 제출하고 관련 서면에 인감을 날인하여야 하는 경우, 본인서명사실확인서를 제출하고 관련 서면에 서명하는 것으로 대신할 수 있다.

➡ [제4조 본문, 제1호] 부동산거래에서 본인서명사실확인서를 제출하고 관련 서면에 서명하면, 인감증명서를 제출하고 관련 서면에 인감을 날인한 것으로 간주된다.

⑤ 〔X〕 서울특별시 종로구 B동 주민 丁(25세)은 본인서명사실확인서를 발급받기 위하여 서울특별시장을 방문하여 전자본인서명확인서 발급시스템 이용 승인을 신청하여야 한다.

➡ [제2조 제1항] 본인서명사실확인서의 발급은 요건을 갖춘 사람의 신청에 의해 이루어지며, 제3항의 전자본인서명확인서 발급시스템과 관계가 없다.

참고

- 제2조의 발급기관인 '시장'과 제3조의 승인권자인 '시장'은 모두 기초자치단체인 '시'의 장을 의미한다. 따라서 특별시장, 광역시장, 특별자치시장은 제2조와 제3조의 '시장'에 해당하지 않는다.(제1조)
  (1) 선택지 ①번의 경우 승인권자는 '수성구청장'이다.
  (2) 선택지 ⑤번의 '서울특별시장'은 발급기관이나 승인권자가 될 수 없다.
  이 경우의 승인권자는 '종로구청장'이다.

41

정답 ④ 5급 공채 2020 나 1

제시문의 이해

- 제1조 : 변호인 선임비용 지원 등
- 제2조 : 변호인 선임비용 지원결정 취소 및 반환의무 등

선택지 검토

① 〔X〕 지방자치단체의 장은 소속공무원이 적극행정으로 인해 징계 의결 요구가 된 경우, 위원회의 지원결정에 따라 500만 원의 변호인 선임비용을 지원할 수 있다.

➡ [제1조 제1항] 소속공무원이 적극행정으로 인해 징계 의결 요구가 된 경우에는 최대 200만 원까지만 변호인 선임비용을 지원할 수 있다.

② 〔X〕 지원결정을 받은 공무원이 적극행정으로 인해 고발당한 사건에 대해 이미 변호인을 선임하였더라도 선임비용을 지원받은 날부터 1개월 내에 새로운 변호인을 선임해야 한다.

➡ [제1조 제3항] 이미 변호인을 선임한 경우는 '선임비용을 지원받은 날부터 1개월 내에 변호인을 선임하여야 하는 경우'에서 제외된다.

③ 〔X〕 지원결정을 받은 공무원이 적극행정으로 인해 고소당한 사유와 동일한 사실관계로 무죄의 확정판결을 받은 경우, 위원회는 지원결정을 취소해야 한다.

➡ [제2조 제1항 제2호] 제1조 제2항의 고소·고발 사유와 동일한 사실관계로 '유죄'의 확정판결을 받은 경우, 위원회는 지원결정을 취소할 수 있다. 또한 결정의 취소는 의무사항이 아니다.

④ 〔O〕 지원결정이 취소된 경우라도 위원회는 해당 공무원이 지원받은 변호인 선임비용에 대한 반환의무의 일부 또는 전부를 면제하는 결정을 할 수 있다.

➡ [제2조 제3항] 위원회가 해당 공무원에게 반환의무를 전부 부담시키는 것이 타당하지 않다고 판단하는 경우에는 반환의무의 일부 또는 전부를 면제하는 결정을 할 수 있다.

⑤ 〔X〕 지원결정에 따라 변호인 선임비용을 지원받고 퇴직한 공무원에 대해 지원결정이 취소되더라도 그가 그 비용을 반환하는 경우는 없다.

➡ [제2조 제4항] 지원된 비용의 반환에 관한 제2조 제1항부터 제3항까지의 규정은 변호인 선임비용을 지원받은 후 퇴직한 공무원에게도 적용된다. 따라서 원칙적으로 해당 퇴직 공무원에게도 반환의무가 발생한다.

42

정답 ② 5급 공채 2020 나 3

제시문의 이해

- 제1조 : 청원결찰의 배치신청 및 요청
- 제2조 : 청원경찰의 직무
- 제3조 : 청원경찰의 임용
- 제4조 : 무기의 대여

선택지 검토

①〔X〕청원경찰의 임용승인과 직무감독의 권한은 관할 경찰서장에게 있다.
➡ [제2조 제1항, 제3조 제1항] 직무감독의 권한은 관할 경찰서장에게 있지만, 임용승인의 권한은 관할 지방경찰청장에게 있다.

②〔O〕청원경찰은 관할 지방경찰청장의 요청뿐만 아니라 배치받으려는 기관의 장 등의 신청에 의해서도 배치될 수 있다.
➡ [제1조 제2항, 제4항] 청원경찰은 기관의 장 등이 관할 지방경찰청장에게 청원경찰 배치를 신청하여 배치될 수 있으며, 지방경찰청장이 기관의 장 등에게 청원경찰을 배치할 것을 요청하여 배치될 수도 있다.

③〔X〕청원경찰의 임용자격 및 임용방법은 「국가공무원법」에 따르며, 청원경찰의 결격사유는 대통령령으로 정한다.
➡ [제3조 제2-3항] 결격사유는 「국가공무원법」에 따르며, 임용자격 및 임용방법은 대통령령으로 정한다.

④〔X〕청원경찰은 배치된 사업장의 경비를 목적으로 필요한 범위에서 수사활동 등 사법경찰관리의 직무를 수행할 수 있다.
➡ [제2조 제2항] 청원경찰은 수사활동 등 사법경찰관리의 직무를 수행해서는 아니 된다.

⑤〔X〕청원경찰은 직무수행에 필요한 경우 직접 관할 지방경찰청장에게 무기대여를 신청하여야 한다.
➡ [제4조] 청원경찰이 휴대할 무기를 대여받으려는 경우에는 청원주가 관할 경찰서장을 거쳐 무기대여를 신청하여야 한다.

43

정답 ① 5급 공채 2020 나 4

제시문의 이해

- 제1조 : 농식품투자조합의 결성과 조합원(업무집행조합원, 유한책임조합원)
- 제2조 : 업무집행조합원의 금지 행위
- 제3조 : 농식품투자조합의 해산

선택지 검토

①〔O〕농식품투자조합이 해산한 경우, 조합의 규약에 다른 규정이 없는 한 업무집행조합원이 청산인이 된다.
➡ [제3조 제2항] 조합의 규약에 예외적인 규정이 없다면 업무집행조합원이 청산인이 되는 것이 원칙이다.

②〔X〕투자관리전문기관은 농식품투자조합의 유한책임조합원이 될 수 있지만 업무집행조합원이 될 수 없다.
➡ [제1조 제1항 제2호, 제2항 단서] 제1조 제1항 제2호에 해당하는 투자관리전문기관은 업무집행조합원이 된다.

③〔X〕업무집행조합원은 농식품투자조합의 업무를 집행할 때, 그 조합의 재산으로 지급을 보증하는 행위를 할 수 있다.
➡ [제2조 제3호] 농식품투자조합의 재산으로 지급을 보증하는 행위는 금지된 행위이다.

④〔X〕농식품투자조합 해산 당시 출자금액을 초과하는 채무가 있으면, 유한책임조합원 전원이 연대하여 그 채무를 변제하여야 한다.
➡ [제3조 제3항] 농식품투자조합 해산 당시 출자금액을 초과하는 채무가 있으면 업무집행조합원이 그 채무를 변제하여야 한다.

⑤〔X〕농식품투자조합의 자산이 출자금 총액보다 적어 업무를 계속 수행하기 어려운 경우, 조합원 총수의 과반수의 동의만으로 농식품투자조합은 해산한다.
➡ [제3조 제1항 제3호] 농식품투자조합의 자산이 출자금 총액보다 적어져서 업무를 계속 수행하기 어려운 경우, 농식품투자조합이 해산하려면 조합원 총수의 과반수와 조합원 총지분 과반수의 동의를 받아야 한다.

44

정답 ④ 5급 공채 2020 나 5

제시문의 이해

구분		기간	
		제1조	제2조 적용
질의민원	법령	7일	7일 (초일산입)
	제도, 절차	4일	32시간
건의민원		10일	10일 (초일산입)
고충민원		7일 (최장 21일)	7일 (최장 21일, 초일산입)
기타민원		즉시	3시간

※ 토요일과 공휴일 제외

보기 검토

ㄱ. 〔O〕 A부처는 8.7(월) 16시에 건의민원을 접수하고, 8.21(월) 14시에 처리하였다.

➡ [건의민원] 10일 → '일' 단위로 계산(초일산입)
토요일과 공휴일(광복절 : 8월 15일, 화요일)은 제외하므로 8월 21일(월) 업무시간이 종료될 때까지 처리하면 된다.

ㄴ. 〔X〕 B부처는 8.14(월) 13시에 고충민원을 접수하고, 10일간 실지조사를 하여 9.7(목) 10시에 처리하였다.

➡ [고충민원] 7일, 실지조사 시 최장 21일 → '일' 단위로 계산(초일산입)
실지조사를 포함하여 17일 이내에 처리하여야 한다.
8월 14일(월)부터 토요일과 공휴일은 제외하고 17일을 헤아리면 기간의 말일은 9월 6일(수)이다.

ㄷ. 〔O〕 C부처는 8.16(수) 17시에 기타민원을 접수하고, 8.17(목) 10시에 처리하였다.

➡ [기타민원] 즉시 → 업무시간으로 3시간
8월 16일(수) 17시 ~ 18시 : 1시간
8월 17일(목) 09시 ~ 11시 : 2시간
따라서 8월 17일(목) 11시까지 처리하면 된다.

ㄹ. 〔O〕 D부처는 8.17(목) 11시에 제도에 대한 설명을 요구하는 질의민원을 접수하고, 8.22(화) 14시에 처리하였다.

➡ [질의민원, 제도] 4일 → 업무시간으로 32시간
8월 17일(목) 11 ~ 18시 : 6시간(점심시간 제외)
8월 18일(금), 21일(월), 22일(화) : 24시간
8월 23일(수) : 2시간
따라서 8월 23일(수) 11시까지 처리하면 된다.

45

정답 ③ 5급 공채 2020 나 21

제시문의 이해

- 제1조 : 결격사유 및 당연 퇴직 등
- 제2조 : 정년 및 퇴직
- 제3조 : 정직

상황 검토

○ 〔O〕 파산선고를 받고 복권된 후 다시 신용불량 상태에서 공무원으로 임용되어 근무 중인 甲

➡ [제1조 제1항 제1호] 파산선고를 받았지만 복권되었으므로 결격사유에 해당하지 않으며, 신용불량 상태인 사실은 결격사유에 해당하지 않는다.

○ 〔X〕 결격사유 없이 공무원으로 임용되었다가 금고형의 선고유예를 받고 선고유예 기간 중에 있는 乙

➡ [제1조 제1항 제4호, 제3항] 금고 이상의 형의 선고유예를 받은 경우 당연히 퇴직되며, 아직 선고유예 기간 중에 있다면 다시 공무원으로 임용될 수도 없다.

○ 〔O〕 결격사유 없이 공무원으로 임용되었다가 비위행위를 이유로 정직처분을 받아 정직 중에 있는 丙

➡ [제3조] 정직처분을 받은 자는 그 기간 중 공무원의 신분을 보유한다.

○ 〔X〕 금고형을 선고받고 그 집행유예 기간 중에 국가의 과실로 공무원으로 임용되어 근무중인 丁

➡ [제1조 제1항 제3호, 제2항] 금고 이상의 형의 집행유예 기간이 끝난 날부터 2년까지는 공무원에 임용될 수 없다. 그럼에도 불구하고 이 경우에 국가의 과실로 공무원으로 임용되었다면, 공무원의 신분은 발생하지 않는다.

○ 〔O〕 결격사유 없이 공무원으로 임용되어 2020년 3월 31일 정년에 이른 戊

➡ [제2조 제2항] 2020년 3월 31일에 정년이 되었다면 2020년 6월 30일에 퇴직하므로, 2020년 5월 16일 현재에는 공무원 신분을 보유한다.

46

정답 ⑤ 5급 공채 2020 나 22

제시문의 이해

- 제1항 : 빈집에 대한 조치 명령
- 제2항 : 빈집 소유자의 의무
- 제3항 : 직권 철거
- 제4항 : 빈집 소유자 소재 불명 시 조치
- 제5항 : 직권 철거 시 보상비
- 제6항 : 보상비 공탁

선택지 검토

① [X] A자치구 구청장은 주거환경에 현저한 장애가 되더라도 붕괴 우려가 없는 빈집에 대해서는 빈집정비계획에 따른 철거를 명할 수 없다.
➡ [제1항 제2호] 제1호와 제2호 중 어느 하나에만 해당하면 빈집정비계획에 따른 철거를 명할 수

② [X] B군 군수가 소유자의 소재를 알 수 없는 빈집의 철거를 명한 경우, 일간신문에 공고한 날부터 60일 내에 직권으로 철거해야 한다.
➡ [제4항] 일간신문에 공고한 날부터 60일 내에 철거해야 하는 사람은 빈집의 소유자이다. B군 군수는 60일이 지난 날까지 빈집 소유자가 철거하지 않은 경우에 직권으로 철거할 수 있으며, 이는 의무사항은 아니다.

③ [X] C특별자치시 시장은 직권으로 빈집을 철거한 경우, 그 소유자에게 철거에 소요된 비용을 빼지 않고 보상비 전액을 지급해야 한다.
➡ [제5항] 보상비에서 철거에 소요된 비용을 빼고 지급할 수 있다.

④ [X] D군 군수가 빈집을 철거한 경우, 그 소유자가 보상비 수령을 거부하면 그와 동시에 보상비 지급의무는 소멸한다.
➡ [제6항] 이 경우 보상비 지급의무가 소멸하지 않으며, 보상비를 법원에 공탁하여야 한다.

⑤ [O] E시 시장은 빈집정비계획에 따른 빈집 철거를 명한 후 그 소유자가 특별한 사유 없이 60일 이내에 철거하지 않으면, 지방건축위원회의 심의 없이 직권으로 철거할 수 있다.
➡ [제1-3항] 빈집정비계획에 정한 바가 있으면 지방건축위원회의 심의를 거칠 필요가 없으며, 빈집 소유자가 특별한 사유 없이 60일 이내에 철거하지 않으면 직권으로 그 빈집을 철거할 수 있다.

47

정답 ⑤ 5급 공채 2021 가 1

선택지 검토

① [X] 아이돌보미가 아닌 보육 관련 종사자도 아이돌보미 명칭을 사용할 수 있다.
➡ [제2조 제2항] 아이돌보미가 아닌 사람은 아이돌보미 명칭을 사용할 수 없다.

② [X] 시·도지사는 아이돌보미 양성을 위한 교육기관을 지정·운영하고 보수교육을 실시하여야 한다.
➡ [제1조 제4항, 제3조 제1항] 교육기관의 지정·운영은 시·도지사의 소관업무이지만, 보수교육의 실시는 여성가족부장관의 소관업무이다.

③ [X] 아이돌보미가 되려는 사람은 시·도지사가 실시하는 적성·인성검사를 받아야 한다.
➡ [제1조 제5항] 적성·인성검사는 여성가족부장관이 실시한다.

④ [X] 서울특별시의 A기관이 부정한 방법을 통해 아이돌보미 양성을 위한 교육기관으로 지정을 받은 경우, 서울특별시장은 200만 원의 과태료를 부과할 수 있다.
➡ [제1조 제2항 단서 및 제1호, 제3항] 부정한 방법으로 교육기관으로 지정을 받은 경우에는 지정을 취소하고, 1년 이하의 징역 또는 1천만 원 이하의 벌금에 처한다.

⑤ [O] 인천광역시의 B기관이 아이돌보미 양성을 위한 교육기관으로 지정된 후 교육과정을 1년간 운영하지 않은 경우, 인천광역시장은 그 지정을 취소할 수 있다.
➡ [제1조 제2항 제2호] 교육과정을 1년 이상 운영하지 않은 경우, 시·도지사는 사업의 정지를 명하거나 그 지정을 취소할 수 있다.

48

정답 ④ 5급 공채 2021 가 3

제시문의 이해

- 제1조 : 저장성이 없는 농산물(채소류 등)
  → 가격안정을 위한 수매
  → 처분 : 판매, 수출 또는 기증
- 제2조 : 농산물(쌀과 보리 제외)
  → 수급조절과 가격안정을 위한 비축 또는 출하조절
  → 비축용 농산물의 경우 수매 또는 수입(선물거래)

선택지 검토

① [X] 한국농수산식품유통공사는 가격안정을 위해 수매한 저장성이 없는 농산물을 외국에 수출할 수 없다.
➡ [제1조 제2-3항] 가격안정을 위해 수매한 저장성이 없는 농산물은 수출을 할 수 있으며, 해당 업무는 한국농수산식품유통공사가 위탁받아 할 수 있다.

② [X] 채소류의 가격안정을 위해서 특히 필요하다고 인정되어 수매할 경우, 농림협중앙회는 소매시장에서 수매하여야 한다.
➡ [제1조 제1항, 제3항] 이 경우 농산물을 수매할 수 있는 곳은 소매시장이 아니라 도매시장이다.

③ [X] 농림협중앙회는 보리의 수급조절을 위하여 보리 생산자에게 대금의 일부를 미리 지급하여 출하를 조절할 수 있다.
➡ [제2조 제1항] '보리'는 해당 조치의 대상에서 제외된다.

④ [O] 농림축산식품부장관은 개별 생산자로부터 비축용 농산물을 수매할 수 있다.
➡ [제2조 제1-2항] 비축용 농산물은 생산자로부터 수매할 수 있다.

⑤ [X] 농림축산식품부장관은 비축용 농산물 국제가격의 급격한 변동에 대비하여야 할 필요가 있다고 인정할 경우에도 선물거래를 할 수 없다.
➡ [제2조 제4항] 국제가격의 급격한 변동에 대비하여야 할 필요가 있다고 인정할 경우에는 선물거래를 할 수 있다.

49

정답 ③ 5급 공채 2021 가 22

선택지 검토

① 〔X〕 심사위원회의 위원장은 위원 중에서 호선한다.
➡ [제3항] 심사위원회의 위원장은 대통령이 임명하거나 위촉한다.

② 〔X〕 심사위원회의 위원 중 3명은 국회가 위촉한다.
➡ [제3항] 위원의 위촉은 대통령이 한다. 국회는 위원을 추천한다.

③ 〔O〕 심사위원회의 위원이 4년을 초과하여 직무를 수행하는 경우가 있다.
➡ [제5항] 위원이 1차례 연임한 경우 4년 동안 직무를 수행하게 되며, 임기가 만료되어도 후임자가 임명되거나 위촉될 때까지는 계속 직무를 수행하므로 4년을 초과하여 직무를 수행할 수 있다.

④ 〔X〕 주식 관련 정보에 관한 간접적인 접근 가능성은 주식의 직무관련성을 판단하는 기준이 될 수 없다.
➡ [제6항] '간접적인 접근 가능성'도 판단의 기준이 된다.

⑤ 〔X〕 금융 관련 분야에 5년 이상 근무하였더라도 대학에서 부교수 이상의 직에 5년 이상 근무하지 않으면 심사위원회의 위원이 될 수 없다.
➡ [제4항] 제1호부터 제4호까지의 자격 중 1개만 갖추어도 되므로, 금융 관련 분야에 5년 이상 근무(제3호)하였다면 다른 자격조건과 상관없이 위원이 될 수 있다.

50

정답 ② 5급 공채 2021 가 23

보기 검토

ㄱ. 〔O〕 국토교통부장관은 플랫폼운송사업을 하려는 甲에게 사업 기간을 15년으로 하여 허가할 수 있다.
➡ [제3항] 국토교통부장관은 30년 이내에서 기간을 한정하여 허가할 수 있다. 따라서 기간을 15년으로 한정하는 것도 가능하다.

ㄴ. 〔X〕 플랫폼운송사업허가를 받아 2020년 12월 15일부터 사업을 시작한 乙은 첫 기여금을 2021년 1월 31일까지 납부하여야 한다.
➡ [제4항 제1호] 해당 월의 기여금은 차차월(다음다음 달) 말일까지 납부하는 것이므로, 12월분의 기여금은 2월 말일까지 납부하여야 한다.

ㄷ. 〔O〕 100대의 차량으로 플랫폼운송사업허가를 받은 丙이 1개월 동안 20,000회 운행하여 매출 3억 원을 올렸다면, 丙이 납부해야 할 해당 월의 기여금은 400만 원 미만이 될 수 있다.
➡ [제4항 제2호, 표] 400만 원 미만이 될 수 있다.
① 매출액의 1.25% → 3억 원 × 1.25% = 375만 원
② 운행횟수당 200원 → 20,000회 × 200원 = 400만 원
③ 허가대수당 10만 원 → 100대 × 100,000원 = 1,000만 원

ㄹ. 〔X〕 300대의 차량으로 플랫폼운송사업허가를 받은 丁은 매출액의 5%에 해당하는 금액 또는 허가대수당 800원(×) 중에서 선택하여 기여금을 납부할 수 있다.
➡ [제4항 제2호] 선택할 수 있는 기여금의 산출방법은 ① 매출액의 5%, ② 운행횟수당 800원, ③ 허가대수당 40만 원, 세 가지이다.

51

정답 ⑤ 민간경력 2011 인 4

보기 검토

ㄱ. 〔X〕 甲의원이 임시회의 기간과 이유를 명시하여 집회요구를 하는 경우 임시회가 소집된다.
➡ [제1조 제1항] 의원의 요구에 의해 임시회가 소집되려면, 의회재적의원 4분의 1 이상의 요구가 있어야 한다.

ㄴ. 〔O〕 정기회와 임시회 회기의 상한일수는 상이하나 의결 정족수는 특별한 규정이 없는 한 동일하다.
➡ [제1조 제2항, 제2조] 정기회의 상한일수는 100일이고 임시회의 상한일수는 30일이므로 상이하다. 의결 정족수는 두 경우 모두 출석의원 과반수로 동일하다.

ㄷ. 〔O〕 乙의원이 제출한 의안이 계속해서 의결되지 못한 상태에서 乙의원의 임기가 만료되면 이 의안은 폐기된다.
➡ [제3조 단서] 의회의원의 임기가 만료된 경우, 회기 중에 의결되지 못한 의안은 폐기된다.

ㄹ. 〔O〕 임시회에서 丙의원이 제출한 의안이 표결에서 가부동수인 경우, 丙의원은 동일 회기 중에 그 의안을 다시 발의할 수 없다.
➡ [제2조, 제4조] 가부동수인 경우 의안은 부결되며, 부결된 의안은 같은 회기 중에 다시 발의할 수 없다.

52

정답 ④ 민간경력 2011 인 5

보기 검토

ㄱ. 〔X〕 부도위기에 직면한 甲회사가 근로자의 과반수로 조직된 노동조합이 있음에도 불구하고, 그 노동조합과 협의하지 않고 전체 근로자의 절반을 정리해고한 경우, 그 해고는 정당한 이유가 있는 해고이다.
➡ [제2조 제3항, 제4항] 사업장에 근로자의 과반수로 조직된 노동조합이 있는 경우에는 그 노동조합에 해고를 하려는 날의 50일 전까지 통보하고 성실하게 협의하여야 한다. 이를 위반한 해고는 정당한 이유 없는 해고이다.

ㄴ. 〔X〕 乙회사가 무단결근을 이유로 근로자를 해고하면서 그 사실을 구두로 통지한 경우, 그 해고는 효력이 있는 해고이다.
➡ [제4조 제1-2항] 해고는 서면으로 통지했을 때에만 효력이 있다.

ㄷ. 〔X〕 丙회사가 고의는 없었으나 부주의로 사업에 막대한 지장을 초래한 근로자를 예고 없이 즉시 해고한 경우에는, 그 근로자에게 30일분 이상의 통상임금을 지불하지 않아도 된다.
➡ [제3조] '고의'가 없었으므로 단서의 예외 사항에 해당하지 않는다. 따라서 원칙에 따라 30일분 이상의 통상임금을 지불해야 한다.

ㄹ. 〔O〕 丁회사가 고의로 사업에 막대한 지장을 초래한 근로자를 해고하면서 그 사실을 서면으로 통지하지 않은 경우, 그 해고는 효력이 없다.
➡ [제4조 제1-2항] 해고는 서면으로 통지하지 않으면 효력이 없다.

53

정답 ② 민간경력 2011 인 8

보기 검토

ㄱ. (O) 시험감독자를 속이고 국가시행의 자동차운전면허시험에 타인을 대리하여 응시한 경우

➡ 국가시행의 시험이므로 해당 직무 핵심담당자는 공무원일 것이다.
시험감독자가 공무원이라는 명확한 언급은 없으나, 위계에 의한 공무집행방해의 경우에는 위계의 상대방이 반드시 공무원일 필요는 없으므로 문제가 되지 않는다.
시험감독자를 '속이고' 타인을 대리하여 응시한 것은 '위계'에 해당한다.
결국, 공무원(또는 제3자)를 기망하여 공무를 방해한 경우이므로 '위계에 의한 공무집행방해죄'에 해당한다.

ㄴ. (X) 수산업협동조합 조합장이 조합관련 비리를 수사하고 있는 해양경찰서 경찰공무원에게 전화로 폭언하며 협박한 경우

➡ 공무원의 직무를 저지·방해할 목적으로 행동하였으므로 '공무집행방해죄'에 해당할 수 있으나, 그 방법이 위계가 아니고 폭언과 협박이었으므로 '위계에 의한 공무집행방해죄'에 해당하지 않는다.

ㄷ. (X) 출입국관리공무원이 甲회사의 사업장 관리자를 기망하여 그 사업장에 진입한 후, 불법체류자 단속업무를 실시한 경우

➡ 공무원'을' 기망한 경우가 아니라 공무원'이' 기망한 경우이다. '위계에 의한 공무집행방해죄'는 기망을 당한 사람이 공무원인 경우에 성립하는 죄이다.

ㄹ. (O) 타인의 소변을 자신의 소변인 것으로 속여 수사기관에 건네주어 필로폰 음성 반응이 나오게 한 경우

➡ 수사기관은 공무원이다. 공무원을 속여(기망하여, 위계를 수단으로 하여) 직무를 방해하였으므로 '위계에 의한 공무집행방해죄'에 해당한다.

54

정답 ① 민간경력 2011 인 10

보기 검토

ㄱ. (X) 2010년 2월 1일, 정치인 甲은 5개 시·도에서 600명의 발기인으로 구성된 창당준비위원회를 결성하고 신고한 뒤, 이들 시·도에서 총 4,000명의 당원을 모집하였고, 같은 해 7월 30일 중앙선거관리위원회에 등록을 신청하여 정당으로 성립되었다.

➡ [제1조 제2항 제2호] 5개의 시·도당에 각각 1,000명 이상의 당원이 있어야 하므로 최소 5,000명의 당원이 있어야 한다. 모집된 당원의 수가 4,000명이므로 정당으로 성립될 수 없다.

ㄴ. (X) 2010년 3월 15일, 정치인 乙은 중앙당 300명, 5개 시·도에서 각각 150명의 발기인으로 창당준비위원회를 결성하고 신고한 뒤, 이들 시·도에서 각 2,000명씩 총 10,000명의 당원을 모집한 후, 같은 해 9월 30일 중앙선거관리위원회에 등록을 신청하여 정당으로 성립되었다.

➡ [제3조] 창당준비위원회는 6개월까지만 활동을 할 수 있는데, 이 경우는 6개월을 초과하였으므로 옳지 않다.

ㄷ. (X) 중앙선거관리위원회에 등록되어 활동해오던 정당 丙은 의회의원 총선거를 2개월 앞두 시점에서 2개 도의 당원수가 각각 2,000명에서 절반으로 줄어 선거 1개월 후에 등록이 취소되었다.

➡ [제1조 제2항 제2호, 제6조 제1호] '도당'의 당원 수가 1,000명인 경우는 당원수의 요건을 충족한 경우이므로 등록이 취소되지 않는다. 또한 취소의 유예기간도 선거일부터 3개월이므로 옳지 않다.

ㄹ. (O) 중앙선거관리위원회에 등록되어 활동해오던 정당 丁은 최근에 실시되었던 의회의원 총선거에 참여하여 한 명의 후보도 당선시키지 못하였으나, 유효투표총수인 1,000만 표 중 25만 표를 획득함으로써 등록이 유지되었다.

➡ [제6조 제2호] 의회의원 총선거에 참여하여 의석을 얻지 못하고 유효투표총수의 100분의 2 이상을 득표하지 못한 2가지 요건이 모두 충족되었을 때에만 등록이 취소된다. 이 경우 두 번째 요건인 득표수 요건에 해당하지 않으므로 등록이 취소되지 않는다.

55

정답 ④ 민간경력 2011 인 14

제시문의 이해

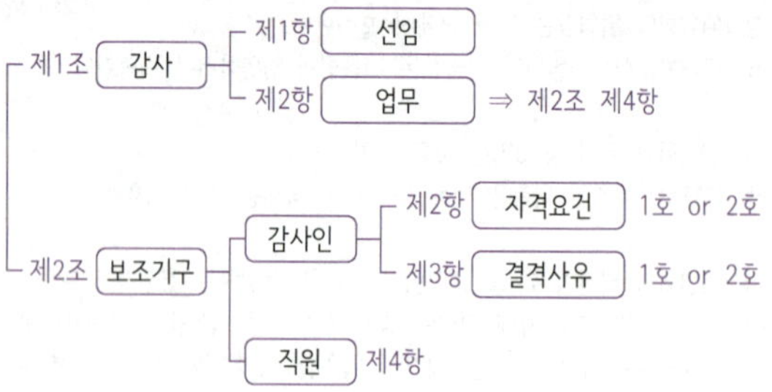

보기 검토

ㄱ. (X) 계약심사 업무를 4년 간 담당한 5급 직원 甲은 원칙적으로 감사인으로 임명될 수 있다.

➡ [제2조 제2항 제1호] 계약심사 업무를 4년 간(3년 이상) 담당한 경력이 있더라도 5급 직원은 감사인으로 임명될 수 없다. 4급 이상의 직원이어야만 감사인이 될 수 있다.

ㄴ. (O) 정보시스템감사사 자격증을 가지고 있고 규정에 정한 결격사유가 없는 경력 2년의 5급 직원 乙은 감사인으로 임명될 수 있다.

➡ [제2조 제2항 제2호] 정보시스템감사사(CISA) 자격증을 갖고 있는 직원은 경력이나 직급과는 무관하게 원칙적으로 감사인이 될 수 있다.

ㄷ. (X) 2년 전 징계를 받은 적이 있고 공인내부감사사 자격증을 가지고 있는 직원 丙은 감사인으로 임명될 수 있다.

➡ [제2조 제3항 제2호] 징계 이상의 처분을 받은 날로부터 3년이 경과되지 않은 자는 감사인으로 임명될 수 없다.

ㄹ. (O) 감사는 인사부서장과 협의하여, 계약심사 업무를 2년 간 담당하고 현재 인사부서에서 일하고 있는 5급 직원 丁으로 하여금 감사업무를 수행하게 할 수 있다.

➡ [제2조 제4항] 감사는 소관부서장과 협의하여 소관부서의 소속 직원으로 하여금 감사업무를 수행하게 할 수 있다. 이때 감사업무를 수행하는 직원의 자격요건을 제한하는 다른 규정은 없으므로 丁으로 하여금 감사업무를 수행하게 할 수 있다. (제2조 제2항은 '감사인'의 자격요건에 관한 것으로 '직원'에 관한 본 사안과는 상관이 없다.)

56

정답 ① 민간경력 2011 인 15

보기 검토

ㄱ. (O) 탄핵소추의 대상에 따라 탄핵소추를 의결하는데 필요한 정족수가 다르다.

➡ [제1항 제2호, 제3호, 제2항, 제3항] 탄핵소추의 대상에 따라 재적의원 과반수와 재적의원 3분의 2 이상으로 의결정족수가 다르다.

ㄴ. (O) 의회 재적의원 과반수의 찬성이 있더라도 의회는 직접 국무위원을 해임시킬 수 없다.

➡ [제1항 제1호, 제2호] 의회는 국무위원의 해임을 건의하거나 탄핵소추를 할 수만 있을 뿐, 직접 해임할 수 없다.

ㄷ. (X) 의회의 의결정족수 중 대통령이 재의를 요구한 법률안을 의회가 재의결하는 데 필요한 의결정족수가 가장 크다.

➡ [제1항 제6호, 제2-4항] 대통령이 재의를 요구한 법률안을 의회가 재의결하는 데 필요한 의결정족수는 재적의원의 3분의 1을 초과해야 한다. 재적의원의 과반수 또는 3분의 2 이상의 의결정족수가 필요한 경우가 있으므로, 가장 크다고 할 수 없다.

ㄹ. (X) 헌법개정안을 의회에서 의결하기 위해서는 의회 재적의원 과반수의 출석과 출석의원 과반수의 찬성을 요한다.

➡ [제1항 제4호, 제3항] 재적의원 3분의 2 이상의 찬성을 요한다.

57

정답 ④ 민간경력 2012 인 13

선택지 검토

① [O] 본인회원인 A가 가족회원인 딸 B의 동의 없이 B의 카드사용 해지를 카드사에 통보한 경우

➡ [제2조 제3항] 본인회원은 가족회원의 동의 없이 가족회원의 카드사용의 일시정지 또는 해지를 통보할 수 있다.

② [O] 가족회원인 C가 자신의 카드사용의 일시정지를 카드사에 통보한 경우

➡ [제2조 제2항] 회원(본인회원 또는 가족회원 누구나)은 카드사에 언제든지 카드사용의 일시정지 또는 해지를 통보할 수 있다.

③ [O] 카드사가 최근 1년 간 카드사용 실적이 없는 회원 D에게 전화로 계약 해지의사를 묻자, D가 해지의사를 밝힌 경우

➡ [제3조] 회원이 최종 사용일로부터 1년 이상 카드를 사용하지 않은 경우, 카드사가 전화 등으로 계약 해지의사를 확인하고, 회원이 해지의사를 밝히면 그 시점에 계약이 해지된다.

④ [X] 카드사가 회원 E에게 2회의 카드사용 대금 연체 사실을 통보한 경우

➡ [제2조 제1항 제2호] 카드사용 대금을 3회 연속하여 연체한 경우에 해지통보가 가능하다.

⑤ [O] 입회신청서를 허위로 기재한 회원 F에게 카드사가 그 사실과 카드사용의 일시정지를 통보한 경우

➡ [제2조 제1항 제1호] 회원이 입회신청서의 기재사항을 허위로 작성한 경우 카드사는 회원에게 그 사유와 그로 인한 카드사용의 일시정지를 통보할 수 있다.

58

정답 ⑤ 민간경력 2012 인 14

선택지 검토

① [O] 사기사건으로 인해 유죄판결을 받고 현재 고등법원에서 항소심이 진행 중인 甲에 대하여 5개월 간 출국을 금지할 수 있다.

➡ [제1항 제1호] 형사재판에 계류 중인 사람으로서 6개월 이내의 기간을 정하여 출국을 금지할 수 있다.

② [O] 추징금 2천 5백만 원을 내지 않은 乙에 대하여 3개월 간 출국을 금지할 수 있다.

➡ [제1항 제3호] 2천만 원 이상의 추징금을 내지 아니한 사람으로서 6개월 이내의 기간을 정하여 출국을 금지할 수 있다.

③ [O] 소재를 알 수 없어 기소중지결정이 된 강도사건 피의자 丙에 대하여 2개월 간 출국을 금지할 수 있다.

➡ [제2항 제1호] 소재를 알 수 없어 기소중지결정이 된 사람으로서 3개월 이내의 기간을 정하여 출국을 금지할 수 있다.

④ [O] 징역 2년을 선고받고 그 집행이 끝나지 않은 丁에 대하여 3개월 간 출국을 금지할 수 있다.

➡ [제1항 제2호] 징역형의 집행이 끝나지 아니한 사람으로서 6개월 이내의 기간을 정하여 출국을 금지할 수 있다.

⑤ [X] 정당한 사유 없이 2천만 원의 지방세를 납부기한까지 내지 않은 戊에 대하여 4개월 간 출국을 금지할 수 있다.

➡ [제1항 제4호] 지방세를 납부기한까지 내지 않은 사람의 출국을 금지하려면, 미납부금액이 5천만 원 이상이어야 한다.

59

정답 ⑤ 민간경력 2013 인 5

제시문의 이해

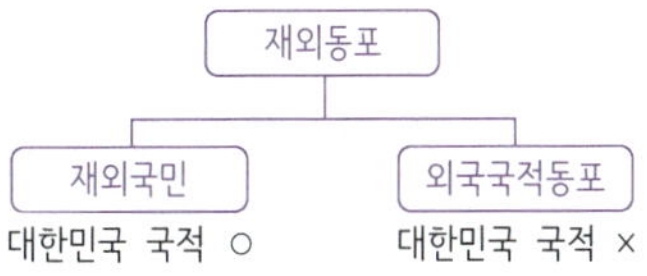

선택지 검토

① [X] 대한민국 국민은 재외동포가 될 수 없다.

➡ 법의 정의에 따르면 재외동포 중 재외국민은 대한민국의 국민이다.

② [X] 재외국민이 되기 위한 필수 요건은 거주국의 영주권 취득이다.

➡ [법 제1호, 시행령 제1조 제2항] 해외이주자로서 거주국으로부터 영주권을 취득하지 아니한 자도 재외국민이다.

③ [X] 할아버지가 대한민국 국적을 보유하였던 미국 국적자는 재외국민이다.

➡ [법 제2호, 시행령 제2조 제2호] 외국국적동포이다.

④ [X] 대한민국 국민으로서 회사업무를 위해 중국출장 중인 사람은 외국국적동포이다.

➡ [법 제2호, 시행령 제2조] 대한민국 국적을 가진 사람은 외국국적동포가 될 수 없다.

⑤ [O] 과거에 대한민국 국적을 보유하였던 자로서 현재 브라질 국적을 취득한 자는 외국국적동포이다.

➡ [법 제2호, 시행령 제2조 제1호] 옳다.

60

정답 ② 민간경력 2013 인 15

제시문의 이해

※ 임신중절수술의 요건

(1) 법 제1항의 5가지 요건 중 하나에 해당

(2) 본인과 배우자 모두 동의 (예외사항 있음 : 법 제2항, 제3항)

(3) 임신 24주 이내일 것

보기 검토

ㄱ. [O] 태아에 미치는 위험성이 높은 연골무형성증의 질환이 있는 임신 20주일 임산부와 그 남편이 동의한 경우

➡ 본인과 배우자 모두 동의했고 임신 24주 이내이며, 법 제1항 제1호(시행령 제2항, 연골무형성증)에 해당하므로 허용된다.

ㄴ. [X] 풍진을 앓고 있는 임신 28주일 임산부가 동의한 경우

➡ 임신기간이 24주를 초과했으므로 허용되지 않는다.

ㄷ. [O] 남편이 실종 중인 상황에서 임신중독증으로 생명이 위험한 임신 20주일 임산부가 동의한 경우

➡ 본인이 동의했으며 남편의 동의가 필요없는 예외적인 경우(법 제2항)에 해당한다. 그리고 임신 24주 이내이며, 법 제1항 제5호(모체의 건강에 위협)에 해당하므로 허용된다.

ㄹ. [X] 남편이 실업자가 되어 도저히 아이를 키울 수 없다고 판단한 임신 16주일 임산부와 그 남편이 동의한 경우

➡ 경제적인 어려움은 법 제1항의 각 호의 요건 중 하나에 해당하지 않으므로 허용되지 않는다.

61

정답 ④ 민간경력 2014 A 9

제시문의 이해

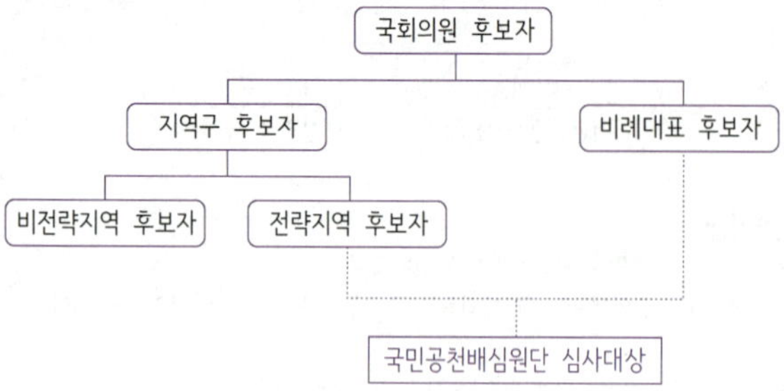

<지역구 후보자 확정 절차>
1. 공천위원회의 추천
2. 최고위원회의 의결로 확정
3. 전략지역의 경우 국민공천배심원단이 심사 후 재의요구의 권고 가능

<비례대표 후보자 확정 절차>
1. 공천위원회에서 지역 및 직역별로 공모를 실시한 후 후보자와 그 순위를 정함
2. 국민공천배심원단의 심사
3. 최고위원회의 의결로 확정

선택지 검토

① 〔X〕 국민공천배심원단은 비례대표 국회의원 후보자를 최종적으로 확정한다.
➡ [제3조] 비례대표 국회의원 후보자는 최고위원회의 의결로 확정된다.

② 〔X〕 국민공천배심원단은 전략지역 국회의원 후보자를 추천할 수 있다.
➡ [제2조 제1항, 제4항] 후보자를 추천하는 것은 공천위원회의 소관이다. 국민공천배심원단은 해당 후보자를 심사 후 재의요구를 할 수 있다.

③ 〔X〕 국민공천배심원단은 공천위원회가 추천한 비전략지역 국회의원 후보자에 대해 재의를 요구할 수 있다.
➡ [제1조 제2항] 비전략지역 국회의원 후보자는 국민공천배심원단의 심사대상이 아니다.

④ 〔O〕 최고위원회는 공천위원회의 추천을 받아 비전략지역 국회의원 후보자를 의결로 확정한다.
➡ [제2조 제1항] 지역구(비전략지역 포함) 국회의원 후보자 확정 절차는 '공천위원회의 추천 후 최고위원회의 의결'이므로 옳다.

⑤ 〔X〕 전략지역 국회의원 후보자에 대하여 최고위원회에 재의요구를 권고할 수 있는 국민공천배심원단의 의결정족수는 재적 3분의 1 이상이다.
➡ [제2조 제4항] 재적 3분의 2 이상의 의결로 최고위원회에 재의요구를 권고할 수 있다.

62

정답 ② 민간경력 2014 A 18

보기 검토

ㄱ. 〔X〕 개발부담금 징수권의 소멸시효는 고지한 납부기간이 지난 시점부터 중단된다.
➡ [제2항 제1호] 납부를 고지한 때로부터 중단된다. 소멸시효는 고지한 납부기간이 지난 시점은 중단된 소멸시효가 다시 시작되는 때이다.

ㄴ. 〔X〕 국가가 개발부담금을 징수할 수 있는 때로부터 3년간 징수하지 않으면 개발부담금 징수권의 소멸시효가 완성된다.
➡ [제1항] 5년간 징수하지 않았을 때 소멸시효가 완성된다.

ㄷ. 〔O〕 국가가 개발부담금을 징수할 수 있는 날로부터 2년이 경과한 후 납부의무자에게 납부고지하면, 개발부담금 징수권의 소멸시효가 중단된다.
➡ [제1항, 제2항 제1호] 소멸시효 완성 시점이 아직 도래하지 않았고, 소멸시효 중단 사유 중 하나인 납부고지가 이루어졌으므로 소멸시효가 중단된다.

ㄹ. 〔X〕 납부의무자가 개발부담금을 기준보다 많이 납부한 경우, 그 환급을 받을 수 있는 때로부터 환급청구권을 3년간 행사하지 않으면 소멸시효가 완성된다.
➡ [제1항] 환급청구권의 소멸시효 기간도 5년이다.

63

정답 ④ 민간경력 2016 ⑤ 5

제시문의 이해

○ 공유물(전부)과 공유지분을 구별할 것.

보기 검토

ㄱ. 〔O〕 甲, 乙, 丙은 X에 대해 각자 1/3씩 지분을 갖는 것으로 추정된다.
➡ [제1조(물건의 공유) 제2항] 공유자의 지분은 균등한 것으로 추정한다.

ㄴ. 〔O〕 甲은 단독으로 X에 대한 보존행위를 할 수 있다.
➡ [제4조(공유물의 관리, 보존) 단서] 보존행위는 각자가 할 수 있다.

ㄷ. 〔X〕 甲이 X에 대한 자신의 지분을 처분하기 위해서는 乙과 丙의 동의를 얻어야 한다.
➡ [제2조(공유지분의 처분과 공유물의 사용, 수익)] 공유자는 자신의 지분을 다른 공유자의 동의 없이 처분할 수 있다.
cf. [제3조] '공유물'을 처분하려면 다른 공유자의 동의를 얻어야 한다.

ㄹ. 〔O〕 甲이 상속인 없이 사망한 경우, X에 대한 甲의 지분은 乙과 丙에게 각 지분의 비율에 따라 귀속된다.
➡ [제5조(지분포기등의 경우의 귀속)] 공유자가 상속인 없이 사망한 때에는 사망한 공유자의 지분은 다른 공유자에게 각 지분의 비율로 귀속한다.

64

정답 ① 민간경력 2016 ⑤ 15

선택지 검토

① [O] 행정청은 신속한 국민의 권리 보호를 위해 입법이 긴급을 요하는 경우 입법예고를 하지 않을 수 있다.

➡ [제1조 제1항 단서, 제1호] 신속한 국민의 권리 보호를 위해 입법이 긴급을 요하는 경우에는 예고를 하지 아니할 수 있다.

② [X] 행정청은 예고된 입법안 전문에 대한 복사 요청을 받은 경우 복사에 드는 비용을 부담하여야만 한다.

➡ [제2조 제3항] 행정청은 복사에 드는 비용을 복사를 요청한 자에게 부담시킬 수 있다. 따라서 행정청에게 해당 비용을 부담할 의무가 있는 것은 아니다.

③ [X] 행정청은 법령의 단순한 집행을 위해 그 하위 법령을 개정하는 경우 입법예고를 하여야만 한다.

➡ [제1조 제1항 단서, 제3호] 법령의 '개정'도 입법에 해당한다. 상위 법령 등의 단순한 집행을 위하여 법령을 개정하는 경우에는 예고를 하지 아니할 수 있다.

④ [X] 법제처장은 입법예고를 하지 않은 법령안의 심사를 요청받은 경우 그 법령안의 입법예고를 직접 할 수 없다.

➡ [제1조 제2항] 법제처장이 입법예고를 하는 것이 적당하다고 판단할 때에는 직접 예고할 수 있다.

⑤ [X] 행정청은 법령을 폐지하는 경우 입법예고를 하지 않는다.

➡ [제1조 제1항 본문] 법령의 '폐지'도 입법에 해당하며, 해당 행정청은 이를 예고하여야 한다.

65

정답 ⑤ 민간경력 2017 나 5

보기 검토

ㄱ. [위반] 공무원 甲은 그 소속 상관에게 직무상 관계 없이 고가의 도자기를 증여하였다.

➡ [제1조 제2항] 공무원은 직무상의 관계가 있든 없든 그 소속 상관에게 증여하거나 소속 공무원으로부터 증여를 받아서는 아니 된다.

ㄴ. [허용] 사실상 노무에 종사하는 공무원으로서 노동조합에 가입된 乙은 소속 장관의 허가를 받아 조합 업무에 전임하고 있다.

➡ [제3조 제1항 단서, 제2항] 사실상 노무에 종사하는 공무원은 노동운동이나 집단행위를 할 수 있으며, 사실상 노무에 종사하는 공무원으로서 노동조합에 가입된 자가 소속 장관의 허가를 받아 조합 업무에 전임하는 것은 규정 위반이 아니다.

ㄷ. [위반] 공무원 丙은 동료 공무원 丁에게 선거에서 A정당을 지지하기 위한 기부금을 모집하도록 요구하였다.

➡ [제2조 제2항 제2호] 특정 정당을 지지하기 위하여 기부금을 모집하게 하여서는 아니 된다.

ㄹ. [위반] 공무원 戊는 국회의원 선거기간에 B후보를 낙선시키기 위해 해당 지역구 지인들을 대상으로 다른 후보에게 투표하도록 권유 운동을 하였다.

➡ [제2조 제2항 제1호] 특정인을 반대하기 위하여 투표를 하거나 하지 아니하도록 권유 운동을 하여서는 아니 된다.

66

정답 ② 민간경력 2017 나 15

보기 검토

ㄱ. [X] 혈중알콜농도 0.05퍼센트의 상태에서 운전하여 1회 적발된 행위는, 술에 취한 상태에서 운전을 하고 있다고 인정할 만한 상당한 이유가 있는 사람이 경찰공무원의 음주측정을 거부하는 행위보다 불법의 정도가 크다.

➡ [제3항 제3호] 혈중알콜농도가 0.05퍼센트인 경우
→ 6개월 이하의 징역이나 300만 원 이하의 벌금
[제4항 제2호] 술에 취한 상태에서 운전을 하고 있다고 인정할 만한 상당한 이유가 있는 사람이 경찰공무원의 음주측정을 거부한 경우
→ 1년 이상 3년 이하의 징역이나 500만 원 이상 1천만 원 이하의 벌금
후자의 경우가 규정된 형량이 더 크므로 불법의 정도가 더 크다고 할 수 있다.

ㄴ. [O] 술에 취한 상태에서 자동차를 운전하는 행위는 혈중알콜농도 또는 적발된 횟수에 따라 처벌의 정도가 달라질 수 있다.

➡ [제3항, 제4항 제1호] 제3항에서는 혈중알콜농도의 차이에 따라 처벌의 정도를 달리 규정하고 있고, 제4항 제1호에서는 적발된 횟수가 3회가 된 사람에 대해 혈중알콜농도와 상관없이 중하게 처벌하도록 규정하고 있다.

ㄷ. [X] 술에 취한 상태에서의 자동차 운전으로 2회 적발된 자가 다시 혈중알콜농도 0.15퍼센트 상태의 운전으로 적발된 경우, 6개월 이상 1년 이하의 징역이나 300만 원 이상 500만 원 이하의 벌금에 처해진다.

➡ [제4항 제1호] 3회 적발된 경우가 되어 1년 이상 3년 이하의 징역이나 500만 원 이상 1천만 원 이하의 벌금에 처해진다.

67

정답 ② 민간경력 2017 나 16

선택지 검토

① [X] 성년후견인의 수는 1인으로 제한된다.

➡ [제3항 제2호] 이미 성년후견인이 선임된 경우에도 추가로 성년후견인을 선임할 수 있다.

② [O] 지방자치단체의 장은 가정법원에 성년후견개시의 심판을 청구할 수 있다.

➡ [제1조 제1항] 지방자치단체의 장도 성년후견개시의 심판을 청구의 주체 중 하나로 규정되어 있다.

③ [X] 성년후견인은 피성년후견인이 행한 일용품 구입행위를 그 대가의 정도와 관계없이 취소할 수 없다.

➡ [제1조 제2항, 제3항] 일용품의 구입 등 일상생활에 필요하고 그 대가가 과도하지 아니한 법률행위는 성년후견인이 취소할 수 없지만, 그 외의 경우에는 성년후견인이 피성년후견인의 법률행위를 취소할 수 있다.

④ [X] 가정법원은 성년후견개시의 심판절차에서 직권으로 성년후견인을 선임할 수 없다.

➡ [제3조 제1항] 성년후견인은 가정법원이 직권으로 선임한다.

⑤ [X] 성년후견인은 가정법원의 허가 없이 단독으로 결정하여 피성년후견인을 치료하기 위해 정신병원에 격리할 수 있다.

➡ [제2조 제2항] 이 경우 가정법원의 허가를 받아야 한다.

68

정답 ⑤ 민간경력 2018 가 2

선택지 검토

① [X] A 자치구의 구청장이 관할구역 내에 공공하수도를 설치하려고 인가를 받았는데, 그 공공하수도가 B 자치구에 걸치는 경우, 설치하려는 공공하수도의 관리청은 B 자치구의 구청장이다.
➡ [제2조 제2항] 공공하수도가 둘 이상의 지방자치단체의 장의 관할구역에 걸치는 경우에 해당한다. 이 경우 관리청이 되는 자는 공공하수도 설치의 인가를 받은 A 자치구의 구청장이다.

② [X] 시·도지사가 국가의 보조를 받아 공공하수도를 설치하려면, 그 설치에 필요한 재원의 조달 등에 관하여 환경부장관의 인가를 받아야 한다.
➡ [제1조 제5항] 환경부장관의 인가를받는 것이 아니라, 환경부장관과 미리 협의하여야 한다.

③ [X] 시장·군수·구청장이 공공하수도 설치에 관하여 인가받은 사항을 폐지할 경우에는 시·도지사의 인가를 필요로 하지 않는다.
➡ [제1조 제4항] 인가받은 사항을 폐지하려는 경우에도 시·도지사의 인가를 받아야 한다.

④ [X] 시·도지사가 공공하수도 설치를 위해 고시한 사항은 변경할 수 없다.
➡ [제1조 제2항 2문] 고시한 사항을 변경 또는 폐지하고자 하는 때에도 고시하여야 하는 것으로 규정되어 있어, 고시한 사항을 변경할 수 있음을 알 수 있다.

⑤ [O] 시장·군수·구청장이 공공하수도를 설치하려면 시·도지사의 인가를 받아야 한다.
➡ [제1조 제3항] 시장·군수·구청장은 공공하수도를 설치하려면 시·도지사의 인가를 받아야 한다.

69

정답 ① 민간경력 2018 가 5

보기 검토

ㄱ. [O] 신청인은 피신청인의 근무지를 관할하는 지방법원에 조정을 신청할 수 있다.
➡ [제2조 제1항 제1호] '피신청인의 근무지'의 관할 지방법원도 조정 신청이 가능한 곳으로 규정되어 있다.

ㄴ. [X] 조정을 하지 아니하는 결정을 조정담당판사가 한 경우, 신청인은 이에 대해 불복할 수 있다.
➡ [제3조 제1항] 조정담당판사가 조정을 하지 아니하는 결정으로 사건을 종결시킨 경우, 신청인은 이 결정에 대해서 불복할 수 없다.

ㄷ. [O] 신청인과 피신청인 사이에 합의된 사항이 기재된 조정조서는 판결과 동일한 효력을 갖는다.
➡ [제3조 제3항] 조정조서는 판결과 동일한 효력이 있다.

ㄹ. [X] 조정 불성립으로 사건이 종결된 경우, 사건이 종결된 때를 민사소송이 제기된 시점으로 본다.
➡ [제4조 본문, 제2호] '사건이 종결된 때'가 아니라 '조정신청을 한 때'에 민사소송이 제기된 것으로 본다.

ㅁ. [X] 조정담당판사는 신청인이 부당한 목적으로 조정신청을 한 것으로 인정하는 경우, 조정 불성립으로 사건을 종결시킬 수 있다.
➡ [제3조 제1항] 신청인이 부당한 목적으로 조정신청을 한 것임을 인정하는 경우에는 '조정 불성립'이 아니라 '조정을 하지 아니하는 결정'으로 사건을 종결시킬 수 있다.

70

정답 ① 민간경력 2018 가 6

보기 검토

ㄱ. [O] 시·도 교육감은, 폐교가 소재하는 시·군·구에 거주하지 않으면서 폐교재산을 사회복지시설로 활용하려는 자에게 그 폐교재산을 임대할 수 있다.
➡ [제2조 제1항] 시·도 교육감은 폐교재산을 사회복지시설로 활용하려는 자에게 그 폐교재산을 임대할 수 있다. 이 경우 임차인의 거주지 등은 임대 허용 조건으로 규정되어 있지 않으므로 무관하다.

ㄴ. [O] 폐교재산평정가격이 5억 원인 폐교재산을 지방자치단체가 문화시설로 사용하려는 경우, 연간 임대료의 최저액은 250만 원이다.
➡ [제2조 제2항, 제3조 제1항 제1호, 제3조 제2항 제1호] 연간 임대료의 하한은 해당 폐교재산평정가격의 1천분의 10(1 %)이고, 문화시설로 사용하는 경우 최대 1천분의 500(50 %)까지 감액할 수 있다. 따라서 연간 임대료의 최저액은 5억 원의 0.5 %인 250만 원이다.

ㄷ. [X] 폐교가 소재한 군에 주민등록이 되어 있고 실제 거주하는 지역주민이 단독으로 폐교재산을 소득증대시설로 사용하려는 경우, 연간 임대료로 지불해야 할 최저액은 폐교재산평정가격의 0.7 %이다.
➡ [제3조 제1항 제3호] 소득증대시설로 사용하면서 연간 임대료를 감액 받으려면, ① 폐교가 소재한 시·군·구에 주민등록이 되어 있고 ② 실제 거주하는 지역주민이어야 하며, ③ 공동으로 사용하여야 한다. 이 경우 '단독으로' 사용한다고 했으므로 연간 임대료를 감액 받지 못하며, 연간 임대료로 지불해야 할 최저액은 폐교재산평정가격의 1 %이다.

ㄹ. [X] 폐교재산을 활용하려는 자가 폐교 소재 지역주민이 아니어도 그 폐교재산을 공공체육시설로 사용할 수 있으나 임대료 감액은 받을 수 없다.
➡ [제2조 제1항, 제3조 제1항 제2호] 임차인의 거주지 등은 임대 허용 조건으로 규정되어 있지 않으므로 폐교 소재 지역주민이 아니어도 폐교재산을 공공체육시설로 사용할 수 있으며, 공공체육시설로 사용하는 경우에는 사인(私人)이더라도 거주지와 무관하게 임대료 감액을 받을 수 있다.

71

정답 ⑤ 민간경력 2018 가 12

보기 검토

ㄱ. [X] 공정거래위원회가 중요정보 고시 여부를 결정함에 있어 상품 등이나 거래 분야는 고려의 대상이 아니다.
➡ [제2조 제1항] 공정거래위원회는 상품 등이나 거래 분야의 성질에 비추어 중요정보 고시 여부를 결정한다.

ㄴ. [X] 사업자 A가 다른 사업자 B로 하여금 공정한 거래질서를 해칠 우려가 있는 비방적인 표시·광고를 하게 한 경우, 공정거래위원회는 사업자 A에게 과태료를 부과한다.
➡ [제1조 제1항 제4호, 제2항] 과태료를 부과하는 것이 아니라 2년 이하의 징역 또는 1억 5천만 원 이하의 벌금에 처한다.

ㄷ. [O] 사업자가 표시·광고 행위를 하면서 고시된 중요정보를 표시·광고하지 않은 경우, 공정거래위원회는 5천만 원의 과태료를 부과할 수 있다.
➡ [제3조 제1항] 중요정보를 표시·광고하지 않은 경우에는 1억 원 이하의 과태료를 부과하도록 되어 있으므로, 공정거래위원회는 5천만 원의 과태료를 부과할 수 있다.

ㄹ. [O] 공정거래위원회는 소비자 보호를 위해 필요한 경우, 사업자가 표시·광고에 포함하여야 하는 사항과 함께 그 표시·광고의 방법도 고시할 수 있다.
➡ [제2조 제1항] 공정거래위원회는 사업자가 표시·광고에 포함하여야 하는 사항과 표시·광고의 방법을 고시할 수 있으며, 그 사유 중에 '소비자의 보호'도 포함되어 있다.

72

정답 ⑤ 민간경력 2018 가 15

선택지 검토

① 〔X〕 무죄재판이 확정된 피고인 甲은 무죄재판이 확정된 때부터 3년 이내에 관할법원에 무죄재판서 게재 청구를 할 수 있다.

➡ [제1조 제1항] 관할법원이 아니라, 해당 사건을 기소한 검사의 소속 지방검찰청에 청구할 수 있다.

② 〔X〕 무죄재판이 확정된 피고인 乙이 무죄재판서 게재 청구를 취소한 후 사망한 경우, 乙의 상속인은 무죄재판이 확정된 때부터 3년 이내에 무죄재판서 게재 청구를 할 수 있다.

➡ [제1조 제3항] 무죄재판서 게재 청구가 취소된 경우에는 다시 그 청구를 할 수 없다.

③ 〔X〕 무죄재판이 확정된 피고인 丙이 무죄재판서 게재 청구 없이 사망한 경우, 丙의 상속인은 같은 순위의 다른 상속인의 동의 없이 무죄재판서 게재 청구를 할 수 있다.

➡ [제1조 제2항 단서] 같은 순위의 상속인이 여러 명일 때에는 상속인 모두가 그 청구에 동의하여야 한다.

④ 〔X〕 무죄재판이 확정된 피고인 丁이 무죄재판서 게재 청구를 하면 그의 무죄재판서는 법무부 인터넷 홈페이지에 3년간 게재된다.

➡ [제2조 제4항] 무죄재판서의 게재기간은 1년이다.

⑤ 〔O〕 무죄재판이 확정된 피고인 戊의 청구로 무죄재판서가 공개되면 사건 관계인의 명예를 현저히 해칠 우려가 있는 경우, 무죄재판서의 일부를 삭제하여 게재할 수 있다.

➡ [제2조 제2항 제2호] 무죄재판서의 공개로 인하여 사건 관계인의 명예를 현저히 해칠 우려가 있는 경우에는 무죄재판서의 일부를 삭제하여 게재할 수 있다.

73

정답 ① 민간경력 2019 나 1

제시문의 이해

- 제1조 : 행정재산 사용·수익의 허가
- 제2조 : 행정재산 사용·수익의 기간 및 갱신
- 제3조 : 사용료의 징수 및 면제
- 제4조 : 허가의 취소 및 보상

보기 검토

ㄱ. 〔O〕 A시의 장은 A시의 행정재산에 대하여 B기업에게 사용허가를 했더라도 국가가 그 행정재산을 직접 공용으로 사용하기 위해 필요로 하게 된 경우, 그 허가를 취소할 수 있다.

➡ [제4조 제2항] 지방자치단체의 장은 사용·수익을 허가한 행정재산을 국가나 지방자치단체가 직접 공용 또는 공공용으로 사용하기 위하여 필요로 하게 된 경우에는 그 허가를 취소할 수 있다.

ㄴ. 〔O〕 C시의 행정재산에 대하여 C시의 장이 천재지변으로 주택을 잃은 지역주민에게 임시 거처로 사용하도록 허가한 경우, C시의 장은 그 사용료를 면제할 수 있다.

➡ [제3조 제2항 제2호] 천재지변이나 재난을 입은 지역주민에게 일정기간 사용·수익을 허가하는 경우에는 그 사용료를 면제할 수 있다.

ㄷ. 〔X〕 D시의 행정재산에 대하여 사용허가를 받은 E기업이 사용 목적에 위배되게 사용한다는 이유로 허가가 취소되었다면, D시의 장은 E기업의 손실을 보상하여야 한다.

➡ [제4조 제1항, 제3항] 사용·수익의 허가를 받은 행정재산을 그 사용 목적에 위배되게 사용한 경우에는 허가를 취소할 수 있으며, 이 경우 손실을 보상하여야 한다는 규정은 없다. 제3항의 손실보상 규정은 제2항의 경우에만 적용되며, 이 경우에는 적용되지 않는다.

ㄹ. 〔X〕 2014년 3월 1일에 5년 기한으로 F시의 행정재산에 대하여 수익허가를 받은 G가 허가 갱신을 받으려면, 2019년 2월 28일까지 허가 갱신을 신청하여야 한다.

➡ [제2조 제3항] 허가의 갱신은 허가기간이 끝나기 1개월 전에 신청하여야 한다. 2014년 3월 1일에 5년 기한으로 받은 허가의 기간은 2019년 2월 28일에 끝나므로, 그 1개월 전인 1월 31일까지 허가 갱신을 신청하여야 한다.

74

정답 ②   민간경력 2019 나 13

선택지 검토

① 〔X〕 채무자 甲이 제출한 재산목록의 재산만으로 집행채권의 만족을 얻기 부족한 경우에는 재산명시절차의 관할법원은 직권으로 금융기관에 甲 명의의 재산에 관해 조회할 수 있다.

➡ [제1조 제1항] 관할법원의 '직권으로' 조회할 수는 없다. 조회를 하려면 '재산명시를 신청한 채권자의 신청'이 있어야 한다.

② 〔O〕 재산명시절차의 관할법원으로부터 채무자 명의의 재산에 관해 조회를 받은 공공기관은 정당한 사유가 있는 경우 이를 거부할 수 있다.

➡ [제1조 제4항, 반대해석] 공공기관은 '정당한 사유가 없으면' 관할법원의 조회를 거부하지 못한다. 즉, '정당한 사유가 있다면' 조회를 거부할 수 있다.

③ 〔X〕 채무자 乙의 재산조회 결과를 획득한 채권자 丙은 해당 결과를 강제집행 외의 목적으로도 사용할 수 있다.

➡ [제2조 제1항] 재산조회의 결과를 강제집행 외의 용도로 사용하는 것은 금지되어 있다.

④ 〔X〕 재산명시절차의 관할법원으로부터 채무자 명의의 재산에 관해 조회를 받은 기관의 장이 정당한 사유 없이 자료제출을 거부하였다면, 법원은 결정으로 500만 원의 벌금에 처한다.

➡ [제1조 제5항] 자료제출 거부에 대해서는 500만 원 이하의 '과태료'가 부과된다.

⑤ 〔X〕 채권자 丁이 채무자 명의의 재산에 관한 조회를 신청할 경우, 조회에 드는 비용은 재산조회가 종료된 후 납부하면 된다.

➡ [제1조 제2항] 조회에 드는 비용은 '미리' 납부하여야 한다.

75

정답 ③   민간경력 2020 가 1

제시문의 이해

- 제1조 : 광역교통위원회
- 제2조 : 실무위원회

선택지 검토

① 〔X〕 실무위원회의 위원 위촉 시 성별은 고려하지 않는다.

➡ [제2조 제3항 제3호] 실무위원회 위원 중 광역교통위원회의 위원장이 위촉하는 50명 이내의 위원에 대해서는 성별을 고려해야 한다.

② 〔X〕 광역교통위원회의 구성원은 실무위원회의 구성원이 될 수 없다.

➡ [제2조 제2항] 광역교통위원회의 구성원 중 상임위원은 실무위원회의 위원장이 된다.

③ 〔O〕 광역교통위원회 위원장의 위촉 없이도 실무위원회의 위원이 될 수 있다.

➡ [제2조 제3항 제1-2호] 공무원의 경우, 광역교통위원회 위원장의 위촉 없이 소속 기관의 장의 지명에 의해 실무위원회의 위원이 될 수 있다.

④ 〔X〕 공무원이 아닌 사람은 실무위원회의 위원은 될 수 있으나, 광역교통위원회의 위원은 될 수 없다.

➡ [제1조 제1항 제3호] 광역교통 관련 전문지식과 경험이 풍부한 사람이라면 공무원이 아니어도 광역교통위원회의 위원이 될 수 있다.

⑤ 〔X〕 광역교통위원회의 위원으로 행정안전부 소속 공무원을 선정하는 경우 행정안전부장관이 임명한다.

➡ [제1조 제2항] 광역교통위원회의 위원은 국토교통부장관이 임명 또는 위촉한다.

76

정답 ⑤   민간경력 2020 가 2

제시문의 이해

- 제1조 : 용어의 정의
- 제2조 : 배아 생성 관련 금지사항
- 제3조 : 배아의 보존기간
- 제4조 : 보존기간이 지난 잔여배아의 연구 목적 이용

선택지 검토

① 〔X〕 배아생성의료기관은 불임부부를 위해 반대급부를 조건으로 배아의 제공을 알선할 수 있다.

➡ [제2조 제3항] 누구든지 반대급부를 조건으로 배아를 제공 또는 알선하여서는 아니 된다.

② 〔X〕 난자 또는 정자의 기증자는 항암치료를 받지 않더라도 배아의 보존기간을 6년으로 정할 수 있다.

➡ [제3조 제1-2항] 배아의 보존기간은 5년으로 하며, 난자 또는 정자의 기증자는 배아의 보존기간을 5년 미만으로 정할 수 있다. 항암치료를 받는 경우에만 5년 이상으로 정할 수 있다.

③ 〔X〕 배아생성의료기관은 혼인한 미성년자의 정자를 임신 외의 목적으로 수정하여 배아를 생성할 수 있다.

➡ [제2조 제1항, 제2항 제3호] 혼인한 미성년자가 그 자녀를 얻기 위하여 수정하는 경우를 제외하고, 그 외의 목적으로 수정하여 배아를 생성하는 것은 금지된다.

④ 〔X〕 보존기간이 남은 잔여배아는 발생학적으로 원시선이 나타나기 전이라면 체내에서 난치병 치료를 위한 연구 목적으로 이용할 수 있다.

➡ [제4조] 난치병의 치료를 위한 연구 목적으로 이용할 수 있는 배아는 보존기간이 지났으며 발생학적으로 원시선이 나타나기 전인 잔여배아이다. 또한 체외에서만 연구 목적으로 이용할 수 있다.

⑤ 〔O〕 생성 후 5년이 지나지 않은 잔여배아도 발생학적으로 원시선이 나타나기 전까지 체외에서 피임기술 개발을 위한 연구에 이용하는 것이 가능한 경우가 있다.

➡ [제3조 제1항, 제4조 제1호] 난자 또는 정자의 기증자가 배아의 보존기간을 5년 미만으로 정한 경우, 해당 배아의 보존기간이 지났다면 피임기술 개발을 위한 연구에 이용하는 것이 가능하다.

77

정답 ⑤ 민간경력 2020 가 3

제시문의 이해

- 제1조 : 우수수입업소 등록 등
- 제2조 : 수입식품에 대한 검사

선택지 검토

① [X] 업소 甲이 우수수입업소 등록을 신청하기 위해서는 식품의약품안전처장이 정하는 기준에 따라 국내 자기업소에 대한 위생관리 상태를 점검하여야 한다.
➡ [제1조 제1-2항] 우수수입업소 등록을 신청하기 위한 위생관리 상태 점검이 필요한 곳은 국내 자기업소가 아니라 해외제조업소이다.

② [X] 업소 乙이 2020년 2월 20일에 우수수입업소로 등록되었다면, 그 등록은 2024년 2월 20일까지 유효하다.
➡ [제1조 제4항] 우수수입업소 등록의 유효기간은 등록된 날부터 3년이므로 2023년 2월에 유효기간이 만료된다.

③ [X] 업소 丙이 부정한 방법으로 우수수입업소로 등록된 경우 식품의약품안전처장은 등록을 취소하지 않고 시정을 명할 수 있다.
➡ [제1조 제5항 단서, 제1호] 거짓이나 그 밖의 부정한 방법으로 등록된 경우, 식품의약품안전처장은 반드시 등록을 취소하여야 하고 시정을 명할 수는 없다.

④ [X] 우수수입업소 丁이 수입식품 수입·판매업의 시설기준을 위배하여 영업정지 1개월의 행정처분을 받았다면, 그 때로부터 3년 동안 丁은 우수수입업소 등록을 신청할 수 없다.
➡ [제1조 제5항 제2호, 제6항] 등록이 취소된 업소는 그 취소가 있은 날부터 3년 동안 우수수입업소 등록을 신청할 수 없다. 그러나 시설기준의 위배를 이유로 등록이 취소되려면 영업정지 2개월 이상의 행정처분을 받아야 하므로, 영업정지 1개월의 행정처분을 받은 丁은 우수수입업소 등록을 신청할 수 있다.

⑤ [O] 식품의약품안전처장은 우수수입업소 戊가 수입신고한 수입식품에 대한 검사를 전부 생략할 수 있다.
➡ [제2조 제2항 제1호] 우수수입업소로 등록된 자가 수입신고한 수입식품에 대해서는 검사의 전부 또는 일부를 생략할 수 있다.

78

정답 ① 민간경력 2020 가 4

제시문의 이해

- 제1조 : 저작권자의 허락이 필요한 경우
- 제2조 : (시각장애인 관련) 저작권자의 허락이 없어도 되는 경우
- 제3조 : (청각장애인 관련) 저작권자의 허락이 없어도 되는 경우

보기 검토

ㄱ. [O] 학교도서관이 공표된 소설을 청각장애인을 위하여 한국수어로 변환하고 이 한국수어를 복제·공중송신하는 행위
➡ [제3조 제1항] 공표된 저작물을 각장애인을 위하여 한국수어로 변환할 수 있으며 이러한 한국수어를 복제·배포·공연 또는 공중송신하는 행위는 누구든지 저작권자의 허락없이 할 수 있다.

ㄴ. [X] 한국어수어통역센터가 영리를 목적으로 청각장애인의 이용에 제공하기 위하여, 공표된 영화에 포함된 음성을 자막으로 변환하여 배포하는 행위
➡ [제3조 제2항] 영리를 목적으로 하지 않는 경우에만 저작권자의 허락없이 허용된다.

ㄷ. [X] 점자도서관이 영리를 목적으로 하지 아니하고 시각장애인의 이용에 제공하기 위하여, 공표된 피아니스트의 연주 음악을 녹음하여 복제·전송하는 행위
➡ [제2조 제2항] 공표된 어문저작물의 경우에만 저작권자의 허락없이 녹음하여 복제할 수 있다.

79

정답 ② 민간경력 2020 가 11

제시문의 이해

- 제1조 : 목적
- 제2조 : 비밀의 정의
- 제3조 : 비밀 취급 인가권자
- 제4조 : 비밀 취급의 인가 및 해제 등
- 제5조 : 비밀 취급의 인가 및 신원조사

선택지 검토

① 〔X〕 비밀 취급 인가의 해제는 구술로 할 수 있다.
➡ [제4조 제4항] 비밀 취급의 인가 및 해제는 문서로 하여야 한다.

② 〔O〕 법원행정처장은 Ⅰ급비밀, Ⅱ급비밀, Ⅲ급비밀 모두에 대해 취급 인가권을 가진다.
➡ [제3조 제1항, 제2항 제1호] 법원행정처장은 Ⅰ급비밀 취급 인가권자이며, Ⅰ급비밀 취급 인가권자는 Ⅱ급비밀과 Ⅲ급비밀에 대해서도 취급 인가권을 가진다.

③ 〔X〕 비밀 취급 인가는 대상자의 직책에 따라 가능한 한 제한 없이 충분한 인원에게 하여야 한다.
➡ [제3조 제2항] 비밀 취급의 인가는 대상자의 직책에 따라 필요한 최소한의 인원으로 제한하여야 한다.

④ 〔X〕 비밀 취급 인가를 받은 자가 중대한 보안 사고를 범한 경우 고의가 없었다면 그 취급의 인가를 해제할 수 없다.
➡ [제3조 제3항 제1호] 해당 보안 사고에 대해 중대한 과실이 있는 경우에도 비밀 취급의 인가를 해제할 수 있다.

⑤ 〔X〕 비밀 취급 인가권자는 소속직원에 대해 새로 신원조사를 행하지 아니하고 Ⅰ급비밀 취급을 인가할 수 있다.
➡ [제5조 제2항 단서] Ⅰ급비밀 취급을 인가하는 때에는 새로 신원조사를 실시하여야 한다.

80

정답 ⑤ 민간경력 2020 가 12

제시문의 이해

- 제1조 : 매각이 허용되는 경우
- 제2조 : 매각이 금지되는 경우
- 제3조 : 매각 승인을 받아야 하는 경우 및 예외

선택지 검토

① 〔X〕 중앙관서의 장이 행정목적으로 사용하기 위하여 행정재산으로 사용 승인한 국유재산인 건물은 총괄청의 매각승인을 받아야 매각될 수 있다.
➡ [제2조 제1호] 해당 건물은 매각할 수 없다. 총괄청의 매각승인을 받아 매각될 수 있는 것은 지역별로 일정 면적을 초과하는 '토지'이다.(제3조 제1항)

② 〔X〕 총괄청의 매각승인 대상인 국유일반재산이더라도 그 매각방법이 지명경쟁인 경우에는 총괄청의 승인없이 매각할 수 있다.
➡ [제3조 제2항] 매각방법이 지명경쟁인 경우는 총괄청의 승인없이 매각할 수 있는 경우에 해당하지 않는다.

③ 〔X〕 법원의 확정판결로 국유일반재산의 소유권을 변경하려는 경우 총괄청의 승인을 받아야 한다.
➡ [제3조 제2항 제3호] 법원의 확정판결에 따라 소유권이 변경되는 경우에는 총괄청의 승인을 요하지 아니한다.

④ 〔X〕 광역시에 소재하는 국유일반재산인 1,500제곱미터 면적의 토지를 수의계약의 방법으로 매각하려는 경우에는 총괄청의 승인을 받아야 한다.
➡ [제3조 제1항, 제2항 제1호] 총괄청의 매각 승인 대상이지만 수의계약의 방법으로 매각하는 경우에는 총괄청의 승인을 받지 않아도 된다.

⑤ 〔O〕 행정재산의 용도로 사용하던 소유자 없는 500제곱미터 면적의 토지를 공고를 거쳐 행정재산으로 취득한 후 이를 당해 용도로 사용하지 않게 된 경우, 취득한 때로부터 10년이 경과하지 않았더라도 매각할 수 있다.
➡ [제2조 제2호 단서] 행정재산의 용도로 사용하던 소유자 없는 부동산을 행정재산으로 취득하였으나 그 행정재산을 당해 용도로 사용하지 아니하게 된 경우에는 취득한 후 10년이 지나지 않았더라도 매각할 수 있다.

81

정답 ⑤ 7급 공채 모의평가 2

선택지 검토

① 〔X〕 영화상영관 A에서 직전 연도에 연간 상영일수의 100분의 60 이상 청소년관람가 애니메이션영화를 상영한 경우 진흥기금을 징수한다.
➡ [제1조 제1항 단서, 제2조 제1호] 애니메이션영화를 연간 상영일수의 100분의 60 이상 상영한 경우에는 진흥기금을 징수하지 않는다.

② 〔X〕 영화상영관 경영자 B가 8월분 진흥기금 60만 원을 같은 해 9월 18일에 납부하는 경우, 가산금을 포함하여 총 61만 8천 원을 납부하여야 한다.
➡ [제1조 제2-3항] 다음달 20일 이전에 납부하는 것이므로 가산금 없이 60만 원만 납부하면 된다.

③ 〔X〕 관람객 C가 입장권 가액과 그 진흥기금을 합하여 영화상영관에 지불하는 금액이 12,000원이라고 할 때, 지불 금액 중 진흥기금은 600원이다.
➡ [제1조 제1항] 진흥기금은 입장권 가액의 5%이다.
즉, 『입장권 가액 + 입장권 가액 × 5%(진흥기금) = 12,000원』이므로 진흥기금은 600원보다 적다.

④ 〔X〕 연간 상영일수가 매년 200일인 영화상영관 D에서 직전 연도에 단편영화를 40일, 독립영화를 60일 상영했다면 진흥기금을 징수하지 않는다.
➡ [제1조 제1항 단서, 제2조 제1호] 단편영화와 독립영화를 합한 상영일수가 100일이어서 연간 상영일수의 50%에 해당한다. 60% 이상이 되지 못하므로 진흥기금을 징수한다.

⑤ 〔O〕 영화상영관 경영자 E가 7월분 진흥기금과 그 가산금을 합한 금액인 103만 원을 같은 해 8월 30일에 납부한 경우, 위원회는 E에게 최대 3만 원의 수수료를 지급할 수 있다.
➡ [제1조 제3항, 제4항] 이 경우 진흥기금은 100만 원이다. 수수료의 최고액은 진흥기금 징수액의 3%이므로, 최대 3만 원의 수수료를 지급할 수 있다.

82

정답 ① 민간경력 2021 나 1

제시문의 이해

- 제1항 : 가족돌봄휴직 (원칙 : 허용 의무 / 예외 : 불허 가능)
- 제2항 : 가족돌봄휴가 (원칙 : 허용 의무 / 예외 : 시기 변경 가능)
- 제3항 : 가족돌봄휴직 불허 시 서면 통보 의무
- 제4항 : 가족돌봄휴직 및 가족돌봄휴가의 기간

선택지 검토

① 〔O〕 조부모와 부모를 함께 모시고 사는 근로자가 조부모의 질병을 이유로 가족돌봄휴직을 신청한 경우, 사업주는 가족돌봄휴직을 허용하지 않을 수 있다.
➡ [제1항 단서] 근로자 본인 외에도 조부모의 직계비속(부모)이 있는 경우에는 가족돌봄휴직을 허용하지 않을 수 있다.

② 〔X〕 사업주는 근로자가 신청한 가족돌봄휴직을 허용하지 않는 경우, 해당 근로자에게 그 사유를 구술 또는 서면으로 통보해야 한다.
➡ [제3항] 사유의 통보 수단은 서면만 허용된다.

③ 〔X〕 정상적인 사업 운영에 중대한 지장을 초래하는 경우, 사업주는 근로자의 가족돌봄휴가 시기를 근로자와 협의 없이 변경할 수 있다.
➡ [제2항 단서] 가족돌봄휴가의 시기를 변경할 때에는 근로자와 협의를 해야 한다.

④ 〔X〕 근로자가 가족돌봄휴가를 8일 사용한 경우, 사업주는 이와 별도로 그에게 가족돌봄휴직을 연간 90일까지 허용해야 한다.
➡ [제4항 제1호, 제2호 단서] 가족돌봄휴가 기간은 가족돌봄휴직 기간에 포함되므로, 이 경우 가족돌봄휴직은 연간 82일까지 허용된다.

⑤ 〔X〕 감염병의 확산으로 심각단계의 위기경보가 발령되고 가족돌봄휴가 기간이 5일 연장된 경우, 사업주는 근로자에게 연간 20일의 가족돌봄휴가를 허용해야 한다.
➡ [제4항 제2-3호] 가족돌봄휴가 기간은 연간 최장 10일이므로, 제3호의 규정에 따라 5일이 연장되었다면 이를 포함하여 연간 15일의 가족돌봄휴가를 허용해야 한다.

83

정답 ⑤ 민간경력 2021 나 2

선택지 검토

① 〔X〕 예고편영화는 12세 이상 관람가 상영등급을 받을 수 있다.
➡ [제2항 단서] 예고편영화는 제1호(전체관람가) 또는 제4호(청소년 관람불가)로만 분류한다.

② 〔X〕 청소년 관람불가 영화의 경우, 청소년은 부모와 함께 영화관에 입장하여 관람할 수 있다.
➡ [제2항 제4호, 제5항] 청소년 관람불가 영화의 경우에는 청소년을 입장시켜서는 안 되며, 이에 대한 예외규정은 없다.

③ 〔X〕 상영등급 분류를 받지 않은 영화의 경우, 영화업자는 영화진흥위원회가 추천한 △△영화제에서 상영할 수 없다.
➡ [제1항 단서, 제2호, 제3항] 영화진흥위원회가 추천하는 영화제에서 상영하는 영화는 상영등급 분류를 받지 않아도 되며, 이는 규정 위반이 아니므로 해당 영화를 영화진흥위원회가 추천하는 영화제에서 상영할 수 있다.

④ 〔X〕 영화업자는 청소년 관람불가 예고편영화를 15세 이상 관람가 영화의 상영 직전에 상영할 수 있다.
➡ [제2항 단서] 청소년 관람불가 예고편영화는 청소년 관람불가 영화의 상영 전후에만 상영할 수 있다.

⑤ 〔O〕 영화업자는 초청한 노인을 대상으로 상영등급을 분류받지 않은 단편영화를 무료로 상영할 수 있다.
➡ [제1항 단서, 제1호] 대가를 받지 아니하고 청소년이 포함되지 아니한 특정인에 한하여 상영하는 단편영화는 상영등급 분류를 받지 않아도 상영할 수 있다.

84

정답 ① 7급 공채 2021 나 2

제시문의 이해

- 제1항 : 물품관리에 관한 사무의 위임 → 물품관리관
- 제2항 : 물품 취득
  (물품관리관, 계약담당공무원)
- 제3항 : 물품 보관
  (물품관리관)
- 제4항 : 물품 출납
  (물품관리관, 물품출납공무원)
- 제5항 : 물품 수선 및 개조
  (물품관리관, 물품출납공무원, 계약담당공무원, 관계 공무원)

선택지 검토

① 〔O〕 물품출납공무원은 물품관리관의 명령이 없으면 자신의 재량으로 물품을 출납할 수 없다.
➡ [제4조] 물품출납공무원은 제4조 제1항에 따른 물품관리관의 명령이 없으면 물품을 출납할 수 없다.

② 〔X〕 A중앙관서의 장이 그 소관 물품관리에 관한 사무를 위임하고자 할 경우, B중앙관서의 소속 공무원에게는 위임할 수 없다.
➡ [제1조 제1항] 필요하면 다른 중앙관서의 소속 공무원에게 위임할 수 있다.

③ 〔X〕 계약담당공무원은 물품을 국가의 시설에 보관하는 것이 그 사용이나 처분에 부적당하다고 인정하는 경우, 그 물품을 국가 외의 자의 시설에 보관할 수 있다.
➡ [제3조] 물품의 보관에 관한 사항은 계약담당공무원이 아니라 물품관리관이 담당한다.

④ 〔X〕 물품수급관리계획에 정해진 물품 이외의 물품이 필요한 경우, 물품관리관은 필요할 때마다 물품출납공무원에게 물품의 취득에 관한 필요한 조치를 할 것을 청구해야 한다.
➡ [제2조 제1항] 물품관리관은 물품출납공무원이 아니라 계약담당공무원에게 물품의 취득에 관한 필요한 조치를 할 것을 청구하여야 한다.

⑤ 〔X〕 물품출납공무원은 보관 중인 물품 중 수선이 필요한 물품이 있다고 인정하는 경우, 계약담당공무원에게 수선에 필요한 조치를 할 것을 청구해야 한다.
➡ [제5조 제1항] 수선에 필요한 조치를 할 것을 청구하는 주체는 물품출납공무원이 아니라 물품관리관이다.

85

정답 ⑤ 7급 공채 2021 나 3

선택지 검토

① [X] 甲이 불법검열에 의하여 취득한 乙의 우편물은 징계절차에서 증거로 사용할 수 있다.

➡ [제2조] 불법검열에 의하여 취득한 우편물은 징계절차에서 증거로 사용할 수 없다.

② [X] 甲이 乙과 정책용역을 수행하면서 乙과의 대화를 녹음한 내용은 재판에서 증거로 사용할 수 없다.

➡ [제2조] 공개되지 아니한 '타인' 상호간의 대화를 녹음한 내용은 재판에서 증거로 사용할 수 없지만, 본인의 대화를 녹음한 내용을 재판에서 증거로 사용하지 못한다는 규정은 없다.

③ [X] 甲이 乙과 丙 사이의 공개되지 않은 대화를 녹음하여 공개한 경우, 1천만 원의 벌금에 처해질 수 있다.

➡ [제2항] 이 경우에는 벌금형이 규정되어 있지 않다.

④ [X] 이동통신사업자 甲이 乙의 단말기를 개통하기 위하여 단말기기 고유번호를 제공받은 경우, 1년의 징역에 처해질 수 있다.

➡ [제3항 단서, 제4항] 이동통신사업자가 단말기의 개통처리 업무 이행을 위한 경우에는 단말기기 고유번호를 제공받을 수 있으며, 이 경우는 처벌대상이 아니다.

⑤ [O] 甲이 乙과 丙 사이의 우편물을 불법으로 검열한 경우, 2년의 징역과 3년의 자격정지에 처해질 수 있다.

➡ [제1항, 제2항 제1호] 법률에 의하지 아니하고 우편물을 검열한 경우, 1년 이상 10년 이하의 징역과 5년 이하의 자격정지에 처한다.

86

정답 ⑤ 7급 공채 2021 나 3

선택지 검토

① [O] 외부 위원의 최대 임기는 6년이다.

➡ [제3항 후단] 외부 위원의 임기는 2년으로 하되 2회에 한하여 연임할 수 있다. 따라서 외부 위원의 임기는 2년씩 세 번, 최대 6년이다.

② [O] 정보공개심의회는 최소 6명의 위원으로 구성된다.

➡ [제1항] 제1호의 규정에 따라 내부 위원의 수는 4명이다. 그리고 제2호의 규정에 따라 외부 위원의 수는 총 위원수의 1/3 이상(내부 위원 수의 1/2 이상)이어야 하므로, 외부 위원의 최소 인원수는 2명이다. 따라서 총 위원수는 최소 6명이다.

③ [O] 정보공개심의회 내부 위원이 모두 여성일 경우, 정보공개심의회는 7명의 위원으로 구성될 수 있다.

➡ [제1항 제1호, 제2항] 내부 위원 4명이 모두 여성이면 이의 1/2인 2명을 초과하는 남성위원이 있어야 한다. 따라서 남성위원 3명을 포함한 7명의 위원으로 정보공개심의회가 구성될 수 있다.

④ [X] 정보공개심의회가 8명의 위원으로 구성되면, 위원 3명의 찬성으로 의결되는 경우가 있다.

➡ [제4항] 재적위원의 2/3 이상인 최소 6명의 출석으로 개의할 수 있고, 출석 위원 6명의 2/3 이상인 최소 4명의 찬성으로 의결할 수 있다. 따라서 의결을 위해서는 최소 4명의 찬성이 필요하며, 위원 3명의 찬성으로 의결되는 경우는 없다.

⑤ [O] 위원장을 포함한 위원 5명이 직접 출석하여 이들 모두 안건에 찬성하고, 위원 2명이 부득이한 이유로 서면으로 의견을 제출한 경우, 제출된 서면 의견에 상관없이 해당 안건은 찬성으로 의결된다.

➡ [제5항, 제4항] 서면으로 의견을 제출한 경우 출석한 것으로 간주하므로, 이 경우 출석위원 수는 7명이다. 재적위원을 최대 인원수인 10명으로 가정했을 때 7명의 의원이 출석했다면 의사정족수를 충족하므로 심의회는 개의된다. 그리고 출석위원 7명의 2/3 이상인 5명이 찬성했으므로 해당 안건은 찬성으로 의결된다.

87

정답 ⑤ 7급 공채 2022 가 1

제시문의 이해

- 제1조 : 재해경감 우수기업의 정의
- 제2조 : 우수기업의 인증
- 제3조 : 재평가 및 인증의 취소

선택지 검토

① [X] 처음 우수기업 인증을 받고자 하는 甲기업이 총 예산의 4 %를 재해경감활동 비용으로 할애하였다면, 다른 모든 기준을 충족하였더라도 우수기업으로 인증받을 여지가 없다.
➡ [제2조 제2항 제3호, 제3항 단서] 우수기업 인증을 받고자 하는 기업은 재해경감활동 비용으로 총 예산의 5 % 이상 할애해야 한다. 그러나 처음 우수기업 인증을 위한 평가를 받는 경우, 해당 기준을 충족하지 못하더라도 3개월 내에 해당 기준을 충족할 것을 조건으로 인증을 받을 수 있다.

② [X] A부 장관이 乙기업을 평가하여 2022. 2. 25. 우수기업으로 인증한 경우, A부 장관은 2022. 6. 25.까지 재평가를 해야 한다.
➡ [제3조 본문] 인증받은 우수기업에 대한 재평가는 6개월마다 시행해야 한다.

③ [X] 丙기업이 우수기업 인증을 신청하는 경우, 인증에 소요되는 비용은 A부 장관이 부담한다.
➡ [제2조 제4항] 우수기업의 인증에 소요되는 비용은 신청하는 자(丙기업)가 부담한다.

④ [X] 丁기업이 재난관리 전담조직을 갖춘 것처럼 거짓으로 신청서를 작성하여 우수기업으로 인증을 받은 경우라도, A부 장관은 인증을 취소하지 않을 수 있다.
➡ [제3조 단서, 제1호] 거짓이나 그 밖의 부정한 방법으로 인증을 받은 경우, A부 장관은 의무적으로 인증을 취소하여야 한다.

⑤ [O] 우수기업인 戊기업이 己기업을 흡수합병하면서 재평가 당시 일시적으로 방재관련 인력이 총 인원의 1.5 %가 되었더라도, A부 장관은 戊기업의 인증을 취소하지 않을 수 있다.
➡ [제3조 본문, 제2호 (제2조 제2항 제4호)] 재평가 결과가 인증 평가기준에 미달되는 경우, 인증 취소 여부는 A부 장관의 재량으로 결정할 수 있으므로 A부 장관은 戊기업의 인증을 취소하지 않을 수 있다.

88

정답 ⑤ 7급 공채 2022 가 3

제시문의 이해

- 제1조 : 정비사업의 정의
- 제2조 : 정비구역의 지정
- 제3조 : 조합의 설립
- 제4조 : 준공인가 및 고시 등
- 제5조 : 정비구역 지정의 해제 등

선택지 검토

① [X] 甲특별자치시장이 직접 정비사업을 시행하려는 경우에는 토지 등 소유자로 구성된 조합을 설립해야 한다.
➡ [제3조] '시장 등이 아닌 자'가 정비사업을 시행하려는 경우에는 조합을 설립해야 하지만, '시장 등'이 직접 정비사업을 시행하는 경우에는 조합을 설립할 필요가 없다.

② [X] A도 乙군수가 직접 시행하는 정비사업에 관한 공사가 완료된 때에는 A도지사에게 준공인가신청을 해야 한다.
➡ [제2조, 제4조 제1항] 乙군수는 '시장 등'에 해당한다. 따라서 준공인가를 신청할 필요가 없다.

③ [X] 丙시장이 사업시행자 B의 정비사업에 관해 준공인가를 하면, 토지 등 소유자로 구성된 조합은 해산된다.
➡ [제4조 제3항, 제5조] 중공인가를 하고 공사완료의 고시를 하면 그 다음날 정비구역 지정이 해제되지만, 이는 조합의 존속에 영향을 주지 않는다.

④ [X] 丁시장이 사업시행자 C의 정비사업에 관해 공사완료를 고시하면, 정비구역의 지정은 고시한 날 해제된다.
➡ [제5조 제1항] 정비구역의 지정은 공사완료의 고시가 있은 날의 다음 날에 해제된다.

⑤ [O] 戊시장이 직접 시행하는 정비사업에 관한 공사가 완료된 때에는 그 완료를 戊시의 공보에 고시해야 한다.
➡ [제2조, 제4조 제4항] 戊시장은 '시장 등'에 해당하며, 시장 등이 직접 시행하는 정비사업에 관한 공사가 완료된 때에는 그 완료를 해당 지방자치단체의 공보에 고시해야 한다.

89

정답 ① 7급 공채 2022 가 4

제시문의 이해

- 제1조 : 선박의 종류
- 제2조 : 선박의 소유권 이전 및 등록
- 제3조 : 선박의 등기

선택지 검토

① 〔O〕 총톤수 80톤인 부선의 매수인 甲이 선박의 소유권을 취득하기 위해서는 매도인과 양도합의를 하고 선박을 등록해야 한다.
➡ [제1조 제2항 제2호, 제2조 제1항 단서] 총톤수 80톤인 부선은 소형선박에 해당하며, 소형선박의 소유권을 이전하려면 계약당사자가 양도합의를 하고 선박을 등록해야 한다.

② 〔X〕 총톤수 100톤인 기선의 소유자 乙이 선박의 등기를 하기 위해서는 먼저 관할 지방해양수산청장에게 선박의 등록을 신청해야 한다.
➡ [제2조 제2항 후단] 총톤수 20톤 이상인 기선의 소유자는 먼저 선박의 등기를 한 후에 선박의 등록을 신청하여야 한다.

③ 〔X〕 총톤수 60톤인 기선의 소유자 丙은 선박을 매수한 날부터 60일 이내에 해양수산부장관에게 선박의 등록을 신청해야 한다.
➡ [제2조 제2항] '해양수산부장관'이 아니라 '선적항을 관할하는 지방해양수산청장'에게 선박의 등록을 신청하여야 한다. 또한 소형선박이 아니므로 매수한 날이 아니라 취득한 날을 기준으로 해야 한다.

④ 〔X〕 총톤수 200톤인 부선의 소유자 丁이 선적항을 관할하는 등기소에 선박의 등기를 신청하면, 등기소는 丁에게 선박국적증서를 발급해야 한다.
➡ [제2조 제3항, 제3조] 등기소는 선박 등기의 업무를 하는 곳이며 선박국적증서를 발급하는 곳이 아니다. 선박국적증서의 발급 주체는 '등기소'가 아니라 '지방해양수산청장'이다.

⑤ 〔X〕 총톤수 20톤 미만인 범선의 매수인 戊가 선박의 등록을 신청하면, 관할 법원은 이를 선박원부에 등록하고 戊에게 선박국적증서를 발급해야 한다.
➡ [제2조 제3항] 선박을 선박원부에 등록하고 선박국적증서를 발급하는 주체는 '관할 법원'이 아니라 '지방해양수산청장'이다.

90

정답 ① 5급 공채 2022 나 1

선택지 검토

① 〔O〕 의사자 甲에게 배우자와 자녀가 있는 경우, 보상금은 전액 배우자에게 지급된다.
➡ [제2조 제3항 제2호] 배우자와 자녀 중 1순위 유족인 배우자에게 보상금이 전액 지급된다.

② 〔X〕 지방자치단체는 의상자 乙에게 서훈을 수여하거나 동상을 설치하는 기념사업을 수행할 수 있다.
➡ [제2조 제1-2항] 서훈은 '국가'가 수여하는 것이다. 지방자치단체는 동상을 설치하는 기념사업을 수행할 수는 있지만 서훈을 수여할 수는 없다. 또한 동상을 설치하는 기념사업은 의사자를 대상으로 하는 것이며 의상자를 대상으로 하는 것이 아니다.

③ 〔X〕 소방관 丙이 화재 현장에 출동하여 화재를 진압하던 중 부상을 입은 경우, 丙은 의상자로 인정될 수 있다.
➡ [제1조 제3항] 직무 외의 행위로서 구조행위를 하다가 신체상의 부상을 입은 경우에만 의상자로 인정될 수 있다. 소방관이 화재 현장에서 부상을 입은 것은 직무 수행 중에 일어난 일이므로 丙은 의상자로 인정될 수 없다.

④ 〔X〕 물놀이를 하던 丁이 물에 빠진 애완동물을 구조하던 중 부상을 입은 경우, 丁은 의상자로 인정될 수 있다.
➡ [제1조 제1항 제4호] 다른 '사람'의 생명·신체를 구하다가 부상을 입은 경우에만 의상자로 인정될 수 있다.

⑤ 〔X〕 운전자 戊가 자신이 일으킨 교통사고의 피해자를 구조하던 중 다른 차량에 치여 부상당한 경우, 戊는 의상자로 인정될 수 있다.
➡ [제1조 제1항 단서] 자신의 행위로 인하여 위해에 처한 사람에 대한 구조행위는 의상자 인정 요건인 구조행위가 아니다.

91

정답 ④ 5급 공채 2022 나 2

선택지 검토

① [X] A의 직계혈족인 B가 A의 기본증명서 교부를 청구할 때에는 A의 위임을 받아야 한다.

➡ [제1항] 직계혈족은 가족관계등록부의 기록사항에 관하여 발급할 수 있는 증명서(기본 증명서 포함)의 교부를 위임 없이 직접 청구할 수 있다. 대리인이 청구하는 경우에만 위임이 필요하다.

② [X] 본인의 입양관계증명서 교부를 청구한 C는 수수료와 우송료를 일괄 납부하여야 한다.

➡ [제3항] '송부'가 아닌 '교부'만 청구하는 경우에는 우송료를 납부할 필요가 없다.

③ [X] 지방자치단체는 직무상 필요에 따라 구두로 지역주민 D의 가족관계증명서 교부를 신청할 수 있다.

➡ [제1항 제1호] 지방자치단체가 직무상 필요에 따라 가족관계증명서 교부를 신청할 때에는 문서로 신청해야 한다.

④ [O] E의 자녀 F는 E의 혼인관계증명서의 기록사항에 대해 전자적 방법에 의한 열람을 청구할 수 있다.

➡ [제4항, 제1항] 자녀는 가족관계등록부의 기록사항 전부 또는 일부에 대하여 전자적 방법에 의한 열람을 청구할 수 있으며, 혼인관계증명서는 가족관계등록부의 기록사항이 담겨 있는 증명서에 해당한다.

⑤ [X] 미성년자 G는 본인의 친양자입양관계증명서의 기록사항에 대해 전자적 방법에 의한 열람을 청구할 수 있다.

➡ [제4항 단서] 친양자입양관계증명서의 기록사항에 대하여는 친양자가 성년이 된 이후에만 열람을 청구할 수 있다.

92

정답 ③ 5급 공채 2022 나 24

제시문의 이해

- 제1항 : (일반) 입찰공고 기간
- 제2항 : '공사' 입찰공고의 기간 (현장설명을 하는 경우)
- 제3항 : '공사' 입찰공고의 기간 (현장설명을 하자 않는 경우)
- 제4항 : 제1 ~ 3항의 예외
- 제5항 : 협상에 의해 계약을 체결하는 경우의 입찰공고 기간

선택지 검토

① [X] A부서는 건물 청소 용역업체 교체를 위해 제출마감일을 2021. 4. 1.로 정하고 2021. 3. 26. 공고를 하였다.

➡ [제1항] 입찰서 제출마감일의 전일부터 기산(起算)하여 7일 전에 공고하여야 한다.

3. 25.	3. 26.	3. 27.	3. 28.	3. 29.	3. 30.	3. 31.	4. 1.
공고	-	-	-	-	-	전일	제출 마감일
7	6	5	4	3	2	1	-

② [X] B부서는 입찰참가자격을 사전에 심사하고 현장설명을 실시하는 신청사 건설공사 입찰가격을 30억 원에 진행하고자, 현장설명일을 2021. 4. 1.로 정하고 2021. 3. 15. 공고를 하였다.

➡ [제2항 단서] 현장설명일의 전일부터 기산하여 30일 전에 공고하여야 한다.

3. 2.	3. 3.	3. 4.	…	3. 29.	3. 30.	3. 31.	4. 1.
공고						전일	현장 설명일
30	29	28		3	2	1	-

③ [O] C부서는 협상에 의해 헬기도입에 관한 계약을 체결하려고 하였는데, 다른 국가사업과 연계되어 일정조정이 불가피하게 되자 제출마감일을 2021. 4. 1.로 정하고 2021. 3. 19. 공고를 하였다.

➡ [제5항 제1호, 제4항 제2호] 제4항 제2호에 해당하는 경우이므로 제안서 제출마감일의 전일부터 기산하여 10일 전까지 공고할 수 있다.

※ '10일 전에'가 아니고 '10일 전까지'이므로 10일 전보다 더 이른 시점이어도 상관없다.

→ 늦어도 3. 22.까지 공고하여야 한다.

3. 22.	3. 23.	3. 24.	…	3. 29.	3. 30.	3. 31.	4. 1.
공고						전일	제출 마감일
10	9	8		3	2	1	-

④ [X] D부서는 협상에 의해 다른 국가사업과 관계없는 계약을 체결하고자, 제출마감일을 2021. 4. 1.로 정하고 2021. 3. 26. 공고를 하였다.

➡ [제5항 본문] 제안서 제출마감일의 전일부터 기산하여 40일 전에 공고하여야 한다.

2. 20.	2. 21.	2. 22.	…	3. 29.	3. 30.	3. 31.	4. 1.
공고						전일	제출 마감일
40	39	38		3	2	1	-

⑤ [X] E부서는 현장설명 없이 5억 원에 주차장 공사를 입찰하고자 2021. 4. 1.을 제출마감일로 하여 공고하였으나, 입찰자가 1개 회사밖에 없어 제출마감일을 2021. 4. 9.로 다시 정하고 2021. 4. 5. 재공고하였다.

➡ [제4항 제1호] 재공고입찰의 경우 입찰서 제출마감일의 전일부터 기산하여 5일 전까지 공고할 수 있다.

→ 늦어도 4. 4.까지 공고하여야 한다.

4. 4.	4. 5.	4. 6.	4. 7.	4. 8.	4. 9.
재공고	-	-	-	전일	제출 마감일
5	4	3	2	1	-

93

정답 ⑤ 5급 공채 2023 가 1

제시문의 이해

- 제1조 : 동물학대 금지
- 제2조 : 동물보호센터의 설치, 지정 등
  제1-2항 : 동물보호센터의 설치 및 지원
  제3-4항 : 동물보호센터의 지정, 지원 및 신청
  제5항 : 지정의 취소
  제5항 : 지정 금지

선택지 검토

① 〔X〕 A부장관은 지방자치단체의 장이 지정한 동물보호센터에 보호비용의 일부를 지원하여야 한다.
➡ [제2조 제3항] 보호비용의 지원은 의무사항이 아니며, 지방자치단체의 장이 지정한 동물보호센터에 대한 보호비용의 지원은 지방자치단체의 장이 한다.

② 〔X〕 지정된 동물보호센터가 동물을 학대한 사실이 확인된 경우, 지방자치단체의 장은 그 지정을 취소하여야 한다.
➡ [제1조, 제2조 제5항 제3호] 동물을 학대한 사실이 확인된 경우, 지방자치단체의 장은 동물보호센터의 지정을 취소할 수 있지만, 이는 의무사항이 아니다.

③ 〔X〕 동물보호센터로 지정받고자 하는 기관은 지방자치단체의 장이 정하는 바에 따라 A부장관에게 신청하여야 한다.
➡ [제2조 제4항] 동물보호센터로 지정받고자 하는 경우에는 A부장관이 정하는 바에 따라 지방자치단체의 장에게 신청하여야 한다.

④ 〔X〕 부정한 방법으로 동물보호센터 지정을 받아 그 지정이 취소된 기관은 지정이 취소된 날부터 2년이 지나야 다시 동물보호센터로 지정받을 수 있다.
➡ [제2조 제5항 제1호, 제6항] 제5항 제1호(부정한 방법으로 지정을 받은 경우)에 따라 지정이 취소된 기관은 지정이 취소된 날부터 1년이 지나면 다시 동물보호센터로 지정받을 수 있다.

⑤ 〔O〕 지정된 동물보호센터가 보호비용을 거짓으로 청구한 경우라도 지방자치단체의 장은 그 지정을 취소해야 하는 것은 아니다.
➡ [제2조 제5항 제4호] 보호비용을 거짓으로 청구한 경우, 지방자치단체의 장은 그 지정을 취소할 수 있다. 다만, 이는 의무사항이 아니므로 반드시 그 지정을 취소해야 하는 것은 아니다.

94

정답 ④ 5급 공채 2023 가 2

제시문의 이해

- 제1조 : 소하천 점용·사용의 허가 및 통보
- 제2조 : 원상회복 의무
- 제3조 : 점용료·채취료 등의 징수
  제1항 : 점용료, 채취료
  제2항 : 변상금
  제3항 : 수수료
  제4항 : 점용료, 채취료, 수수료의 감면

선택지 검토

① 〔X〕 관리청은 소하천에서의 토석 채취를 허가한 경우, 그 내용을 A부장관에게 통보하여야 한다.
➡ [제1조 제1항 제3호, 제2항] 토석 채취의 허가는 제1항 제3호에 해당한다. A부장관에게 통보해야 하는 것은 제1항 제1호(유수의 점용)을 허가한 경우이므로 옳지 않다.

② 〔X〕 관리청이 소하천에서의 인공구조물 신축 허가를 받은 자에게 원상회복 의무를 면제한 경우, 해당 인공구조물은 그 허가를 받은 자에게 귀속된다.
➡ [제2조 제2항] 관리청이 원상회복 의무를 면제한 경우, 인공구조물은 해당 지방자치단체에 귀속된다.

③ 〔X〕 소하천 점용 · 사용 허가에 따른 점용료 등과 수수료의 각 감면 비율은 해당 지방자치단체의 조례로 정한다.
➡ [제3조 제4항] 점용료 등의 감면 비율은 대통령령으로 정하고, 수수료의 감면 비율은 해당 지방자치단체의 조례로 정한다.

④ 〔O〕 소하천 점용 · 사용 허가를 하는 경우에 재해로 인하여 본래의 점용 목적을 달성할 수 없는 때에는 관리청은 점용료 등을 감면할 수 있다.
➡ [제3조 제4항 제2호] 관리청은 소하천 점용 · 사용 허가를 하는 경우로서 재해로 인하여 본래의 점용 목적을 달성할 수 없는 때에는 점용료 등을 감면할 수 있다.

⑤ 〔X〕 공공용 사업을 위해 소하천 점용 · 사용 허가를 받지 않고 소하천을 점용한 경우, 관리청은 변상금을 감면할 수 있다.
➡ [제3조 제1항, 제2항, 제4항] 관리청이 감면할 수 있는 것은 점용료, 채취료 그리고 수수료이며, 변상금은 감면의 대상이 아니다.

95

정답 ④ 5급 공채 2023 가 3

제시문의 이해

- 제1조 : 정의 - 인공우주물체, 우주발사체
- 제2조 : 인공우주물체의 국내 등록
  - 제1-2항 : 예비등록
  - 제3항 : 등록

선택지 검토

① 〔X〕 대한민국 국민이 우주발사체를 발사하려는 경우, 과학기술정보통신부장관에게 그 발사체를 예비등록하여야 한다.

➡ [제2조 제1항] 우주발사체는 예비등록의 대상에서 제외된다.

② 〔X〕 대한민국 국민이 아닌 자가 대한민국 정부 소유의 우주발사체를 이용하여 국내에서 인공위성을 발사하려는 경우, 그 위성을 예비등록할 필요가 없다.

➡ [제2조 제1항 제2호] 대한민국 국민이 아닌 자가 대한민국 영역 또는 대한민국의 관할권이 미치는 지역에서 인공우주물체(인공위성)를 발사하려는 경우에는 예비등록을 해야 한다.

③ 〔X〕 우주선을 발사하려는 자는 그 사용 목적에 관한 사항이 포함된 발사계획서를 첨부하여 발사 예정일부터 9개월 전까지 예비등록하여야 한다.

➡ [제2조 제1항] 발사 예정일부터 180일 전까지 예비등록을 하여야 한다.

④ 〔O〕 국제 협약에 따라 발사국 정부와 합의하여 외국에 등록한 인공위성의 경우, 위성궤도에 진입한 날부터 90일이 경과했더라도 과학기술정보통신부장관에게 그 위성을 등록하지 않아도 된다.

➡ [제2조 제3항 단서] 국제 협약에 따라 발사국 정부와 합의하여 외국에 등록한 인공우주물체는 등록하지 않아도 된다.

⑤ 〔X〕 인공위성을 예비등록한 자가 그 위성을 발사한 경우, 발사한 날부터 90일 이내에 과학기술정보통신부장관에게 인공위성을 등록하여야 한다.

➡ [제2조 제4항] 90일을 계산하는 기준일은 '발사한 날'이 아니고, 인공위성이 '궤도에 진입한 날'이다.

96

정답 ⑤ 5급 공채 2023 가 21

선택지 검토

① 〔X〕 출판사가 사회복지시설에 판매할 목적으로 간행물을 발행할 때에는 정가를 표시할 필요가 없다.

➡ [제1항, 제5항] 판매를 목적으로 간행물을 발행할 때에는 예외 없이 정가를 표시하여야 한다. 사회복지시설에 판매할 때에는 가격할인 등과 관련된 제한이 적용되지 않을 뿐, 정가 표시에 대해서는 원칙이 그대로 적용된다.

② 〔X〕 전자출판물을 판매하는 자는 서지정보에 정가가 명기되어 있다면, 판매사이트에는 할인된 가격만 표시해도 된다.

➡ [제2항] 전자출판물을 판매하는 자는 서지정보에 명기된 정가를 판매사이트에도 표시하여야 한다.

③ 〔X〕 간행물을 판매하는 자는 저작권자에게 간행물을 정가의 20퍼센트 할인한 가격으로 판매할 수 없다.

➡ [제5항 제2호] 간행물을 저작권자에게 판매하는 경우에는 가격할인에 대한 제한이 적용되지 않는다.

④ 〔X〕 간행물을 판매하는 자가 간행물을 할인하여 판매할 경우, 가격할인은 정가의 15퍼센트로 한다.

➡ [제4항 후단] 가격할인은 정가의 10퍼센트 이내로만 할 수 있다.

⑤ 〔O〕 간행물을 판매하는 자는 독서 진흥을 위하여 정가 20,000원인 간행물을 19,000원에 판매하고 이에 부수하여 2,000원 상당의 물품을 제공할 수 있다.

➡ [제4항, 제6항 제1호] 5 %의 가격할인과 10 % 상당의 경제상 이익을 함께 제공하는 것은 허용된다.

97

정답 ② 5급 공채 2023 가 22

제시문의 이해

- 제1조 : 정의 - 건강검사, 학교, 관할청
- 제2조 : 건강검사, 정신건강 상태 검사
- 제3조 : 등교 중지

선택지 검토

① 〔X〕 건강검사와 관련하여 국·공립 중학교의 관할청은 교육부장관이다.
➡ [제1조 제3호 나목] 공립 중학교의 관할청은 교육감이다.

② 〔O〕 학생의 정신건강 상태 검사를 실시하는 경우, 학교의 장은 필요한 때에는 학부모의 동의 없이 이를 실시할 수 있다.
➡ [제2조 제3항] 학교의 장은 정신건강 상태 검사를 실시할 때 필요한 경우에는 학부모의 동의 없이 실시할 수 있다.

③ 〔X〕 교육부장관이 사립대학 교직원의 등교 중지를 명하는 경우, 관할 교육감을 경유하여야 한다.
➡ [제3조 제1항 후단, 제1조 제3호 다목] 사립대학의 관할청은 교육부장관이므로, 교육부장관이 직접 등교 중지를 명하면 된다.

④ 〔X〕 학교의 장은 천재지변이 발생한 경우, 건강검사를 다음 학년도로 연기하거나 생략하여야 한다.
➡ [제2조 제2항] 학교의 장은 천재지변이 발생한 경우 관할청의 승인을 받아 건강검사를 연기하거나 건강검사의 전부 또는 일부를 생략할 수 있으며, 이것은 의무사항이 아니다.

⑤ 〔X〕 감염병으로 인해 주의 이상의 위기경보가 발령되는 경우, 질병관리청장은 학교의 장에게 학생 또는 교직원에 대한 등교 중지를 명할 수 있다.
➡ [제3조 제1항] 등교 중지를 명하는 주체는 교육부장관이다.

98

정답 ④ 5급 공채 2023 가 23

제시문의 이해

- 제1조 : 지방전문경력관직위 지정
- 제2조 : 직위군 구분 - 가군, 나군, 다군
- 제3조 : 시험실시기관
- 제4조 : 임용시험 공고 (예외)
- 제5조 : 임용시험의 방법 - 서면심사, 필기시험, 실기시험, 면접시험
- 제6조 : 시보임용

선택지 검토

① 〔O〕 甲도지사가 지방전문경력관직위를 지정할 때에는 가군, 나군, 다군 중 어느 하나에 배정해야 한다.
➡ [제2조] 지방자치단체의 장이 지방전문경력관직위를 지정할 때에는 해당 지방전문경력관직위를 가군, 나군, 다군 중 어느 하나에 배정하여야 한다.

② 〔O〕 乙교육감은 해당 기관 내 장기 재직이 필요한 특수 업무 분야의 직위를 지방전문경력관직위로 지정할 수 있다.
➡ [제1조] 지방전문경력관직위를 지정할 수 있는 지방자치단체의 장에는 교육감이 포함되며, 장기 재직이 필요한 특수 업무 분야의 직위는 지방전문경력관직위로 지정할 수 있다.

③ 〔O〕 丙이 지방전문경력관으로 신규임용될 경우, 시보임용 기간은 해당 직위군에 따라 다를 수 있다.
➡ [제6조] 시보임용 기간은 가군이 1년, 나군 및 다군이 각각 6개월로 다르다.

④ 〔X〕 임용시험을 실시하는 경우, 그 실시에 비용이 지나치게 많이 든다면 임용권자는 면접시험을 통한 검정 없이 지방전문경력관을 임용할 수 있다.
➡ [제5조] 필기시험과 실기시험은 실시하지 않을 수 있지만 면접시험은 반드시 실시하여야 한다.

⑤ 〔O〕 외국인을 지방전문경력관으로 임용하는 경우, 불가피한 사유가 있는 때에는 임용시험 공고를 하지 아니할 수 있다.
➡ [제4조 제2호] 외국인을 임용하는 경우로서 불가피한 사유가 있는 경우에는 지방전문경력관 임용시험 공고를 하지 아니할 수 있다.

99

정답 ① 5급 공채 2024 나 1

제시문의 이해

- 제1조 : 공공데이터의 제공 및 이용 활성화에 관한 기본계획
  제1항 : 기본계획의 수립 의무
  제2항 : 기본계획의 수립 및 공공데이터전략위원회의 심의·의결
  제3항 : 부문계획의 작성지침 마련 및 공공기관 자료 제출 요구
- 제2조 : 공공데이터의 제공 및 이용 활성화에 관한 시행계획
  제1항 : 시행계획의 수립 의무
  제2항 : 시행계획의 수립 및 공공데이터전략위원회의 심의·의결
- 제3조 : 공공데이터의 제공 운영실태 평가
  제1항 : 행정안전부장관의 공공데이터의 제공 운영실태 평가 의무
  제2항 : 행정안전부장관의 보고 및 통보 의무. 시정요구 등.
  제3항 : 포상

선택지 검토

①〔O〕행정안전부장관은 기본계획의 작성을 위해 필요한 경우, 관련 자료의 제출을 공공기관의 장에게 요청할 수 있다.
➡ [제1조 제3항] 행정안전부장관은 기본계획의 작성을 위하여 필요한 경우 공공기관의 장에게 관련 자료의 제출을 요청할 수 있다.

②〔X〕지방자치단체의 장은 시행계획 중 중요한 사항을 변경하는 경우, 공공데이터전략위원회의 심의를 생략하고 이를 시행할 수 있다.
➡ [제2조 제2항] 지방자치단체의 장은 시행계획 중 중요한 사항을 변경하는 경우에도 전략위원회의 심의 · 의결을 거쳐야 한다.

③〔X〕행정안전부장관은 헌법재판소를 대상으로 공공데이터의 제공 운영실태를 평가하여야 한다.
➡ [제3조 제1항] 헌법재판소는 행정안전부장관의 운영실태 평가대상에서 제외된다.

④〔X〕공공데이터전략위원회는 공공데이터의 제공 운영실태 평가결과를 행정안전부장관에게 보고하여야 한다.
➡ [제3조 제2항] 행정안전부장관은 운영실태 평가결과를 전략위원회에 보고하여야 한다.(주체와 객체가 바뀌어 있다)

⑤〔X〕공공데이터의 제공 운영실태 평가에 따른 포상 대상은 공무원에 한한다.
➡ [제3조 제3항] 공무원뿐만 아니라 공공기관 또는 공공기관의 임직원도 공공데이터의 제공 운영실태 평가에 따른 포상 대상이다.

100

정답 ⑤ 5급 공채 2024 나 2

제시문의 이해

- 제1조 : 문화관광형시장의 지정 · 육성
  제1항 : 시장·군수·구청장의 지정, 시·도지사의 승인
  제2항 : 지정 내용과 육성계획의 제출
  제3항 : 정부·지방자치단체의 지원
- 제2조 : 문화관광형시장 지정의 해제
  제1항 : 시·도지사의 지정 해제
  제2항 : 의견진술의 기회 부여
  제3항 : 지정 해제 시 내용 통보

선택지 검토

①〔X〕시·도지사는 개별 상인의 신청에 따라 문화관광형시장을 지정할 수 있다.
➡ [제1조 제1항] 문화관광형시장의 지정권자는 시·도지사가 아니라 시장·군수·구청장이다. 또한 개별 상인의 신청은 받지 않고 상인조직을 대표하는 자의 신청을 받는다.

②〔X〕문화관광형시장의 지정을 해제한 때에는 시·도지사가 그 내용을 중소벤처기업부장관에게 통보할 필요가 없다.
➡ [제2조 제3항] 문화관광형시장의 지정을 해제한 때에는 시·도지사는 그 내용을 중소벤처기업부장관에게도 통보하여야 한다.

③〔X〕시·도지사는 문화관광형시장의 지정 해제를 함에 있어 이해관계인에게 의견진술의 기회를 줄 필요는 없다.
➡ [제2조 제2항] 시·도지사는 문화관광형시장의 지정을 해제하려는 경우에는 시장·군수·구청장뿐만 아니라 이해관계인에게도 의견진술의 기회를 주어야 한다.

④〔X〕지방자치단체는 지정된 문화관광형시장을 육성하기 위해 지역특산품의 개발과 판매시설 설치를 지원할 수 있지만, 기념품 개발과 판매시설 설치는 지원할 수 없다.
➡ [제1조 제3항 제2호] 기념품의 개발과 판매시설 설치도 지원할 수 있다.

⑤〔O〕시장·군수·구청장이 문화관광형시장을 지정한 날부터 3개월 이내에 그 지정 내용과 육성계획을 제출하지 않은 경우, 시 · 도지사는 그 지정을 해제할 수 있다.
➡ [제2조 제1항 제1호, 제1조 제2항] 문화관광형시장을 지정한 날부터 3개월 이내에 그 지정 내용과 육성계획이 제출되지 아니한 경우, 시 · 도지사는 그 지정을 해제할 수 있다.

101

정답 ⑤ 5급 공채 2024 나 3

제시문의 이해

- 제1조 : 기상청장의 관측 결과 통보 (재량)
- 제2조 : 지진조기경보체제 구축 · 운영 (의무) 및 지진조기경보 발령 (의무)
- 제3조 : 기상청 외의 자에 의한 관측 결과 발표 제한 및 기상청장의 승인

선택지 검토

① 〔X〕 기상청장은 국내외에서 발생하는 모든 자연지진에 대한 관측 결과를 관계 기관과 국민에게 알려야 한다.

➡ [제1조] 기상청장은 국내외에서 발생하는 '주요' 자연지진에 대한 관측 결과를 관계 기관과 국민에게 알릴 수 있다. '모든' 자연지진에 대한 관측 결과를 알려야 하는 것은 아니며, 통보가 의무사항인 것도 아니다.

② 〔X〕 지진조기경보는 지진의 발생이 예상되는 즉시 발령되어야 한다.

➡ [제2조 제2항] 지진조기경보는 지진이 발생한 즉시 발령하는 것이다.

③ 〔X〕 기상청장은 화산에 대한 관측 결과를 학문연구를 위해 발표할 수 없다.

➡ [제3조 제1항] '기상청장'이 화산에 대한 관측 결과를 발표하는 데에는 제약사항이 없다.

④ 〔X〕 핵실험으로 인해 발생한 인공지진에 대한 관측 결과를 기상청장 외의 자가 발표하려는 경우, 기상청장의 승인은 필요 없다.

➡ [제3조 제1항 제1호, 제2항] 인공지진에 대한 관측 결과를 기상청장 외의 자가 발표하는 것은 허용되지만, 이 경우 기상청장의 승인을 받아야 한다.

⑤ 〔O〕 국외에서 규모 6.0으로 예상되는 지진이 발생하였으나 그 지진이 국내에 영향을 미치지 않을 것으로 예상된다면, 기상청장은 즉시 지진조기경보를 발령하지 않아도 된다.

➡ [제2조 제2항] 해당 지진이 국내에 상당한 영향을 미칠 것으로 예상된다면 발생 즉시 지진조기경보를 발령해야 하지만, 국내에 영향을 미치지 않을 것으로 예상된다면 지진조기경보를 발령하지 않아도 된다.

102

정답 ⑤ 5급 공채 2024 나 4

제시문의 이해

- 제1조 : 헌혈증서의 발급 및 수혈비용의 보상
  - 제1항 : 헌혈증서 발급
  - 제2항 : 헌혈증서를 제출 시 혈액제제 무상 수혈
  - 제3항 : 수혈비용 보상
- 제2조 : 헌혈환급예치금 및 헌혈환급적립금
  - 제1항 : 헌혈환급예치금 납부
  - 제2항 : 헌혈환급적립금 조성 · 관리
  - 제3항 : 헌혈환급적립금의 용도
- 제3조 : 특정수혈부작용 및 채혈부작용의 보상
  - 제1항 : 특정수혈부작용 및 채혈부작용의 보상
  - 제2항 : 채혈부작용의 보상의 예외

선택지 검토

① 〔X〕 헌혈증서를 제출함으로써 무상으로 혈액제제를 수혈받을 수 있는 사람은 헌혈자에 한한다.

➡ [제1조 제2항] '헌혈증서를 양도받은 사람'도 헌혈증서를 제출하면 무상으로 혈액제제를 수혈받을 수 있다.

② 〔X〕 혈액원은 헌혈이 직접적인 원인이 되어 사망한 자에 대하여 헌혈환급적립금에서 보상금을 지급하여야 한다.

➡ [제2조 제3항, 제3조 제1항 제2호] 헌혈이 직접적인 원인이 되어 사망한 자는 보상금 지급대상이지만, 해당 보상금은 헌혈환급적립금에서 지급하는 것이 아니다. 헌혈환급적립금의 사용용도에 '보상금의 지급'은 규정되어 있지 않다.

③ 〔X〕 보건복지부장관은 혈액원으로부터 적립받은 헌혈환급적립금으로 헌혈환급예치금을 조성 · 관리하여야 한다.

➡ [제2조 제2항] 헌혈환급적립금으로 헌혈환급예치금을 조성 · 관리하는 것이 아니라, 헌혈환급예치금으로 헌혈환급적립금을 조성 · 관리하는 것이다.

④ 〔X〕 혈액원이 공급한 혈액이 직접적인 원인이 되어 질병이 발생한 특정수혈부작용자가 손해배상청구소송을 제기한 경우, 혈액원의 보상금 지급대상에서 제외된다.

➡ [제3조 제2항 제2호] 손해배상청구소송을 제기하여 보상금 지급대상에서 제외되는 사람은 채혈부작용자이다. 특정수혈부작용자에게는 해당 규정이 적용되지 않는다.

⑤ 〔O〕 의료기관이 헌혈증서를 제출한 헌혈자에게 무상으로 혈액제제를 수혈한 경우, 해당 의료기관은 보건복지부장관으로부터 그 비용을 보상받을 수 있다.

➡ [재1조 제2-3항] 의료기관이 헌혈증서를 제출한 헌혈자에게 무상으로 혈액제제를 수혈하면, 보건복지부장관은 그 비용을 해당 의료기관에 보상하여야 한다.

103

정답 ③ 5급 공채 2024 나 5

제시문의 이해

- 제1조 : 건축물에 대한 미술작품의 설치 등
  - 제1항 : 건축주의 미술작품 설치 의무
  - 제2항 : 시·도지사의 미술작품 감정·평가
  - 제3항 : 미술작품 설치대상 건축물
  - 제4항 : 미술작품 설치비용
- 제2조 : 문화예술기금 출연 등
  - 제1항 : 미술작품 설치를 대신하여 문화예술기금에 출연
  - 제2항 : 출연 금액
  - 제3항 : 미술작품 변경 설치 또는 문화예술기금 출연

선택지 검토

① (X) A지방자치단체가 건축비용 30억 원으로 연면적 1만 5천 제곱미터의 공연장을 건립하려는 경우, 미술작품 설치에 1천 5백만 원을 사용하여야 한다.

➡ [제1조 제4항 제3호] 지방자치단체가 건축주인 경우 건축비용의 1%를 미술작품의 설치에 사용해야 하므로, 미술작품 설치비용은 3천만 원이다.

② (X) B지방자치단체가 건축비용 25억 원으로 연면적 1만 제곱미터 이상의 업무시설을 건립하려는 경우, 미술작품을 설치하는 대신에 1,750만 원을 문화예술진흥기금에 출연하여도 된다.

➡ [제2조 제1항] 지방자치단체는 미술작품의 설치를 문화예술기금 출연으로 대신할 수 없다.

③ (O) C회사가 건축비용 10억 원으로 기존 연면적 7천 제곱미터의 업무시설을 전체 연면적 1만 2천 제곱미터의 업무시설로 증축하려는 경우, 미술작품을 설치할 필요가 없다.

➡ [제1조 제3항] 증축하는 경우에는 '증축되는 부분의 연면적'이 1만 제곱미터 이상인 경우에만 미술작품을 설치해야 한다. 이 경우 증축되는 부분의 연면적이 5천 제곱미터이므로 미술작품을 설치할 필요가 없다.

④ (X) D대학교가 건축비용 20억 원으로 연면적 1만 제곱미터의 기숙사를 건립하려는 경우, 미술작품의 설치에 200만 원을 사용하여야 한다.

➡ [제1조 제3항 제1호] 기숙사에는 미술작품을 설치할 필요가 없다.

⑤ (X) E회사가 건축비용 40억 원으로 연면적 1만 제곱미터의 집회장을 건립하면서 2천만 원의 미술작품을 설치하기로 한 후, 설계변경으로 건축비용이 45억 원으로 늘어났다면 2천만 원을 문화예술진흥기금에 출연하여야 한다.

➡ [제1조 제4항 제2호, 제2조 제3항] 이 경우 2천 2백만 5십만 원의 미술작품으로 변경하여 설치하거나, 차액인 2백 5십만 원을 문화예술진흥기금에 출연하는 것으로 미술작품을 변경하여 설치하는 것을 갈음할 수 있다. 문화예술진흥기금에 출연하는 것은 의무 사항이 아니며, 금액도 옳지 않다.

104

정답 ④ 5급 공채 2024 나 6

제시문의 이해

- 1문단 : 문학창작기금 지원사업
  지원대상, 창작지원금, 신청마감일, 지급일
- 2문단 : 신청 대상 상세 요건
- 3문단 : 작품집 발간 기한, 창작지원금의 반환

보기 검토

ㄱ. (X) 지원사업은 한국에서 활동 중인 한국인 작가만을 대상으로 한다.

➡ [2문단 1문장] 한국에서 활동 중이라면 국적에 관계없이 지원대상이 될 수 있다.

ㄴ. (O) 2015년 4월 16일 소설 분야 신춘문예에 당선된 이후 한국에서 활동 중인 작가는 2024년 지원사업의 소설 분야 신청 자격이 있다.

➡ [2문단 2-3문장] 신춘문예 당선일이 창작활동 시작점이고, 이를 기준으로 했을 때 3년 이상 경과되었으므로 신청 자격이 있다.

ㄷ. (X) 2020년 6월 28일 최초 공연된 작품으로 3개월 뒤 희곡 분야 신인문학상을 수상한 이후 한국에서 활동 중인 작가는 희곡 분야 2024년 지원사업 신청 자격이 없다.

➡ [2문단 3문장] 희곡 분야의 경우 최초 공연일이 창작활동 시작 시점이다. 기준이 되는 창작활동 시작 시점이 2020년 6월 28일이고 신청 마감일이 2024년 6월 30일이므로, 최초 창작활동 시작 후 3년 이상 경과한 것으로 인정되어 신청 자격이 있다.

ㄹ. (O) 2024년 지원사업에 선정된 작가가 2025년 12월 말일까지 작품집을 발간하지 않는 경우, 창작지원금이 반환처리될 수 있다.

➡ [1문단 마지막, 3문단] 창작지원금은 2025년 1월 중에 지급되고, 창작지원금을 지급받은 해(2025년)의 12월 말일까지 작품집을 발간해야 한다. 2025년 12월 말일까지 작품집 발간 실적이 없는 경우, 창작지원금이 반환처리될 수 있다.

105

정답 ③ 5급 공채 2024 나 21

제시문의 이해

- 제1조 : 용어 정의 (공연, 공연장, 연소자)
- 제2조 : 연소자의 유해 공연물 관람금지
- 제3조 : 공연장
  - 제1항 : 설치 등록
  - 제2항 : 폐업신고
  - 제3항 : 직권 말소
  - 제4-5항 : 피난안내도
- 제4조 : 벌칙
  - 제1항 : 제2조 위반
  - 제2항 : 암표 판매

선택지 검토

① 〔X〕 甲이 A도 B군에서 공연장을 설치하여 운영하려는 경우, A도지사에게 등록하여야 한다.

➡ [제3조 제1항] B군수에게 등록하여야 한다.

② 〔X〕 공연장 등록을 한 乙이 영업을 폐지한 경우 관할 시장 등에게 폐업신고를 하지 않는다면, 관할 시장 등은 그 등록사항을 직권으로 말소할 수 없다.

➡ [제3조 제3항] 영업을 폐지한 자가 폐업신고를 하지 않는 경우, 관할 시장 등은 폐업한 사실을 확인한 후 그 등록사항을 직권으로 말소할 수 있다.

③ 〔O〕 丙이 18세인 고등학생에게 약물의 남용을 자극하는 내용의 공연물을 관람시킨 경우, 丙은 3천만 원의 벌금에 처해질 수 있다.

➡ [제1조 제3호] 18세 미만이 아니더라도 고등학생이라면 '연소자'에 해당한다.
[제2조 제2호] 약물의 남용을 자극하는 내용의 공연물을 연소자에게 관람시켜서는 안 된다.
[제4조 제1항] 제2조를 위반한 사람은 3천만 원 이하의 벌금에 처해질 수 있다.

④ 〔X〕 丁이 암표상으로부터 공연장 입장권을 구매한 경우, 丁은 10만 원의 벌금에 처해질 수 있다.

➡ [제2조 제2항] 암표상(판매한 자)는 처벌하도록 규정되어 있지만, 구매한 자를 처벌하는 규정은 없다.

⑤ 〔X〕 戊가 공연장 외의 장소에서 500명의 관람자가 있을 것으로 예상되는 공연을 하는 경우, 피난안내도를 갖추어 두어야 한다.

➡ [제3조 제4-5항] 공연장 외의 장소에서 공연하는 경우에는 1천 명 이상의 관람자가 있을 것으로 예상되는 경우에만 피난안내도를 갖추어 두어야 한다.

106

정답 ① 5급 공채 2024 나 22

제시문의 이해

- 제1조 : 참전유공자 대상 및 예우
- 제2조 : 참전유공자 등록
- 제3조 : 참전명예수당

선택지 검토

① 〔O〕 65세 이상의 참전유공자가 이 법에 따른 등록을 마친 후 대한민국 국적을 상실한 경우에도 국가보훈부장관은 참전명예수당을 지급할 수 있다.

➡ [제1조 제2항, 제3조 제1항, 제3항] 이 법에 따라 등록되었으며 65세 이상인 참전유공자는 참전명예수당을 받을 수 있으며, 참전명예수당의 지급은 국가보훈부장관이 한다. 그리고 참전유공자가 국적을 상실한 경우에도 참전명예수당을 지급할 수 있다.

② 〔X〕 월남전쟁에 참전한 사실이 있다고 경찰청장이 인정한 사람은 참전유공자가 된다.

➡ [제1조 제1항 제3호] 월남전쟁에 참전한 사실의 인정은 국방부장관이 한다.

③ 〔X〕 참전명예수당은 불가피한 사유가 있는 경우, 해당 수당지급 대상자가 신청하지 않더라도 현금으로 지급한다.

➡ [제3조 제4항 단서] 불가피한 사유가 있어 참전명예수당을 현금으로 지급하려면 해당 수당지급 대상자의 신청하여야 한다.

④ 〔X〕 6·25전쟁에 참전한 군인이 전역 후에 범죄행위를 저질러 금고 이상의 형을 선고받은 경우, 참전유공자에서 제외된다.

➡ [제1조 제1항 단서] 전역 후의 범죄행위와 관련하여 참전유공자 자격을 박탈하는 규정은 제시되어 있지 않다. 6·25전쟁 참전 중 범죄행위로 인하여 금고 이상의 형을 선고받고 불명예스러운 제대를 하거나 파면된 사실이 있는 사람이 참전유공자에서 제외된다.

⑤ 〔X〕 참전유공자가 참전명예수당 지급연령이 지난 후 참전유공자 등록신청을 한 경우, 참전명예수당은 그 지급연령이 된 날이 속하는 달부터 소급하여 지급한다.

➡ [제3조 제2항 단서] 참전명예수당 지급연령이 지난 후에 등록신청을 한 경우에는 등록신청을 한 날이 속하는 달부터 참전명예수당을 지급한다.

107

정답 ⑤ 5급 공채 2024 나 23

제시문의 이해

- 제1조 : 국제선박 등록대상
- 제2조 : 국제선박 등록절차
  제1항 : ① (지방해양수산청장에게 신청하여) 선박원부에 등록 + 선박국적증서 발급
  ② 해양수산부장관에게 국제선박 등록 신청
  제2항 : 국제선박등록부에 등록 + 국제선박등록증 발급
  제3항 : 변경등록 (사유 발생 시 1개월 이내)
  제4항 : 국제선박 운항 허용지역
  • 국내항 ↔ 외국항
  • 외국항 ↔ 외국항

선택지 검토

① [X] 등록된 국제선박의 선박소유자 甲은 그 국제선박을 부산항과 인천항 간에 운항할 수 있다.
➡ [제2조 제4항] 등록된 국제선박은 국내항과 외국항 간 또는 외국항 간에만 운항하여야 한다.

② [X] 외국법에 따라 설립된 상사 법인 乙은 소유하고 있는 선박을 국제선박으로 등록할 수 있다.
➡ [제1조 제2호] '외국법'에 따라 설립된 상사 법인이 소유한 선박은 국제선박 등록의 대상이 아니다.

③ [X] 대한민국 국민 丙은 자신의 선박을 국제선박으로 등록한 후에 관할 지방해양수산청장에게 신청하여 선박국적증서를 발급받아야 한다.
➡ [제2조 제1항 후단] 순서가 옳지 않다. 선박국적증서를 먼저 발급받은 후에 국제선박으로 등록하여야 한다.

④ [X] 대한민국 국민 丁이 자신의 선박을 국제선박으로 등록신청한 경우, 해양수산부장관은 그 선박을 선박원부에 등록하고 丁에게 국제선박등록증을 발급할 수 있다.
➡ [제2조 제1항 후단] 선박을 선박원부에 등록하는 것은 장관이 아니라 지방해양수산청장의 소관 업무이다.

⑤ [O] 등록된 국제선박의 선박소유자 戊가 구조변경을 하여 등록사항이 변경된 경우, 戊는 그 사실이 발생한 날부터 1개월 이내에 해양수산부장관에게 변경등록을 신청해야 한다.
➡ [제2조 제3항] 옳다.

108

정답 ① 5급 공채 2024 나 25

제시문의 이해

- 제1조 : 어장청소 등
  제1항 : 첫 어장청소와 주기적 어장청소 의무
  제2항 : 어장청소의 주기
  제3항 : 면허 유효기간 만료 후 신규 면허 취득 시 어장청소 주기
  제4항 : 어장청소 명령, 60일 이내의 이행기간
- 제2조 : 이행강제금
  제1항 : 이행강제금의 부과
  제2항 : 1년에 2회 이내로 반복 부과 가능
  제3항 : 이행강제금 산정

선택지 검토

① [O] 유효기간이 10년인 해조류 양식업면허를 처음으로 받은 甲이 수하식(지주망식)으로 매생이를 양식하는 경우, 유효기간 동안 어장청소를 두 번은 해야 한다.
➡ [제1조 제1-2항] 면허를 받은 날부터 3개월 이내에 한 번 어장청소를 하고 그 후 5년 주기로어장청소를 해야 하므로, 10년 내에 두 번은 의무적으로 어장청소를 해야 한다.

② [X] 어류 등 양식업면허를 받은 乙이 가두리식으로 방어와 수하식(연승식)으로 우렁쉥이를 양식하는 경우, 어장청소 주기는 4년이다.
➡ [제1조 제2항 단서] 서로 다른 양식방법을 혼합하여 두 종류 이상의 수산동식물을 양식하는 경우이므로, 더 짧은 주기를 적용한다. 이 경우 어장청소 주기는 3년이다.

③ [X] 유효기간이 만료된 후 해당 어장에서 기존 면허와 동일한 신규 면허를 받은 丙은 신규 면허를 받은 날부터 3개월 이내에 어장청소를 해야 한다.
➡ [제1조 제3항] 기존 면허의 유효기간 만료 전 마지막으로 어장청소를 끝낸 날부터 정해진 주기에 따라 어장청소를 할 수 있으므로, 신규 면허를 받은 날부터 3개월 이내에 어장청소를 하지 않아도 될 수 있다.

④ [X] 6 ha 면적의 어류 등 양식업면허를 받은 丁이 지속적으로 어장청소를 하지 않을 경우, 1회 300만 원의 이행강제금이 부과된다.
➡ [제2조 제3항] 1회 부과하는 이행강제금은 250만 원을 초과할 수 없다.

⑤ [X] 2020. 12. 11. 어류 등 양식업면허를 받아 수하식(연승식)으로 미더덕을 양식하는 戊가 2024. 3. 11.까지 어장청소를 한 번밖에 하지 않는다면, 2024. 3. 12.에 이행강제금이 부과된다.
➡ [제1조 제1-2항, 제4항, 제2조 제1항] 수하식(연승식)으로 미더덕을 양식하는 경우, 어장청소 주기는 4년이다. 따라서 2020. 12. 11.부터 3개월 이내에 한 번 어장청소를 하고, 그로부터 4년 후(늦어도 2025. 3. 11.)에 어장청소를 하면 된다. 따라서 2024. 3. 11.까지는 어장청소를 한 번만 하면 된다. 또한 이행강제금은 60일 이내로 부여된 이행기간이 지난 후에 부과하는 것이지 주기가 지난 직후에 부과하는 것이 아니다.

109

정답 ② 7급 공채 2023 인 1

제시문의 이해

- 제1조 : 용어의 정의
- 제2조 : 천문역법
  - ① 그레고리력 기준, 음력 병행 사용 가능
  - ② 윤초의 발표
  - ③ 월력요항 관보 게재

선택지 검토

① [X] 그레고리력은 윤년을 제외하는 양력을 말한다.
➡ [제1조 제4호] 그레고리력은 윤년을 포함하는 양력을 말한다.

② [O] 달력 제작의 기준이 되는 자료인 월력요항에는 24절기가 표기된다.
➡ [제1조 제6호] 월력요항에는 24절기가 표기된다.

③ [X] 과학기술정보통신부장관은 세계시와 세계협정시를 고려하여 윤초를 결정한다.
➡ [제2조 제2항] 윤초는 윤초의 결정을 관장하는 국제기구가 결정·통보한다.

④ [X] 천문역법을 통해 계산되는 날짜는 음력을 사용할 수 없고, 양력인 그레고리력을 기준으로 한다.
➡ [제2조 제1항] 천문역법을 통하여 계산되는 날짜는 양력인 그레고리력을 기준으로 하되, 음력을 병행하여 사용할 수 있다.

⑤ [X] 과학기술정보통신부장관은 한국천문연구원으로부터 자료를 제출받아 매년 6월 말까지 그해의 월력요항을 작성하여 관보에 게재하여야 한다.
➡ [제2조 제3항] 작성하여 관보에 게재하는 것은 '다음 연도'의 월력요항이다.

110

정답 ① 7급 공채 2023 인 2

제시문의 이해

- 제1조 : 법 적용의 기준
  - ① 소급효 불인정 원칙
  - ② 당사자의 신청에 따른 처분에 적용하는 법령
- 제2조 : 처분의 효력
- 제3조 : 처분의 취소
  - ① 원칙 : 취소의 소급효 / 예외 : 장래를 향한 취소
  - ② 취소 시 비교·형량의 원칙 / 예외

선택지 검토

① [O] 새로운 법령등은 법령등에 특별한 규정이 있는 경우에는 그 법령등의 효력 발생 전에 종결된 법률관계에 대해 적용될 수 있다.
➡ [제1조 제1항] 법령등에 (소급효를 인정하는) 특별한 규정이 있는 경우에는 그 법령등의 효력 발생 전에 종결된 법률관계에 대해 적용될 수 있다.

② [X] 무효인 처분의 경우 그 처분의 효력이 소멸되기 전까지는 유효한 것으로 통용된다.
➡ [제2조 단서] 무효인 처분은 처음부터 그 효력이 발생하지 아니한다.

③ [X] 행정청은 부당한 처분의 일부는 소급하여 취소할 수 있으나 전부를 소급하여 취소할 수는 없다.
➡ [제3조 제1항 본문] 행정청은 위법 또는 부당한 처분의 전부를 소급하여 취소할 수 있다.

④ [X] 당사자의 신청에 따른 처분은 처분 당시의 법령등을 적용하기 곤란한 특별한 사정이 있는 경우에도 처분 당시의 법령등에 따른다.
➡ [제1조 제2항] 당사자의 신청에 따른 처분은 처분 당시의 법령등에 따르는 것이 원칙이지만, 법령등에 특별한 규정이 있거나 처분 당시의 법령등을 적용하기 곤란한 특별한 사정이 있는 경우에는 그렇지 않다.

⑤ [X] 당사자가 부정한 방법으로 자신에게 이익이 부여되는 처분을 받아 행정청이 그 처분을 취소하고자 하는 경우, 취소로 인해 당사자가 입게 될 불이익과 취소로 달성되는 공익을 비교·형량하여야 한다.
➡ [제3조 제2항 단서, 제1호] 부정한 방법으로 처분을 받은 경우에는 비교·형량을 하지 않아도 된다.

111

정답 ⑤　　7급 공채 2023 인 3

제시문의 이해

- 제1조 : 자율방범대의 조직, 자율방범대원의 위촉과 해촉
- 제2조 : 자율방법활동, 복장과 신분증
- 제3조 : 금지 및 처벌

선택지 검토

① [X] 파출소장은 자율방범대장이 추천한 사람을 자율방범대원으로 위촉할 수 있다.
➡ [제1조 제2항] 자율방범대원을 위촉하는 사람은 파출소장이 아니라 경찰서장이다.

② [X] 자율방범대원이 범죄예방을 위한 순찰을 하는 경우, 경찰과 유사한 복장을 착용할 수 있다.
➡ [제2조 제3항] 자율방범대원은 경찰과 유사한 복장을 착용해서는 안 된다.

③ [X] 자율방범대원이 영리목적으로 자율방범대의 명의를 사용한 경우, 3년 이하의 징역에 처한다.
➡ [제3조 제1항 제2호, 제2항] 영리목적으로 자율방범대의 명의를 사용하는 행위는 금지되어 있지만, 이를 위반하더라도 제2항의 처벌을 받지는 않는다.

④ [X] 자율방범대원이 청소년 선도활동을 하는 경우, 자율방범활동 중임을 표시하는 복장을 착용하면 자율방범대원의 신분을 증명하는 신분증을 소지하지 않아도 된다.
➡ [제2조 제2항] 자율방범활동을 하는 때에는 자율방범활동 중임을 표시하는 복장을 착용하고 자율방범대원의 신분을 증명하는 신분증을 소지해야 한다.

⑤ [O] 자율방범대원이 자율방범대의 명칭을 사용하여 기부금품을 모집했고 이를 이유로 파출소장이 그의 해촉을 요청한 경우, 경찰서장은 해당 자율방범대원을 해촉해야 한다.
➡ [제3조 제1항 제1호, 제1조 제3항] 금지된 행위를 하여 이 법을 위반한 경우에 해당하며, 이 경우 파출소장이 해촉을 요청하면 경찰서장은 해당 자율방범대원을 해촉해야 한다.

112

정답 ④　　7급 공채 2023 인 11

제시문의 이해

- 제1조 : 해수욕장의 구역 구분 - 물놀이구역, 수상레저구역
- 제2조 : 해수욕장의 개장기간, 개장시간
- 제3조 : 해수욕장의 관리·운영, 위탁 가능, 재위탁 금지
- 제4조 : 과태료

선택지 검토

① [X] 관리청은 해수욕장의 효율적인 관리 · 운영을 위하여 필요한 경우, 관할 해수욕장 관리·운영업무의 전부를 위탁할 수 있다.
➡ [제3조 제2항] 관리 · 운영업무의 '일부'를 위탁할 수 있다.

② [X] 관리청은 해수욕장을 운영함에 있어 그 효율성이 떨어진다고 판단하더라도 물놀이구역과 수상레저구역을 구분하여 관리·운영하여야 한다.
➡ [제1조 단서] 해수욕장 운영에 효율성을 떨어뜨린다고 판단되는 경우에는 구역을 구분하지 않을 수 있다.

③ [X] 관리청이 해수욕장 관리·운영업무를 위탁하려는 경우, 공익법인을 수탁자로 우선 지정할 수 있으나 지역공동체를 수탁자로 우선 지정할 수는 없다.
➡ [제3조 제3항] 지역번영회·어촌계 등 지역공동체도 수탁자로 우선 지정할 수 있다.

④ [O] 관리청으로부터 해수욕장 관리·운영업무를 위탁받은 공익법인이 이를 타 기관에 재위탁한 경우, 관리청은 그 공익법인에 대해 300만 원의 과태료를 부과할 수 있다.
➡ [제3조 제4항, 제4조 제1항 제2호] 관리청으로부터 위탁받은 관리·운영업무를 재위탁한 자에게는 500만 원 이하의 과태료를 부과한다.

⑤ [X] 관리청은 해수욕장의 개장기간 및 개장시간을 정함에 있어 해수욕장의 특성이나 여건 등을 고려해야 하나, 관계 행정기관의 장과 협의할 필요는 없다.
➡ [제2조 제1항 후단] 관리청은 미리 관계 행정기관의 장과 협의하여야 한다.

113

정답 ⑤ 7급 공채 2023 인 12

제시문의 이해

- 제1조 : 119구조견교육대의 설치·운영, 견(犬)의 종류 - 훈련견, 종모견
- 제2조 : 훈련견 교육 - 입문 교육, 정기 교육, 훈련견 교육 등
  훈련견 평가 - 기초평가, 중간평가
- 제3조 : 종모견 도입

선택지 검토

① 〔X〕 중앙119구조본부의 장은 구조견 양성 및 교육훈련 등을 위하여 119구조견 교육대를 설치하여야 한다.
➡ [제1조 제1항] 119구조견교육대를 설치해야 하는 주체는 소방청장이다.

② 〔X〕 원친 번식에 의한 생후 20개월인 순수한 혈통의 훈련견은 훈련견 평가결과에 관계없이 종모견으로 도입될 수 있다.
➡ [제3조] 종모견으로 도입되려면 훈련견 평가에 모두 합격하여야 한다.

③ 〔X〕 기초평가 기준에 따라 총점 80점을 득점하고, 수의검진 결과 적합판정을 받은 훈련견은 생후 15개월에 종모견으로 도입될 수 있다.
➡ [제3조 제2호] 종모견으로 도입되려면 생후 20개월 이상이어야 한다.

④ 〔X〕 생후 12개월에 훈련을 시작해 반년이 지난 훈련견이 결격사유 없이 중간평가 기준에 따라 총점 75점을 득점하고, 수의진료소견 결과 적합판정을 받는다면 중간평가에 합격한 것으로 본다.
➡ [제2조 제2항 제2호 가목] 중간평가에 합격하려면 훈련을 시작한 후 12개월 이상이 지나야 한다.

⑤ 〔O〕 기초평가에서 합격했더라도 결격사유가 있어 중간평가에 불합격한 훈련견은 유관기관으로 관리전환할 수 있다.
➡ [제2조 제3항] 훈련견 평가 중 어느 하나라도 불합격한 훈련견은 유관기관으로 관리전환할 수 있다.

114

정답 ⑤ 7급 공채 2023 인 25

제시문의 이해

- 제1조 : 정의 - 한부모가족, 부, 모, 아동
- 제2조 : 지원대상자
  ① 한부모가족의 부 또는 모, 아동
  ② 아동을 양육하는 조부 또는 조모
- 제3조 : ① 복지 급여 - 생계비, 아동교육지원비, 아동양육비
  ② 급여의 제한
  ③ 추가 복지 급여

선택지 검토

① 〔X〕 5세인 자녀를 홀로 양육하는 자가 지원대상자가 되기 위해서는 미혼자여야 한다.
➡ [제1조 제2-3호, 제2조 제1항] 제1조 제2호의 가목부터 다목에 해당하는 경우라면 미혼자가 아니더라도 지원대상이 된다.

② 〔X〕 배우자와 사별한 자가 18개월간 병역의무를 이행한 22세의 대학생 자녀를 양육하는 경우, 지원대상자가 될 수 없다.
➡ [제1조 제2호 가목, 제3호, 제2조 제1항] 18개월의 병역의무를 이행하고 취학 중인 경우에는 병역의무를 이행한 기간을 가산하여 23세 6개월 미만까지 '아동'으로 인정하므로 지원대상자의 요건을 모두 만족한다.

③ 〔X〕 부모의 생사가 불분명한 6세인 손자를 양육하는 조모에게는 복지 급여 신청이 없어도 생계비를 지급하여야 한다.
➡ [제2조 제2항, 제3조 제1항] 해당 조모는 지원대상자이다. 하지만 복지 급여(생계비)를 지원받으려면 복지 급여 신청을 해야 한다.

④ 〔X〕 30세인 미혼모가 5세인 자녀를 양육하는 경우, 아동양육비를 지급할 때 추가적인 복지 급여를 실시할 수 없다.
➡ [제3조 제3항] 해당 미혼모는 추가적인 복지 급여를 실시하는 대상에 해당한다.

⑤ 〔O〕 지원대상자가 다른 법령에 따른 지원을 받고 있는 경우에도 국가나 지방자치단체는 아동양육비를 지급할 수 있다.
➡ [제3조 제2항] 지원대상자가 다른 법령에 따라 지원을 받고 있는 경우에도 아동양육비는 지급할 수 있다.

115

정답 ⑤ 7급 공채 2024 사 1

제시문의 이해

- 제1조 : 제1항 : 클라우드컴퓨팅 실태조사
  제2항 : 자료 제출 또는 의견 진술 요청
  제3항 : 실태조사 결과의 통보
  제4항 : 실태조사의 내용
  제5항 : 실태조사의 방법
- 제2조 : 제1항 : 연구개발사업의 추진
  제2항 : 비용의 지원
- 제3조 : 조세감면

선택지 검토

① 〔X〕 실태조사는 전자적 방식으로 실시하는 것을 원칙으로 하되, 필요한 경우 현장조사, 서면조사 등의 방법으로 실시할 수 있다.

➡ [제1조 제5항] 현장조사, 서면조사, 통계조사 및 문헌조사 등의 방법으로 실시하는 것이 원칙이고, 전자적 방식은 필요에 따라 허용된다.

② 〔X〕 클라우드컴퓨팅기술 및 클라우드컴퓨팅서비스의 발전과 이용 촉진을 위하여 지방자치단체가 조세감면을 할 수는 없다.

➡ [제3조] 지방자치단체도 조세감면을 할 수 있다.

③ 〔X〕 A부장관은 실태조사의 내용에 클라우드컴퓨팅 산업의 인력 현황을 포함해야 하지만, 인력 수요에 대한 전망을 포함시킬 필요는 없다.

➡ [제1조 제4항 제3호] 인력 수요 전망도 실태조사의 내용에 포함해야 한다.

④ 〔X〕 A부장관은 관계 중앙행정기관의 장에게 실태조사 결과를 요구할 수 있고, 이 경우 관계 중앙행정기관의 장은 그 결과를 A부장관에게 통보하여야 한다.

➡ [제1조 제3항] 주체와 객체가 반대로 되어 있다. 관계 중앙행정기관의 장이 실태조사 결과를 요구할 수 있고, A부장관이 그 결과를 통보하여야 한다.

⑤ 〔O〕 관계 중앙행정기관의 장이 연구기관에 클라우드컴퓨팅기술 및 클라우드컴퓨팅서비스에 관한 연구개발사업을 수행하게 한 경우, 그 사업 수행에 드는 비용을 지원할 수 있다.

➡ [제2조 제2항] 관계 중앙행정기관의 장은 기업 · 연구기관 등에 연구개발사업을 수행하게 하고 그 사업 수행에 드는 비용의 전부 또는 일부를 지원할 수 있다.

116

정답 ⑤ 7급 공채 2024 사 2

제시문의 이해

- 제1조 : 용어의 정의
- 제2조 : 제1항 : 산림병충해 예찰·방제 조치 (산림 소유자)
  제2항 : 산림병충해 예찰·방제 조치 (산림청장 등)
  제3항 : 조치 명령 (주체 : 시·도지사 등, 산림청장 제외)
  제4항 : 제3항 제2호에 따른 조치 명령 공고 (10일 이상)
  제5항 : 조치이행에 따른 방제비용 지원

선택지 검토

① 〔X〕 산림병해충이 발생하지 않도록 예방하는 활동은 방제에 해당하지 않는다.

➡ [제1조 제1호] "방제"에는 산림병해충이 발생하지 아니하도록 예방하는 활동도 포함된다.

② 〔X〕 산림병해충이 발생할 우려가 있는 경우, 수목의 판매자는 예찰에 필요한 조치를 하여야 한다.

➡ [제2조 제1-2항] 예찰에 필요한 조치를 해야 하는 사람은 산림소유자, 산림청장, 시 · 도지사, 시장 · 군수 · 구청장 또는 지방산림청장이다. 수목의 판매자는 해당되지 않는다.

③ 〔X〕 산림병해충 발생으로 인한 조치 명령을 이행함에 따라 발생한 인건비는 시·도지사 등의 지원 대상이 아니다.

➡ [제2조 제3항, 제5항] 산림병해충해가 발생하여 조치 명령을 이행한 경우, 그에 따라 발생한 인건비도 방제비용에 포함되며 시·도지사 등은 이를 예산의 범위에서 지원할 수 있다.

④ 〔X〕 산림병해충이 발생한 종묘에 대해 관할 구청장이 소독을 명한 경우, 그 내용을 구청 게시판 및 인터넷 홈페이지에 10일 이상 공고하여야 한다.

➡ [제2조 제3-4항] 10일 이상 공고해야 하는 경우는 제3항 제2호에 따라 산림용 종묘, 베어낸 나무, 조경용 수목 등의 이동 제한이나 사용 금지를 명한 경우이다. 소독을 명한 경우는 해당하지 않는다.

⑤ 〔O〕 산림병해충이 발생하여 관할 지방산림청장이 해당 수목의 소유자에게 수목 제거를 명령하였더라도, 특별한 사유가 있으면 그 명령에 따르지 않을 수 있다.

➡ [제2조 제3항 단서] 명령을 받았더라도 특별한 사유가 있는 경우에는 따르지 않아도 된다.

117

정답 ② 7급 공채 2024 사 3

제시문의 이해

- 제1조 : 제1항 : ○○관리위원회 설치
  제2항 : 위원회의 구성
  제3항 : 위원의 자격, 추천 및 위촉
  제4항 : 임기
- 제2조 : 제1항 : 법인
  제2항 : 위원회의 성립 (인가, 설립등기)
- 제3조 : 제1항 : 감사
  제2항 : 감사의 임명
  제3항 : 감사의 임기

선택지 검토

① 〔X〕 감사와 위원의 임기는 다르다.
➡ [제1조 제4항, 제3조 제3항] 위원과 감사의 임기는 모두 3년씩으로 동일하다.

② 〔O〕 위원장과 감사는 상임으로 한다.
➡ [제1조 제2항, 제3조 제2항] 위원장과 감사는 모두 상임으로 한다.

③ 〔X〕 위원장은 A부장관이 위원 중에서 지명한다.
➡ [제1조 제3항] 위원장은 위원 중에서 호선한다.

④ 〔X〕 위원회는 감사를 포함하여 9명으로 구성하여야 한다.
➡ [제1조 제2항] 위원회는 위원장 1명을 포함한 9명 이내의 위원으로 구성한다. 감사는 구성원에 포함되지 않는다.

⑤ 〔X〕 위원회는 A부장관의 인가 여부와 관계없이 주된 사무소의 소재지에서 설립등기를 함으로써 성립할 수 있다.
➡ [제2조 제2항] 위원회의 성립을 위해서는 A부장관의 인가가 필요하다.

118

정답 ① 7급 공채 2024 사 11

제시문의 이해

- 제1조 : 제1항 : 김치산업 전문인력 양성
  제2항 : 전문인력 양성기관의 지정·관리
  제3항 : 경비의 지원
  제3항 : 지정 취소 또는 업무 정지
- 제2조 : 제1항 : 세계 김치연구소 설립 (의무)
  제2항 : 경비의 지원
- 제3조 : 제1항 : 김치 상품 홍보 및 해외시장 개척 지원
  제2항 : 김치의 국제규격화 추진 (의무)

선택지 검토

① 〔O〕 김치산업 전문인력 양성기관으로 지정된 기관이 부정한 방법으로 지정을 받은 경우, A부장관은 그 지정을 취소하여야 한다.
➡ [제1조 제4항 단서 및 제1호] 부정한 방법으로 지정을 받은 경우에는, A부장관은 그 지정을 취소하여야 한다.

② 〔X〕 A부장관은 김치의 품질향상과 국가 간 교역을 촉진하기 위하여 김치의 국제규격화는 지양하여야 한다.
➡ [제3조 제2항] A부장관은 김치의 국제규격화를 추진하여야 한다.

③ 〔X〕 A부장관은 적절한 시설을 갖추지 못한 대학이라도 전문인력 양성을 위하여 해당 대학을 김치산업 전문인력 양성기관으로 지정할 수 있다.
➡ [제1조 제2항] A부장관이 전문인력 양성기관을 지정할 때에는 적절한 시설과 인력을 갖춘 기관이나 단체를 대상으로 해야 한다.

④ 〔X〕 국가와 지방자치단체는 김치종주국의 위상제고를 위해 세계 김치연구소를 설립하여야 한다.
➡ [제2조 제1항] 세계 김치연구소를 설립은 국가가 해야 하는 일이다. 지방자치단체는 해당되지 않는다.

⑤ 〔X〕 지방자치단체가 김치의 해외시장 개척을 지원함에 있어서 개인은 그 지원대상이 아니다.
➡ [제3조 제1항] 개인에 대하여도 필요한 지원을 할 수 있다.

정답표

1	2	3	4	5	6	7	8	9	10
③	②	④	②	③	②	⑤	④	①	③
11	12	13	14	15	16	17	18	19	20
②	④	④	⑤	⑤	②	④	④	⑤	②
21	22	23	24	25	26	27	28	29	30
⑤	④	①	③	②	①	③	①	①	④
31	32	33	34	35	36	37	38	39	40
⑤	②	①	①	⑤	⑤	②	⑤	④	⑤
41	42	43	44	45	46	47	48	49	50
①	⑤	⑤	③	②	③	③	④	②	⑤
51	52	53							
①	②	④							

1

정답 ③ 5급 공채 2007 무 1

보기 검토

ㄱ. (O) 남편이 도박에 빠져 장기간 집에 들어오지 않았다면, 자기 부인에게 생활비를 빠짐없이 보내어 부양의무를 이행했더라도 악의의 유기에 해당한다.

➡ [2문단 중후반] 동거해야 할 의무를 정당한 이유 없이 게을리한 경우에 해당한다.

ㄴ. (O) 갑과 을이 이혼하기로 합의하고 법원으로부터 협의이혼의사 확인서등본을 교부받았더라도 이혼신고를 하지 않으면 이혼의 효력이 발생하지 않는다.

➡ [1문단 중반 이후] 이혼신고를 하지 않고 3개월이 경과하면 법원의 확인은 효력을 상실한다.

ㄷ. (X) 혼인생활의 파탄을 초래할 만한 치유불능의 정신병, 과도한 신앙생활 등을 원인으로 하여 재판상 이혼을 청구할 수 없다.

➡ [2문단 후반] 부부의 공동 생활 관계가 회복될 수 없을 정도로 파탄되고, 그 혼인생활을 지속하는 것이 배우자 일방에게 참을 수 없는 고통이 되는 경우에 해당한다. 재판상 이혼을 청구할 수 있다.

ㄹ. (O) 건강상·직업상·경제상 또는 자녀의 교육상 필요하여 별거하는 것은 악의의 유기에 해당하지 않는다.

➡ 동거해야 할 의무를 이행하지 않은 경우이지만 정당한 이유가 있다고 볼 수 있다.

ㅁ. (X) 을의 남편 갑이 직장의 여직원과 불륜관계를 맺고 있어 을이 이혼을 제의하였으나 갑이 이혼에 응하지 않은 경우, 을은 이혼을 할 수 없다.

➡ 갑이 이혼을 거부하여 협의상 이혼을 할 수는 없다. 그러나 남편 갑이 정조의무에 충실하지 아니하고 부정행위를 저지른 경우이므로, 부인인 을은 재판상 이혼을 청구하여 이혼할 수 있다.

2

정답 ② 5급 공채 2007 무 7

제시문의 이해

● 최초 조약 발효 상태

	A	B	C
A		전체 발효	전체 발효
B			전체 발효
C			

→ D국 가입 희망 & 제7조에 대한 유보 선언.

→ A, B, C가 전원 일치로 반대하지는 않았으므로 다음과 같이 조약이 발효된다.

	유보	조약발효	A	B	C	D
A	동의	동의		전체 발효	전체 발효	7조 제외 발효
B	반대	동의			전체 발효	전체 발효
C	반대	반대				발효 안 됨.
D						

보기 검토

ㄱ. (X) D국과 B국, D국과 C국 간에는 조약이 적용된다.

➡ D국과 C국 간에는 조약이 발효되지 않는다.

ㄴ. (O) D국과 A국 간에는 제7조가 적용되지 않는다.

➡ D국과 A국 간에는 제7조

ㄷ. (X) A국과 C국 간에는 제7조가 적용되지 않는다.

➡ A국과 C국 간에는 이미 조약 전체가 적용되고 있는 상태이다.

ㄹ. (X) D국과 A국 간에는 제7조가 적용되고, D국과 B국 간에는 조약이 적용되지 않는다.

➡ D국과 A국 간에는 제7조가 적용되지 않는다.
D국과 B국 간에는 조약이 유보 없이 발효된다.

ㅁ. (X) B국과 C국 간에는 제7조가 적용되지 않는다.

➡ B국과 C국 간에는 이미 조약 전체가 적용되고 있는 상태이다.

3

정답 ④ 5급 공채 2007 무 24

제시문의 이해

- 손해배상책임
  - 일반법: 민법 제750조 (요건 : 고의 또는 과실)
  - 특별법: 실화책임에 관한 법률 (요건 : 중대한 과실)
- 사용자책임
  - 일반법: 민법 제756조
  - 특별법: 국가배상법 (요건 : 공무원, 고의 또는 과실)

선택지 검토

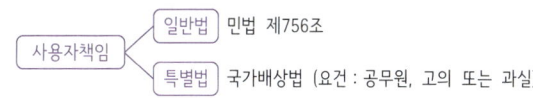

① (O) 건조주의보가 내려진 상태에서 잡초가 무성한 곳에 불이 완전히 꺼지지 않은 담배꽁초를 버린 경우, 중과실이 인정된다.

➡ [E문단] '약간의 주의를 기울였다면 손쉽게 위법·유해한 결과를 예견할 수 있었음에도 이를 간과한 경우'에 해당한다.

② (O) 지방공무원 갑이 퇴근 후에 친구들과 술을 마시다가 고의로 을을 폭행한 경우, 을은 갑에게 불법행위로 인한 손해배상을 청구할 수 있다.

➡ [B, D문단] 갑은 공무원이지만 직무를 집행하는 중이 아니었다. 퇴근 후 친구들과 술을 마시는 상황은 행위의 외관을 객관적으로 관찰했을 때 공무원의 직무와 관련이 있는 것으로 보이지 않는다. 따라서 국가배상책임이나 사용자책임이 아닌 민법 제750조 손해배상책임이 적용된다.

③ (O) 국세청 직원 갑이 체납처분을 집행하는 도중 구경나온 이웃주민 을에게 중과실로 신체상 손해를 입힌 경우, 을은 국가배상책임을 주장할 수 있다.

➡ [D문단] 외관상 공무원이 직무를 집행하는 중인 것으로 확인되고 과실 또한 있었으므로 국가배상책임이 인정된다.

④ (X) 갑 이삿짐센터의 종업원 을이 공무원 병의 이삿짐을 운반하다가 실수로 정을 다치게 한 경우, 정은 을의 사용자책임을 주장할 수 있다.

➡ [C문단] 을은 피용자이고, 사용자책임은 사용자인 갑에게 있다.

⑤ (O) 공휴일에 가족과 함께 여행 중이던 국가공무원 갑의 잘못으로 을 소유의 건물에 화재가 발생하였더라도 갑에게 중과실이 인정되지 않은 경우, 을은 갑에게 불법행위로 인한 손해배상을 청구할 수 없다.

➡ [B문단] 실화에 의한 손해배상은 실화책임에 관한 법률에 의해 인정되어야 하는데, 해당 법률은 중과실에 의한 화재에만 손해배상책임을 인정한다. 따라서 갑에게는 손해배상의 책임이 없다.

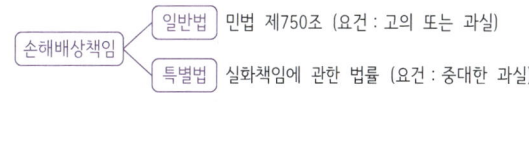

4

정답 ② 5급 공채 2007 무 37

보기 검토

ㄱ. [X] 북한지역에서 태어나고 자란 사람은 출생시기에 관계없이 처음부터 대한민국 국적을 취득한다.

➡ "출생시기에 관계없이 처음부터 대한민국 국적을 취득"하지 못하는 경우도 있다. [3문단]의 내용을 참고로 하면, '조선국적'을 가지고 있다가 1948년 7월 17일에 대한민국 국적을 취득하게 된 사람도 있을 것임을 알 수 있다.

ㄴ. [X] 국적은 국가와 그 구성원 간의 법적 유대이고 보호와 복종관계를 뜻하므로, 북한지역에서 출생한 자를 대한민국 국민으로 보는 것은 국적법상 인정되지 않는다.

➡ [2문단] 대법원은 헌법을 근거로 하여 북한주민도 대한민국 국적을 취득·유지하는 데 아무런 영향이 없는 것으로 해석하고 있다. 한편, 국적법은 헌법의 위임에 따라 제정된 하위법이기 때문에, 국적법에서 위의 사항을 제한하거나 부정하지는 못할 것이라고 판단할 수도 있다. [1문단]

ㄷ. [O] 우리 정부가 탈북자들에게 대한민국 국적을 부여하는 것은 현행 헌법상 가능한 조치이다.

➡ [2문단] 헌법을 근거로 하여 북한주민도 대한민국 국적을 취득·유지하는 데 아무런 영향이 없는 것으로 해석되고 있기 때문에, 현행 헌법상으로도 탈북자에게 대한민국 국적을 부여할 수 있다.

ㄹ. [X] 북한지역에도 대한민국의 주권이 미치지만 실효적 지배를 하고 있지 못하므로, 북한에서 출생하여 그 곳에서 생활하고 있는 사람은 대한민국 국민으로 볼 수 없다.

➡ 역시 [2문단]의 내용을 근거로 잘못된 추론임을 알 수 있다. 또한, 제시문에는 대한민국 국적의 부여와 실효적 지배 사이의 관계에 대한 언급이 없다.

ㅁ. [X] 대한민국 국민이 외국을 여행할 때에는 대한민국이 아니라 여행 중인 국가의 통치권에 복종하여야 한다.

➡ [1문단] 국민은 국가의 항구적 소속원이므로 어느 곳에 있든지 그가 속하는 국가의 통치권에 복종할 의무를 부담한다.

5

정답 ③ 5급 공채 2008 창 25

제시문의 이해

	수뢰죄	증뢰죄
주체	공무원 법령에 의한 중재인	수뢰죄의 상대방
행위	수수, 요구, 약속	약속, 공여, 공여의 의사표시
대상물(보수)의 성격	불법성, 직무 관련성 (대가성), 종류 및 유·무형 불문	불법성 직무 관련성 (대가성), 종류 및 유·무형 불문
인식의 정도·내용	고의, 대가성 인식, 취득의 의사	고의, 대가성 인식

선택지 검토

① [O] 甲은 대통령경제수석비서관으로 재직하면서 X은행장인 乙로부터 X은행이 추진중이던 업무전반에 관하여 선처해 달라는 취지의 부탁을 받고 금전을 받았다.

➡ [수뢰죄] '직무 관련성'이 인정되며, '불법한 보수'의 '수수(收受)'에 해당한다.

② [O] 甲은 각종 인·허가로 잘 알게 된 담당공무원 乙에게 건축허가를 해달라고 부탁하면서 술을 접대하였을 뿐만 아니라 乙이 윤락여성과 성관계를 맺을 수 있도록 하였다.

➡ [증뢰죄] '직무 관련성'이 인정되며, '불법한 보수'의 '공여'에 해당한다.

③ [X] 경찰청 형사과 소속 경찰관 甲은 乙회사가 외국인 산업연수생에 대한 국내관리업체로 선정되도록 중소기업협동조합중앙회 회장 丙에게 잘 이야기해 달라는 부탁을 받고 乙로부터 향응을 제공받았다.

➡ 경찰관 甲은 '법령에 의한 중재인'이 아니고, '관리업체 선정'은 경찰관의 직무도 아니다. 따라서 甲이 받은 향응은 직무행위와 대가관계가 있는 보수가 아니다.

④ [O] 자치단체장 甲은 해당 지방자치단체의 공사도급을 받으려는 건설업자 乙로부터 청탁과 함께 금품을 받아 이를 개인적인 용도가 아닌 부하직원의 식대, 휴가비와 자치단체의 홍보비 등으로 소비하였다.

➡ 제시된 '뇌물에 관한 죄'의 요건에는 수수한 뇌물의 사용처에 대해서는 전혀 언급되어 있지 않다. 받은 후 어디에 사용하였는가는 묻지 않고, 받았다는 사실(취득의 의사)만으로 죄가 인정이 되는 것이다.

⑤ [O] 노동부 해외근로국장으로서 해외취업자 국외송출허가 업무를 취급하던 甲이 乙로부터 인력송출의 부탁과 함께 사례조로 받은 자기앞수표를 자신의 은행계좌에 예치시켰다가 그 뒤 후환을 염려하여 乙에게 반환하였다.

➡ 甲이 자기앞수표를 받고 은행계좌에 예치까지 했다면 자신의 소유로 할 목적으로(취득의 의사) 재물을 취득했음이 인정될 것이다. 수표를 받은 순간 수뢰죄의 모든 요건을 충족시켜 죄가 성립되며, 그 뒤 반환하였음은 죄의 성립에 영향을 미치지 못한다. ④번의 경우와 유사하다.

6

정답 ② 5급 공채 2009 극 3

제시문의 이해

● 과실이 인정되는 경우
피해 발생 확률(%) × 피해의 정도(금액) > 피해 예방 비용(주의의무 이행 비용)
P × L > B
임에도 예방조치(주의의무 이행)을 아니한 경우에 과실이 인정된다.

보기 검토

ㄱ. [O] B가 주의의무를 이행하는 데 드는 비용이라면, PL은 주의의무를 이행할 경우 방지할 수 있는 기대손실액이다.

ㄴ. [X] 사고방지비용이 사고의 기대손실액(사고확률×사고피해금액)보다 작은데도 사고방지노력을 하지 아니한 경우에는 과실이 인정되지 않는다.
➡ 과실이 인정된다.

ㄷ. [O] 갑에 의하면, 사고확률이 0.1%, 사고피해금액이 25,000원 그리고 사고방지비용이 50원인 경우 배 소유자의 과실이 인정되지 않는다.
➡

사고확률 × 사고피해금액		사고방지비용
= P × L		= B
= 0.1% × 25,000	<	
= 0.001 × 25,000		
= 25 (원)		= 50 (원)

주의의무 이행 비용이 더 크므로 과실이 인정되지 않는다.

ㄹ. [X] 갑에 의하면, 한 사람의 과실유무를 판단하기 위해서는 그의 사고방지비용과 다른 사람의 사고방지비용을 비교해야 한다.
➡ 사고방지비용과 사고의 기대손실액을 비교해야 한다.

7

정답 ⑤ 5급 공채 2009 극 24

제시문의 이해

● 의무사항 : **금융정보분석원에 혐의거래보고를 하여야 한다.**

보고 대상	※ 원화 2천만 원 또는 외화 1만 달러 상당 이상의 거래 中 ① 금융재산이 불법재산이거나 금융거래 상대방이 자금세탁행위를 하고 있다고 의심할 만한 합당한 근거가 있는 경우 ② 범죄수익 또는 자금세탁행위를 알게 되어 수사기관에 신고한 경우
보고 기관	금융정보분석원
보고 방식	① 지정된 서식 (혐의거래보고서) ② 온라인 또는 문서

보기 검토

ㄱ. [O] A은행은 창구에서 3천만 원을 현금으로 인출하려는 고객의 금융재산이 불법재산이라고 의심할 만한 합당한 근거가 있어 혐의거래보고를 한다.

ㄴ. [O] B은행이 자금세탁행위로 신고하여 검찰수사를 받고 있는 거래에 대하여 B은행은 혐의거래보고서를 금융정보분석원에 제출한다.

ㄷ. [X] C은행은 10억 원을 해외송금하는 거래자에 대해 뚜렷이 의심할 만한 근거는 없으나 거액의 거래이므로 혐의거래보고를 한다.
➡ 의심할 만한 합당한 근거가 없는 경우에 대한 보고는 의무사항이 아니다.

ㄹ. [X] D은행은 의심할 만한 합당한 근거가 있는 거래에 대해 혐의거래보고서를 완벽하게 작성하지 못했지만 신속한 조사를 위해 팩스로 검찰청에 제출한다.
➡ 혐의거래보고서는 검찰청이 아니라 금융정보분석원에 제출하는 것이다. 또한 이것을 수사기관에 신고하는 것이라 해석하더라도, 제시문에 근거했을 때 수사기관에 신고하는 것은 의무사항이 아니다.

ㅁ. [X] E은행은 5백만 원을 현금으로 인출하는 거래에 대해 의심할 만한 합당한 근거를 찾고 혐의거래보고서를 금융정보분석원에 제출한다.
➡ 원화 2천만 원 미만의 혐의거래에 대한 보고는 의무사항이 아니라 자율(재량)사항이다.

8

정답 ④ 5급 공채 2010 선 12

보기 검토

ㄱ. [X] 정부제출안보다 국회통과안에 의할 때 근로장려금 신청자격을 갖춘 대상자의 수가 더 줄어들 것이다.

➡ [부양자녀 요건, 주택 요건] 두 안의 총소득, 재산, 신청제외자 요건은 서로 동일하다. 부양자녀 요건에서는 정부제출안이 '2인 이상의 자녀'를 요구하고 있는데 반해 국회통과안은 '1인 이상의 자녀'를 요구하여 더 완화되어 있고, 주택요건에서도 국회통과안은 정부제출안과 달리 기준시가 5천만 원 이하의 주택을 한 채 소유한 자도 대상에 포함시키므로, 국회통과안에 의할 때 신청자격을 갖춘 대상자의 수가 더 늘어날 것이다.

ㄴ. [X] 두 안의 총소득요건과 부양자녀요건을 충족하고, 소유재산이 주택(5천만 원), 토지(3천만 원), 자동차(2천만 원)인 A는 정부제출안에 따르면 근로장려금을 신청할 수 없지만 국회통과안에 따르면 신청할 수 있다.

➡ [재산 요건] A의 재산은 1억 원이다. 정부제출안 뿐만 아니라 국회통과안에서도 A는 재산 요건을 충족시키지 못하여 근로장려금을 신청할 수 없다.

ㄷ. [O] 소득이 없는 20세 중증장애인 자녀 한 명만을 부양하는 B가 국회통과안에서의 다른 요건들을 모두 충족하고 있다면 B는 국회통과안에 의해 근로장려금을 신청할 수 있다.

➡ [부양자녀 요건 (2)] 국회통과안은 1인 이상의 자녀를 부양하고 있으면 신청자격을 부여한다. 또한, 중증 장애인인 자녀에 대해서는 연령제한이 적용되지 않는다. 따라서 B는 근로장려금을 신청할 수 있다.

ㄹ. [X] 총소득, 부양자녀, 주택, 재산 요건을 모두 갖춘 한국인과 혼인한 외국인은 정부제출안에 따르면 근로장려금을 신청할 수 없지만 국회통과안에 따르면 신청할 수 있다.

➡ [신청 제외자 (2)] 신청제외자 요건에서는 정부제출안과 국회통과안이 서로 동일하다. 내국인과 혼인한 외국인은 어느 안에 의하더라도 근로장려금을 신청할 수 있다.

9

정답 ① 5급 공채 2010 선 23

제시문의 이해

- 가 : 채권과 물권의 정의, 성격
  - 채권 : 임차권, 손해배상채권, 소유권이전등기청구권 등
  - 물권 : 소유권, 지상권, 전세권, 저당권 등
- 나 : 물권 - 우선순위, 등기와 예외
- 다 : 물권과 채권 간의 우선순위, 예외

선택지 검토

① [O] 乙이 甲소유의 토지에 저당권을 취득한 후 丙이 저당권을 취득하였다. 그 토지가 경매절차에서 丁에게 매각된 경우, 乙의 저당권도 소멸한다.

➡ [제2조 제1항] 경매절차에서 매각된 목적물에 설정된 모든 저당권은 매각으로 소멸한다.

② [X] 乙이 甲소유의 토지를 임차한 후 丙이 그 토지에 대해 지상권을 취득한 경우, 乙이 자신의 임차권을 등기하지 않았더라도 乙의 임차권이 丙의 지상권보다 우선한다.

➡ [다 3문장] 채권인 임차권이 물권인 지상권에 우선하려면 해당 임차권은 등기가 되어있어야 한다.

③ [X] 乙이 甲소유의 부동산에 전세권을 취득한 후 丙이 저당권을 취득하였다. 그 부동산이 경매로 매각된 경우, 乙이 배당요구를 하지 않더라도 그의 전세권은 소멸한다.

➡ [제2조 제3항] 물권인 전세권이 물권인 저당권보다 먼저 성립하였으므로 전세권이 우선하고, '대항할 수 있는 경우'에 해당한다. 乙이 배당요구를 하면 전세권은 소멸하겠지만, 배당요구를 하지 않는다면 전세권은 계속 유지된다.

④ [X] 乙이 甲소유의 토지를 임차하여 그 임차권을 등기한 후 丙이 그 토지에 저당권을 취득하였다. 그 토지가 경매절차에서 丁에게 매각된 경우, 乙의 임차권은 소멸한다.

➡ [다 3문장, 제2조 제3항] 먼저 등기된 임차권은 나중에 성립된 저당권에 우선하고 '대항할 수 있는 경우'에 해당한다. 따라서 임차권은 소멸하지 않는다.

⑤ [X] 乙이 甲소유의 부동산에 저당권을 취득한 후 그 부동산이 경매절차에서 丙에게 매각된 경우, 丙이 매각대금을 다 낸 때에도 부동산에 대한 소유권을 취득하기 위해서는 자신의 명의로 등기가 이루어져야 한다.

➡ [나 3문장, 제1조] 경매절차로 부동산에 관한 물권(소유권)을 취득한 경우에는 등기를 요하지 아니한다. 丙은 경매대금(매각대금)을 다 낸 때에 즉시 소유권을 취득한다.

10

정답 ③ 5급 공채 2010 선 35

보기 검토

ㄱ. [O] 乙이 甲소유의 동산을 증여받아 소유하기 위해서는 원칙적으로 甲이 乙에게 그 동산에 대한 사실상 지배를 이전하여야 한다.

➡ [1문장 + 각주] 동산에 관한 소유권의 이전(양도)은 그 동산을 인도하여야 효력이 생긴다.
인도 = 사실상 지배의 이전

ㄴ. [X] 乙이 甲소유의 동산을 빌려서 사용하고 있는 경우(이미 동산을 점유하고 있는 경우), 甲(양도인)과 乙(양수인) 사이에 그 동산에 대한 매매를 합의하더라도 甲이 현실적으로 인도하지 않으면 乙은 동산의 소유권을 취득할 수 없다.

➡ [2문장, 첫째] 양수인이 이미 동산을 점유한 때에는 당사자 사이에 의사표시의 합치만 있으면 그 효력이 생긴다.

ㄷ. [X] 甲(양도인)이 자신의 동산을 乙(양수인)에게 양도하기로 하면서 乙과의 계약으로 자신이 그 동산을 계속 점유(당사자 사이의 계약으로 양도인이 그 동산을 계속 점유하기로 함)하고 있으면, 乙은 그 동산의 소유권을 취득할 수 없다.

➡ [3문장, 둘째] 당사자 사이의 계약으로 양도인이 그 동산을 계속 점유하기로 한 때에는 양수인이 인도받은 것으로 본다.
→ 양수인이 소유권을 취득한다.

ㄹ. [O] 甲(양도인)이 乙(제3자)에게 맡겨 둔 자신의 동산(제3자가 점유하고 있는 동산)을 丙(양수인)에게 현실적으로 인도하지 않더라도 甲이 乙에 대한 반환청구권을 丙에게 양도함으로써 소유권을 丙에게 이전할 수 있다.

➡ [4문장, 셋째] 제3자가 점유하고 있는 동산에 관한 소유권을 이전하는 경우에는 양도인이 그 제3자에 대한 반환청구권을 양수인에게 양도함으로써 동산을 인도한 것으로 본다.

11

정답 ② 5급 공채 2010 선 21

제시문의 이해

- 가 : 신용카드 분실에 관한 회원규약 내용 - 유효
- 나 : 회원 책임의 한도
- 다 : 신용카드가맹점의 주의의무 - 회원 책임의 감면

보기 검토

ㄱ. [O] 신용카드사는 회원에 대하여 카드의 분실 및 도난 시 서면신고 의무를 부과하고, 부정사용액에 대한 보상액을 그 분실 또는 도난된 카드의 사용시기에 따라 상이하게 정할 수 있다.

➡ 유효하다고 인정된 [가]의 규약 내용을 일반화한 내용이다.

ㄴ. [X] 회원이 분실 또는 도난당한 카드가 타인에 의하여 부정사용되었을 경우, 신용카드사는 서면으로 신고 접수한 날 이후의 부정사용액에 대한 보상액을 제한할 수 있다.

➡ [가]의 회원규약에는 신고접수일 이후의 부정사용액에 대하여는 전액을 보상한다고 되어있다.

ㄷ. [O] 카드의 분실 또는 도난 사실을 서면으로 신고 접수한 날의 전날까지의 부정사용액에 대해서는 자신의 월간 카드사용한도액의 범위를 초과하여 회원이 책임을 질 수 있다.

➡ [나] 카드의 월간 사용한도액이 회원 본인의 책임한도액이 되는 것은 아니다. 회원은 자신의 월간 카드사용한도액의 범위를 초과하여 책임을 질 수도 있다.

ㄹ. [X] 신용카드가맹점이 신용카드의 부정사용 여부를 확인하지 않은 경우에는 가맹점 과실의 경중을 묻지 않고 회원의 모든 책임이 면제된다.

➡ [다 2문장] 가맹점이 저지른 과실의 정도를 따져, 그에 따라 회원의 책임을 감면해 줄 수는 있다. 항상 회원의 모든 책임이 면제되는 것은 아니다.

12

정답 ④ 5급 공채 2011 선 4

선택지 검토

① [X] 희선 : 포르투갈인이 일반 여권을 가지고 2010년 2월 2일부터 같은 해 4월 6일까지(64일) A국을 방문했을 때 비자를 발급받을 필요가 없었겠군.

➡ 일반, 포르투갈, 60일 초과 : 비자 발급 필요

② [X] 현웅 : A국이 작년에 4개월 동안 우즈베키스탄에 행정원(관용)을 파견한 경우 비자를 취득해야 했지만,(○) 같은 기간 동안 에콰도르에 행정원(관용)을 파견한 경우 비자를 취득할 필요가 없었겠군.(×)

➡ (1) 관용, 우즈베키스탄, 면제 대상 아님 : 비자 발급 필요
(2) 관용, 에콰도르, 3개월 초과(4개월) : 비자 발급 필요

③ [X] 유리 : 나는 일반 여권으로 2009년 5월 1일부터 같은 해 8월 15일까지(107일) 이탈리아에 비자 없이 체류했었고,(×) 2010년 1월 2일부터 같은 해 3월 31일까지(89일) 영국에도 체류했었어.(○)

➡ 일반, 이탈리아, 90일 초과 : 비자 발급 필요
일반, 영국, 90일 미만 : 비자 발급 불필요

④ [O] 용훈 : 외교관 여권을 가지고 같은 기간을 A국에서 체류하더라도 이집트 외교관은 비자를 발급받아야 하지만, 파키스탄 외교관은 비자를 발급받지 않아도 되는 경우가 있겠군.

➡ 이집트 외교관은 90일 동안 면제이고 파키스탄 외교관은 3개월(89일 ~ 92일) 동안 면제이다. 만약 두 나라 외교관이 91일을 체류한다면, 이집트 외교관은 반드시 비자를 발급받아야 하지만 파키스탄 외교관은 비자를 발급받지 않아도 되는 경우가 있다.

⑤ [X] 예리 : 관용 여권을 가지고 2010년 5월 5일부터 같은 해 5월 10일까지(6일) 파키스탄을 방문했던 A국 국회의원은 비자를 취득해야 했었겠군.

➡ 파키스탄의 경우, 일반여권에 한해서만 비자 면제협정이 일시정지 되어있다. 관용여권 소지자는 3개월간 비자가 면제된다.

13

정답 ④ 5급 공채 2012 인 4

제시문의 이해

- 현금영수증 의무 발급 기준 거래금액 : 30만 원
  현금영수증 발급 대상 금액 : 거래금액 (중 현금)
  → 거래금액이 30만 원 이상이고 대금 일부를 현금으로 지급한 경우, 현금영수증을 의무적으로 발급해야 하며 현금영수증 발급 대상 금액은 현금으로 받은 금액이다.

- 과태료 : 미발급금액의 50 % (거래금액의 50 %가 아니다.)

- 포상금 : 과태료의 20 % → 미발급금액의 10 %

보기 검토

ㄱ. 〔X〕 법무서비스를 받은 A는 대금 30만 원에 대해 20만 원은 신용카드로, 10만 원은 현금으로 결제하였다. 현금 10만 원에 대해서는 A의 요청이 있는 경우에 한하여 (X) 현금영수증이 발급된다.
➡ 거래금액이 30만 원 이상임.
소비자의 요청이 없고 일부(10만원)만 현금으로 지급받았지만, 현금영수증 발행 의무가 발생.

ㄴ. 〔X〕 부동산중개인을 통해 2011년 4월 1일 집을 산 B는 중개료 70만 원에 대해 30만 원은 신용카드로, 40만 원은 현금으로 결제하였으나 부동산중개인은 현금영수증을 발급하지 않았다. B는 같은 해 4월 29일 부동산중개인이 현금영수증 발급 의무를 위반했다며 신고하였다. 부동산중개인에게 과태료가 부과되었고, B는 포상금으로 8만 원(X)을 받았다.
➡ 거래금액이 30만 원 이상임. (70만 원)
소비자의 요청이 없고 일부(40만 원)만 현금으로 지급받았지만, 현금영수증 발행 의무가 발생.
현금지급일은 2011년 4월 1일이, 신고일은 같은 해 4월 29일 : 1개월 이내에 신고하였으므로 포상금 지급 요건 충족.
미발급금액은 40만 원
과태료는 미발급금액의 50 % = 20만 원
포상금은 과태료의 20 % (미발급금액의 10 %) = 4만 원

ㄷ. 〔O〕 C는 2011년 6월 5일 장례비용 대금 100만 원을 현금으로 지불하면서 현금영수증 발급을 원하지 않는다고 말하자 업주는 국세청의 지정코드로 자진 발급하였다. 마음이 변한 C는 업주가 현금영수증 당연 발급 의무를 위반했다며 2011년 6월 12일 관련 증빙서류를 첨부하여 신고했지만 신고 포상금 10만 원은 받을 수 없었다.
➡ 거래금액이 30만 원 이상임. (100만 원)
국세청의 지정코드로 자진 발급하였으므로 의무 이행 완료.
과태료, 신고포상금 등은 발생할 수 없음.

ㄹ. 〔X〕 D는 2011년 7월 12일 사업자에게 전답 측량 대금으로 현금 50만 원을 지불하였고, 이에 대해 사업자는 현금영수증 대신 세금계산서를 발행하였다. D는 같은 해 8월 19일 현금영수증이 발급되지 않았다고 신고하여 사업자에게 과태료 25만 원이 부과되었다.(X)
➡ 거래금액이 30만 원 이상임. (50만 원)
세금계산서를 발행하였으므로, 추가로 현금영수증을 발행할 의무는 없음.
신고 일자(8월 19일)가 현금지급일(7월 12일)로부터 1개월이 지났으므로, 신고요건도 충족되지 않음.
과태료가 부과될 수 없음.1

14

정답 ⑤ 5급 공채 2012 인 20

규칙의 적용

	금액	발행일	유효 기간	현재 PIN번호 노출 여부	사용 가능한 곳
ⓐ	10,000원	2007년 3월 1일	2012. 2. 28.	노출 안 됨	온 / 오프
ⓑ	10,000원	2009년 5월 10일	2014. 5. 9.	노출됨	온
ⓒ	~~5,000원~~	~~2006년 9월 20일~~	~~2011. 9. 19.~~	~~노출 안 됨~~	
ⓓ	5,000원	2010년 12월 15일	2015. 12. 14.	노출됨	온
ⓔ	5,000원	2011년 9월 10일	2016. 9. 9.	노출 안 됨	온 / 오프

- ⓒ상품권은 유효기간이 지났으므로 제외한다.
- 온라인 가맹점에서는 최대 30,000원을 사용할 수 있다.
- 오프라인 가맹점에서는 최대 15,000원을 사용할 수 있다.

선택지 검토

① 〔X〕 오프라인 가맹점인 서점에서 10,000원이 적힌 문화상품권을 사용하여 9,000원짜리 책을 사면 1,000원은 돌려받지 못한다.
➡ 권면금액(10,000원)의 80%(8,000원) 이상을 사용하였으므로 잔액을 돌려받을 수 있다.

② 〔X〕 현재 갖고 있는 문화상품권만으로는 오프라인 가맹점에서 최대 20,000원 밖에 사용하지 못한다.
➡ PIN번호가 노출되지 않은 ⓐ, ⓔ 상품권을 사용할 수 있다.
최대 15,000원.

③ 〔X〕 현재 갖고 있는 문화상품권만으로는 온라인 가맹점에서 최대 15,000원 밖에 사용하지 못한다.
➡ 온라인에서는 PIN번호 노출여부가 문제되지 않으므로, 유효기간이 남아있는 4개의 상품권을 모두 사용할 수 있다.
최대 30,000원

④ 〔X〕 현재 갖고 있는 문화상품권 가운데 2015년 12월 16일에 온라인 가맹점에서 사용할 수 있는 상품권은 없다.
➡ 있다. ⓔ의 유효기간은 2016년 9월 9일까지이다.

⑤ 〔O〕 현재 갖고 있는 문화상품권 2매로 온라인 가맹점에서 가격이 15,500원인 공연티켓을 사면 잔액을 돌려받지 못한다.
➡ '권면금액의 80% 이상을 사용하신 경우 그 잔액을 돌려받으실 수 있습니다'라고 하였다. 여러 장의 상품권을 사용하였을 경우, 각각의 권면금액 80 %를 기준으로 할 것인지 권면금액 합계액의 80 %를 기준으로 할 것인지에 대하여 명시하지 않아 당혹스럽지만, 다행히도 두 경우 모두 결과는 동일하다.

10,000원 × 2장	각 권면금액의 80%	잔액 4,500원은 10,000원의 20%가 넘으므로 돌려받지 못함.
	합계액의 80%	잔액 4,500원은 20,000원의 20%가 넘으므로 돌려받지 못함.
10,000원 × 1장 + 5,000원 × 2장	각 권면금액의 80%	잔액 4,500원은 5,000원의 20%가 넘으므로 돌려받지 못함.
	합계액의 80%	잔액 4,500원은 20,000원의 20%가 넘으므로 돌려받지 못함.

※ 참고 : 소비자피해보상규정에는 권면금액의 합계액을 기준으로 한다고 되어 있다.

15

정답 ⑤ 5급 공채 2013 인 6

제시문의 이해

- 사회통합프로그램 교육과정
  ① 일반이민자
  한국어능력 사전평가 → 평가점수 확인 → 단계배정
  → 이후 단계를 순차적으로 모두 이수

  ② 결혼이민자
  - 2012년 12월 31일까지 신청한 경우
    한국어능력 사전평가 → 평가점수 확인 → 단계배정
    → 이후 단계를 순차적으로 이수 (단, 4·5단계 면제)
  - 2013년 1월 1일부터 신청한 경우
    한국어능력 사전평가 → 평가점수 확인 → 단계배정
    → 이후 단계를 순차적으로 모두 이수 (면제 없음, 일반이민자와 동일)

- 한국어능력 사전평가점수에 따라 한국어과정을 이수하지 않을 수도 있다.
  ① 일반이민자 : 90점 이상
  ② 결혼이민자 : 50점 이상 (2012년 12월 31일까지 신청한 경우)
  90점 이상 (2013년 1월 1일부터 일반이민자와 동일)

선택지 검토

① [X] 2012년 12월에 사회통합프로그램을 신청한 결혼이민자 A는 한국어과정을 최소 200시간 이수하여야 한다.
➡ [2문단 2문장, 표] 한국어능력 사전평가점수가 50점 이상이면 한국어과정을 이수하지 않고 한국사회이해과정만 이수하면 된다. 즉, 이수하여야 하는 최소 시간은 50시간이다.

② [X] 2013년 1월에 사회통합프로그램을 신청하여 사전평가에서 95점을 받은 외국인 근로자 B는 한국어과정을 이수하여야 한다.
➡ [2문단 2문장, 표] 일반이민자(외국인근로자)로서 사전평가점수가 90점 이상인 자는 한국사회이해과정만 이수하면 된다.

③ [X] 난민 인정을 받은 후 2012년 11월에 사회통합프로그램을 신청한 C는 한국어과정과 한국사회이해과정을 동시에 이수할 수 있다.
➡ [3문단 1문장] 한국어과정과 한국사회이해과정을 순차적으로 이수하여야 한다.

④ [X] 2013년 2월에 사회통합프로그램 참여를 신청한 결혼이민자 D는 한국어과정 3단계를 완료한 직후 한국사회이해과정을 이수하면 된다.
➡ [3문단 마지막 문장] 결혼이민자라 할지라도 2013년 1월 1일 이후에 신청한 자는 한국어과정 4·5단계를 면제받지 못한다.

⑤ [O] 2012년 12월에 사회통합프로그램을 신청하여 사전평가에서 77점을 받은 유학생 E는 사회통합프로그램 교육과정을 총 150시간 이수하여야 한다.
➡ 일반이민자(유학생)의 사전평가점수가 77점인 경우는 5단계에 해당한다. E는 5~6단계를 순차적으로 이수하여야 하므로 150시간을 이수하게 된다.

16

정답 ② 외교원 2013 인 3

제시문의 이해

디자인 보호 방법

특허권적 방법		저작권적 방법
• 특허청에 등록	↔	• 등록 불필요
• 등록된 디자인만 독점·배타적 효력 인정	↔	• 독자적 창작이면 독점·배타적 효력 인정
• 기등록 된 디자인과 동일한 디자인은 등록 불가능, 독자적 창작이어도 임의 사용 불가	↔	• 동일한 디자인이라도 독자적 창작이라면 디자인 사용 가능
우리나라, 일본, 미국		

보기 검토

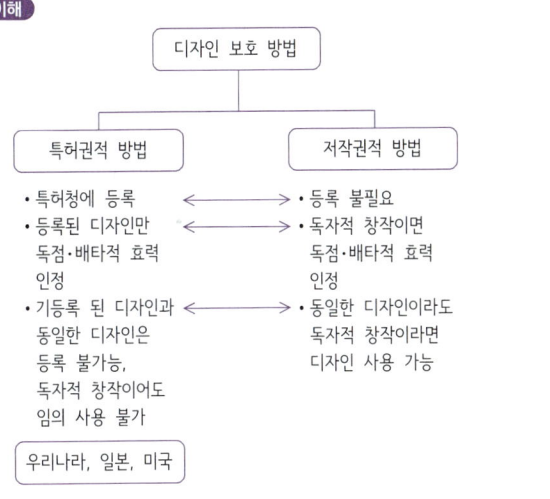

ㄱ. [O] A가 자신이 창작한 디자인을 일본에서 독점·배타적으로 보호받기 위해서는 일본 특허청에 디자인 등록을 하여야 한다.
➡ [3문단 + 2문단 특허권적 보호방법] 일본은 디자인의 특허권적 보호방법을 취하는 나라이므로 옳다.

ㄴ. [X] B가 아름다운 노래를 창작한 경우, 그 노래는 우리나라 디자인보호법에 따라 보호받을 수 있다.
➡ [1문단 2-3문장] 노래는 '시각을 통하여 미감을 일으키는 것'이 아니므로 디자인에 해당하지 않고, 디자인보호법을 통해 보호받을 수 없다.

ㄷ. [O] C가 미국 특허청에 등록된 D의 디자인과 동일한 디자인을 독자적으로 창작하였더라도, 이를 미국에서 사용하면 D의 디자인권을 침해하는 것이 된다.
➡ [3문단 + 2문단 특허권적 보호방법] 미국은 디자인의 특허권적 보호방법을 취하는 나라이기 때문에, 독자적으로 창작한 디자인을 창작한 경우라도 동일한 디자인이 이미 특허청에 등록되어 있다면 그 디자인을 임의로 사용할 수 없다.

ㄹ. [X] 독일인 E가 고안한 디자인과 동일한 디자인이 우리나라 특허청에 이미 등록되어 있더라도, E의 창작성이 인정되면 우리나라 특허청에 등록할 수 있다.
➡ [3문단 + 2문단 특허권적 보호방법] 우리나라는 디자인의 특허권적 보호방법을 취하는 나라이기 때문에, 타인이 이미 등록을 한 디자인과 동일한 디자인을 특허청에 등록할 수 없다.

17

정답 ④ 외교원 2013 인 4

제시문의 이해

● 채무의 종류와 변제장소 : 변제장소에 대한 별도의 약정이 없는 경우

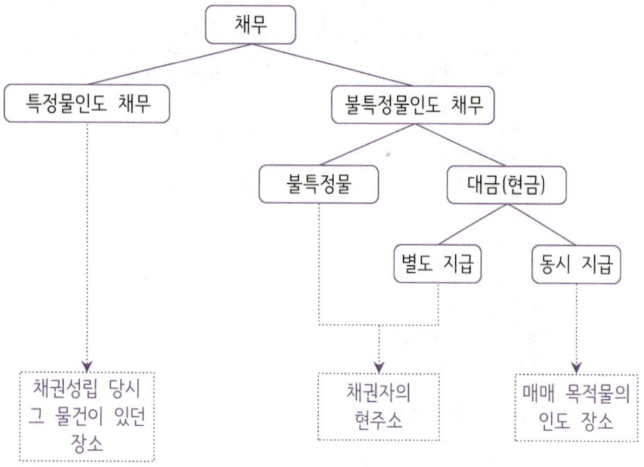

※ 변제장소에 대하여 별도의 약정이 있으면 약정된 사실에 따른다.

보기 검토

ㄱ. (O) 甲이 쌀 1가마니를 전화로 乙에게 주문한 경우, 乙이 쌀 1가마니를 인도하여야 할 변제장소는 甲의 현주소이다.

➡ 변제장소를 따로 약정하지 아니하였으며, 쌀 1가마니를 인도할 채무는 불특정물인도 채무이다. 따라서 주문자(채권자)인 甲의 현주소에서 인도하여야 한다.[제1조 제2항]

ㄴ. (X) 甲이 자기 집에 주차되어 있는 중고 자동차X를 乙에게 매도하기로 한 경우, 甲이 중고 자동차X를 인도하여야 할 변제장소는 乙의 현주소이다.

➡ 변제장소를 따로 약정하지 아니하였으며, 중고 자동차X를 인도할 채무는 특정물인도 채무이다. 따라서 채무의 변제는 채권성립 당시에 그 물건이 있던 장소인 甲의 집에서 해야 한다.[제1조 제1항]

ㄷ. (O) 甲이 乙로부터 외상으로 물건을 구입한 경우, 甲의 매매대금 지급장소는 乙의 현주소이다.

➡ 변제장소를 따로 약정하지 아니하였으며, 매수인의 대금지급의무는 불특정물인도 채무이다.[3문단] 또한 외상으로 구입했으므로 매매 목적물의 인도와 동시에 대금을 지급하는 경우(제2조)에 해당하지 않는다. 따라서 매매대금 지급장소는 채권자인 乙의 현주소이다.[제1조 제2항]

ㄹ. (O) 甲이 자기 집에 보관하고 있는 중고 자전거Y를 乙에게 매도하면서 매매대금은 중고 자전거Y를 인도할 때 지급받기로 약정한 경우, 乙의 매매대금 지급장소는 甲의 집이다.

➡ 甲에게는 중고 자전거Y를 인도할 채무가 있는데 변제의 장소를 약정하지 아니하였다. 따라서 중고 자전거Y(특정물)의 인도장소는 채권성립 당시에 그 물건이 있던 장소인 甲의 집이다.[제1조 제1항]
乙에게는 매매대금을 지급할 채무가 있는데, 중고 자전거Y(매매목적물)의 인도와 동시에 대금을 지급하기로 약정하였으므로 乙의 매매대금 지급장소는 중고 자전거Y를 인도받는 장소인 甲의 집이다.[제2조]

18

정답 ④ 외교원 2013 인 6

제시문의 이해

● 기타소득세 과세 대상인 미술품 및 문화재 (요건)
1. 대통령령으로 정하는 서화(書畵)·골동품
   (1) 회화, 데생, 파스텔(손으로 그린 것) 및 콜라주와 이와 유사한 장식판
   (2) 판화·인쇄화 및 석판화의 원본
   (3) 골동품 : 제작 후 100년을 넘은 것
2. 개당·점당 또는 조당 양도가액이 6,000만 원 이상인 것

● 제외 (비과세)
1. 양도일 현재 생존하고 있는 국내 원작자의 작품
2. 국보와 보물 등 국가지정문화재
3. 파스텔 중 도안과 장식한 가공품
4. 제작 후 100년이 되지 않은 골동품

● 세금 계산 방법
1. 과세표준
   (1) 보유 기간이 10년 미만 : 양도차액의 20 %
   (2) 보유 기간이 10년 이상 : 양도차액의 10 %
2. 세율 : 20 %

보기 검토

ㄱ. (X) A가 석판화의 복제품을 12년 전 1,000만 원에 구입하여 올해 5,000만 원에 판매한 경우, 이에 대한 기타소득세 100만 원을 납부하여야 한다.

➡ [2문단 (ii)] 석판화의 복제품은 과세대상이 아니며, 양도가액이 6,000만 원 미만인 경우는 과세대상이 아니다.

ㄴ. (X) B가 보물로 지정된 고려시대의 골동품 1점을 5년 전 1억 원에 구입하여 올해 1억 5,000만 원에 판매한 경우, 이에 대한 기타소득세 200만 원을 납부하여야 한다.

➡ [1문단 4문장] 보물로 지정된 문화재는 과세대상이 아니다.

ㄷ. (O) C가 현재 생존하고 있는 국내 화가의 회화 1점을 15년 전 100만 원에 구입하여 올해 1억 원에 판매한 경우, 이에 대한 기타소득세를 납부하지 않아도 된다.

➡ [1문단 3문장] 현재 생존하고 있는 국내 원작자의 작품은 과세대상이 아니다.

ㄹ. (X) D가 작년에 세상을 떠난 국내 화가의 회화 1점을 15년 전 1,000만 원에 구입하여 올해 3,000만 원에 판매한 경우, 이에 대한 기타소득세 40만 원을 납부하여야 한다.

➡ [1문단 2문장] 양도가액이 6,000만 원 미만인 경우는 과세대상이 아니다.

19

정답 ⑤ 외교원 2013 인 24

제시문의 이해

	동산질권	동산담보권
권리 주체	채권자 (질권자)	채권자 (담보권자)
채무자 요건	—	법인, 상호등기를 한 사람
동산 제공자	채무자	채무자
권리설정 주체	채무자, 제3자 (질권설정자)	채권자 (담보권자)
성립	동산(담보목적물)을 제공한 때	담보등기부에 등기한 때
소멸	① 채무를 전부 변제한 때 ② 동산(담보목적물)을 반환한 때	담보등기부에 등기한 때
권리의 행사	채무자가 채무의 전부를 변제할 때까지 (일부를 변제했더라도) 채권자는 담보목적물 전부에 대하여 권리를 행사할 수 있다.	

선택지 검토

① 〔O〕 甲이 乙소유의 동산에 대해 동산질권을 취득한 후, 그 동산을 乙에게 반환하면 甲의 동산질권은 소멸한다.
➡ [1문단 마지막] 질권자가 담보목적물을 질권설정자에게 반환한 때 동산질권은 소멸한다.

② 〔O〕 경찰관 乙이 채권자 甲에게 자신의 동산을 담보로 제공하기로 약정하더라도 甲은 동산담보권을 취득할 수 없다.
➡ [2문단 1문장] 경찰관은 '법인 등'이 아니므로 동산담보권을 설정할 수 없다.

③ 〔O〕 상호등기를 한 乙이 채권자 甲에게 자신의 동산을 담보로 제공한 경우, 甲이 그 동산을 담보등기부에 등기하면 甲은 동산담보권을 취득한다.
➡ [2문단 1문장] 乙은 '법인 등'에 해당하며, 채권자인 甲은 담보등기를 할 수 있다.

④ 〔O〕 乙법인이 제공한 동산을 담보등기부에 등기하여 甲이 동산담보권을 취득한 후, 丙이 그 동산에 대해 동산담보권을 취득한 경우, 甲의 동산담보권이 丙의 동산담보권보다 우선한다.
➡ [2문단 3문장] 동일한 동산에 설정된 동산담보권 상호간의 우선순위는 등기의 선후에 따른다.

⑤ 〔X〕 채권자 甲이 채무자 乙법인의 동산을 담보등기부에 등기하여 동산담보권을 취득한 후, 乙이 甲에게 채무 일부를 변제하면 변제액에 비례하여 甲은 동산의 일부에 대해 동산담보권을 행사할 수 있다.
➡ [2문단 마지막] 동산담보권자는 채권 전부를 변제받을 때까지 담보목적물 전부에 대하여 동산담보권을 행사할 수 있다.

20

정답 ② 외교원 2013 인 26

제시문의 이해

● 보고대상
- 현금 거래 (어음, 수표 포함)
- 기간 : 1거래일
- 명의 : 동일 1인 명의
- 금액 : 2,000만 원 이상
- 방법 : 창구 거래, 현금자동입출금기 거래

● 제외
- 외국통화 거래
- 금융기관 사이의 거래
- 금융기관과 국가·지방자치단체 사이의 거래
- 계좌이체, 인터넷뱅킹 (회계상의 가치이전만 이루어지는 거래)

보기 검토

○ 〔O〕 A는 甲은행의 자기 명의 계좌에 100,000달러를 입금하고, 3,000만 원을 100만 원권 자기앞수표로 인출하였다.
➡ 외국통화로 거래한 100,000달러는 제외되지만, 1인 명의, 수표로 3,000만 원 거래 → 보고 대상

○ 〔X〕 B는 乙은행의 자기 명의 계좌에서 세종시 세무서에서 부과된 소득세 3,000만 원을 계좌이체를 통해 납부하였다.
➡ 1인 명의로 2,000만 원 이상의 거래를 하였지만, 계좌이체는 보고대상 거래가 아님 → 제외

○ 〔X〕 C는 丙은행의 자기 명의 계좌에서 현금 1,500만 원을, 丙은행의 배우자 명의 계좌에서 현금 1,000만 원을 각각 인출하였다.
➡ 동일한 1명의 명의로 거래된 금액이 2,000만 원을 넘지 않음 : 제외

C 1인이 금융기관의 창구를 통해 2,500만 원을 인출한 것이라고 생각할 수도 있다. 그러나 제시문 1문단 3줄에서 알 수 있듯이 (C 1인이 실제로 인출하긴 했지만) 명의인이 2명이라는 내용으로 파악해야 한다.

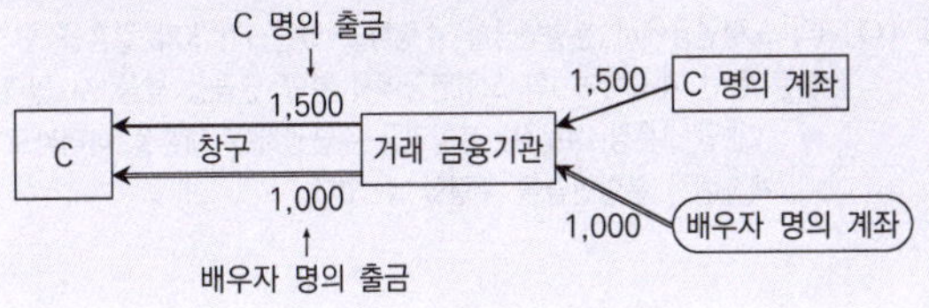

○ 〔O〕 D는 丁은행의 자기 명의 a, b계좌에서 현금 1,000만 원을 각각 인출하였다.
➡ 1인 명의, 현금으로 총 2,000만 원 거래 → 보고 대상

○ 〔X〕 E는 戊은행의 자기 명의 계좌에 현금 1,900만 원을 입금하고, 戊은행의 F 명의 계좌로 인터넷뱅킹을 통해 100만 원을 이체하였다.
➡ 현금 1,900만 원은 요건에 미달.
나머지 100만 원은 다른 명의로 거래했으며, 또한 인터넷뱅킹은 보고대상 거래가 아님. → 제외

21

정답 ⑤ 5급 공채 2014 A 8

제시문의 이해

- 1문단 : 노령연금과 분할연금의 정의

- 2문단 : 분할연금 수급 요건 및 양태 1
  ① 배우자의 국민연금 가입기간 중의 혼인기간이 5년 이상
  ② 배우자와 이혼
  ③ 배우였던 사람이 노령연금 수급권자
  (국민연금에 10년 이상 가입하였던 자 또는 10년 이상 가입 중인 만 60세 이상인 자)
  ④ 만 60세 이상
  ⑤ 요건을 갖춘 때부터 3년 이내에 청구

- 3문단 : 분할연금 수급 양태 2

선택지 검토

① [X] 국민연금 가입기간이 8년째인 A와 혼인한 B가 3년 만에 이혼한 경우, B는 A가 받는 노령연금에서 분할연금을 받을 수 있다.
➡ [2문단 1문장] 혼인기간 5년의 요건을 충족시키지 못했으므로, 분할 연금을 받을 수 없다.

② [X] C와 이혼한 D가 C의 노령연금에서 30만 원의 분할연금을 수령하고 있던 중 D가 사망한 경우, 이후 분할연금액 30만 원은 C가 수령하게 된다.
➡ [3문단 2문장] 분할연금을 받던 사람이 사망하면, 분할연금액은 소멸한다.

③ [X] E와 이혼한 F가 만 60세에 도달하지 않아도, E가 노령연금을 수령하는 때로부터 F는 분할연금을 받을 수 있다.
➡ [2문단 1문장 ③] 본인이 만 60세가 되어야 분할연금을 받을 수 있다.

④ [X] 공무원 G와 민간인 H가 이혼한 경우, G는 H가 받는 노령연금에서 분할연금을 받을 수 있고 H는 G가 받는 공무원연금에서 분할연금을 받을 수 있다.
➡ [3문단 마지막 문장] 공무원연금에서는 분할연금을 인정하고 있지 않으므로, H는 G가 받는 공무원연금에서 분할연금을 받을 수 없다.

⑤ [O] I의 노령연금에서 분할연금을 수령하고 있던 J가 K와 결혼을 한 경우, J가 생존하는 동안 계속하여 I의 노령연금에서 분할 연금을 받을 수 있다.
➡ [2문단 2문장, 4문장] 분할연금 수급권자는 재혼을 하더라도 생존하는 동안 계속해서 분할연금을 수령할 수 있다.

22

정답 ④ 5급 공채 2014 A 26

제시문의 이해

- 甲의 의무, 권리 등에 관한 조항 → 나, 다, 바
- 乙의 의무, 권리 등에 관한 조항 → 다, 라, 마

- '사업비'에 관한 조항 → 가, 나, 다, 라
- '성과 인센티브'에 관한 조항 → 마, 바

보기 검토

ㄱ. [X] 乙은 9월 10일 교육훈련과 관련없는 甲의 등산대회에 사업비에서 100만 원을 협찬하였다.
➡ 乙의 (라) 위반

ㄴ. [X] 乙은 1월 25일에 상반기 사업비 지급을 청구하였으며, 甲은 2월 10일에 3,500만 원을 지급하였다.
➡ 甲의 (나) 위반 : 甲은 2월 8일까지(14일 이내) 사업비를 지급해야 한다.

ㄷ. [O] 乙은 8월 8일에 하반기 사업비 지급을 청구하면서 상반기 사업추진실적 및 사업비 사용내역을 제출하였다.
➡ 乙의 (다) 의무 이행

ㄹ. [X] 乙은 10월 9일에 관련 증빙서류를 구비하여 성과 인센티브의 지급을 청구하였으나, 甲은 증빙서류의 확인을 거부하고 지급하지 않았다.
➡ 乙의 (마) 이행 : 3분기(7~9월) 종료 후 10일 이내에 청구
甲의 (바) 위반

23

정답 ① 5급 공채 2014 A 33

보기 검토

ㄱ. [O] 주민의 복리에 관한 조례는 법령의 범위 안에서 지방자치단체에 따라 상이할 수 있다.
➡ [헌법 제1조 제1항] 지방자치단체는 법령의 범위 안에서 '자치'에 관한 규정(조례나 규칙)을 제정할 수 있다. 서로 다른 지방자치단체가 법령을 위반하지 않는 범위 내에서 각각의 실정에 맞는 조례를 제정한다면, 그 조례들은 상이할 수 있다.

ㄴ. [O] 헌법을 개정하지 않더라도 법률의 개정으로 지방자치단체의 종류를 변경할 수 있다.
➡ [헌법 제1조 제2항] 지방자치단체의 종류는 법률로 정한다. 따라서 법률의 개정으로 지방자치단체의 종류를 변경할 수 있다.

ㄷ. [X] 지방의회는 공석이 된 지방자치단체장의 선임방법을 조례로만 정해야 한다.
➡ [헌법 제2조 제2항] 지방자치단체장의 선임방법은 법률로 정한다.

ㄹ. [X] 지방자치단체장은 지방의회의 조직을 임의로 정할 수 있다.
➡ [헌법 제2조 제2항] 지방의회의 조직은 법률로 정한다.

24

정답 ③ 5급 공채 2015 인 24

제시문의 이해

● 지역선거구별 인구편차 허용기준에 대한 헌법재판소의 입장 변경

〈과 거〉

평균인구 기준 상하 50 %
(가장 큰 선거구와 가장 작은 선거구의 인구비례 = 3 : 1)

투표가치의 차이 : 최대 3배

〈예〉

최소	평균	최대
50	100	150

→

〈현 재〉

가장 큰 선거구와 가장 작은 선거구가 인구비례 2 : 1을 넘지 않아야 함
(평균인구 기준 상하 33.3 %)

투표가치의 차이 : 최대 2배

〈예〉

최소	평균	최대
66.7	100	133.3

보기 검토

ㄱ. 〔X〕 지방자치제도가 정착되었기 때문에 국회의원의 지역대표성을 더욱 강화해야 한다.
➡ 헌법재판소가 제시한 (2)번 이유와 상반되는 내용이다.

ㄴ. 〔O〕 국회의원 지역선거구를 획정할 때, 인구가 '최대인 선거구의 인구'를 '최소인 선거구의 인구'로 나눈 숫자가 2 이상이 되지 않는 것이 외국의 일반적인 경향이다.
➡ 헌법재판소가 제시한 (4)번 이유의 근거 및 예시로 들 수 있는 내용이다.

ㄷ. 〔X〕 지역정당구조의 완화와 농어촌 지역 간 불균형을 극복하기 위하여 국회의원 지역선거구 획정은 평균인구 기준 상하 66.6 %를 기준으로 판단해야 한다.
➡ 평균인구 기준 상하 66.6 %를 기준으로 하면 투표가치는 최대 5배 정도까지 차이가 날 수 있다.

최소	평균	최대
33.4	100	166.6

이것은 종래(평균인구 기준 상하 50 %, 최대 3배 차이)보다 기준을 완화시키는 것이다.
헌법재판소는 (3)번 이유에서 '인구편차의 허용기준을 완화하면 할수록 지역정당구조를 심화시키거나 농어촌 지역 간 불균형을 유발한다'고 하며, 기준을 강화해야 한다고 입장을 밝히고, 인구편차 기준은 가장 큰 선거구와 가장 작은 선거구가 인구비례 2 : 1(평균인구 기준 상하 33.3 %)을 넘지 않아야 한다고 하였다.

ㄹ. 〔O〕 선거구별 인구의 차이가 커질수록 인구가 많은 선거구에 거주하는 사람의 투표가치는 인구가 적은 선거구에 거주하는 사람의 투표가치보다 줄어든다.
➡ 헌법재판소가 제시한 (1)번 이유의 근거로 들 수 있는 내용이다.

25

정답 ② 5급 공채 2016 ④ 2

제시문의 이해

국가의 지방자치단체에 대한 재정 지원 방법

1. 지방교부세
용도제한 없음

2. 국고보조금
용도제한 있음
상급기관 감독

선택지 검토

① 〔X〕 국가는 지방자치단체가 필요로 하는 사업에 용도를 지정하여 지방교부세를 지급한다.
➡ [2문단 2문장, 3문단 3문장] 지방자치단체가 필요로 하는 사업을 국가가 지원하기 위하여 용도에 제한을 두고 교부하는 재원은 국고보조금이다.

② 〔O〕 국고보조금은 지방교부세에 비해 예산운용의 측면에서 지방자치단체의 자율성을 약화시킬 수 있다.
➡ [3문단 3-4문장] 지방교부세는 용도에 제한이 없지만, 국고보조금은 용도에 제한을 두고 상급기관이 감독을 하게 되므로 지방자치단체의 자율성이 약화될 수 있다.

③ 〔X〕 지방자치단체의 R&D 사업에 지급된 국고보조금의 경우, 해당 R&D 사업 외의 용도로 사용될 수 있다.
➡ [3문단 3문장] 국고보조금은 특정 용도 외의 사용이 금지되어 있다.

④ 〔X〕 일반적으로 재정력이 취약한 지방자치단체는 재정력이 양호한 지방자치단체에 비해 국고보조사업 신청에 더 적극적이다.
➡ [3문단 6문장] 재정력이 취약한 지방자치단체는 지방비 부담(3문단 5문장 : 국고보조금은 지방자치단체가 사업 비용의 일부를 부담해야 한다는 것이 전제조건)으로 인해 상대적으로 국고보조사업 신청에 소극적이다.

⑤ 〔X〕 국고보조금은 지방자치단체가 필요로 하는 사업에는 지원되지 않기 때문에 지방자치단체간 재정불균형을 해소하는 기능은 없다.
➡ [1문단 2문장, 2문단 2문장] 국고보조금은 지역간 재정 불균형을 해소하기 위해 교부되는 것이며, 지방자치단체가 필요로 하는 사업을 지원하기 위해 지급되기도 한다.

26

정답 ① 5급 공채 2016 ④ 8

제시문의 이해

	농약	화학비료	비고
유기농산물	사용 ×	사용 ×	2년 내지 3년
무농약농산물	사용 ×	권장량의 1/2 이하	-
저농약농산물	최대횟수의 1/2 이하	권장량의 1/2 이하	농약 살포시기 준수

보기 검토

ㄱ. [O] 甲은 5 km^2의 면적에서 재배기간 동안 농약을 전혀 사용하지 않고 20 t의 화학비료를 사용하여 사과를 재배하였으며, 이 사과를 수확하여 무농약농산물 인증신청을 하였다.

➡ ['사과'에 대한 무농약농산물 인증신청]
- 면적 : 5 km^2 = 5,000,000 m^2 = 500 ha
- 농약 : 전혀 사용하지 않음 → 요건 충족
- 화학비료 : 20 t(= 20,000 kg) 사용 → 40 kg/ha 사용
  → 권장량(100 kg/ha)의 1/2 이하 → 요건 충족

ㄴ. [X] 乙은 3 ha의 면적에서 재배기간 동안 농약을 1회 살포하고 50 kg의 화학비료를 사용하여 복숭아를 재배하였다. 하지만 수확시기가 다가오면서 병충해 피해가 나타나자 농약을 추가로 1회 살포하였고, 열흘 뒤 수확하여 저농약농산물 인증신청을 하였다.

➡ ['복숭아'에 대한 저농약농산물 인증신청]
- 면적 : 3 ha
- 농약 : 2회 살포2회 살포 → 최대 살포횟수의 1/2 → 요건 충족
  마지막 살포 시기 : 수확 10일 전 → 요건 불충족
- 화학비료 : 50 kg 사용 → 약 17 kg/ha 사용
  → 권장량(50 kg/ha)의 1/2 이하 → 요건 충족

ㄷ. [X] 丙은 지름이 1 km인 원 모양의 농장에서 작년부터 농약을 전혀 사용하지 않고 감귤을 재배하였다. 작년에는 5 t의 화학비료를 사용하였으나, 올해는 전혀 사용하지 않고 감귤을 수확하여 유기농산물 인증신청을 하였다.

➡ ['감귤'에 대한 유기농산물 인증신청]
- 감귤은 다년생 작물이므로 3년간 농약과 화학비료를 사용하지 않아야 함.
- 농약 : 2년 동안 사용하지 않음 → 요건 불충족
- 화학비료 : 1년 동안 사용하지 않음 → 요건 불충족

ㄹ. [O] 丁은 가로와 세로가 각각 100 m, 500 m인 과수원에서 감을 재배하였다. 재배기간 동안 총 2회(올해 4월 말과 8월 초) 화학비료 100 kg씩을 뿌리면서 병충해 방지를 위해 농약도 함께 살포하였다. 丁은 추석을 맞아 9월 말에 감을 수확하여 저농약농산물 인증신청을 하였다.

➡ ['감'에 대한 저농약농산물 인증신청]
- 면적 : 50,000 m^2 = 5 ha
- 농약 : 2회 살포 → 최대 살포횟수의 1/2 → 요건 충족
  마지막 살포 시기 : 수확 약 2달 전 → 요건 충족
- 화학비료 : 200 kg → 약 40 kg/ha 사용
  → 권장량(120 kg/ha)의 1/2 이하 → 요건 충족

더 생각해 보기

- 보기를 검토할 때, 제약이 가장 많이 걸려 있어서 판단하기 편한 것을 먼저 검토하는 것이 좋다.
  이 문제의 경우, '유기농산물'의 인증에 가장 강한 제약이 걸려 있으므로 보기 ㄷ부터 검토한다. 이때 보기 ㄷ은 별다른 계산 없이 옳지 않다는 것을 알 수 있고, 보기 ㄷ을 제외하면 선택지 ①과 ③ 중 하나가 정답임이 확인된다. 최종적으로 보기 ㄴ만 더 검토하면 정답을 찾을 수 있다.

27

정답 ③ 5급 공채 2018 나 21

제시문의 이해

- 1문단

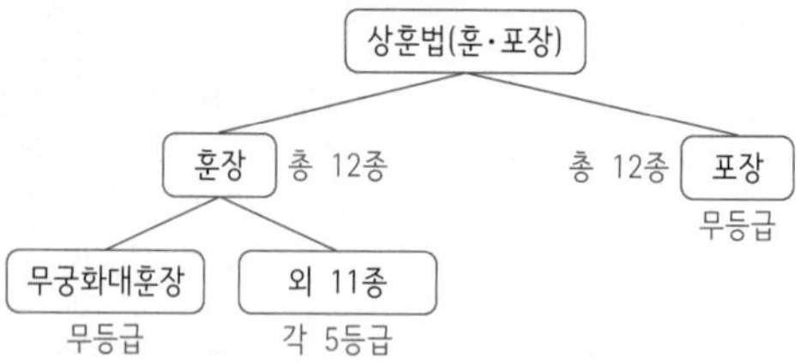

- 2문단
  서훈의 추천 → 서훈대상자 결정(훈장 수여 여부 결정)

- 3문단
  - 훈장 및 부상의 수여
  - 훈장의 패용

- 4문단
  - 서훈의 취소
  - 훈장 및 부상의 환수

선택지 검토

① [X] 훈장의 명칭은 60개로 구분된다.
➡ [1문단 3-4문장] 훈장은 12종이 있는데, 무궁화대훈장은 등급이 없고(1가지) 나머지 11종은 각각 5개의 등급(총 55가지)이 있다. 따라서 총 56가지의 훈장이 있는데 모두 다른 명칭이 붙여져 있으므로 훈장의 명칭은 56개로 구분된다.

② [X] 훈장과 포장은 등급별로 구분되어 있다.
➡ [1문단 마지막] 포장은 훈장과는 달리 등급이 없다.

③ [O] 훈장을 받은 자가 사망하였다면 그 훈장은 패용될 수 없다.
➡ [3문단 2문장] 훈장은 본인만 패용할 수 있고, 본인의 사후에는 그 유족이 보존하되 패용하지는 못한다.

④ [X] 서훈대상자는 국회의 의결을 거쳐 대통령이 결정한다.
➡ [2문단 마지막] 국회의 의결이 아니라 국무회의의 심의를 거친다.

⑤ [X] 훈장을 받은 자의 공적이 허위임이 판명되어 서훈이 취소된 경우, 훈장과 함께 수여한 금품은 그의 소유로 남는다.
➡ [4문단 마지막] 훈장을 받은 자의 공적이 허위임이 판명된 경우, 서훈이 취소되고 수여한 훈장과 금품은 모두 환수된다.

28

정답 ① 5급 공채 2018 나 25

보기 검토

ㄱ. [O] A와 B는 비(非)공무원 부부이며 공무원 C(37세)와 공무원 D(32세)를 자녀로 두고 있다. 공무원 D가 부모님을 부양하던 상황에서 A가 사망하였다면, 사망조위금 최우선 순위 수급권자는 D이다.

➡ 공무원의 부(父)가 사망한 경우이며, 해당공무원이 2인인 경우이다.
이 경우, 사망한 자의 배우자가 공무원이 아니므로, 사망한 자를 부양하던 직계비속인 공무원 D가 최우선 순위 수급권자가 된다.

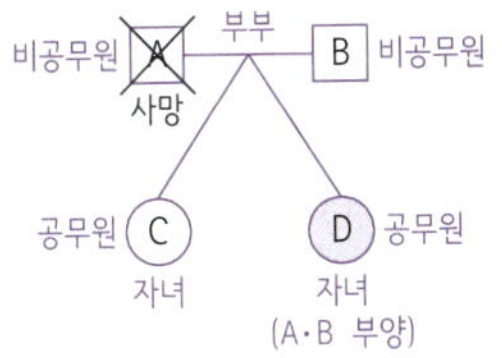

ㄴ. [X] A와 B는 공무원 부부로 비공무원 C를 아들로 두고 있으며, 공무원 D는 C의 아내이다. 만약 C가 사망하였다면, 사망조위금 최우선 순위 수급권자는 A이다.

➡ 공무원의 자녀이자 배우자인 사람이 사망한 경우이며, 해당 공무원이 3인인 경우이다.
이 경우, 사망한 자의 배우자인 공무원 D가 최우선 순위 수급권자가 된다.

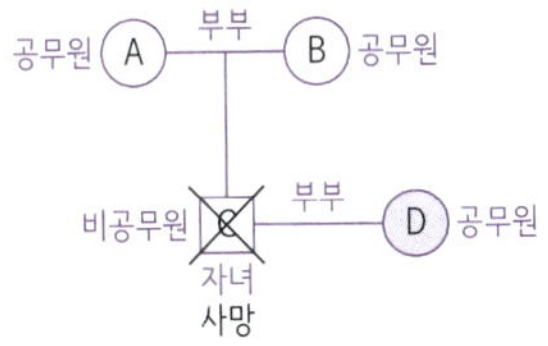

ㄷ. [X] 공무원 A와 비공무원 B는 부부이며 비공무원 C(37세)와 비공무원 D(32세)를 자녀로 두고 있다. A가 사망하고 C와 D가 장례와 제사를 모시는 경우, 사망조위금 최우선 순위 수급권자는 C이다.

➡ 공무원 본인이 사망한 경우이다.
이 경우, 사망한 공무원의 배우자인 B가 최우선 순위 수급권자가 된다.

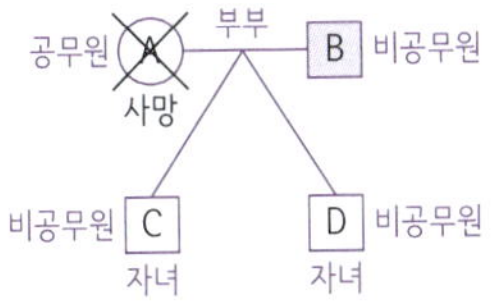

29

정답 ① 5급 공채 2019 가 3

보기 검토

ㄱ. [O] 34세로 소득 7분위인 대학생 甲이 직전 학기에 14학점을 이수하여 평균 B학점을 받았을 경우 X학자금 대출을 받을 수 있다.

➡ [X학자금 대출, 신청대상] 신청대상 기준을 모두 충족한다.

ㄴ. [O] X학자금 대출 대상이 된 乙의 한 학기 등록금이 300만 원일 때, 한 학기당 총 450만 원을 대출받을 수 있다.

➡ [X학자금 대출, 대출한도] 등록금의 경우 학기당 소요액(300만 원) 전액을 대출받을 수 있고, 생활비로 학기당 150만 원을 대출받을 수 있으므로, 학기당 총 450만 원을 대출받을 수 있다.

ㄷ. [X] 50세로 소득 9분위인 대학원생 丙(장애인)은 신용 요건에 관계없이 Y학자금 대출을 받을 수 있다.

➡ [Y학자금 대출, 신청대상(신용요건)] 금융채무불이행자나 저신용자는 대출을 받을 수 없으며 이에 대한 예외 규정은 없다.

ㄹ. [X] 대출금액이 동일하고 졸업 후 소득이 발생하지 않았다면, X학자금 대출과 Y학자금 대출의 매월 상환금액은 같다.

➡ [상환사항] X학자금 대출의 경우, 졸업 후 소득이 발생하지 않으면 상환이 유예된다. Y학자금 대출의 경우에는 소득 발생 여부와 상관없이 졸업 직후부터 매월 상환하여야 한다.

30

정답 ④ 5급 공채 2019 가 23

보기 검토

ㄱ. [O] 남자 30명과 여자 30명이 근무할 경우, A기준과 B기준에 따라 설치할 위생기구 수는 같다.

➡ 남녀 화장실의 위생기구 개수를 각각 구한 후 합산하되, 대·소변기를 구분할 필요는 없다.
<A기준> 남자 화장실 2개, 여자 화장실 2개 → 총 4개
<B기준> 남자 화장실 2개, 여자 화장실 2개 → 총 4개

ㄴ. [O] 남자 50명과 여자 40명이 근무할 경우, B기준에 따라 설치할 남자 화장실과 여자 화장실의 대변기 수는 같다.

➡ 남자 화장실 : 전체 3개 중 2개가 대변기
여자 화장실 : 2개 모두 대변기
대변기 수는 같다.

ㄷ. [X] 남자 80명과 여자 80명이 근무할 경우, A기준에 따라 설치할 소변기는 총 4개이다.

➡ 소변기는 남자화장실에만 설치되므로, 여자의 인원수는 무시한다.
전체 4개 중 절반인 2개가 소변기의 총 개수이다.

ㄹ. [O] 남자 150명과 여자 100명이 근무할 경우, C기준에 따라 설치할 대변기는 총 5개이다.

➡ 남자 화장실 : 전체 4개 중 2개가 대변기
여자 화장실 : 3개 모두 대변기
총 5개이다.

31

정답 ⑤ 5급 공채 2019 가 24

선택지 검토

① 〔X〕 영농기에 저수지 저수율이 평년의 50 %라면 농업용수 가뭄 예·경보 기준의 심함에 해당한다.

➡ [매우심함 - 농업용수, 각주] 영농기에 저수지 저수율이 평년의 50 % 이하이면 '매우심함'에 해당한다.

② 〔X〕 영농기에 밭 토양 유효수분율이 70 %일 경우 농업용수 가뭄 예·경보를 그 달 10일에 발령한다.

➡ 밭 토양 유효수분율이 70 %인 경우는 가뭄 예·경보 발령 기준에 해당하지 않는다.

③ 〔X〕 하천유지유량을 감량 공급하는 상황에서 현재 하천 및 댐 등에서 농업용수 공급이 부족한 경우, 농업용수 가뭄 예·경보 기준의 심함에 해당한다.

➡ [심함 - 생활 및 공업용수] 이 경우는 농업용수가 아니라 생활 및 공업용수 가뭄 예·경보 기준의 심함에 해당한다.

④ 〔X〕 12월 23일 금요일에 저수지 저수율이 평년의 60 % 이하이거나 밭 토양 유효수분율이 40 % 이하이면 농업용수 가뭄 예·경보가 발령될 것이다.

➡ 농업용수의 경우 가뭄 예·경보는 영농기(4 ~ 9월)에만 발령된다. 12월은 영농기가 아니기 때문에 가뭄 예·경보가 발령되지 않는다.

⑤ 〔O〕 5월 19일 목요일에 생활 및 공업용수 가뭄 예·경보가 발령되었다면, 현재 하천 및 댐 등에서 농업용수, 생활 및 공업용수 공급이 부족하고, 장래 1 ~ 3개월 후 생활 및 공업용수 공급에도 차질이 발생할 것으로 판단되는 경우일 것이다.

➡ '주의'는 매 월 10일, '심함'은 매 주 금요일에 발령된다. 이 경우는 19일 목요일에 발령되었으므로 '주의'나 '심함'이 아니라 '매우심함'에 해당하며, 이하의 내용은 생활 및 공업용수의 '매우심함' 기준에 해당하므로 옳다.

32

정답 ② 5급 공채 2020 나 6

제시문의 이해

- 1문단 : 「국가공무원법」상 정무직 공무원
- 2문단 : 「지방공무원법」상 정무직 공무원
- 3문단 : 정무직 공무원의 의무 및 인사
- 4문단 : 행정기관 소속 정무직 공무원

선택지 검토

① 〔X〕 감사원장은 국가공무원 총정원에 포함된다.

➡ [1문단 2문장, 3문단 2문장] 감사원장은 「국가공무원법」상 정무직 공무원에 해당하며, 「국가공무원법」상 정무직 공무원은 국가공무원의 총정원에 포함되지 않는다.

② 〔O〕 조례로 정무직 공무원을 지정하는 것이 가능하다.

➡ [2문단] 「지방공무원법」상 정무직 공무원 중 고도의 정책결정 업무를 담당하거나 이러한 업무를 보조하는 공무원은 법령 또는 조례로 지정할 수 있다.

③ 〔X〕 「국가공무원법」상 정무직 공무원의 임명에는 모두 국회의 동의가 필요하다.

➡ [1문단 1문장] 임명할 때 국회의 동의가 필요한 공무원은 「국가공무원법」상 정무직 공무원의 한 종류일 뿐, 모든 「국가공무원법」상 정무직 공무원의 임명에 국회의 동의가 필요한 것은 아니다.

④ 〔X〕 대통령비서실 수석비서관은 재산등록의무가 있으나 병역사항 신고의무는 없다.

➡ [1문단 2문장, 3문단 1문장] 대통령비서실 수석비서관은 「국가공무원법」상 정무직 공무원에 해당하며, 정무직 공무원에게는 재산등록의무와 병역사항 신고의무가 모두 있다.

⑤ 〔X〕 정부부처의 차관은 정부관료집단의 일원이지만 정책집행의 법적 책임은 지지 않는다.

➡ [4문단 1문장, 4-5문장] 정부부처의 차관은 행정기관 소속 정무직 공무원이며, 행정기관 소속 정무직 공무원은 정부관료집단에 포함되지 않는 것이 보통이지만, 정책집행의 법적 책임은 진다.

33

정답 ① 5급 공채 2020 나 23

선택지 검토

① 〔O〕 무도장을 운영할 때 목욕시설과 매점을 설치하는 경우 시설기준에 위반된다.

➡ [임의시설 2] 무도장업은 목욕시설과 매점의 설치가 허용되는 업종이 아니다.

② 〔X〕 수영장을 운영할 때 수용인원에 적합한 세면실과 급수시설을 모두 갖추어야 한다.

➡ [필수시설 2] 수영장업의 경우 세면실이 아니라 탈의실을 갖추어야 한다. 탈의실 대신 세면실을 설치하는 것이 허용되는 업종에서 수영장업은 제외된다.

③ 〔X〕 체력단련장을 운영할 때 이를 이용하는 데에 지장이 없는 범위에서 가상체험 체육시설을 설치할 수 있다.

➡ [제1항 제2호, 임의시설 3] 체력단련장업은 신고 체육시설업이며, 신고 체육시설업의 경우에는 해당 체육시설 외에 다른 종류의 체육시설을 설치할 수 없다.

④ 〔X〕 복합건물 내에 위치한 골프연습장을 운영할 때 다른 시설물과 공동으로 사용하는 주차장이 없다면, 수용인원에 적합한 주차장을 반드시 갖추어야 한다.

➡ [제1항 제2호, 필수시설 1] 골프연습장업은 신고 체육시설업이며, 주차장을 반드시 갖추어야 한다는 규정은 등록 체육시설업에만 적용된다.

⑤ 〔X〕 수영장을 운영할 때 구급약품을 충분히 갖추어 부상자 및 환자의 구호에 지장이 없다면, 응급실을 갖추지 않아도 시설기준에 위반되지 않는다.

➡ [필수시설 3] 수영장업은 응급실을 갖추지 않아도 되는 업종에서 제외된다.

34

정답 ①　　5급 공채 2021 가 4

제시문의 이해

- 1문단 : 협회장 선출 시기 및 방법(2가지)
- 2문단 : 찬반투표 참여 자격 = 정회원
- 3문단 : 선거 참여 자격 = 정회원 자격을 획득(회복) 후 만 1년을 경과한 정회원

선택지 검토

① [X] 2019년 10월 A협회 정회원 자격을 얻은 甲은 '2020년 협회장' 선출을 위한 '선거'에 참여할 수 있었다.
➡ [1문단 1문장, 3문단 1문장] '2020년 협회장'은 2019년 12월에 선출한다. '선거'는 정회원 자격을 얻은 후 만 1년이 경과해야만 참여할 수 있으므로, 2019년 10월에 정회원 자격을 얻었다면 2019년 12월의 선거에 참여할 수 없다.

② [O] 2018년 10월 A협회 정회원 자격을 얻은 乙은 2019년 연회비 납부 여부와 관계없이 '2019년 협회장' 선출을 위한 '찬반투표'에 참여할 수 있었다.
➡ [1문단 1문장, 2문단 1-3문장] '2019년 협회장'은 2018년 12월에 선출한다. '찬반투표'는 정회원 자격이 있으면 참여할 수 있으므로, 2018년 10월에 정회원 자격을 얻었다면 2018년 12월의 선거에 참여할 수 없다.

③ [O] 2017년 10월 A협회 정회원 자격을 얻은 丙이 연회비 미납부로 자격이 유보되었다가 2019년에 정회원 자격을 회복하였더라도 '2020년 협회장' 선출을 위한 '선거'에 참여할 수 없었다.
➡ [1문단 1문장, 3문단 2문장] '2020년 협회장'은 2019년 12월에 선출한다. 연회비 미납부로 정회원 자격이 유보된 경우, '선거'는 정회원 자격을 회복한 후 만 1년이 경과해야만 참여할 수 있으므로, 2019년에 정회원 자격을 회복했다면 2019년 12월의 선거에 참여할 수 없다.

④ [O] 2017년 10월 A협회 준회원 활동을 시작한 丁이 최소 요구 연한 경과 직후에 정회원 자격을 획득하였다면 '2019년 협회장' 선출을 위한 '찬반투표'에 참여할 수 있었다.
➡ [1문단 1문장, 2문단 1-3문장] 정회원 자격을 2018년 10월에 획득한 경우이다. '2019년 협회장'은 2018년 12월에 선출하며, '찬반투표'는 정회원 자격이 있으면 참여할 수 있으므로, 2018년 10월에 정회원 자격을 얻었다면 2018년 12월의 찬반투표에 참여할 수 있다.

⑤ [O] 2016년 10월 처음으로 A협회 정회원 자격을 얻은 戊가 2017년부터 연회비를 계속 납부하지 않았다면 협회장 선출을 위한 '선거'에 한 번도 참여할 수 없었다.
➡ [1문단 1문장, 2문단 4-5문장, 3문단] '선거'는 정회원 자격을 얻은 후 만 1년이 경과해야만 참여할 수 있으므로, 2016년 12월의 선거에는 참여할 수 없다. 또한 연회비를 납부하지 않으면 자격이 유보되고 권리를 행사할 수 없으므로 2017년 선거에도 참여할 수 없다.

35

정답 ⑤　　5급 공채 2021 가 24

제시문의 이해

- 1문단 : 혈족상속 및 상속 순위
- 2문단 : 배우자상속
- 3문단 : 유류분의 정의
- 4문단 : 유류분 반환청구, 상속재산 중 유류분의 비율
- 5문단 : 유류분 반환청구 방법 및 소멸시효

선택지 검토

① [X] 피상속인이 유언에 의해 재산을 모두 사회단체에 기부한 경우, 그의 자녀는 유류분 권리자가 될 수 없다.
➡ [4문단 2문장] 피상속인의 직계비속은 유류분 권리자이다.

② [X] 피상속인의 자녀에게는 법정상속분 2분의 1의 유류분이 인정되며, 유류분 산정액은 피상속인의 배우자의 그것과 같다.
➡ [2문단 2문장, 4문단 3문장] 배우자의 법정상속분은 직계비속의 1.5배이다. 따라서 배우자의 유류분 산정액은 직계비속의 유류분 산정액의 1.5배이다.
직계비속의 상속분 = a
직계비속의 유류분 산정액 = a × 0.5
배우자의 상속분 = 1.5 × a
배우자의 유류분 산정액 = 1.5 × a × 0.5

③ [X] 피상속인의 부모는 피상속인의 자녀와 공동으로 상속재산을 상속할 수 있다.
➡ [1문단 2-3문장] 피상속인의 직계존속은 2순위이고 피상속인의 직계비속은 1순위이며, 2순위 상속인은 1순위 상속인이 없는 경우에만 상속할 수 있다. 따라서 피상속인의 부모와 피상속인의 자녀가 공동으로 상속재산을 상속할 수는 없다.

④ [X] 상속이 개시한 때부터 10년이 경과하였다면, 소에 의한 방법으로 유류분반환청구권을 행사해야 한다.
➡ [5문단 2문장] 상속이 개시한 때부터 10년이 경과하면 유류분반환청구권이 소멸된다.

⑤ [O] 피상속인에게 3촌인 방계혈족만 있는 경우, 그 방계혈족은 상속인이 될 수 있지만 유류분 권리자는 될 수 없다.
➡ [1문단 2문장, 4문단 2문장] 3촌인 방계혈족은 4순위 상속인이다. 따라서 1 ~ 3순위의 상속인이 없다면 상속인이 될 수 있다. 그러나 3촌인 방계혈족은 유류분 권리자의 범위에 포함되지 않는다.

36

정답 ⑤ 민간경력 2011 인 18

선택지 검토

① 〔X〕 금고 1년 형을 선고 받아 복역한 후 2009년 10월 출소한 자
➡ [규정 1) 나)] 금고 이상의 형을 받고 그 집행이 종료된 후 5년을 경과하지 아니한 자에 해당하여 추천이 제한된다.

② 〔X〕 2011년 8월 현재 형사재판에 계류 중인 자
➡ [규정 1) 가)] 형사재판에 계류 중인 자에 해당하여 추천이 제한된다.

③ 〔X〕 2010년 10월 이후 현재까지, 공정거래관련법 위반으로 3회 시정명령 처분을 받은 기업의 대표자
➡ [규정 2) 나)] 최근 1년 이내 공정거래관련법 위반으로 3회 이상 시정명령 처분을 받은 법인의 대표자에 해당하여 추천이 제한된다.

④ 〔X〕 2010년 1월, 교통사고 후 필요한 구호조치를 하지 않아 500만 원의 벌금형 처분을 받은 자
➡ [규정 1) 마)] 포상추천일 전 2년 이내에 벌금형 처벌을 받은 자로서 1회 벌금액이 200만 원 이상인 자에 해당하여 추천이 제한된다.

⑤ 〔O〕 2009년 7월 이후 현재까지, 공정거래관련법 위반으로 고발에 따른 과징금 처분을 2회 받은 기업
➡ [규정 2) 가)] 최근 2년 이내 3회 이상 과징금 처분을 받은 법인은 추천이 제한된다. 그러나, 이 경우 2년이 조금 넘는 기간 동안 과징금 처분을 2회 받았으므로 제한요건에 해당하지 않아 추천을 받을 수 있다.

37

정답 ② 민간경력 2011 인 19

제시문의 이해

- 2문단 : 국제형사재판소(ICC)가 재판관할권을 행사하기 위한 전제조건
  ① 범죄가 발생한 국가가 범죄발생 당시 ICC 재판관할권을 인정
  ② 범죄 가해자의 현재 국적국이 ICC 재판관할권을 인정
  → 두 조건 중 하나만 해당해도 전제조건이 충족됨.
  → 두 조건 모두에 해당하지 않으면 전제조건이 충족되지 않음.

보기 검토

ㄱ. 〔O〕 ICC 재판관할권을 인정하지 않은 A국 정부는 자국 국민 甲이 ICC 재판관할권을 인정하고 있던 B국에서 인도주의에 반하는 범죄를 저지르고 자국으로 도망쳐 오자 그를 체포했지만, 범죄인 인도협정이 체결되어 있지 않다는 이유로 甲의 인도를 요구하는 B국의 요청을 거부했다.
➡ 범죄가 발생한 국가인 B국이 범죄발생 당시 ICC 재판관할권을 인정하고 있었다.

ㄴ. 〔X〕 ICC 재판관할권을 인정하지 않고 있는 C국의 국민인 乙은 ICC 재판관할권을 현재까지 인정하지 않고 있는 D국에 주둔 중인 E국의 군인들을 대상으로 잔혹한 전쟁범죄를 저질렀다. 위 전쟁범죄 발생 당시 E국은 ICC 재판관할권을 인정하고 있었다.
➡ 범죄가 발생한 국가인 D국이 범죄발생 당시 ICC 재판관할권을 인정하지 않고 있었으며, 범죄 가해자인 乙의 국적국 C국도 ICC 재판관할권을 인정하지 않고 있었다.

ㄷ. 〔O〕 ICC 재판관할권을 인정해오던 F국은 최근 자국에서 발생한 인도주의에 반하는 범죄를 저지른 민병대 지도자 丙을 국제사회의 압력에 밀려 체포했지만, 별다른 이유를 제시하지 않은 채 丙에 대한 기소와 재판을 차일피일 미루고 있다.
➡ 범죄가 발생한 국가인 F국이 범죄발생 당시 ICC 재판관할권을 인정하고 있었다.

ㄹ. 〔X〕 현재까지 ICC 재판관할권을 인정하지 않고 있는 G국의 대통령 丁은 자국에서 소수민족을 대량학살하였다. 그 후 丁이 학살당한 소수민족의 모국인 H국을 방문하던 중 ICC 재판관할권을 인정하는 H국 정부는 丁을 체포하였다.
➡ 범죄가 발생한 국가이며 범죄 가해자인 丁의 국적국인 G국이 범죄발생 당시 ICC 재판관할권을 인정하지 않고 있었다.

38

정답 ⑤ 민간경력 2012 인 1

제시문의 이해

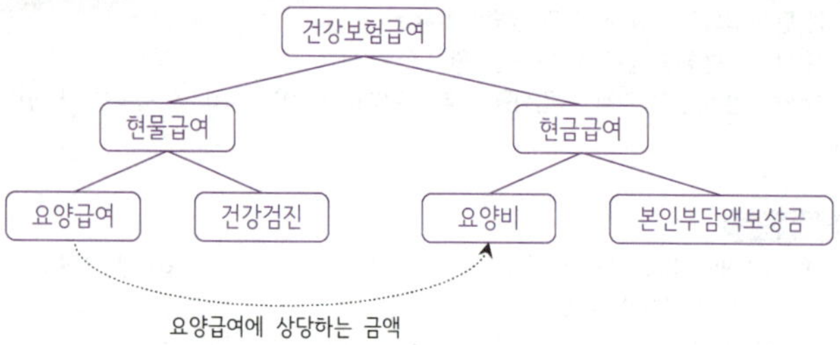

보기 검토

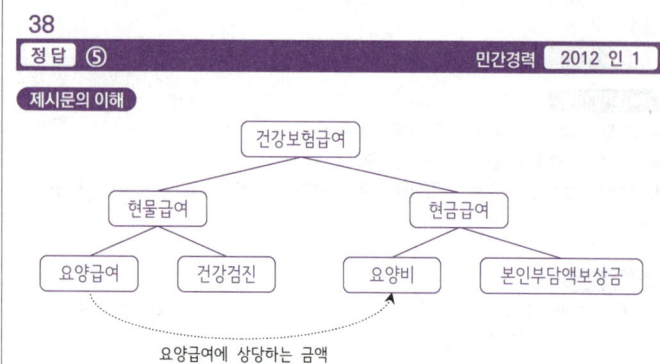

ㄱ. 〔X〕 甲의 피부양자는 작년에 이어 올해도 질병의 조기 발견을 위해 공단이 지정한 요양기관으로부터 건강검진을 무료로 받을 수 있다.
➡ [1문단 마지막] 무료건강검진은 2년마다 1회 받을 수 있다.

ㄴ. 〔O〕 乙이 갑작스러운 진통으로 인해 자기 집에서 출산한 경우, 공단으로부터 요양비를 지급받을 수 있다.
➡ [2문단 1문장 4줄] 요양기관 외의 장소에서 출산을 한 경우에는 요양비를 받을 수 있다.

ㄷ. 〔X〕 丙이 혼자 섬으로 낚시를 갔다가 다리를 다쳐 낚시터에서 그 마을 주민으로부터 치료를 받은 경우, 공단으로부터 요양비를 지급받을 수 있다.
➡ [2문단 1문장 2-3줄] 부상의 치료를 이유로 요양비를 지급받으려면 의료기관에서 요양을 받아야 한다.

ㄹ. 〔X〕 상위 10% 수준의 보험료를 내고 있는 丁이 진료비로 연간 400만 원을 지출한 경우, 진료비의 일부를 공단으로부터 지원받을 수 있다.
➡ [2문단 마지막] 400만 원을 초과하여 지출했을 때에만 그 초과액을 지원받을 수 있다.

39

정답 ④ 민간경력 2012 인 11

제시문의 이해

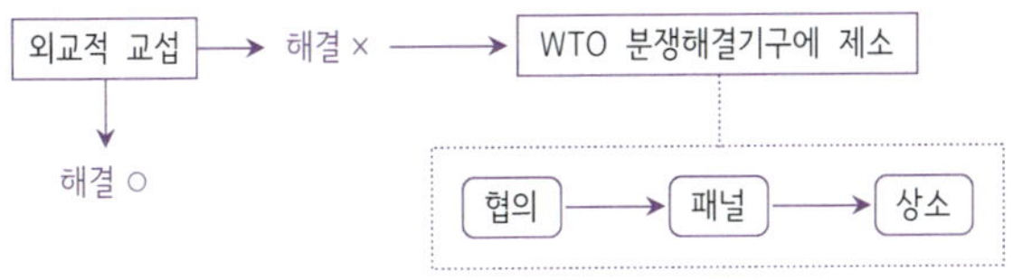

선택지 검토

① 〔X〕 협의는 A국, B국 및 제3자가 공개적으로 진행한다.
➡ [1문단 3문장] 제3자의 참여 없이, A국과 B국이 비공개로 진행한다.

② 〔X〕 패널위원은 원칙적으로 A국과 B국의 국민을 포함한 3인이다.
➡ [2문단 1문장] 분쟁당사국 국민은 원칙적으로 패널위원이 될 수 없다.

③ 〔X〕 패널보고서와 상소기구보고서는 분쟁당사국과 합의하여 작성된다.
➡ [3문단 2문장] 상소기구보고서는 분쟁당사국의 참여 없이 작성된다.

④ 〔O〕 A국은 협의를 통해 분쟁이 해결되지 않으면 분쟁해결기구에 패널설치를 요구할 수 있다.
➡ [1문단 마지막] 협의를 통해 분쟁이 해결되지 않은 경우, WTO에 제소한 국가가 패널설치를 요구할 수 있다. 이 경우에서 WTO에 제소한 국가는 A국이므로 옳다.

⑤ 〔X〕 B국이 패널보고서를 회람한 후 60일 이내에 상소의사를 통보하더라도 분쟁해결기구는 패널보고서를 채택하여야 한다.
➡ [2문단 마지막] 패널보고서가 회원국 전체에 회람된 날로부터 60일 이내에 분쟁당사국이 분쟁해결기구에 상소의사를 통보하지 않는 경우에만 패널보고서가 분쟁해결기구에서 채택된다.

40

정답 ⑤ 민간경력 2012 인 16

제시문의 이해

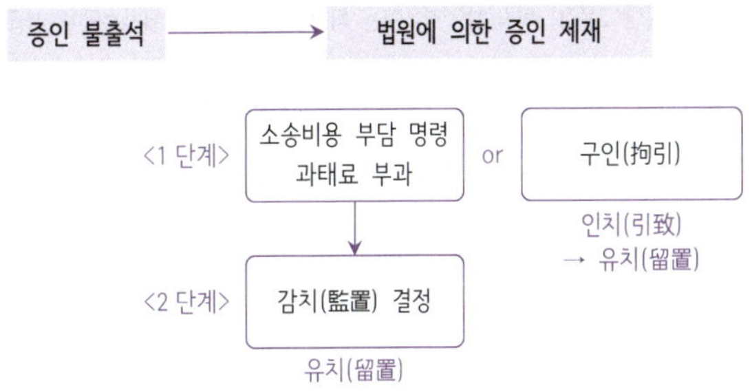

선택지 검토

① 〔O〕 증인 甲이 정당한 사유 없이 출석하지 아니한 경우, 법원은 구속영장을 발부하여 증인을 구인할 수 있다.
➡ [4문단 1-2문장] 법원은 정당한 사유 없이 출석하지 아니한 증인을 구인하도록 명할 수 있는데, 구인을 하기 위해서는 법원에 의한 구속영장 발부가 필요하다.

② 〔O〕 과태료결정을 받은 증인 乙이 증인신문기일에 출석하여 증언한 경우, 법원은 과태료결정을 취소할 수 있다.
➡ [2문단 마지막] 법원은 과태료결정을 한 이후 증인의 증언이 있으면 그 결정 자체를 취소할 수 있다.

③ 〔O〕 증인 丙을 구인한 경우, 법원은 증인신문을 마치지 못하더라도 인치한 때부터 24시간 이내에 그를 석방하여야 한다.
➡ [4문단 2문장] 인치한 때부터 24시간 내에 석방하여야 한다.

④ 〔O〕 7일의 감치결정을 받고 교도소에 유치 중인 증인 丁이 그 유치 후 3일이 지난 때에 증언을 했다면, 법원은 그를 석방하여야 한다.
➡ [3문단 마지막] 증인이 감치의 집행 중에 증언을 한 때에는 법원은 바로 감치결정을 취소하고 그 증인을 석방하여야 한다.

⑤ 〔X〕 감치결정을 받은 증인 戊에 대하여, 법원공무원은 그를 경찰서 유치장에 유치할 수 없다.
➡ [3문단 2문장] 감치결정이 있으면, 법원공무원 또는 국가경찰공무원이 증인을 교도소, 구치소, 경찰서 유치장에 유치(留置)함으로써 이를 집행한다.

41

정답 ① 민간경력 2012 인 21

선택지 검토

①〔X〕甲이 7월 20일에 퇴직한다면 7월 말일에 월급여와 월차수당을 함께 지급받는다.
➡ [2문단 2문장] 퇴직하는 경우에는 퇴직일에 월급여와 월차수당을 지급받는다.

②〔O〕乙이 6월 9일에 퇴직한다면 6월의 근무로 발생한 6월분의 월차수당을 받을 수 없을 것이다.
➡ [1문단 1문장] 월차(월차수당)은 해당 월에 12일 이상 근무했을 때만 발생한다.

③〔O〕丙이 3월 12일 입사하여 같은 해 7월 20일에 퇴직할 때까지 결근 없이 근무하였다면 최대 4일의 월차를 사용할 수 있다.
➡ 12일 이상 근무한 달은 3 ~ 7월(5달)이다. 퇴직한 7월의 월차는 월차수당으로만 받을 수 있으므로[2문단 마지막] 최대 4일의 월차를 사용할 수 있다.

④〔O〕1월 초부터 같은 해 12월 말까지 결근 없이 근무한 근로자 丁은 최대 11일의 월차를 사용할 수 있다.
➡ [1문단 마지막, 2문단 마지막] 해당 연도의 월차는 다음 해로 이월되지 않으며, 12월의 월차는 월차수당으로만 지급한다. 따라서 1~11월에 발생하는 11일의 월차를 사용할 수 있다.

⑤〔O〕9월 20일에 입사하여 같은 해 12월 31일까지 매월 발생된 월차를 한 번도 사용하지 않고 결근 없이 근무한 戊는 최대 3일분의 월차수당을 받을 수 있다.
➡ 9 ~ 12월(4달)을 근무하였지만 9월은 12일 이상 근무하지 않았다. 따라서 10 ~ 12월에 발생한 3일분의 월차수당을 받을 수 있다.

42

정답 ⑤ 민간경력 2013 인 4

선택지 검토

①〔X〕소송당사자의 동의가 있으면 전문심리위원은 당사자에게 직접 질문할 수 있다.
➡ [2문단 4문장] 전문심리위원이 당사자, 증인 또는 감정인 등 소송관계인에게 질문하기 위해서는 재판장의 허가를 얻어야 한다.

②〔X〕전문심리위원은 판결 내용을 결정하기 위해 진행되는 판결의 합의에 참여할 수 있다.
➡ [2문단 5문장] 전문심리위원은 재판부의 구성원이 아니므로 판결 내용을 정하기 위한 판결의 합의에는 참여할 수 없다.

③〔X〕전문심리위원이 변론에서 행한 설명 또는 의견은 증거자료에 해당하기 때문에 법원은 그의 설명 또는 의견에 의거하여 재판하여야 한다.
➡ [2문단 3문장] 전문심리위원은 증인이나 감정인이 아니기 때문에 그의 설명이나 의견은 증거자료가 아니다.

④〔X〕소송당사자가 합의하여 전문심리위원 지정결정의 취소를 신청한 경우일지라도 법원은 상당한 이유가 있으면 그 지정결정을 취소하지 않아도 된다.
➡ [3문단 2문장] 당사자의 합의로 그 지정결정을 취소할 것을 신청한 때에는 법원은 그 결정을 취소하여야 한다. (기속/의무 사항이다.)

⑤〔O〕전문심리위원이 당해 사건에서 증언을 하였다면, 법원의 전문심리위원 지정결정 취소가 없더라도 그는 전문심리위원으로서 이후의 재판절차에 참여할 수 없게 된다.
➡ [3문단 3문장] 전문심리위원이 당해 사건에 관하여 증언을 한 경우 등에는 법원이 그에 대한 별도의 조처를 하지 않더라도 그는 당연히 이후의 재판 절차에 참여할 수 없게 된다.

43

정답 ⑤ 민간경력 2013 인 12

선택지 검토

①〔X〕복수국적자인 대한민국 국민은 스마트 엔트리 서비스에 가입할 수 없다.
➡ [2문단 2문장] 복수국적자인 대한민국 국민은 외국여권으로는 가입할 수 없다. 즉, 대한민국여권으로는 가입할 수 있다.

②〔X〕외국인의 경우 국내체류 중인 등록외국인 외에는 스마트 엔트리 서비스 가입이 불가능하다.
➡ [2문단 3문장] 미국인의 경우 한·미 자동출입국심사서비스 상호이용 프로그램에 따라 국내체류 중인 등록외국인이 아니어도 가입이 가능하다.

③〔X〕스마트 엔트리 서비스에 가입한 자는 출입국시 항상 스마트 엔트리 서비스 게이트에서 심사를 받아야 한다.
➡ [4문단 2문장] 스마트 엔트리 서비스에 가입한 사람은 출입국시 스마트 엔트리 서비스 게이트 또는 일반심사대에서도 심사를 받을 수 있다.

④〔X〕한·미 자동출입국심사서비스 상호이용 프로그램을 통해 스마트 엔트리 서비스에 가입하려는 대한민국 국민은 100달러를 수수료로 지불해야 한다.
➡ [3문단 마지막] 대한민국 국민이 아니라, 미국인의 경우에 해당하는 내용이다.

⑤〔O〕스마트 엔트리 서비스 가입 후 여권을 재발급 받아 여권정보가 변경된 경우, 이 서비스를 계속 이용하기 위해서는 등록센터를 방문하여 여권정보를 수정하여야 한다.
➡ [4문단 1문장] 스마트 엔트리 서비스 이용 중에 여권 또는 개인정보가 변경된 경우에는 등록센터를 방문하여 변경사항을 수정하여야 한다.

44

정답 ③ 민간경력 2014 A 5

보기 검토

ㄱ.〔X〕임신 6개월째인 취약계층 임산부는 사업대상에 해당되지 않는다.
➡ [사업개요 - 2.사업대상] 임산부도 사업대상에 해당한다.

ㄴ.〔O〕내년 초등학교 졸업을 앞둔 만 14세 취약계층 학생은 사업대상에 해당한다.
➡ [사업개요 - 2.사업대상] 초등학교 재학생이라면 만 13세 이상도 사업대상에 포함된다.

ㄷ.〔O〕대상 아동 수가 많은 지역이더라도 해당 사업의 전담공무원과 아동통합서비스 전문요원을 합한 인원은 10명을 넘을 수 없다.
➡ [운영계획 - 1.지역별 인력구성] 전담공무원은 3명이고 아동통합서비스 전문요원은 최대 7명까지 가능하므로, 최대 인원은 10명이다.

ㄹ.〔X〕해당 사업을 신규로 추진하고자 하는 △△시는 사업예산을 최대 3억 원까지 국비로 지원받을 수 있다.
➡ [운영계획 - 2.사업예산] 신규사업지역의 예산은 최대 1억 5천만 원으로 제한된다.

45

정답 ② 민간경력 2014 A 6

보기 검토

ㄱ. A법에는 "공포 후 2014년 12월 31일까지 시행한다"고 규정되어 있다.
➡ 유효기간이 있는 경우이므로 (가)

ㄴ. "B법의 제00조는 폐지한다"는 규정을 신법C에 두었다.
➡ 신법에서 구법의 규정 일부를 폐지한다고 명시적으로 정한 경우이므로 (나)

ㄷ. D법으로 규율하고자 했던 목적이 완전히 달성되었다.
➡ 조건의 성취, 목적의 달성이나 소멸로 폐지되는 경우이므로 (라)

ㄹ. 동일 사항에 대하여, 새로 제정된 E법(일반법)에 F법(특별법)과 다른 규정이 있는 경우에는 F법이 적용된다.
➡ 구특별법이 폐지되지 아니하고 신일반법보다 먼저 적용되는 경우이므로 (다)

46

정답 ③ 민간경력 2014 A 7

선택지 검토

① 〔X〕 경찰서 민원실
➡ 규정 어디에도 경찰서 민원실은 없다.

② 〔X〕 수용인원이 500명인 사찰의 모든 층
➡ 1. 사찰은 제외된다.

③ 〔O〕 연면적 15,000 ㎡인 5층 복합건축물의 모든 층
➡ 4. 복합건축물로서 연면적 5,000 ㎡ 이상인 경우에는 모든 층에 설치해야 한다.

④ 〔X〕 2층 건축물로서 바닥면적 합계가 5,000 ㎡인 물류터미널의 모든 층
➡ 2. 3층 이하의 물류터미널은 바닥면적 합계가 6,000 ㎡ 이상인 경우에만 설치한다.

⑤ 〔X〕 외부에서 입주한 편의점의 바닥면적을 포함한 바닥면적 합계가 500 ㎡인 정신의료기관의 모든 층
➡ 3. 정신의료기관은 해당 용도로 사용되는 바닥면적의 합계가 600 ㎡ 이상인 경우에만 설치한다.

47

정답 ③ 민간경력 2014 A 8

보기 검토

ㄱ. 〔X〕 甲이 국내거주자 장남에게 자신의 강릉 소재 빌딩(시가 10억 원 상당)을 증여한 경우, 甲은 원칙적으로 증여세를 납부할 의무가 있다.
➡ 연대납세의무를 부담하는 경우가 아니다. 따라서 원칙적으로 증여세 납부 의무는 수증자인 장남에게만 있다.

ㄴ. 〔O〕 乙이 평생 모은 재산 10억 원을 국내소재 사회복지법인 丙(비영리법인)에게 기부한 경우, 丙은 증여세를 납부할 의무가 있다.
➡ 수증자인 丙은 비영리법인이므로 증여세를 납부할 의무가 있다.

ㄷ. 〔O〕 丁이 자신의 국외 예금(10억 원 상당)을 해외에 거주하고 있는 아들에게 증여한 경우, 丁은 연대납세의무를 진다.
➡ 수증자인 아들이 국외거주자이므로 증여자인 丁은 연대납세의무를 부담한다.

ㄹ. 〔X〕 戊로부터 10억 원을 증여받은 국내거주자 己가 현재 파산상태로 인해 체납처분을 하여도 조세채권의 확보가 곤란한 경우, 己는 증여세 납부의무가 없다.
➡ 연대납세의무는 증여자와 수증자가 함께 납세의무를 부담하는 것이다. 이 경우는 戊와 己가 함께 납세의무를 부담하는 경우로, 己의 납세의무가 면제되지는 않는다.

48

정답 ④ 민간경력 2015 인 4

선택지 검토

① 〔X〕 시청에 근무하는 4급 공무원 A의 동생이 소유한 아파트
➡ [등록대상 친족의 범위] 동생은 등록대상인 친족에 해당하지 않는다.

② 〔X〕 시장 B의 결혼한 딸이 소유한 1,500만 원의 정기예금
➡ [등록대상 친족의 범위] 결혼한 딸(혼인한 직계비속인 여성)은 등록대상인 친족에 해당하지 않는다.

③ 〔X〕 도지사 C의 아버지가 소유한 연간 600만 원의 소득이 있는 지식재산권
➡ [등록대상 재산] 연간 600만 원의 소득이 있는 지식재산권은 등록대상 재산이 아니다. 연간 1,000만 원 이상인 경우만 해당한다.

④ 〔O〕 정부부처 4급 공무원 상당의 보수를 받는 별정직 공무원 D의 아들이 소유한 승용차
➡ 4급 공무원 상당의 보수를 받는 별정직 공무원은 재산등록 의무자이며, 그의 아들은 직계비속으로서 등록대상 친족에 해당한다. 또한 아들이 소유한 승용차는 등록대상 재산이다.

⑤ 〔X〕 정부부처 4급 공무원 E의 이혼한 전처가 소유한 1,000만 원 상당의 다이아몬드
➡ [등록대상 친족의 범위] 이혼한 전처는 등록대상인 친족에 해당하지 않는다.

49

정답 ② 민간경력 2015 인 10

선택지 검토

① 〔X〕 자치구가 7월 2일에 정류소 명칭 변경을 신청한 경우, ○○시의 시장은 늦어도 7월 7일까지는 승인 여부를 결정해야 한다.

➡ [정류소 명칭 변경 절차] 7월 2일에 신청한 경우 9월 1일에 신청한 것으로 간주되고, 9월 6일까지 승인 여부를 결정해야 한다.

② 〔O〕 자치구가 8월 16일에 신청한 정류소 명칭 변경이 승인될 경우, 늦어도 9월 16일까지는 정비결과가 시장에게 보고된다.

➡ [정류소 명칭 변경 절차] 8월 16일에 신청한 경우 9월 1일에 신청한 것으로 간주된다. 이 경우 늦어도 9월 6일까지 승인, 9월 13일까지 정비, 9월 16일까지 정비결과 보고가 이루어진다.

③ 〔X〕 '가나시영3단지'라는 정류소 명칭을 '가나서점·가나3단지아파트'로 변경하는 것은 명칭 부여기준에 적합하다.

➡ [정류소 명칭 부여기준] '아파트'가 '서점'보다 먼저 표기되어야 한다. (지역대표성 명칭이 없다는 것도 문제가 될 수 있다.)

④ 〔X〕 '다라중학교·다라동1차아파트'라는 정류소 명칭은 글자 수가 많아 명칭 부여기준에 적합하지 않다.

➡ [정류소 명칭 부여기준] 15자 이내가 되어야 하는데, '·'를 포함하여도 14자이다. 글자 수는 문제가 되지 않는다.

⑤ 〔X〕 명칭을 변경하는 정류소에 '마바구도서관·마바시장·마바물산'이라는 명칭이 부여될 수 있다.

➡ [정류소 명칭 부여기준] 명칭 수는 2개 이내로 제한된다.

50

정답 ⑤ 민간경력 2016 ⑤ 16

선택지 검토

① 〔X〕 甲이 자신의 부동산 X를 乙에게 1억 원에 팔기로 한 경우, 乙이 甲에게 1억 원을 지급할 때 부동산 X의 소유권을 취득한다.

➡ [2문장] '매매'에 의해 부동산의 소유권을 취득하려면 소유권이전등기를 마쳐야 한다.

② 〔X〕 甲의 부동산 X를 경매를 통해 취득한 乙이 그 부동산을 丙에게 증여하고 인도하면, 丙은 소유권이전등기 없이 부동산 X의 소유권을 취득한다.

➡ [2문장] 丙이 부동산의 소유권을 취득하게 되는 원인은 '증여'이다. '증여'에 의해 부동산의 소유권을 취득하려면 소유권이전등기를 마쳐야 한다.

③ 〔X〕 甲이 점유하고 있는 자신의 동산 X를 乙에게 증여하기로 한 경우, 甲이 乙에게 동산 X를 인도하지 않더라도 乙은 동산 X의 소유권을 취득한다.

➡ [5문장] 동산의 소유권을 취득하려면 甲(양도인)이 乙(양수인)에게 동산을 인도하여야 한다.

④ 〔X〕 甲의 상속인으로 乙과 丙이 있는 경우, 乙과 丙이 상속으로 甲의 부동산 X에 대한 소유권을 취득하려면 乙과 丙 명의로 소유권이전등기를 마쳐야 한다.

➡ [3문장] '상속'에 의하여 부동산의 소유권을 취득하는 경우에는 등기를 필요로 하지 않는다.

⑤ 〔O〕 甲과의 부동산 X에 대한 매매계약에 따라 乙이 甲에게 매매대금을 지급하였더라도 乙 명의로 부동산 X에 대한 소유권이전등기를 마치지 않은 경우, 乙은 그 소유권을 취득하지 못한다.

➡ [2문장] '매매'에 의해 부동산의 소유권을 취득하려면 소유권이전등기를 마쳐야 한다. 따라서 소유권이전등기를 마치지 않았다면 乙은 그 소유권을 취득하지 못한다.

51

정답 ① 민간경력 2017 나 11

보기 검토

ㄱ. 〔O〕 주민투표법에서 주민투표를 실시할 수 있는 권한은 지방자치단체장만이 가지고 있다.

➡ [1문단 2문장] 주민투표법에서는 주민투표를 실시할 수 있는 권한을 지방자치단체장에게만 부여하고 있다.

ㄴ. 〔X〕 인구 70만 명인 甲시에서 주민발의 청구를 위해서는 19세 이상 주민 총수의 50분의 1 이상 20분의 1 이하의 범위에서 서명을 받아야 한다.

➡ [2문단 4문장] 인구가 50만 명 이상인 도시에서는 19세 이상 주민 총수의 100분의 1 이상 70분의 1 이하의 범위에서 서명을 받아야 한다.

ㄷ. 〔O〕 주민발의제도에 근거할 때 주민은 조례의 제정 및 개폐에 관한 사항을 지방의회에 대해 직접 청구할 수 없다.

➡ [2문단 1·2문장] 주민은 조례의 제정 및 개폐에 관한 사항을 지방자치단체장에게 청구하도록 되어 있으며, 지방자치단체장이 조례의 제정 또는 개폐안을 작성하여 지방의회에 부의한다.

ㄹ. 〔X〕 기초자치단체인 乙시의 丙시장에 대한 주민소환 실시의 청구를 위해서는 선거권이 있는 19세 이상 주민의 100분의 20 이상의 서명을 받아야 한다.

➡ [3문단 3문장] 기초자치단체장에 대해서는 100분의 15 이상의 서명을 받아 주민소환 실시를 청구할 수 있다.

52

정답 ② 민간경력 2018 가 4

선택지 검토

① 〔X〕 사서는 폐기심의대상 목록만을 작성하고, 자료의 폐기 방법은 폐기심의위원회가 결정한다.

➡ [다] 폐기심의위원회는 폐기 여부만을 판정하며, 폐기 방법은 사서가 결정한다.

② 〔O〕 폐기 대상 판정시 폐기심의위원들 간에 이견이 있는 자료의 경우, 바로 다음 회의에서 그 자료의 폐기 여부가 논의되지 않을 수 있다.

➡ [다] 폐기심의위원회 회의는 연 2회 정기적으로 개최하는데, 위원들 사이에 이견이 있는 자료는 당해 연도의 폐기 대상에서 제외하고, 다음 연도의 회의에서 재결정한다. 따라서 그 해의 첫 번째 회의에서 이견에 의해 폐기 대상에서 제외된 자료는 두 번째 회의에서 폐기 여부가 논의되지 않을 수 있다.

③ 〔X〕 폐기심의위원회는 자료의 실물을 확인하지 않고 폐기 여부를 판정할 수 있다.

➡ [다] 폐기심의위원회에서 위원들은 실물과 목록을 대조하여 확인하여야 한다. 의무 사항으로 규정되어 있으므로 반드시 실물을 확인해야 한다.

④ 〔X〕 매각 또는 소각한 자료는 현행자료 목록에서 삭제하고, 폐기 경위에 관한 기록도 제거하여야 한다.

➡ [마] 폐기한 자료를 현행자료 목록에서 삭제하는 것은 맞지만, 폐기 경위에 관한 기록은 보존해야 한다.

⑤ 〔X〕 사서가 아닌 도서관 직원은, 이용하기 곤란하다고 생각되는 자료를 발견하면 갱신하거나 폐기심의대상 목록을 작성하여야 한다.

➡ [가, 나] 목록을 작성하는 것은 사서의 업무이다. 사서가 아닌 도서관 직원은 이용하기 곤란하다고 생각되는 자료를 회수하여 사무실로 옮겨야 한다.

53

정답 ④ 민간경력 2018 가 11

제시문의 이해

- 1문단 : 소개
  2문단 : 모성보호시간
  3문단 : 육아시간, 배우자 출산휴가
  4문단 : 자녀돌봄휴가

선택지 검토

① 〔O〕 변경된 현행 제도에서는 변경 전에 비해 '육아시간'의 적용 대상 및 시간이 확대되었다.

➡ [3문단] 적용 대상 : 생후 1년 미만 자녀 → 만 5세 이하 자녀 (확대)
시간 : 1주일에 2일, 1일에 1시간 → 1주일에 2일, 1일에 2시간 (확대)

② 〔O〕 변경된 현행 제도에 따르면, 초등학생 자녀 3명을 둔 공무원은 연간 3일의 '자녀돌봄휴가'를 사용할 수 있다.

➡ [4문단] 자녀가 3명 이상일 경우 연간 최대 2일에 1일을 가산하여 연간 3일의 '자녀돌봄휴가'를 사용할 수 있다.

③ 〔O〕 변경된 현행 제도에 따르면, 임신 5개월인 여성 공무원은 산부인과 진료를 받기 위해 '모성보호시간'을 사용할 수 있다.

➡ [2문단] 모성보호시간은 임신 기간 전체로 확대되었다.

④ 〔X〕 변경 전 제도에서 공무원은 초등학교 1학년인 자녀의 병원진료를 위해 '자녀돌봄휴가'를 사용할 수 있었다.

➡ [4문단] 변경 전 제도에서는 학교 등 교육기관에서 공식적으로 주최하는 행사와 공식적인 상담에만 '자녀돌봄휴가'를 사용할 수 있었다.

⑤ 〔O〕 변경된 현행 제도에 따르면, 만 2세 자녀를 둔 공무원은 '육아시간'을 사용하여 근무시간을 1주일에 총 4시간 단축할 수 있다.

➡ [3문단] 1주일에 2일에 한해 1일에 2시간 범위 내에서 사용할 수 있으므로, 1주일에 총 4시간의 근무시간을 단축할 수 있다.

정답표

1	2	3	4	5	6	7	8	9	10
④	④	②	②	⑤	⑤	①	④	②	⑤
11	12	13	14	15	16	17	18	19	20
①	②	②	①	②	①	⑤	⑤	④	①
21	22	23	24	25	26	27	28	29	30
④	②	④	⑤	②	⑤	③	③	②	⑤
31	32	33	34	35	36	37	38	39	40
③	②	②	④	③	①	⑤	②	④	①
41	42	43	44	45	46	47	48	49	50
③	③	②	③	①	⑤	①	①	④	⑤
51	52	53	54	55	56	57	58	59	60
⑤	②	③	①	⑤	②	②	④	③	④
61	62	63	64	65	66	67	68	69	70
③	①	④	①	②	②	①	⑤	⑤	②
71	72	73	74	75					
④	⑤	③	⑤	③					

1

정답 ④ 5급 공채 2007 무 5

제시문의 이해

규칙	1		2	3
주택	허가주택		무허가주택	허가주택
거주형태	소유		소유	임차 (세입)
거주기간	㉠ 2002. 2. 20. 이전 전입 2004. 7. 28. 이후 전출	㉡ 2002. 2. 20. 이전 전입 2004. 7. 28. 이전 전출	2002. 2. 20. 이전 전입 2004. 7. 28. 이후 전출	2002. 2. 20.의 3개월 전 전입 2004. 7. 28. 이후 전출
이주대책	① 이주자택지 ② 전용면적 $85 m^2$ 이하 공공분양 아파트 (중 택 1)	전용면적 $85 m^2$ 이하 공공분양 아파트	전용면적 $85 m^2$ 이하 공공분양 아파트	① 전용면적 $60 m^2$ 이하 국민임대 아파트 ② 주거이전비 (중 택 1)

선택지 검토

① (X) 전입일이 2002년 5월 4일이고, 전출일이 2005년 5월 18일인 무허가주택 소유자 A는 전용면적 $85m^2$ 이하 공공분양아파트를 받을 수 있다.
➡ [규칙 2] 전입일이 기준일 이후이므로 이주대책 대상자가 아니다.

② (X) 허가주택을 임차한 B의 전입일이 2001년 12월 30일이고, 전출일이 2004년 9월 19일인 경우, B는 전용면적 $60m^2$ 이하 국민임대아파트를 받을 수 있다.
➡ [규칙 3] 전입일이 기준일의 약 2개월 전이므로 이주대책 대상자가 아니다.

③ (X) 전입일이 2000년 4월 18일이고, 전출일이 2003년 8월 28일인 허가주택 소유자 C는 이주자택지를 받을 수 있다.
➡ [규칙 1-㉡] 전출일이 최초 보상계획공고일 이전이므로 이주자택지를 받을 수 있는 대상이 아니다.

④ (O) 전입일이 2000년 4월 6일이고, 전출일이 2004년 5월 23일인 허가주택 소유자 D는 전용면적 $85m^2$ 이하 공공분양아파트만 받을 수 있다.
➡ [규칙 1-㉡] 전출일이 최초 보상계획공고일 이전인 대상자이므로 전용면적 $85m^2$ 이하 공공분양아파트 외에는 다른 선택 방법이 없다.

⑤ (X) 허가주택을 임차한 E의 전입일이 2001년 8월 18일이고, 전출일이 2004년 6월 30일인 경우, E는 주거이전비를 받을 수 있다.
➡ [규칙 3] 전출일이 최초 보상계획공고일 이전이므로 이주대책 대상자가 아니다.

2

정답 ④ 5급 공채 2007 무 8

법조문의 이해

	조사요구서 제출 국정조사위원회 구성 [제1-3조]	조사계획서 승인 [제5-6조] 100% 출석, 과반수 찬성으로 가정	서류제출요구 [제7조]
성립요건	재적의원 25% 이상 요구	재적의원 50% 초과 찬성	재적위원 33.3% 이상 요구
불성립요건	재적의원 25% 미만 요구	재적의원 50% 이하 찬성	재적위원 33.3% 미만 요구

상황

	여당 (%)	1 야당 (%)	2 야당 (%)
상황 1	65	20	15
상황 2	35	55	10
상황 3	80	15	5

보기 2 검토

가. 여당만 반대하는 경우 국정조사위원회가 구성될 수 없다.
= 여당을 제외한 다른 당의 요구만으로는 국정조사위원회가 구성될 수 없다.
= 여당을 제외한 다른 당이 모두 요구하여도 그 비율이 재적의원의 25% 미만이다.
➡ <상황 3>

나. 제1야당만 찬성하는 경우 본회의에서 조사계획서가 반려될 수 있다.
= 제1야당의 의원 수는 재적의원의 50% 이하이다.
➡ <상황 1>, <상황 3>

다. 여당만 반대하는 경우 조사계획서가 반려될 수 있다.
= 여당의 의원 수는 재적의원의 50% 이상이다.
= 여당을 제외한 다른 당의 의원 수 총합은 재적의원의 50% 이하이다.
→ 여당의 불참으로 과반수 출석을 막을 수 있다.
➡ <상황 1>, <상황 3>
= 여당을 제외한 다른 당이 모두 출석하여 찬성해도, 여당이 그보다 높은 비율로 반대할 수 있다.
➡ <상황 1>, <상황 3>

라. 여당만 반대하는 경우 국회가 폐회 중일 때에도 위원회 활동을 위하여 국회를 재개할 수 있다.
= 여당만 반대하는 경우에도 조사요구서가 제출될 수(조사위원회가 구성될 수) 있다.
= 여당을 제외한 다른 당의 요구만으로도 조사위원회가 구성될 수 있다.
= 여당을 제외한 다른 당의 의원 수 총합은 재적의원의 25% 이상이다.
➡ <상황 1>, <상황 2>

마. 제1야당의 요구만으로 조사를 위한 서류제출요구를 할 수 있다.
= 조사위원회 위원 중 제1야당 소속 위원의 수는 재적위원의 33.3% 이상이다.
➡ <상황 2>

3

정답 ② 5급 공채 2008 창 35

제시문의 이해

주체 객체	날짜	수단	의사표시의 내용	의사표시의 도달	의사표시의 효력	기타
A → B	1. 1.	전화	청약	○	발생	승낙기간 지정 (2008. 1. 15.) → 철회 불가
A → B	1. 2.	전화	청약의 철회	○	무효	-
B → A	1. 12.	서신	청약에 대한 승낙	×	미발생	-
	1. 14.			○	발생	승낙기간 내에 도달 → 계약 성립

선택지 검토

① 〔X〕 계약은 2008년 1월 15일에 성립되었다.
➡ [제4조] 계약은 승낙의 효력이 발생한 2008년 1월 14일에 성립되었다.

② 〔O〕 계약은 2008년 1월 14일에 성립되었다.
➡ 옳다.

③ 〔X〕 A의 청약은 2008년 1월 2일에 철회되었다.
➡ [제2조 단서] 승낙기간을 지정하여 청약했으므로, 청약을 철회할 수 없다. 따라서 1월 2일에 한 청약 철회의 의사표시는 효력이 없다.

④ 〔X〕 B의 승낙은 2008년 1월 1일에 효력이 발생하였다.
➡ [제3조 제2항] B의 승낙이 A에게 도달한 2008년 1월 14일에 승낙의 효력이 발생하였다.

⑤ 〔X〕 B의 승낙은 2008년 1월 12일에 효력이 발생하였다.
➡ [제3조 제2항] B의 승낙이 A에게 도달한 2008년 1월 14일에 승낙의 효력이 발생하였다.

4

정답 ② 5급 공채 2009 극 5

선택지 검토

① 〔O〕 갑이 교도소에서 자신의 구금상태를 알리고 도움을 요청하기 위해 A국 주재 B국 영사관에 보낸 편지를 송부하지 않은 행위
➡ [위반] (b) 체포, 구금, 유치 또는 구속되어 있는 자가 영사기관에 보내는 모든 통신은 동 당국에 의하여 지체 없이 전달되어야 한다.

② 〔X〕 구금상태를 통보하는 것에 대한 갑의 요청이 없었기 때문에 이를 A국 주재 B국 영사관에 통보하지 않은 행위
➡ [위반 아님] 의무 발생의 요건이 미비된 상태이기 때문에 위반이 아니다.
(b, 4-6줄) 해당 국민이 그 사실을 파견국의 영사기관에 통보할 것을 접수국에게 요청하면(요건), 접수국의 권한 있는 당국은 지체 없이 통보하여야 한다.(효과, 의무)
→ 갑의 요청이 없었기 때문에 요건이 충족되지 않았다.
따라서 A국에게 통보의 의무가 발생하지 않는다.

③ 〔O〕 A국 주재 B국 영사관원이 갑을 만나기 위해 교도소를 방문하는 것을 금지한 행위
➡ [위반] (a, c) 영사관원은 파견국의 국민과 자유로이 통신하고 접촉할 수 있다. 영사관원은 구금, 유치 또는 구속되어 있는 파견국의 국민을 방문하고 동 국민과 면담하고 교신할 권리를 가진다.

④ 〔O〕 갑에게 A국 주재 B국 영사관원을 만날 수 있는 권리가 있음을 통보하지 아니한 행위
➡ [위반] (b) 동 당국은 본 규정에 따른 영사를 만날 수 있는 권리를 포함한 그의 권리를 당사자에게 지체 없이 통보하여야 한다.

⑤ 〔O〕 A국 주재 B국 영사관원이 갑을 위해 소송대리인을 주선하는 것을 제한하는 행위
➡ [위반] (a) 영사관원은 구금, 유치 또는 구속되어 있는 파견국의 국민의 법적 대리를 주선할 권리를 가진다.

5

정답 ⑤ 5급 공채 2009 극 11

법조문의 이해

- 제1조
  - 대상 범죄 : 생명 또는 신체를 해하는 범죄
  - 구조 대상 : 사망자의 유족, 중장해를 당한 자

- 제2조 : 법 적용의 요건
  (1) 가해자의 불명 또는 무자력(재산 없음)을 이유로 피해의 전부 또는 일부를 배상받지 못한 경우
  (2) 형사사건의 수사 또는 재판에 협조한 이유로 피해자가 된 경우

- 제3조 : 구조금의 종류
  (1) 유족구조금 : 제1순위 유족에게 지급 → 유족 순위 : 제4조에 규정
  (2) 장해구조금 : 피해 당사자

상황의 이해

갑은 어머니와 임신 8개월인 아내, 다섯 살인 아들과 함께 살고 있었는데
→ 갑, 어머니, 아내, 태아, 아들(5세) : 5명

괴한이 집에 침입하여 2,000만 원어치의 금품을 탈취하였고,
→ 재산 피해 : 법에 의한 구조대상 X

이 과정에서 갑과 괴한 사이에 몸싸움이 벌어졌다.
갑은 괴한이 휘두른 흉기에 찔려 사망하였고,
→ 생명 피해 : 법에 의한 구조대상 O
→ 유족(순서대로) : 아내 = 5세 아들 = 태아 > 어머니

아내는 중장해를 당하였으나
→ 신체 피해 : 법에 의한 구조대상 O

결국 범인은 잡히지 않았다.
→ 가해자 불명 : 법 적용 요건의 충족

선택지 검토

① (X) 다섯 살 아들은 장해구조금청구권을 가진다.
➡ [제3조 제3항] 장해구조금청구권은 중장해를 당한 피해 당사자인 아내에게 있다.

② (X) 1순위 유족구조금청구권이 인정되는 사람은 모두 2명이다.
➡ [제4조 제2항, 제1항 1호] 태아는 유족의 범위를 정함에 있어서 출생한 것으로 보며, 태아와 5세 아들은 갑(사망 피해자)에 의해 생계를 유지하고 있던 것으로 볼 수 있으므로, 1순위인 유족은 갑의 아내와 아들, 태아까지 모두 3명이다.

③ (X) 아내는 2,000만 원 상당의 재산상 피해에 대하여 범죄피해구조금을 청구할 수 있다.
➡ [제1조] 이 법은 생명이나 신체의 피해만을 구조 대상으로 한다.

④ (X) 갑과 그 아내가 모두 사망하였다면 갑의 어머니와 다섯 살 아들에게 1순위 유족구조금청구권이 인정된다.
➡ [제4조 제3항 → 제1항] 유족의 순위는 제4조 제1항의 각 호에 열거한 순서로 한다. 따라서 갑의 5세 아들(1호 : 피해자의 자)은 1순위이고, 갑의 어머니(2호 또는 3호 : 피해자의 모)는 2순위이다.

⑤ (O) 만약 다섯 살 아들도 범죄로 인하여 사망한 경우, 갑의 아내는 아들에 대한 1순위 유족구조금청구권을 가진다.
➡ [제4조 제1항 3호] 5세 아들은 배우자나 자녀가 없을 것이고 수입도 없을 것이다. 따라서 제4조 제1항 3호의 규정에 따라 5세 아들의 부모인 갑이 아내가 1순위 유족이 된다

6

정답 ⑤ 5급 공채 2009 극 31

발문 상황의 이해

- 법률을 적용한 상황의 이해
  1. 갑회사는 3억 원의 채무를 지고 있고 이와 상계할 수 있는 1억 원의 예금을 가지고 있다.

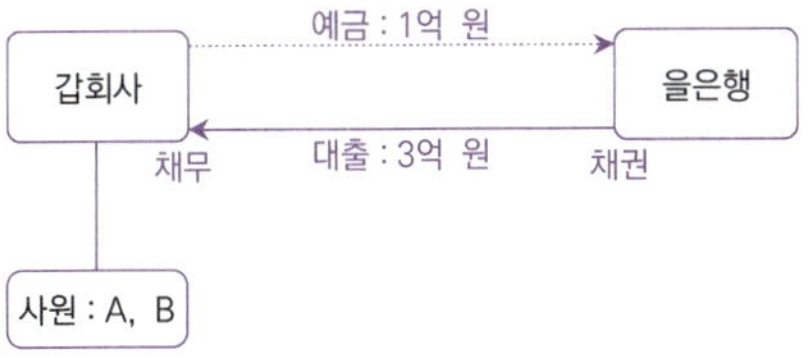

  2. 갑회사가 1억 원의 예금으로 3억 원의 채무 중 1억 원을 상계(변제)하면 2억 원의 채무가 남게 되고, 이 부족액 2억 원에 대하여 A와 B는 연대하여 변제할 책임이 생긴다.
  (만약 을은행이 A와 B에게 3억 원을 변제할 것을 청구하면, A와 B는 갑회사의 예금 1억 원을 근거로 2억 원의 채무만 남아있음을 주장할 수 있다.)

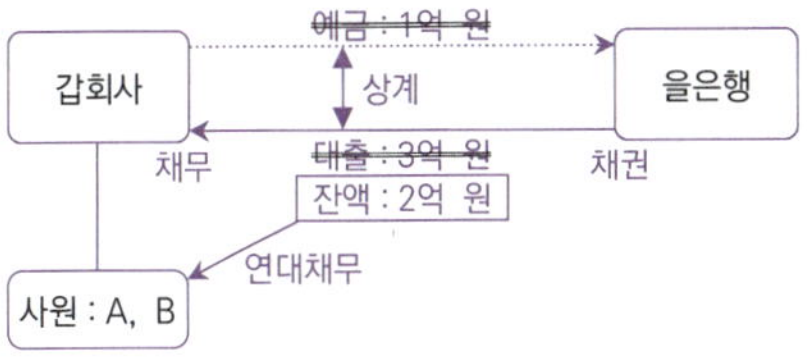

  3. 만일, A와 B 중 한 사람이 남은 채무인 2억 원을 전액 변제하여 A와 B의 연대채무가 소멸된 때(공동면책이 된 때)에는, 변제한 사람이 나머지 한 사람에게 1인의 부담부분인 1억 원을 구상(청구)할 수 있다.

  '부담부분'을 산정하는 방법은 제시되어 있지 않다. 따라서 부담부분이 1억 원이라고 단정하는 것은 엄밀히 말해 옳지 않으나, 일단 A와 B의 투자금액 비율(1 : 1)을 기준으로 하여 나누어 보았다. 금액 부분은 참고로만 보아두자.

  4. 이 1억 원에 대한 청구권(구상권)은 1인이 남은 채무인 2억 원을 전액 변제하여 A와 B의 연대채무가 소멸된 때(공동면책이 된 때)에 발생한다.

선택지 검토

① (X) B는 을은행에 대하여 1억 원에 한하여 변제책임이 있다.
➡ [제1조, 각주] 연대채무의 채무자는 각자 채무 '전부'를 변제할 의무가 있고 사원인 B의 변제책임은 부족액에 한정되므로, B는 을은행에 대하여 2억 원을 변제할 책임이 있다.

② (X) 갑회사와 A, B는 을은행에 대하여 연대하여 변제할 책임을 부담한다.
➡ [제1조] 갑회사는 3억 원에 대하여 단독으로 변제할 책임을 지고, A와 B는 부족액 2억 원에 대하여 연대하여 변제할 책임을 부담한다.

③ (X) 을은행이 B에게 2억 원의 변제청구를 한 경우, B는 2억 원에 대한 변제를 거부할 수 있다.
➡ [제1조] B는 연대채무자의 한 사람으로 부족액 2억 원에 대해 변제할 책임이 있으므로, 을은행의 청구를 거부할 수 없다.

④ (X) B가 을은행에 대하여 1억 원을 변제하였다면, A에 대하여 5천만 원을 청구할 수 있다.
➡ [제3조] 구상권이 발생하는 시점은 연대채무자 1인의 재산 출연으로 공동면책(채무 전부가 소멸)된 때이다. B가 1억 원을 변제하여도 아직 1억 원의 채무가 남아있으므로 구상권이 발생하지 않는다.

⑤ (O) 을은행이 A에게 3억 원을 청구하는 경우, 상계할 수 있는 1억 원에 대하여는 변제를 거부할 수 있다.
➡ [제2조 제2항] 을은행이 A에게 3억 원을 청구하더라도 A는 1억 원을 상계할 수 있는 갑회사의 권리를 주장하여, 1억 원에 대하여는 그 변제를 거부할 수 있다.

7

정답 ① 5급 공채 2010 선 3

보기 검토

ㄱ. [O] 甲이 중재를 이용하기 위해서는 乙과의 합의가 있어야 한다.
➡ 중재는 분쟁당사자의 합의에 의해 이루어진다.

ㄴ. [O] 甲이 제소전 화해나 조정을 신청한 경우, 조정은 조정위원회가 개입할 수 있다는 점에서 법관만이 개입하는 제소전 화해와 차이가 있다.
➡ 제소전 화해는 단독판사의 주재로 진행되지만, 조정은 법관이나 조정위원회의 개입으로 진행된다.

ㄷ. [X] 甲은 법원에 독촉절차를 신청하여 乙에게 지급명령을 받게 한 후 乙이 이의를 제기하지 않으면, X주택에 대한 강제집행을 신청할 수 있다.
➡ 甲이 乙에게 청구하는 바는 '주택을 비워줄 것'이다. 독촉절차는 금전(金錢)을 지급받을 것을 목적으로 하는 청구와 관련된 제도이므로 <상황>의 경우에는 적용할 수 없다.

ㄹ. [X] 甲은 乙과의 분쟁을 화해, 조정, 중재로 해결할 수 있는데, 법관이 이 절차를 모두 진행한다.
➡ 제소전 화해나 조정은 법관이 진행하지만, 중재는 법관이 아닌 중재인이 중재판정을 한다.

ㅁ. [X] 甲이 2009년 5월 1일 조정을 신청하였지만, 그 조정이 성립되지 않아 2009년 8월 10일 조정절차가 종료되었다. 이 경우 甲과 乙 사이에 2009년 8월 10일에 민사소송이 제기된 것으로 본다.
➡ 조정이 성립되지 않고 종결된 때는 조정을 신청한 때(2009년 5월 1일)에 민사소송이 제기된 것으로 본다.

8

정답 ④ 7급 공채 2024 사 4

제시문의 이해

- 1문단 : 제사주재자 결정 원칙 - 공동상속인들 간의 협의
- 2문단 : 협의 불성립 시 제사주재자 결정 1 - 종전 대법원 판례
  직계비속 중 ① 장남, ② 장손자, ③ 아들이 없는 경우 장녀
- 3문단 : 협의 불성립 시 제사주재자 결정 2 - 최근 대법원 판례
  직계비속 중 최근친 연장자

<상황>의 이해

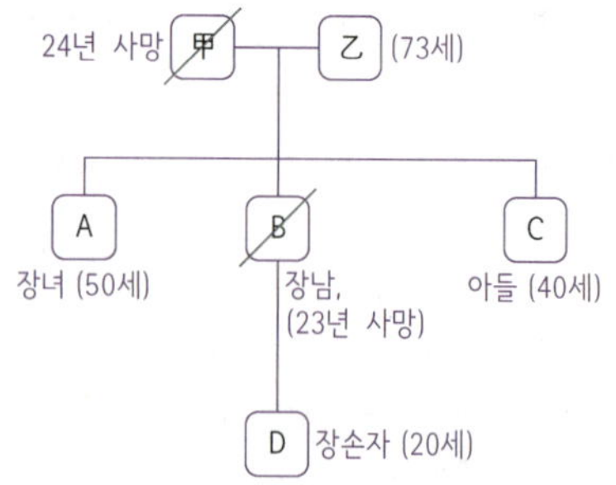

풀 이

- 제사주재자 결정
  (1) 종전 대법원 판례
  장남이 이미 사망한 경우에는 장손자 ➡ D
  (2) 최근 대법원 판례
  직계비속 중 남녀를 불문하고 최근친 중 연장자 ➡ A

9

정답 ② 5급 공채 2010 선 11

제시문의 이해

● 변제 우선 순위

이행기 도래 〉 이행기 미도래
↓
이자 有 〉 이자 無
↓
고이율 〉 저이율
↓ if 이율 동일
이행기 빠름 〉 이행기 늦음

풀 이

● 甲의 채무 현황 분석

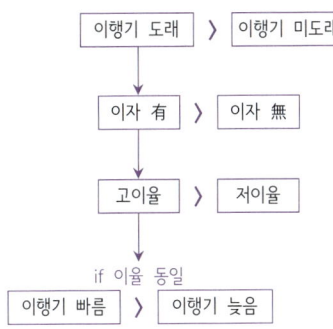

1. 이행기 도래 : A, B, C, D 〉 이행기 미도래 : E
2. 이자 有 : B, C, D 〉 이자 無 : A
3. 고이율 : B, D 〉 저이율 : C
4. 이행기 빠름 : B 〉 이행기 늦음 : D
5. 채무 소멸 순서 : B → D → C → A → E

변제 시 채무 소멸 순서 (2010년 2월 5일 기준)	구분	이행기	이율
4	A	2009. 11. 10.	0%
1	B	2009. 12. 10.	20%
3	C	2010. 1. 10.	15%
2	D	2010. 1. 30.	20%
5	E	2010. 2. 5. 2010. 3. 30	15%

10

정답 ⑤ 5급 공채 2011 선 10

사례 검토

2011년 현재 甲세무서에서 근무 중인 A의 음주운전 사실이 통보되었다.
→ 甲세무서장은 징계위원회를 개최해야 한다.

A는 乙세무서 근무 당시인 2010년 11월 30일 새벽 3시 20분 경 본인의 승용차로 약 8 km를 음주운전하던 중 적발되었다.
→ 단순음주운전에 해당한다. (乙세무서는 이번 사건과 무관하다.)

검사결과 혈중알콜농도는 0.193%로 밝혀졌다.
→ 면허취소에 해당하는 수치이다.

당시 그는 공무원 신분임을 속이고 무직 상태라고 진술하였다.
→ 신분을 속인 경우에 대해서는 규정된 바가 없다.

A는 이전에 음주운전으로 적발된 적이 없었다.
→ 1회 적발되었다.

※ 사례의 사건은 단순음주운전으로 인한 면허취소 1회의 유형에 해당하며, A는 甲세무서장이 개최한 징계위원회의 의결에 따라 경징계(견책, 감봉) 처분을 받을 것이다.

선택지 검토

① [X] 乙세무서장이 징계 절차를 밟아야 한다.
➡ 甲세무서장이 징계 절차를 밟아야 한다.

② [X] A는 면허가 취소되어 정직을 받게 될 것이다.
➡ 면허취소 1회는 경징계(견책, 감봉) 의결의 대상이다.

③ [X] A는 징계처리 이후 최소한 18개월간 승진임용대상이 되지 못한다.
➡ 최대 12개월간 승진임용대상이 되지 못한다. (감봉 12개월, 견책 6개월)

④ [X] A는 단순음주운전에 해당하지만, 공무원 신분임을 속였기 때문에 징계 대상이 된다.
➡ 신분을 속인 경우에 대해서는 규정된 바가 없다. A가 징계 대상이 되는 이유는 면허취소에 해당하기 때문이다.

⑤ [O] A가 향후 단순음주운전으로 2회 이상 적발될 경우, 중징계의결 대상이 되는 것을 면치 못할 것이다.
➡ 단순음주운전은 면허취소와 면허정지를 모두 포함한 개념이다. A가 향후 단순음주운전으로 2회 이상 적발되면 이번 사건을 포함하여 중징계 유형 ①(단순음주운전 3회)에 반드시 해당하게 된다.
또한, 단순음주운전은 혈중알콜농도 0.05% 이상인 상태를 의미하는데, 이 경우 반드시 면허정지 이상의 처벌을 받게 되므로 중징계 유형 ③(면허취소 1회와 면허정지 2회 이상)에 해당하게 된다.
따라서 반드시 중징계 의결 대상이 된다.

11

정답 ① 5급 공채 2011 선 28

조건의 정리

농업인	① 1,000m² 이상 농지에서 농작물 경작 or ② 1년 중 90일 이상 농업에 종사
농지의 소유가 가능한 경우	① 자기의 농업경영에 이용하는 경우 (or 계획) ② 주말·체험 영농에 이용하는 경우 (1,000m² 미만) ③ 상속으로 취득한 경우 중 아래의 경우 - 자기의 농업경영 - 제3자에게 임대 (10,000m² 이하) - 한국농촌공사 위탁 임대 (20,000m² 이하)
농지 처분의 의무가 있는 경우	① 농지소유자가 정당한 사유 없이 그 농지를 주말·체험 영농에 이용하지 않는 경우 - 1년 이내 ② 농지 소유 상한을 초과하여 농지를 소유 - 1년 이내 - 초과된 부분만

甲의 경우

① A농지 2,000m² : 주말 영농 목적
② B농지 15,000m² : 상속

보기 검토

ㄱ. (O) 甲이 직장을 다니면서 A농지에 농작물을 직접 경작하는 경우, 농업인으로 볼 수 있다.

➡ 농업인으로 보려면 2가지 조건 중 하나를 만족시켜야 한다.
① 1,000m² 이상 농지에서 농작물 경작
→ A농지의 면적이 2,000m²이므로 조건을 만족시킨다.
② 1년 중 90일 이상 농업에 종사
→ 만일 처음의 목적대로 주말에만 직접 영농을 한다면, 1년(52주) 중 매주 2일씩 총 104일 이상 농작물을 경작하므로 조건을 만족시킨다.

ㄴ. (O) 甲이 정당한 사유 없이 A농지를 경작하지 않는 경우, 그 때부터 1년 이내에 A농지 전부를 처분하여야 한다.

➡ 농지를 경작하지 않는다면 농지를 농업경영에 이용하지 않는 경우이므로 농지를 소유할 수 없다. 예외적으로 (갑의 처음 의도대로) 주말·체험 영농에 이용하면 1,000m² 미만의 농지를 소유할 수 있으나, 농지를 경작하지 않는다고 하였으므로 주말·체험 영농에도 이용하지 않는 것으로 볼 수 있다. 따라서 甲은 A농지를 소유할 수 없고, 농지소유자가 정당한 사유 없이 그 농지를 주말·체험 영농에 이용하지 않는 경우에 해당되어 1년 이내에 A농지 전부를 처분해야 한다.

ㄷ. (X) 甲이 농업인 乙에게 B농지를 임대한 경우, B농지 전부를 처분하여야 한다.

➡ 제3자에게 농지를 임대한 경우에 해당하여, 10,000m²까지 농지를 소유할 수 있다. 초과분 5,000m²는 농지 소유 상한을 초과하여 농지를 소유한 경우에 해당하여 1년 이내에 처분하여야 한다.

ㄹ. (O) 직장을 그만두고 귀농한 甲이 A농지에 농작물을 스스로 경작하고 B농지는 한국농촌공사에 임대한 경우, A·B 농지 모두를 계속 소유할 수 있다.

➡ 스스로 경작하는 농업인이므로 A농지를 모두 소유할 수 있고, 한국농촌공사에 임대한 경우에는 20,000m²까지 농지를 소유할 수 있으므로, A·B 농지 모두를 계속 소유할 수 있다.

12

정답 ② 5급 공채 2012 인 5

법조문의 이해

	대상	내용	주체	조사 단계		시기
환경기초조사	국가산업단지 주변의 수질, 대기, 토양	계획, 조사, 치유대책	기초지방 자치단체장 (시장, 군수, 구청장 등)	1단계		실시일 기준 매 3년
				정상 판정 (종료)	오염 판정 ↓	
			환경부장관	2단계		판정일 기준 1개월 내

법규정의 적용

	1단계 조사 실시일	1단계 조사 판정일	판정 결과	2단계 조사	다음 1단계 조사
A단지 주변지역	2011. 7. 1.	2011. 11. 30.	오염지역	2011. 12. 30. 이전	2014년
B단지 주변지역	2009. 3. 1.	2009. 9. 1.	오염지역	2009. 10. 1. 이전	2012년
C단지 주변지역	2010. 10. 1.	2011. 7. 1.	정상지역	없음	2013년

선택지 검토

① (X) A단지 주변지역에 대하여 2012년에 환경부장관은 2단계 조사를 실시해야 한다.
➡ [제2조 제3호] 2011년에 실시해야 한다.

② (O) B단지 주변지역에 대하여 2012년에 甲시 시장은 1단계 조사를 실시해야 한다.
➡ [제2조 제3호] 다음 1단계 조사는 2012년에 실시한다.

③ (X) B단지 주변지역에 대하여 甲시 시장은 2단계 조사를 실시하였다.
➡ [제2조 제2호] 2단계 조사는 환경부장관이 실시한다.

④ (X) C단지 주변지역에 대하여 환경부장관은 2011년 7월 중에 2단계 조사를 실시하였다.
➡ [제2조 제2호 단서] C단지 주변지역은 정상지역으로 판정되었으므로 2단계 조사를 실시하지 않는다.

⑤ (X) C단지 주변지역에 대하여 甲시 시장은 2012년에 1단계 조사를 실시해야 한다.
➡ [제2조 제3호] 2013년에 실시해야 한다.

13

정답 ② 5급 공채 2012 인 28

법조문의 이해

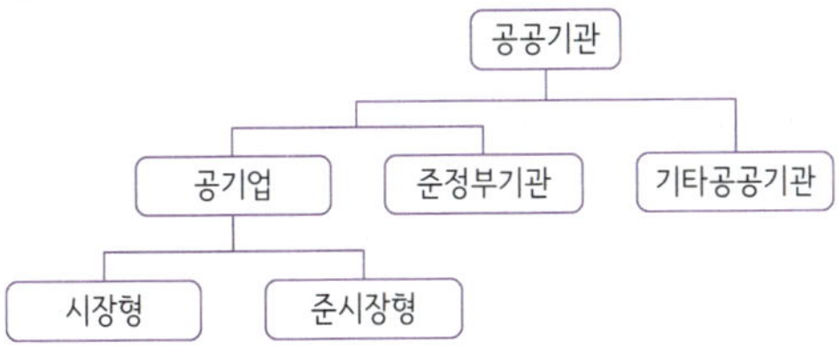

구분	공공기관			
	공기업		준정부기관	기타공공기관
	시장형	준시장형		
직원 정원	50인 이상			50인 미만
자체수입비율	50 % 이상		50 % 이하	
	자산규모 2조원 이상 and 자체수입비율 85 % 이상	그 외		

법조문의 적용

공공기관	직원 정원	자산규모	자체수입비율	분류
A	80명	3조 원	85 %	공기업(시장형)
B	40명	1.5조 원	60 %	기타공공기관
C	60명	1조 원	45 %	준정부기관
D	55명	2.5조 원	40 %	준정부기관

보기 검토

ㄱ. [O] 기관 A는 시장형 공기업이다.
ㄴ. [X] 기관 B는 준시장형 공기업이다.
ㄷ. [X] 기관 C는 기타공공기관이다.
ㄹ. [O] 기관 D는 준정부기관이다.

14

정답 ① 외교원 2013 인 8

제시문의 이해

	주체	시기	효과
소취하	원고	판결의 최종 확정 전	1심 제기시점으로 때로 소급하여 소송이 소멸 → 처음부터 소를 제기하지 않은 것과 같음 → 1심 판결의 효력 상실 → 분쟁 미해결
항소취하	항소인	항소심 판결 선고 전	항소 제기시점으로 소급하여 항소만 소멸 → 1심 판결의 효력 유지 → 1심 판결의 내용대로 분쟁 해결

※ 피고가 소송에서 변론을 하였을 때에는 피고의 동의를 얻어야 소취하를 할 수 있다.
※ 항소취하에 피항소인의 동의가 필요한 경우는 없다.

상황의 이해

<1심> — 甲 승소, 乙 패소 → <항소심>

<1심>
- 원고 : 甲
- 피고 : 乙
- 소취하 가능 - 주체 : 甲

<항소심>
- 항소인 : 乙
- 피항소인 : 甲
- 소취하 가능 - 주체 : 甲
- 항소취하 가능 - 주체 : 乙

선택지 검토

① [O] 항소심 판결이 선고된 후에는 乙은 항소취하를 할 수 없다.
➡ [항소취하 2문장] 항소인(乙)은 항소심 판결이 선고되기 전까지만 항소취하를 할 수 있다.

② [X] 항소심 판결이 선고되기 전에 甲은 乙의 동의 없이 항소취하를 할 수 있다.
➡ [항소취하 2문장] 항소취하의 주체는 항소인인 乙이다.

③ [X] 항소심 판결이 선고되기 전에 乙은 甲의 동의를 얻어야 소취하를 할 수 있다.
➡ [소취하 1문장] 소취하의 주체는 1심 원고인 甲이다.

④ [X] 항소취하가 유효하면 항소심이 종료되고, 甲의 乙에 대한 1심 승소판결의 효력은 소멸된다.
➡ [항소취하 5문장] 항소취하의 효력은 항소심에만 적용되고, 항소의 대상이 되었던 1심 판결의 효력은 유지된다.

⑤ [X] 소취하가 항소심에서 유효하게 이루어진 경우, 甲과 乙사이의 대여금에 관한 분쟁에서 甲이 승소한 것으로 분쟁이 해결된다.
➡ [소취하 5-8문장] 소취하가 이루어지면 1심 소송결과 자체가 소멸되어 분쟁은 해결되지 않고 소송만 종결된다.

15

정답 ② 5급 공채 2014 A 28

제시문 및 〈상황〉의 이해

● 법률

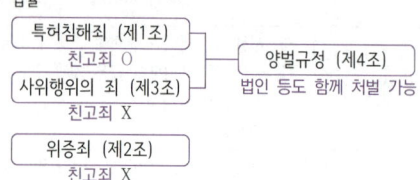

특허침해죄 (제1조) — 친고죄 O
사위행위의 죄 (제3조) — 친고죄 X
→ 양벌규정 (제4조): 법인 등도 함께 처벌 가능

위증죄 (제2조) — 친고죄 X

● 양벌규정 (제4조)

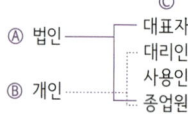

Ⓐ 법인 — Ⓒ 대표자, 대리인, 사용인, 종업원
Ⓑ 개인

※ Ⓒ가 특허침해죄(제1조) 또는 사위행위의 죄(제3조)를 범하면
→ Ⓐ에게는 양벌규정(제4조)이 적용되고 제4조의 벌금이 부과된다.
→ Ⓑ에게는 양벌규정(제4조)이 적용되나,
벌금은 제1조 및 제3조에 정해진 바에 따라 부과될 수 있다.
→ Ⓒ에게는 제1조 및 제3조에 정해진 징역 또는 벌금이 부과된다.

● 상황
- 甲 : 특허권자 → 승소 : 특허권 정상 보유
- 乙 : 소송 원고 → 패소
- 丙 : 감정인 → 허위 감정 → 위증죄 (제2조)
- 丁 : 법인 (戊의 사용 법인) → 특허침해죄 양벌규정 적용 (제4조 제1호)
- 戊 : 종업원 (행위자) → 특허침해죄 (제1조)

선택지 검토

① 〔X〕 甲의 고소가 있어야 丙이 위증죄로 처벌될 수 있다.
➡ [제2조] 위증죄는 친고죄가 아니어서 甲의 고소 여부와 상관없이 처벌이 가능하다.
cf. 제시된 법률에서 친고죄는 특허침해죄(제1조) 하나뿐이다.

② 〔O〕 丙이 위증죄로 처벌되는 경우 1천만 원의 벌금형을 받을 수 있다.
➡ [제2조] 위증죄의 형량은 5년 이하의 징역 '또는' 1천만 원 '이하'의 벌금이다. 따라서 丙이 위증죄로 처벌되는 경우 1천만 원의 벌금형을 받을 수 있다.

③ 〔X〕 丙이 위증죄로 처벌되는 경우 양벌규정에 따라 乙에게 6천만 원의 벌금형이 부과될 수 있다.
➡ [제4조] 양벌규정이 적용되는 것은 특허침해죄(제1조)와 사위행위의 죄(제3조)이다. 위증죄에는 양벌규정이 적용되지 않는다.

④ 〔X〕 戊가 특허침해죄로 처벌되는 경우 벌금형의 상한은 3억 원이다.
➡ [제4조, 제1조] 戊는 특허를 침해한 '행위자(종업원)'이므로 제1조가 적용된다. 따라서 벌금의 상한은 1억 원이다.

⑤ 〔X〕 戊에 대해서 특허침해죄가 성립되지 않더라도 사용자의 관리책임을 이유로 丁회사에게 3억 원의 벌금형이 부과될 수 있다.
➡ [제4조] 종업원(戊)이 특허침해죄를 범했을 때에만 양벌규정(제4조)이 적용된다.

참고

- 친고죄(親告罪) : 피해자나 기타 법률이 정한 자의 고소가 있어야 공소를 제기할 수 있는 범죄
- 사용인(使用人) : 기업과의 근로계약에 의하여 근로를 제공하고 그 대가를 받는 종업원을 말하며 일반적으로 법인의 임원이 아닌 근로자를 말하지만, 관련규정에 따라 임원을 포함하기도 한다. 아래의 '사용자'라는 용어와 구별하자.

cf. 사용자(使用者) : 노무를 제공할 것을 약정한 상대방(피고용자)에게 보수를 지급할 것을 약정한 자(민법), 혹은 사업주 또는 사업의 경영담당자 기타 근로자에 관한 사항에 관하여 사업주를 위하여 행동하는 자(근로기준법)

16

정답 ① 5급 공채 2015 인 4

제시문의 이해

● 1문단 : 의원의 법률안 발의
● 2문단 : 의장의 소임
● 3문단 : 소관상임위원회 심사 (법률안의 폐기)
● 4문단 : 발의의원의 법률안 철회
● 5문단 : 본회의에서의 번안동의 및 번안된 법률안의 의결

〈상황〉의 이해

○ A국 의회 의원 甲은 △△법률안을 의원 10인의 찬성을 얻어 발의하였다.
- 발의의원 : 甲 (1인) → 법률명의 부제로 甲의 성명을 기재 [1문단]
- 찬성의원 : 10인
- 철회 요건 : 찬성의원 10인 전원의 동의 [4문단]

○ A국 의회의 재적의원은 200인이다.
- 번안동의로 상정되었을 시
재적의원 과반수(101명) 출석과 출석의원 3분의 2(67.3명) 이상의 찬성으로 의결
→ 최소 68명 이상의 찬성으로 의결될 수 있다. [5문단]

선택지 검토

① 〔O〕 △△법률안 법률명의 부제로 의원 甲의 성명을 기재한다.
➡ [1문단 2문장] 발의의원인 甲의 성명을 법률명의 부제로 기재한다.

② 〔X〕 △△법률안이 어느 상임위원회 소관인지 명확하지 않을 경우 본회의의 의결로 소관상임위원회를 결정한다.
➡ [2문단 2문장] 의장이 의회운영위원회와 협의하여 결정하며, 협의가 이루어지지 않을 때는 의장이 결정한다.

③ 〔X〕 의원 甲은 △△법률안이 소관상임위원회의 의제가 되기 전이면, 단독으로 그 법률안을 철회할 수 있다.
➡ [4문단 1문장] 법률안을 철회하려면 찬성의원 전원의 동의를 얻어야 한다.

④ 〔X〕 △△법률안이 번안동의로 본회의에 상정되면 의원 60인의 찬성으로 의결할 수 있다.
➡ [5문단 2문장] 재적의원 과반수의 출석(최소 101명)과 출석의원 3분의 2 이상(최소 68명)의 찬성이 필요하다.

⑤ 〔X〕 소관상임위원회가 △△법률안을 본회의에 부의할 필요가 없다고 결정하더라도, △△법률안의 찬성의원 10인의 요구만 있으면 본회의에 부의할 수 있다.
➡ [3문단 2문장] 의원 30인 이상의 요구가 있어야 한다.

17

정답 ⑤ 5급 공채 2015 인 6

제시문과 〈상황〉의 이해

<범례>
1. 2. 3. … : 공통
①②③ … : 약식재판절차 선택 시
1 2 3 … : 정식재판절차 선택 시

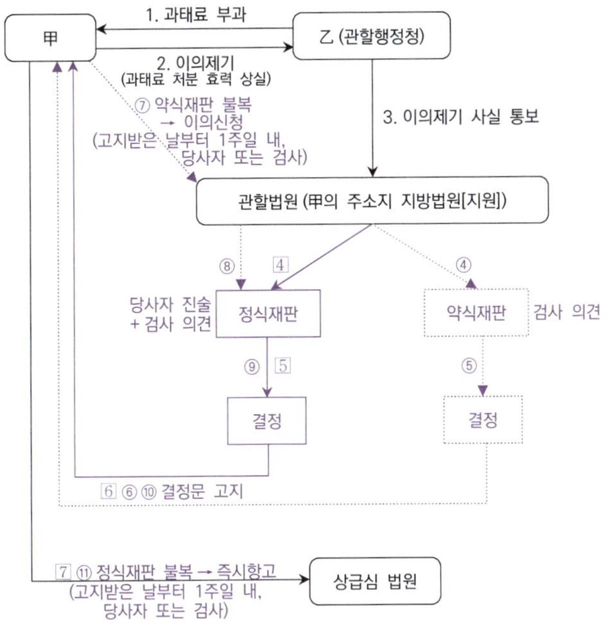

선택지 검토

① 〔X〕 甲은 乙에게 이의제기를 하지 않고 직접 청주지방법원에 과태료 재판을 신청할 수 있다.
➡ [1문단 3문장] 과태료 재판은 당사자의 이의제기 사실이 법원에 통보된 때에 법원의 직권에 의하여 개시된다. 당사자가 직접 신청하여 개시되는 것이 아니다.

② 〔X〕 甲이 乙에게 이의를 제기하더라도 과태료 처분은 유효하기 때문에 검사의 명령에 의해 과태료를 징수할 수 있다.
➡ [1문단 2문장] 이의제기가 있으면 과태료 처분은 효력을 상실한다.

③ 〔X〕 청주지방법원이 정식재판절차에 의해 과태료 재판을 한 경우, 乙이 그 재판에 불복하려면 결정문을 고지받은 날부터 1주일 내에 상급심 법원에 즉시항고하여야 한다.
➡ [3문단 1문장] 정식재판절차에 의한 결정에 불복하여 상급심 법원에 즉시항고할 수 있는 주체는 당사자(甲) 또는 검사이다.

④ 〔X〕 청주지방법원이 甲의 진술을 듣고 검사 의견을 구한 다음 과태료 재판을 한 경우,(정식재판절차) 검사가 이 재판에 불복하려면 결정문을 고지받은 날부터 1주일 내에 청주지방법원에 이의신청을 하여야 한다.
➡ [2문단, 3문단 1문장] 당사자인 甲의 진술과 검사의 의견이 모두 있었으므로 정식재판절차가 진행된 것이다. 정식재판절차에 불복하는 경우에는 상급심 법원에 즉시항고를 하도록 되어있다.

⑤ 〔O〕 청주지방법원이 약식재판절차에 의해 과태료 재판을 한 경우, 甲이 그 재판에 불복하려면 결정문을 고지받은 날부터 1주일 내에 청주지방법원에 이의신청을 하여야 한다.
➡ [3문단 2문장] 약식재판절차에 의한 결정에 불복하는 경우, 이에 대한 이의신청은 과태료 재판을 한 법원에 하도록 되어있다.

18

정답 ⑤ 5급 공채 2015 인 26

제시문의 이해

<형사소송절차상 화해의 성립 요건>
1. 피고인과 피해자 사이에 민사상 다툼에 관한 합의 성립
2. 신청
   (1) 1심 또는 2심의 변론종결 전까지
   (2) 피해자와 피고인이 공동으로
   (3) 서면으로
3. 공판조서에 합의내용 기재

〈상황〉의 이해

甲은 친구 乙이 丙에게 빌려준 500만 원을 변제받지 못하고 있다는 이야기를 듣고 대신 받아주려고 丙을 만났는데,
丙이 격분하여 甲을 폭행하였다.
→ 폭행(형사사건) : 가해자 - 丙, 피해자 - 甲

그로 인해 甲은 병원치료비 200만 원을 지출하게 되었다.
→ 해당 사건과 관련된 피해 : 병원치료비 200만 원
→ 원칙 : 甲이 병원치료비에 대한 배상을 받으려면 '민사소송'을 거쳐야 한다.

이후 甲은 丙을 폭행죄로 고소하여 현재 丙을 피고인으로 한 형사소송절차가 진행 중이다.
→ 형사소송 : 피해자 - 甲, 피고인 - 丙

선택지 검토

① 〔X〕 甲과 丙이 피해배상을 합의하면 그 합의는 공판조서에 기재되지 않더라도 민사소송상의 확정판결과 동일한 효력이 있다.
➡ [1문단 1문장] 형사조정절차상 화해가 성립하려면 합의의 내용이 공판조서에 기재되어야 한다.

② 〔X〕 형사소송 2심 법원의 변론종결 후에 甲과 丙이 피해배상에 대해 합의하면, 그 합의내용을 공판조서에 기재해 줄 것을 구술로 신청할 수 있다.
➡ [2문단 2문장] 변론종결 전에, 서면으로 신청하여야 한다.

③ 〔X〕 丙이 乙에게 변제할 500만 원과 甲의 치료비 200만 원을 丙이 지급한다는 합의내용을 알게 된 법관은 신청이 없어도 이를 공판조서에 기재할 수 있다.
➡ [1문단 1문장] 법관은 (피해자와 피고인이 공동으로 서면으로 하는) 신청에 의하여 합의내용을 공판조서에 기재할 수 있다.

④ 〔X〕 공판조서에 기재된 합의금에 대해 甲이 강제집행을 하기 위해서는 별도의 민사소송상 확정판결이 있어야 한다.
➡ [2문단 5문장] 합의가 기재된 공판조서는 민사소송상 확정판결과 동일한 효력이 있으므로, 피해자는 별도의 민사소송을 거치지 않고 그 공판조서에 근거하여 강제집행을 할 수 있다.

⑤ 〔O〕 丙이 甲에게 지급할 금액을 丁이 보증한다는 내용이 공판조서에 기재된 경우, 甲은 그 공판조서에 근거하여 丁의 재산에 대해서 강제집행할 수 있다.
➡ [2문단 3-5문장]

19

정답 ④ 5급 공채 2017 가 5

〈상황〉의 이해

	저작물	저작물 종류	저작자	소유자	비고
상황 1	군마	회화	甲	乙	-
상황 2	丁의 초상화	회화	丙	丁	丁의 위탁에 의해 제작

선택지 검토

① 〔X〕 乙이 「군마」를 건축물의 외벽에 잠시 전시하고자 할 때라도 甲의 허락을 얻어야만 한다.
➡ [2문단] 미술저작물 원본의 소유자(乙)는 자유로이 그 원본을 전시할 수 있다. 예외적으로 건축물의 외벽 등 공개된 장소에 '항시' 전시하는 경우에는 저작자의 허락을 얻어야 하지만, 이 경우는 '잠시' 전시하는 것이므로 허락을 얻을 필요가 없다.

② 〔X〕 乙이 감상하기 위해서 「군마」를 자신의 거실 벽에 걸어 놓을 때는 甲의 허락을 얻어야 한다.
➡ [1문단 3문장] 일반인에 대해 공개하는 경우가 아니기 때문에 저작자의 허락을 받을 필요가 없다.

③ 〔X〕 A가 공원에 항시 전시되어 있는 「군마」를 회화로 복제하고자 할 때는 乙의 허락을 얻어야 한다.
➡ [3문단] 개방된 장소에 항시 전시되어 있는 미술저작물이지만, '회화를 회화로 복제'하려는 경우이므로 저작자(甲)의 허락을 얻어야 한다.

④ 〔O〕 丙이 丁의 초상화를 복제하여 전시하고자 할 때는 丁의 허락을 얻어야 한다.
➡ [4문단] 고객(丁)으로부터 위탁을 받아 완성한 초상화의 저작자(丙)가 저작물(丁의 초상화)을 복제하거나 전시하려면 위탁자(丁)의 허락을 얻어야 한다.

⑤ 〔X〕 B가 공원에 항시 전시되어 있는 丁의 초상화를 판매목적으로 복제하고자 할 때는 丙의 허락을 얻을 필요가 없다.
➡ [3문단] 개방된 장소에 항시 전시되어 있는 미술저작물이지만, '판매목적으로 복제'하려는 경우이므로 저작자(丙)의 허락을 얻어야 한다.

20

정답 ① 5급 공채 2017 가 13

풀이

1. 먼저 통제보호구역에 해당하는 지역을 제외하고,
2. 나머지 지역 중에서 제한보호구역에 해당하는 지역을 찾는다.

통 : 통제보호구역
한 : 제한보호구역
※ '시설'의 최외곽경계선으로부터 대각선 방향으로의 정확한 거리는 무시함.

(단위 : 미터)

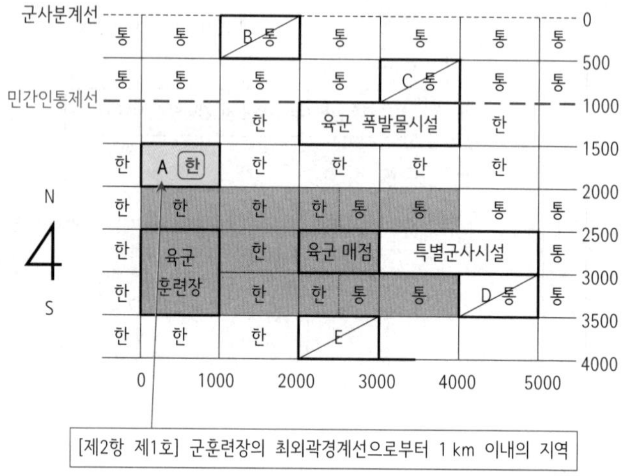

21

정답 ④ 5급 공채 2017 가 25

제시문의 이해

● 신속처리대상안건의 지정

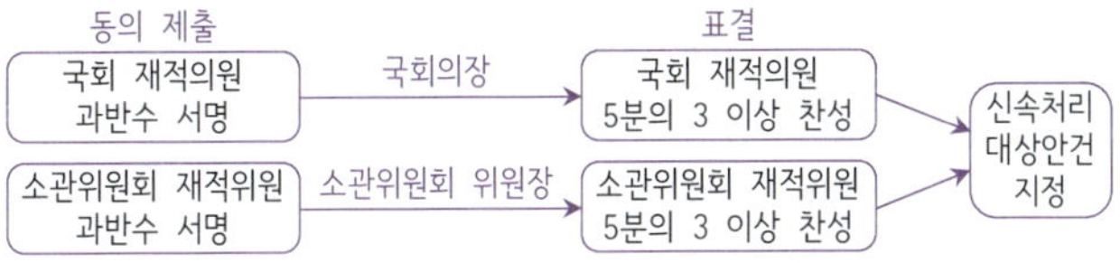

〈상황〉의 이해

○ 국회 재적의원은 300명이고, 지식경제위원회 재적위원은 25명이다.
→ 동의를 제출하기 위해서는 최소 151명(재적의원의 과반수)의 의원이 서명하여야 하고, 최소 13명(소관위원회 재적위원의 과반수)의 위원이 서명하여야 한다.
→ 의결이 되고 신속처리대상안건으로 지정되기 위해서는 최소 180명(재적의원의 5분의 3)의 국회의원이 찬성하거나 최소 15명(재적위원의 5분의 3)의 소관위원회 위원이 찬성하여야 한다.

○ 지식경제위원회에 회부된 안건 X가 3월 2일 신속처리대상안건으로 지정되었다.
→ 위원회는 3월 3일부터 기산하여 180일(8월 29일) 이내에 심사를 마쳐야 한다.

선택지 검토

① [X] 안건 X는 국회 재적의원 중 최소 150명 또는 지식경제위원회 위원 중 최소 13명의 찬성으로 신속처리대상안건으로 지정되었다.
➡ [제2조 제1-2항] 최소 180명의 국회의원이 찬성하거나 최소 15명의 지식경제위원회 위원이 찬성하여야 한다.

② [X] 지식경제위원회는 안건 X에 대해 당해년도 10월 1일까지 심사를 마쳐야 한다.
➡ [제2조 제3항] 8월 29일까지 심사를 마쳐야 한다.

③ [X] 지식경제위원회가 안건 X에 대해 기간 내 심사를 마치지 못했다면, 90일을 연장하여 재심사 할 수 있다.
➡ [제2조 제4항] 재심사는 하지 않는다. 8월 29일까지 심사를 마치지 못한 경우, 8월 30일에 소관위원회에서 심사를 마치고 체계·자구심사를 위하여 법제사법위원회로 회부한 것으로 본다.

④ [O] 지식경제위원회가 안건 X에 대해 심사를 마치고 당해년도 7월 1일 법제사법위원회로 회부했다면, 법제사법위원회는 당해년도 9월 29일까지 심사를 마쳐야 한다.
➡ [제2조 제3항, 제3조] 법제사법위원회는 7월 2일부터 기산하여 90일(9월 29일) 이내에 심사를 마쳐야 하므로 옳다.

⑤ [X] 안건 X가 당해년도 8월 1일 법제사법위원회로 회부되었고 법제사법위원회가 기간 내 심사를 마치지 못했다면, 다음 해 1월 28일에 본회의에 부의된 것으로 본다.
➡ [제2조 제5항] 법제사법위원회는 8월 2일부터 기산하여 90일(10월 30일)까지 심사를 마쳐야 하는데, 이 기간 내에 심사를 마치지 못한 경우에는 그 기간이 종료한 다음 날(10월 31일)에 안건이 본회의에 부의된 것으로 본다.

22

정답 ② 5급 공채 2017 가 6

풀이

● 최장 재적기간 = 수료연한 + 최장 휴학기간
● 최장 휴학기간 = 최장 일반휴학기간 + 최장 어학연수 휴학기간

학생		수료연한	일반휴학	어학연수 휴학	최장 재적기간
내국인	(보통입학)	4년	2년	2년	8년
	특별입학	3년	1년 6개월	1년	5년 6개월
외국인		5년	2년 6개월	2년	9년 6개월

● A대학의 학생이 재적할 수 있는 최장기간은 (9년 6개월)이다.

● A대학에 특별입학으로 입학한 학생이 일반휴학 없이 재적할 수 있는 최장기간은 (4년)이다.

23

정답 ④ 5급 공채 2017 가 24

제시문의 이해

● 판결의 확정 시기

1. 판결 선고 시	(1) 대법원 판결 (2) 상소하지 않기로 한 당사자들의 합의서가 판결 선고 전에 법원에 제출된 경우
2. 상소기간 만료 시	(1) 판결문을 송달받은 날부터 2주 이내에 상소하지 않은 경우 (2) 상소를 취하한 경우
3. 상소포기서 제출 시	

※ 상소, 상소 취하, 상소 포기의 주체는 판결에서 패소한 당사자

〈상황〉의 이해

1. 판결 선고 : 2016년 11월 1일
2. 판결 내용 : 甲의 패소
 → 상소, 상소 취하, 상소 포기의 주체 : 甲
3. 상소기간 : 甲이 판결문을 송달받은 날(2016년 11월 10일)부터 2주 이내
 → 2016년 11월 24일까지
 → 상소기간 만료 시점 : 2016년 11월 24일이 종료되는 시점

선택지 검토

① 〔X〕 乙은 2016년 11월 28일까지 상소할 수 있다.
➡ [3문단 2문장] 상소는 패소한 당사자(甲)가 제기하는 것이다.

② 〔X〕 甲이 2016년 11월 28일까지 상소하지 않으면, 같은 날 판결은 확정된다.
➡ [3문단 2문장] 甲이 상소를 제기할 수 있는 기간은 판결문을 송달받은 날(2016년 11월 10일)부터 2주, 즉 2016년 11월 24일까지이다. 이 날까지 甲이 상소하지 않으면 2016년 11월 24일이 종료되는 시점에 판결이 확정된다.

③ 〔X〕 甲이 2016년 11월 11일 상소한 후 2016년 12월 1일 상소를 취하하였다면, 취하한 때 판결은 확정된다.
➡ [3문단 마지막] 상소를 취하하면 '상소기간(2016년 11월 24일)이 만료된 때'에 판결이 확정된 것으로 본다. 따라서 2016년 11월 24일이 종료되는 시점에 판결이 확정된 것이 된다.

④ 〔O〕 甲과 乙이 상소하지 않기로 하는 내용의 합의서를 2016년 10월 25일 법원에 제출하였다면, 판결은 2016년 11월 1일 확정된다.
➡ [2문단 마지막] 선고 전에 당사자들이 상소하지 않기로 합의하고 2016년 10월 25일에 합의서도 제출하였으므로, 판결은 선고일인 2016년 11월 1일에 확정된다.

⑤ 〔X〕 甲이 2016년 11월 21일 법원에 상소포기서를 제출하면, 판결은 2016년 11월 1일 확정된 것으로 본다.
➡ [4문단] 상소포기서를 제출하면, 상소포기서를 제출한 때에 판결이 확정된다. 따라서 2016년 11월 21일에 확정된다.

참고

- 제시문의 내용은 '민사소송법'에 규정된 내용이다.
- 해설에서 기간을 계산할 때에는 초일(初日)을 산입하지 아니하였다.
  - 민사소송법 제170조(기간의 계산) 기간의 계산은 민법에 따른다.
  - 민법 제157조(기간의 기산점) 기간을 일, 주, 월 또는 연으로 정한 때에는 기간의 초일은 산입하지 아니한다.
    민법 제159조(기간의 만료점) 기간을 일, 주, 월 또는 연으로 정한 때에는 기간말일의 종료로 기간이 만료한다.
- '형사소송법'상의 상소(항소 및 상고) 기간은 '민사소송법'상의 기간과 다르다.
  - 형사소송법 제358조(항소제기기간) 항소의 제기기간은 7일로 한다.
  - 형사소송법 제374조(상고기간) 상고의 제기기간은 7일로 한다.

24

정답 ⑤ 5급 공채 2018 나 2

〈현황〉의 이해

성명	직위	최초 위촉일자	재임기간	연임 여부	자격 규정	선임 가능 직책
A	甲지방의회 의원	2016. 9. 1.	1년 6개월	×	2호	부위원장
B	시민연대 회원	2016. 9. 1.	1년 6개월	×	1호	위원장
C	甲지방자치단체 소속 기획관리실장	2016. 9. 1.	1년 6개월	×	2호	부위원장
D	지방법원 판사	2017. 3. 1.	1년	×	1호	위원장
E	대학교 교수	2016. 9. 1.	1년 6개월	×	1호	위원장
F	고등학교 교사	2014. 9. 1.	3년 6개월	○	1호	위원장
G	중학교 교사	2016. 9. 1.	1년 6개월	×	1호	위원장
H	甲지방의회 의원	2016. 9. 1.	1년 6개월	×	2호	부위원장
I	甲지방자치단체 소속 행정국장	2016. 9. 1.	1년 6개월	×	2호	부위원장

선택지 검토

① 〔X〕 B가 사망하여 새로운 위원을 위촉하는 경우 甲지방의회 의원을 위촉할 수 있다.
➡ [제1조 제2항 제1호 단서] B는 제1호에 규정된 위원이므로 B를 대신하는 새로운 위원을 위촉할 때에는 제1호에 해당하는 사람으로 위촉하여야 하며, 이때 제1호 단서의 규정(제2호의 요건에 해당하는 자는 제외한다)에 따라 제2호에 해당하는 사람은 위촉할 수 없다. 甲지방의회 의원은 제2호에 해당하는 사람이기 때문에 B를 대신하여 위촉될 수 없다.

② 〔X〕 C가 오늘자로 명예퇴직하더라도 위원직을 유지할 수 있다.
➡ [제2조 제2항] C는 甲지방자치단체 소속 공무원이다. 소속 공무원의 위원으로서의 임기는 해당 공무원 직위에 재직 중인 기간이므로, 명예퇴직하여 공무원직을 상실하면 위원직도 유지할 수 없다.

③ 〔X〕 E가 오늘자로 사임한 경우 당일 그 자리에 위촉된 위원의 임기는 위촉된 날로부터 2년이다.
➡ [제1조 제2항 제1호, 제2조 제3항] E는 교육자에 해당하며 현재까지 약 1년 6개월을 재임하였다. 이 경우 후임자의 임기는 전임자의 남은 기간이므로, E를 대신하여 위촉된 위원의 임기는 약 6개월이다.

④ 〔X〕 F는 임기가 만료되면 연임할 수 있다.
➡ [제2조 제1항] F의 현재까지 재임기간은 약 3년 6개월인데, 위원의 기본 임기는 2년이므로 F는 연임하였음을 알 수 있다. 연임은 1회로 제한되므로 F의 이번 임기가 만료되면 F는 더 이상 연임할 수 없다.

⑤ 〔O〕 I는 부위원장으로 선임될 수 있다.
➡ [제1조 제2항 제2호, 제3항 제2호] I는 甲지방자치단체 소속 행정국장이다. 즉, I는 부위원장으로 선임될 수 있는 제1조 제2항 제2호의 위원에 해당한다.

25

정답 ② 5급 공채 2018 나 23

〈상황〉의 이해

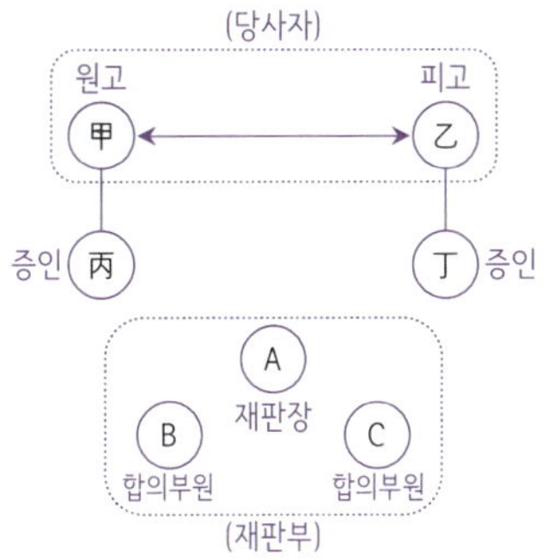

선택지 검토

① 〔X〕 丙을 신문할 때 A는 乙보다 먼저 신문할 수 없다.

➡ [제1조 제3항] A는 재판장이므로 언제든지 증인을 신문할 수 있다.

② 〔O〕 甲의 丙에 대한 신문이 쟁점과 관계가 없는 때, A는 甲의 신문을 제한할 수 있다.

➡ [제1조 제5항] 당사자인 甲의 신문이 쟁점과 관계가 없는 때, 재판장인 A는 甲의 신문을 제한할 수 있다.

③ 〔X〕 A가 丁에 대한 신문을 乙보다 甲이 먼저 하게 하려면, B와 C의 의견을 들어야 한다.

➡ [제1조 제4항] 재판장 A가 증인신문의 순서를 바꾸려면 당사자인 甲과 乙의 의견을 들어야 한다.

④ 〔X〕 丙과 丁을 따로따로 신문해야 하는 것이 원칙이지만, B는 필요하다고 인정한 때 丙과 丁의 대질을 명할 수 있다.

➡ [제3조] 증인 서로의 대질을 명할 수 있는 것은 재판장인 A이다. 합의부원인 B에게는 그러한 권한이 없다.

⑤ 〔X〕 丙이 질병으로 인해 서류에 의해 진술하려는 경우 A의 허가를 요하지 않는다.

➡ [제4조] 증인이 서류에 의해 진술하려면 재판장 A의 허가를 받아야만 한다. 이에 대한 예외 규정은 제시되어 있지 않다.

26

정답 ⑤ 5급 공채 2019 가 4

〈상황〉의 이해

	신청대상	월별 지원금액	지원 형태
甲	3급 장애인, 실업급여 수급자	1인 가구	아파트 거주자
	신청대상 아님.	(판단 불필요)	
乙	2005. 1. 1. 출생, 의료급여 수급자	4인 가구	단독 주택 거주자
	신청대상 2에 해당함.	114,000원	실물카드, 가상카드
丙	1949. 3. 22. 출생, 생계급여 수급자	2인 가구	아파트 거주자
	신청대상 1에 해당함.	102,000원	가상카드

보기 검토

ㄱ. 〔X〕 甲은 에너지이용권 발급 신청서, 관리비 통합고지서, 본인 신분증 사본을 제출하고, 81,000원의 에너지이용권을 요금 자동 차감 방식으로 지급받을 수 있다.

➡ 실업급여 수급자인 甲은 에너지이용권 신청대상이 아니다.

ㄴ. 〔O〕 담당공무원인 丁이 乙을 대리하여 신청 서류를 모두 제출하고, 乙은 114,000원의 에너지이용권을 실물카드 형태로 지급받을 수 있다.

➡ 乙은 신청대상에 해당하며 신청은 담당공무원이 대리할 수 있다. 乙은 4인 가구의 가구원이며 단독 주택에 거주하므로, 114,000원의 에너지이용권을 실물카드 형태로 지급받을 수 있다.

ㄷ. 〔O〕 丙은 도시가스를 선택하여 102,000원의 에너지이용권을 가상카드 형태로 지급받을 수 있으며, 이용권 사용기간 만료 시 잔액이 발생한다면 전기요금이 차감될 것이다.

➡ 丙은 신청대상에 해당하며, 2인 가구의 가구원이므로 102,000원을 지원받을 수 있다. 또한 乙은 아파트에 거주하기 때문에 가상카드 형태로만 지원받을 수 있고, 이 경우 사용기간 만료 시 잔액은 전기요금 차감에 사용된다.

27

정답 ③ 5급 공채 2019 가 5

〈상황〉의 검토

○ 〔O〕 甲(56세)은

사업주가 근로자 대표의 동의를 받아 정년을 60세로 연장하면서 임금피크제를 실시하고 있는 사업장(상시 사용하는 근로자 320명)에 고용되어

→ [제1항 제1호]에 해당.

[제2항 단서]에 해당하지 않음.

3년간 계속 근무하고 있다.

→ [제2항 본문]의 요건(18개월 이상 계속 근무) 충족.

甲의 피크임금은 4,000만 원이었고, 올해 임금은 3,500만 원이다.

→ [제2항 제1호]의 기준(10 %, 400만 원) 이상 임금이 낮아졌음.

➡ 임금피크제 지원금 지급대상임.

○ 〔X〕 乙(56세)은

사업주가 정년을 55세로 정한 사업장(상시 사용하는 근로자 200명)에서 1년간 계속 근무하다 작년 12월 31일 정년에 이르렀다. 乙은 올해 1월 1일 근무기간 10개월, 주당 근로시간은 동일한 조건으로 재고용되었다.

➡ [제1항 제2호 괄호] 정년에 이른 후 재고용되었으나, 재고용 기간이 1년 미만이므로 임금피크제 지원금 지급대상이 아님.

○ 〔O〕 丙(56세)은

사업주가 정년을 55세로 정한 사업장(상시 사용하는 근로자 400명)에서 2년간 계속 근무하다 작년 12월 31일 정년에 이르렀다.

→ [제2항 본문]의 요건(18개월 이상 계속 근무) 충족.

[제2항 단서]에 해당하지 않음.

丙은 올해 1월 1일 근무기간 1년, 주당 근로시간을 40시간에서 30시간으로 단축하는 조건으로 재고용되었다.

→ [제1항 제3호] 제2호의 요건을 충족시키면서 주당 근로시간을 30시간으로 단축하였으므로 제3호에 해당.

丙의 피크임금은 2,000만 원이었고, 올해 임금은 1,200만 원이다.

→ [제2항 제3호]의 기준(30 %, 600만 원) 이상 임금이 낮아졌음.

➡ 임금피크제 지원금 지급대상임.

● 임금피크제 지원금을 받을 수 있는 사람 : 甲, 丙

28

정답 ③ 5급 공채 2020 나 2

제시문의 이해

● 제1조 : 소유한 개의 등록 및 인식표 부착
● 제2조 : 맹견 소유자의 준수사항, 맹견의 격리조치, 정기교육
● 제3조 : 준수사항 위반으로 사망이나 상해 발생 시의 처벌

선택지 검토

① 〔X〕 甲이 A를 동반하고 외출하는 경우 A에게 목줄과 입마개를 해야 한다.

➡ [제2조 제1항 제2호] 목줄과 입마개를 해야 하는 의무는 월령이 3개월 이상인 맹견을 동반하는 경우에 발생한다. A는 월령이 1개월이므로 목줄과 입마개를 해야 할 의무가 없다.

② 〔X〕 甲은 맹견의 안전한 사육 및 관리에 관하여 정기적으로 교육을 받지 않아도 된다.

➡ [제2조 제3항] 맹견을 소유하고 있다면 모두 정기적으로 교육을 받아야 한다. 이에 대한 예외 사항이나 규정은 없다.

③ 〔O〕 甲이 A와 함께 타 지역으로 여행을 가는 경우, A에게 甲의 성명과 전화번호를 표시한 인식표를 부착하지 않아도 된다.

➡ [제1조 제1-2항] 인식표 부착의 의무는 월령 2개월 이상인 개를 기르는 곳에서 벗어나게 하는 경우에 발생한다. A는 월령이 1개월이므로 인식표 부착의 의무는 발생하지 않는다.

④ 〔X〕 B가 제3자에게 신체적 피해를 주는 경우, 구청장이 B를 격리조치하기 위해서는 乙의 동의를 얻어야 한다.

➡ [제2조 제2항] 맹견이 사람에게 신체적 피해를 주는 경우, 소유자의 동의 없이 맹견에 대하여 격리조치를 취할 수 있다. 따라서 이 경우, 소유자 乙의 동의는 필요하지 않다.

⑤ 〔X〕 乙이 B에게 목줄을 하지 않아 제3자의 신체를 상해에 이르게 한 경우, 乙을 3년의 징역에 처한다.

➡ [제3조 제2항] 상해 발생 시 징역형의 상한은 2년이다.

29

정답 ② 5급 공채 2020 나 24

제시문의 이해

- 주주총회 결의취소의 소
  - 원고 : 주주, 이사 또는 감사(변론이 종결될 때까지 자격을 유지해야 함)
  - 피고 : 회사(소송 수행인 : 대표이사 또는 감사)

〈상황〉의 이해

구분	직책	주주	비고
甲	전 대표이사 (해임)	×	이사 지위 상실
乙	현 대표이사	×	-
丙	-	○	-
丁	-	○	-
戊	이사	-	-
己	감사	-	-

선택지 검토

① 〔X〕 甲이 A회사를 피고로 하여 결의취소의 소를 제기하면, 법원은 결의를 취소하는 것이 정당한지에 관해 판단해야 한다.
➡ [1문단 2문장, 5문장] 甲은 주주, 이사 또는 감사가 아니므로 원고의 자격이 없다. 따라서 甲이 결의취소의 소를 제기하면, 해당 소는 결의를 취소하는 것이 정당한지에 대한 판단 없이 각하된다.

② 〔O〕 丙이 A회사를 피고로 하여 결의취소의 소를 제기하면, 乙이 A회사를 대표하여 소송을 수행한다.
➡ [2문단 4문장] 원고인 丙이 이사 아닌 주주이므로, 현재 대표이사인 乙이 회사를 대표하여 소송을 수행한다.

③ 〔X〕 丁이 A회사와 乙을 공동피고로 하여 결의취소의 소를 제기하면, A회사와 乙에 대한 소는 모두 부적법 각하된다.
➡ [2문단 1문장] 乙에 대한 소는 각하되지만, A회사에 대한 소는 진행된다.

④ 〔X〕 戊가 A회사를 피고로 하여 결의취소의 소를 제기하면, 甲이 A회사를 대표하여 소송을 수행한다.
➡ [2문단 3문장] 이사인 戊가 소를 제기하면 감사인 己가 회사를 대표하여 소송을 수행한다.

⑤ 〔X〕 己가 A회사를 피고로 하여 제기한 결의취소의 소의 변론이 종결된 후에 己의 임기가 만료된다면, 그 소는 부적법 각하된다.
➡ [1문단 3문장] 원고의 자격은 변론이 종결될 때까지만 유지되면 된다.

30

정답 ⑤ 5급 공채 2020 나 25

제시문의 이해

- 제1조 : 소송구조
- 제2조 : 소송구조의 종류
- 제3조 : 소송구조의 효력범위
- 제4조 : 소송구조의 취소

상황제시

선택지 검토

① 〔X〕 甲의 소송구조 신청에 따라 법원이 소송구조를 하는 경우, 甲의 재판비용 납입을 면제할 수 있다.
➡ [제2조 제1호] 재판비용의 납입을 '유예'할 수는 있지만 '면제'할 수는 없다.

② 〔X〕 甲이 소송구조를 받아 소송을 진행하던 중 증여를 받아 자금능력이 있게 되었더라도 법원은 직권으로 소송구조를 취소할 수 없다.
➡ [제4조] 소송구조를 받은 사람이 자금능력이 있게 된 때에는 법원은 직권으로 소송구조를 취소할 수 있다.

③ 〔X〕 甲의 신청에 의해 법원이 소송구조를 한 경우, 甲뿐만 아니라 乙에게도 그 효력이 미쳐 乙은 법원으로부터 변호사 보수의 지급유예를 받을 수 있다.
➡ [제3조 제1항] 소송구조는 이를 받은 사람에게만 효력이 미친다. 따라서 乙에게는 효력이 미치지 않는다.

④ 〔X〕 甲이 소송비용을 지출할 자금능력이 부족함을 소명하여 법원에 소송구조를 신청한 경우, 법원은 甲이 패소할 것이 분명하더라도 소송구조를 할 수 있다.
➡ [제1조 제1항 단서] 패소할 것이 분명한 경우에는 소송구조를 할 수 없다.

⑤ 〔O〕 甲이 소송구조를 받아 소송이 진행되던 중 丙이 甲의 소송승계인이 된 경우, 법원은 소송구조에 따라 납입유예한 재판비용을 丙에게 납입하도록 명할 수 있다.
➡ [제3조 제2항] 법원은 소송승계인에게 미루어 둔 비용의 납입을 명할 수 있다.

31

정답 ③ 5급 공채 2021 가 5

제시문의 이해

- 1문단 : 공소시효
  공소시효가 완성된 범죄에 대한 공소제기는 위법
- 2문단 : 공소시효의 기산점 = 범죄행위가 종료된 날(초일 산입)
  기간의 말일이 공휴일이거나 토요일이라도 기간에 산입
  연 또는 월 단위로 정한 기간은 연 또는 월 단위로 기간을 계산
- 3문단 : 국외 도피 시 공소시효 정지
  국외 도피한 당사자에 대해서만 정지
- 4문단 : 공소 제기 시 공소시효 정지(공범도 함께 정지)
  공범 유죄 확정 시 확정된 날부터 다른 공범 나머지 공소시효 기간 진행
  공범 무죄 확정 시 다른 공범의 공소시효 정지되지 않음

〈상황〉의 이해

- 甲 : 공소시효 시작 → 2016. 5. 2.
  공소시효 완성 → 2023. 5. 1. 24시
  국외 도피기간은 공소시효 시작 전에 해당하므로 공소시효 기간과 무관함.

- 乙, 丙, 丁 : 공소시효 시작 → 2015. 2. 1.
  공소시효 완성 → 2020. 1. 31. 24시
  乙 : 국내 도피 → 공소시효와 무관
  공소제기 → 2016. 1. 1.(공소시효 정지)
  무죄 확정판결 → 2016. 6. 30.
  丙 : 국외 도피 1년 → 공소시효 정지 1년
  공소제기 → 2020. 1. 1.
  유죄 확정판결 → 2020. 12. 31.
  丁 : 국내 도피 중 → 공소시효 기간 계속 진행
  丙(유죄)에 대한 공소제기 후 유죄 확정판결 전까지 공소시효 정지
  → 2020. 1. 1. ~ 12. 30.
  공소시효 완성 → 2021. 1. 30. 24시

선택지 검토

① [X] 甲에 대해 공소가 제기되기 전 정지된 공소시효 기간은 2개월이다.
➡ 甲의 국외 도피는 공소시효 시작 전에 있었던 일이므로 공소시효 기간과 무관하다.

② [X] 2023년 5월 1일 甲에 대해 공소가 제기된다면 위법한 공소제기이다.
➡ 공소시효기간의 마지막 날에 공소제기를 한 것이므로 적법하다.

③ [O] 丙에 대해 공소가 제기되기 전 정지된 공소시효 기간은 1년이다.
➡ 국외 도피 기간인 1년 동안만 공소시효가 정지된다. 乙에 대한 공소제기는 무죄로 결론이 났으므로, 丙의 공소시효에 영향을 미치지 않는다.

④ [X] 丙의 국외 도피기간 중 丁의 공소시효는 정지된다.
➡ 국외 도피에 의한 공소시효 정지는 도피한 사람에 대해서만 적용된다.

⑤ [X] 2022년 1월 31일 丁에 대해 공소가 제기된다면 적법한 공소제기이다.
➡ 丁에 대한 공소시효는 2020년 1월 30일에 완성된다. 따라서 그 이후의 공소제기는 위법하다.

32

정답 ② 민간경력 2013 인 23

〈상황〉의 정리

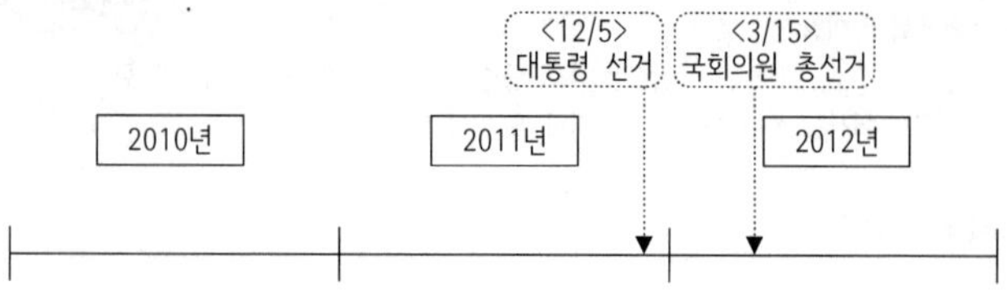

규정의 적용

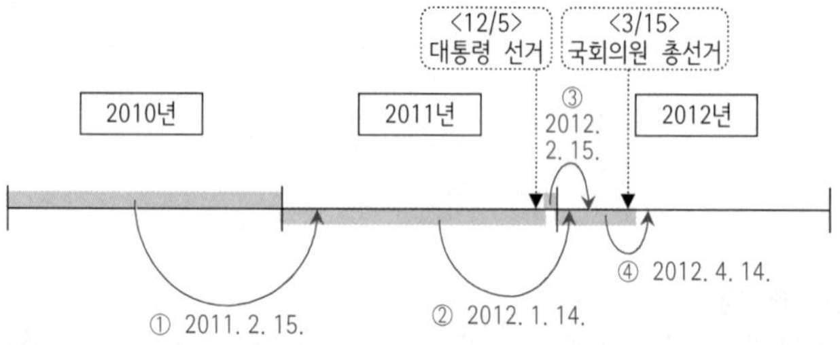

① 2010. 1. 1. ~ 2010. 12. 31.
[제1호 적용 : 공직선거에 참여하지 아니한 연도] 매년 1월 1일부터 12월 31일까지의 정치자금 수입과 지출에 관한 회계보고는 다음 연도 2월 15일에 한다.
→ 2011. 2. 15.

② 2011. 1. 1. ~ 2011. 12. 25. (대통령 선거 : 12. 5.)
[제2호 가목 적용 : 공직선거에 참여한 연도] 매년 1월 1일부터 대통령 선거일 후 20일까지의 정치자금 수입과 지출에 관한 회계보고는 당해 대통령 선거일 후 40일에 한다.
→ 2012. 1. 14.

③ 2011. 12. 26. ~ 2011. 12. 31. (대통령 선거 : 12. 5.)
[제2호 나목 적용 : 공직선거에 참여한 연도] 당해 선거일 후 21일부터 당해 연도 12월 31일까지의 정치자금 수입과 지출에 관한 회계보고는 다음 연도 2월 15일에 한다.
→ 2012. 2. 15.

④ 2012. 1. 1. ~ 2012. 4. 4. (국회의원 선거 : 3. 15.)
[제2호 가목 적용 : 공직선거에 참여한 연도] 매년 1월 1일부터 국회의원 선거일 후 20일까지의 정치자금 수입과 지출에 관한 회계보고는 당해 국회의원 선거일 후 30일에 한다.
→ 2012. 4. 14.

※ 2011년 1월 1일부터 2012년 12월 31일까지 회계보고를 한 총 횟수 = 4회

33

정답 ② 5급 공채 2021 가 2

〈상황〉의 이해

- 소유자 등 : ① 소유자 乙
  ② 점유자 丙

선택지 검토

① 〔X〕 甲은 A지역 발굴의 목적, 방법, 착수 시기 및 소요 기간 등에 관한 내용을 丙에게 2021년 3월 29일까지 알려주어야 한다.
➡ [제2항] 발굴 착수일(2021년 3월 15일)의 2주일 전까지 알려야 한다.

② 〔O〕 A지역의 발굴에 대한 통보를 받은 丙은 甲에게 그 발굴에 대한 의견을 제출할 수 있다.
➡ [제2-3항] 丙은 점유자로서, 의견을 제출할 수 있는 '소유자 등'에 해당한다.

③ 〔X〕 乙은 발굴 현장에 발굴의 목적 등을 알리는 안내판을 설치하여야 한다.
➡ [제7항] 발굴 현장에 안내판을 설치하는 것은 문화재청장(甲)이 해야 하는 일이다.

④ 〔X〕 A지역의 발굴로 인해 乙에게 손실이 예상되는 경우, 乙은 그 발굴을 거부할 수 있다.
➡ [제3항, 제5항] 발굴을 거부하는 것은 금지된다. 손실을 받았다면 국가로부터 보상을 받을 수 있다.

⑤ 〔X〕 A지역과 인접한 토지 소유자인 丁이 A지역의 발굴로 인해 손실을 받은 경우, 丁은 보상금에 대해 甲과 협의하지 않고 관할 토지수용위원회에 재결을 신청할 수 있다.
➡ [제6항] 손실보상에 관하여는 문화재청장(甲)과 손실을 받은 자(丁)가 먼저 협의를 하여야 하며, 보상금에 대한 합의가 성립하지 않은 때에만 관할 토지수용위원회에 재결을 신청할 수 있다.

34

정답 ④ 5급 공채 2021 가 21

보기 검토

ㄱ. 〔O〕 A유치원은 급식을 실시하기 위하여 영양교사 1명을 배치해야 한다.
➡ [제1조 제1-2항, 제2조 제1항] A유치원은 공립 유치원이므로 원아수와 무관하게 급식 실시 대상이며, 원아수가 200명 이상이므로 영양교사 수에 대한 예외규정이 적용되지 않는다. 따라서 영양교사 1명을 두어야 한다.

ㄴ. 〔O〕 B유치원과 C유치원은 공동으로 영양교사 1명을 배치할 수 있다.
➡ [제2조 제1항 제2호] 같은 乙교육지원청의 관할구역에 있고, 두 유치원 모두 원아수가 200명 미만이므로 공동으로 영양교사 1명을 배치할 수 있다.

ㄷ. 〔O〕 급식을 위한 시설과 설비를 갖춘 D유치원이 丙교육지원청의 전담직원을 통하여 영양관리, 식생활 지도 등의 업무를 지원받고 있다면, D유치원은 영양교사를 둔 것으로 본다.
➡ [제2조 제2항] D유치원은 원아수 100명 미만의 유치원이다. 이 경우 교육지원청의 지원을 받는다면 영양교사를 둔 것으로 본다.

ㄹ. 〔X〕 E유치원은 급식 대상에서 제외되는 유치원으로 그 명칭과 주소가 매년 1월말까지 공시되어야 한다.
➡ [제1조 제2-3항] '사립' 유치원인 경우에만 급식 대상에서 제외될 수 있다. E유치원은 공립 유치원이므로 급식 대상에서 제외되지 않는다.

35

정답 ③ 민간경력 2015 인 7

풀이

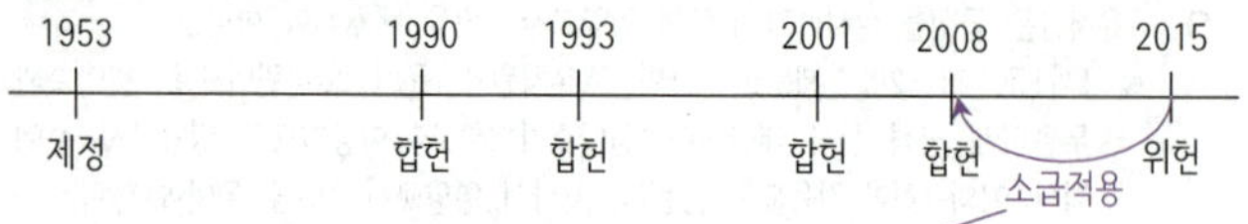

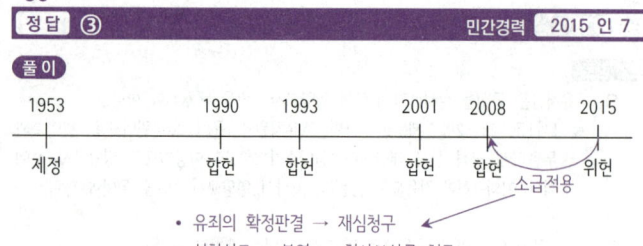

- 유죄의 확정판결 → 재심청구
- 실형선고 + 복역 → 형사보상금 청구
- 벌금형선고 + 납부 → 형사보상금 청구

	甲	乙	丙
확정판결	2007	2010	2013
소급효 적용	×	○	○
벌금 또는 복역	○	× (집행유예)	○
조치	×	재심청구	재심청구, 형사보상금 청구

조언

- 전문성이 강한 글이 제시된 경우, 하단의 각주(※)에 주의하자.
  단순히 용어의 정의를 알려주는 것만이 아니라, 문제 풀이에 필요한 정보를 포함하는 경우도 자주 있다. 이 문제에서는 각주에서 '집행유예'가 '실형을 과하지 않는 제도'라는 사실을 알려줌으로써, 乙은 형사보상금 청구를 할 수 없다는 사실을 추론할 수 있도록 해준다.

36

정답 ① 민간경력 2012 인 3

보기 검토

ㄱ. 부양의무자 甲은 배우자, 75세 아버지, 15세 자녀 1명, 20세 자녀 1명, 장애 6급을 가진 39세 처제 1명과 함께 살고 있다.

➡ 규정된 번호에 맞추어 적으면 다음과 같다.

1. 배우자
2. 75세 아버지
3. 15세 자녀 1명
4. 장애 6급을 가진 39세 처제

→ 4명

※ 20세 자녀 1명은 20세 미만이 아니며, 20세 이상이면서 장애가 심한 경우도 아니다.

ㄴ. 부양의무자 乙은 배우자, 58세 장인과 56세 장모, 16세 조카 1명, 18세 동생 1명과 함께 살고 있다.

➡ 규정된 번호에 맞추어 적으면 다음과 같다.

1. 배우자
2. 56세 장모

→ 2명

※ 58세 장인은 60세 이상이 아니고, 16세 조카 1명은 직계비속이 아니다. 18세 동생 1명은 형제인데 장애가 심한 경우가 아니어서 부양가족이 아니다.

37

정답 ⑤ 민간경력 2015 인 6

선택지 검토

① [X] 제△△대 국회의 첫 번째 임시회는 4월 27일에 집회한다.

➡ [제2조 제2항] 국회의원 총선거 후 최초의 임시회는 의원의 임기개시 후 7일째이므로, 5월 30일 후 7일째인 6월 5일에 집회한다.

② [X] 올해 국회의 정기회는 9월 1일에 집회하여 12월 31일에 폐회한다.

➡ [제3조 제2항 제2호] 정기회의 회기는 100일을 초과할 수 없다. 따라서 9월 1일에 집회하면 늦어도 12월 9일에는 폐회한다.

> [제1조 단서]의 경우일 수도 있으므로, 가장 늦은 폐회 일자를 정확히 판단하기 위해서는 9월 1일이 공휴일인지도 검토하는 것이 옳다. 이때에는 4월 20일이 수요일이라는 정보를 토대로 9월 1일이 무슨 요일인지를 알아내야 한다. 하지만 일반적으로 상황판단영역의 문제에서는 '기준'과 '판단 대상' 사이의 간격을 이 정도로 넓게 두지는 않는다. 불필요하게 작업량이 많은 문제가 될 수 있음을 출제자도 알고 있기 때문이다. 이런 경우에는 대개 다른 부분에 정오 판단을 위한 요소가 추가되곤 한다.
> 참고로 4월 20일이 수요일인 경우 9월 1일은 목요일이다.

③ [X] 내년도 국회의 회기는 정기회와 임시회의 회기를 합하여 연간 130일을 초과할 수 없다.

➡ [제3조 제2항 제2호] 정기회의 회기는 최대 100일, 임시회의 회기는 매 회마다 최대 30일이 될 수 있다. 한편, 제3조 제2항 제2호에 따라 '내년도'의 임시회의는 2, 4, 6월에 집회될 수 있다. 따라서 가능한 최대 회기를 모두 합하면 190일이 될 수도 있다.

④ [X] 내년 4월 30일에 임시회의 집회요구가 있을 때에는 국회의장의 임시회 집회공고 없이 5월 1일에 임시회가 집회된다.

➡ [제2조 제1항] 집회요구 시 요구한 집회일의 3일 전에 공고하도록 규정되어 있다.

⑤ [O] 제△△대 국회의 의장은 각 교섭단체대표의원과의 협의를 거쳐 내년도 국회운영 기본일정을 올해 12월 31일까지 정해야 한다.

➡ [제3조 제1항] '내년도'의 국회운영기본일정은 올해 12월 31일까지 정해야 한다. (국회의원 총선거가 있는 금년의 국회운영기본일정은 올해 6월 30일까지 정해야 한다.)

38

정답 ② 민간경력 2015 인 16

제시문의 이해

- 정화구역의 구분
  (1) 절대정화구역과 상대정화구역
  (2) 초·중·고등학교의 정화구역과 유치원·대학교의 정화구역

- 원칙 : 1~8호 시설 금지 (×)
- 예외 ① : 5~7호 시설은 유치원 및 대학교의 정화구역에서 허용 (○)
- 예외 ② : 상대정화구역의 2, 3, 5~8호 시설은 학교환경위생정화위원회의 심의를 거쳐 허용될 수 있음 (△)
- 예외 ②의 예외 : 7호 시설(당구장)은 절대정화구역에서도 학교환경위생정화위원회의 심의를 거쳐 허용될 수 있음 (△)

풀이

	위치	적용	기호
㉠	초·중·고등학교의 절대정화구역	예외 ②의 예외	△
㉡	초·중·고등학교의 상대정화구역	예외 ②	△
㉢	유치원·대학교의 절대정화구역	예외 ①	○
㉣	유치원·대학교의 상대정화구역	예외 ②	△

39

정답 ④ 민간경력 2017 나 6

선택지 검토

① [X] 변론기일에 丙이 한 설명에 대한 정확성을 확인하기 위해 甲은 재판에서 직접 丙에게 질문할 수 있다.
➡ [3문단 3문장] 진술보조인에 의한 설명의 정확성을 확인하기 위해 진술보조인에게 하는 질문은 법원만이 할 수 있다.

② [X] 변론기일에 丙이 한 설명은 乙을 위한 것이므로, 乙은 즉시라 할지라도 그 설명을 취소할 수 없다.
➡ [3문단 2문장] 당사자 본인은 진술보조인의 설명을 즉시 취소할 수 있다.

③ [X] 1심 법원은 丙을 진술보조인으로 한 허가를 취소할 수 없다.
➡ [2문단 마지막] 법원은 언제든지 그 허가를 취소할 수 있다.

④ [O] 1심 법원이 乙에게 패소판결을 선고한 경우 이 판결에 대해 丙은 상소를 제기할 수 없다.
➡ [3문단 마지막] 상소의 제기와 같이 당사자인 乙이 할 수 있는 것이며, 진술보조인인 丙은 상소를 제기할 수 없다.

⑤ [X] 2심이 진행되는 경우, 2심 법원에 진술보조인에 대한 허가신청을 하지 않아도 丙의 진술보조인 자격은 그대로 유지된다.
➡ [2문단 2문장] 1심, 2심, 3심의 각 법원마다 진술보조인에 대한 허가신청을 해야 한다.

40

정답 ① 민간경력 2017 나 7

보기 검토

ㄱ. [O] 우수논문의 판정은 A청이 한다.
➡ [제2항] <상황>의 광고에서 판정자를 정하지 아니하였으므로 광고자인 A청이 판정한다.

ㄴ. [O] 우수논문이 없다는 판정이 이루어질 수 있다.
➡ [제3한 단서] <상황>의 광고에서 "우수논문을 선정하지 않을 수 있다"는 의사표시를 하였으므로 우수논문이 없다는 판정을 할 수 있다.

ㄷ. [X] 甲, 乙, 丙 등은 우수의 판정에 대해 이의를 제기할 수 있다.
➡ [제4항] 응모자는 판정에 대해 이의를 제기할 수 없다.

ㄹ. [X] 심사결과 甲과 乙의 논문이 동등한 최고점수로 판정되었다면, 甲과 乙은 500만 원씩 상금을 나누어 받는다.
➡ [제5항] 광고에 1명에게 상금 전액을 지급하는 것으로 정했으므로 2명이 동등으로 판정된 때에는 추첨에 의하여 결정한다.

41

정답 ③ 민간경력 2017 나 17

선택지 검토

① [X] 토지의 경계를 정하기 위해 측량을 하는 데 비용이 100만 원이 든다면 甲과 乙이 각각 50만 원씩 부담한다.
➡ [제1조 제2항] 측량비용은 토지의 면적에 비례하여 부담한다. 따라서 甲이 60만 원, 乙이 40만 원을 부담한다.

② [X] 통상의 담을 설치하는 비용이 100만 원이라면 甲이 60만 원, 乙이 40만 원을 부담한다.
➡ [제1조 제1항] 담을 설치하는 비용은 쌍방이 절반하여 부담한다. 따라서 두 사람이 각각 50만 원씩 부담한다.

③ [O] 甲이 B토지와의 경계로부터 반미터 이상의 거리를 두지 않고 C건물을 완성한 경우, 乙은 그 건물의 철거를 청구할 수 없다.
➡ [제2조] 제1항을 위반한 경우이지만 이미 건물이 완성되었으므로 철거를 청구할 수는 없고, 손해배상만을 청구할 수 있다.

④ [X] C건물을 B토지와의 경계로부터 2미터 이내의 거리에 축조한다면, 甲은 C건물에 B토지를 향한 창을 설치할 수 없다.
➡ [제3조] B토지는 주차장으로만 사용하여 '주택'이 없을 것이므로 창을 설치하는 데에 제약이 없다. 또한, 주택이 있는 경우에도 적당한 차면(遮面)시설을 하면 창을 설치할 수 있다.

⑤ [X] 甲이 C건물에 지하 깊이 2미터의 지하실공사를 하는 경우, B토지와의 경계로부터 2미터 이상의 거리를 두어야 한다.
➡ [제4조] 지하실공사를 하는 때에는 경계로부터 그 깊이(2m)의 반(1m) 이상의 거리를 두어야 한다.

42

정답 ③ 민간경력 2018 가 16

〈상황〉의 이해

- 甲 : 수선비를 지급해야할 의무가 있음. 수선비에 대한 채무자.
- 乙 : 수선비를 받을 권리가 있음. 수선비에 대한 채권자. 수선한 옷에 대한 유치권자.

보기 검토

ㄱ. [X] 甲이 수선비의 일부라도 지급한다면 乙은 수선한 옷을 돌려주어야 한다.
➡ [제1조, 제2조] 유치권자는 채권 전부의 변제를 받을 때까지 유치물에 대한 권리를 행사할 수 있다. 즉, 甲이 수선비의 전부를 변제하지 않으면 乙은 수선한 옷을 계속 유치할 수 있다.

ㄴ. [O] 甲이 수선한 옷을 돌려받지 못한 채 면접시험을 치렀고 이후 필요가 없어 옷을 찾으러 가지 않겠다고 한 경우, 乙은 수선비의 변제를 받기 위해 그 옷을 경매할 수 있다.
➡ [제4조] 유치권자(乙)는 채권의 변제를 받기 위하여 유치물을 경매할 수 있다.

ㄷ. [O] 甲이 수선을 맡긴 옷을 乙이 도둑맞아 점유를 상실하였다면 乙의 유치권은 소멸한다.
➡ [제5조] 유치권은 점유의 상실로 인하여 소멸한다.

ㄹ. [X] 甲이 수선비를 지급할 때까지, 乙은 수선한 옷을 甲의 승낙 없이 다른 사람에게 대여할 수 있다.
➡ [제3조 제2항] 유치권자(乙)는 채무자(甲)의 승낙 없이 유치물을 대여하지 못한다.

43

정답 ② 민간경력 2019 나 2

제시문의 이해

- 제1조 : 용어의 정의 (자연장, 개장)
- 제2조 : 매장 또는 화장의 허용 시간 및 장소
- 제3조 : 매장, 화장, 개장의 신고
- 제4조 : 가족·종중·문중묘지 등 설치·관리의 허가

선택지 검토

① 〔X〕 甲을 2019년 7월 10일 매장할 수 있다.
➡ [제2조 제1항] 사망한 때부터 24시간이 지난 후가 아니면 매장하지 못한다. 따라서 7월 11일 아침 7시가 지나기 전에는 매장할 수 없다.

② 〔O〕 甲을 C시 소재 화장시설에서 화장하려는 경우, 그 시설을 관할하는 C시의 장에게 신고하여야 한다.
➡ [제3조 제2항] 화장을 하려는 경우에는 화장시설을 관할하는 시장에게 신고하여야 한다.

③ 〔X〕 甲의 자녀가 가족묘지를 설치·관리하려는 경우, 그 소재지의 관할 시장 등에게 신고하여야 한다.
➡ [제4조 제2항] 가족묘지의 설치·관리는 '신고'해야 하는 사항이 아니라 '허가'를 받아야 하는 사항이다.

④ 〔X〕 甲의 유골의 골분을 자연장한 경우, 자연장지 소재지의 관할 시장에게 2019년 8월 10일까지는 허가를 받아야 한다.
➡ [제3조, 제4조] 30일 이내에 '신고'를 해야 하는 것은 '매장'의 경우이며, '자연장'은 이에 해당하지 않는다. 매장한 유골을 자연장하는 경우(개장하는 경우)에는 '신고'를 하여야 하지만, 甲은 매장된 상태가 아니므로 이 경우에도 해당하지 않는다. 또한 '허가'는 제4조의 경우에만 해당된다.

⑤ 〔X〕 乙의 유골을 甲과 함께 D시 소재 공설묘지에 합장하려는 경우, B시의 장과 D시의 장의 허가를 각각 받아야 한다.
➡ [제3조 제3항 제1호] 매장한 유골을 다른 분묘로 옮기는 경우에 해당한다. 그러나 이 경우는 '신고'를 해야 하는 경우이다.

44

정답 ③ 민간경력 2019 나 9

〈상황〉의 이해

- 현재의 상황에서 甲, 乙, 丙이 해당할 수 있는 구분은 다음과 같다.

	구분	갑	을	병	세액(원)
㉮	○ 자본금액 100억 원을 초과하는 법인으로서 종업원 수가 100명을 초과하는 법인	○	-	○	500,000
㉯	○ 자본금액 50억 원 초과 100억 원 이하 법인으로서 종업원 수가 100명을 초과하는 법인	-	-	○	350,000
㉰	○ 자본금액 50억 원을 초과하는 법인으로서 종업원 수가 100명 이하인 법인	○	-	-	200,000
㉱	○ 자본금액 30억 원 초과 50억 원 이하 법인으로서 종업원 수가 100명을 초과하는 법인	-	-	○	
㉲	○ 자본금액 30억 원 초과 50억 원 이하 법인으로서 종업원 수가 100명 이하인 법인	-	-	-	100,000
㉳	○ 자본금액 10억 원 초과 30억 원 이하 법인으로서 종업원 수가 100명을 초과하는 법인	-	○	○	
㉴	○ 그 밖의 법인	-	○	○	50,000

보기 검토

ㄱ. 〔O〕 甲이 납부해야 할 주민세 최소 금액은 20만 원이다.
➡ 甲의 종업원이 100명 이하이면 ㉰에 해당하며, 주민세액은 20만 원이다.

ㄴ. 〔X〕 乙의 종업원이 50명인 경우 10만 원의 주민세를 납부해야 한다.
➡ 乙의 종업원이 50명이면 ㉴에 해당하며, 주민세액은 5만 원이다.

ㄷ. 〔X〕 丙이 납부해야 할 주민세 최소 금액은 10만 원이다.
➡ 丙의 자본금액이 10억 원 이하이면 ㉴에 해당하므로, 주민세 최소 금액은 5만 원이다.

ㄹ. 〔O〕 甲, 乙, 丙이 납부해야 할 주민세 금액의 합계는 최대 110만 원이다.
➡ 甲과 丙의 주민세 최대 금액은 각각 50만 원이고, 乙의 주민세 최대 금액은 10만 원이다. 따라서 甲, 乙, 丙의 주민세 합계 최대 금액은 110만 원이다.

45

정답 ① 민간경력 2019 나 11

제시문의 이해

- 제1조 : 출자금의 납입
  제1항 : 수단 - ① 미합중국통화, ② 자유교환성 통화, ③ 금, ④ 내국통화
  방법 - ① 일시 납입, ② 분할 납입
  제2항 : 내국통화 → 내국통화로 표시된 증권으로 대체 가능

- 제2조 : 피청구 시 지급 의무 (제1조 제2항 : 내국통화 표시 증권으로 출자하는 경우)
  제1항 : 지급의 주체 → 기획재정부장관
  제2항 : 지급 재원 부족 시 대처 → 한국은행 이용

보기 검토

ㄱ. (O) 기획재정부장관은 출자금을 자유교환성 통화로 납입할 수 있다.
➡ [제1조 제1항] 기획재정부장관이 출자금을 납입하는 수단 중에 '자유교환성 통화'도 포함되어 있다.

ㄴ. (X) 기획재정부장관은 출자금을 내국통화로 분할하여 납입할 수 없다.
➡ [제1조 제1항] 출자금은 내국통화로 납입할 수 있으며, 분할하여 납입하는 것도 허용된다.

ㄷ. (X) 출자금 전부를 내국통화로 출자하는 경우, 그 중 일부액을 미합중국통화로 표시된 증권으로 출자할 수 있다.
➡ [제1조 제2항] 내국통화로 납입하는 출자금의 전부 또는 일부를 '내국통화로 표시된 증권'으로 출자할 수 있다. '미합중국통화로 표시된 증권'은 허용되는 납입 수단이 아니다.

ㄹ. (X) 만약 출자금을 내국통화로 표시된 증권으로 출자한다면, A국제금융기구가 그 지급을 청구할 경우에 한국은행장은 지체 없이 이를 지급하여야 한다.
➡ [제2조 제1항] 지급의 주체는 한국은행장이 아니라 기획재정부장관이다.

46

정답 ⑤ 민간경력 2019 나 12

제시문의 이해

- 1문단 : 하자담보책임에 의한 계약의 해제 및 손해배상 청구
  - 주체 : 매수인
  - 기간 : 하자가 있는 사실을 안 날로부터 6개월 내

- 2문단 : 착오에 의한 계약의 취소
  - 주체 : 착오자 (매수인과 매도인 모두 가능)
  - 기간 : 착오에서 벗어난 날로부터 3년 이내
    계약을 체결한 날로부터 10년 이내

선택지 검토

① (X) 2018년 6월 20일 乙은 하자를 이유로 甲과의 매매계약을 해제할 수 있다.
➡ [1문단 1문장] 하자담보책임을 물어 계약을 해제할 수 있는 주체는 '매수인' 甲이다.

② (X) 2019년 6월 20일 甲은 乙에게 하자를 이유로 손해배상을 청구할 수 있다.
➡ [1문단 5문장] 하자담보책임을 이유로 한 손해배상청구는 하자를 안 날로부터 6개월 내에 행사하여야 한다. 따라서 2019년 6월에는 손해배상을 청구할 수 없다.

③ (X) 2019년 6월 20일 甲은 착오를 이유로 乙과의 매매계약을 취소할 수 없다.
➡ [2문단 4문장] 甲은 '착오자'이므로 취소의 주체가 될 수 있으며, 2019년 6월 20일은 착오 상태에서 벗어난 날(2019년 6월 20일)로부터 3년 이내이므로 착오를 이유로 매매계약을 취소할 수 있다.

④ (X) 乙이 매매계약 당시 위작이라는 사실을 과실 없이 알지 못하였더라도, 2019년 6월 20일 甲은 하자를 이유로 乙과의 매매계약을 해제할 수 있다.
➡ [1문단 1-2문장] 매도인인 乙이 하자를 과실 없이 알지 못하였더라도 계약은 해제될 수 있다. 그러나 2019년 6월은 甲이 하자를 안 날로부터 6개월이 지난 시점이므로 매매계약을 해제할 수 없다.

⑤ (O) 乙이 위작임을 알았더라도 2019년 6월 20일 甲은 하자를 이유로 乙과의 매매계약을 해제할 수 없지만, 착오를 이유로 취소할 수 있다.
➡ [1문단 5문장, 2문단 4문장+6문장] 2019년 6월 20일은 하자를 안 날(=착오 상태에서 벗어난 날, 2018년 6월 20일)로부터 1년이 지난 시점이다. 따라서 하자담보책임에 의해 계약을 해제할 수는 없지만, 착오를 이유로 계약을 취소할 수는 있다.

47

정답 ①　　　　민간경력 2019 나 25

제시문의 이해

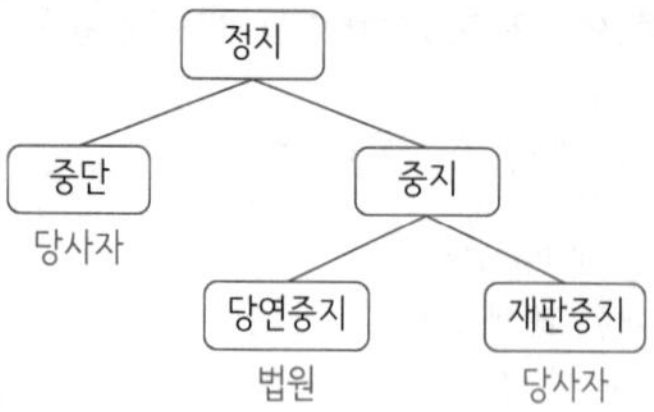

보기 검토

ㄱ. 〔X〕 소송진행 중 甲이 사망하였다면, 절차진행은 중단되며 甲의 상속인의 수계신청에 의해 중단이 해소되고 절차가 진행된다.

➡ [2문단 3문장] 甲에게 선임된 변호사 丙이 소송을 계속 대리할 수 있으므로 절차는 중단되지 않는다.

ㄴ. 〔X〕 소송진행 중 丙이 사망하였다면, 절차진행은 중단되며 甲이 새로운 변호사를 소송대리인으로 선임하면 중단은 해소되고 절차가 진행된다.

➡ [2문단 4문장] 소송대리인인 변호사의 사망은 절차의 중단사유가 아니다.

ㄷ. 〔X〕 소송진행 중 A법원의 건물이 화재로 전소(全燒)되어 직무수행이 불가능해졌다면, 절차진행은 중단되며 이후 A법원의 속행명령이 있으면 절차가 진행된다.

➡ [3문단 4-5문장] 화재로 법원이 직무수행을 할 수 없게 된 경우는 '중단'의 사유가 아니라 '중지(당연중지)'의 사유이다. 이 경우 법원의 직무수행불능 상태가 소멸함과 동시에 중지도 해소되고 절차가 진행된다.

ㄹ. 〔O〕 소송진행 중 乙이 거주하고 있는 장소에서만 발생한 지진으로 교통이 두절되어 乙이 A법원에 출석할 수 없는 경우, A법원의 재판에 의해 절차진행이 중지되며 이후 A법원의 취소재판에 의해 중지는 해소되고 절차가 진행된다.

➡ [3문단 6-7문장] 당사자가 법원에 출석하여 소송을 진행할 수 없는 장애사유가 발생하면 법원의 재판에 의해 절차는 '중지(재판중지)'되며, 이 경우 법원의 취소재판에 의하여 중지가 해소되고 절차가 진행된다.

48

정답 ①　　　　민간경력 2020 가 13

선택지 검토

① 〔O〕 A국에서 알려지지 않은 새로운 기술로 알코올램프를 발명한 자는 그 기술이 이미 다른 나라에서 널리 알려진 것이라도 A국에서 특허권을 부여받을 수 있다.

➡ (3) 국내에서의 새로운 기술을 기준으로 새로운 기술에 의한 발명인지를 판단하므로 A국에서 특허권을 부여받을 수 있다.

② 〔X〕 A국에서 특허권을 부여받은 날로부터 11년이 지난 손전등을 제조·판매하기 위해서는 발명자로부터 허락을 받아야 한다.

➡ (5) 특허권의 보호기간은 10년으로 한정 되므로 발명자로부터 허락을 받을 필요다 없다.

③ 〔X〕 A국에서 새로운 기술로 석유램프를 발명한 자는 A국 정부로부터 그 발명에 대해 금전적 보상을 받을 수 있다.

➡ (1) A국에서는 금전적 보상 대신 특허권이라는 독점권을 준다.

④ 〔X〕 A국에서 새로운 기술로 필기구를 발명한 자는 특허심사절차를 밟지 않더라도 A국 내에서 다른 사람이 그 필기구를 무단으로 제조·판매하는 것을 금지시킬 수 있다.

➡ (2) A국 특허권은 특허심사절차를 통해서만 부여된다. 따라서 특허심사절차를 밟지 않았다면 특허권에 의한 보호를 받을 수 없다.

⑤ 〔X〕 A국에서 망원경에 대해 특허권을 부여받은 자는 다른 나라에서 그 망원경을 무단으로 제조 및 판매한 자로부터 A국 특허법에 따라 손해배상을 받을 수 있다.

➡ (4)A국 특허권의 효력은 A국 영토 내에서만 효력이 있다.

49

정답 ④ 7급 공채 모의평가 1

제시문의 이해

- 제1조 : 규정 적용 요건
- 제2조 : 국제행사 요건
- 제3조 : 국고지원에서 제외되는 경우 및 제외되는 시기
- 제4조 : 타당성조가 대상 및 전문위원회 검토 대상

〈상황〉의 이해

甲광역자치단체는 2021년에 제6회 A박람회를 국고지원을 받아 개최할 예정이다.
A박람회는 매년 1회 총 250만 명이 참여하는 행사로서 20여 개국에서 8만 명 이상의 외국인들이 참여해 왔다.
→ [제2조] '국제행사'에 해당한다.
2021년에도 동일한 규모의 행사가 예정되어 있다.
한편 2020년에 5번째로 국고지원을 받은 A박람회의
→ 2021년 제6회 A박람회에 대해 국고지원을 받는다면 6번째 국고지원이다.
[제3조 제1호] 매년 1회 개최하는 국제행사이므로 국고지원을 받을 수 있는 대상이다.
총 사업비는 40억 원이었으며, 이 중 국고지원 비율은 25%(10억 원)였다.
→ [제4조 제2항] 전문위원회 검토 대상이다.

선택지 검토

① 〔X〕 2021년에 총 250만 명의 참여자 중 외국인 참여자가 감소하여 6만 명이 되더라도 A박람회는 국제행사에 해당된다.
➡ [제2조] 총 참여자(250만 명) 중 외국인 비율이 3%(7.5만 명) 이상이어야 하므로, 외국인 참여자가 6만 명이라면 국제행사에 해당하지 않는다.

② 〔X〕 2021년에 A박람회가 예정대로 개최된다면, A박람회는 2022년에 국고지원의 대상에서 제외된다.
➡ [제3조 제1호] 2021년에 국고지원을 받는다면 총 6회의 국고지원을 받은 것이다. 국고지원은 7회까지 받을 수 있으므로 2022년에도 국고지원의 대상이 될 수 있다.

③ 〔X〕 2021년 총 사업비가 52억 원으로 증가하고 국고지원은 8억 원을 요청한다면, A박람회는 타당성조사 대상이다.
➡ [제1조] 국고지원 요청 금액이 10억 원 미만이므로 이 규정의 적용을 받지 않는다.

④ 〔O〕 2021년 총 사업비가 60억 원으로 증가하고 국고지원은 전년과 동일한 금액(10억 원)을 요청한다면, A박람회는 전문위원회 검토를 받을 수 있다.
➡ [제4조 제1항, 제3항] 총 사업비를 기준으로 하면 타당성조사 대상이지만, 국고지원 비율이 총 사업비의 20% 이내이므로 전문위원회 검토로 대체할 수 있다.

⑤ 〔X〕 2021년 甲광역자치단체와 乙기초자치단체가 공동주관하여 전년과 동일한 총 사업비(40억 원)로 A박람회를 개최한다면, A박람회는 타당성조사 대상이다.
➡ [제4조 제2항] 총 사업비가 50억 원 미만이므로 전문위원회 검토 대상이며, 이는 공동주관 여부와 무관하다.

50

정답 ⑤ 7급 공채 모의평가 3

제시문의 이해

법원 구분 \ 소송	소송 관할		
	일반	금전지급청구소송	
		소송물가액이 3,000만 원 초과	소송물가액이 3,000만 원 이하
지방법원 및 지원	피고의 주소지	피고 또는 원고의 주소지	× (시·군법원 없으면 가능)
시·군법원	×	×	피고 또는 원고의 주소지

〈상황〉의 이해

- 원고 : 甲 - 김포시
  피고 : 乙 - 양산시

- A청구 : 3,000만 원 이하 금전지급청구소송 → 시·군법원 (없으면 지방법원 및 지원)
  B청구 : (일반) 인도청구소송 → 지방법원 및 지원

- 소송 관할

법원명	관할구역	주소지	청구
인천지방법원	인천광역시	-	-
인천지방법원 부천지원	부천시, 김포시	원고	
김포시법원	김포시	원고	A
울산지방법원	울산광역시, 양산시	피고	B
양산시법원	양산시	피고	A

선택지 검토

① 〔X〕 인천지방법원 부천지원은 A청구를 재판할 수 있다.
➡ [2문단 2-3문장] 시·군법원(김포시법원, 양산시법원)이 있으므로 지방법원 지원은 소송물가액이 3,000만 원 이하인 A청구를 재판할 수 없다.

② 〔X〕 인천지방법원은 A청구를 재판할 수 있다.
➡ 인천지방법원은 원고 및 피고의 주소지와 관계가 없다.

③ 〔X〕 양산시법원은 B청구를 재판할 수 있다.
➡ B청구는 소송물가액이 1억 원이고 금전지급청구소송이 아니므로, 시·군법원이 재판할 수 없다.

④ 〔X〕 김포시법원은 B청구를 재판할 수 있다.
➡ B청구는 소송물가액이 1억 원이고 금전지급청구소송이 아니므로, 시·군법원이 재판할 수 없다.

⑤ 〔O〕 울산지방법원은 B청구를 재판할 수 있다.
➡ 울산지방법원은 '지방법원'이고 B청구의 피고 乙의 주소지를 관할하므로 B청구를 재판할 수 있다.

51

정답 ⑤ 7급 공채 모의평가 4

제시문의 이해

- 특허권 부여 요건
  1. 신규성
  2. 선출원

  → 2가지 요건을 모두 충족해야 함.

〈상황〉의 이해

※ 신규성은 특허청에의 특허출원 시점을 기준으로 판단함.

○ 甲은 2020. 3. 1. A발명을 완성하였지만 그 발명 내용을 비밀로 유지하다가 2020. 9. 2. 특허출원을 하였다.

○ 乙은 2020. 4. 1. A발명을 완성하자
2020. 6. 1. 간행되어 반포된 학술지에 그 발명 내용을 논문으로 게재한 후,
→ 자발적 신규성 상실
2020. 8. 1. 특허출원을 하였다.
→ 신규성 간주 (자발적 신규성 상실 후 12개월 내 특허 출원)

○ 丙은 2020. 7. 1. A발명을 완성하자마자 바로 당일에 특허출원을 하였다.

일자	주체	행위				
3. 1.	甲	발명				
4. 1.	乙	발명				
6. 1.	乙	논문 게재	신규성 상실			
7. 1.	丙	발명, 특허 출원		×	선출원	○
8. 1.	乙	특허 출원	신규성 간주	○	후출원	×
9. 2.	甲	특허 출원		×	후출원	×

선택지 검토

① 〔X〕 甲이 특허권을 부여받는다.

② 〔X〕 乙이 특허권을 부여받는다.

③ 〔X〕 丙이 특허권을 부여받는다.

④ 〔X〕 甲, 乙, 丙이 모두 특허권을 부여받는다.

⑤ 〔O〕 甲, 乙, 丙 중 어느 누구도 특허권을 부여받지 못한다.

➡ 신규성과 선출원, 2가지 요건을 모두 충족시킨 사람이 없다.

52

정답 ② 7급 공채 모의평가 6

제시문의 이해

- 다음 2가지 요건을 모두 충족해야 한다.
  1. 총 토지면적의 3분의 2 이상에 해당하는 토지의 소유자의 동의
  2. 토지의 소유자 총수의 2분의 1 이상의 동의

〈상황〉의 이해

○ X지역은 100개의 토지로 이루어져 있고, 토지면적 합계가 총 6 km²이다.
→ 4 km² 이상에 해당하는 토지의 소유자의 동의를 받아야 한다.

○ 동의자 수 산정 기준에 따라 산정된 X지역 토지의 소유자는 모두 82인(이하 "동의대상자"라 한다)이고, 이 중에는 국유지 재산관리청 2인이 포함되어 있다.
→ 41인 이상의 동의를 받아야 한다.

○ 甲은 X지역에 토지 2개를 소유하고 있고, 해당 토지면적 합계는 X지역 총 토지면적의 4분의 1이다. → 1.5 km²

○ 乙은 X지역에 토지 10개를 소유하고 있고, 해당 토지면적 합계는 총 2 km²이다.

○ 丙, 丁, 戊, 己는 X지역에 토지 1개를 공동소유하고 있고, 해당 토지면적은 1 km²이다.
→ 공동소유이므로 소유자 수는 1인으로 계산한다.

선택지 검토

① 〔X〕 乙이 동의대상자 31인의 동의를 얻으면 지역개발 신청을 위한 X지역 토지의 소유자 총수의 2분의 1 이상의 동의 조건은 갖추게 된다.

➡ [제2항 제3호] 토지의 개수와 무관하게 41인의 동의를 얻어야 한다.

② 〔O〕 X지역에 대한 지역개발 신청에 甲 ~ 己 모두 동의한 경우, 나머지 동의대상자 중 38인의 동의를 얻으면 신청할 수 있다.

➡ [제2항 제2호] 甲 ~ 己의 동의는 3인의 동의로 본다. 즉, 총 41인이 동의한 것으로서 '토지의 소유자 총수의 2분의 1 이상의 동의' 요건을 충족한다. 또한 甲 ~ 己가 소유한 토지면적 합계가 4.5 km²이므로 '총 토지면적의 3분의 2 이상에 해당하는 토지의 소유자의 동의' 요건도 충족한다.

③ 〔X〕 X지역에 토지 2개 이상을 소유하는 자는 甲, 乙뿐이다.

➡ 총 100개의 토지 중 甲 ~ 己가 소유한 것은 모두 13개이다. 나머지 소유자 수는 79명이고 나머지 토지의 개수는 87개이다. 토지의 개수가 소유자 수보다 더 많으므로 2개 이상의 토지를 가진 사람이 반드시 더 있다.

④ 〔X〕 X지역의 1필의 토지면적은 0.06 km²로 모두 동일하다.

➡ [제2항 제1호] 甲을 기준으로 하면 1필의 면적은 0.75 km²이고, 乙을 기준으로 하면 1필의 면적은 0.2 km²이다. 동일하지 않다.

⑤ 〔X〕 X지역 안에 있는 국유지의 면적은 1.5 km²이다.

➡ 甲 ~ 己(3인의 소유자, 공동소유는 1인으로 취급)를 제외한 79인이 1.5 km²를 소유하고 있으며 79인 중 2인이 국유지 재산관리청일 것이므로, 국유지의 면적이 1.5 km²일 수는 없다.

53

정답 ③ 7급 공채 모의평가 5

보기 검토

ㄱ. [O] 甲은 A주택의 임차인에게 임대차보증금을 반환하는 용도로 1억 원을 지급받고, 생존해 있는 동안 노후생활자금을 매월 지급받을 수 있다.

➡ [제2항 제1호, 제3호] 임대차보증금을 반환하는 용도로 지급받을 수 있는 금액의 한도는 1억 5천만 원이다. 따라서 이와 같이 제1호와 제3호(나목)를 결합한 방식으로 노후생활자금을 지급받을 수 있다.

ㄴ. [X] 甲의 배우자의 연령이 60세 이상이어야 주택담보노후연금보증을 통해 노후생활자금을 대출받을 수 있다.

➡ [제1항 후단] 주택소유자 또는 주택소유자의 배우자 중 1명만 60세 이상이어도 요건을 충족한다. 甲의 연령이 61세이므로 甲의 배우자의 연령이 60세 이상일 필요는 없다.

ㄷ. [O] 甲은 A주택을 담보로 대출받은 금액 중 잔액을 상환하는 용도로 1억 5천만 원을 지급받고, 향후 10년간 노후생활자금을 매월 지급받을 수 있다.

➡ [제2항 제2호, 제3호] 임대차보증금을 반환하는 용도로 지급받을 수 있는 금액의 한도는 1억 5천만 원이다. 따라서 이와 같이 제2호와 제3호(가목)를 결합한 방식으로 노후생활자금을 지급받을 수 있다.

54

정답 ① 7급 공채 모의평가 7

풀이

※ 규칙을 1개씩 적용하며 승인되지 못하는 사람은 걸러낸다.

직원＼요일	월	화	수	목	금	승인 불가 사유
甲	08 : 00 ~ 18 : 00 9시간	08 : 00 ~ 18 : 00 9시간	09 : 00 ~ 13 : 00 3시간	08 : 00 ~ 18 : 00 9시간	08 : 00 ~ 18 : 00 9시간	최소 근무시간 위반
乙	08 : 00 ~ 22 : 00 12시간	08 : 00 ~ 22 : 00 12시간	-	08 : 00 ~ 22 : 00 12시간	08 : 00 ~ 12 : 00 4시간	-
丙	08 : 00 ~ 24 : 00 14시간	08 : 00 ~ 24 : 00 14시간	-	08 : 00 ~ 22 : 00 12시간	-	최대 근무시간 위반
丁	06 : 00 ~ 16 : 00 9시간	08 : 00 ~ 22 : 00 12시간	-	09 : 00 ~ 21 : 00 10시간	09 : 00 ~ 18 : 00 8시간	(총 39시간) 주 40시간 근무 위반

➡ 乙만 승인된다.

55

정답 ⑤ 민간경력 2021 나 3

〈상황〉의 이해

甲은 乙이 분양하는 아파트를 매수하려고 乙과 아파트 분양계약을 체결하였다.
- 乙 : 분양자
- 아파트 : 집합건물

丙건설사는 乙과의 계약에 따라 아파트를 시공하였고,
- 丙 : 시공자

준공검사 후 아파트는 2020. 5. 1. 사용승인을 받았다.
- 사용승인일 : 2020. 5. 1. → 공용부분에 대한 담보책임 존속기간 기산일

甲은 아파트를 2020. 7. 1. 인도받고 등기를 완료하였다.
- 甲 : 구분소유자
- 인도일 : 2020. 7. 1. → 전유부분에 대한 담보책임 존속기간 기산일

선택지 검토

① [X] 丙은 창호공사의 하자에 대해 2025. 7. 1.까지 담보책임을 진다.

➡ [제2항 제3호] 창호공사의 담보책임 존속기간은 3년이다. 따라서 담보책임은 2023년까지만 존속한다.

② [X] 丙은 철골공사의 하자에 과실이 없으면 담보책임을 지지 않는다.

➡ [제1항] 과실이 없더라도 담보책임을 져야 한다.

③ [X] 乙은 甲의 전유부분인 거실에 물이 새는 방수공사의 하자에 대해 2025. 5. 1.까지 담보책임을 진다.

➡ [제2항 제2호, 제3항 제1호] 전유부분에 대한 담보책임의 존속기간은 집합건물을 인도한 날부터 기산한다. 따라서 기산일은 2020. 7. 1.이며, 방수공사에 대한 담보책임의 존속기간(5년)은 2025. 6. 30.까지이다.

④ [X] 대지조성공사의 하자로 인하여 2023. 10. 1. 공용부분인 주차장 건물이 멸실된다면 丙은 2024. 7. 1. 이후에는 담보책임을 지지 않는다.

➡ [제2항 제2호, 제4항] 건물이 멸실된 경우에는 멸실된 날로부터 1년 동안 담보책임이 존속한다. 따라서 2024. 9. 30.까지 담보책임을 져야 한다.

⑤ [O] 乙이 甲과의 분양계약에서 지반공사의 하자에 대한 담보책임 존속기간을 5년으로 정한 경우라도, 2027. 10. 1. 그 하자가 발생한다면 담보책임을 진다.

➡ [제2항 제1호, 제5항] 지반공사의 하자에 대한 담보책임 존속기간은 10년이다. 이보다 짧게 담보책임 존속기간을 설정한 계약은 효력이 없으므로, 분양 후 7년이 지난 시점에도 담보책임을 져야 한다.

참고

- 선택지 각 사례에서의 기간은 초일을 산입하여 계산하였다.
  제3항에 기산일을 명시하고 있으므로 이를 산입하여 계산하였으며, 제4항의 경우 '멸실된 날'의 산입 여부가 불분명하지만 제3항의 예에 따라 '멸실된 날'을 산입하여 계산하였다.
- 이 문제의 선택지들은 '초일 산입 여부'가 분명하지 않아도 정오를 판단할 수 있는 내용들로 구성되어 있다. 이처럼 기간을 소재로 하는 문제에서 '초일 산입 여부'가 명시되어 있지 않을 때에는, 기간의 만료일을 정확히 확인하지 않아도 선택지의 정오를 판단할 수 있도록 출제된다.

56

정답 ② 민간경력 2021 나 4

풀이

- A국 공무원인 甲은 정책연구용역 계약을 4월 30일에 체결하는 것을 목표로 계약부서에 긴급계약으로 의뢰하려 한다. 계약은 우선순위 대상자와 협상이 끝난 날의 다음 날에 체결된다.

<table>
<tr><th>순서</th><th>단계</th><th>소요기간</th><th colspan="2"></th></tr>
<tr><td>1</td><td>계약 의뢰</td><td>1일</td><td colspan="2">3월 30일</td></tr>
<tr><td>2</td><td>서류 검토</td><td>2일</td><td rowspan="2">↑
12일
↓</td><td rowspan="2">3월 31일
~ 4월 11일</td></tr>
<tr><td>3</td><td>입찰 공고</td><td>40일 (긴급계약의 경우 10일)</td></tr>
<tr><td>4</td><td>공고 종료 후 결과통지</td><td>1일</td><td colspan="2">4월 12일</td></tr>
<tr><td>5</td><td>입찰서류 평가</td><td>10일</td><td rowspan="2">↑
17일
↓</td><td rowspan="2">4월 13일
~ 4월 29일</td></tr>
<tr><td>6</td><td>우선순위 대상자와 협상</td><td>7일</td></tr>
<tr><td colspan="3">계약 체결</td><td colspan="2">4월 30일</td></tr>
</table>

57

정답 ② 민간경력 2021 나 10

보기 검토

ㄱ. (X) 甲미술관을 국비 지원 없이 설립하기로 했다면, A는 사전평가를 거치지 않고도 甲미술관을 설립할 수 있다.

➡ 공립 미술관이라면 모두 사전평가를 받아야 한다. 국비 지원 여부는 사전평가 후에 결정되는 것이다.

ㄴ. (X) 乙박물관이 사전평가에서 '적정'으로 판정될 경우, B는 최대 32억 원까지 국비를 지원받을 수 있다.

➡ 국비 지원은 부지매입비를 제외한 건립비에 대해 지원된다. 따라서 건물 건축비 40억 원의 40 %인 16억 원이 국비 지원의 상한이다.

ㄷ. (O) 丙박물관이 2019년 하반기, 2020년 상반기, 2020년 하반기 사전평가에서 모두 '부적정'으로 판정된 경우, C는 丙박물관에 대한 2021년 상반기 사전평가를 신청할 수 없다.

➡ 동일한 공립 박물관 설립에 대해 3회 연속으로 사전평가를 신청하여 모두 '부적정'으로 판정받은 경우, 그 박물관 설립에 대해서는 향후 1년간 사전평가 신청이 불가능하다. 따라서 2021년 상반기와 하반기에는 사전평가를 신청할 수 없다.

58

정답 ④ 7급 공채 2021 나 1

〈상황〉의 이해

甲은 주민등록번호 유출로 인해 재산상 피해를 입게 되자

→ [제1항 제2호] 甲은 주민등록번호의 변경을 신청할 수 있다.

주민등록번호 변경신청을 하였다.

甲의 주민등록지는 A광역시 B구이고,

→ [제1항] 주민등록번호의 변경 신청은 B구청장에게 해야 한다.

[제3항] 주민등록번호를 변경하는 사람은 B구청장이다.

주민등록번호는 980101 - 23456□□이다.

→ [제3항] 주민등록번호 중 변경되는 부분은 '3456□□'이다.

선택지 검토

① (X) A광역시장이 주민등록번호변경위원회에 甲의 주민등록번호 변경 여부에 관한 결정을 청구해야 한다.

➡ [제1항, 제2항] 광역시장은 '시장 등'에 해당하지 않는다. 주민등록번호변경위원회에 주민등록번호 변경 여부에 관한 결정을 청구하는 사람은 A광역시장이 아니라 B구청장이다.

② (X) 주민등록번호변경위원회는 번호변경 인용결정을 하면서 甲의 주민등록번호를 다른 번호로 변경할 수 있다.

➡ [제3항] 주민등록번호변경위원회는 번호변경 인용결정 및 이에 대한 통보만을 하며, 주민등록번호의 변경은 B구청장이 한다.

③ (X) 주민등록번호변경위원회의 번호변경 인용결정이 있는 경우, 甲의 주민등록번호는 980101 - 45678□□으로 변경될 수 있다.

➡ [제3항 제1호] 주민등록번호의 뒤 7자리 중 첫째 자리는 변경할 수 없다.

④ (O) 甲의 주민등록번호가 변경된 경우, 甲이 운전면허증에 기재된 주민등록번호를 변경하기 위해서는 변경신청을 해야 한다.

➡ [제4항] 운전면허증에 기재된 번호의 변경을 위해서는 그 번호의 변경을 신청해야 한다.

⑤ (X) 甲은 번호변경 기각결정을 통지받은 날부터 30일 이내에 주민등록번호변경위원회에 이의신청을 할 수 있다.

➡ [제5항] 이의신청은 B구청장에게 해야 한다.

59

정답 ③ 7급 공채 2021 나 15

풀이

검사지점	수질기준			검사빈도	
	검사대상	검사결과			
정수장 A	잔류염소	2 mg/L	충족	매일 1회	[1호 가목] 충족
정수장 B	질산성 질소	11 mg/L	불충족	매일 1회	[1호 나목] 충족
정수장 C	일반세균	70 CFU/mL	충족	매월 1회	[1호 나목] 불충족(매주 1회)
수도꼭지 D	대장균	불검출/100 mL	충족	매주 1회	[2호 가목] 충족
배수지 E	잔류염소	2 mg/L	충족	매주 1회	[3호] 충족

➡ 수질검사빈도와 수질기준을 둘 다 충족한 검사지점 = A, D, E

더 생각해 보기

- 규정된 검사빈도는 매일 1회 이상, 매주 1회 이상, 매월 1회 이상, 매분기 1회 이상의 4가지이며, 이 중 '매일 1회'가 가장 높은 빈도이다. 따라서 검사빈도가 '매일 1회'인 A와 B는 규정을 검토하지 않아도 검사빈도 기준을 충족할 것임을 알 수 있다.

60

정답 ④ 7급 공채 2021 나 16

〈상황〉의 이해

○ 甲은 인근 공사장 소음으로 인한 불편 해결을 요구하는 민원을 A시에 제기하려고 한다.
→ 기타민원

○ 乙은 자신의 영업허가를 신청하는 민원을 A시에 제기하려고 한다.
→ 법정민원

선택지 검토

① 〔X〕 甲은 구술 또는 전화로 민원을 신청할 수 없다.
➡ [민원의 신청] 기타민원은 구술 또는 전화로 민원을 신청할 수 있다.

② 〔X〕 乙은 전자문서로 민원을 신청할 수 없다.
➡ [민원의 신청] 법정민원을 포함한 모든 민원은 문서(전자문서 포함)로 신청하도록 되어 있다.

③ 〔X〕 甲이 신청한 민원이 다른 행정기관 소관 사항인 경우라도, A시는 해당 민원을 이송 없이 처리할 수 있다.
➡ [민원의 이송] 접수한 민원이 다른 행정기관의 소관인 경우, 접수된 민원 문서를 지체 없이 소관 기관에 이송하여야 한다. 이는 의무사항이며, 예외는 없다.

④ 〔O〕 A시는 甲이 신청한 민원에 대한 처리결과를 전화로 통지할 수 있다.
➡ [처리결과의 통지] 기타민원의 경우에는 구술 또는 전화로 처리결과를 통지할 수 있다.

⑤ 〔X〕 乙이 동일한 내용의 민원을 이미 2번 제출하여 처리결과를 통지받았으나 정당한 사유 없이 다시 신청한 경우, A시는 해당 민원을 바로 종결 처리할 수 있다.
➡ [반복 및 중복 민원의 처리] 이러한 경우에도 법정민원은 바로 종결 처리할 수 없다.

61

정답 ③ 7급 공채 2021 나 17

〈상황〉의 이해

- 甲 : 20층의 연면적 합계 5만 제곱미터인 건축물 신축
→ [제1조 제1항 본문] 허가권자 : B구청장

- 乙 : 15만 제곱미터인 건축물 신축
→ [제1조 제1항 단서] 허가권자 : A광역시장

선택지 검토

① 〔O〕 甲은 B구청장에게 건축허가를 받아야 한다.
➡ [제1항 본문] 甲의 건축물은 21층 미만, 연면적 합계 10만 제곱미터 미만이므로 B구청장에게 건축허가를 받아야 한다.

② 〔O〕 甲이 건축허가를 받은 경우에도 A광역시장은 지역계획에 특히 필요하다고 인정하면 일정한 절차를 거쳐 甲의 건축물 착공을 제한할 수 있다.
➡ [제2조 제2항, 제3항] 광역시장은 지역계획에 특히 필요하다고 인정하면 제3항의 규정에 따른 절차를 거쳐 구청장의 허가를 받은 건축물의 착공을 제한할 수 있다.

③ 〔X〕 B구청장은 주민의견을 청취한 후 건축위원회의 심의를 거쳐 건축허가를 받은 乙의 건축물 착공을 제한할 수 있다.
➡ [제2조 제1-2항] 건축허가를 받은 건축물 착공을 제한할 수 있는 사람은 ○○부 장관 또는 시·도지사이다. B구청장에게는 해당 권한이 없다.

④ 〔O〕 乙이 건축허가를 받은 날로부터 2년 이내에 정당한 사유 없이 공사에 착수하지 않은 경우, A광역시장은 건축허가를 취소하여야 한다.
➡ [제1조 제2항 제1호] 乙의 건축물에 대한 허가권자는 A광역시장이며, 허가권자는 허가를 받은 자가 허가를 받은 날부터 2년 이내에 공사에 착수하지 아니한 경우 허가를 취소하여야 한다.

⑤ 〔O〕 주무부장관이 문화재보존을 위하여 특히 필요하다고 인정하여 요청하는 경우, ○○부 장관은 건축허가를 받은 乙의 건축물에 대해 최대 3년간 착공을 제한할 수 있다.
➡ [제2조 제1항, 제4항] ○○부 장관은 주무부장관이 문화재보존을 위하여 특히 필요하다고 인정하여 요청하면 허가를 받은 건축물의 착공을 제한할 수 있으며, 제한기간은 원칙적으로 최대 2년이다. 다만 1회에 한하여 최대 1년간 제한기간을 연장할 수 있으므로, 제한기간은 최대 3년이 될 수 있다.

62

정답 ① 7급 공채 2022 가 2

풀이

- 김가을의 가족관계등록부에 기록해야 하는 내용
  1. 등록기준지
     [제2조] 자녀가 따르는 성과 본을 가진 부 또는 모의 등록기준지
     → 김가을은 김여름의 성을 따르고 있으므로, 김여름의 등록기준지를 기록한다.
     부산광역시 남구 ◇◇로 2-22 → 선택지 ②

  2. 성명·본·성별·출생연월일 및 주민등록번호
     (1) 성명 : 김가을
     (2) 본 : 김해(金海) → 선택지 ④
     (3) 성별 : 남 → 선택지 ⑤
     (4) 출생연월일 : 2021년 10월 10일 → 선택지 ③

63

정답 ④ 7급 공채 2022 가 25

제시문의 이해

- 제1 ~ 2항

구분		일시귀국		
		공무	공무 외	직계존·비속※의 사망/위독
재외공무원	공관장	장관 허가	장관 허가	장관 신고
	그 외 공무원		공관장 허가	공관장 신고

※ 배우자의 직계존·비속 포함.

- 제3항
  ① 공무 외 일시귀국의 횟수 및 기간 제한 : 1회 20일 이내
  ② 횟수 및 기간 제한 미적용 사유 2가지

- 제4항
  반드시 장관의 허가를 받아야 하는 경우 2가지

〈상황〉의 이해

○ 甲: 공무상 회의 참석을 위해 총 2회(총 25일)
- 공관장
- 공무상 일시귀국 → 장관 허가 필요
- 횟수 및 기간 제한 없음

○ 乙: 동반자녀의 관절 치료를 위해 총 1회
  (치료가 더 필요하여 국내 체류기간 1회 연장, 총 17일)
- 공관장이 아닌 재외공무원
- 공무 외 일시귀국 → 공관장의 허가 필요
- [제3항 제2호] 횟수 및 기간 제한을 받지 않음
- [제4항 제2호] 체류기간 연장 시 장관의 허가 필요

○ 丙: 직계존속의 회갑으로 총 1회(총 3일)
- 공관장이 아닌 재외공무원
- 공무 외 일시귀국 → 공관장의 허가 필요
- 1회 20일의 제한을 받는 경우에 해당

선택지 검토

① 〔X〕 甲은 일시귀국 시 장관에게 신고하였을 것이다.
➡ [제1항] 공관장을 포함한 재외공무원이 공무로 일시귀국하는 경우에는 장관의 '허가'를 받아야 한다.

② 〔X〕 甲은 배우자의 직계존속이 위독하여 올해 추가로 일시귀국하기 위해서는 장관의 허가를 받아야 한다.
➡ [제2항 단서, 제3항 단서 및 제1호] 배우자의 직계존속이 위독한 경우 횟수 및 기간 제한을 받지 않고 일시귀국 할 수 있다. 그리고 이 경우 공관장인 甲은 장관에게 '신고'하고 일시귀국할 수 있다.

③ 〔X〕 乙이 직계존속의 회갑으로 인해 올해 3일간 추가로 일시귀국하기 위해서는 장관의 허가를 받아야 한다.
➡ [제2항 본문] 공관장이 아닌 재외공무원이 공무 외 목적으로 일시귀국하려는 경우에는 '공관장'의 허가를 받아야 한다. 乙의 경우 〈상황〉의 일시귀국은 횟수 및 기간에 산입되지 않으므로, 다른 공무 외 목적으로 인해 추가로 일시귀국한다면 해당 일시귀국이 1회가 된다. 따라서 제4항 제1호가 적용되지 않는다.

④ 〔O〕 乙이 공관장의 허가를 받아 일시귀국하였더라도 국내 체류기간을 연장하였을 때에는 장관의 허가를 받았을 것이다.
➡ [제4항 제2호] 재외공무원이 일시귀국 후 국내 체류기간을 연장하는 경우에는 장관의 허가를 받아야 한다.

⑤ 〔X〕 丙이 자신의 혼인으로 인해 올해 추가로 일시귀국하기 위해서는 공관장의 허가를 받아야 한다.
➡ [제4항 제1호] 재외공무원이 연 1회 또는 20일을 초과하여 공무 외의 목적으로 일시귀국하려는 경우에는 '장관'의 허가를 받아야 한다.

64

정답 ① 5급 공채 2022 나 3

선택지 검토

① 〔O〕 乙이 신청을 받은 날부터 30일이 지나도록 甲과 합의에 이르지 못한 경우, 乙은 한국소비자원에 그 처리를 의뢰할 수 있다.
➡ [제1조 제3항] 사업자가 소비자로부터 피해구제의 신청을 받고 소비자로부터 피해구제의 신청을 받은 날부터 30일이 경과하여도 합의에 이르지 못하는 경우, 사업자는 한국소비자원에 그 처리를 의뢰할 수 있다.

② 〔X〕 甲과 乙이 한국소비자원에 피해구제의 처리를 의뢰하기로 합의한 경우, 乙은 30일 이내에 소비자분쟁조정위원회에 분쟁조정을 신청하여야 한다.
➡ [제1조 제3항] 사업자 乙이 한국소비자원에 피해구제의 처리를 의뢰하기로 소비자 甲과 합의한 경우, 乙은 한국소비자원에 그 처리를 의뢰할 수 있다. 소비자분쟁조정위원회에 분쟁조정을 신청하는 것은 제3조의 규정에 의해 한국소비자원장에게 부여된 의무이다.

③ 〔X〕 한국소비자원이 甲의 피해구제 처리절차를 진행하는 중에는 甲은 해당 사건에 대해 법원에 소를 제기할 수 없다.
➡ [제4조] 소제기를 금지하는 규정은 없다. 甲은 해당 사건에 대해 법원에 소를 제기할 수 있으며, 소를 제기한 경우 그 사실을 한국소비자원에 통보하여야 한다.

④ 〔X〕 한국소비자원장이 권고한 피해보상에 관한 합의가 甲과 乙 사이에 이루어지지 않은 경우, 한국소비자원장은 30일 이내에 소비자분쟁조정위원회에 분쟁조정을 신청하여야 한다.
➡ [제3조] 한국소비자원장은 피해구제의 신청을 받은 날부터 30일 이내에 피해구제신청의 당사자에 대하여 피해보상에 관한 합의를 권고할 수 있으며, 합의가 이루어지지 아니하는 때에는 지체 없이 소비자분쟁조정위원회에 분쟁조정을 신청하여야 한다.

⑤ 〔X〕 한국소비자원장은 피해구제신청사건을 처리함에 있어서 乙이 법령을 위반한 것으로 판단되면, 관계 기관에서 위법사실을 이미 인지·조사하고 있는 경우라도 관계 기관에 이를 통보하고 적절한 조치를 의뢰하여야 한다.
➡ [제2조 제1항 단서, 제2호] 관계 기관에서 위법사실을 이미 인지·조사하고 있는 경우에는 통보와 조치 의뢰를 할 필요가 없다.

65

정답 ② 5급 공채 2022 나 4

선택지 검토

① (X) A가 2년간 재직하다가 퇴직한 경우, 새로 임명된 관장의 임기는 1년이다.
➡ [제2조 제1항, 제3항] 임원의 사임 등으로 인하여 선임되는 임원의 임기는 새로 시작된다. 따라서 새로 임명된 관장의 임기는 3년이다.

② (O) 이사회에 A, B, C, D, E가 출석한 경우, 그 중 2명이 반대하면 안건은 부결된다.
➡ [제3조 제3항] 이사회는 재적이사 과반수의 찬성으로 의결한다. 재적이사는 '이사인 관장'을 포함하여 A ~ F 6명이므로 이 중 4명 이상이 찬성해야 의결된다. 이때 출석한 재적이사 A ~ E(5명) 중 2명이 반대하면 3명만 찬성을 하게 되므로, 의결정족수인 4명 이상의 찬성을 확보할 수 없으므로 부결된다.

③ (X) A가 부득이한 사유로 직무를 수행할 수 없을 때에는 G가 소속 직원을 지휘·감독한다.
➡ [제2조 제5항] 관장이 부득이한 사유로 직무를 수행할 수 없을 때에는 상임이사 B가 그 직무를 대행한다.

④ (X) B가 직무상 알게 된 비밀을 누설한 경우, 1년의 징역과 500만 원의 벌금에 처해질 수 있다.
➡ [제4조 제2항] 병과 규정이 없으므로 징역형과 벌금형 중 하나만 부과된다.

⑤ (X) ○○박물관 정관에 "관장은 이사, 감사를 임면한다."라고 규정되어 있는 경우, A는 G의 임기가 만료되면 H를 상임감사로 임명할 수 있다.
➡ [제1조 제2항] 감사는 비상임이므로 '상임감사'를 임명할 수는 없다.

66

정답 ② 5급 공채 2022 나 5

〈상황〉의 이해

○ ㅁㅁ도 A시의 인구는 30만 명이며, 19세 이상 주민은 총 20만 명이다.
- 인구 50만 미만의 시·군·자치구에 해당함.
- 주민 총수 = 19세 이상 주민 총수 = 20만 명
- 조례 개정 청구를 위한 연서 인원수 = 20만 명의 50분의 1 = 4,000명

○ A시 주민 甲은 청구인 대표자로 2022. 1. 3. ○○조례에 대한 개정을 청구했고, 이에 A시 시장 B는 같은 해 1. 5. 이를 공표하였다.
- 열람기간 : 공표한 날(1. 5.)을 포함하여 10일 → 1. 14.까지
- 이의신청기간 = 열람기간 → 1. 14.까지

○ A시 의회 재적의원은 12명이다.
- 의사정족수 = 재적의원의 3분의 1 이상 = 4명 이상
- 의결정족수 = 재적의원 과반수의 출석과 출석의원 과반수의 찬성
= 7명 이상 출석 필요. (7명 출석 시) 최소 4명 이상의 찬성

선택지 검토

① (X) A시에서 주민이 조례 개정을 청구하기 위해서는 최소 6,000명 이상의 연서가 필요하다.
➡ [1문단 2문장] 필요한 최소 인원수는 4,000명이다.

② (O) A시 주민이 甲의 조례 개정 청구인명부의 서명에 대해 이의를 신청할 수 있는 기간은 2022. 1. 14.까지이다.
➡ [1문단 4-5문장] 공표한 날(1. 5.)을 포함하여 10일까지이므로 1. 14.까지이다.

③ (X) A시 주민 乙이 2022. 1. 6. 청구인명부의 서명에 대해 이의를 신청했다면, B는 같은 해 1. 31.까지 그에 대한 심사·결정 결과를 당사자에게 통보해야 한다.
➡ [1문단 6문장] 이의신청기간(1. 14.)이 끝난 다음날(1. 15.)부터 14일 이내(초일 산입하여 1. 28.까지)에 심사·결정하고 그 결과를 당사자에게 알려야 한다.

④ (X) 甲의 조례 개정 청구가 2022. 2. 1. 수리되었다면, B는 같은 해 4. 2.까지 ○○조례 개정안을 A시 의회에 부의해야 한다.
➡ [2문단 2문장] 청구를 수리한 날을 포함하여 60일 이내가 기한이므로 4. 1.까지 개정안을 A시 의회에 부의해야 한다.

⑤ (X) A시 의회는 의원 3명의 참석으로 ○○조례 개정안에 대해 개의할 수 있다.
➡ [3문단] 개의를 위한 최소 출석의원 수는 4명이다.

67

정답 ① 5급 공채 2022 나 22

선택지 검토

① [O] 도급작업이 일시적인 경우, 甲은 고용노동부장관의 승인 없이 乙의 근로자를 자신의 사업장에서 작업하도록 할 수 있다.

➡ [제1조 제2항 제1호] 일시적인 도급작업인 경우에는 도급하여 자신의 사업장에서 수급인의 근로자가 그 작업을 하도록 할 수 있으며, 이때에는 고용노동부장관의 승인이 필요 없다.

② [X] 도급작업이 상시적인 경우, 甲이 乙의 근로자를 자신의 사업장에서 작업하도록 하였다면 3년 이하의 징역에 처한다.

➡ [제1조 제1항 제1호, 제3조] 이 경우는 10억 원 이하의 과징금을 부과할 수 있는 경우에 해당한다.

③ [X] 乙은 자신의 기술이 甲의 사업 운영에 필수불가결한 경우가 아니라면 그 작업을 하도급할 수 없다.

➡ [제1조 제2항 제2호, 제3항] 수급인이 보유한 기술이 전문적이고 사업 운영에 필수불가결하여 고용노동부장관의 승인을 받은 경우에는 하도급을 할 수 없다. 그러나 이 경우가 아니라면 하도급이 금지되지 않는다.

④ [X] 乙의 근로자가 甲의 사업장에서 작업을 하는 경우, 안전조치 및 보건조치를 할 의무는 乙이 진다.

➡ [제2조] 안전조치 및 보건조치를 할 의무는 도급인(사업주 甲)이 진다.

⑤ [X] 甲이 자신의 사업장에서 작업을 하는 乙의 근로자에 대해 필요한 안전조치 및 보건조치를 하지 않을 경우, 고용노동부장관은 3억 원의 과징금을 부과할 수 있다.

➡ [제2조, 제4조] 이 경우는 3년 이하의 징역 또는 3천만 원 이하의 벌금에 처해지는 경우에 해당한다.

68

정답 ⑤ 5급 공채 2022 나 23

〈상황〉의 이해

청구인		乙	丙			
청구금액		6천만 원	재산		위자료	총액
			적극(치료비)	소극(일실수익)		
			1천만 원	1억 원	5천만 원	1억 6천만 원
배상금액	법원판단	5천만 원	5백만 원	1억 2천만 원	3천 5백만 원	(1억 6천만 원)
	A견해	-	5백만 원	1억 원	3천 5백만 원	1억 4천만 원
	B견해		5백만 원	1억 2천만 원	3천 5백만 원	1억 6천만 원
	C견해		1억 1천만 원		3천 5백만 원	1억 4천 5백만 원

선택지 검토

① [X] 법원은 甲이 乙에게 6천만 원을 지급하라고 판결해야 한다.

➡ [1문단] 5천만 원을 지급하라고 판결해야 한다.

② [X] 소송 도중 乙이 청구금액을 8천만 원으로 변경한 경우, 법원은 심리 결과 손해액을 5천만 원으로 판단하더라도 甲이 乙에게 8천만 원을 지급하라고 판결해야 한다.

➡ [1문단] 5천만 원을 지급하라고 판결해야 한다.

③ [X] A견해에 따르면, 법원은 甲이 丙에게 1억 6천만 원을 지급하라고 판결해야 한다.

➡ [2문단 5문장] 1억 4천만 원을 지급하라고 판결해야 한다.

④ [X] B견해에 따르면, 법원은 甲이 丙에게 1억 4천만 원을 지급하라고 판결해야 한다.

➡ [2문단 6문장] 1억 6천만 원을 지급하라고 판결해야 한다.

⑤ [O] C견해에 따르면, 법원은 甲이 丙에게 1억 4천 5백만 원을 지급하라고 판결해야 한다.

➡ [2문단 7문장] 1억 4천 5백만 원을 지급하라고 판결해야 한다.

69

정답 ⑤ 5급 공채 2022 나 25

〈상황〉의 이해

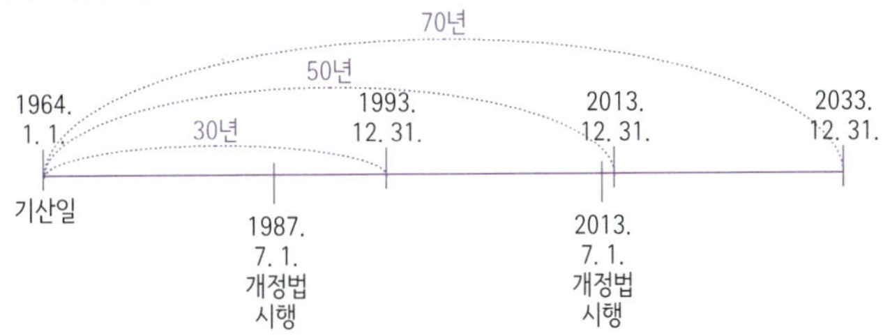

풀 이

- 보호기간의 기산일 = 사망한 다음해의 1월 1일
  → 1964년 1월 1일

㉠ 1957년 제정 저작권법에 의한 보호기간 = 30년
→ 1993년 12월 31일

㉡ 1987년 개정 저작권법에 의한 보호기간 = 50년
→ 개정법 시행 당시(1987. 7. 1.) 저작권 보호기간이 남아있으므로 계속 보호됨
→ 2013년 12월 31일

㉢ 2011년 제정 저작권법에 의한 보호기간 = 70년
→ 개정법 시행 당시(2013. 7. 1.) 저작권 보호기간이 남아있으므로 계속 보호됨
→ 2033년 12월 31일

70

정답 ② 5급 공채 2023 가 4

제시문의 이해

- 제1조 : 식품판매업 신고
- 제2조 : 식품판매업자의 준수사항, 위반 시 조치, 신고 포상금
- 제3조 : 소비자 보상조치
- 제4조 : 벌칙

선택지 검토

① 〔X〕 A도지사는 소비기한이 경과된 식품을 판매한 甲에 대해 1개월의 영업정지 명령을 내릴 수 있다.
➡ [제1조, 제2조 제2항] 영업정지 명령을 내릴 수 있는 명령권자는 B군수이다.

② 〔O〕 甲에 대한 영업정지 또는 영업소 폐쇄명령 여부에 관계없이 甲은 3년 이하의 징역에 처해질 수 있다.
➡ [제2조 제1항 제1호, 제4조 제1호] 벌칙은 영업정지 또는 영업소 폐쇄명령 여부에 관계없이 부과될 수 있다.

③ 〔X〕 乙이 C식품에 대해 제품교환을 요구하는 경우, 甲은 乙에게 제품교환과 함께 구입가 환급을 해 주어야 한다.
➡ [제3조 제1호] '제품교환 또는 구입가 환급'으로 규정되어 있으므로 둘 중 하나의 조처만 이행해도 된다.

④ 〔X〕 丙이 甲의 소비기한 경과 식품 판매 사실을 신고한 경우, 乙과 丙은 각각 7만 원의 포상금을 지급받는다.
➡ [제2조 제3항] 포상금은 신고한 자(丙)에게만 지급되므로, 乙에게는 지급되지 않는다.

⑤ 〔X〕 乙이 C식품의 일부를 먹고 식중독에 걸렸는데 먹다 남은 C식품을 丙이 폐기함으로써 식중독 원인규명이 방해된 경우, 丙은 500만 원의 벌금에 처해질 수 있다.
➡ [제2조 제2호, 제4조] 식품판매업자(甲)가 식중독 원인규명을 위한 행위를 방해하고 영업을 계속한 경우에는 벌칙이 부과된다. 丙은 식품판매업자가 아니므로 벌칙을 부과할 수 없다.

71

정답 ④ 5급 공채 2023 가 5

제시문의 이해

- 제1조 : 가맹본부의 정보공개서의 제공의무 및 금지행위
- 제2조 : 허위·과장된 정보제공의 금지
- 제3조 : 가맹금의 반환

보기 검토

ㄱ. [O] 2023. 1. 18. A가 甲에게 정보공개서를 제공하고, 2023. 1. 30. 가맹계약을 체결한 경우

➡ [제1조 제2호, 제3조 제1호] 정보공개서를 제공한 날부터 14일이 지나지 않았는데 가맹계약을 체결했으며, 가맹계약의 체결일부터 4개월 이내에 가맹금의 반환을 요구했으므로 가맹금을 반환해야 한다.

ㄴ. [X] 2022. 9. 27. 가맹계약을 체결한 乙이 건강상의 이유로 2023. 1. 3. 가맹점사업을 일방적으로 중단한 경우

➡ [제3조] 가맹점사업자가 가맹사업을 일방적으로 중단한 경우는 가맹금을 반환해야 하는 사유에 해당하지 않는다.

ㄷ. [O] 2023. 3. 7. 가맹계약을 체결할 예정인 가맹희망자 丙에게 A가 2023. 2. 10. 제공하였던 정보공개서상 정보의 내용이 사실과 다른 경우

➡ [제2조 제1호, 제3조 제2호] 사실과 다르게 정보를 제공한 경우이고, 가맹희망자가 가맹계약 체결 전에 가맹금의 반환을 요구했으므로 가맹금을 반환해야 한다.

72

정답 ⑤ 5급 공채 2023 가 24

제시문의 이해

- 제1항 : 입주민대표회의 구성
  제2항 : 동대표자 자격
  제3항 : 결격사유
  제4항 : 당연 퇴임

선택지 검토

① [X] K공동주택의 입주민대표회는 A, B, C, D동의 동별 구분 없이 선출된 입주민대표자들로 구성된다.

➡ [제1항] 각 동별로 선출된 입주민대표자들로 구성된다.

② [X] 서류 제출 마감일이 2023. 3. 2.이고 선출일이 2023. 3. 31.인 A동대표자 선출에서, 2023. 3. 20.에 성년이 되는 甲은 A동대표자가 될 수 있다.

➡ [제3항 제1호] 서류 제출 마감일을 기준으로 할 때 미성년자인 사람은 동대표자가 될 수 없다.

③ [X] 서류 제출 마감일이 2023. 1. 2.인 B동대표자의 선출에서, B동에 2022. 7. 29. 주민등록을 마쳤고 계속 거주하여 온 乙은 B동대표자로 선출될 자격이 있다.

➡ [제2항] 동대표자가 되려면, 서류 제출 마감일을 기준으로 그 이전부터 해당 동에 주민등록을 마친 후 계속하여 6개월 이상 거주하고 있어야 한다.

④ [X] 징역 2년의 실형 선고를 받고 2020. 1. 1.에 그 집행이 종료된 丙이 C동대표자 선출을 위한 서류 제출 마감일인 2023. 1. 2. 현재 파산자인 경우, C동대표자로 선출될 수 있다.

➡ [제3항 제2호] 서류 제출 마감일 현재 파산자인 사람은 동대표자가 될 수 없다.

⑤ [O] 임기가 2023. 12. 31.까지인 D동대표자 丁에 대하여 2023. 3. 7.에 징역 6개월 집행유예 1년의 선고가 확정된다면, 丁은 D동대표자의 직에서 당연히 퇴임한다.

➡ [제3항 제4호, 제4항] 동대표자가 임기 중에 제3항의 결격사유에 해당하게 된 경우에는 당연히 퇴임한다.

73

정답 ③ 5급 공채 2023 가 25

제시문의 이해

- 특허무효심판 : 특허가 무효인지 여부를 판단하는 심판
  인용심결 = 특허가 무효라는 주장을 인용하는 심결 → 특허 무효
  기각심결 = 특허가 무효라는 주장을 기각하는 심결 → 특허 유효
- 심결취소의 소(특허법원) : 심결을 취소할 것을 청구하는 소송
  인용판결 = 심결에 잘못이 있다고 인정 → 심결 취소
  기각판결 = 심결에 잘못이 없다고 인정 → 심결 유지
- 상고(대법원) : 특허법원의 판결에 잘못이 있음을 주장하는 소송
  인용판결 = 판결에 잘못이 있다고 인정 → 판결 내용 변경
  기각판결 = 판결에 잘못이 없다고 인정 → 판결 내용 유지

선택지 검토

① [X] 특허심판원은 甲의 특허가 무효라고 판단한 경우, 기각심결을 선고하여 심판을 종료한다.

➡ 특허가 무효라고 판단한 경우에는 '인용심결'을 선고한다.

② [X] 특허심판원의 인용심결이 선고된 경우, 乙은 심결의 등본을 송달받은 날부터 30일 이내에 특허법원에 심결취소의 소를 제기해야 한다.

➡ 인용심결이 선고되었다면 특허가 무효라는 乙의 주장이 받아들여진 것이므로 乙은 심결취소의 소를 제기할 이유가 없다.

③ [O] 특허심판원의 인용심결에 대한 심결취소의 소에서 특허법원이 甲의 특허가 유효하다고 판단한 경우, 인용판결을 선고해야 한다.

➡ 특허심판원이 인용심결을 선거했다면 특허가 무효라고 판단한 것이다. 이때 특허법원이 甲의 특허가 유효하다고 판단했다면, 특허가 무효라고 판단한 심결을 취소하라는 판결을 할 것이다. 즉, 특허법원은 심결취소의 소에 대해 '인용판결'을 선고한다.

④ [X] 특허심판원의 기각심결에 대한 심결취소의 소에서 특허법원이 기각판결을 선고하고 이에 대한 상고심에서 기각판결이 선고된 경우, 대법원은 甲의 특허가 무효라고 판단한 것이다.

➡

특허심판원의 기각심결	→	특허 유효
(심결취소의 소)		↓
특허법원의 기각판결	→ 심결 유지 →	특허 유효
(상고)		↓
대법원의 기각판결	→ 판결 유지 →	특허 유효

⑤ [X] 특허심판원의 기각심결에 대한 심결취소의 소에서 특허법원이 기각판결을 선고하고 이에 대한 상고심에서 기각판결이 선고된 경우, 乙은 상고심 판결의 등본을 송달받은 날부터 2주 이내에 불복할 수 있다.

➡ [심결취소의 소 - 나, 마지막 문장] 상고심 판결에 대해서는 불복할 수 없다.

74

정답 ⑤ 5급 공채 2024 나 24

제시문의 이해

- 제1조 : 특허표시 및 특허출원표시
  - 제1항 : 특허표시
    - 물건 → 특허
    - 방법 → 방법특허
  - 제2항 : 특허출원표시
    - 물건 → 특허출원(심사중)
    - 방법 → 방법특허출원(심사중)
  - 제3항 : 물건의 용기 또는 포장에 표시 가능
- 제2조 : 허위의 특허표시 또는 특허출원표시의 금지
- 제3조 : 허위표시의 죄
  - 제1항 : 3년 이하의 징역 또는 3천만 원 이하의 벌금
  - 제2항 : 양벌규정

선택지 검토

① [X] 甲이 잠금장치에 "방법특허"라는 문자와 특허번호를 표시한 경우, 허위표시에 해당하지 않는다.

➡ [제1조 제1항 제1호, 제2조] 甲이 부여받은 것은 잠금장치(물건)에 대한 특허권이므로 "특허"라고 표시해야 한다. 잠금장치(물건)을 생산하는 방법에 대한 특허를 인정받은 것이 아니기 때문에 "방법특허"라고 표시하는 것은 허위표시에 해당된다.

② [X] 丙이 황금색 도자기의 밑부분에 "특허출원(심사중)"이라는 문자와 출원번호를 표시한 경우, 허위표시에 해당하지 않는다.

➡ [제1조 제1항 제2호, 제2조] 丙이 출원란 것은 도자기를 생산하는 "방법"에 대한 특허이므로 "방법특허출원(심사중)"라고 표시해야 한다. 도자기(물건)에 대한 특허를 출원한 것이 아니기 때문에 "특허출원(심사중)"이라고 표시하는 것은 허위표시에 해당된다.

③ [X] 甲이 잠금장치에 특허표시를 하지 않은 경우, 허위표시의 죄로 처벌된다.

➡ [제1조 제3항] 특허표시를 할 것인가 하지 않을 것인가는 특허권을 부여받은 사람이 자유롭게 결정할 수 있는 사항이다.

④ [X] 甲의 지시에 따라 乙이 잠금장치에 허위의 특허표시를 한 경우, 乙은 허위표시의 죄로 처벌되지 않는다.

➡ [제3조 제2항] 직접 위반행위를 한 행위자도 처벌된다.

⑤ [O] 丁이 丙의 황금색 도자기를 포장하는 종이박스에 허위의 특허출원표시를 한 경우, 丁은 허위표시의 죄로 처벌된다.

➡ [제2조, 제3조 제1항] '누구든지' 허위표시를 하면 처벌된다.

75

정답 ③ 7급 공채 2023 인 4

제시문의 이해

- 제1조 : 허가 또는 변경허가의 신청
- 제2조 : 허가제한(의무사항) - 지역배출허용총량의 범위를 초과하는 경우
- 제3조 : 허가의 취소 및 사업장 폐쇄 명령
- 제4조 : 벌칙

선택지 검토

① [X] 甲이 사업장 설치의 허가를 받은 경우, 이후 허가받은 사항을 변경하는 때에는 별도의 허가가 필요없다.

➡ [제1조 제1항] 허가받은 사항을 변경하는 경우에도 허가(변경허가)를 받아야 한다.

② [X] 乙이 허가를 받지 않고 사업장을 설치한 경우, 7년의 징역과 2억 원의 벌금에 처한다.

➡ [제4조] 별도의 병과 규정이 없으므로 징역과 벌금 중 하나의 벌칙만 부과할 수 있다. 또한 징역과 벌금은 7년 이하, 2억 원 이하로 규정되어 있으므로 반드시 7년의 징역 또는 2억 원의 벌금에 처하는 것이 아니다.

③ [O] 丙이 허가를 받지 않고 사업장을 설치·운영한 경우, 환경부장관은 해당 사업장의 폐쇄를 명할 수 있다.

➡ [제3조 제2항 제2호] 환경부장관은 허가를 받지 아니하고 사업장을 설치·운영하는 자에 대하여 해당 사업장의 폐쇄를 명할 수 있다.

④ [X] 丁이 사업장 설치의 허가를 신청한 경우, 그 설치로 인해 지역배출허용총량의 범위를 초과하더라도 환경부장관은 이를 허가할 수 있다.

➡ [제2조] 사업장의 설치로 인하여 지역배출허용총량의 범위를 초과하게 되면 이를 허가하여서는 아니 된다.

⑤ [X] 戊가 사업장 설치의 허가를 부정한 방법으로 받은 경우에도 환경부장관은 그 허가를 취소할 수 없다.

➡ [제3조 제1항] 사업자가 부정한 방법으로 허가를 받은 경우, 환경부장관은 그 허가를 취소할 수 있다.

정답표

1	2	3	4	5	6	7	8	9	10
②	①	③	⑤	③	④	③	①	③	①
11	12	13	14	15	16	17	18	19	20
⑤	⑤	①	④	③	③	⑤	③	①	③
21	22	23	24	25	26	27	28	29	30
④	①	①	⑤	⑤	②	④	⑤	①	①
31	32	33	34						
②	④	③	②						

1

정답 ② 5급 공채 2009 극 4

사례 검토

초범인 갑은 법원에서 징역 5년 2개월 형을 선고받고 교도소에 수감되었다(잔여형기 5년, 60개월, 책임점수 : 120점). 그리고 교도소 심사에서 '범죄성향이 강화되지 아니한 자로서 개선이 가능한 자'(A급, 초범, 2점)라는 판정을 받았다. 갑이 12개월 만에 129점의 소득점수를 얻어 제3급으로 진급하였다면(잔여형기 48개월, 잔여점수 : 9점) 제2급으로 진급하기 위해서는(책임점수 : 48 × 2 - 9 = 87점) 앞으로 최소한 (87)점을 더 획득하여야 한다.

- 책임점수 = 집행할 형기의 개월 수 × 개선급 유형 및 범수별 점수
  - 갑의 집행할 형기의 개월 수 : 60개월 (잔여형기 5년)
  - 갑의 개선급 유형 : A급
  - 갑의 범수별 점수 : 2점
  - 『4급 → 3급』에 필요한 점수 : 120점
  - 갑의 소득점수 : 129점
  - 잔여 점수 : 9점

- 『3급 → 2급』에 필요한 점수
  - 갑의 잔여 형기 : 48개월
  - 갑의 개선급 유형 : A급
  - 갑의 범수별 점수 : 2점
  - 책임점수 : 96점
  - 보유 점수 : 9점
  - 필요 점수 : 87점

2

정답 ① 5급 공채 2010 선 7

납부금의 계산

1. 甲의 연간 총매출액은 10억 원
   → 10억 × 1% = 1천만

2. 乙의 연간 총매출액은 90억 원
   → 1천만 + (90억 - 10억) × 5% = 4억 1천만

3. 丙의 연간 총매출액은 200억 원
   → 4억 6천만 + (200억 - 100억) × 10% = 14억 6천만

보기 검토

	총매출액	납부금	실 납부금액	체납 금액	가산금
甲	10억	1천만	0	1천만	30만
乙	90억	4억 1천만	4억	1천만	30만
丙	200억	14억 6천만	14억	6천만	180만

더 생각해 보기

- 납부금 계산 방법

연간 총매출액	납부금
10억 원 이하	총매출액의 100분의 1
10억 원 초과 100억 원 이하	1천만 원 + (총매출액 중 10억 원을 초과하는 금액의 100분의 5)
100억 원 초과	4억 6천만 원 + (총매출액 중 100억 원을 초과하는 금액의 100분의 10)

- 밑줄 친 '1천만 원'과 '4억 6천만 원'의 정체는?
  - 예 : 총매출액이 200억 원일 경우 납부금

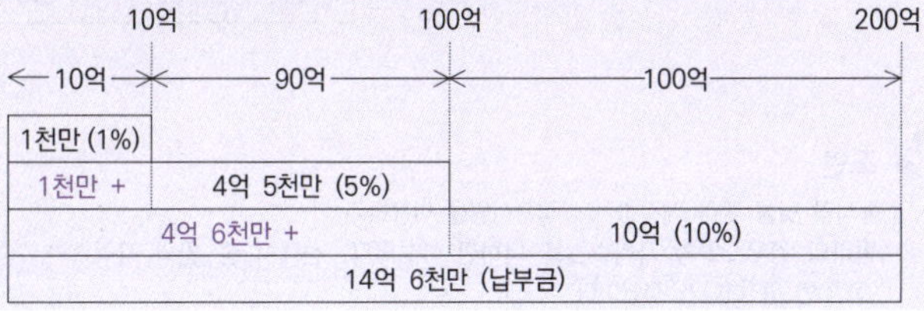

3

정답 ③ 5급 공채 2010 선 8

풀이

	여행국가	일비	숙박비	식비
1일째 : (06 : 00) 출국	갑국 (다)	다 - 80	×	×

[제2조] 국내 출발일은 목적지를 여행하는 것으로 본다.
→ 여행국가 : 다
[제4조 제3항 단서] 항공편 이동 중에는 따로 숙박비를 지급하지 아니한다.
[제4조 제4항 단서] 항공편 이동 중 당일의 식사 기준시간이 모두 포함되어 있는 경우는 식비를 제공하지 않는다.

	여행국가	일비	숙박비	식비
2일째 : (07 : 00) 갑국(다 등급지역) 도착 (18 : 00) 만찬	갑국 (다)	다 - 80	다 - 233	다 - 102
3일째 : (09 : 00) 회의 (15 : 00) 갑국 출국 (17 : 00) 을국(라 등급지역) 도착	갑국 (다) 을국 (라)	다 - 80	라 - 164	다 - 102

[제3조 제2항]
같은 날에 여비액을 달리하여야 할 경우에는 많은 액을 기준으로 지급한다.
→ 일비 & 식비 : 다
다만 숙박비는 숙박지를 기준으로 한다.
→ 숙박비 : 라

	여행국가	일비	숙박비	식비
4일째 : (09 : 00) 회의 (18 : 00) 만찬	을국 (라)	라 - 70	라 - 164	라 - 85
5일째 : (22 : 00) 을국 출국	을국 (라)	라 - 70	×	라 - 85

[제4조 제3항 단서] 항공편 이동 중에는 따로 숙박비를 지급하지 아니한다.

	여행국가	일비	숙박비	식비
6일째 : (20 : 00) 귀국	을국 (라)	라 - 70	×	×

[제2조] 국내 도착일은 출발지를 여행하는 것으로 본다.
[제4조 제4항 단서] 항공편 이동 중 당일의 식사 기준시간이 모두 포함되어 있는 경우는 식비를 제공하지 않는다.

		일비	숙박비	식비
		450	561	374

조언

• 최종적인 덧셈 빨리 해결하기 : 객관식임을 이용하기
숙박비의 경우, 일의 자리수만을 더하면 '11'이다. 선택지 중 일의 자리수가 '1'인 ①③④번 중 하나가 정답이다.
식비의 경우, 일의 자리수만을 더하면 '14'이다. 선택지 중 일의 자리수가 '4'인 ①③번 중 하나가 정답이다.

4

정답 ⑤ 5급 공채 2011 선 27

풀이

예산	40억	4,000만 × 100원
여성추천보조금 총액	20억	예산 × 50%

	추천	현재 의석 비율	직전 의석 비율
A 정당	50명	50%	40%
B 정당	30명	40%	40%
C 정당	20명	10%	20%

1. 여성후보자를 전국지역구총수(200개)의 100분의 30(60명) 이상 추천한 정당이 없는 경우에 해당한다.
→ 제1조 제2항 2호 적용

2. 여성후보자를 전국지역구총수의 100분의 15 이상 100분의 30 미만(30명 이상 60명 미만)을 추천한 정당
→ A정당, B정당
→ 제1조 제2항 2호 가목 (→ 제1조 제2항 1호 적용)
→ 총액의 100분의 50은 지급 당시 정당별 국회의석수의 비율만큼, 총액의 100분의 50은 직전 실시한 임기만료에 의한 국회의원선거에서의 득표수의 비율만큼 배분·지급한다.

	기준	의석수 비율	보조금	득표수 비율	보조금	합계
A 정당	10억 (20억의 50%)	50%	5억	40%	4억	9억
B 정당		40%	4억	40%	4억	8억

3. 여성후보자를 전국지역구총수의 100분의 5 이상 100분의 15 미만(10명 이상 30명 미만)을 추천한 정당
→ C정당
→ 제1조 제2항 2호 나목
→ 총액의 100분의 30은 지급 당시 정당별 국회의석수의 비율만큼, 총액의 100분의 30은 직전 실시한 임기만료에 의한 국회의원선거에서의 득표수의 비율만큼 배분·지급한다.

	기준	의석수 비율	보조금	득표수 비율	보조금	합계
C 정당	6억 (20억의 30%)	10%	6천만	20%	1억 2천만	1억 8천만

조언

• 선택지의 구성을 먼저 살펴보자.

	A	B	C
①	4억 5천만 원	4억 원	9천만 원
②	5억 4천만 원	4억 4천만 원	1억 6천 8백만 원
③	5억 4천만 원	4억 4천만 원	1억 8천만 원
④	9억 원	8억 원	1억 6천 8백만 원
⑤	9억 원	8억 원	1억 8천만 원

A와 B만을 놓고 봤을 때 ②③번과 ④⑤번이 각각 똑같다. 이것은 A나 B중 하나만 계산하여 확인하면 정답 후보를 2개로 압축시킬 수 있다는 뜻이다. 정답 후보 2개를 골라낸 후에는 C만 추가로 계산하여 정답을 확정지을 수 있다. (경우에 따라서는 ①번이 찡텁으로 확인되어 풀이가 허무하게 빨리 끝날 수도 있다.)

5

정답 ③ 5급 공채 2011 선 36

문제의 이해

- 문제가 요구하는 것은 乙과 丙이 우선변제로 받을 수 있는 금액이다. (甲은 제외)

- 발문의 상황
  - 하나의 주택에 임차인이 3명
  - 보증금은 각각 5,800만 원, 2,000만 원, 1,000만 원
  - 주택가액 8,000만 원

- 법조항 적용 순서
  1. 제1조 제1항 : 자격요건 검토 1
  2. 제2조 : 자격요건 검토 2
  3. 제1조 제2항 : 우선변제 금액 한도 이내로 보증금 중 일정액 설정
  4. 제1조 제4항 : 보증금 중 일정액 조정

풀이

1. **자격요건 검토** : 甲, 乙, 丙은 우선변제를 받을 권리가 있는 임차인인가?
   1) [제1조 제1항] 주택에 대한 경매신청의 등기 전에 주택의 인도와 주민등록을 마쳐야 한다.
      → [발문 2문장] 경매신청 등기 전에 주택의 인도와 주민등록을 마쳤다.
   2) [제2조 제1호] 수도권 중 과밀억제권역의 주택이므로, 보증금이 6,000만 원 이하여야 한다.
      → [발문 2문장] 甲, 乙, 丙의 보증금은 모두 6,000만 원 이하이다.

   ➡ 3명 모두 우선변제를 받을 권리가 있다.

2. **우선변제 금액의 확인**
   1) **우선변제 한도** : [제1조 제2항 제1호] 2,000만 원
      → 甲 : 2,000만 원
      乙 : 2,000만 원
      丙 : 1,000만 원
   2) **우선변제 확정 금액** : [제1조 제4항]
      하나의 주택에 임차인이 2명 이상이고(○)
      그 각 보증금 중 일정액을 모두 합한 금액(2,000 + 2,000 + 1,000 = 5,000)이
      주택가액(8,000)의 2분의 1(4,000)을 초과하는 경우,
      그 각 보증금 중 일정액을 모두 합한 금액(5,000)에 대한
      각 임차인의 보증금 중 일정액의 비율(2,000 : 2,000 : 1,000 = 2 : 2 : 1)로
      그 주택가액의 2분의 1에 해당하는 금액(4,000)을
      분할한 금액(2 : 2 : 1 = 1,600 : 1,600 : 800)을
      각 임차인의 보증금 중 일정액으로 본다.

   ➡ 甲 : 1,600만 원
   乙 : 1,600만 원
   丙 : 800만 원

- 乙 + 丙 = 1,600 + 800 = 2,400

6

정답 ④ 5급 공채 2013 인 8

〈상황〉의 이해

1) 당사자 수 : 2명 (원고 甲, 피고 乙)
2) 사건의 구별 : 소액사건 (2,000만 원 이하)
3) 소 제기 : 2회 (민사 제1심, 민사 항소)

풀이

- **송달료의 계산**
  민사 제1심 소액사건 송달료 + 민사 항소사건 송달료 (당사자 2명)
  = [당사자 수 × 송달료(3,200원) 10회분] + [당사자 수 × 송달료(3,200원) 12회분]
  = [2(명) × 3,200(원) × 10(회)] + [2(명) × 3,200(원) × 12(회)]
  = 2(명) × 3,200(원) × 22(회)
  = 140,800(원)

7

정답 ③ 5급 공채 2013 인 17

제시문의 이해

소비대차는 이자를 지불하기로 약정할 수 있고, 그 이자는 일정한 이율에 의하여 계산한다. 이런 이자는 돈을 빌려 주면서 먼저 공제할 수도 있는데, 이를 선이자라 한다.

→ 선이자를 공제하는 것은 돈을 빌려줄 때 이자를 먼저 받는 것이다. 예를 들어 A가 B에게 1,000만 원을 빌려주면서 선이자로 100만 원을 공제하고 900만 원을 주었다면, B가 실제로 받은 돈은 900만 원이지만 1,000만 원을 빌린 것이기 때문에 향후 1,000만 원을 변제해야 한다. 다만, 이자 100만 원은 미리 지급한 것이기 때문에 1,000만 원을 변제할 때에 추가로 이자를 더 지급할 필요는 없다.

※ 선이자 지급방식의 소비대차에서는, 갚기로 한 날에 약정금액만 변제하면 된다.

※ 선이자 지급방식의 소비대차에서 지급한 선이자가 법정한도를 초과하면, 초과하는 금액은 약정금액의 일부를 변제한 것으로 본다. 따라서 갚기로 한 날에는 약정금액에서 해당 금액을 뺀 나머지 금액만 갚으면 된다.

풀이

1. 甲이 빌린 금액 : 2,000만 원 (변제해야 하는 약정금액)
2. 甲이 실제 수령한 금액 : 1,200만 원 → 법정 선이자 상한 계산의 기준 금액
3. 선이자 공제 : 800만 원
4. 법정 최고 선이자 : 360만 원 (1,200만 × 30%)
5. 법정 한도를 초과한 선이자 : 440만 원 → 약정금액의 일부를 변제한 것으로 함.
6. 甲이 변제해야 하는 금액 : 2,000만 원(약정금액) - 440만 원(변제 완료) = 1,560만 원

8

정답 ① 　　　외교원 2013 인 7

풀이

甲주식회사는 미국의 A법인과 2월 4일 수출계약을 체결하였으며, 甲주식회사의 수출과 관련된 사항은 아래와 같다.

1) 수출대금 : $ 50,000
2) 2. 4. : 수출선수금 $ 20,000를 송금받아 외국환 은행에서 환가 (공급시기 전)
3) 2. 12. : 세관에 수출 신고
4) 2. 16. : 수출물품 선적 완료 (공급시기)
5) 2. 20. : 수출대금 잔액 $ 30,000를 송금받아 외국환 은행에서 환가 (공급시기 후)

<외환시세>

(단위 : 원/달러)

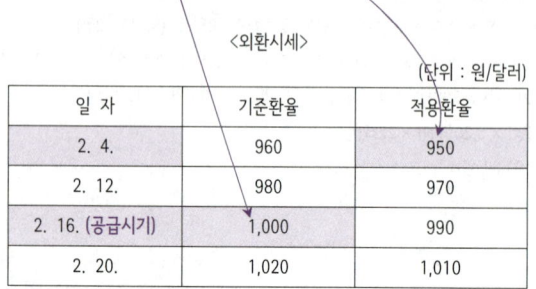

일 자	기준환율	적용환율
2. 4.	960	950
2. 12.	980	970
2. 16. (공급시기)	1,000	990
2. 20.	1,020	1,010

<과세표준액 계산>

(20,000 × 950) + (30,000 × 1,000) = 49,000,000

9

정답 ③ 　　　5급 공채 2014 A 30

규칙의 이해

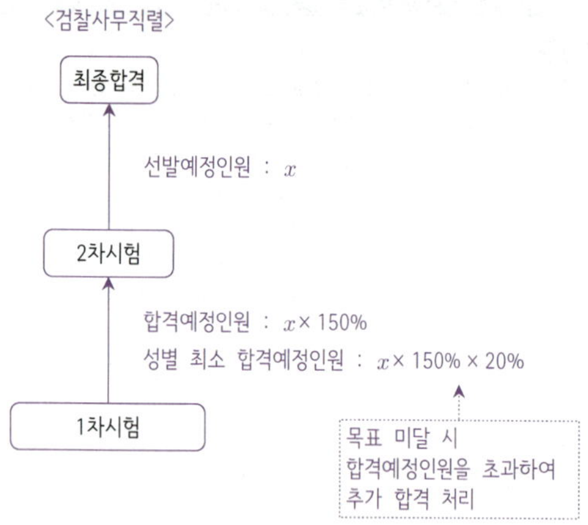

풀이

● 조건

선발예정인원	제1차시험 합격예정인원	제1차시험 성별 최소 합격예정인원	
		남성	여성
30명	45명	9명	9명

30명의 150 % 　　　45명의 20 %

● **제1차시험 결과**

합격예정인원 45명 중
- 남성 39명 합격
- 여성 6명 합격 → 성별 최소 합격예정인원에 3명 미달 → 3명 추가합격 처리
- 48명 합격 (45 + 3 = 48)

10

정답 ① 　　　5급 공채 2016 ④ 7

제시문의 이해

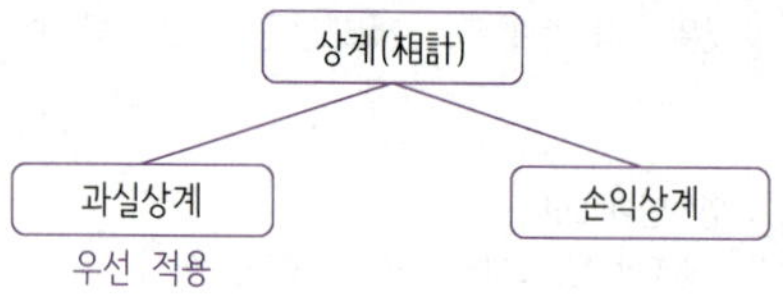

풀이

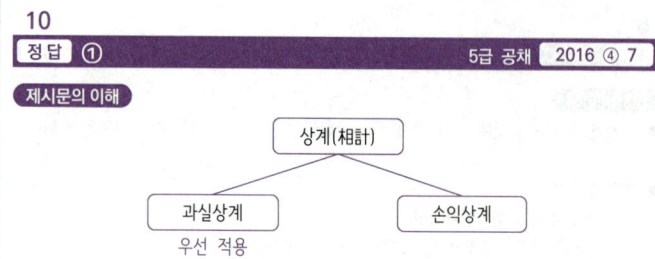

● [3문단] 과실상계를 먼저 한 후에 손익상계를 하여야 한다.
　→ 과실상계의 기준 금액은 최초 산정된 손해액이다.
　→ 손익상계의 기준 금액은 최초 산정된 손해액에서 과실상계를 거친 후의 금액이다.

● [2문단 3문장] 유족보상금은 공제한다.(손익상계, 3억 원)

● [2문단 4문장] 생명보험금은 공제하지 않는다.

● 손해배상금 = 손해액 - 과실상계액 - 손익상계액
　　　　　　= 손해액 - (손해액 × 공무원 甲의 과실비율) - 손익상계액

1억 8천만 원 = 6억 원 - (6억 원 × A %) - 3억 원

1억 2천만 원 = 6억 원 × A %
A = 20

➡ 공무원 甲의 과실 비율 = A % = 20 %
국가의 과실 비율 = B % = 80 %

11

정답 ⑤ 5급 공채 2016 ④ 27

제시문의 이해

- 제1항
  경상보조금 = 최근 실시한 임기만료에 의한 국회의원선거의 선거권자 총수
  × 보조금 계상단가
  (보조금 계상단가의 결정 → 제3항)

- 제2항
  … 선거가 있는 연도에는 각 선거마다 보조금 계상단가를 추가한 금액을 제1항의 기준에 의하여 예산에 계상하여야 한다.
  → … 선거가 있는 연도에는 선거가 실시되는 횟수만큼 보조금 계상단가를 추가한 금액을 보조금 계상단가로 하여 제1항의 방법에 의해 계산한 금액을 예산에 계상하여야 한다.
  → … 선거가 있는 연도에는 제3항에 따라 산정된 보조금 계상단가에 선거가 실시되는 횟수를 곱한 금액을 보조금 계상단가로 하여 제1항의 방법에 의해 계산한 금액을 예산에 계상하여야 한다.
  선거 보조금 = 최근 실시한 임기만료에 의한 국회의원선거의 선거권자 총수
  × (보조금 계상단가 × 선거 횟수)

- 국고보조금 = 경상보조금 + 선거보조금

- 국고보조금 지급 시기
  - 경상보조금 : 분기별로 균등분할하여 지급
    → 1년 동안 전액 지급
  - 선거보조금 : 당해 선거의 후보자등록마감일 후 2일 이내에 지급
    → 후보자등록마감일 후 2일 이내에 전액 지급

풀이

- 최근 실시한 임기만료에 의한 국회의원선거의 선거권자 총수 = 3천만 명

- 2016년의 보조금 계상단가 = 2015년의 보조금 계상단가(1,000원) + 30원
  = 1,030원

- 경상보조금 = 3천 만 × 1,030원 = 309억 원
  → 2016년 동안 전액 지급

- 선거보조금 = 3천 만 × (1,030원 × 2회) = 618억 원
  → 2016년 4월과 7월 중에 전액 지급

- 2016년 국고보조금 = 309억 원 + 618억 원 = 927억 원

12

정답 ⑤ 5급 공채 2017 가 26

풀이

- 최저가매각가격 : 2억 원

- 보증금 : 2천만 원 (최저가매각가격의 10분의 1 = 2억 원 × 0.1)

- 최고가매수신고액 (= 甲의 매수신고액) : 2억 5천만 원

- 차순위매수신고는 매수신고액이 최고가매수신고액(2억 5천만 원)에서 보증금(2천만 원)을 뺀 금액(2억 3천만 원)을 넘어야 할 수 있다.
  → 乙이 차순위매수신고를 하기 위해서는 乙의 매수신고액이 최소한 (2억 3천만 원)을 넘어야 한다.

13

정답 ① 5급 공채 2019 가 25

풀이

○ 졸업에 필요한 최소 취득학점은 A대학 120학점, B전문대학 63학점이다.
  → 최소 120학점 필요

○ 甲은 B전문대학에서 졸업에 필요한 최소 취득학점만으로 전문학사학위를 취득하였다.
  → [제1조 제1항 제1호, 동조 제2항 제1호] 취득 학점 전부 인정
  → 63학점

○ 甲은 B전문대학 졸업 후 A대학 3학년에 편입하였고 군복무로 인한 휴학 기간에 원격수업을 수강하여 총 6학점을 취득하였다.
  → [제1조 제1항 제3호, 동조 제2항 제3호] 1년당 12학점까지 인정
  → 6학점

○ 甲은 A대학에 복학한 이후 총 30학점을 취득하였고,
  → 30학점
  1년 동안 미국의 C대학에 교환학생으로 파견되어 총 12학점을 취득하였다.
  → [제1조 제1항 제1호, 동조 제2항 제1호] 취득 학점 전부 인정
  → 12학점

- 추가로 필요한 학점 = 120 - 63 - 6 - 30 - 12 = 9학점

계산 · 비교

14

정답 ④ 5급 공채 2021 가 17

풀 이

甲관할구역 내에는 소방서 한 곳이 설치되어 있으며, 이 소방서와 가장 가까운 119안전센터(乙관할구역)는 소방서로부터 25 km 떨어져 있다.

→ [가-3] 소방사다리차를 배치해야 한다.

甲관할구역 내에는 층수가 11층 이상인 아파트가 30동 있고, 3층 백화점 건물이 하나 있으며,

→ [가-1] 고가사다리차 최소 1대

위험물을 저장·취급하는 제조소 등이 1,200개소 있다.

→ [나] 기본 : 500개소 이상이므로 2대

추가 : (1,200 - 1,000) ÷ 1,000 = 0.2 → 1대 (소수점 이하 첫째자리에서 올림)

[다] 지휘차 및 순찰차 각각 최소 1대 → 2대

[라] 그 밖의 차량 : 최소 대수를 찾아야 하므로 0대로 처리.

➡ 소방자동차의 최소 대수 = 6대

15

정답 ③ 5급 공채 2021 가 38

풀 이

○○기관은 중금속이 포함된 4급에 해당하는 해수 3톤을 정수 처리하여 생활용수 3톤을 확보하려 한다.

→ 생활용수 : 중금속이 제거되고 음용이 가능하며 1급인 담수

1. 해수의 담수화 필요 → 해수담수화기(10톤) 1대 : 1억 원
2. 중금속 제거 필요 → 응집 침전기(3톤) 1대 : 5천만 원
3. 4급수를 1급수로 정화 필요
   (1) 1차 정수기(5톤) 1대 : 5천만 원 (4급수 → 3급수)
   (2) 3차 정수기(1톤) 3대 : 15억 원 (3급수 → 1급수, 음용 가능 처리)

➡ 최소 비용 : 17억 원

16

정답 ③ 민간경력 2011 인 20

제시문의 이해

● 기본 구조

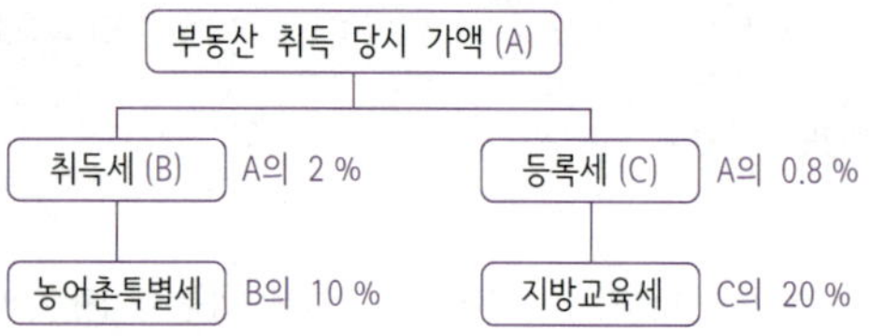

● 자경농민의 경우

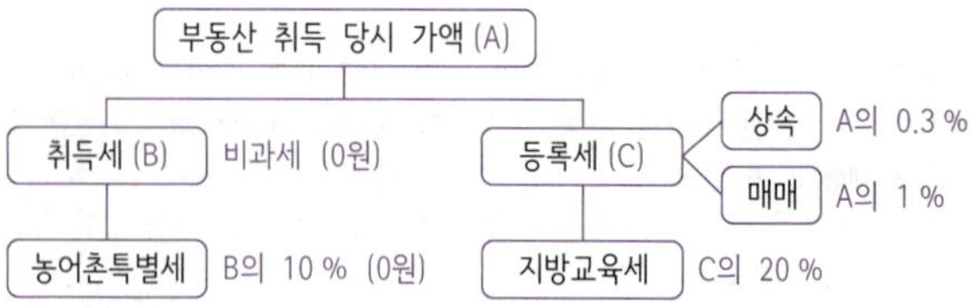

풀 이

○ 甲 : 자경농민

○ 취득방법 : 상속

➡ 취득세 : 비과세(0원)

➡ 농어촌특별세 : 취득세액(0원)의 10 % = 0원

➡ 등록세 : 취득가액의 0.3 %

➡ 지방교육세 : 등록세(취득가액의 0.3 %)의 20 %

➡ 총 세액 : 취득가액의 0.36 %

○ 취득가액 : 신고한 가액과 공시지가(시가표준액) 중 큰 금액 = 5억 원

○ 甲이 납부하여야 할 세금액
= 5억 원 × 0.36 % = 180만 원

17

정답 ⑤ 민간경력 2011 인 23

법조문의 이해

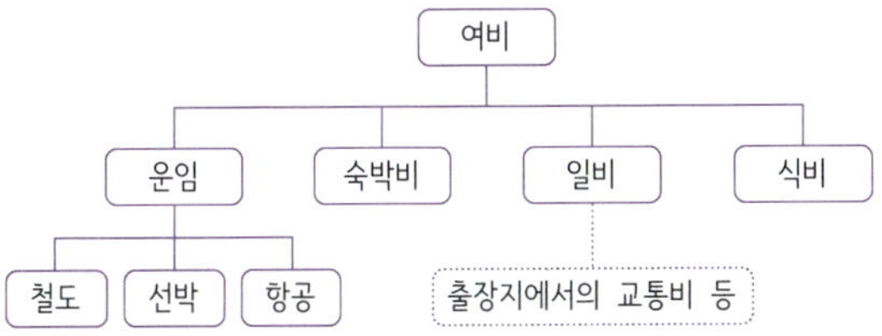

풀이

○ 운임(제2조 제2항, 별표 1) : 실비로 지급한다.

항 목	1일차	2일차	3일차	여비	여비 종류
KTX 운임(일반실)	20,000		20,000	40,000	운임
~~대전 시내 버스요금~~	~~5,000~~	~~10,000~~	~~2,000~~		
~~대전 시내 택시요금~~			~~10,000~~		
식비	10,000	30,000	10,000		
숙박비	45,000	30,000			

※ 시내버스요금과 택시요금은 운임에 해당되지 않는다.(제2조 제1항)

○ 일비(제3조 제2항, 별표 1) : 여행일수에 따라 지급한다.

항 목	1일차	2일차	3일차	여비	여비 종류
KTX 운임(일반실)	20,000		20,000	40,000	운임
대전 시내 버스요금	5,000	10,000	2,000	60,000	일비
대전 시내 택시요금			10,000		
식비	10,000	30,000	10,000		
숙박비	45,000	30,000			

※ 시내버스요금과 택시요금은 일비에 해당한다.(제1조 제4호)

○ 식비(제3조 제4항, 별표 1) : 여행일수에 따라 지급한다.

항 목	1일차	2일차	3일차	여비	여비 종류
KTX 운임(일반실)	20,000		20,000	40,000	운임
대전 시내 버스요금	5,000	10,000	2,000	60,000	일비
대전 시내 택시요금			10,000		
식비	10,000	30,000	10,000	60,000	식비
숙박비	45,000	30,000			

○ 숙박비(제3조 제3항, 별표 1) : 숙박하는 밤의 수에 따라 지급한다. 다만, 출장 기간이 2일 이상인 경우에 지급액은 출장기간 전체의 총액 한도 내 실비로 계산한다.

➡ 1박당 상한액이 40,000원인데 2박을 했으므로 상한액은 80,000원이다. 따라서 숙박비로 사용한 비용이 80,000원 미만이면 그 실비만큼의 금액을 그대로 지급하고, 80,000원 이상이면 80,000원까지만 지급한다.

항 목	1일차	2일차	3일차	여비	여비 종류
KTX 운임(일반실)	20,000		20,000	40,000	운임
대전 시내 버스요금	5,000	10,000	2,000	60,000	일비
대전 시내 택시요금			10,000		
식비	10,000	30,000	10,000	60,000	식비
숙박비	45,000	30,000		75,000	숙박비

※ 甲이 정산 받는 여비의 총액 = 235,000원

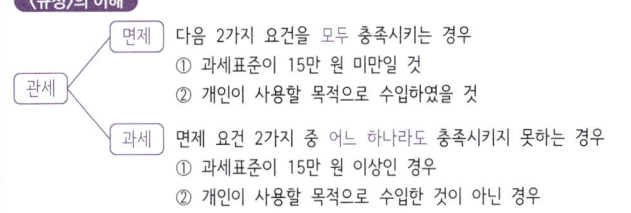

18

정답 ③ 민간경력 2011 인 25

〈규정〉의 이해

- 관세
  - 면제: 다음 2가지 요건을 모두 충족시키는 경우
    ① 과세표준이 15만 원 미만일 것
    ② 개인이 사용할 목적으로 수입하였을 것
  - 과세: 면제 요건 2가지 중 어느 하나라도 충족시키지 못하는 경우
    ① 과세표준이 15만 원 이상인 경우
    ② 개인이 사용할 목적으로 수입한 것이 아닌 경우

- 환율
  - 과세표준 계산 시: 관세청장이 정한 고시환율
  - 구매금액 환산 시: 지불시 적용된 환율

- 미국 → 한국 운송료
  - 과세표준 계산 시: 국제선편요금
  - 구매금액 환산 시: 실제 지불한 금액

풀이

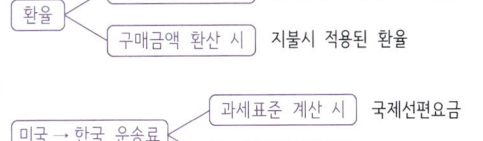

1. 甲은 개인이 사용할 목적으로 전자기기를 수입했다.
   ➡ 관세 면제 요건 2가지 중 1가지 충족

2. 과세표준 계산
   - 미국에 납부한 세금 : 0원
   - 미국 내 운송료 : 0원
   - 지급한 물품가격 (고시환율 적용 : ₩ 1,100/$)
     $ 120 → 132,000원
   - 미국에서 한국까지의 운송료 (국제선편요금 적용)
     중량 0.9 kg → 10,000원

   ➡ 총 142,000원 (15만 원 미만)
   ➡ 관세 면제 요건 2가지 중 나머지 1가지 충족

※ 관세는 면제 된다.

3. 구매금액
   = 전자기기 가격 + 미국에서 한국까지의 운송료
   = $ 120 + $ 30
   = $ 150
   <환산> 지불시 적용된 환율 적용 ₩ 1,200 / $
   ➡ 180,000원

4. 지출한 총 금액
   = 구매금액 + 관세
   = 180,000원 + 0원
   = 180,000원

계산 · 비교

19

정답 ① 민간경력 2015 인 9

제시문의 이해

● 층간소음 배상금액 가산기준

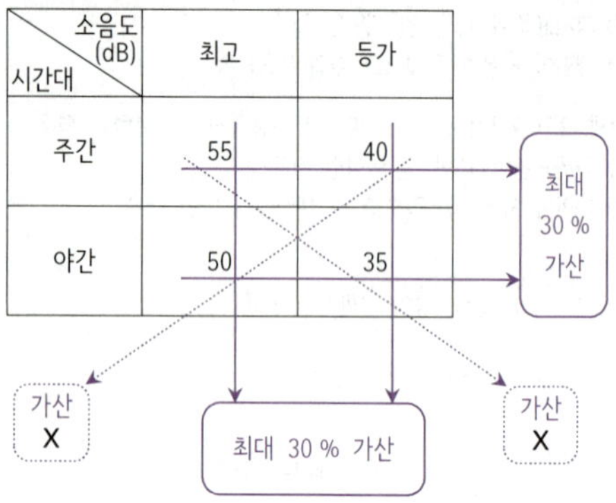

풀 이

<甲>

구분	내용	
피해기간	10개월	
배상 기준금액	650,000원 / 1인	
피해자 수	2인	부부
가산기준	(2)에 해당	주간 및 야간 등가소음도가 모두 수인한도 초과
최대 배상금액	650,000 × 2 × 1.3 = 1,690,000	

<乙>

구분	내용	
피해기간	1년 6개월	
배상 기준금액	800,000원 / 1인	
피해자 수	4인	가족
가산기준	(1), (3)에 해당	야간 등가 및 최고소음도가 모두 수인한도 초과
최대 배상금액	(800,000 × 4 × 1.3) + (800,000 × 1 × 0.2) = 4,320,000	

20

정답 ③ 민간경력 2016 ⑤ 6

풀 이

○ 甲이 입은 손해 2가지
  (1) 리모델링 완료 30일 지연에 의한 손해 : 500만 원
  (2) 부실공사에 의한 손해 : 1,000만 원

○ 甲이 乙로부터 받는 최대 손해배상액은?
  (1) 리모델링 완료 30일 지연에 의한 손해 : 500만 원
    → [2문단 2문장] 손해배상액이 지연기간 1일당 공사대금(1억 원)의 0.1 %(10만 원)로 예정되어 있고, 30일이 지연되었으므로 300만 원을 배상받을 수 있음. 실손해액이 500만 원이지만 예정액을 초과하는 부분은 배상받을 수 없음.
    → 최대 배상금액은 300만 원

  (2) 부실공사에 의한 손해 : 1,000만 원
    → [2문단 3-4문장] 손해배상을 받으려면 손해발생사실과 손해액을 증명하여야 함.
    → 손해발생사실과 손해액을 증명했으므로 배상을 받을 수 있음.
    → 최대 배상금액은 1,000만 원

➡ 최대 손해배상액 = 300만 원 + 1,000만 원 = 1,300만 원

21

정답 ④ 민간경력 2019 나 3

풀 이

서면으로 출원		국어로 작성		외국어로 작성	
특허출원료	1건	1호 나목	66,000	1호 라목	93,000
	7면 (20면 초과)		1,000 × 7		1,000 × 7
특허심사청구료	1건	2호	143,000	2호	143,000
	3항		44,000 × 3		44,000 × 3
수수료 합계		348,000		375,000	

더 생각해 보기

· 국어로 작성하는 경우와 영어로 작성하는 경우는 '건별 특허출원료'에서만 차이가 생긴다. 이 차이가 27,000원임을 이용하여 정답을 고를 수도 있다.

22

정답 ① 5급 공채 2007 무 32

선택지 검토

① 〔X〕 각각 단독세대주인 갑(공시가격 25억원 주택소유)과 을(공시가격 30억원 주택소유)이 2008년 5월 31일 혼인신고 하여 부부가 되었다. 만약 혼인하지 않았다면 갑과 을이 각각 납부하였을 2008년 종합부동산세액의 합계는 혼인 후 납부하는 세액과 동일하다.

➡ 과세대상인 주택의 공시가격을 합산할 때에는 세대별로 합산하도록 규정되어 있다. 갑과 을은 5월 31일에 혼인신고 하여 법률상 부부가 되고 하나의 세대를 이루었다. 갑과 을이 혼인하지 않았다면 각각 자신소유의 주택에 대해서만 종합부동산세를 납부하였을 것이므로, 이때의 과세표준은 갑이 15억 원(25억 - 10억)이고 을이 20억 원(30억 - 10억)으로 합계 35억 원이다. 그러나 혼인하여 하나의 세대가 되었으므로 과세표준은 45억 원으로 증액된다.(25억 + 30억 - 10억) 따라서 혼인 전후의 세액은 다르다.

② 〔O〕 2008년 12월 31일 현재 A의 세대별 주택공시가격의 합산액이 15억원일 경우 재산변동이 없다면 다음 해의 종합부동산세액은 400만원이다.

➡ 주택공시가격의 합산액이 15억 원 → 과세표준 5억 원 (15억 - 10억)
그리고 2009년도 납부세액이므로 원래세액의 80 %만 납부하면 된다.
∴ 세액 = 5억 × 1천분의 10 × 80% = 400만 원

③ 〔O〕 종합부동산세를 줄이기 위해 주택을 처분하기로 결정하였다면, 당해 연도 6월 1일 이전에 처분하는 것이 유리하다.

➡ 6월 1일이 과세기준일이므로, 그 전에 주택을 처분하여 6월 1일 당시에 주택을 소유하지 않게 된다면, 종합부동산세는 과세되지 않는다.

④ 〔O〕 2008년부터 2010년까지의 적용비율을 점차적으로 상승시킴으로써 시행 초기에 나타날 수 있는 조세저항을 줄이려고 했다.

➡ 일리가 있는 추론이다.

⑤ 〔O〕 종합부동산세를 줄이기 위해 기혼 무주택 자녀에게 주택을 증여하여 재산을 분할하는 일이 증가할 수 있다.

➡ '기혼'의 무주택 자녀는 별개의 세대를 구성하고 있을 것이다. 그러므로 기혼 무주택 자녀에게 주택을 증여하면 부모님 세대와 자녀 세대가 각각 따로 주택공시가격을 합산하게 되고, 각각 10억 원의 공제를 받은 금액이 과세표준이 되므로 세액의 합이 증여 이전보다 감소할 것이다. 따라서 이 추론은 일리가 있다.

23

정답 ① 5급 공채 2015 인 28

〈상황〉의 이해

- A지방자치단체의 지방의회 최초 재적의원은 111명이다. 그 중 2명은 사망(재적의원에서 제외)하였고, 3명은 선거법 위반으로 구속되어 재판이 진행 중(확정판결로 의원직을 상실하지 않았으므로 재적의원에 포함)이며, 2명은 의회에서 제명(재적의원에서 제외)되어 현재 총 104명이 의정활동을 하고 있다.

  → 재적의원 : 107명
  → 의결정족수 = 재적의원 과반수의 출석과 출석의원 과반수의 찬성
  107 ÷ 2 = 53.5 (최소 54명 출석 필요)
  54 ÷ 2 = 27 (54명이 출석했다면 최소 28명 찬성 필요)

- A지방자치단체의 지방의회는 의장을 포함한 53명이 출석하여 개의하였다.

  → 과반수(54명) 출석 요건을 충족시키지 못했으므로 의결할 수 없다.

선택지 검토

① 〔O〕 의결할 수 없다.
② 〔X〕 부결된 것으로 본다.
③ 〔X〕 26명 찬성만으로 의결할 수 있다.
④ 〔X〕 27명 찬성만으로 의결할 수 있다.
⑤ 〔X〕 28명 찬성만으로 의결할 수 있다.

24

정답 ⑤ 5급 공채 2016 ④ 13

상황의 이해

- 발문 : 재적의원은 210명이다.
- 각주 : 재적의원 전원이 참석하여 1인 1표를 행사하였고, 무효표는 없다.
  → 210표가 행사되었다.

- 규칙 1 : 기권표가 전체의 3분의 1 이상이면 안건은 부결된다.
  → 기권표가 70표 이상이면 안건은 부결된다.
  → 기권표가 69표 이하인 경우, 찬성표의 비율을 검토하여 가결·부결을 확정한다.

- 규칙 2 : 기권표를 제외하고, 찬성 또는 반대의견을 던진 표 중에서 찬성표가 50 %를 초과해야 안건이 가결된다.
  → 기권표가 최대(69표)인 경우, 기권표가 아닌 141표 중 찬성표가 70.5표를 초과(71표 이상)해야 안건이 가결된다.
  → 기권표가 최소(0표)인 경우, 210표 중 찬성표가 105표를 초과(106표 이상)해야 안건이 가결된다.

보기 검토

ㄱ. 〔X〕 70명이 기권하여도 71명이 찬성하면 안건이 가결된다.
➡ 70명이 기권한 경우 전체의 3분의 1이 기권한 것이므로, 찬성과 반대의 비율을 따지지 않고 안건이 부결된다.

ㄴ. 〔X〕 104명이 반대하면 기권표에 관계없이 안건이 부결된다.
➡ 104명이 반대하였더라도 기권표가 0표이면 찬성표가 106표이다. 이 경우에는 찬성표가 기권표를 제외한 표 수의 50 %를 초과하므로 안건이 가결된다.

ㄷ. 〔O〕 141명이 찬성하면 기권표에 관계없이 안건이 가결된다.
➡ 141표가 찬성표인 경우, 찬성표를 제외한 나머지 표 수는 69표이다. 이 69표가 모두 반대표인 경우 찬성이 50 %를 초과하므로 안건이 가결되고, 이 69표가 모두 기권표인 경우에도 기권표의 비율이 전체의 3분의 1이 되지 못하므로 찬성표의 비율(100 %)에 따라 안건은 가결된다.
즉, 찬성표가 141표인 경우에는 반드시 안건이 가결된다.

ㄹ. 〔O〕 안건이 가결될 수 있는 최소 찬성표는 71표이다.
➡ 기권표가 최대(69표)인 경우, 나머지 141표 중 50 %를 초과하는 최소한의 표 수는 71표이다. 이 경우가 최소의 찬성표로 안건이 가결되는 경우이다.

25

정답 ⑤ 5급 공채 2019 가 6

〈상황〉의 이해

- [제3조 단서] 납세의무자 : 乙(금융투자업자)

○ A회사의 주권 100주를 주당 15,000원에 양수하였다가 이를 주당 30,000원에 X증권시장에서 전량 양도하였다.
→ 과세표준(양도가액) : 100 × 30,000
→ 증권거래세 : $100 \times 30{,}000 \times \frac{1.5}{1{,}000} = 4{,}500$원

○ B회사의 주권 200주를 주당 10,000원에 Y증권시장에서 양도하였다.
→ 과세표준(양도가액) : 200 × 10,000
→ 증권거래세 : $200 \times 10{,}000 \times \frac{3}{1{,}000} = 6{,}000$원

○ C회사의 주권 200주를 X 및 Y증권시장을 통하지 않고 주당 50,000원에 양도하였다.
→ 과세표준(양도가액) : 200 × 50,000
→ 증권거래세 : $200 \times 50{,}000 \times \frac{5}{1{,}000} = 50{,}000$원

선택지 검토

① 〔X〕 증권거래세는 甲이 직접 납부하여야 한다.
➡ [제2조 단서] 금융투자업자인 乙이 납세의무자이다.

② 〔X〕 납부되어야 할 증권거래세액의 총합은 6만 원 이하다.
➡ 총 60,500원이다.

③ 〔X〕 甲의 3건의 주권 양도는 모두 탄력세율을 적용받는다.
➡ [제4조, 제5조] X 또는 Y증권시장을 통하지 않고 양도한 C회사의 주권에 대해서는 제4조의 '세율'이 적용된다.

④ 〔X〕 甲의 A회사 주권 양도에 따른 증권거래세 과세표준은 150만 원이다.
➡ [제3조] 주권의 양도가액인 300만 원이 과세표준이다.

⑤ 〔O〕 甲이 乙을 통해 Y증권시장에서 C회사의 주권 200주 전량을 주당 50,000원에 양도할 수 있다면 증권거래세액은 2만 원 감소한다.
➡ [제4조, 제5조] 적용되는 세율이 1천분의 5에서 1천분의 3으로 1천분의 2 감소한다. 따라서 증권거래세액은 2만 원 감소한다.

26

정답 ② 민간경력 2016 ⑤ 7

〈상황〉의 이해

구분	현행법	개정안
규정 내용	• 배우자와 직계비속이 공동으로 1순위 • 상속재산 전부를 『배우자 : 직계비속 = 1.5 : 1』의 비율로 배분	• 상속재산의 50 %를 배우자에게 우선 배분 • 배우자와 직계비속이 공동으로 1순위 • 상속재산 중 나머지 50 %를 『배우자 : 직계비속 = 1.5 : 1』의 비율로 배분
적용	• 상속재산 = 9억 원 • B : C : D : (E) = 1.5 : 1 : 1 : (1) → E 출생 시 B : C : D : E = 3 : 2 : 2 : 2 (억 원) → E 사산 시 B : C : D ≒ 3.86 : 2.57 : 2.57 (억 원)	• 상속재산 = 9억 원 • B에게 4.5억 원 우선 배분 • 나머지 4.5억 원을 분할 B : C : D : (E) = 1.5 : 1 : 1 : (1) → E 출생 시 B : C : D : E = 1.5 : 1 : 1 : 1 (억 원) → E 사산 시 B : C : D ≒ 1.92 : 1.29 : 1.29 (억 원)

※ 개정안에서 배우자에게 우선 배분하고 남은 나머지 50 %를 분할할 때 "현행 규정대로(현행법상의 비율대로)" 분할한다고 하였으므로, 이때에도 배우자를 포함하여 분할한다는 점에 주의하자.

선택지 검토

① [X] 현행법에 의하면, E가 출생한 경우 B는 30 % 이하의 상속분을 갖게 된다.
➡ B는 상속재산의 3분의 1(약 33 %)에 해당하는 3억 원을 받는다.

② [O] 개정안에 의하면, E가 출생한 경우 B는 6억 원을 상속받게 된다.
➡ 우선 배분에 의해 4.5억 원을 받고 비율에 따른 분할로 1.5억 원을 더 받아서, 총 6억 원을 받게 된다.

③ [X] 현행법에 의하면, E가 사산된 경우 B는 3억 원을 상속받게 된다.
➡ 이 경우 B는 약 3.86억 원을 상속받게 된다.

④ [X] 개정안에 의하면, E가 사산된 경우 B는 4억 원을 상속받게 된다.
➡ 우선 배분에 의해 4.5억 원을 받고 비율에 따른 분할로 약 1.92억 원을 더 받아서, 총 6.42억 원 정도를 받게 된다.

⑤ [X] 개정안에 의하면, E의 사산여부에 관계없이 B가 상속받게 되는 금액은 현행법에 의할 때보다 50 % 증가한다.
➡ E가 출생하는 경우에는 3억 원에서 6억 원으로 100 % 증가하고, E가 사산된 경우에는 약 3.86억 원에서 약 6.42억 원으로 66 % 정도 증가한다.

27

정답 ④ 5급 공채 2010 선 14

제시문의 이해

● 신청일에 따른 매월 장애수당 지급비율

신청일	지급대상자	
	일반	노령기초연금 수급자
15일 이전	100%	50%
15일 이후	50%	25%

● 각종 지급기준에 따른 지급금액 비교
- 1·2급 > 3·4급 > 5·6급
- 수급자 > 차상위계층
- 15일 이전 신청 > 15일 이후 신청

풀 이

※ 선택지의 5명은 노령기초연금을 받는 사람과 받지 않는 사람으로 구분할 수 있다. 노령기초연금을 받는 사람은 받는 사람들끼리, 받지 않는 사람은 받지 않는 사람들끼리 비교하면 계산의 양을 줄일 수 있다.

1. 노령기초연금을 받지 않는 을·병·정을 먼저 비교한다.
   ② 을 : 18세, 수급자, 3급 장애인, 2009년 5월 16일 신청
   ③ 병 : 45세, 차상위계층, 3급 장애인, 2009년 5월 18일 신청
   ④ 정 : 19세, 수급자, 4급 장애인, 2009년 5월 8일 신청
   ➡ 3급과 4급은 같은 기준이 적용되므로 장애급수에 따른 금액의 차이는 없다.
   따라서 3명 중에서는 수급자인 을과 정이 더 많은 금액을 지급받을 것이다.
   이 두 명 중에서 15일 이전에 신청한 정이 가장 많은 금액을 지급받는다.
   ➡ 정

2. 노령기초연금을 받는 갑과 무는 장애급수와 연령기준 등 여러 가지가 달라서 위와 같이 계산없이 비교하기가 곤란하다.

3. 갑, 정, 무의 수급 금액을 계산하여 비교하자.
   ① 갑 : 65세, 차상위계층, 2급 장애인, 2009년 5월 26일 신청
   [장애수당(차상위) 25% : 30,000]
   + [노령기초연금(차상위) 100% : 60,000] = 90,000
   ④ 정 : 19세, 수급자, 4급 장애인, 2009년 5월 8일 신청
   [장애수당(수급자) 100% : 100,000] = 100,000
   ⑤ 무 : 80세, 차상위계층, 6급 장애인, 2009년 5월 18일 신청
   [장애수당(차상위) 25% : 15,000]
   + [노령기초연금(차상위) 100% : 80,000] = 95,000

   ➡ 정

28

정답 ⑤ 5급 공채 2012 인 9

선택지 검토

① 특허출원 5건을 신청한 A가 사망한 후, A의 단독 상속인 B가 출원인을 변경하고자 할 때의 출원인변경신고료
➡ 6,500원 × 5건 = 32,500원

② C가 자기 소유의 특허권 9건을 말소하는 경우의 등록료
➡ 5,000원 × 9건 = 45,000원

③ D가 특허출원 1건에 대한 40면 분량의 특허출원서를 전자문서로 제출하는 경우의 특허출원료
➡ 38,000원 × 1건 = 38,000원
(전자문서로 제출하는 경우 분량에 따른 가산금이 없다.)

④ E소유의 특허권 1건의 통상실시권에 대한 보존등록료
➡ 43,000원 × 1건 = 43,000원

⑤ F주식회사가 G주식회사를 합병하면서 획득한 G주식회사 소유의 특허권 4건에 대한 이전등록료
➡ 14,000원 × 4건 = 56,000원

29

정답 ① 5급 공채 2013 인 18

제시문의 이해

- 생태계보전협력금의 1회분 분할납부금

$$= \frac{\text{생태계 훼손면적} \times \text{단위면적당 부과금액} \times \text{지역계수}}{2\ (\text{또는}\ 3)}$$

- 생태계보전협력금의 1회분 분할납부금을 결정하는 변수는 다음과 같다.
  - 생태계 훼손면적
  - 단위면적당 부과금액
  - 지역계수
  - 분할납부 횟수

선택지의 내용 검토

1. 단위면적당 부과금액
   → 250원으로 동일하므로 고려해야 할 변수가 아니다.
2. 생태계 훼손면적
   → 20만㎡ ~ 50만㎡
   → 최대 2.5배의 차이가 나는데 이 정도의 차이는 지역계수가 곱해지면서 순위가 쉽게 뒤바뀔 수 있는 수준이므로 잠시 판단을 보류한다.
3. 지역계수
   ① 상업지역 35만㎡ → 지역계수 : 2
   ② 농림지역 20만㎡ → 지역계수 : 4
   ③ 녹지지역 30만㎡ → 지역계수 : 3
   ④ 주거지역 20만㎡와 녹지지역 20만㎡ → 지역계수 : 2
   ⑤ 주거지역 25만㎡와 자연환경보전지역 25만㎡ → 지역계수 : 3
   ※ ④와 ⑤의 경우, 각각 2종류의 지역이 포함되는데, 그 면적이 동일하므로 2개의 지역계수의 평균값을 지역계수로 산정해도 문제가 없다.

풀 이

- 앞에서 본 바와 같이 단위면적당 부과금액은 모두 동일하므로 그것까지 포함하여 완전히 계산하지 않아도 순위는 확인할 수 있다.
- 분할납부 횟수는 생태계보전협력금 부과금액과 지방자치단체·공공기관 여부에 따라 달라진다. (2회 또는 3회)
- 2억 원이 기준이 되므로, 『생태계 훼손면적 × 지역계수』가 80만을 초과하는 경우에만 3회 분할납부가 가능하다.
  생태계 훼손면적 × 단위면적당 부과금액(250원) × 지역계수 = 2억 원
  → 생태계 훼손면적 × 지역계수 = 80만

	생태계 훼손면적 ⓐ	지역계수 ⓑ	중간 계산값 ⓐ × ⓑ = ⓒ	분할납부 횟수 ⓓ	결과값 ⓒ ÷ ⓓ
①	35만	2	70만	2	35
②	20만	4	80만	2	40
③	30만	3	90만	2 (공공기관)	45
④	40만	2	80만	2	40
⑤	50만	3	150만	3 (개인사업자)	50

→ 결과값이 가장 작은 ①번이 생태계보전협력금의 1회분 분할납부금이 가장 적다.

조언

※ 이 문제의 풀이 단축 POINT
1. 공통된 계산 생략
   → 『×250원』은 공통 요소이므로 계산하지 않아도 크기 비교에는 지장이 없다.
2. 지역계수 단순화 (평균값으로 치환)
   → 지역계수가 1과 3인 경우 두 지역의 면적이 같다면 면적을 합산하고 지역계수는 2로 취급하여도 무방하다.
3. 기준의 치환 (2억 원 → 80만)
   → 분할납부 횟수를 확인하기 위해 2억 원을 기준으로 삼으면 『×250원』의 계산을 5회(선택지 당 1회) 해주어야 한다. 2억 원이라는 기준금액이 『생태계 훼손면적 × 지역계수』의 값으로 얼마에 해당하는가를 한 번만 확인하면 계산량이 줄어든다.

30

정답 ① 5급 공채 2014 A 29

제시문의 이해

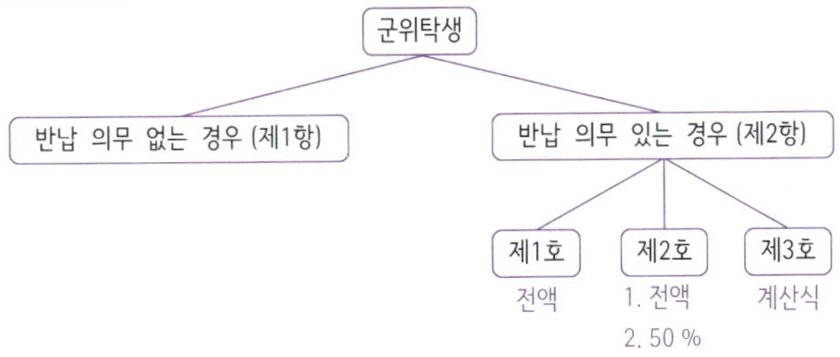

풀 이

사례	반납 의무	적용 조문 (제2항 중)	지급경비	반납액	비고
A	○	제2호	1,500만 원	1,500만 원	기준2 : 전액
B	○	제1호	2,500만 원	2,500만 원	기준1 : 전액
C	○	제3호	3,500만 원	1,750만 원	기준3 : 1/2
D	○	제2호	2,000만 원	1,000만 원	기준2 : 1/2
E	×	제2호 단서	—	—	—

조언 / 더 생각해 보기

- 기준에 따라 순차적으로 검토를 하는 것이 효율적이다.
  1) 반납의 의무가 있는 경우인지 확인
  2) 반납의 의무가 있는 사례만을 비교, 검토
- 객관식이므로 선택지를 활용하여 정답을 빠르게 찾도록 하자.
  - 순차적으로 검토하는 과정에서 정답이 아닌 선택지를 소거하고, 필요한 최소한의 검토로 정답을 골라내자.

빠른 풀이

1) 반납의 의무가 있는가?
   - 사례 A ~ D는 모두 반납의 의무가 있는 경우이다.
   - 사례 E는 반납의 의무가 없다. (반납액이 0원이다.)
   → E가 가장 마지막에 있는 ① 또는 ②가 정답이다.

2) 선택지 ①과 ②의 비교
   - A와 D의 순서만 다르다.

3) 사례 A와 D의 비교
   - 동일한 기준(기준2)이 적용된다.
   - 지급경비는 D가 더 많지만, D는 기준2의 단서 규정에 의해 1/2로 감액된다.
   → A 〉 D

→ 정답 : ①

31

정답 ② 5급 공채 2013 인 35

풀 이

기업	甲	乙	丙	丁	戊
매출액	2,000	3,000	700	1,500	900
자진신고	3일	4일	7일	9일	-
신고 순서	1	2	3	4	-
담합 중단	○	○	×	○	×
강요	○ (→戊)	-	-	-	-
면제	가능	-	불가능 (담합 유지)	-	불가능 (담합 유지)
감경	-	가능	불가능 (담합 유지)	-	불가능 (담합 유지)
면제 확정	× (강요에 의한 자격 박탈)	○ (신고 순서 승계)	-	-	-
감경 확정	-	-	× 담합유지로 순서 승계 못 함	○ (신고 순서 승계)	-
과징금	**200**	**0**	**70**	**75**	**90**

- 과징금 큰 순서 : 甲 > 戊 > 丁 > 丙 > 乙

32

정답 ④ 7급 공채 2021 나 4

풀이

○ 2020년도 총매출이 500억 원 미만인 기업만 지원한다.
→ A와 B는 제외한다.

○ 우선 지원대상 사업분야는 백신, 비대면, 인공지능이다.
○ 우선 지원대상 사업분야 내 또는 우선 지원대상이 아닌 사업분야 내에서는 '소요 광고비 × 2020년도 총매출'이 작은 기업부터 먼저 선정한다.
→ 이 기준에 의해, 지원 순서는 [G - E - D - F - C]가 된다.

기업	ⓐ 2020년도 총매출(억 원)	ⓑ 소요 광고비 (억 원)	ⓐ × ⓑ	사업분야	지원 순서
C	400	3	1,200	농산물	5
D	300	4	1,200	인공지능 우선	3
E	200	5	1,000	비대면 우선	2
F	100	6	600	의류	4
G	30	4	120	백신 우선	1

○ 지원금 상한액은 1억 2,000만 원이다.
2020년도 총매출이 100억 원 이하인 경우 지원금 상한액은 2억 4,000만 원이다.
지원금은 소요 광고비의 2분의 1을 초과할 수 없다.
→ 지원금 상한액과 소요 광고비의 2분의 1 중 적은 것을 지원금 한도로 한다.

(단위 : 억 원)

기업	2020년도 총매출	소요 광고비	지원 순서	지원금 상한액	소요 광고비의 2분의 1	지원금 한도
C	400	3	5	1.2	1.5	1.2
D	300	4	3	1.2	2	1.2
E	200	5	2	1.2	2.5	1.2
F	100	6	4	2.4	3	2.4
G	30	4	1	2.4	2	2

○ 위의 지원금 산정 방법에 따라 예산 범위 내에서 지급 가능한 최대 금액을 예산이 소진될 때까지 지원대상 기업에 순차로 배정한다.
- 예산 = 6억 원

(단위 : 억 원)

기업	지원 순서	지원금 한도	예산 6억 원 배분
C	5	1.2	0
D	3	1.2	1.2
E	2	1.2	1.2
F	4	2.4	1.6
G	1	2	2

➡ 기업 F가 받는 지원금 : 1억 6,000만 원

33

정답 ③ 7급 공채 2021 나 13

〈기준〉의 이해

○ 보수 = 착수금 + 사례금
○ 착수금은 세부항목을 합산하여 산정. (상한액 : 140만 원)
○ 사례금
(1) 등록결정 → 착수금과 동일한 금액
(2) 거절결정 → 0원
○ 독립항 1개 또는 명세서 20면 이하는 해당 항목에 대한 착수금을 산정하지 않는다.

풀이

※ 乙의 경우, 독립항에 대한 착수금만 반영해도 상한액을 초과하므로, 더 이상 계산하지 않고 '착수금 = 1,400,000원'으로 확정한다.

세부항목	금액(원)	甲		乙	
기본료	1,200,000	1,200,000		1,200,000	
독립항 1개 초과분(1개당)	100,000	1개	0	5개	400,000
종속항(1개당)	35,000	2개	70,000	16개	…
명세서 20면 초과분(1면당)	9,000	14면	0	50면	…
도면(1도당)	15,000	3도	45,000	12도	…
착수금		1,315,000		1,400,000	
사례금		등록결정	1,315,000	거절결정	0
보수		2,630,000		1,400,000	

➡ 甲과 乙이 지급받는 보수의 차이 = 123만 원

34

정답 ② 5급 공채 2022 나 21

풀이

대상자	신고기간 후 경과일수	특이사항	과태료	가중 경감	결정금액	부과액	초과분
甲	200일	국가유공자 사실대로 신고	5만 원	-	5만 원	10만 원	5만 원
乙	71일	부실신고 = 신고하지 않음	3만 원	× 2	6만 원	6만 원	-
丙	9일	「장애인복지법」상 장애인 사실조사기간 중 자진신고	1만 원	× 0.5	5천 원	1만 5천 원	1만 원

➡ 잘못 부과한 과태료 초과분의 합 = 6만 원

V | 1문2제형

정답표

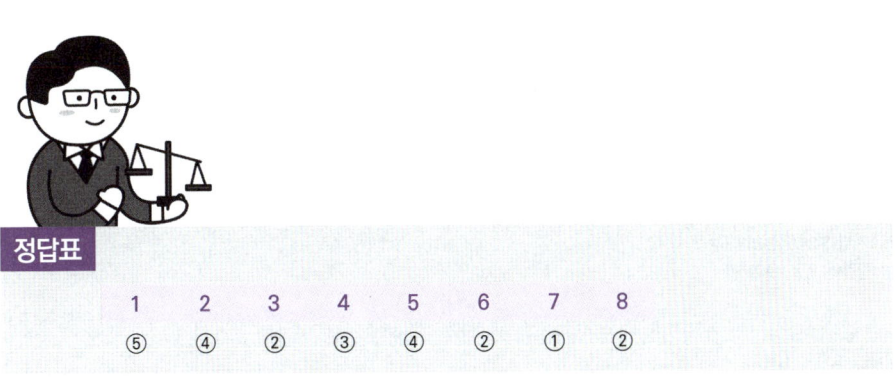

1	2	3	4	5	6	7	8
⑤	④	②	③	④	②	①	②

1

정답 ⑤ 5급 공채 2010 선 39

풀이

[제2조 제1항] 혼인의 성립은 각 당사자에 관하여 그 본국법에 의한다.

➡ A군에게는 대한민국 법이, B양에게는 일본 법이 각각 적용된다.

2

정답 ④ 5급 공채 2010 선 40

풀이

● 부부 재산문제에 관한 법 적용의 순서

1. 효력 있는 합의가 있을 시
   - 제4조(부부재산제)에 명시된 법 3가지 중 하나를 적용
2. 합의가 없거나 무효인 경우
   - 제3조(혼인의 일반적 효력)에 명시된 순서에 따라 적용
     ① 부부의 동일한 본국법
     ② 부부의 동일한 상거소지법(常居所地法)
     ③ 부부와 가장 밀접한 관련이 있는 곳의 법

● C와 D의 경우,

1. 합의가 있었지만, 그 합의는 효력이 없다.
   → 제00조(혼인의 일반적 효력)에 따른다.
2. C와 D는 국적이 다르다.
   → 부부의 동일한 상거소지법을 적용한다.
   → 미국 Y주 법 적용

3

정답 ② 5급 공채 2014 A 39

보기 검토

ㄱ. (X) 甲은 A대학 설립 시 부속병원을 반드시 갖추어야 한다.

➡ [제2항 제3호] 부속병원을 직접 갖추지 않고 기준을 충족하는 병원에 위탁하여 실습하도록 조치해도 된다.

ㄴ. (O) A대학의 설립인가를 받을 당시 공학계열 학생을 위해 甲이 확보해야 하는 교원 수는 최소 8명이다.

➡ [제5항, 제1항 제2호, 별표 3]
- 공학계열 교원 1인당 학생 수 : 20명
- A대학 공학계열 학생 수 : 300명
- A대학 공학계열 필요 교원 수 : 15명
- 설립인가 시 공학계열 필요 교원 수 : 8명 (15 ÷ 2 = 7.5 이상)

ㄷ. (X) 甲이 동일 법인 내에 A대학뿐만 아니라 B전문대학을 함께 설립하고자 하는 경우, 확보해야 할 수익용 기본재산의 합산액은 최소 135억 원이다.

➡ [제7항] 각 학교별 제6항 각 호의 금액의 합산액 이상을 확보하여야 한다. [제6항 제1호 및 제2호] A대학에 100억 원, B전문대학에 70억 원, 이를 합산한 170억 원이 최소금액이다.

4

정답 ③ 5급 공채 2014 A 40

풀이

1. [별표 1]
   - A대학의 교사기준면적

계열	인문·사회	자연과학	공학	예·체능	의학	합계
학생 1인당 교사기준면적	12	17	20	19	20	
A대학 학생 정원	400	200	300	—	100	1,000 명
A대학 교사기준면적	4,800	3,400	6,000	—	2,000	16,200 m^2

2. A대학의 학생 정원은 1,000명이다.

3. [별표 2] 학생 정원이 1,000명 이상인 경우, 교지면적은 교사기준면적의 2배 이상이 되어야 한다.

→ A대학의 최소 교지면적 : 16,200 × 2 = 32,400 m^2

5

정답 ④ 5급 공채 2019 가 39

보기 검토

ㄱ. [O] 교도관의 사무처리 업무 보조

➡ [제2조] 일반경비처우급 수형자에게 부여할 수 있는 처우이다.

ㄴ. [O] 교도소 밖 사회봉사활동 및 종교행사 참석

➡ [제5조 단서] 특히 필요한 경우에는 일반경비처우급 수형자에게도 허가할 수 있는 처우이다.

ㄷ. [X] 교도소 내 교육실에서의 월 1회 토론회 참여

➡ [제3조] 자치생활을 허가 받은 개방처우급과 완화경비처우급 수형자에게만 부여되는 처우이다.

ㄹ. [O] 가족 만남의 날 행사 참여

➡ [제4조 제4항] 특히 필요한 경우에는 일반경비처우급 수형자에 대하여도 허가할 수 있는 처우이다.

6

정답 ② 5급 공채 2019 가 40

보기 검토

ㄱ. [O] 과거 범죄 횟수가 1회이며, 7년 형을 선고받고 남은 형기가 6개월인 개방처우급 수형자 甲에게 소장은 교도소 내 개방시설에 수용하여 사회적응교육을 받도록 하였다.

➡ [제6조 제1항] 모든 요건을 충족하므로 적법하다.

ㄴ. [X] 과거 범죄 횟수가 1회이며, 5년 형을 선고받고 남은 형기가 10개월인 완화경비처우급 수형자 乙에게 소장은 지역사회에 설치된 개방시설에 수용하여 취업지원 처우를 받도록 하였다.

➡ [제6조 제2항] 남은 형기가 9개월 미만이어야 하나, 10개월이 남았으므로 적법하지 않다.

ㄷ. [X] 과거 범죄 횟수가 3회이며, 5년 형을 선고받고 남은 형기가 2개월인 일반경비처우급 수형자 丙에게 소장은 교도소 밖의 개방시설에 수용하여 사회적응교육을 받도록 하였다.

➡ [제6조 제1항] 범죄횟수가 2회 이하여야 한다는 요건과 개방처우급 혹은 완화경비처우급 수형자여야 한다는 요건을 충족하지 못하므로 적법하지 않다.

ㄹ. [O] 초범자로서 3년 형을 선고받고 남은 형기가 8개월인 완화경비처우급 수형자 丁을 소장은 직업능력 향상을 위하여 특히 필요한 경우로 보아 교도소 밖의 공공기관에서 직업훈련을 받게 하였다.

➡ [제7조] 완화경비처우급 수형자에게 부여할 수 있는 처우로서 적법하다.

※ '초범자로서 3년 형을 선고받고 남은 형기가 8개월'이라는 내용은 제7조에 규정된 요건이 아니므로 검토할 필요가 없는 부분이다.

7

정답 ① 7급 공채 2021 나 23

선택지 검토

① [O] ㅁㅁ부 장관이 요구하여 지방자치단체의 통합과 관련한 주민투표가 실시된 경우에는 통합권고안에 대해 지방의회의 의견을 청취하지 않아도 된다.

➡ [3문단 2-3문장] ㅁㅁ부 장관이 필요하다고 인정하여 해당 지방자치단체의 장에게 주민투표를 요구하여 실시한 경우에는 지방의회의 의견을 듣지 않아도 된다.

② [X] 지방의회가 의결을 통해 다른 지방자치단체와의 통합을 추진하고자 한다면 통합 건의서는 시·도지사를 경유하지 않고 △△위원회에 직접 제출해야 한다.

➡ [2문단 4문장] 지방의회가 위원회에 통합을 건의할 때에는 통합대상 지방자치단체를 관할하는 시·도지사를 경유해야 한다.

③ [X] 주민투표권자 총수가 10만 명인 지방자치단체의 주민들이 다른 인근 지방자치단체와의 통합을 △△위원회에 건의하고자 할 때, 주민 200명의 연서가 있으면 가능하다.

➡ [2문단 3문장] 주민이 건의하는 경우에는 해당 지방자치단체의 주민투표권자 총수(10만 명)의 50분의 1(2,000명) 이상의 연서가 있어야 한다.

④ [X] 통합추진공동위원회의 위원은 ㅁㅁ부 장관과 관계지방자치단체의 장이 추천하는 자로 한다.

➡ [5문단 1문장] 통합추진공동위원회의 위원은 관계지방자치단체의 장 및 그 지방의회가 추천하는 자로 한다. ㅁㅁ부 장관이 추천하는 자는 대상이 아니다.

⑤ [X] 지방자치단체의 장은 해당 지방자치단체의 통합을 △△위원회에 건의할 때, 지방의회의 의견을 거쳐야 한다.

➡ 이 경우 지방의회의 의결을 거쳐야 한다는 언급은 제시문에 없다.

8

정답 ② 7급 공채 2021 나 24

풀이

- 관계지방자치단체 : 통합대상 지방자치단체 및 이를 관할하는 도
  → 통합대상 지방자치단체의 수 = 4개
  이를 관할하는 도의 수 = 3개
  관계지방자치단체의 수 = 7개

- 통합추진공동위원회를 구성하는 각각의 관계지방자치단체 위원 수
  = (4 × 6 + 3 × 2 + 1) ÷ 7
  ≒ 4.4
  ※ 결과값이 자연수가 아닌 경우에는 소수점 이하의 수를 올림한 값을 관계지방자치단체 위원 수로 한다.
  → 5명

- 통합추진공동위원회의 전체 위원 수는 위에 따라 산출된 관계지방자치단체 위원 수에 관계지방자치단체 수를 곱한 값이다.
  ➡ 5(명) × 7(개) = 35명

1문 2제

MEMO